本书出版得到

国家重点文物保护专项补助经费

资　助

海岱考古

（第六辑）

山东省文物考古研究所　编

科学出版社

北京

内 容 简 介

海岱考古是山东省文物考古研究所主编的关于海岱地区考古学文化研究的集资料性与学术性为一体的系列考古学文集。此丛书集中发表了山东省文物调查和考古发掘的简报与报告，有重点地刊载了本地区考古学研究的论文。

第六辑收录了10篇发掘报告和6篇研究论文。公布了苍山后杨官庄、沂水纪王崮、章丘城子崖等重要遗址的发掘调查报告，为山东地区考古学文化体系的完善增添了新的资料。研究论文涉及红山文化祭祀遗址、文明起源与古史研究、海岱地区与中原史前文化交流等方面的问题。

本书适合从事人类学、考古学、历史学等方面的专家、学者以及大专院校相关专业师生参考、阅读。

图书在版编目（CIP）数据

海岱考古. 第6辑 / 山东省文物考古研究所编. —北京：科学出版社，2013
ISBN 978-7-03-038807-0

Ⅰ.①海…　Ⅱ.①山…　Ⅲ.①考古–山东省–丛刊　Ⅳ.①K872.52–55

中国版本图书馆CIP数据核字（2013）第237894号

责任编辑：刘　能 / 责任校对：宣　慧
责任印制：钱玉芬 / 封面设计：王　浩

科　学　出　版　社　出版
北京东黄城根北街16号
邮政编码：100717
http://www.sciencep.com

中国科学院印刷厂　印刷
科学出版社发行　各地新华书店经销

*

2013年10月第　一　版　　开本：787×1092　1/16
2013年10月第一次印刷　　印张：31 1/4　插页：32
字数：900 000
定价：**268.00元**
（如有印装质量问题，我社负责调换）

目　录

烟台市牟平区蛤堆顶遗址调查、勘探简报

山东省文物考古研究所
烟 台 市 博 物 馆
牟 平 区 博 物 馆

蛤堆顶遗址位于胶东半岛北岸，东经121°41′34.5″，北纬37°25′48″，隶属于烟台市牟平区大窑镇蛤堆后村。本区属于东亚季风大陆性气候，冬暖夏凉，四季分明。遗址坐落于丰山、牧山等丘陵余脉西侧，西北及北部临马鞍山、侯至山两座矮山丘，向北隔威乌高速公路与黄海相距1.5公里（图一）；北部和南部均有一条小河流过，注入黄海；地势呈东北—西南倾斜，南部地势较低，形成一扇形凹地，海拔21米，因内含大量蛤壳，俗称"蛤堆顶"。遗址北部与蛤堆后村房屋相连，中心位置有横纵两条通村公路呈十字交叉状穿过，略呈长方形，南北长350米，东西宽270米，总面积约9万平

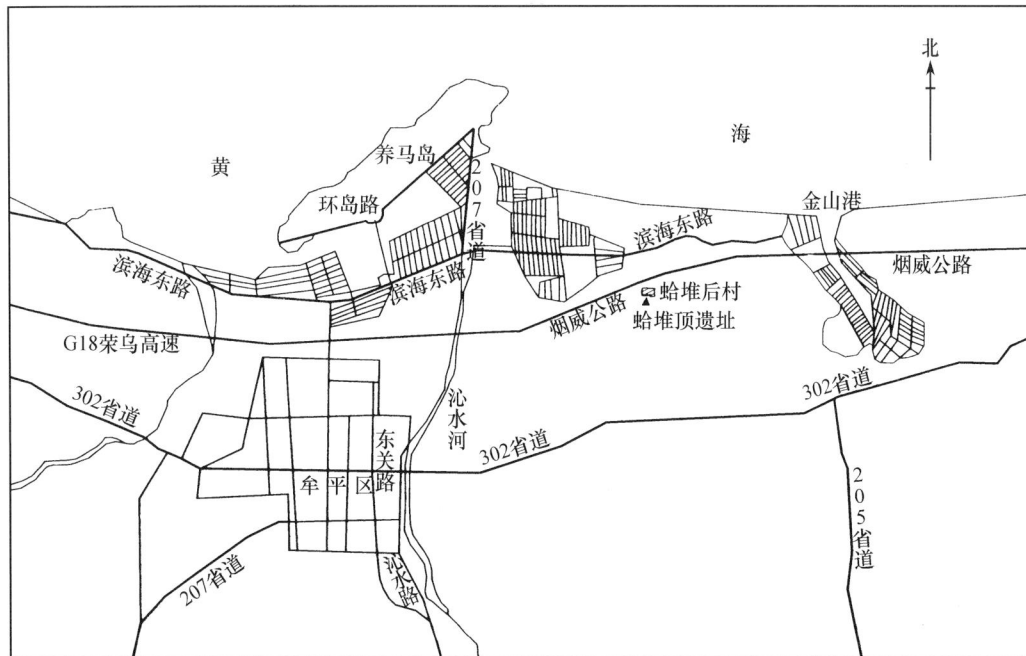

图一　蛤堆顶遗址位置示意图

方米（图二；图版一，1）。该遗址于1962年发现，中国社会科学院考古研究所山东队、北京大学历史系考古专业及省、市、县文物部门都曾做过调查[1]，1977年公布为山东省第一批省级文物保护单位。

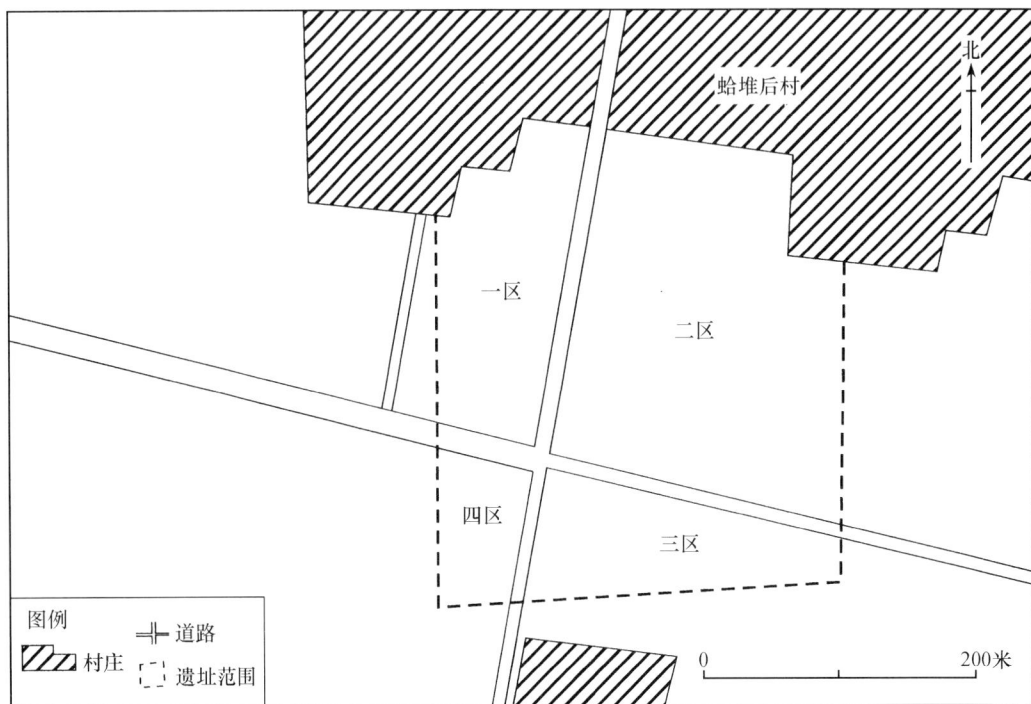

图二　蛤堆顶遗址平面图

为配合青岛—荣成城际铁路牟平段改线工程建设，山东省文物考古研究所组织考古勘探队，对遗址南部保护范围内铁路沿线进行了详细的考古钻探，并对其分布范围进行了初步探查。根据现场地形情况，我们按穿过遗址的横纵两条通村公路走向将整个遗址分成四个区域：其中一、二区位于东西向公路以北，南北向通村公路西、东两侧；三、四区位于路南，南北向通村公路东、西两侧。本次勘探沿铁路设计方向在遗址的第二区和第四区工作（图三；图版一，2），采用5米×5米等距离排孔普探，局部为探明灰沟宽度及遗址分布范围采用2米×2米详探。

一、地层堆积

1. 第二区

按土质土色地层可分为5层（图四）。

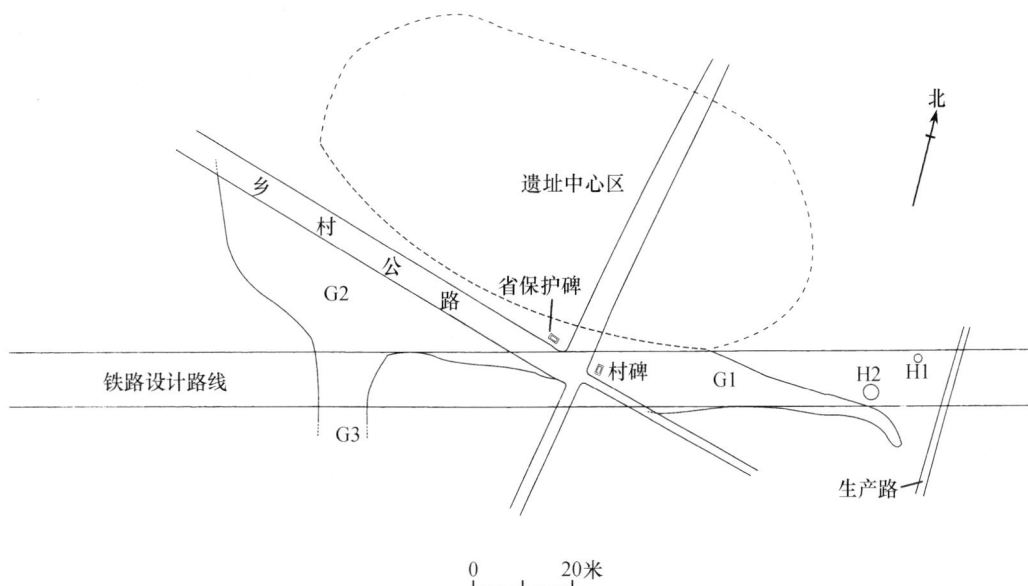

图三　蛤堆顶遗址钻探平面图

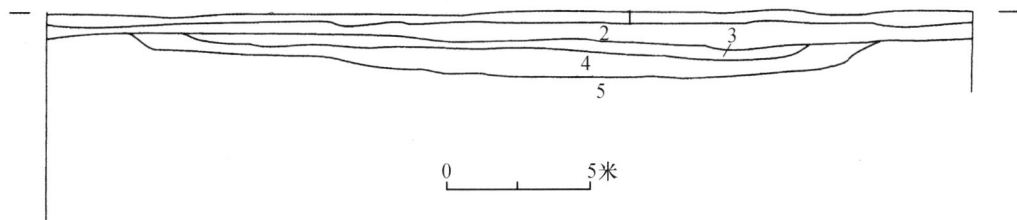

图四　蛤堆顶遗址第二区地层南北剖面图
1.耕土　2.黄褐色粉砂土　3.浅灰褐色粉砂土　4.深灰褐色土　5.黄褐色生土

第1层：耕土，厚0.2～0.3米。夹杂较多陶片、塑料块和蚌壳碎片。

第2层：近代层，深0.2～0.3、厚0.25～0.75米。黄褐粉砂土，质疏松，包含较多细砂，夹杂少量蚌壳和夹砂陶片。该层下发现灰沟1条。

第3层：深0.5～1.5、厚0.5米。浅灰褐粉砂土，质较疏松，包含少量砂粒及烧土颗粒，夹杂大量蚌壳及草木灰。

第4层：深0.75～2.25、厚0.9米。深灰褐色，质较致密，包含较多草木灰和红烧土颗粒，夹杂较多蚌壳及少量夹砂陶片。

第5层：生土，深0.75～2.25米。黄褐黏土，质致密，夹杂较大黄色黏土块，为山体基岩黏土。

2. 第四区

地势较低，向西地形呈阶梯状分布（图五）。

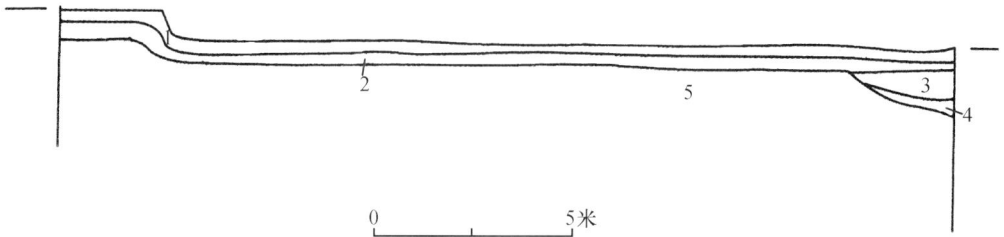

图五　蛤堆顶遗址第四区地层南北剖面图
1. 耕土　2. 浅黄褐色粉砂土　3. 浅灰褐色土　4. 深灰褐色土　5. 黄褐生土

第1层：耕土，厚0.2米。夹杂较多陶片、碎砖块和碎蚌壳。

第2层：近代层，深0.2～0.75、厚0.2～0.5米。浅黄褐粉砂土，质疏松，含大量细砂颗粒，夹杂少量夹砂陶片及碎蚌壳。该层下发现灰沟1条。

第3层：深0.5～1.25、厚0.75米。浅灰褐，质较疏松，含砂粒及烧土颗粒，夹杂大量蚌壳及草木灰。

第4层：深0.5～1.15、厚0.3米。深灰褐色，质较致密，包含较多草木灰和红烧土颗粒，夹杂较多蚌壳及少量夹砂陶片。

第5层：生土，黄褐砂土，质疏松，深0.5～1.5米以下。

二、遗　　迹

第二区内发现灰沟1条，灰坑2个；第四区发现灰沟1条（图三）。

1. 灰沟

3条。

G1　位于遗址南部边缘，近东西向。西部较宽，至南北向通村公路处，东部变窄逐渐消失。开口于第2层下，打破生土，地层堆积深浅不一，本探区内第3、4层为沟内堆积。填土呈灰褐色，质较致密，包含大量红烧土颗粒和草木灰，夹杂较多碎蚌壳。经过详细钻探，探明第二区范围内灰沟长约146米（表一）。

表一　第二区灰沟（G1）四至GPS测点坐标表

测点	位置	GPS坐标
1	西北角	N：37°25′48.1″；E：121°41′35.1″；H：17
2	西南角	N：37°25′47.9″；E：121°41′35.2″；H：16
3	东北角	N：37°25′47.8″；E：121°41′40.1″；H：23
4	西南角	N：37°25′47.7″；E：121°41′40.1″；H：21

G2　位于第四区北部，东西向乡村公路下及南侧，近东西向。开口于第2层下，打破生土。填土呈灰褐色，包含烧土颗粒及草木灰，夹杂较多碎蚌壳，堆积包含物与第二区内G1相同。因通村公路均为水泥路面，未能确切探明G2北部边界及与G1能否连接，但从沟内堆积包含物情况及灰沟走向分析，应与G1为同一个遗迹单位。经钻探探明本区内灰沟长度约160米。

G3　位于遗址西南部，第四探区内，近南北向，北部与G2相连。开口于第2层下，打破生土。深1.2～2.2米，深度由南向北逐渐变深，至G2连接处，探深约2.2米不到底。填土为灰褐色，质较致密，夹杂少量淤砂。

2. 灰坑

2个。

H1　位于遗址东南部。开口于第2层下，打破生土。平面呈圆形，直径约3.5、深约0.7米。填土呈深灰褐色，质较疏松，包含大量草木灰、红烧土颗粒和少量碎蚌壳。

H2　位于遗址东南部，H1西南处。开口于第2层下，打破生土。平面近似圆形，直径约7、深约0.4米。填土呈灰褐色，质较疏松，包含大量草木灰、红烧土颗粒，夹杂少量碎蚌壳。

三、遗　物

遗址地表散落大量碎蚌壳，采集的陶片以红褐色为主，另有少量灰褐色，颜色多不均匀。陶质以夹砂和夹蚌为主。均为手制。纹饰有刻划纹、附加堆纹、乳钉纹等。可辨器形有鼎、纺轮、器耳等，石器有斧、铲、磨棒、研磨器、锛和球等。

1. 陶器残片

22件。其中器足和盖纽较多，占采集的68%；另有2件完整纺轮。陶色多不均匀，以红褐为主，灰褐次之。均为夹砂或夹蚌陶质。

鼎足　8件。以红褐和黄褐色为主，另有少量灰褐色；质地均为夹砂或蚌壳碎片；纹饰以素面为主，另有指甲纹。均为手制。可分二型。

A型　6件。圆锥形。采：9，红褐色夹砂、夹蚌陶，蚌壳颗粒较大，含量较多。足尖残缺。残高12.2、足径2.35厘米（图六，4；图版二，1）。采：10，黄褐色夹砂、夹蚌陶，石英颗粒细小，含量较多，蚌壳颗粒较小，含量较少。微内弧，底部残缺。残高5.8、足径2.9厘米（图七，2）。采：13，灰褐色夹砂、夹蚌陶，石英颗粒细小，含量较多，蚌壳颗粒较细少。足尖残。残高10.6、足径2.25厘米（图六，1；图版二，

2）。采：16，红褐色夹砂、夹蚌陶，石英颗粒较大，含量较多，蚌壳颗粒细少。足尖残。残高8.4、足径2.2厘米（图六，2；图版二，3）。采：17，红褐色夹砂、夹蚌陶，石英颗粒含量较多，蚌壳颗粒细少。形体较粗，足尖及足顶均残。残高7.3、足径3.1厘米（图七，3）。采：19，红褐色夹砂、夹蚌陶，石英颗粒较多，蚌壳颗粒较小。微内弧，底部残缺。顶部器壁呈灰黑色，足顶与器底连接处向器内凸起，外侧留有捏制凹痕。残高8.2、器壁近底厚约0.8、足径2.5厘米（图七，1；图版二，4）。采：20，黄褐色夹砂、夹蚌陶，石英颗粒细小，含量较多，蚌壳颗粒细少。形体纤细，足尖斜平。高7.1、足径1.4厘米（图六，3；图版二，5）。

　　B型　1件（采：12）。凿形。红褐色夹砂陶，石英颗粒较大，含量较多。平面呈长方形，足尖内斜。器底壁面呈灰黑色。足外两侧边缘有三组两两对称的指甲压印纹。足高6.4、宽2.4～4、厚1.6～2.2厘米（图七，4；图版二，6）。

　　把手　9件。均为灰褐、黄褐和红褐色，夹砂和夹蚌陶；器形有钉头形、柱形、纽扣形、环形、鸟首形和半月弧形。纹饰以素面为主，另有编织纹和齿轮纹。均为手制。采：15，钉头状。灰褐色夹砂、夹蚌陶，蚌壳颗粒较大，含量较多。形体略倾斜。头部近椭圆形，边缘饰一周齿轮纹，中部有一凹坑。器壁厚0.7、把手长2.7厘米（图八，3；图版三，1）。采：21，钉头状。浅黄褐色夹砂、夹蚌陶，砂粒及蚌壳颗

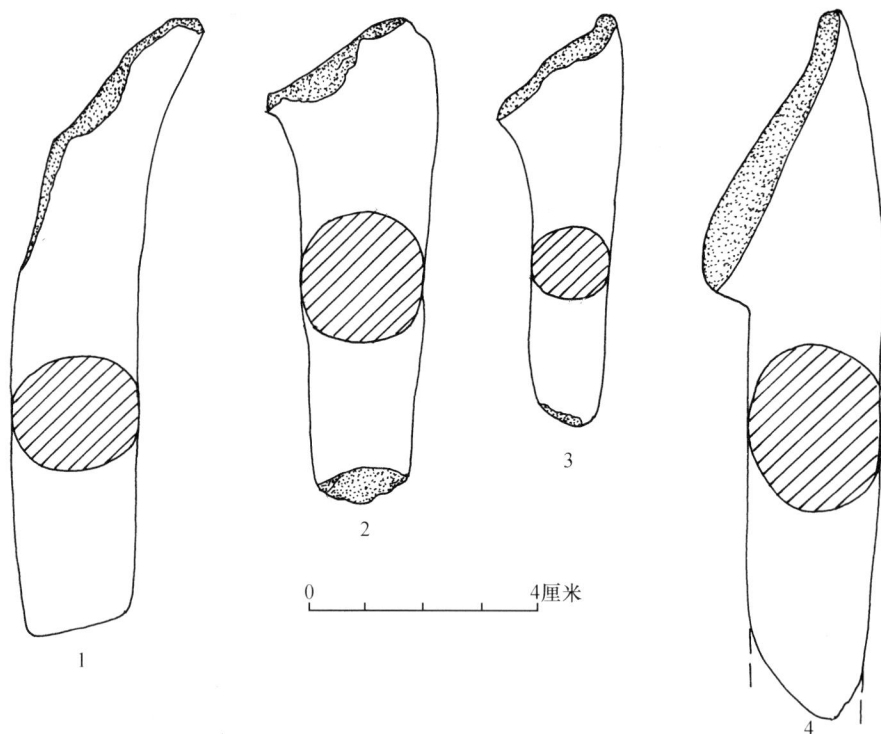

图六　A型鼎足

1. 采：13　2. 采：16　3. 采：20　4. 采：9

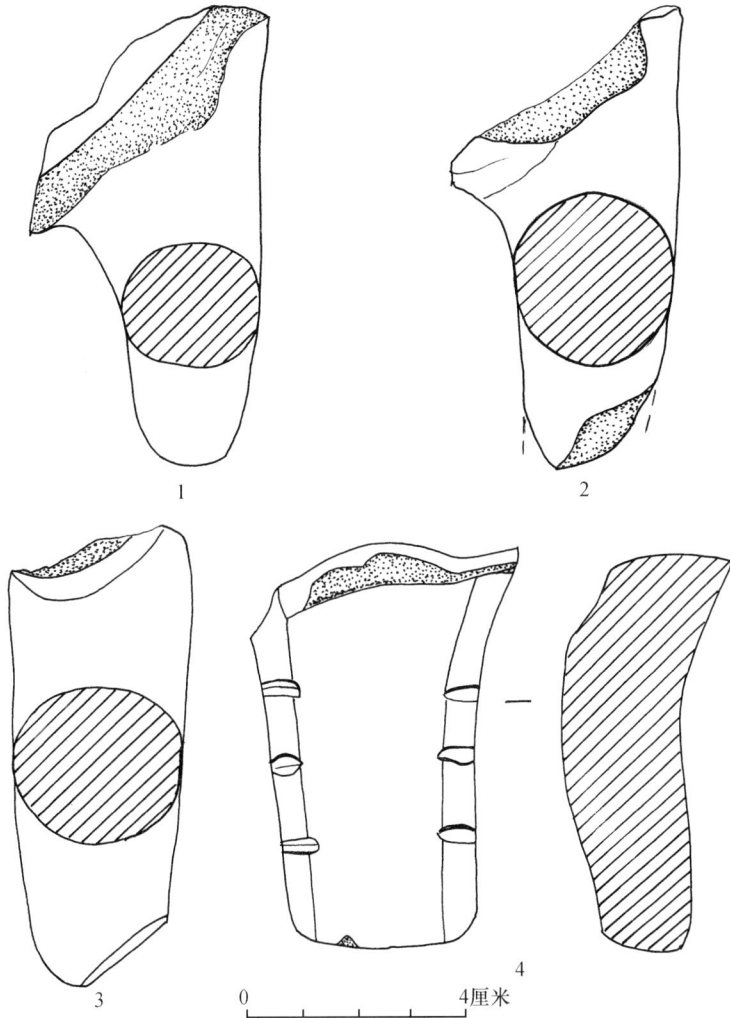

图七 鼎足

1~3.A型（采：19、采：10、采：17） 4.B型（采：12）

粒细小，含量较多。形体略倾斜，头部形状不规则。器壁厚约0.8、把手长约2.7厘米（图八，2）。采：27，钉头状。暗红褐色夹砂、夹蚌陶，砂粒及石英颗粒细小，含量较多，蚌壳颗粒细少。形体粗短，略倾斜，头部呈不规则形。器壁厚0.8、把手长2.9厘米（图八，4）。采：30，钉头状。灰色夹砂、夹蚌陶，砂粒较粗，蚌壳颗粒细小。形体细短，略倾斜，头部不规整，把手面饰编织纹。器壁厚0.6、把手长2.2厘米（图八，1；图版三，5）。采：18，柱状。浅黄灰褐色夹砂陶，砂粒较粗，石英颗粒细小，含量较多。形体细长，器物表面及内面光滑。器物壁厚0.7、把手长2.1厘米（图八，5；图版三，2）。采：26，纽扣形。灰褐色夹砂陶，石英颗粒细小，含量较多。把手由一泥饼按压而成，局部与器物壁面留有缝隙。壁厚0.7~0.9、把手长0.5厘米（图九，1；图版三，4）。采：29，环形。灰褐色，夹蚌、夹滑石陶，蚌壳及滑石颗粒粗大，含量较多。仅存环形弧部，表面光滑。把手厚2厘米（图九，2）。采：22，鸟首形。黄褐色夹砂、夹蚌陶，蚌壳颗粒细小，含量较多。形体凸出并侧面穿孔，呈鸟首状。长2.5厘米（图九，3；图版三，3）。采：31，半月环形。红褐色夹砂陶，石英颗粒细小，含量较多。形体呈半月弧形。长约2.2厘米（图八，6；图版三，6）。

　　器底　2件。均灰褐夹砂陶，手制，假圈足，平底。采：11，夹砂灰陶，石英颗粒细小，含量较多。仅存假圈足，器底较厚，底边有一周按压痕迹。底径7.9、厚2.3厘米

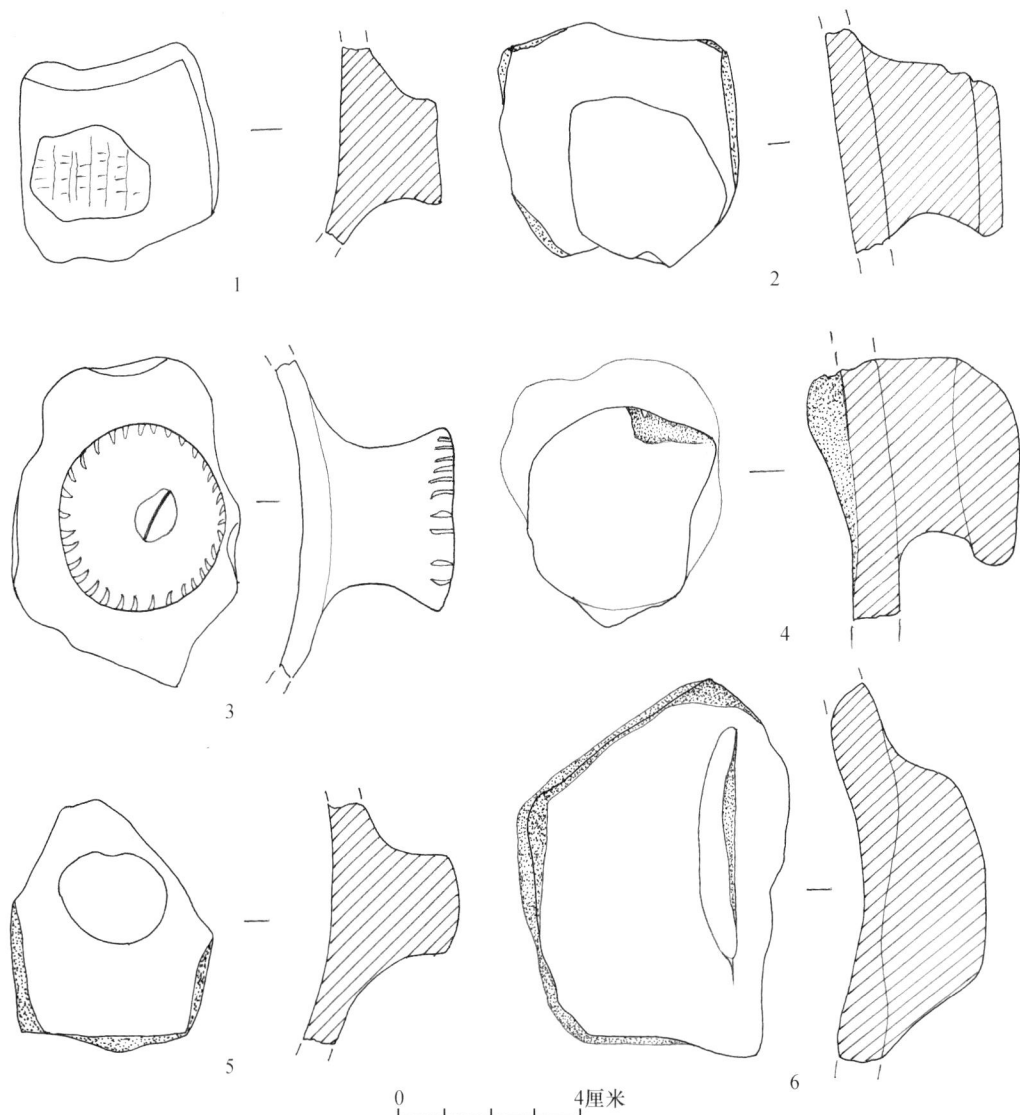

0 ————— 4厘米

图八　把手

1~4.钉头状把手（采：30、采：21、采：15、采：27）　5.柱状把手（采：18）　6.半月环形把手（采：31）

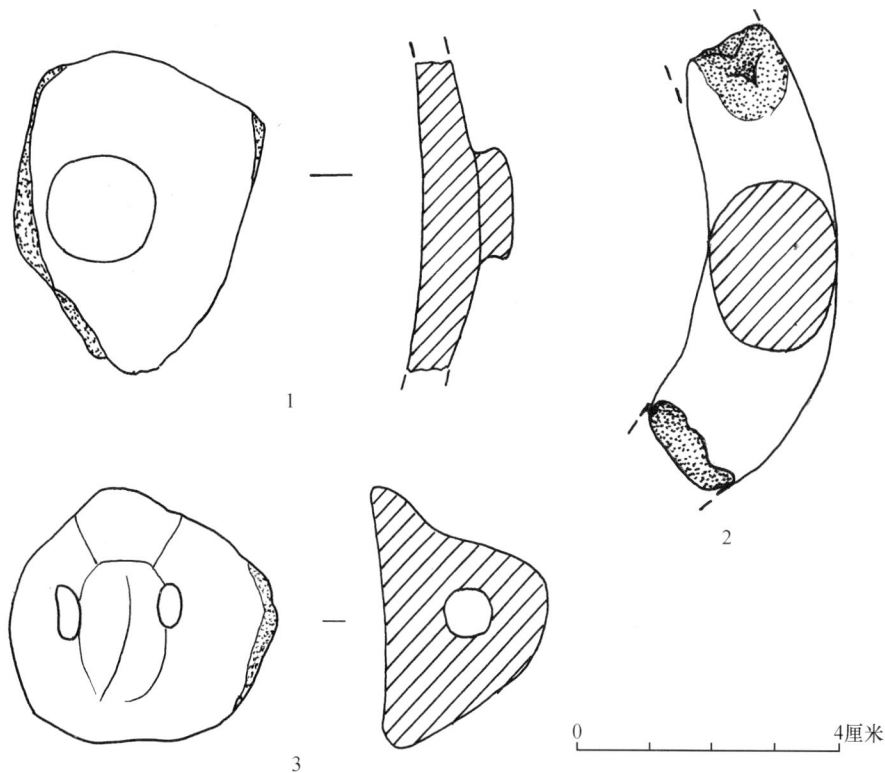

图九　把手
1. 纽扣形把手（采：26）　2. 环形把手（采：29）　3. 鸟首形把手（采：22）

（图一〇，2；图版四，1）。采：28，浅黄褐夹砂陶，石英颗粒细小，含量较多。仅存假圈足，底内面微凸，四周残存与器物连接痕迹，手指按压迹象明显。底径7、厚1.4厘米（图一〇，1；图版四，2）。

纺轮　2件。采：7，形体稍大，两面及边缘平整。红褐色夹砂陶，砂粒及石英颗粒细小，含量较多。近圆形，圆孔位置偏外。直径5.2、孔径0.6厘米（图一一，1；图版四，3）。采：14，形体稍小，两面外鼓。灰褐色夹砂陶，砂粒较粗，石英颗粒细小，含量较多。圆形，呈车轮状，圆孔近中心。直径4.7、孔径0.6厘米（图一一，2；图版四，4）。

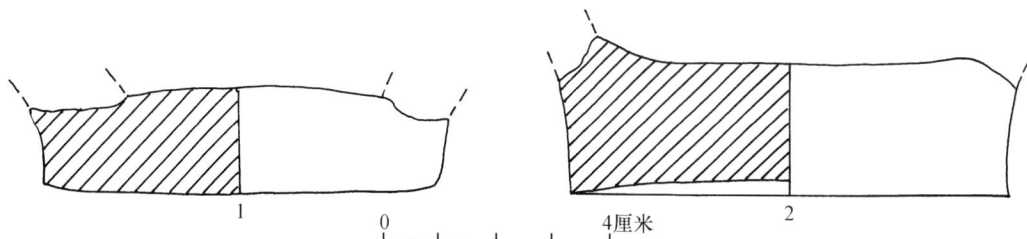

图一〇　器底
1. 采：28　2. 采：11

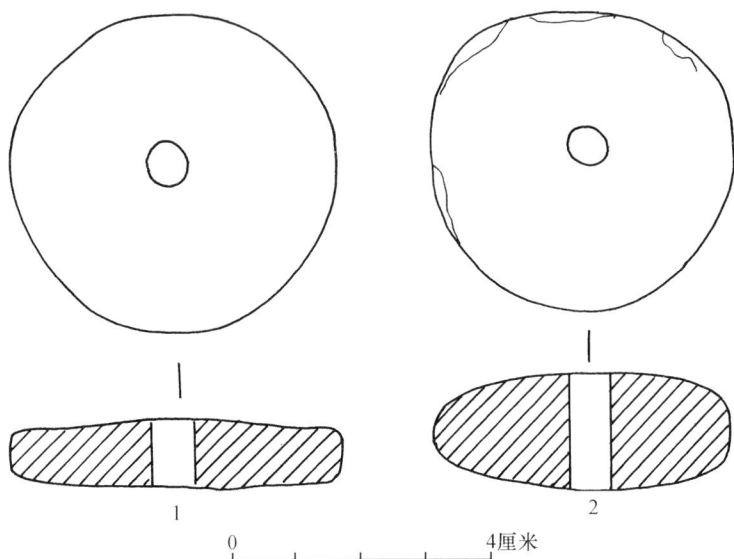

图一一　陶纺轮

1. A型（采：7）　2. B型（采：14）

2. 石器

11件。可辨器形有斧、铲、磨棒、研磨器、锛和球等。石质有石英岩、砂岩和板岩等。

斧　2件。均残。分二型。

A型　刃部较宽，弧度较缓。采：23，角闪岩。通体磨光，体狭长，上窄下宽，顶部粗圆，截面呈椭圆形，两侧近刃处缓内收。弧形双面刃，刃部崩损。残长11.6、厚2.8厘米（图一二，1；图版五，6）。

B型　刃部较窄，弧度急收，形体较厚重。采：24，仅存刃部，通体磨光，弧形双面刃，两侧近刃处弧内收，刃部较厚重，局部有崩损。残长5、残厚2.5厘米（图一二，2；图版五，7）。

铲　1件（采：8）。板岩。平面呈圆角长方形，仅存一面，刃部磨损较清晰，背部崩损。长8.1、厚0.8厘米（图一二，3；图版五，5）。

磨棒　3件。根据截面形状不同，可分二型。

A型　截面呈椭圆形。采：1，石英岩。琢制，形体粗大，两磨面呈弧状隆起，边缘起脊，断面呈椭圆形。通长14.2、长径8、短径6.4厘米（图一二，7；图版五，1）。采：6，角闪岩。琢制，仅存局部。两面微凸，磨面较平整，与边缘呈弧状连接（图一三，2）。

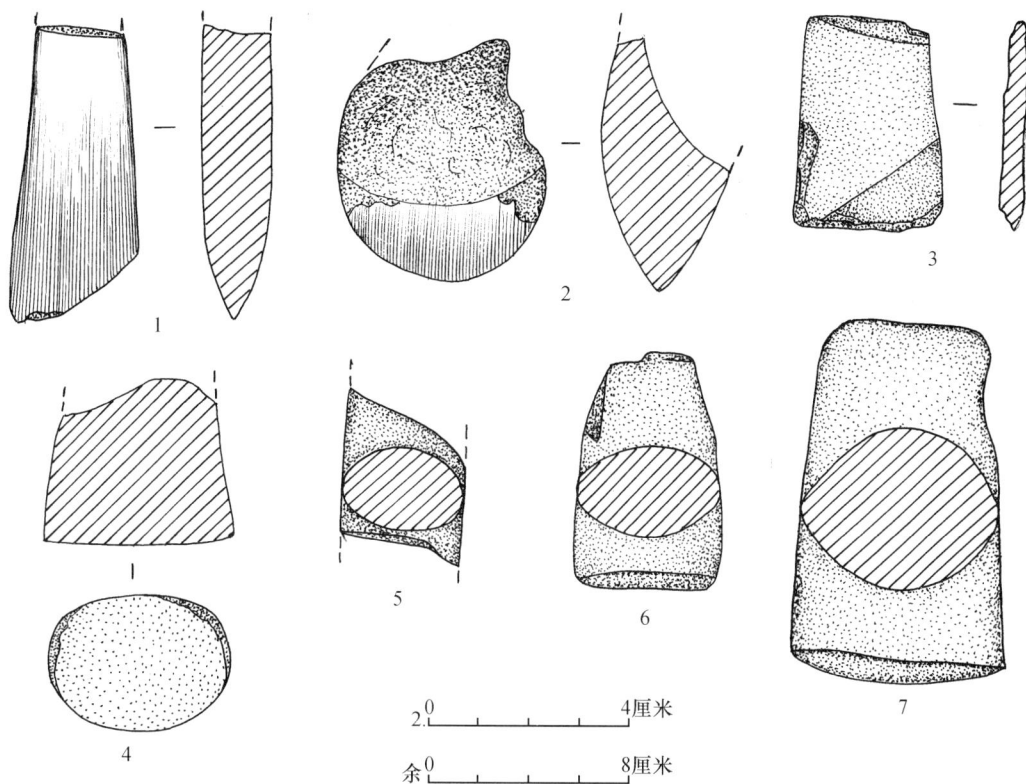

图一二　石器

1.A型斧（采：23）　2.B型斧（采：24）　3.铲（采：8）　4、5.B型研磨器（采：3、采：4）

6.A型研磨器（采：2）　7.A型磨棒（采：1）

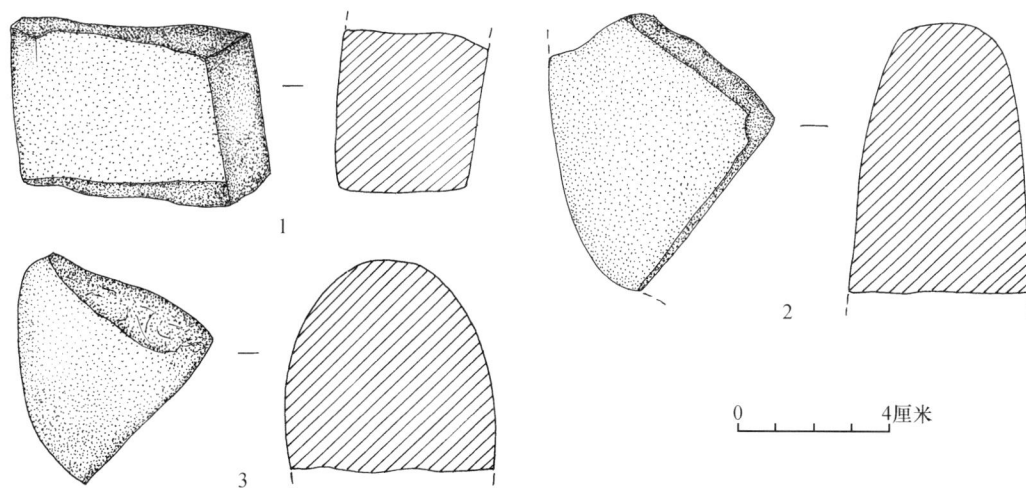

图一三　石器

1.B型磨棒（采：5）　2.A型磨棒（采：6）　3.球（采：25）

B型　截面呈梯形。采：5，琢制，存一磨面。磨面较平整，与一侧面弧平，经细琢磨平，另一侧面保留原始石面。磨面宽5.2厘米（图一三，1；图版五，4）。

研磨器　3件。根据磨面及形体不同，可分二型。

A型　平面呈梯形，磨面呈长椭圆形。采：2，琢制，上窄下宽，两侧面呈弧状相连接，底面呈长椭圆形，磨面较光滑。高9.2、磨面长径5.8、短径3.6厘米（图一二，6；图版五，2）。

B型　形体较粗，磨面呈椭圆形。采：3，琢制，仅存底部，呈椭圆状，磨面平整，较光滑。残高6.6、磨面长径7.4、短径5.4厘米（图一二，4；图版五，3）。采：4，琢制，仅存局部。断面呈椭圆状（图一二，5）。

球残片　1件（采：25）。仅存局部。石英岩，通体磨光，边缘较弧。残径长约5.4厘米（图一三，3；图版五，8）。

锛　1件（采：33）。角闪岩。平面呈长方形，两面扁平，双面刃，偏锋，通体磨光。局部微残，打击面中部留有砸痕，横截面呈长椭圆形。通长6.5、宽5.1、厚1.7厘米（图一四；图版五，9）。

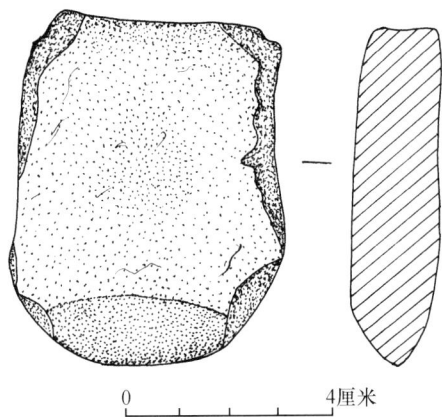

0 　　　　　4厘米

图一四　石锛（采：33）

四、结　语

这次工作虽未能对遗址进行全面详探，但对其南部边缘施工范围进行了详细普探，并对其分布范围进行了初步探查。遗址所处环境位置比较特殊，坐落于东部丘陵山脉的山谷冲积扇面，两条季节性河流分别从遗址的东北部、东南部流过。东北部河流现已干涸，地表仅存古河道痕迹；东南部河道较宽，河底仍有少量流水。遗址西北部有马鞍山、侯于山两座矮山丘形成了一道天然的屏障，在冬季一定程度上阻挡了从北部黄海吹来的受蒙古冷高压所控制的较寒冷偏北风[2]。

经过勘探可知，遗址南部地势低洼，靠近遗址南部边缘处有2条近东西向灰沟（G1和G2）。因南北向通村公路从遗址中部穿越，G1西部与G2东部位置均被公路截断，其中第二区南部多为G1内堆积，G1向东延伸至牧牛山底处；第四区北部多为G2内堆积，G2南部与一近南北向灰沟（G3）相汇。G3南部地势低洼，与遗址东南部河道相连。因勘探局限所致，未能明确遗址南部东西向灰沟性质，但两条灰沟堆积物及包含物相似，走向一致，基本可以断定为同一条灰沟。遗址南部大范围的低洼地势及河流、灰沟的交汇，便于汇集从东部丘陵山脉流下的河水，为遗址聚落区生活用水及食物采集提供了便利，也为该遗址南部防卫形成了一道天然屏障。从灰沟在遗址中所处的位置及其走向，是否可以考虑其环壕性质，在此只能做推测而已。

遗址经平整深翻土地，取土挖坑，文化层遭到了严重的破坏，出土有生产、生活用具及大量蛤壳、鱼骨、兽骨等。据有关资料显示[3]，遗址当时与海岸线的距离应该在1公里左右，当时人们食用的贝类始终以蛤仔为主。受海侵[4]影响，遗址周围形成了低洼地环境，人们在海边建立居住地，通过捕捞、采集、狩猎等生存方式来获取食物来源。地表大量的贝壳堆积及发现的鱼骨、兽骨遗骸反映了这是一处典型的贝丘遗址以及当时沿海居民以渔猎和采集为基础的经济情况。

调查采集的陶器和石器较丰富，陶器多以夹砂红褐陶和灰褐陶为主，另有夹蚌陶质，未见泥质陶；均为手制。素面为主，有少量编织纹和齿轮纹。器形主要有鼎足、把手和纺轮等。采集的圆锥形鼎足和钉头形把手均与紫荆山遗址下层文化出土的鼎足相似[5]；紫荆山遗址下层文化陶器均为手制，陶色以红陶占优势，器形多见锥形足的钵形鼎，与邹县野店大汶口文化早期遗存及江苏刘林遗址中有相似之处[6]。本遗址采集的部分陶片所见器形及制作形式与紫荆山下层文化有相同之处，应包含同一类文化。

采集的B型磨棒为白色石英岩，长方形，断面呈梯形，有一个使用面，与白石村一期文化中的磨棒从材质及样式均相同。采集的鸟首形把手、石铲和锛均在白石村遗址二期文化[7]中也能找到相同的类型。白石村二期文化与一期文化有较明显差异，一期文化年代相当于山东地区新石器年代序列中的北辛文化[8]，二期文化与一期文化有连续性，地层叠压关系明确，二期年代为大汶口文化早期阶段。遗址采集到的部分遗物包含了白石村一、二期文化的内容。

综上，蛤堆顶遗址是胶东半岛较大的一处贝丘遗址，也是一处重要的聚落遗址。遗址文化堆积比较丰富，其年代包括了白石文化一、二期和紫荆山下层文化，相当于山东地区新石器年代序列中的北辛文化晚期至大汶口文化早期阶段，是研究胶东半岛史前文化和环渤海环境考古的重要实物资料。

后记：本次勘探领队为王泽冰，参加工作人员有山东省文物考古研究所董博、孙亮申、魏恒川、李玉梁、张敬伟、张宪英、张学堂、邢继春和烟台市博物馆孙兆锋。器物描图王站琴，遗迹图描绘由许珊完成，文物照片由李顺华拍摄。

执　笔：王泽冰　董　博　王　茜
　　　　孙兆锋　周　强

注　释

［ 1 ］　烟台市文物管理委员会、中国社会科学院考古研究所胶东半岛贝丘遗址研究课题组：《山东省蓬莱、烟台、威海、荣成市贝丘遗址调查简报》，《考古》1997年5期。

［ 2 ］　中国社会科学院考古研究所：《胶东半岛贝丘遗址环境考古》，社会科学文献出版社，1999年。

［ 3 ］　同［ 2 ］。

［ 4 ］　同［ 2 ］。

［ 5 ］　山东省文物管理处：《山东胶东地区新石器时代遗址的调查》，《考古》1963年7期。

［ 6 ］　山东省博物馆：《山东蓬莱紫荆山遗址试掘简报》，《考古》1973年1期。

［ 7 ］　山东省文物管理处：《山东烟台白石村新石器时代遗址发掘简报》，《考古》1992年7期。

［ 8 ］　同［ 7 ］。

苍山县后杨官庄遗址发掘报告

山东省文物考古研究所
临 沂 市 文 物 局
苍 山 县 文 物 管 理 所

苍山县位于山东省南部，地处鲁南低山丘陵南缘，地势自西北向东南逐渐降低，地貌以平原、山地、丘陵为主。境内主要有西泇河、东泇河、燕子河、武河、吴坦河等河流。县域海拔约51.5米，地理坐标为东经118°11′52.9″，北纬34°54′30″，属于暖温带大陆性季风气候，年平均气温13.2℃，气候适宜，植被茂密，自然条件和生态环境优越，非常适合古代人类的生存与发展（图版六，1）。

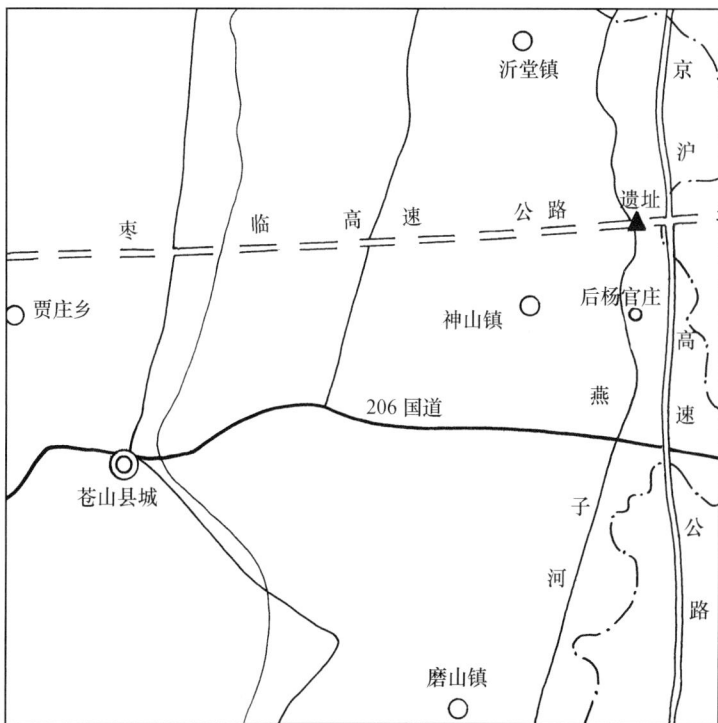

图一 遗址位置示意图

　　2010年5～7月，为做好枣（枣庄）—临（临沂）高速公路建设工程的文物保护工作，山东省文物考古研究所、临沂市文物局、苍山县文物管理所组成考古发掘队，对位于苍山县神山镇后杨官庄村北约700米的后杨官庄遗址进行了抢救性发掘（图一）。

　　这次发掘工作参加人员较多，主要有山东省文物考古研究所何德亮、孙亮申、石念吉，临沂市文物局宋岩泉，苍山县文物管理所王树栋，临沭县文物管理所李钰、李善超，临沂市河东区文物管理所张书畅8位同志。发掘过程中，我们得到了临沂市文物局、苍山县文物管理所、苍山县神山镇党委政府、后杨官庄两委会以及村民的大力协助。

　　该遗址是20世纪80年代发现的，其后临沂市、苍山县文物主管部门曾进行过多次考古调查，采集到大量白陶鬶、鼎足、夹砂罐、黑陶杯以及唐宋时期的白瓷片等文物标本，其时代大致定为大汶口文化、龙山文化、两周、汉代以及唐宋时期，是该地区一处相当重要的古文化遗址。发掘证实，遗址地层堆积较厚，浅者近1米，最深者2米以上。

　　遗址坐落于燕子河畔，中间略微隆起，燕子河穿越遗址西部边缘，东部距离京沪高速公路1公里左右。经过钻探得知，遗址平面呈椭圆形，东西长约400米，南北宽约250米，面积10万平方米左右（图二）。

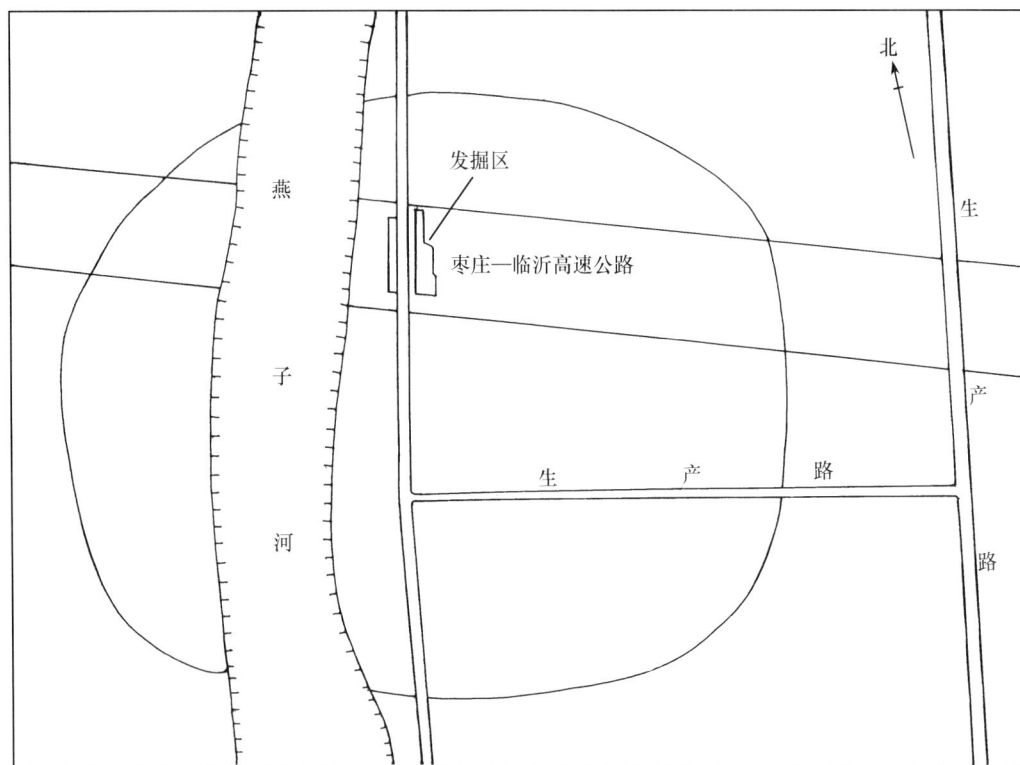

图二　发掘区位置示意图

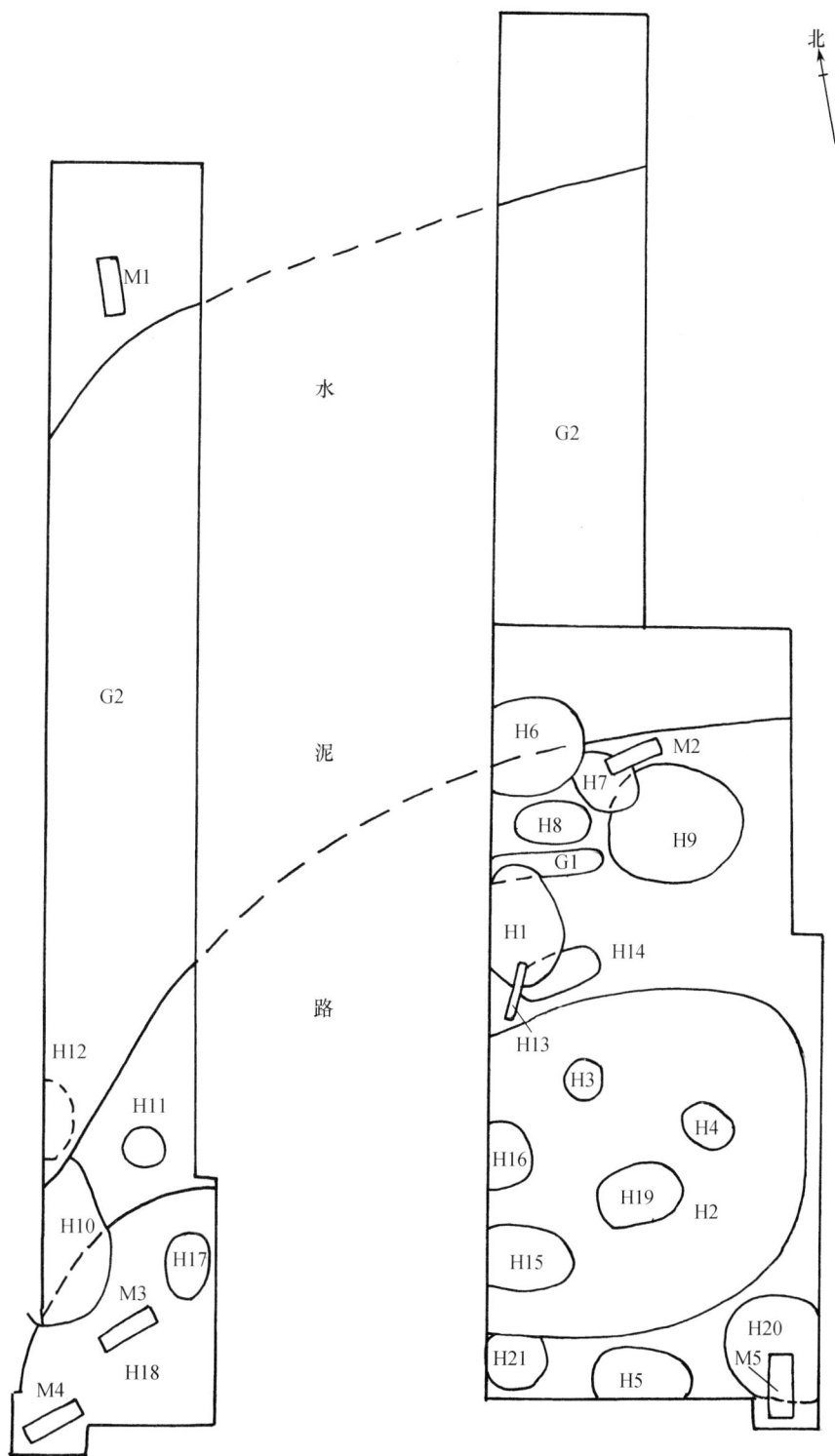

图三 遗迹总平面图

发掘地点位于遗址北部边缘地带，布方范围均在高速公路路基上面，共开5米×5米探方22个，连扩方在内发掘面积573平方米（图三；图版六，2）。清理的遗迹主要有灰坑21个、沟2条、墓葬5座。出土遗物非常丰富，主要有陶、石、骨、蚌、角、铜、铁、瓷等各类文物近300件；另外，还发现大量动物骨骼遗骸（附表三）。现将这次发掘的主要收获报告如下。

一、地层堆积

发掘区选在位于遗址边缘，地层堆积较浅，且较简单，包含物亦少。主要分为5层。第1、2、5层分布普遍，第3、4层只在G2上面存在。其中第3层，呈深灰褐色土，质较松散，含宋、元瓷片以及少量红烧土颗粒，厚0.2米左右。第4层，灰褐黏土层，质硬且黏，包含少量汉代瓦片，厚0.05～0.25米。现以T31～T33东、西壁为例介绍如下（图四）。

第1层：耕土层。灰褐色，质较松软。厚0.1～0.2米。

第2层：近现代层。黄褐色细砂土。厚0.05～0.2米。H1、H2、H15、H16、H21均开口在该层下。

第5层：黄褐土层。质较硬，包含红烧土颗粒和少量夹砂红陶片。厚0.1～0.15米。

第5层以下为生土层。浅黄色粉砂土，包含大量细砂，质较疏松，纯净，无文化遗物。

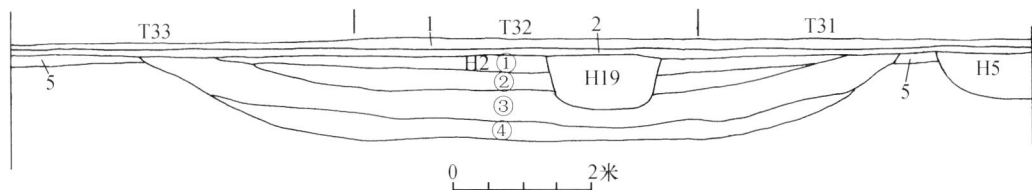

图四A　T33～T31东壁剖面图

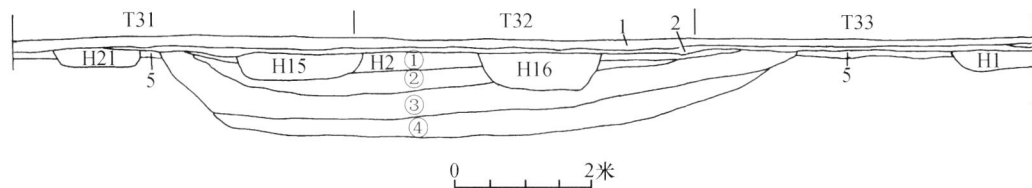

图四B　T31～T33西壁剖面图

二、遗迹遗物

遗迹主要有灰坑、沟和墓葬。

灰坑21个（附表一），形状分为圆形、椭圆形、不规则形和长条形。大部分灰坑较浅，一般深0.3米左右，也有的深达1.4米。下面按照时代早晚分别进行介绍。

（一）大汶口文化遗存

1. 灰坑

3个。

H7　位于T35东南，开口于第2层下，打破H9，被M2和H6打破。坑口距地表约0.23米。平面近似圆形，长径约2.1、短径约1.9、深约0.36米。斜壁，底部呈斜坡状。坑内堆积分为2层：第1层，厚0.16米，深灰褐黏土，包含大量蚌壳、螺壳及兽骨等；第2层，厚0.1～0.36米，黄褐色黏土，夹杂少量红烧土颗粒。陶片较少，可辨器形有鼎、盆、罐、瓮、豆、器盖和球等；石器有凿、铲、刀等（图五）。

H8　位于T34偏北部，开口于第2层下。坑口距地表约0.22米。坑口平面呈椭圆形，长径2.65、短径1.46、深0.23～0.32米。斜壁，下部内收，底较平整。坑内堆积呈灰褐色，质较致密，包含少量红烧土颗粒以及零星蚌壳、螺壳。陶片较少，可辨器形仅有鼎和罐（图六；图版八，1）。

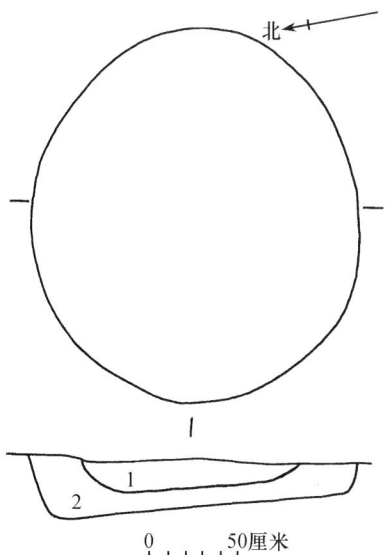

图五　大汶口文化H7平、剖面图

1.深灰褐黏土　2.黄褐色黏土

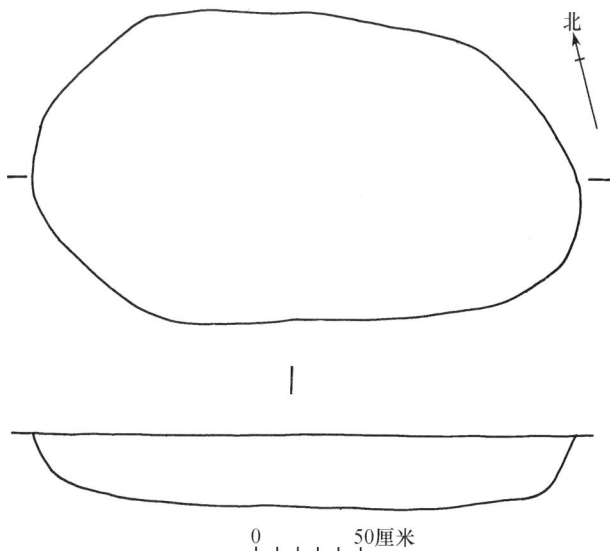

图六　大汶口文化H8平、剖面图

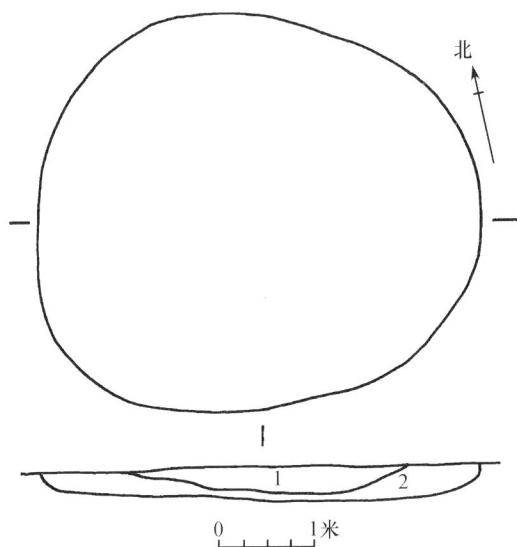

图七　大汶口文化H9平、剖面图
1. 深灰褐土　2. 黄褐色黏土

H9　位于T34、T35、T44、T45内，开口于第2层下，被H7打破。坑口距地表约0.24米。平面呈椭圆形，长径4.7、短径4、深0.2～0.42米。斜壁，底部平缓。坑内堆积分为2层：第1层，厚0.3～0.5米，深灰褐土，质较松软，包含大量蚌壳、螺壳、兽骨、红烧土块以及料姜石等，文化遗物主要有骨锥、骨针、蚌环以及少量碎陶片，可辨器形有夹砂红陶鼎、白陶鬶、灰陶盆、篮纹罐以及泥质黑陶筒形杯、高柄杯、镂孔豆、钵、黑陶罐、陶环等；第2层，厚0.1～0.42米，黄褐色黏土，质较硬，夹杂少量红烧土颗粒以及石块等（图七）。

2. 遗物

出土遗物主要是碎陶片，均不能复原。可辨器形有鼎、鬶、豆、罐、盆、钵、高柄杯、筒形杯、器盖、环、球等。另有蚌器、骨器、石器等。下面挑选部分标本进行介绍。

（1）陶器

盆口沿　2件。均夹砂红褐陶。素面。H9：7，方唇，直口，深腹。口残宽6.4、残高6厘米（图八，1）。H9：6，圆唇，直口，深腹。口残宽3.3、残高7.2厘米（图八，2）。

罐口沿　2件。均素面。H7：5，夹砂红褐陶。圆唇，斜折沿，深腹。口残宽6.5、残高6.5厘米（图八，3）。H9：12，泥质黑陶。尖唇，窄折沿沿面内凹。束颈，深腹。口残宽3.4、残高3.7厘米（图八，4）。

鼎足　5件。均夹砂红褐陶。侧三角形。H9：10，残高6.8厘米（图九，1）。H7：6，残高6.5厘米（图九，2）。H9：9，形体较矮，足根部一圆形按窝。残高5.2厘米（图九，3）。H9：8，残高6.5厘米（图九，4）。H9：11，足根部一圆形按窝。残高9.2厘米（图九，5）。

器盖　2件。夹砂陶。覆碗式。平顶，斜腹，口沿残。素面。H7：7，红陶。形体较大。顶部边缘饰一周按窝。复原顶径10.2、残高3.4厘米（图一〇，1）。H7：6，红褐陶。形体较小，顶部周边饰一周刻划纹。复原顶径5.6、残高1.8厘米（图一〇，2）。

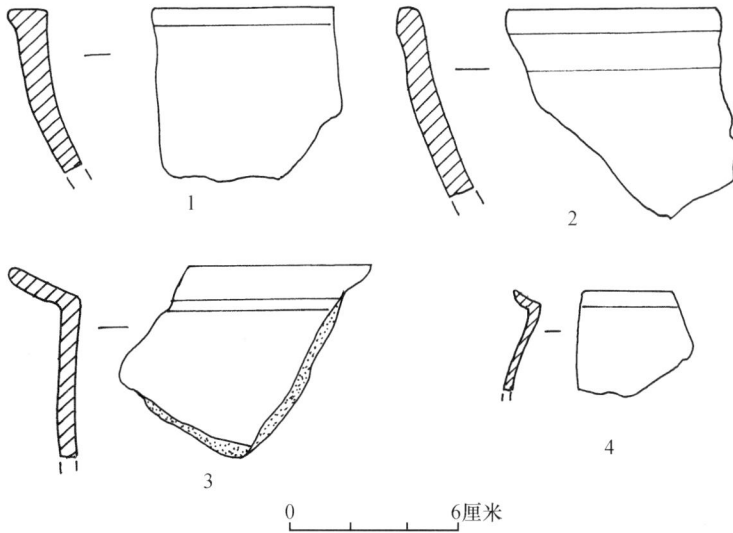

图八　大汶口文化陶器

1、2.盆口沿（H9：7、H9：6）　3、4.罐口沿（H7：5、H9：12）

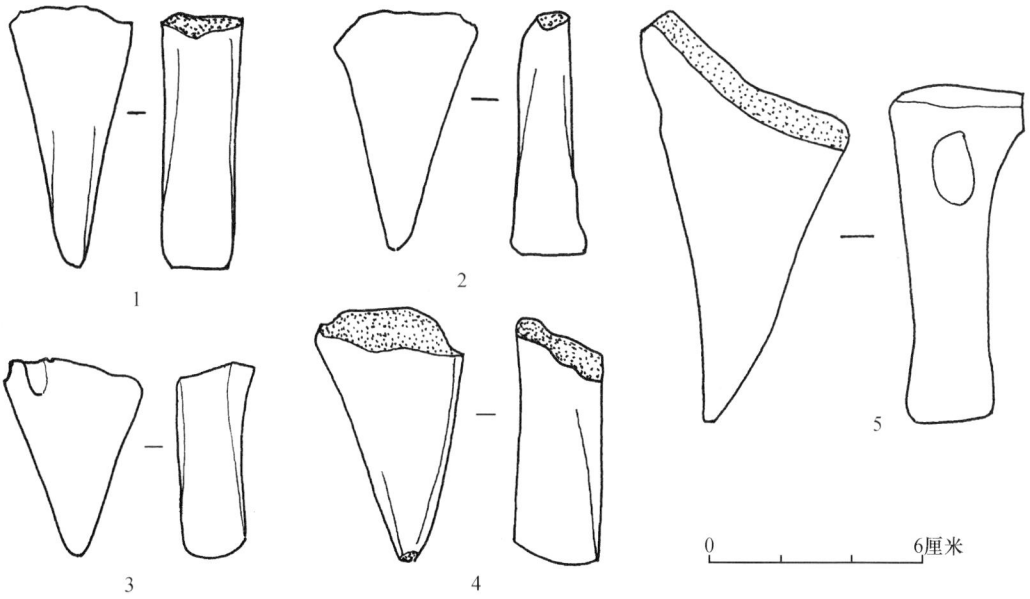

图九　大汶口文化陶鼎足

1.H9：10　2.H7：6　3.H9：9　4.H9：8　5.H9：11

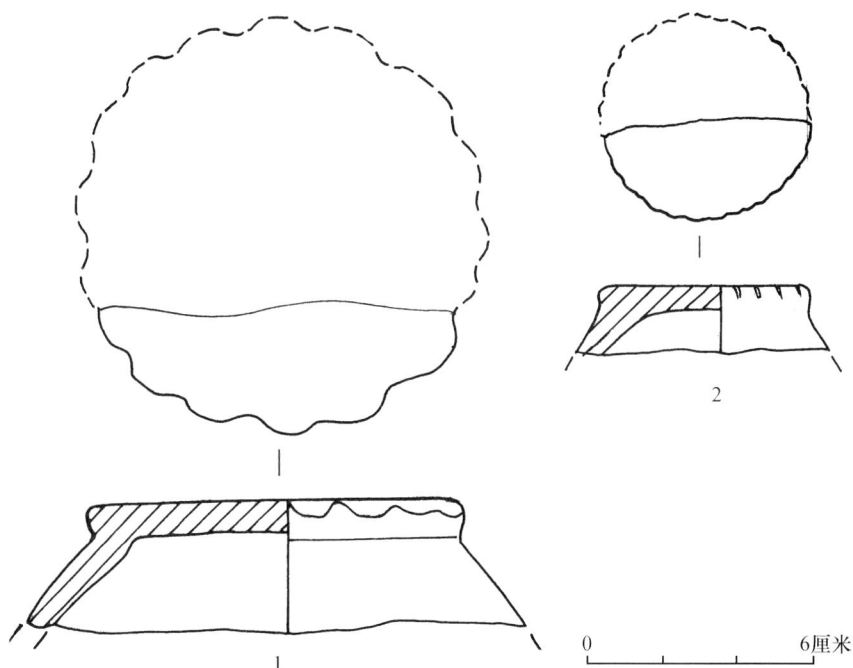

图一〇　大汶口文化陶器盖
1. H7：7　2. H7：6

　　环　2件。均泥质红褐陶。素面。H9：3，截面圆角方形。复原直径7 厘米（图一一，1）。H9：4，截面圆形。复原直径6.9厘米（图一一，2）。

　　球　1件（H7：2）。夹砂红褐陶。手制。球形。器表饰一周指甲纹。直径2.8厘米（图一一，6；图版一二，3）。

　　（2）蚌器

　　环　1件（H9：1）。截面长方形。复原直径5.9厘米（图一一，3）。

　　（3）骨器

　　锥　1件（H9：5）。长条形，截面圆形。尖微残。磨制精致。残长3.4 厘米（图一一，4）。

　　针　1件（H9：2）。细长条状，截面圆形。顶端扁圆形，有圆形钻孔。尖部残缺。通体磨制精细。残长3.4、直径0.15、孔径0.07厘米（图一一，5；图版一九，17）。

　　（4）石器

　　铲　1件（H7：1）。上部已残。长方形，残断处中部有一圆形孔，直刃。磨制光滑。刃部有使用崩渣。残长4.6～7、宽9.2、厚1.2厘米（图一二，1；图版一五，1）。

　　刀　1件（H7：3）。长方形，弧顶，双面刃。磨制。残长4.8、宽3.6、厚0.4厘米（图一二，3）。

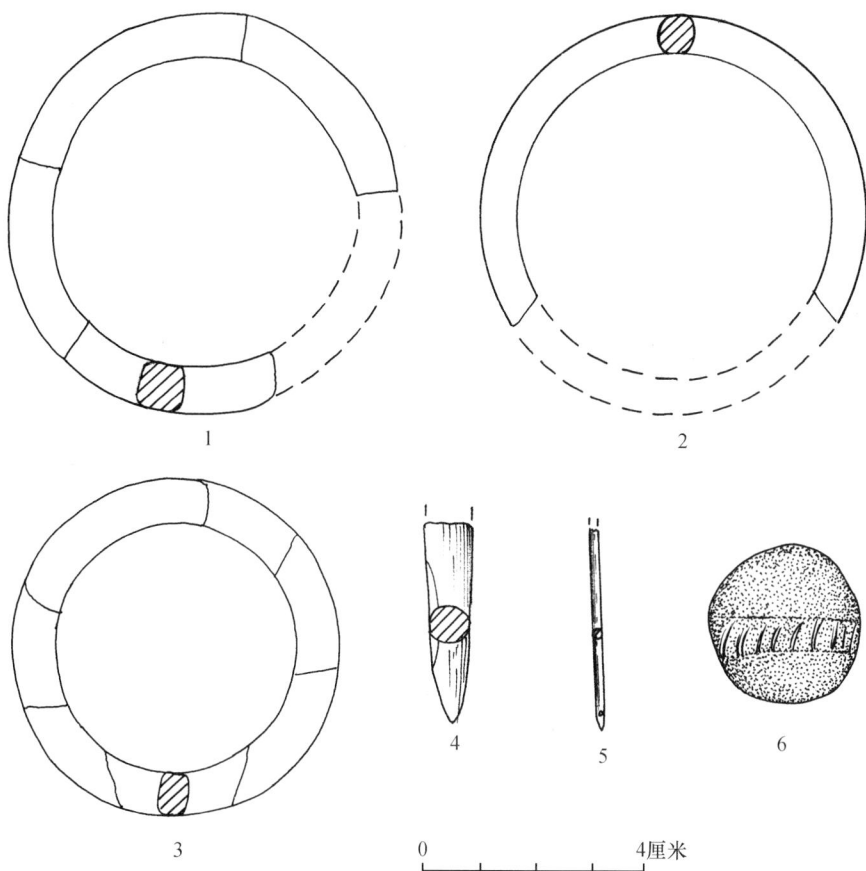

图一一　大汶口文化陶器、骨器、蚌器

1、2. 陶环（H9：3、H9：4）　3. 蚌环（H9：1）　4. 骨锥（H9：5）　5. 骨针（H9：2）　6. 陶球（H7：2）

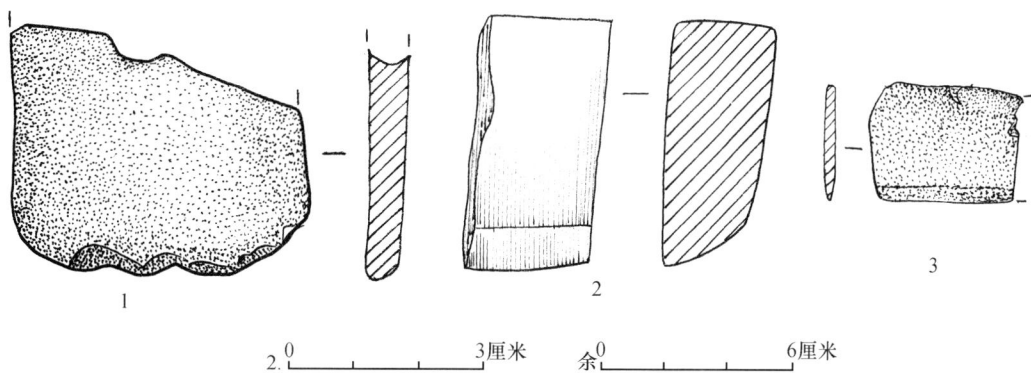

图一二　大汶口文化石器

1. 铲（H7：1）　2. 凿（H7：4）　3. 刀（H7：3）

凿　1件（H7：4）。长方形，平顶，偏锋，斜直刃，棱角清晰。制作精致规整。长4、宽1.9、厚1.6厘米（图一二，2；图版一五，2）。

（二）龙山文化遗存

1. 遗迹

主要是灰坑和墓葬。

（1）灰坑

7个（H2、H10～H12、H18、 H20、H21）。下面对H2、H18、H20进行介绍。

H2　位于T31～T33和T41～T43内。开口第2层下，打破H21，被H3、H4、H15、H16、H19打破。坑口形状呈不规则椭圆形，壁斜弧，下部内收，坑底平缓不甚规整。清理部分坑口南北直径8～11、东西直径11、深1.2米左右。坑内堆积根据土质土色和包含物的不同，大致分为4层。第1层，厚0.15～0.3米。灰褐土，质硬且黏，内有少量陶片和兽骨以及红烧土颗粒等，出土文化遗物主要有陶、石、骨等。陶片中可辨器形有鼎、鬹、罐、杯、盆、纺轮、环、球等，石器有锛、钻帽、磨盘、砺石、矛、镞，骨器仅见镞形器。第2层，厚0.05～0.35米。深灰褐土，质较黏，且细密，含少量红烧土颗粒和兽骨。出土陶器有纺轮和环，石器有斧、打磨器、刀、砺石、镞等，骨器有锥和镞，蚌器仅见镰。第3层，厚0.15～0.4米。灰褐粉砂土，质较疏松，含有红烧土颗粒、木炭、草木灰、兽骨、石片和大量陶片等。出土陶片可辨器形有鼎、鬹、罐、盆、杯、䉛、纺轮、环，石器有铲、斧、锛、刀、凿、磨盘、砺石、镞，骨器有镞形器、叉、匕、鱼钩、针、锥、镞，角器仅有坠饰。第4层，厚0.1～0.2米。黄褐色土，质较硬，含有大量石块、少量粗砂粒和零星红烧土颗粒，陶片较少，可辨器形有鼎、罐、杯以及石斧、砺石等（图一三；图版七，1）。

H18　位于T1东南，开口于第4层下，被H17、H10、M3、M4打破。坑口平面呈不规则椭圆形，坑壁斜内收，底不平。大部分在探方外面未发掘。发掘部分口长7.7、东西宽6.3、深0.65～1.4米。根据坑内堆积的不同，可以分为4层。第1层，厚0.1～0.25米。深灰褐土，结构致密，内含较多红烧土颗粒及少量黑灰。包含遗物有陶片、螺壳、蚌壳、兽骨和石块等。可辨器形有鼎、鬹、罐、壶、高柄杯、盆、甗、杯、器盖、环以及石锛、石镞和蚌刀等。第2层，厚0.1～0.45米。浅灰褐粉砂土，结构致密。内夹杂较多黄褐黏土和少量炭屑。包含有大量陶片、蚌壳、兽骨等。可辨器形有鼎、壶、鬹、罐、盆、匜、䉛、豆、高柄杯、器盖、纺轮、珠等，石器有铲、镞，角器有锥和镞，骨器有锥、镞、镞形器，蚌器有镰、镞、环。第3层，厚0.15～0.5米。黑灰色土，结构非常疏松，夹杂深灰褐草木灰，内含少量黄土块和较多灰白色灰渣，另有大

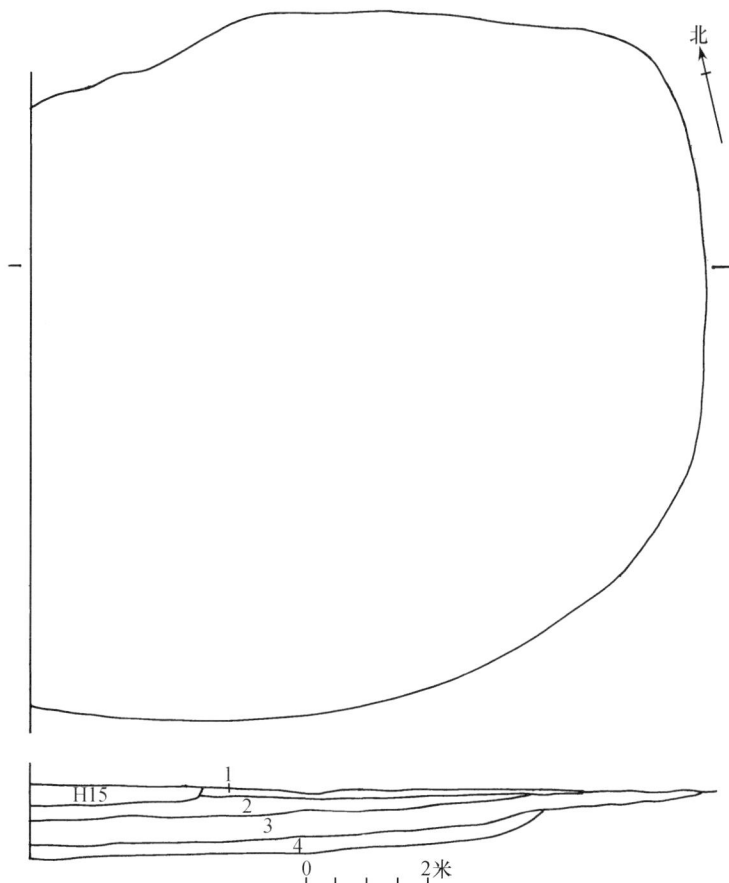

图一三　龙山文化H2平、剖面图
1.灰褐黏土　2.深灰褐土　3.灰褐粉砂土　4.黄褐土

量陶片、螺壳、兽骨和少许石块、蚌壳等。可辨器物有鼎、鬶、罐、盆、杯、纺轮、算、甗、碗、器盖、钵、球、环等，石器有锛、球、镞，角器有拍、矛，骨器有锥、镞、镞形器、笄、针、刻刀，蚌器有镰、刀、环和饰件等。第4层，厚0.05~0.3米。黄褐粉砂黏土，内含较多砂粒及少量红烧土颗粒，结构致密，出土遗物较少，主要是陶片、猪下颌骨（图版二一，5、6）、蚌壳和石块等。可辨器形有鼎、鬶、盆、壶、罐、高柄杯、器盖等，石器有锛和镞（图一四；图版七，2）。

H20　位于T41东南，大部压在东隔梁下。开口在第2层下，打破第5层，被M5打破。坑口平面呈椭圆形，斜壁内收，底较平缓，中部略凹。南北直径3.35、东西直径2.95、深0.25~0.38米。坑内堆积可分为2层。第1层，厚0.2~0.3米。灰褐色土，质较硬且黏，包含红烧土颗粒以及少量陶片。陶片以夹砂红陶为主，可辨器物有鼎、罐等。第2层，厚0.05~0.15米。深灰褐土，质较疏松，含较多红烧土颗粒，陶片多于上层，可辨器物有鼎、鬶、罐及石镞等（图一五）。

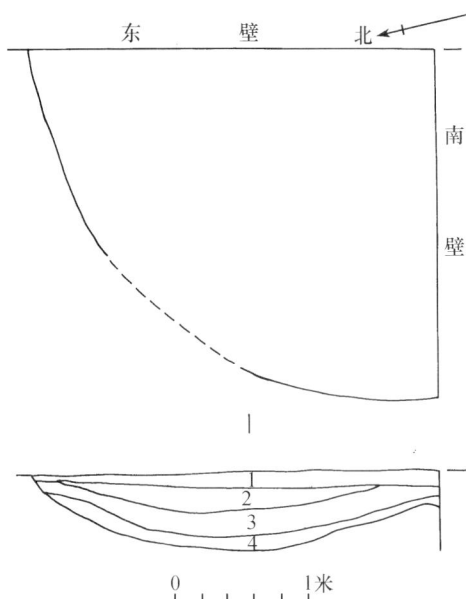

图一四　龙山文化H18平、剖面图
1.深灰褐土　2.浅灰褐粉砂土　3.黑灰色土
4.黄褐粉砂黏土

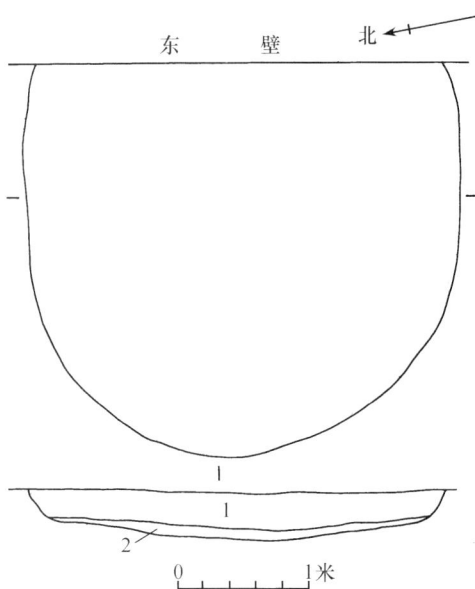

图一五　龙山文化H20平、剖面图
1.灰褐色土　2.深灰褐土

（2）墓葬

共4座。

M2　位于T34和T45内，开口于第2层下，距地表0.25米。为长方形土坑竖穴墓，长1.67、宽0.53、深0.31米。墓内填土呈黄褐色，质松软，内含零星烧土块。仰身直肢，头向东北，方向74°。骨架保存较差，头骨以及上肢骨破坏严重，仅剩下肢骨。性别与年龄不明。没有随葬品（图一六）。

M3　位于T1内，开口于第2层下，距地表0.26米。为长方形土坑竖穴墓，长1.7、

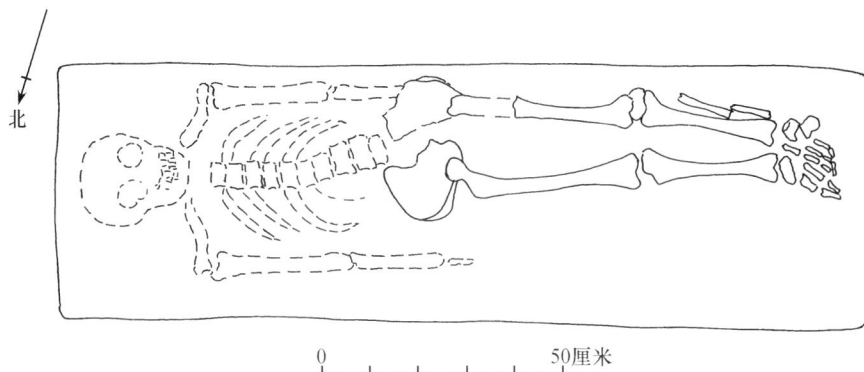

图一六　龙山文化M2

宽0.5、深0.8米。墓内填土呈灰褐色，质松软。经鉴定，死者为成年男性，年龄在27～30岁。仰身直肢，头向东北，面向南，方向74°。骨骼粗壮，保存非常好。无随葬品。左膝处插有一角镞。死亡可能与箭伤有一定关系（图一七；图版八，4）。

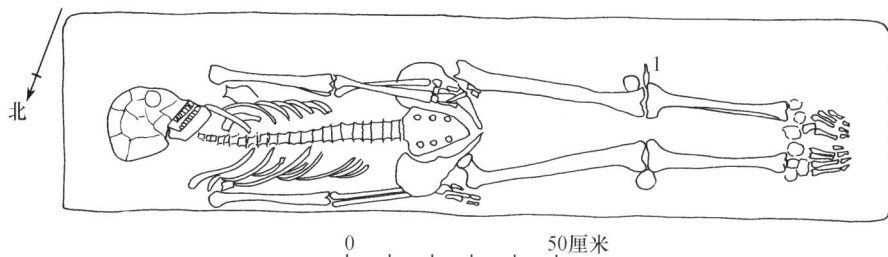

图一七　龙山文化M3
1. 角镞

M4　位于T1南侧扩方内，开口于第4层下，打破H18。长1.95、宽0.5、残深0.1米。死者头向东，面向南，方向74°。性别年龄不明。死者头骨右侧放置泥质黑陶壶和夹砂器盖各1件（图一八）。

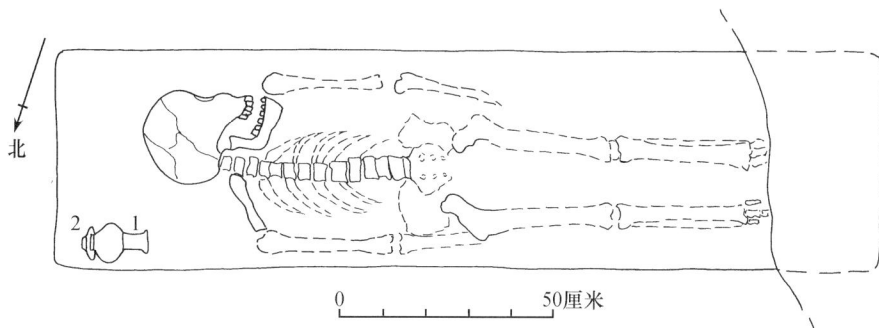

图一八　龙山文化M4
1. 陶壶　2. 陶器盖

M5　位于T31内，开口于第2层下，距地表0.16米，打破H20。为长方形土坑竖穴墓，长2.15、宽0.8、深0.15米。墓内填灰褐色花土以及零星红烧土颗粒，质较坚硬。死者仰身直肢，头向南，面向西，方向189°。骨骼保存较好。未经鉴定，推测可能为男性，年龄不明。无随葬品（图一九）。

2. 遗物

龙山文化遗存相当丰富，质地主要分为陶、石、骨、蚌、角器等。陶器中可辨器形有鼎、盆、罐、甗、匜、碗、瓮、豆、鬶、觯形杯、筒形杯、高柄杯、箅、器盖、纺轮、拍、球、珠和网坠等。石器主要有斧、锛、凿、铲、刀、矛、镞、打磨器和砺

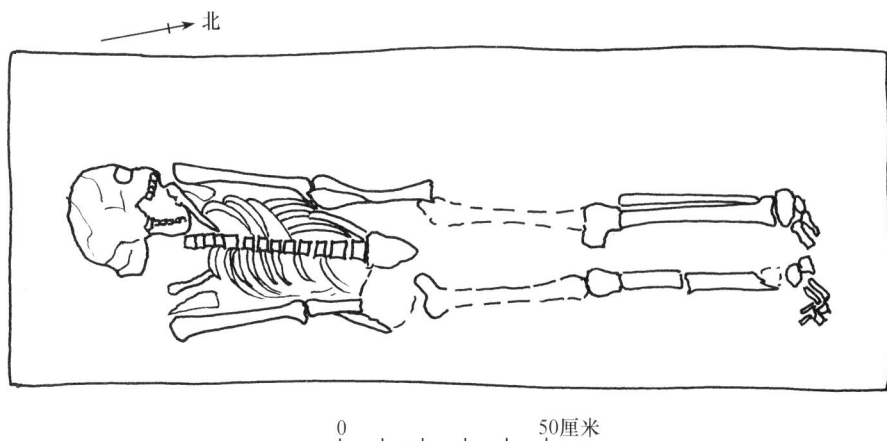

图一九　龙山文化M5

石。骨、角、蚌器数量众多，种类有笄、锥、针、镖、叉、镞、拍、矛、鱼钩等。

（1）陶器

陶器分为泥质和夹砂两大类。泥质陶以普通泥质陶为主，还有少量细泥陶，前者陶土较粗糙，未经淘洗，有的夹杂大砂粒。后者多经过淘洗，非常细腻。主要用来制作薄胎高柄杯等。夹砂陶主要有鼎、罐、盆、鬶、瓮和器盖等，泥质陶有筒形杯、壶、盆、豆和高柄杯等。

陶色分为红、灰、褐、黑、白五种，其中以灰褐陶为主，红陶和红褐陶较少，灰陶有浅、深、黑、青四种，褐色可分成红褐、黄褐和灰褐，黑陶包括黑皮陶，白陶色泽纯正，但数量较少。泥质陶色泽比较纯正。夹砂陶颜色多数不纯，有的表里不一，内壁呈现红褐色或灰色；有一些黑皮陶器表颜色不均，出现黑、灰、褐或者相间现象。表面装饰以素面为主，纹饰有篮纹、凸凹弦纹、凸棱纹、划纹、按窝纹、镂孔、附加堆纹、布纹、盲鼻、鸡冠耳等（图二〇）。制法多采用模制与泥条盘筑相结合的方法为主。器形主要有鼎、罐、盆、瓮、豆、壶、筒形杯、高柄杯、器盖、箅、碗、环、纺轮、圆饼等。

鼎　均为夹砂陶。数量较多，但大部分是器物残片，仅复原3件。根据器形的不同，分为二型。

A型　1件（H18③：110）。红褐陶。圆唇，斜折沿，束颈，深腹，小平底。腹部饰横篮纹，下腹部一周附加堆纹。足残，足上部刻划2道竖凹槽。口径14.4、残高13.6厘米（图二一，2；图版八，2）。

B型　2件。H2②：137，褐陶。窄斜折沿，束颈，鼓腹，圜底。腹部饰竖篮纹。足残。口径11.6、残高14.9厘米（图二一，1；图版八，3）。H2①：142，灰褐陶。口沿残。鼓腹，圜底，最大腹径居中部。上腹饰横篮纹，下腹素面，近底部饰一周附加堆

图二〇 龙山文化陶器纹饰拓本

1、2. 波浪纹（H2①：153、H18①：132） 3、4. 布纹（H2②：129、H18②：134） 5. 刻划三角纹
（H18②：133） 6.轮旋纹（H18②：136） 7.篮纹（H18②：138） 8.方格纹（H18②：137）

纹。足残。残高17.6厘米（图二一，3）。

除陶鼎外，还发现大量鼎足。多为夹砂陶，泥质陶少见。其形式多样，主要分为侧三角形、铲形、凿形和鸟头形。下面选择部分标本介绍如下。

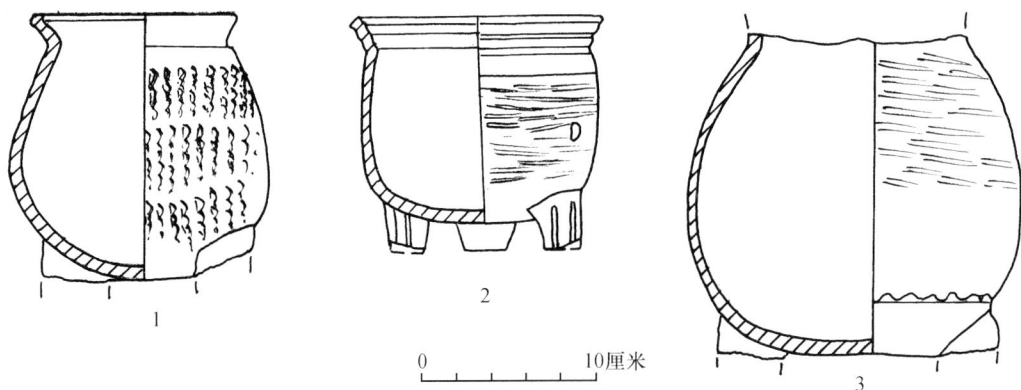

图二一　龙山文化陶鼎

1、3. B型（H2②：137、H2①：142）　　2. A型（H18③：110）

A型　1件（H2④：152）。侧面呈三角形。足根部有2个按窝。残高6.7厘米（图二二，2）。

B型　2件。铲形。均夹砂红褐陶。形体较大，平面呈长方形。H18①：156，足面

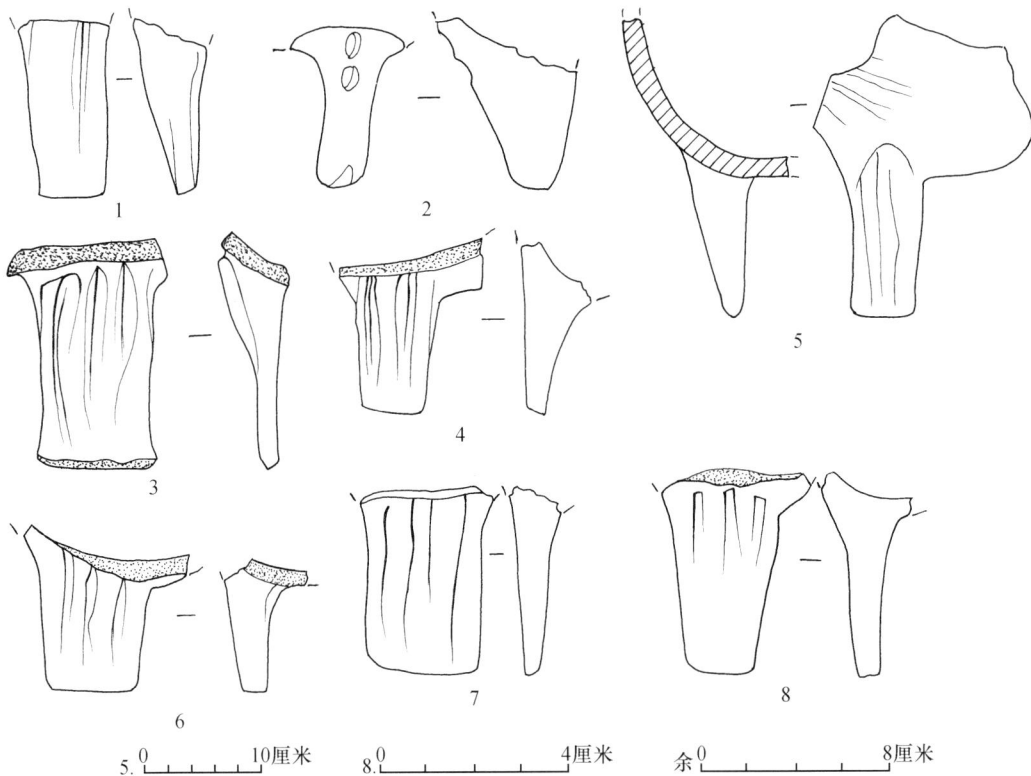

图二二　龙山文化陶鼎足

1、4、5、8. C型（H2②：128、H2②：126、H2①：131、H2②：125）　2. A型（H2④：152）　3、6、7. B型（H18①：156、H18③：148、H2②：127）

有3道竖凹槽。残高9.2厘米（图二二，3）。H18③：148，形体较矮。足面有3道竖凹槽。残高约6厘米（图二二，6）。H2②：127，足面有5道竖凹槽。残高7.6厘米（图二二，7）。

C型　5件。凿形。均夹砂红褐陶。H2②：128，足面有1道竖凹槽。残高7.3厘米（图二二，1）。H2②：126，形体较矮。足面有2道竖凹槽。残高7厘米（图二二，4）。H2②：125，足根部3道竖凹槽。残高4.2厘米（图二二，8）。H2①：131，形体较窄。足面有3道竖凹槽。残高约6厘米（图二二，5）。H2①：130，倒梯形，形体厚重。足面中间一条竖附加堆纹。残高8.4厘米（图二三，4）。

D型　4件。鸟喙形。足面中间一道竖附加堆纹。H18①：152，泥质红陶。平面呈三角形。残高8厘米（图二三，2）。H18①：154，夹砂红褐陶。形体较高。残高10.2厘米（图二三，3）。H18①：153，夹砂红褐陶。形体较矮，足根部两侧有2个圆形按窝。残高6.8厘米（图二三，1）。H18①：155，夹砂红褐陶。足面中间有一条凸棱，上面刻划7个横向凹槽，足根部2个镂孔。残高8.5厘米（图二三，5）。

罐　数量较多，但比较破碎，仅复原5件。根据器形的不同，分为三型。

A型　7件（复原3件）。可分为三式。

Ⅰ式：2件（复原1件）。H2③：97，夹砂红褐陶。圆唇，斜折沿，深腹，最大腹径居中上部，下腹斜内收，平底微内凹。腹饰斜篮纹，上腹按2个对称乳钉。器表局部出现红黑相间的斑驳痕迹。口径17.2、底径8.8、通高25.6厘米（图二四，1；图版九，1）。H2②：138，夹砂红褐陶。圆唇，口沿上饰一周凹弦纹，斜折沿，沿面微凹，束颈，深鼓腹，平底。腹饰横篮纹。口径17.4、复原高27厘米（图二四，5）。

Ⅱ式：3件（复原1件）。H2②：143，夹砂红褐陶。圆唇，宽折沿，沿下饰一周凹槽，束颈，深鼓腹，下腹残。器表饰横篮纹。口径22、残高16.4厘米（图二四，2）。H2②：141，泥质灰陶。圆唇，宽折沿，束颈，深腹。素面。口径22、残高7厘米（图二四，3）。H2③：100，夹砂灰陶。圆唇，斜折沿，深鼓腹，最大径居中腹部，小平底。沿内侧一周凹槽，上腹按2个对称乳钉。素面。口径14.4、底径7.6、通高18厘米（图二四，4；图版九，2）。

Ⅲ式：2件（复原1件）。H18③：150，夹砂灰褐陶。圆唇，窄折沿，小口，鼓腹。胎壁较薄。素面。口径7、残高5厘米（图二五，1）。H10：9，夹砂黑褐陶。尖圆唇窄折沿，沿内微凹，束颈，鼓腹，下腹部斜内收，平底微内凹。上腹饰2周凹弦纹。口径10.4、底径5.2、通高10.4厘米（图二五，2；图版九，3）。

B型　1件（H2③：106）。细泥质灰褐陶。方唇，卷沿，束颈，深鼓腹，最大腹径居中部，小平底。沿内侧一周凹槽。器表有刮抹痕迹。素面。口径17.2、底径9.6、通高26.8厘米（图二四，6；图版九，4）。

C型　1件（H2③：96）。夹砂红褐陶。器表色泽不纯正，腹部出现红褐、黑褐、

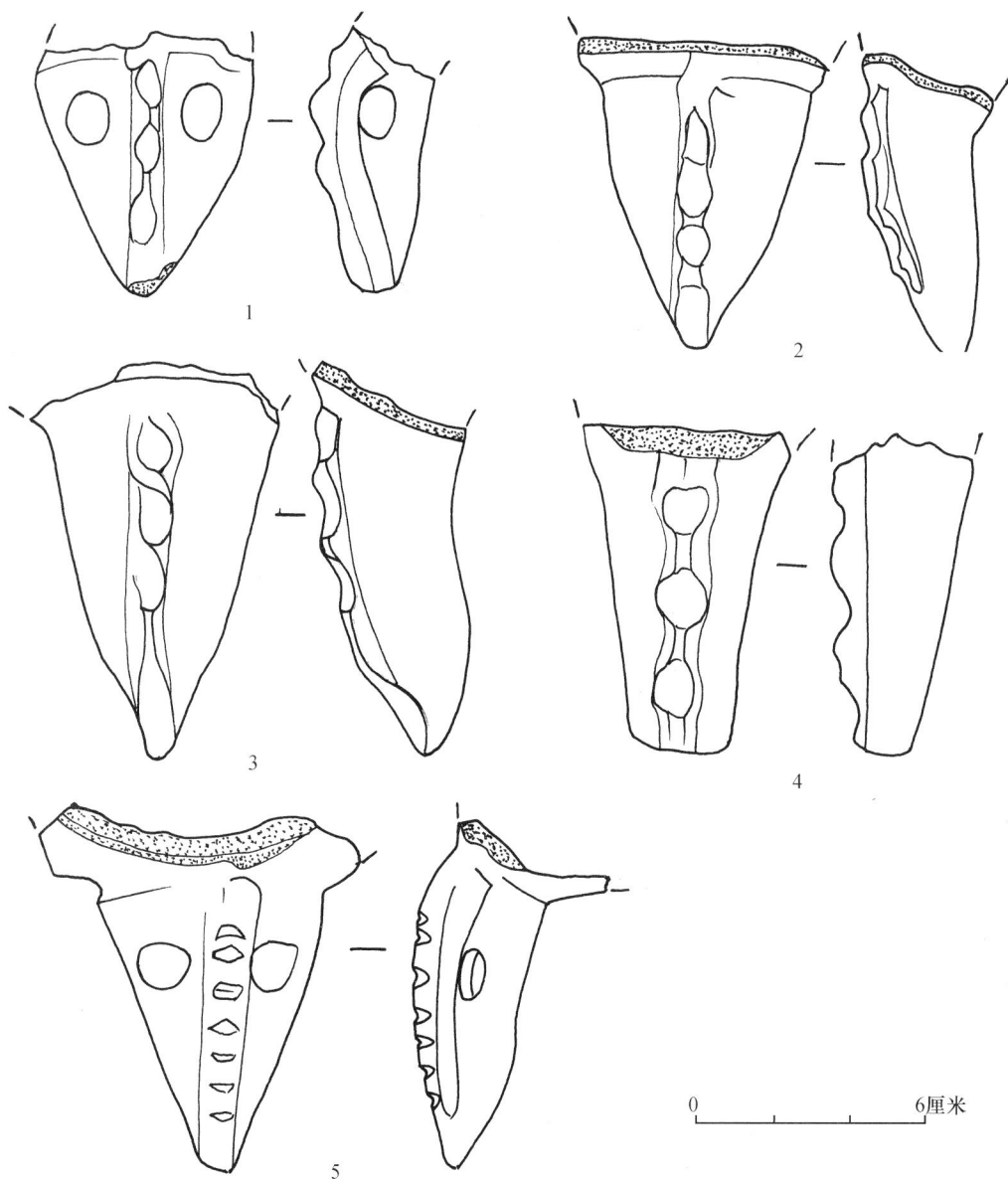

图二三　龙山文化陶鼎足

1～3、5. D型（H18①：153、H18①：152、H18①：154、H18①：155）　　4. C型（H2①：130）

灰褐相间现象。圆唇，卷沿，侈口，束颈，圆鼓腹，下收为平底。颈外侧饰3周凹弦
纹，腹上部饰2周凹弦纹，腹饰横篮纹。口径8.8、底径7.2、通高14.4厘米（图二五，
3；图版一〇，1）。

除完整陶罐外，还发现大量残罐片，有些可能属于鼎，现一并在此介绍。
H18③：146，夹砂灰褐陶。方唇，宽斜折沿，沿面饰一周凹槽，深腹。腹部饰篮

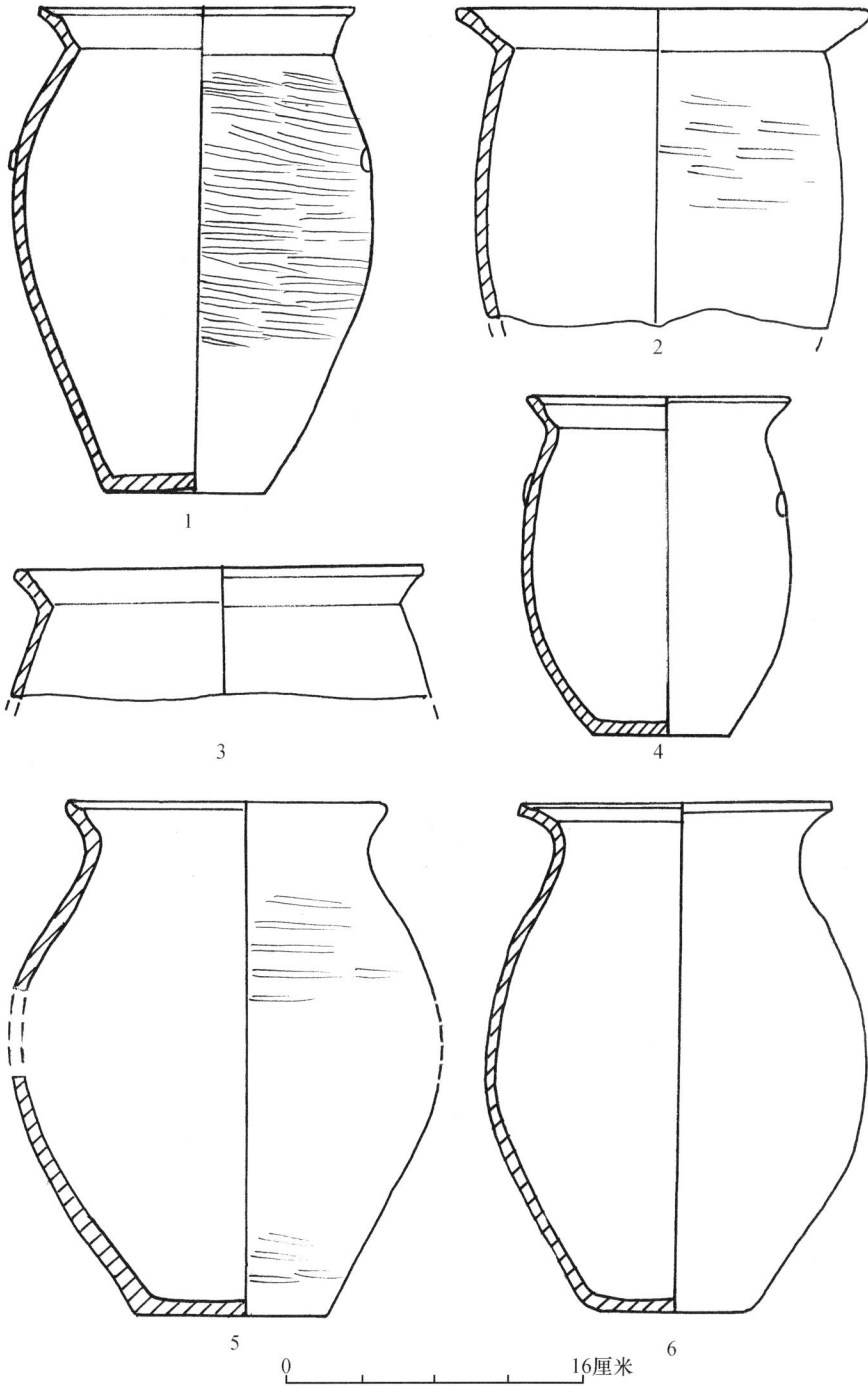

图二四　龙山文化陶罐

1、5.A型Ⅰ式（H2③：97、H2②：138）　　2～4.A型Ⅱ式（H2②：143、H2②：141、H2③：100）

6.B型（H2③：106）

纹。口残宽12、残高10.2厘米（图二六，1）。H2②：121，夹砂红褐陶。圆唇，卷沿，深腹，下部残缺。腹饰斜篮纹，腹中部按2个对称鸡冠耳。口残宽12.4、残高11.2厘米（图二六，2）。H2③：145，夹砂灰陶。圆唇，斜折沿，束颈。颈部有3周凹弦纹，腹部饰斜篮纹。口径22.6、残高7厘米（图二六，3）。H18③：145，夹砂灰褐陶。方唇，宽斜折沿，深腹。腹饰斜篮纹。口残宽11、残高12厘米（图二六，4）。H2②：120，夹砂灰褐陶。圆唇，窄卷沿，广肩，斜直腹，下部残。素面。口残

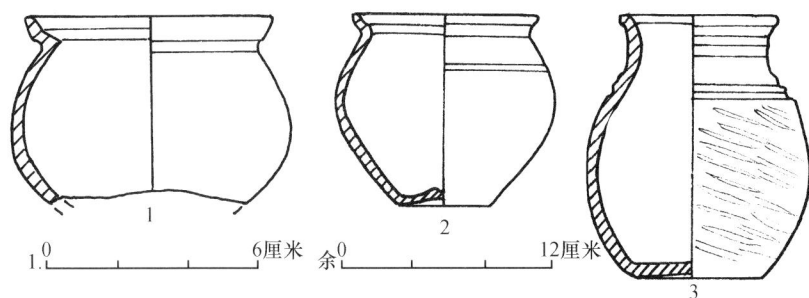

图二五　龙山文化陶罐

1、2. A型Ⅲ式（H18③：150、H10：9）　3. C型（H2③：96）

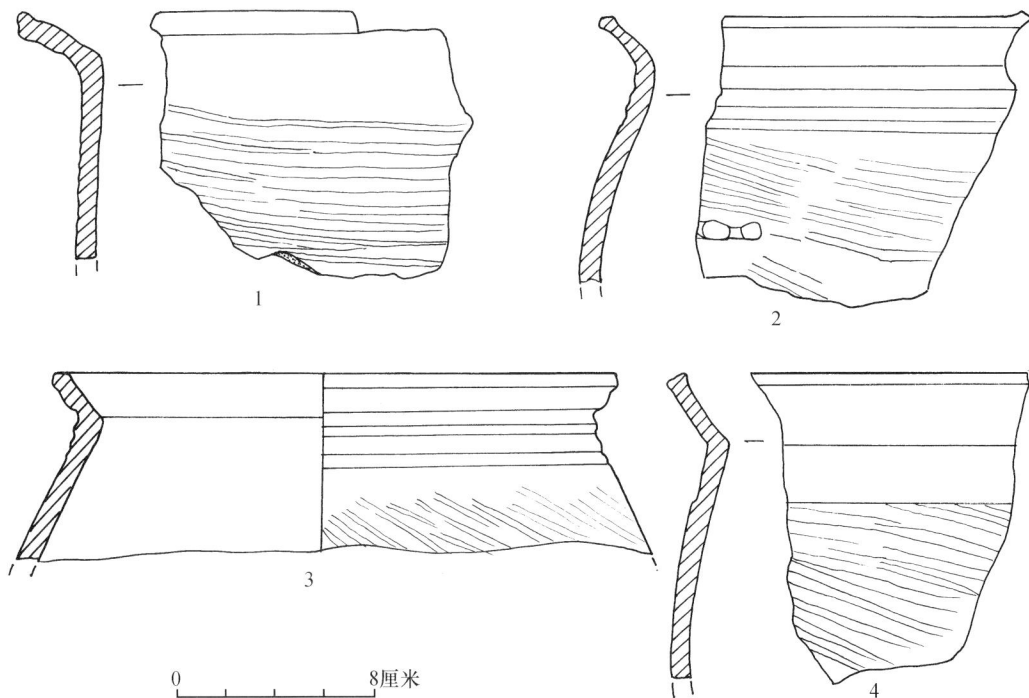

图二六　龙山文化陶罐口沿

1. H18③：146　2. H2②：121　3. H2③：145　4. H18③：145

宽7.5、残高9厘米（图二七，1）。H2③：149，泥质红褐陶，胎呈红色，质较软。方唇，小口。口残宽2、残高7厘米（图二七，2）。H18③：141，夹砂浅灰陶。尖唇，折沿，鼓腹，下部残。素面。口残宽8.2、残高8.3厘米（图二七，3）。H2②：123，夹砂黑褐陶。尖唇，斜折沿，内侧一周凹槽，广肩。肩部有4周凹弦纹，2个对称乳钉。口残宽7.6、残高6.4厘米（图二七，4）。

钵　3件。敛口。H2①：151，夹砂黑陶。圆唇。腹饰篮纹。口残宽8.6、残高6.8厘米（图二八，1）。H2②：119，夹砂黑陶。方唇，上腹部按2个鸡冠耳，腹饰篮纹。口残宽10.6、残高10厘米（图二八，2）。H18③：130，泥质红褐陶。口沿外侧饰2周凹弦纹，上腹部按2个对称鸡冠耳。口残宽8.5、残高8厘米（图二八，3）。

盆　20件。数量较多，大部分为残片，仅复原2件。

A型　2件。均夹砂陶。素面。H2①：132，红褐陶。尖圆唇，直壁，筒形腹。腹中部饰横篮纹，内壁有竖划纹。口残宽10、残高11.3厘米（图二九，4）。H2③：148，红褐陶内壁灰黑色。胎厚重。方唇，斜直壁。腹饰篮纹。口残宽9.2、残高9.5厘米（图二八，4）。

B型　2件。均夹砂陶。H2③：135，黑褐陶。圆唇，窄平沿。沿面饰2周凹槽。腹部饰数周凹弦纹。口径41.6、残高14厘米（图二九，1）。H2①：53，黑陶。方唇，宽

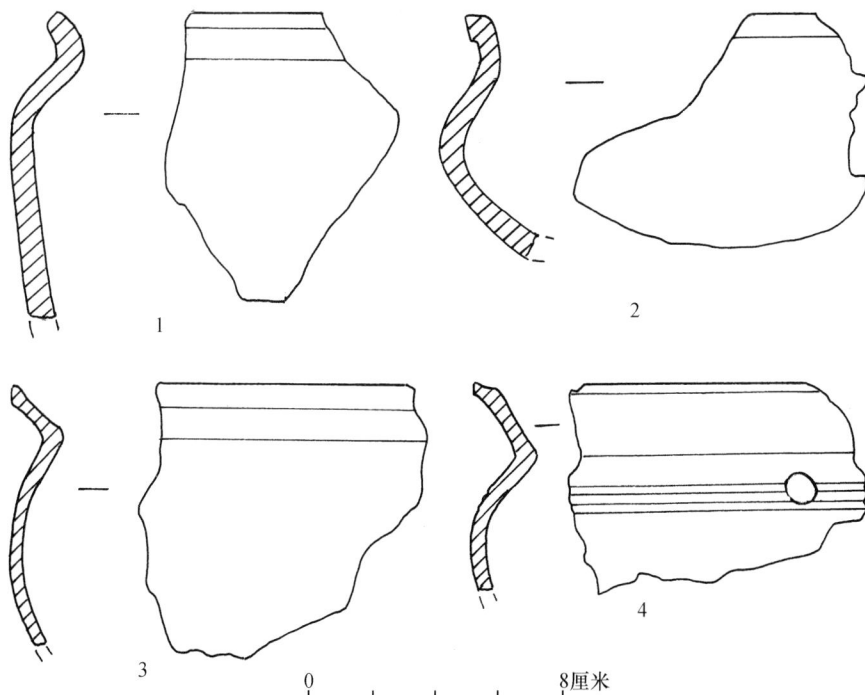

图二七　龙山文化陶罐口沿

1. H2②：120　2. H2③：149　3. H18③：141　4. H2②：123

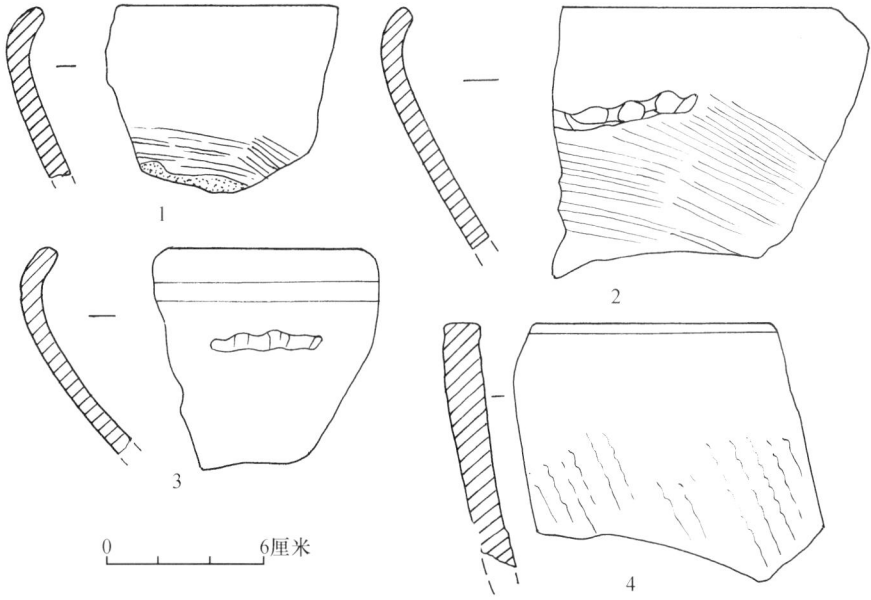

图二八　龙山文化陶器

1～3.钵（H2②：151、H2②：119、H18③：130）　　4.A型盆（H2③：148）

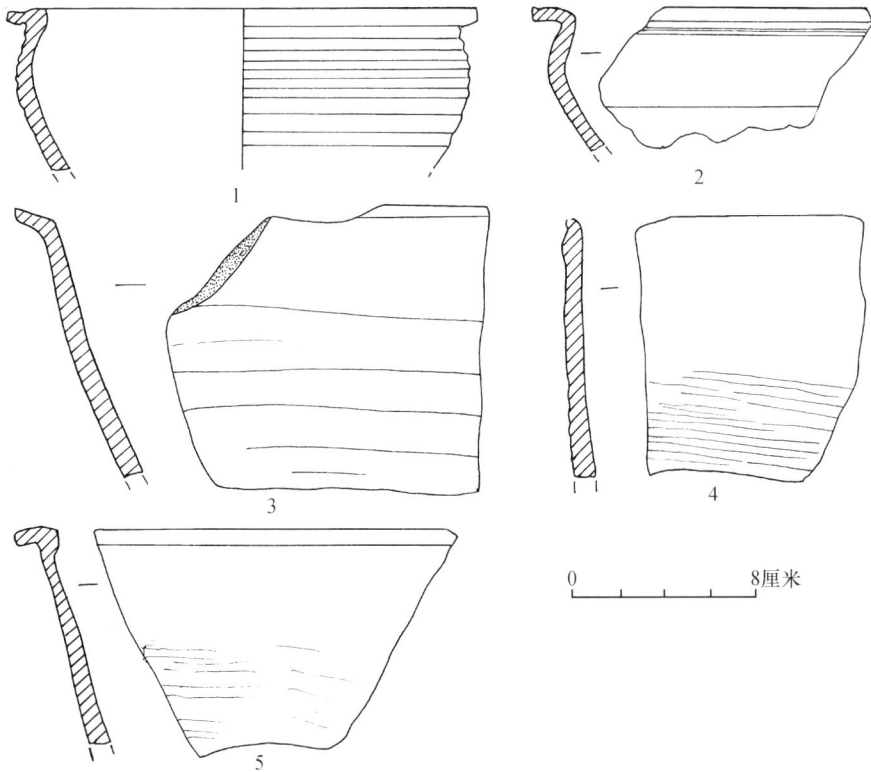

图二九　龙山文化陶盆

1、2.B型（H2③：135、H2①：53）　　3、5.C型（H2③：133、H2③：134）　　4.A型（H2①：132）

折沿，浅盘。下部残。素面。口残宽9.5、残高6厘米（图二九，2）。

C型　5件。H2③：133，泥质红褐陶。窄折沿，深腹。腹饰4周划纹。口残宽8.6、残高12厘米（图二九，3）。H2③：134，泥质黑陶。圆唇，折沿，沿面微鼓。腹饰斜篮纹。口残宽16、残高9.3厘米（图二九，5）。H2③：112，夹砂红陶。方唇，折沿，沿面微凹，敞口，斜壁，深腹，平底。器表饰斜篮纹。口径17、底径8、通高6.8厘米（图三〇，1）。H2②：124，泥质黑灰陶。方唇，平折沿。口残宽8.8、残高6.2厘米（图三〇，2）。H18③：127，泥质黑陶，质坚硬。圆唇，折沿，浅腹。素面。口径31.5、底径16.4、通高7.7厘米（图三〇，3）。

D型　11件。多夹砂陶。敛口，弧壁。H18③：149，夹砂红陶。圆唇内敛，沿面一周凸棱。唇外侧饰篮纹。口残宽10.5、残高6.6厘米（图三一，1）。H2③：146，夹砂灰褐陶。圆唇内敛，沿面微鼓。腹饰篮纹。口残宽13.6、残高6.2厘米（图三一，2）。H18①：151，夹砂灰褐陶。圆唇，平沿。内壁有竖凹槽，器表饰篮纹。口残宽12、残高10.6厘米（图三一，3）。H18③：129，夹砂灰陶。圆唇。腹中部饰斜篮纹。口残宽13.6、残高11厘米（图三一，4）。H2③：147，泥质灰陶。方唇内敛，沿面一周凹槽。口残宽8、残高6.4厘米（图三一，5）。H18③：144，夹砂浅灰陶。方圆唇，口微敛，中腹部内凹。上腹部素面，下腹部斜篮纹。口残宽5.4、残高10厘米（图三二，1）。H2③：136，夹砂灰陶。方圆唇，沿面微弧，口沿内侧有数周凹弦纹，内壁有竖凹槽。素面。口残宽6、残高8.5厘米（图三二，2）。H18③：131，夹砂灰褐陶。方唇，沿面一周凹槽。上腹饰2周凹弦纹，弦纹下饰篮纹。口残宽11.6、残高8.5厘米（图三二，3）。H2②：122，夹砂灰褐陶。器壁厚重。口残宽10.4、残高8.8厘米（图三二，4）。H18③：128，夹砂黑陶。圆唇，沿外侧一周凹槽。腹饰横篮纹。口残宽

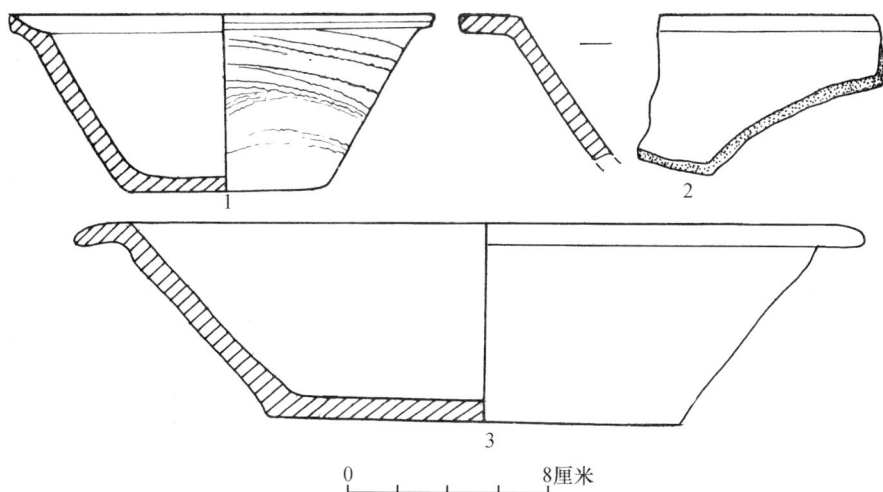

图三〇　龙山文化C型陶盆
1. H2③：112　2. H2②：124　3. H18③：127

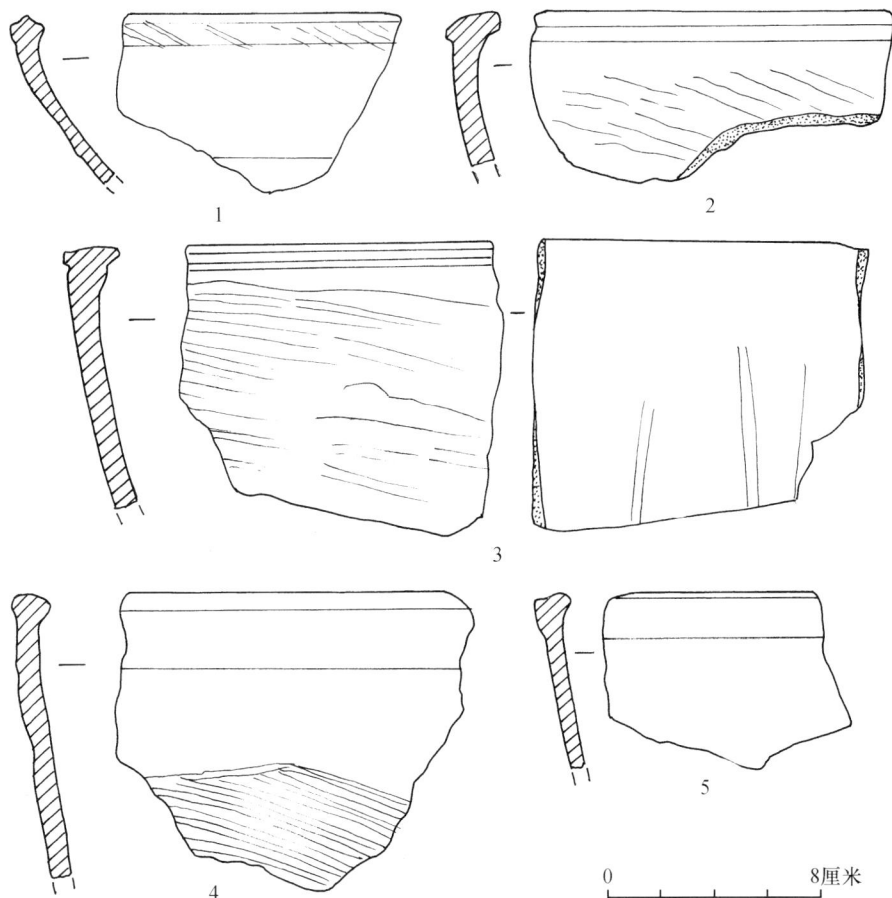

图三一 龙山文化D型陶盆口沿

1. H18③：149 2. H2③：146 3. H18①：151 4. H18③：129 5. H2③：147

10.8、残高8.4厘米（图三二，5）。H18③：143，夹砂灰陶。方唇，沿面饰一周凹槽。腹部饰斜篮纹。口残宽11.7、残高9.6厘米（图三二，6）。

瓮　1件（H18③：126）。夹砂灰褐陶。器表出现红褐、灰褐、深灰相间现象。口残。形体较大，器形不甚规整，广肩，深腹，下斜收为小平底，最大径居上肩部。腹饰斜篮纹，肩部一周附加堆纹，2个对称鸡冠耳，上腹部饰2周划纹。腹径37.2、底径13.2、残高48.6厘米（图三三，1）。

豆　2件。均泥质陶。素面。H2②：162，细泥质黑褐陶，胎呈红褐色，质较软。尖唇，窄平折沿，浅盘，喇叭形圈足。口径10、残高4.4厘米（图三三，2）。H18③：142，灰陶。喇叭形柄。残高8.2厘米（图三三，3）。

算　4件。均夹砂陶。浅腹，平底，底部有圆形孔。素面。H2③：80，灰褐陶。尖圆唇，腹壁斜直。口径14.6、底径9、通高3.2厘米（图三四，1）。H18③：71，黑褐

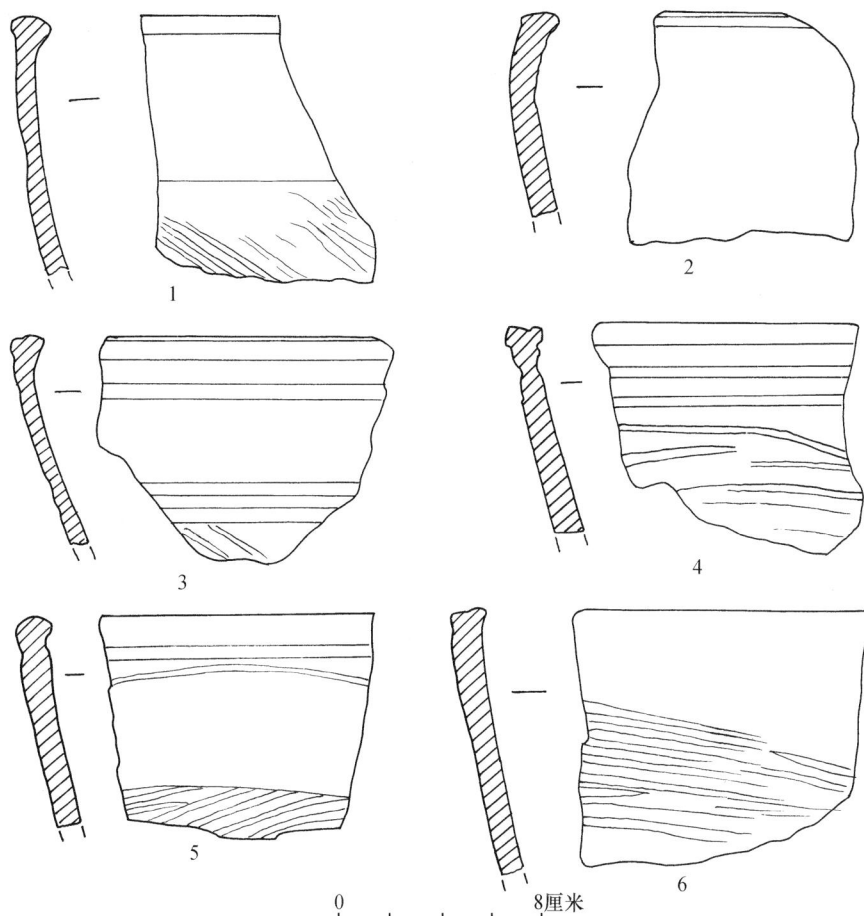

图三二 龙山文化D型陶盆口沿

1. H18③：144 2. H2③：136 3. H18③：131 4. H2②：122 5. H18③：128 6. H18③：143

陶。圆唇，沿面饰一周浅凹槽，斜直壁。口径12、复原底径8、通高3.4厘米（图三四，2）。H2①：8，红褐陶。圆唇，平沿。口径20、复原底径17、通高2.4厘米（图三四，3）。H2②：46，红褐陶。尖圆唇，斜直壁。口径9.8、复原底径6、通高2.6厘米（图三四，4）。

壶 3件。均泥质陶。平底。素面。根据器形的不同，分为二型。

A型 1件（H18②：74）。黑陶。圆唇，侈口，束颈，鼓腹，平底。素面。口径5.2、底径3.2、通高12.8厘米（图三五，1；图版一〇，2）。

B型 2件。M4：1，黑陶。尖圆唇，侈口，细长颈，下部一周凸棱，腹颈分明，圆鼓腹，下收为小平底。中腹部刻划数周凹弦纹，底部有切割痕迹。口径6.4、底径4、通高14厘米（图三五，2；图版一〇，3）。H2③：153，红褐陶。口沿残。鼓腹，平底。素面。底径3.2、残高8厘米（图三五，6）。

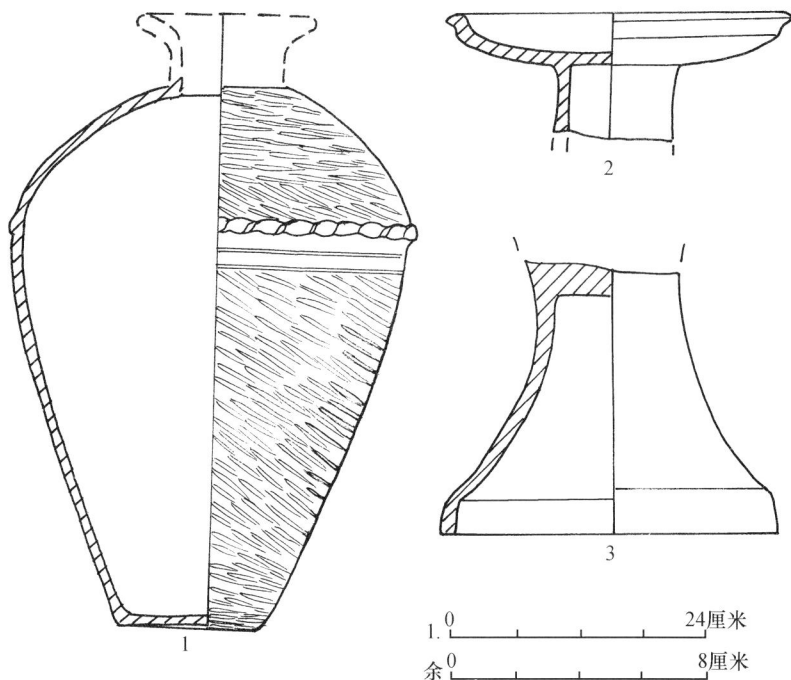

图三三　龙山文化陶器
1.瓮（H18③：126）　2、3.豆（H2②：162、H18③：142）

䍃形杯　1件（H18②：33）。细泥质黑陶。圆唇，侈口，束颈，深鼓腹，最大径居下腹部，下收为小平底。素面。口径6.8、底径4、通高13.6厘米（图三五，3；图版一〇，4）。

筒形杯　2件。均夹砂白陶。侈口，深腹，平底。素面。根据形体不同，分为二型。

A型　1件（H18③：78）。圆唇，敞口，深腹，腹壁近直，圈足。口径6、底径4、通高6厘米（图三五，4；图版一二，1）。

B型　1件（H18②：41）。口径4.6、底径3、通高6厘米（图三五，5；图版一二，2）。

小杯　2件。H2③：103，夹砂红陶。手制。器形不规整。圆唇，小口，筒形腹，平底。口径2.4、底径2.2、通高4～4.5厘米（图三五，7）。H18②：115，泥质灰褐陶。尖圆唇，侈口，深腹，直壁，最大径居下腹，平底。素面。胎壁厚重。直径3、底径3.2、通高4.5厘米（图三五，8）。

碗　2件。均夹砂陶。素面。根据形体不同，分为二型。

A型　1件（H2③：95）。红褐陶。圆唇，敞口，斜壁微外弧，深腹，平底微内凹。口径11.8、底径5.2、通高4.6厘米（图三六，1；图版一一，1）。

B型　1件（H18②：53）。黑褐陶。尖唇，大口，斜直壁，浅腹，假圈足式平底。

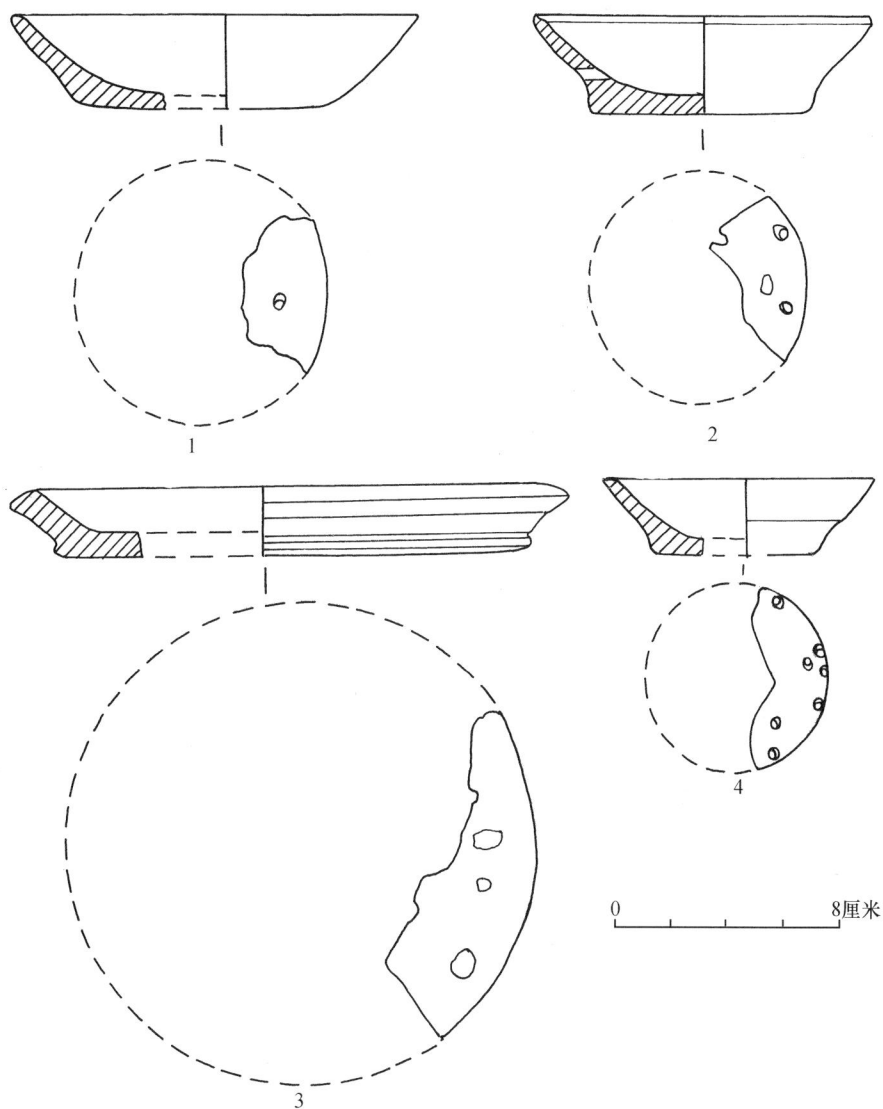

图三四 龙山文化陶簋
1. H2③：80 2. H18③：71 3. H2①：8 4. H2②：46

口径16.8、底径7.5、通高5.1厘米（图三六，2）。

器盖 13件。均夹砂陶。覆碗式，平顶，斜壁。素面。根据顶部、腹壁、口沿以及整体形状的不同，分为三型。

A型 6件。均素面。由于腹部的深浅不同，分为二亚型。

Aa型 2件。深腹。根据盖顶的大小，分为二式。

Ⅰ式：1件（H2③：64）。小平顶。灰褐陶。圆唇，平沿微内凹，斜壁。口径13、顶径4.6、通高6厘米（图三七，2）。

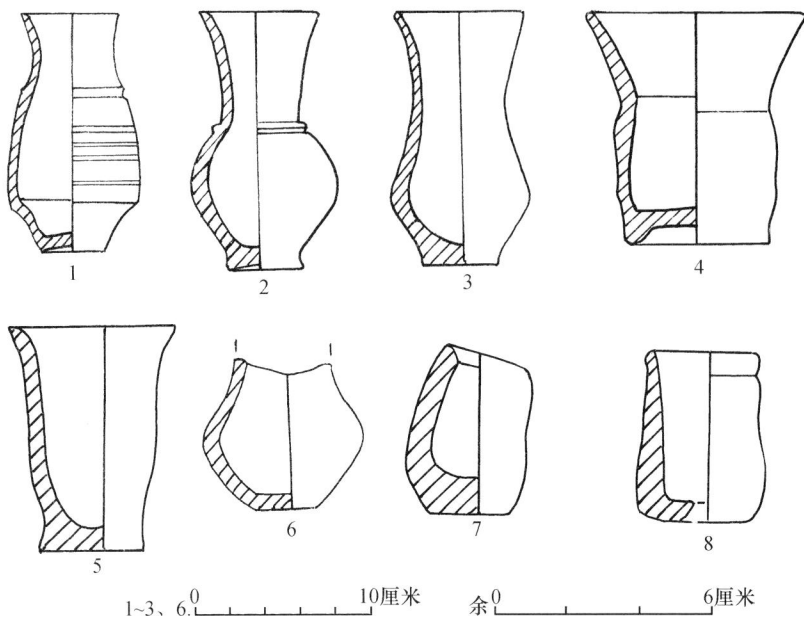

图三五　龙山文化陶器

1. A型壶（H18②：74）　2、6. B型壶（M4：1、H2③：153）　3. 觯形杯（H18②：33）　4. A型筒形杯
（H18③：78）　5. B型筒形杯（H18②：41）　7、8. 小杯（H2③：103、H18②：115）

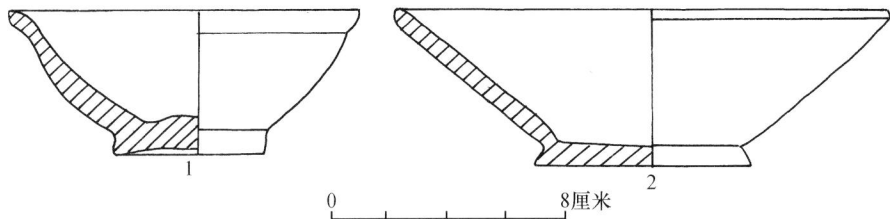

图三六　龙山文化陶碗

1. A型（H2③：95）　2. B型（H18②：53）

Ⅱ式：1件（H18③：122）。顶较大。白陶。圆唇，斜壁，沿下一周凹槽。口径14.6、顶径6.4、通高4.9厘米（图三七，4；图版一一，2）。

Ab型　4件。浅腹。H18④：118，白陶。尖唇，沿面微内凹，斜壁。口残宽10、顶径5.4、通高4厘米（图三七，1；图版一一，3）。H2①：9，灰褐陶。斜直壁。形体较大。口径19.2、顶径8、通高7.2厘米（图三七，3；图版一一，4）。H2③：56，黑陶。顶部边缘一周刻划纹。口径12、复原顶径6.5、通高4.4厘米（图三七，5）。H12：10，黑褐陶。口残。顶径7.8、残高4.8厘米（图三七，6）。

B型　3件。分为二式。

Ⅰ式：1件（H12：2）。黑褐陶。腹部饰2周凹弦纹。口径14.2、顶径3.6、通高5.5

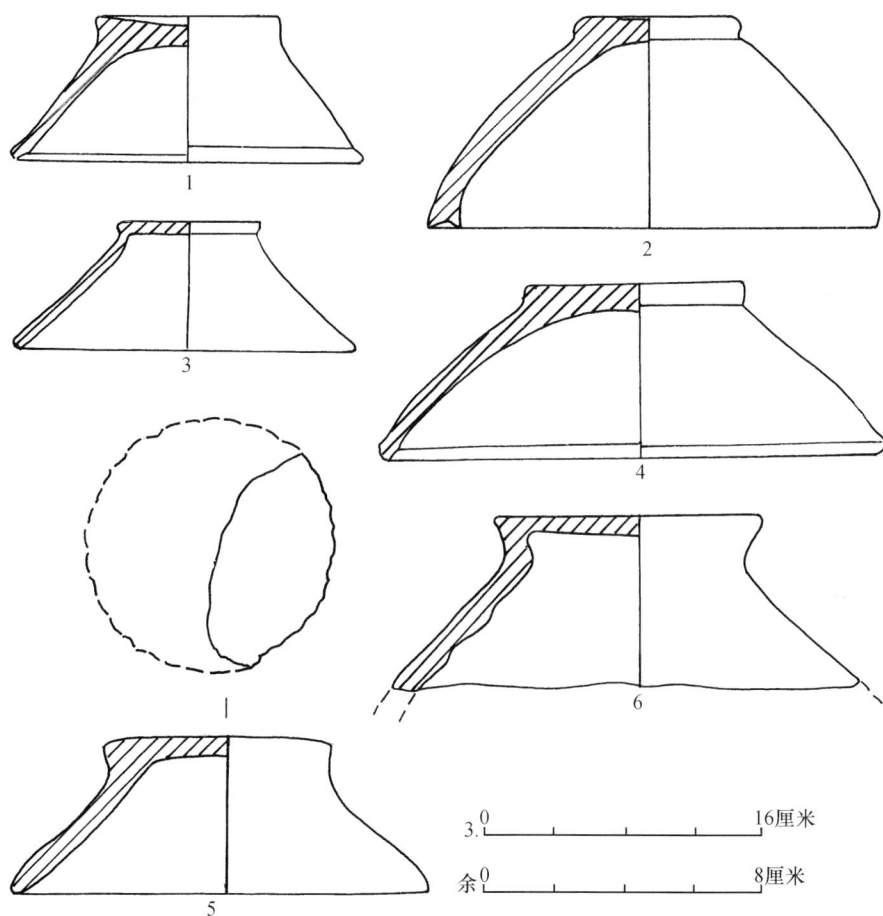

图三七　龙山文化器盖
1、3、5、6.Ab型（H18④：118、H2①：9、H2③：56、H12：10）　2.Aa型Ⅰ式（H2③：64）
4.Aa型Ⅱ式（H18③：122）

厘米（图三八，5）。

　　Ⅱ式：2件。窄折沿。H2③：61，灰褐陶。口径13.2、顶径5.2、通高4.4厘米（图三八，2）。H18①：4，黑陶。圆唇，平顶，斜壁。口径10.4、顶径4.2、通高4.4厘米（图三八，6；图版一一，5）。

　　C型　4件。形体较小。M4：2，红褐陶。浅腹，平底。素面。口径8.6、顶径5、通高2.6厘米（图三八，1；图版一一，6）。H2③：77，红褐陶。覆碗式，平顶内凹，圆唇，斜壁，浅腹。捉手外圈饰一周月牙形指甲纹。口径9.6、顶径5.2、通高3厘米（图三八，3）。H12：1，红褐陶。圆唇，浅腹。手制，器形不规整，质较软。平顶微内凹。口径4.6、顶径3.1、通高1.5厘米（图三八，4）。H18③：147，红陶。圆唇。顶部有布纹。口径5.4、顶径3.5、通高1.9厘米（图三八，7）。

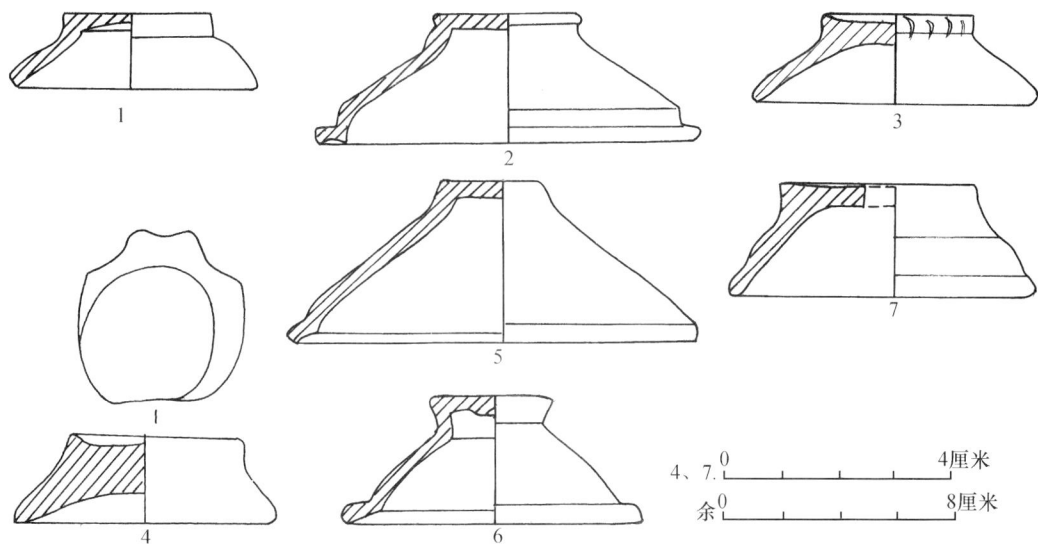

图三八　龙山文化器盖

1、3、4、7.C型（M4：2、H2③：77、H12：1、H18③：147）　2、6.B型Ⅱ式（H2③：61、H18①：4）

5.B型Ⅰ式（H12：2）

纺轮　13件。大部分残缺，仅5件完整。圆饼形，中间有圆形穿孔。根据截面的不同，分为六型。

A型　2件。截面呈椭圆形。素面。H2③：105，泥质红褐陶。已残。体扁薄。复原直径7.2、孔径0.8、厚0.9厘米（图三九，1）。H10：2，夹砂红陶。两面微鼓，体较厚，器形规整。直径5.6～6、孔径0.8、厚1.8厘米（图三九，2；图版一二，5）。

B型　1件（H18③：123）。夹砂灰褐陶。截面长方形。形体较大，两面平。素面。已残。复原直径9.6、孔径0.9、厚2.1厘米（图三九，3）。

C型　2件。两面平整，形体厚重。截面梯形。均泥质陶。H2③：32，灰褐陶。一面素面，另一面刻划连弧纹。已残。复原直径4.4～6.5、孔径0.7、厚1.9厘米（图三九，4）。H18②：42，灰褐陶。素面。直径3.7～4.6、孔径0.5、厚1.6厘米（图三九，5；图版一二，6）。

D型　5件。截面梯形。一面平整，另面周边有一周凸棱。H2①：42，夹砂红褐陶。一面刻划连弧纹，另一面素面。已残。复原直径3.8～5、孔径0.8、厚1.7～1.5厘米（图四〇，1）。H12：14，夹砂黑褐陶。一侧素面，边缘突起，内侧一周凹槽，另面刻划连弧纹。器形规整。直径3.8～5、孔径0.4、厚1.4厘米（图四〇，3；图版一二，4）。H2③：69，泥质红褐陶。一面微内凹，另面边缘突起。素面。器形较小。直径3.3～3.9、孔径0.4、厚1.3～1.7厘米（图四〇，4；图版一二，7）。H2：28，夹砂灰褐陶。一面平，素面，另面刻划连弧纹，边沿有一周凸棱。已残。复原直径3.8～4.6、孔径

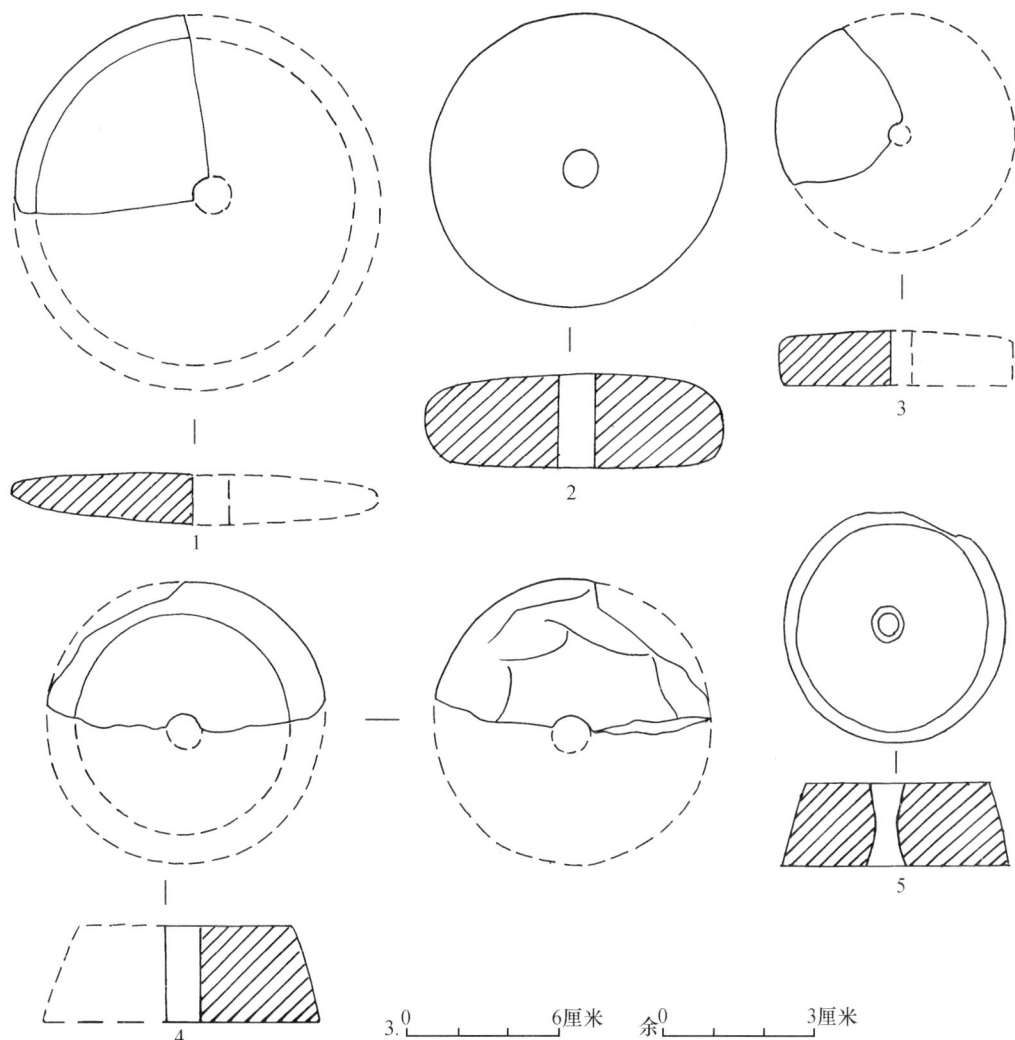

图三九 龙山文化陶纺轮

1、2.A型（H2③：105、H10：2） 3.B型（H18③：123） 4、5.C型（H2③：32、H18②：42）

0.5、厚1.4～1.6厘米（图四〇，5）。H18③：93，夹砂灰褐陶。底面平整，另面边缘有一周凸棱。素面。直径3.8～4.6、孔径0.4、厚1.4厘米（图四〇，6；图版一二，8）。

E型 1件（H2①：41）。夹砂红褐陶。一面平整，另面微鼓，边缘饰一周凹弦纹。已残。复原直径3.7～4.5、孔径0.7、厚0.9厘米（图四〇，2）。

F型 2件。均残。泥质黑陶。素面。体扁薄，一面平，另面微鼓。周边有一周凹槽。H18②：19，复原直径5.9、孔径0.5、厚0.3～0.9厘米（图四一，1）。H2②：12，复原直径4.8、孔径0.4、厚0.4～0.7厘米（图四一，2）。

球 3件。均泥质陶。圆形。手制。素面。制作粗糙，器形不规整。

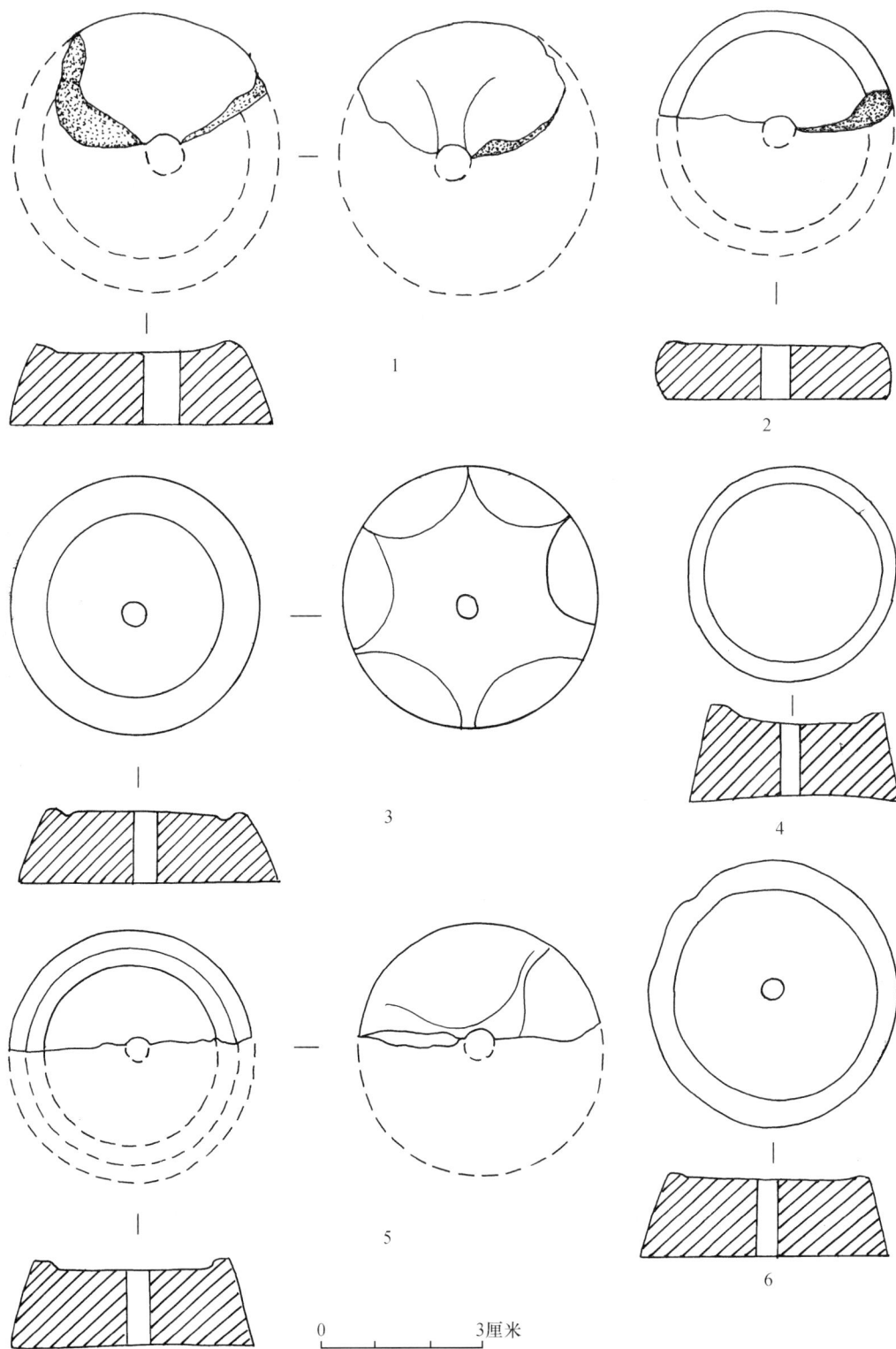

图四〇　龙山文化陶纺轮

1、3~6. D型（H2①：42、H12：14、H2③：69、H2：28、H18③：93）　2. E型（H2①：41）

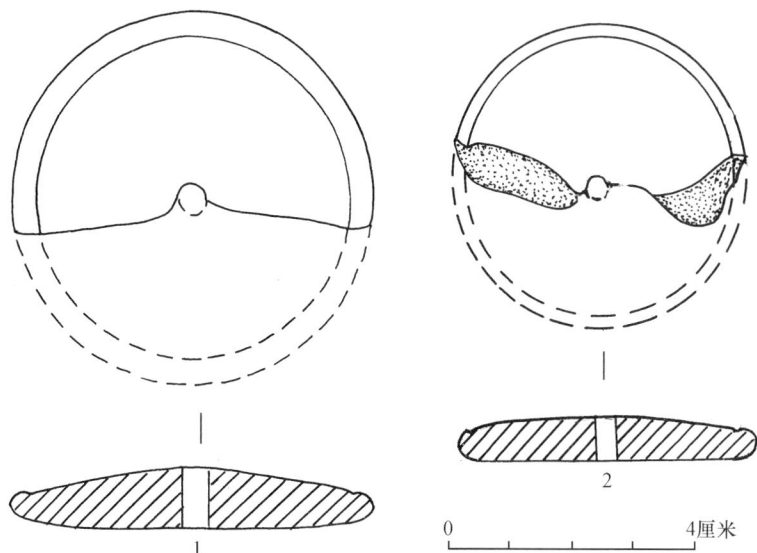

图四一　龙山文化F型陶纺轮
1. H18②：19　2. H2②：12

H18③：75，灰褐陶。直径2.3 厘米（图四二，1）。H18③：79，红褐陶。直径1.7 厘米（图四二，3）。

珠　1件（ H18②：32）。夹砂红褐陶。椭圆形，形体较小。中间穿圆形小孔。素面。直径1.1～1.4、孔径0.2厘米（图四二，2）。

兽头　1件（H2③：94）。夹砂黑陶。整体呈椭圆形，下部已残。面部眼、耳、鼻等轮廓清晰。残长6.5、宽5.4厘米（图四三，3）。

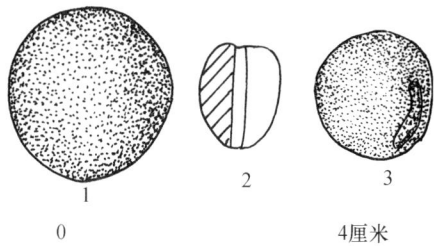

图四二　龙山文化陶器
1、3.球（H18③：75、H18③：79）
2.珠（H18②：32）

网坠　1件（H12：13）。泥质红褐陶。扁圆角长方形。已残。上部两侧有对称缺口。素面。残长3.5、宽3.1、厚0.4厘米（图四三，1）。

圆饼　1件（H2③：81）。夹砂黑褐陶。扁圆形。素面。直径3.5厘米（图四三，2）。

环　8件。均泥质陶。素面。根据截面不同，分为三型。

A型　2件。截面方形。H2③：91，红褐陶。残宽6.1厘米（图四四，1）。H2：6，灰褐陶。残宽4.3 厘米（图四四，4）。

B型　3件。截面长方形。H18③：70，黑褐陶。残宽6厘米（图四四，2）。H2①：19，黑陶。复原直径6.9 厘米（图四四，3）。H2：7，红褐陶。残宽4.3厘米（图四四，5）。

C型　3件。截面椭圆形。H18：9，灰陶。直径6.5厘米（图四四，6）。

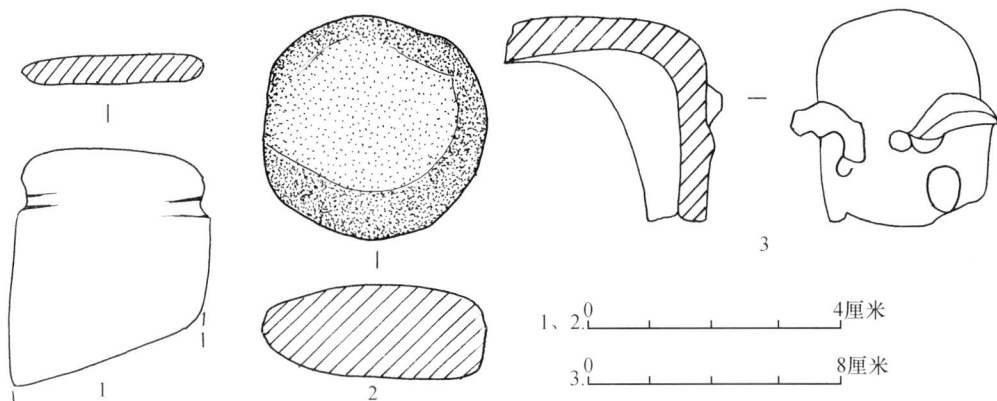

图四三 龙山文化陶器

1. 网坠（H12：13） 2. 圆饼（H2③：81） 3. 兽头（H2③：94）

H2②：47，黑陶。残直径4.3厘米（图四四，7）。H2③：90，黑陶。残直径5.4厘米（图四四，8）。

（2）石器

101件。均出自灰坑中。器形主要有铲、斧、锛、凿、刀、钻帽、打磨器、磨盘、砺石、镞、球等。质料以闪长岩、板岩和石英砂岩为主。

斧　7件。均通体磨制而成。大部分残缺，仅1件完整。H2③：40，平顶，平面呈梯形，截面呈椭圆形，圆弧刃，正锋。器体厚重，通体磨制。刃部精磨，极为锋利。顶部有脱落疤痕。长28.8、宽6.5～10、厚7.1厘米（图四五；图版一三，1）。H2③：16，顶残。长方形，圆弧刃，正锋。体形厚重，磨制粗糙。刃部有脱落崩渣。残长11、厚3.9厘米（图四六，1；图版一三，2）。H2③：31，顶部残缺。长方形，圆弧刃，正锋刃部锋利。体厚重。残长11、厚6厘米（图四六，2；图版一三，3）。H2：24，弧顶，长方形。下部残缺。磨制光滑。残长5、厚3厘米（图四七，1）。H2③：107，弧顶，梯形。下部残缺，表面粗糙。体形厚重。残长5、厚6.4厘米（图四七，2）。H2②：14，顶部残。平面梯形，上宽下窄，弧刃。残长9.8、厚4.2厘米（图四七，3；图版一三，4）。H2④：104，顶部残，斜直刃，正锋，刃部锋利。残长6.4、厚4厘米（图四七，4）。

铲　4件。体扁薄。大部分完整。根据平面形状的不同，分为二型。

A型　2件。平面呈长方形。H12：9，弧顶，斜直刃。磨制光滑，形制规整。背、刃皆残。长13.4、宽6.4、厚1～1.6厘米（图四八，1；图版一三，5）。H2③：110，平顶。残断处中部有一圆形穿孔。磨制。残长5、宽6.8、厚1～1.4厘米（图四八，3）。

B型　2件。平面呈梯形，长窄下宽。H18②：72，弧顶，弧刃，刃部锋利。长14、宽4～6、厚1.5厘米（图四八，2；图版一三，6）。

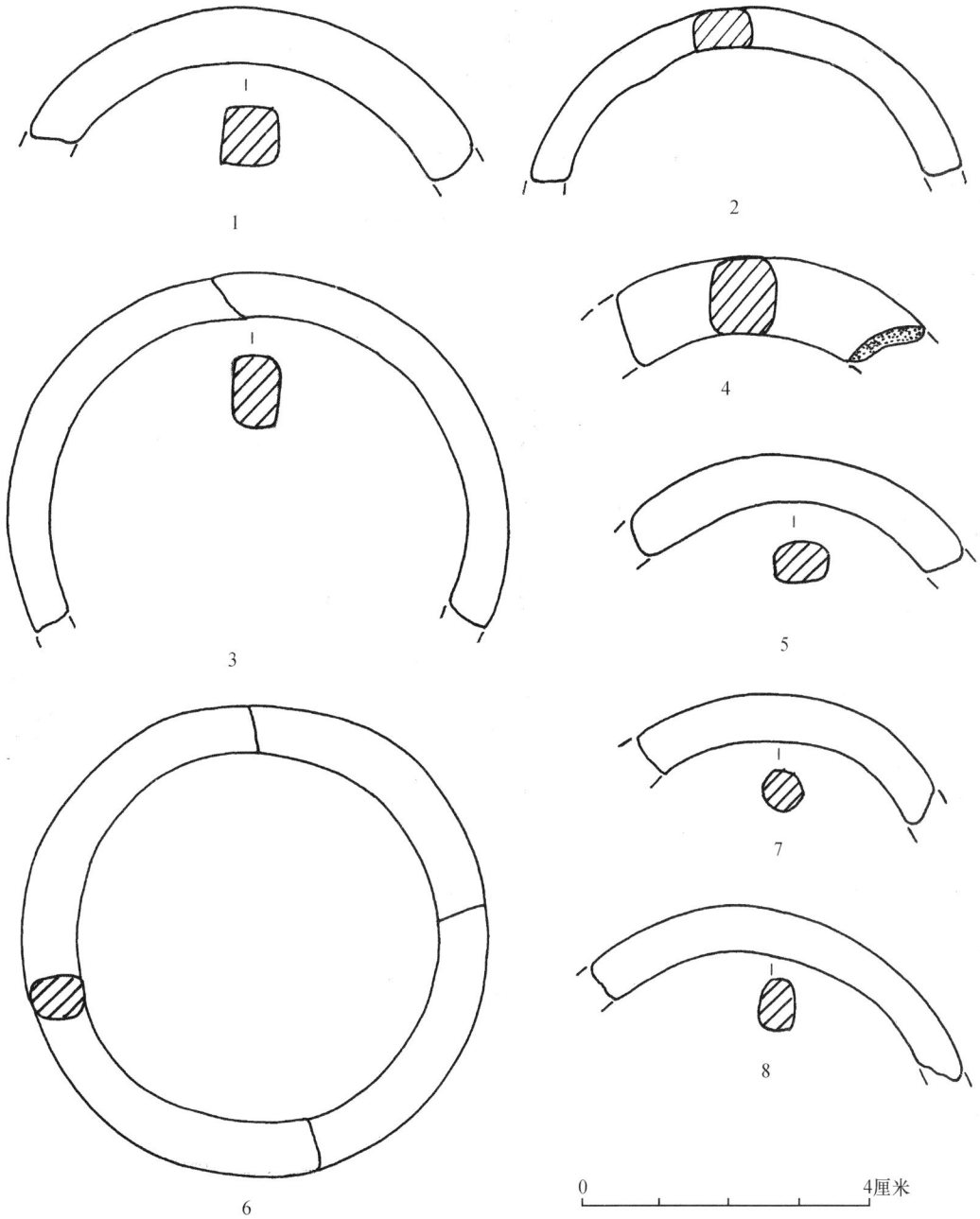

图四四　龙山文化陶环

1、4.A型（H2③：91、H2：6）　　2、3、5.B型（H18③：70、H2①：19、H2：7）

6～8.C型（H18：9、H2②：47、H2③：90）

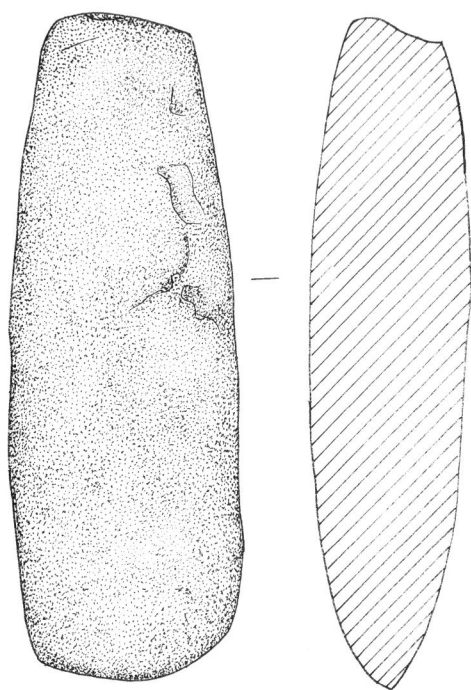

图四五　龙山文化石斧（H2③：40）

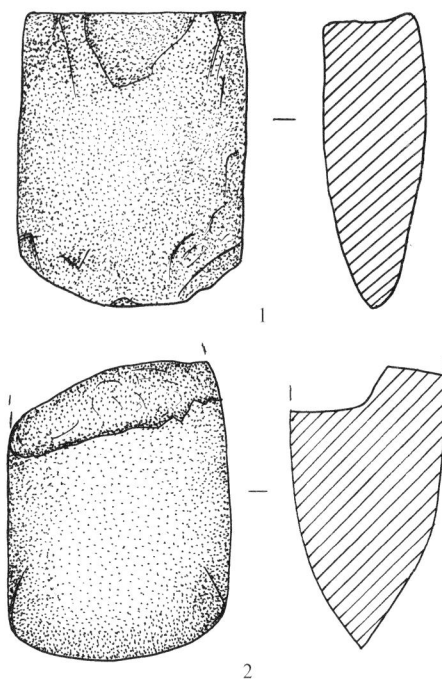

图四六　龙山文化石斧
1. H2③：16　2. H2③：31

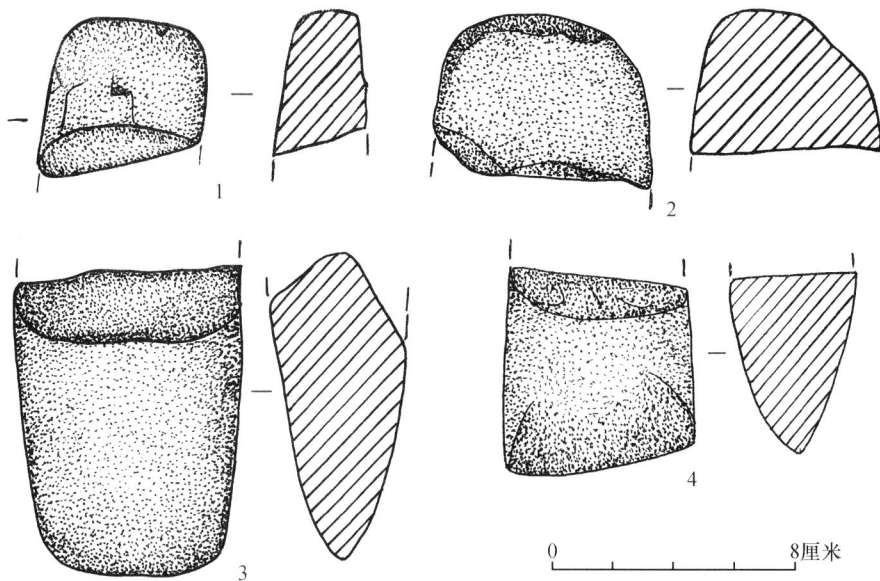

图四七　龙山文化石斧
1. H2：24　2. H2③：107　3. H2②：14　4. H2④：104

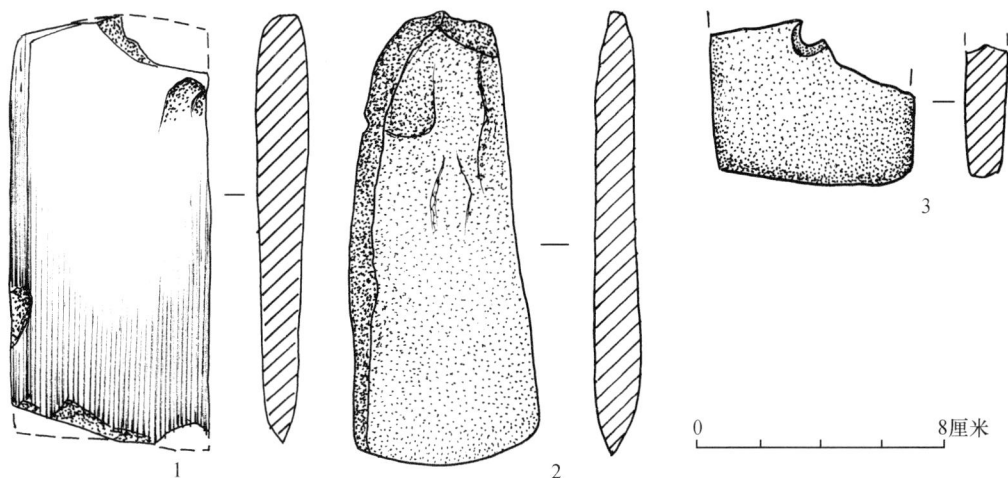

图四八　龙山文化石铲

1、3. A型（H12：9、H2③：110）　2. B型（H18②：72）

铲　12件（分型10件）。根据平面形状的差异，分为三型。

A型　1件（H18④：98）。平面呈三角形，圆弧顶，直刃。磨制光滑。刃部有使用崩痕。长6.8、宽3～5.2、厚1.6～2.2厘米（图四九，1；图版一四，1）。

B型　1件（H10：11）。平面呈梯形，圆弧顶，形体厚重，器形不规整，磨制粗糙。刃部残缺。长8.7、宽4.2～5.3、厚2.1～3厘米（图四九，3；图版一四，2）。

C型　7件。平面呈长方形。H18①：36，顶部残。偏锋，单面弧刃，刃部残，有使用痕迹。磨制精致。长7.1、宽4.4～4.8、厚1.5厘米（图四九，2；图版一四，3）。H2③：45，顶部残。偏锋，单面弧刃，棱角分明。残长6.6、宽4.5～4.8、厚1.8厘米（图四九，4）。H11：1，平顶，下部残缺。残长2.8、宽4～4.6、厚2厘米（图四九，5）。H2③：93，上部残。偏锋，单面斜直刃。磨制精致。残长5.2、宽6、厚2.2～2.8厘米（图四九，6）。H2③：55，平顶微内凹，斜直刃，一角残。有使用痕迹。长8.2、宽5、厚1.7厘米（图四九，7；图版一四，4）。H2①：1，弧顶，偏锋，圆弧刃。上部厚重，下端扁薄。刃部微残。通体磨制光滑。长10.5、宽5.7、厚2～3.3厘米（图四九，8；图版一四，5）。H2③：79，平顶，偏锋，弧刃。刃部一角残缺。磨制精致。有使用痕迹。长7.1、宽3.8～4.4、厚1～2.2厘米（图四九，9；图版一四，6）

D型　1件（H18③：157）。平面呈长方形。形体较小。平顶，偏锋，弧刃，锋利。体扁薄。磨制精致。器表有多处崩渣。长3.6、宽2.5、厚0.8厘米（图四九，10；图版一五，3）。

钻帽　1件（H2①：33）。平面呈不规则三角形。顶部近平，下面圆形凹窝。磨制精致。长4.6、宽3.3、厚1.3～2.5厘米（图五〇；图版一五，4）。

打磨器　1件（H2②：58）。白色石英。整体呈三角形，磨面呈圆角长方形。平整

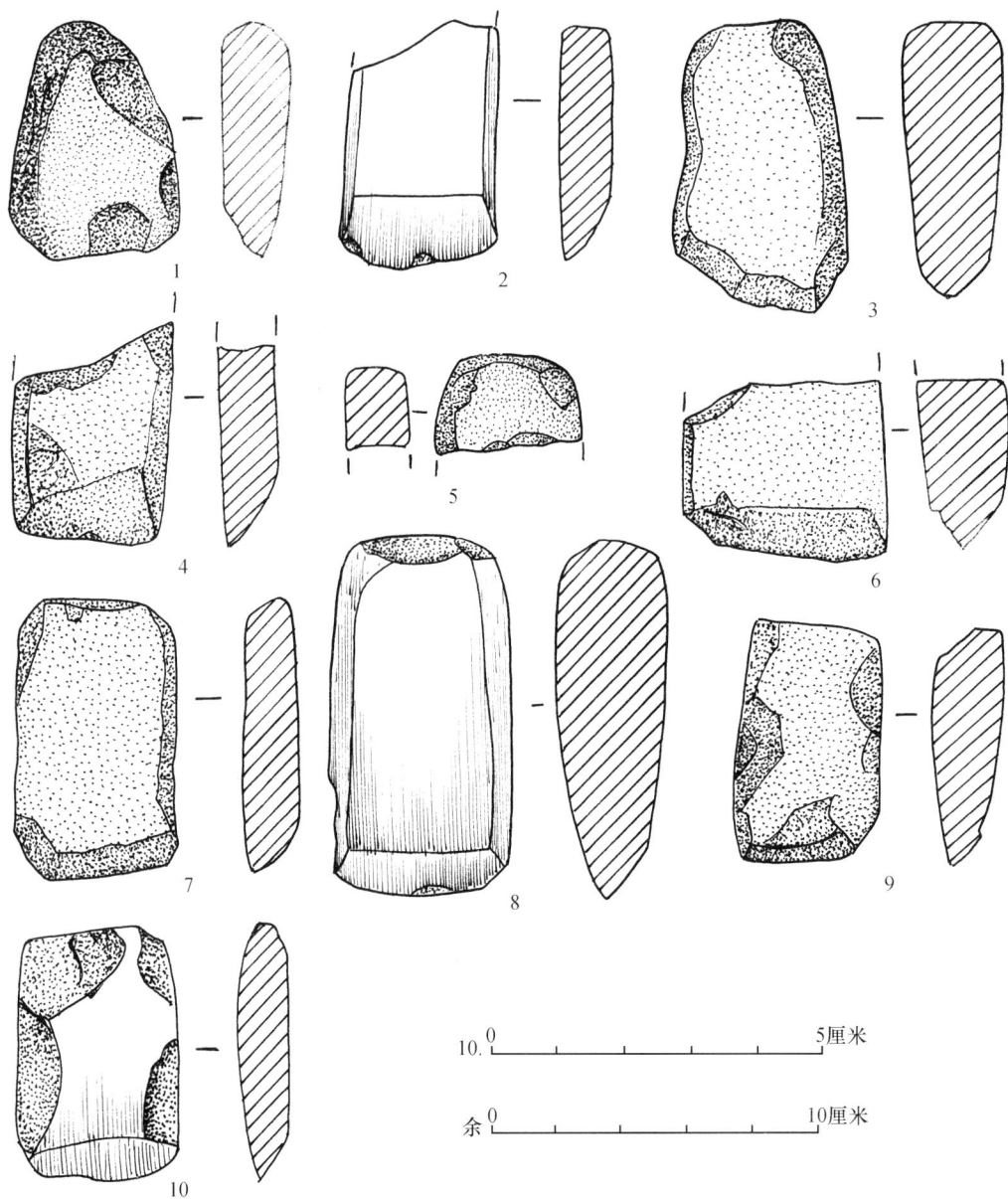

图四九　龙山文化石锛

1. A型（H18④：98）　　2、4～9. C型（H18①：36、H2③：45、H11：1、H2③：93、H2③：55、H2①：1、
H2③：79）　　3. B型（H10：11）　　10. D型（H18③：157）

光滑。顶部有锥形捉手。长7.3、宽3.9、厚3.9厘米（图五一，1；图版一五，5）。

刀　4件。均长方形。磨制光滑。H2③：108，弧背，偏锋，直刃。背部残断处穿圆形孔。残长4.4、宽4.8、厚0.6厘米（图五一，2）。H10：5，弧顶，上面残缺。偏锋，刃部锋利。残长6.5、宽3.4、厚0.3厘米（图五一，3）。H2②：99，器表一面平整光滑，另面粗糙，凹凸不平。弧顶，斜弧刃。长9.6、宽4~4.8、厚1厘米（图五一，4）。

　　凿　1件（H2③：89）。平面呈梯形。圆弧顶，偏锋，直刃，刃部锋利。磨制精细。长6、宽2.2~3、厚1.2~1.5厘米（图五一，5；图版一五，6）。

　　球　1件（H18③：85）。圆形。形制规整。磨制光滑。素面。直径2厘米（图五一，6）。

　　磨盘　2件。红色砂岩。形体厚重。均有使用痕迹。H2①：82，平面呈三角形，上面平整，下面粗糙。长26、宽23、厚8厘米（图五二，1；图版一六，1）。H2③：44，平面近方形。双面内凹。边长8.5、厚5~6厘米（图五二，2；图版一六，2）。

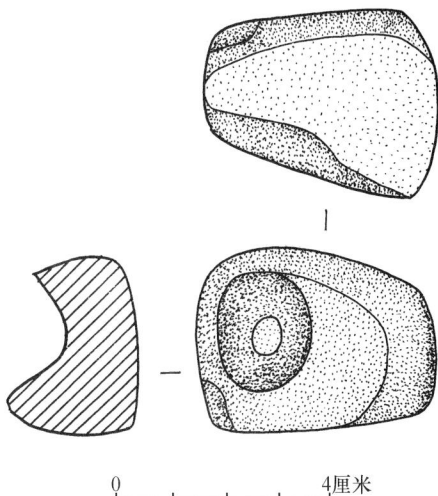

图五〇　龙山文化石钻帽（H2①：33）

　　砺石　11件。均为红色砂岩。形状各异，表面粗糙，使用痕迹明显。H2③：30，不规则形。体厚重。上面内凹，磨痕明显。底部凹凸不平，无使用痕迹。长3.2、宽1~3、厚1.8~2厘米（图五三，1）。H2②：13，不规则长方形。形体扁薄。上面平滑，底部粗糙。长2.4~3.4、宽3、厚0.6厘米（图五三，2）。H2：27，不规则形。器形厚薄不一，两面内凹。长4.6、宽1.7~3.2、厚0.25~0.6厘米（图五三，3）。H2③：101，不规则形。形体较厚。上面内凹，底部外弧。有使用痕迹。长7~7.4、

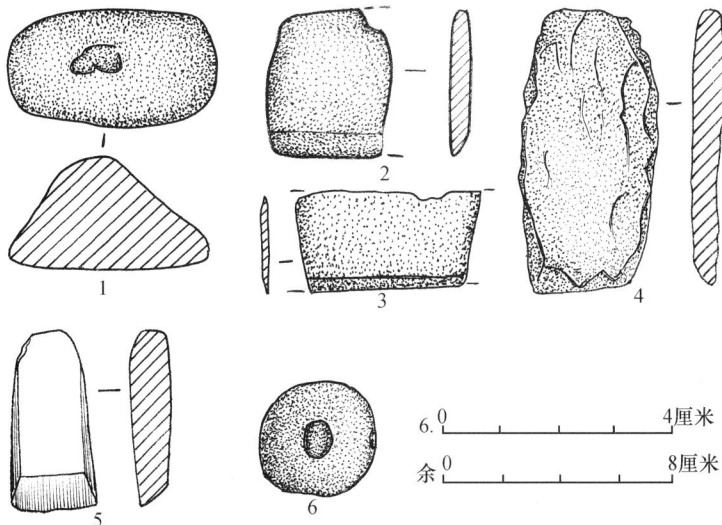

图五一　龙山文化石器

1.打磨器（H2②：58）　　2~4.刀（H2③：108、H10：5、H2②：99）　　5.凿（H2③：89）　　6.球（H18③：85）

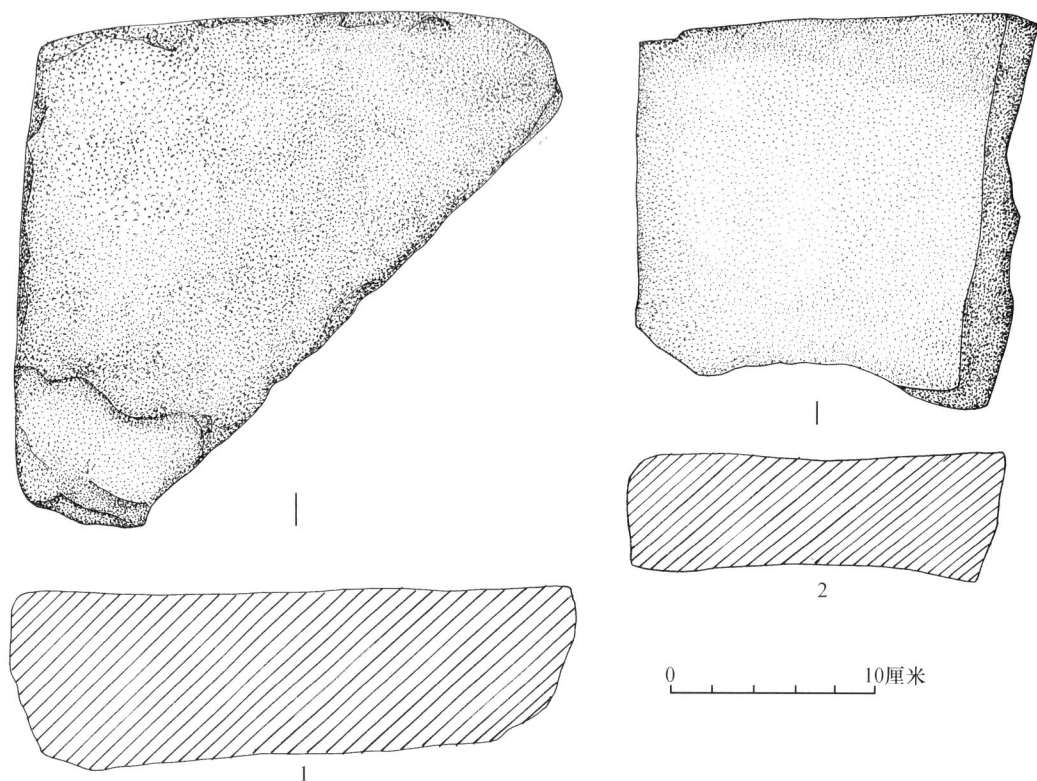

图五二　龙山文化石磨盘
1. H2①：82　2. H2③：44

宽3.6～6.8、厚1.8厘米（图五三，4）。H2②：57，不规则形，一侧近直，另侧呈弧形。上面内凹，底面近平。长6.1、宽3～3.6、厚0.9厘米（图五三，5）。H2③：65，近方形。上部微内凹，下面平整。长6.2～8、宽5.3～6.2、厚1.2～1.5厘米（图五三，6；图版一六，3）。H2③：29，不规则形。上面斜直，下面凹凸不平。长3.5、宽1.1～2.5、厚0.7～1.6厘米（图五四，1）。H2④：39，近似三角形。上面内凹，下部近平。长1.1～3.4、宽1.5～3.4、厚3～3.2厘米（图五四，2；图版一六，4）。H2①：43，近长方形。双面内凹。厚薄不一。长5、宽3.5、厚0.4～1.9厘米（图五四，3；图版一六，5）。H2④：38，不规则形。形体较大。上面内凹，下面近平。长7.7、宽2.7～4.7、厚2.5～3.6厘米（图五四，4；图版一六，6）。H12：8，近方形。上面微凹，底部近平。长3.6～4、宽3～3.6、厚1厘米（图五四，5）。

镞　57件（分型49件）。数量最多，约占出土石器总数的56%。质料多采用板状泥灰岩、闪长岩和千枚岩制成。根据平面形状的不同，分为四型。

A型　17件。近似柳叶形。均磨制精致。H18②：46，尖、铤均残。中间起脊。残长5.5厘米（图五五，1；图版一七，10）。H18②：34，截面半圆形。器形瘦长，

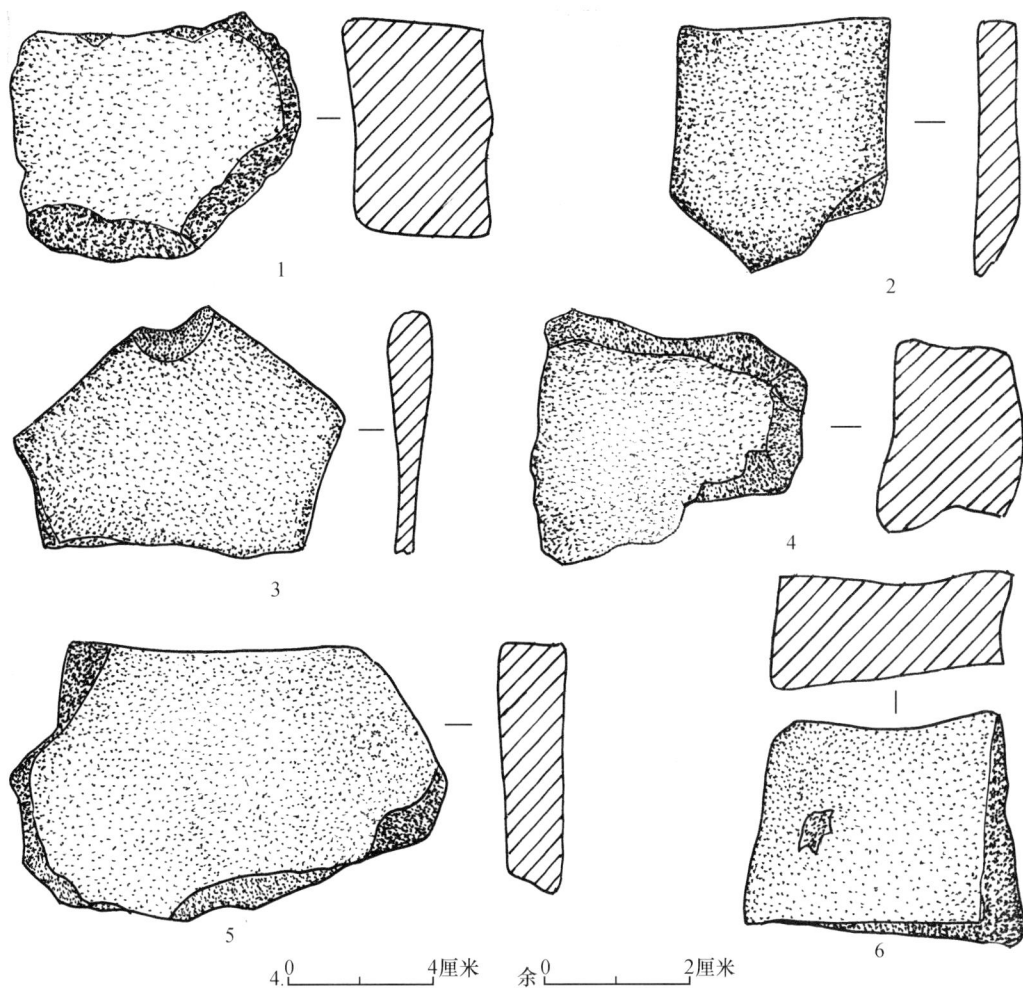

图五三　龙山文化砺石
1. H2③：30　2. H2②：13　3. H2：27　4. H2③：101　5. H2②：57　6. H2③：65

制作不规整。长5.2厘米（图五五，2）。H18：11，两侧锋不对称，尖锐利。长4.8厘米（图五五，3）。H2③：59，截面扁平，尖呈扁圆形。长5.3厘米（图五五，4）。H18④：99，截面扁椭圆形。无脊，尖部扁圆形。长7.2厘米（图五五，5；图版一七，4）。H18①：101，器形规整，尖锐利。长7.35厘米（图五五，6；图版一七，3）。H18③：97，形体宽扁，尖部残缺。残长5.4厘米（图五五，7）。H2③：72，形体较小，尖锐利。长4.9厘米（图五六，1；图版一七，6）。H18③：86，铤部残缺。残长4.5厘米（图五六，2）。H18②：44，铤部残。残长4.6厘米（图五六，3）。H2②：48，尖钝。铤部残。残长5厘米（图五六，4）。H18③：113，扁圆铤，尖锐利。长5.8厘米（图五六，5；图版一七，7）。H18②：45，器形规整，尖部残缺。残长5.7厘米（图五六，6；图版一七，8）。H2③：62，形体瘦长，磨制规整，尖锐利。

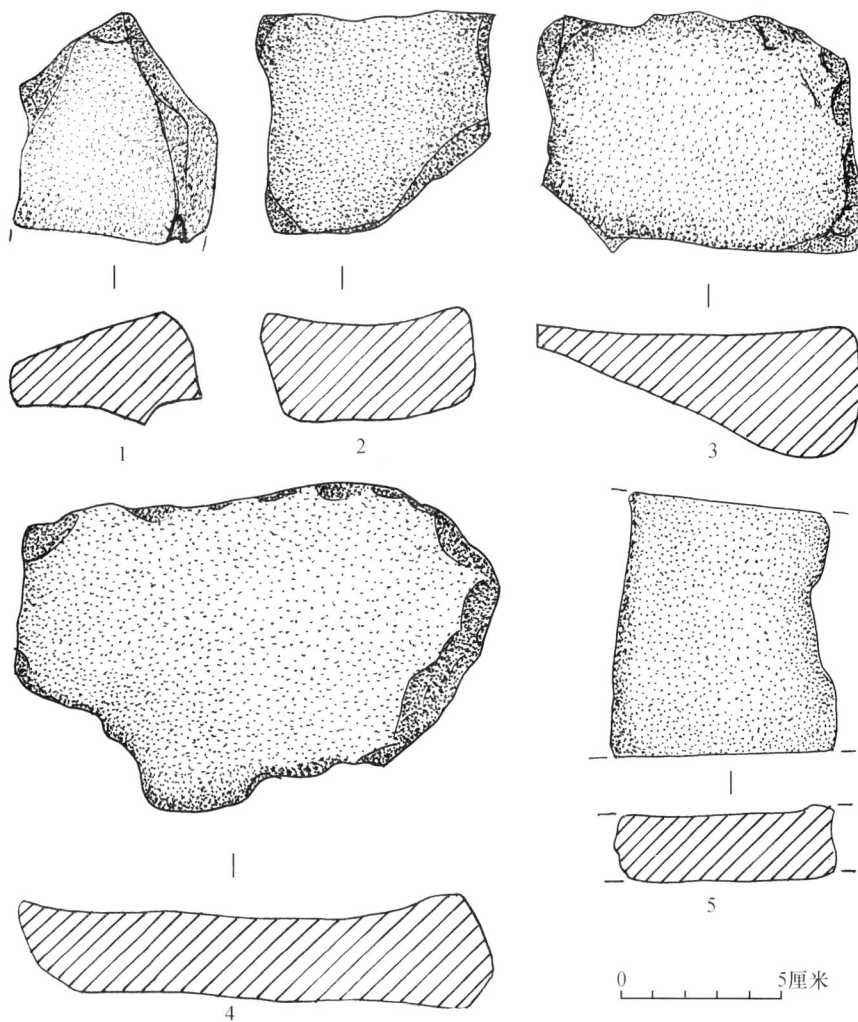

图五四　龙山文化砺石
1. H2③：29　2. H2④：39　3. H2①：43　4. H2④：38　5. H12：8

长6.2厘米（图五六，7；图版一七，2）。H18③：103，铤与镞尖均残。残长6.7厘米
（图五六，8；图版一七，1）。H18②：40，尖钝。长6.65厘米（图五六，9；图版
一七，5）。H18①：12，短铤。形体较扁，尖部锐利。长5.9厘米（图五六，10；图版
一七，9）。

B型　28件。桂叶形。根据整体形状大小，分为二亚型。

Ba型　18件。铤与镞身界线不明显。截面菱形。H18③：69，形体较小，镞身一
侧残缺。长5.1厘米（图五五，8）。H2①：5，镞身宽扁，铤与尖均残。残长5.2厘米
（图五七，1）。H10：4，铤残，尖钝。残长4.1厘米（图五七，2）。H18③：84，器

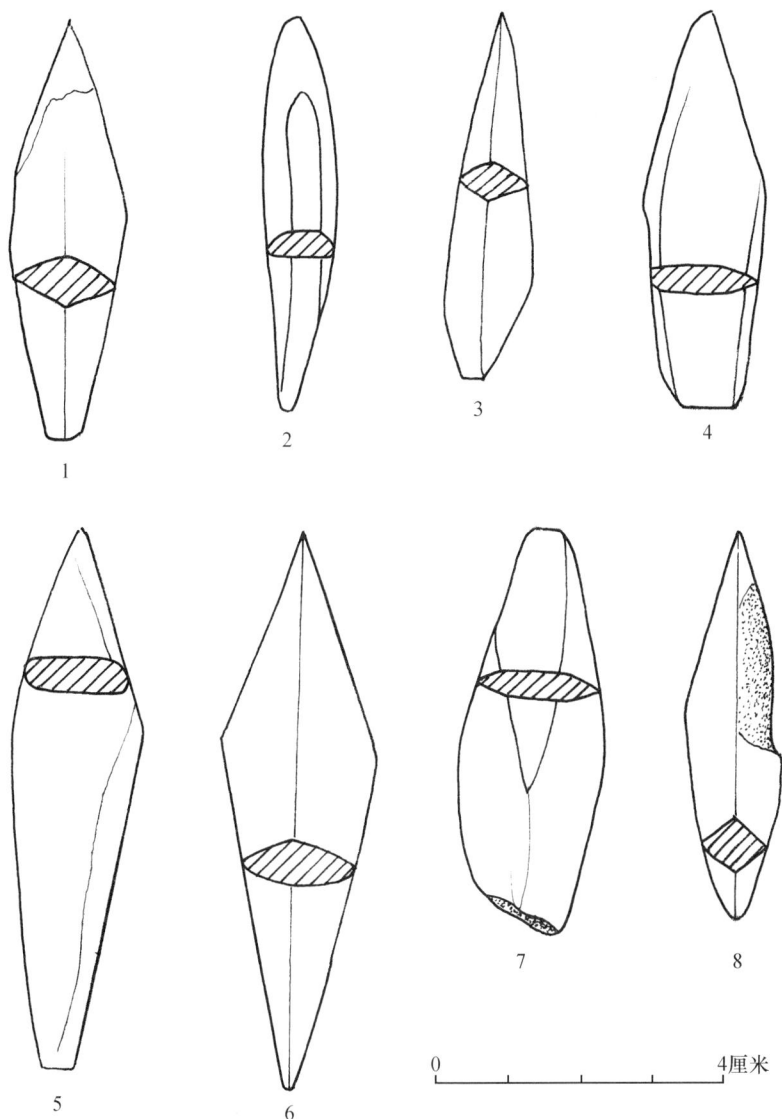

图五五　龙山文化石镞

1～7.A型（H18②：46、H18②：34、H18：11、H2③：59、H18④：99、H18①：101、H18③：97）

8.Ba型（H18③：69）

形较小，体浑圆。尖钝。长3.6厘米（图五七，3；图版一七，18）。H18①：13，体扁薄。铤与镞尖均残。残长3.3厘米（图五七，4）。H18③：55，体浑圆。铤残。残长4.3厘米（图五七，5；图版一七，17）。H18：5，尖部残。镞身上有石片脱落。残长4.85厘米（图五七，6）。H18③：57，器形规整，棱角分明。尖部残缺。残长5.3厘米（图五七，7；图版一七，20）。H18②：22，体扁薄。铤与尖部均残。残长4厘米（图五七，8）。H18②：26，尖部残。残长4.5厘米（图五七，9）。H2③：102，铤残，

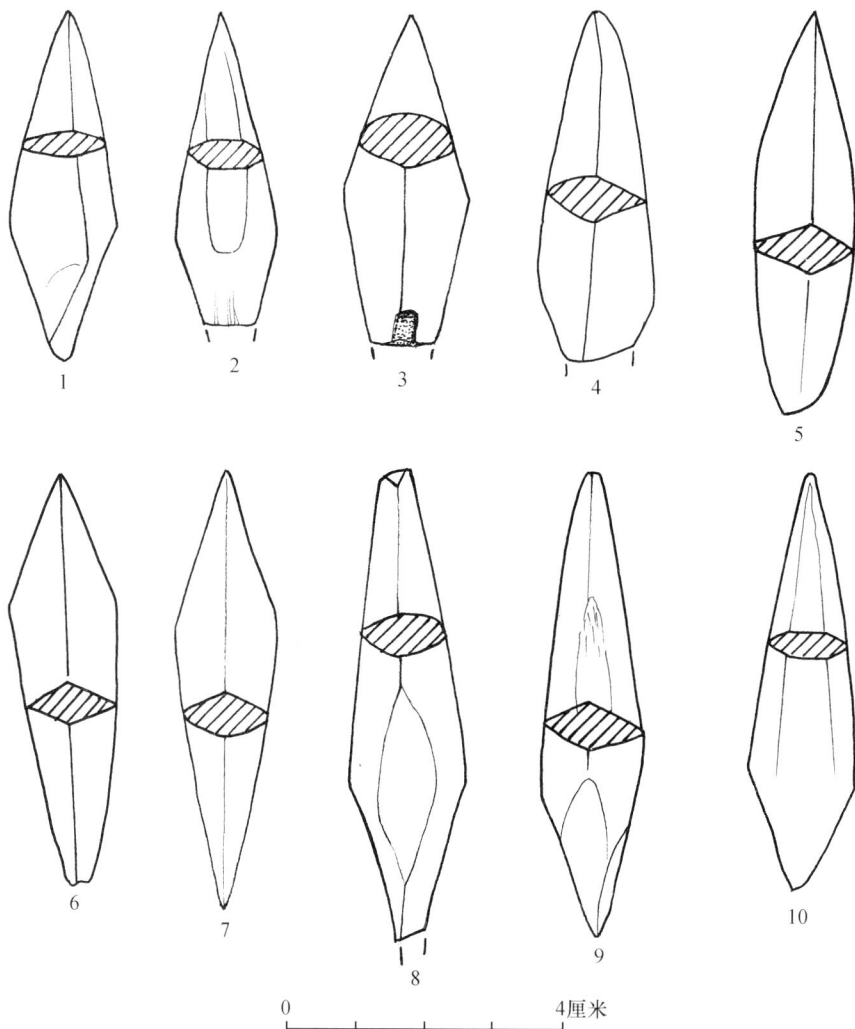

图五六　龙山文化A型石镞

1. H2③：72　2. H18③：86　3. H18②：44　4. H2②：48　5. H18③：113　6. H18②：45　7. H2③：62　8. H18③：103
9. H18②：40　10. H18①：12

尖钝。残长 4.9厘米（图五七，10）。H2③：74，短铤，尖钝。长5.7厘米（图五七，11；图版一七，16）。H20：1，铤截面近方形，铤与尖均残。残长5.3厘米（图五七，12）。H18①：17，铤与尖均残。残长4.5厘米（图五七，13）。H2②：52，形体较小，铤残，尖钝。残长4.5厘米（图五七，14）。H18①：16，铤与尖部均残。残长4.4厘米（图五七，15）。H18③：58，形体较小，体扁平。短铤，尖钝。长4.8厘米（图五八，1；图版一七，19）。H12：3，体扁平，尖部残。残长4.6厘米（图五八，2）。

Bb型　10件。短铤。镞身与铤界线分明。形体较大。截面菱形。H18④：100，桂叶形，体扁薄，尖残。残长5.3厘米（图五八，3；图版一七，14）。H2：2，铤残。尖

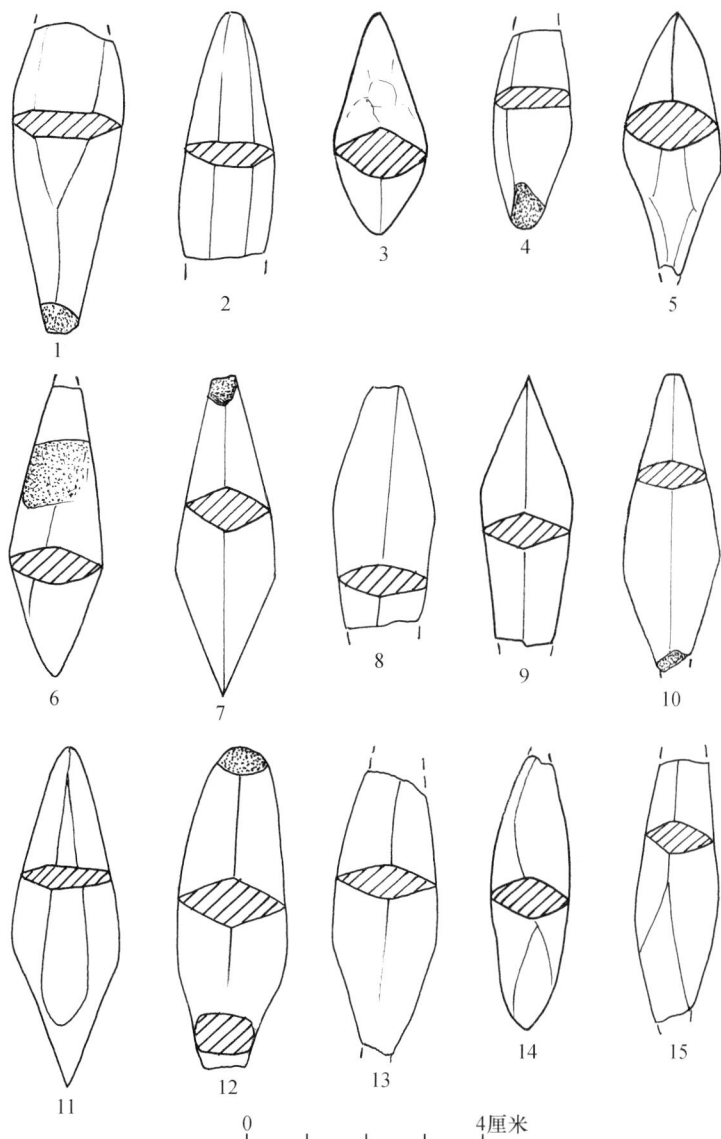

图五七　龙山文化Ba型石镞

1. H2①：5　2. H10：4　3. H18③：84　4. H18①：13　5. H18③：55　6. H18：5　7. H18③：57　8. H18②：22
9. H18②：26　10. H2③：102　11. H2③：74　12. H20：1　13. H18①：17　14. H2②：52　15. H18①：16

锐利。残长5厘米（图五八，4；图版一七，12）。H2：25，柳叶形，体瘦长。长6.6厘米（图五八，5；图版一七，15）。H18②：27，器形规整，尖与锋锐利。长6厘米（图五八，6；图版一七，13）。H2③：70，体扁平，形体较大，铤与镞身均残。残长5厘米（图五八，7）。H2②：50，铤较长，尖钝，体扁薄。长6.7厘米（图五八，8；图版一七，11）。H18②：52，形体较大，体扁薄，铤残，尖钝。残长7.4厘米

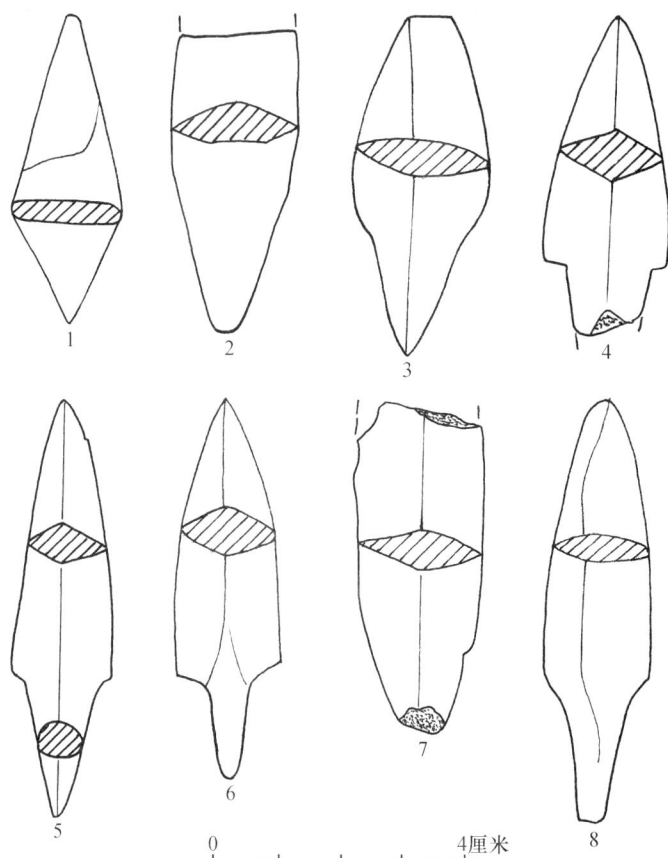

图五八　龙山文化石镞

1、2.Ba型（H18③：58、H12：3）　　3～8.Bb型（H18④：100、H2：2、H2：25、H18②：27、H2③：70、H2②：50）

（图五九，1）。H10：10，形体完整，尖微残。残长8.8厘米（图五九，2；图版一七，22）。H18②：20，铤残，尖钝。残长8.4厘米（图五九，3；图版一七，21）。H10：3，铤与镞身均残。残长4.5厘米（图五九，4）。

C型　1件（H12：4）。近似桂叶形，平面呈三棱形，截面为三角形，短铤。尖部锋利。磨制精致。长6.7厘米（图六〇，1；图版一七，25）。

D型　3件。柳叶形。截面三角形。H18②：30，短铤，尖残。残长6.5厘米（图六〇，2；图版一七，24）。H2②：11，粗短铤，尖锐利。长6.9厘米（图六〇，3；图版一七，23）。H2②：10，磨制精细。铤与镞身界线分明，尖锐利。长9.3厘米（图六〇，4；图版一七，26）。

矛　1件（H2①：18）。体扁平。尖锐，刃部锋利。下部残缺。磨制光滑。残长5.5厘米（图六〇，5）。

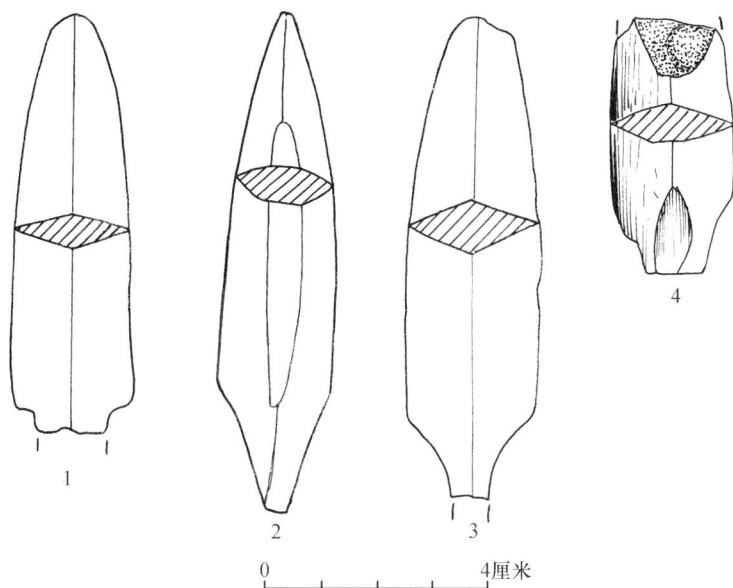

图五九　龙山文化Bb型石镞

1. H18②：52　2. H10：10　3. H18②：20　4. H10：3

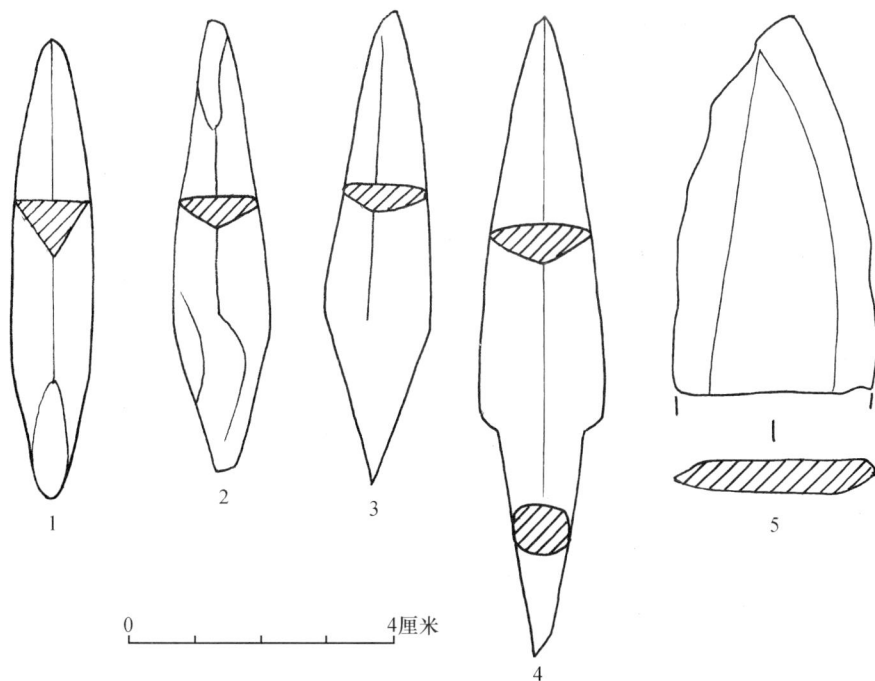

图六○　龙山文化石器

1. C型镞（H12：4）　2～4.D型镞（H18②：30、H2②：11、H2②：10）　5. 矛（H2①：18）

（3）骨器

95件。均为动物骨骼磨制而成。主要有锥、针、镞、镞形器、镖、叉、匕、鱼钩、笄等。

骨锥　41件（分型32件）。数量较多，约占出土骨器总数的43%。根据整体形状的不同，分为三型。

A型　2件。利用动物骨关节部位制作。由于形状有些变化，分为二亚型。

Aa型　1件（H18③∶67）。截面扁圆形。顶端保留不加整治的骨关节，整体粗短。磨制光滑。长7.9厘米（图六一，1；图版一八，1）。

Ab型　1件（H2∶21）。形体细长，截面三角形。制作比较粗糙。尖锐利。长6.9厘米（图六一，2）。

B型　20件。利用动物肢骨劈裂而成。通体磨制精致。根据形体长短，分为二亚型。

Ba型　10件。整体细长。H18③∶105，中间宽扁，两端尖锐。长8.9厘米（图六二，1；图版一八，4）。H18②∶43，上端残。尖部扁平。残长6.3厘米（图六二，2）。H18③∶96，磨制粗糙。顶部斜直，尖锐。长7.1厘米（图六二，3；图版一八，8）。H18③∶63，中间扁圆，尖锐。长9.1厘米（图六二，4；图版一八，2）。H18②∶24，制作不规整。顶端圆滑，上部较细，尖锐。长7.5厘米（图六二，5；图版一八，7）。H18③∶111，尖锐。上部残。残长8.7厘米（图六二，6；图版一八，3）。

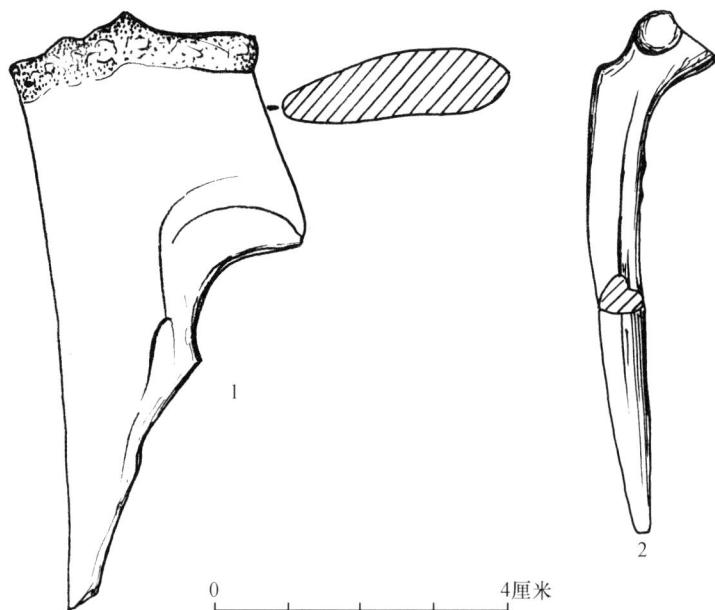

0　　　　　　　　4厘米

图六一　龙山文化A型骨锥

1.Aa型（H18③∶67）　2.Ab型（H2∶21）

H18③：66，尖扁圆，锐利。上端微残。残长11厘米（图六二，7；图版一八，5）。H18③：158，截面近似三角形，尖钝。磨制精细。长8.1厘米（图六二，8）。H2③：63，截面圆形，尖锐。残长6.1厘米（图六二，9）。H18③：77，截面半圆形，尖锐。磨制粗糙。有劈裂痕迹。长8.2厘米（图六二，10；图版一八，6）。

Bb型　10件。形体短小。大部分残断。H18③：116，上面残。截面扁圆形，尖锐。残长4.3厘米（图六三，1）。H18②：25，截面圆形，上端弯曲，尖钝。通体磨制光滑。长5.9厘米（图六三，2）。H2②：17，截面三角形。尖钝。上部残。磨制光滑。残长4.9厘米（图六三，3）。H18③：114，截面圆弧形，尖锐。上部残。残长5厘米（图六三，4）。H2③：92，截面圆弧形，尖锐。上部残。残长4.6厘米（图六三，5）。H18①：14，截面圆形，尖锐。中间残。残长6.1厘米（图六三，6）。H2③：117，截面扁长方形，尖锐。上部残。残长4.2厘米（图六三，7）。H18③：159，截面扁长方形，尖锐。磨制精细。残长4.3厘米（图六三，8）。H18③：124，磨制精

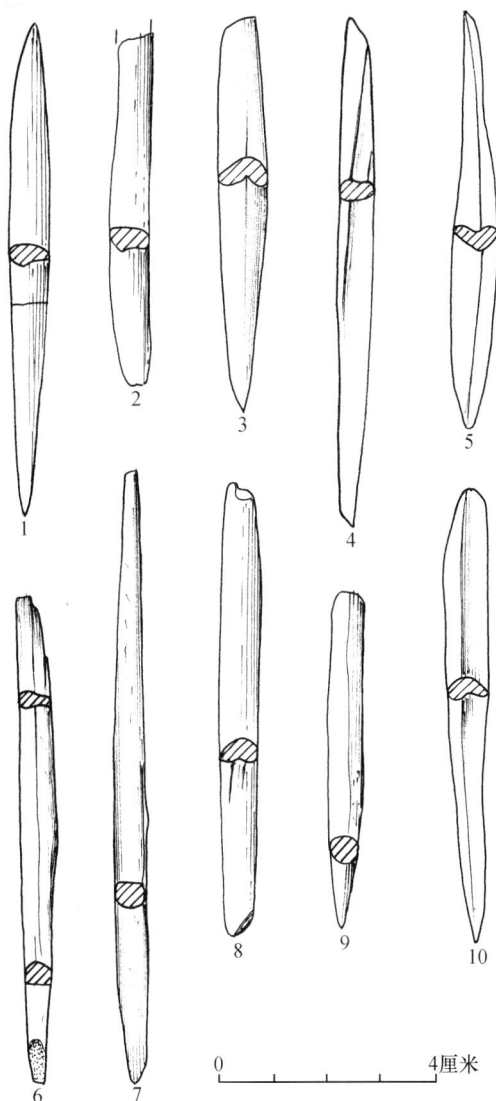

图六二　龙山文化Ba型骨锥

1. H18③：105　2. H18②：43　3. H18③：96　4. H18③：63
5. H18②：24　6. H18③：111　7. H18③：66　8. H18③：158
9. H2③：63　10. H18③：77

细。尖钝。长4.8厘米（图六三，9；图版一八，9）。H2③：87，通体磨制光滑。截面圆形。尖残。残长4.8厘米（图六三，10）。

C型　10件。长条形，体宽扁。通体磨制精细，多数尖部锋利。H2③：83，上端残。尖呈扁圆形。磨制光滑。残长6.6厘米（图六四，1）。H10：1，尖锐利。形制规整。磨制精制。长9.3厘米（图六四，2；图版一八，12）。H18③：112，截面上端椭圆形，下端体扁圆，尖锐利。器表粗糙。刮削痕迹明显。残长8厘米（图六四，

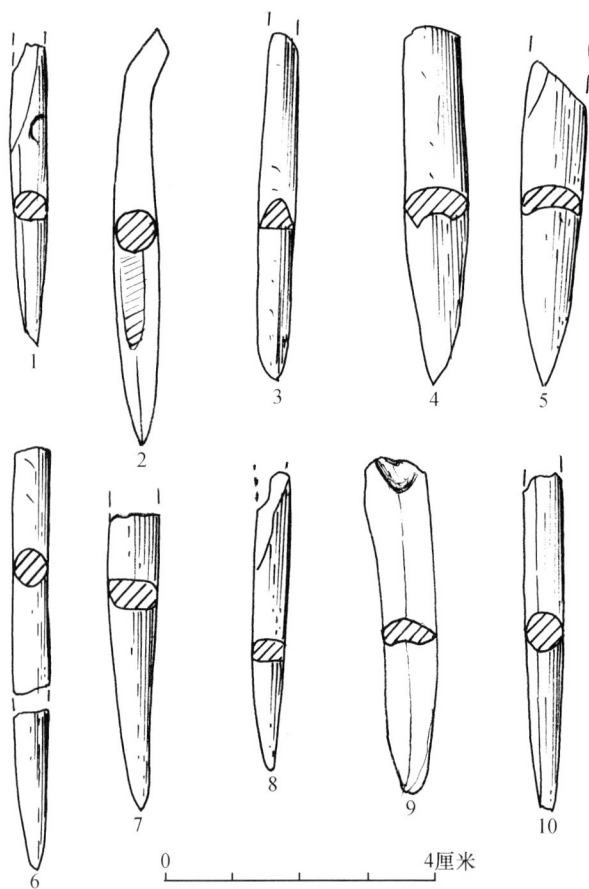

图六三　龙山文化Bb型骨锥

1. H18③：116　2. H18②：25　3. H2②：17　4. H18③：114　5. H2③：92　6. H18①：14　7. H2③：117
8. H18③：159　9. H18③：124　10. H2③：87

3）。H18③：65，上端残。尖部扁圆。通体精致规整。残长7.7厘米（图六四，4；图版一八，13）。H2①：20，利用骨片制作而成，加工粗糙。体扁薄，尖钝。长8.7厘米（图六四，5）。H18③：117，体扁平，尖锐利。形制规整。磨制光滑。长9.7厘米（图六四，6；图版一八，10）。H12：6，截面三角形，尖部锐利。残长7.1厘米（图六四，7）。H18③：64，上端扁圆，尖锐利。通体磨制光滑。长8.8厘米（图六四，8；图版一八，11）。H18③：104，截面半月形，尖部扁圆，较钝。长7.5厘米（图六四，9；图版一八，14）。H18③：120，尖圆钝。形制不规整，制作粗糙。器表有刮削痕迹。长8厘米（图六四，10）。

镞　17件（分型15件）。根据整体形状的差别，分为三型。

A型　2件。有铤。H2③：88，平面桂叶形。体扁薄，尖锋利。制作精细，磨制光滑。长8.1厘米（图六五，1；图版一九，1）。H18③：95，形体较小，尖部锋利。长

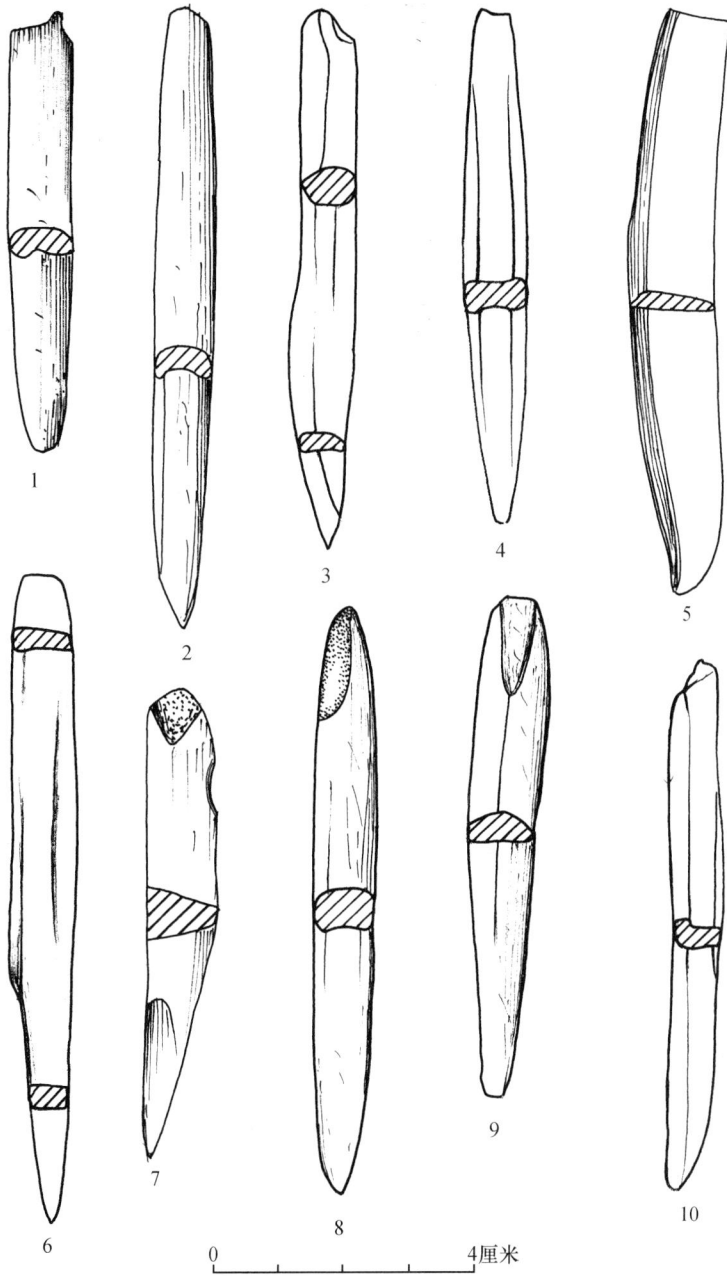

图六四　龙山文化C型骨锥

1. H2③：83　2. H10：1　3. H18③：112　4. H18③：65　5. H2①：20　6. H18③：117　7. H12：6　8. H18③：64
9. H18③：104　10. H18③：120

5.5厘米（图六五，2；图版一九，2）。

B型　6件。无铤。柳叶形。通体磨制精致，器形规整。H2③：34，尖锋利。形体粗短。长3.7厘米（图六五，3；图版一九，5）。H2②：51，截面三角形，一面平，另面微鼓。铤端残，尖锐。残长5.9厘米（图六五，4）。H2③：118，两端均残。体浑圆。残长5.4厘米（图六五，5）。H2②：15，截面椭圆形，形体较小，尖锐。长4.4厘米（图六五，6；图版一九，4）。H18②：47，形体细长，截面椭圆形，尖锐利。长6.6厘米（图六五，7；图版一九，6）。H2③：75，形体较大，截面菱形。上端残，尖钝。残长7.6厘米（图六五，8；图版一九，3）。

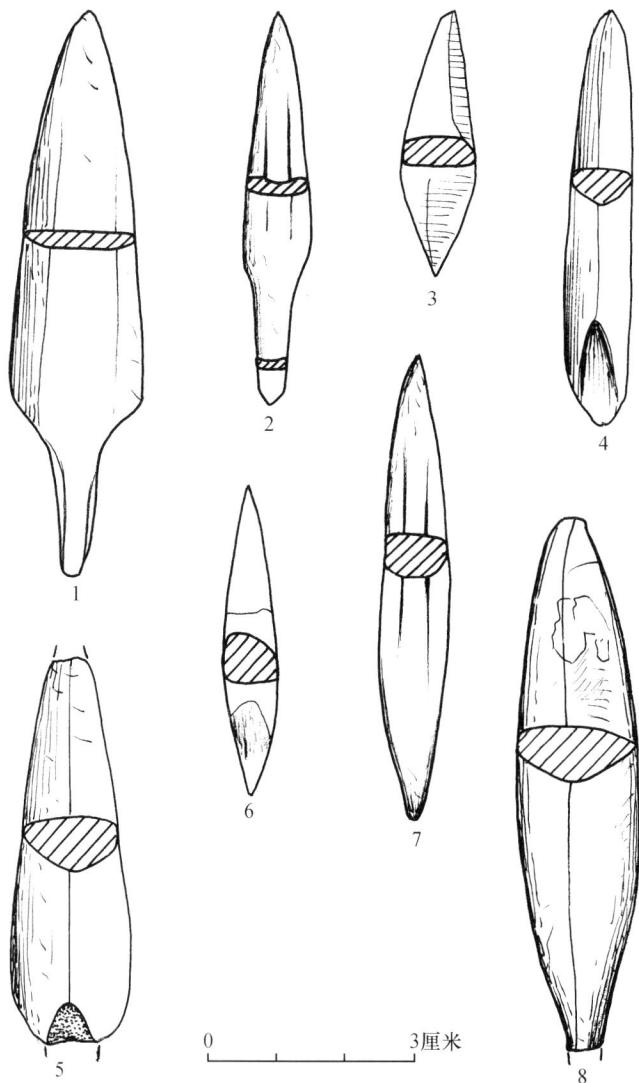

图六五　龙山文化骨镞

1、2.A型（H2③：88、H18③：95）　3～8.B型（H2③：34、H2②：51、H2③：118、H2②：15、H18②：47、H2③：75）

C型　7件。有铤，形体细长。尖锋利。磨制精细。根据截面不同，分为三亚型。

Ca型　1件（H18③：102）。截面三棱形，铤细长，铤与镞身分界不明显，尖锋利。长4.7厘米（图六六，1；图版一九，7）。

Cb型　1件（H18：1）。截面圆形，细长铤，铤与镞身分界明显，尖锋利。长4.8厘米（图六六，2；图版一九，8）。

Cc型　5件。铤与镞身分界不明显。H2：26，镞身截面椭圆形，器形不规整，尖部钝。长4.3厘米（图六六，3；图版一九，10）。H18②：38，铤细长，截面圆形。镞一面微鼓，另面有凹槽，尖锐利。长5.4厘米（图六六，4）。H18③：106，铤细长，截面呈圆形，镞截面半圆形，尖部扁圆。长8厘米（图六六，5；图版一九，11）。H18②：28，细长铤，截面圆形。镞截面半圆形。尖锐利。长6.1厘米（图六六，6；图版一九，9）。H18②：37，形体瘦长，铤截面圆形。镞截面呈椭圆形。尖部钝。长5.6厘米（图六六，7；图版一九，12）。

镞形器　12件。与镞形状近似，但存在区别，故定名为镞形器。根据形制的不同，分为二型。

A型　10件。无铤，柳叶形，形体细长。尖锋利。磨制精致。H18③：82，尖锐利，截面三角形。长4.1厘米（图六七，1）。H18③：67，上端体扁平，尖部锐利。长3.9厘米（图六七，2）。H2①：49，两端尖锋利，上端截面半圆形，下端呈圆形。磨制精细。长4.6厘米（图六七，3）。H10：13，体宽扁，尖锐利。通体光滑。长4.3厘米（图六七，4；图版一九，20）。H18③：119，体扁平，上端呈扁圆形。尖锐利。长4.7厘米（图六七，5；图版一九，19）。H18②：50，体扁平，尖锐利。形制规整，磨制光滑。长5.4厘米（图六七，7）。H18③：62，形体不规整，尖锋利。长5.1厘米（图六七，

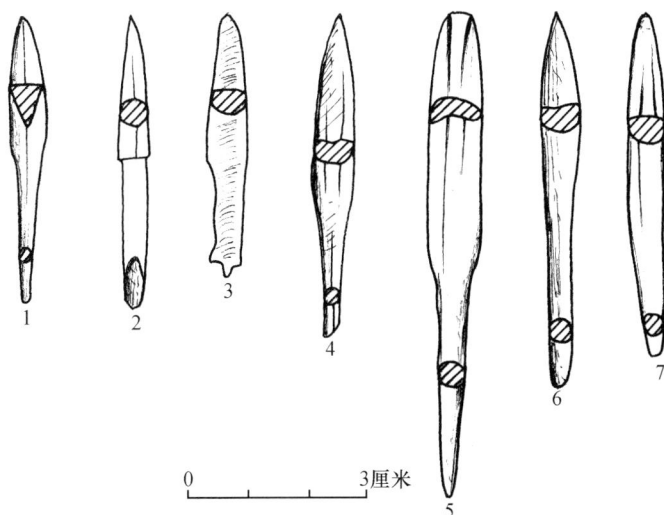

0 _____ 3厘米

图六六　龙山文化骨镞

1.Ca型（H18③：102）　2.Cb型（H18：1）　3～7.Cc型（H2：26、H18②：38、H18③：106、H18②：28、H18②：37）

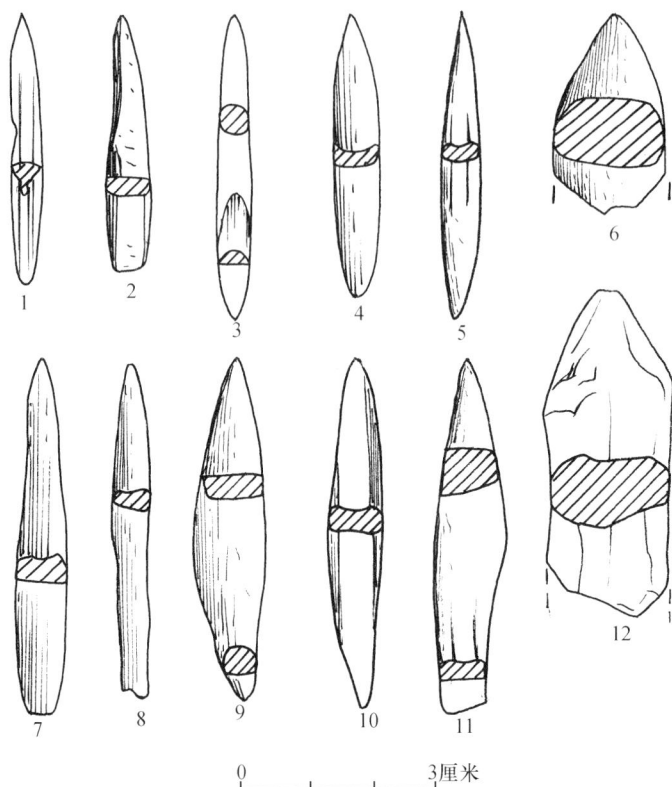

图六七　龙山文化骨镞形器

1～5、7～11. A型（H18③：82、H18③：67、H2①：49、H10：13、H18③：119、H18②：50、H18③：62、
H18③：56、H10：7、H18②：29）　6、12. B型（H18：10、H18③：125）

8；图版一九，18）。H18③：56，顶端呈圆形，体扁平。尖锐。长5.2厘米（图六七，
9；图版一九，22）。H10：7，扁体，两端尖锐。长5.3厘米（图六七，10；图版一九，
21）。H18②：29，形体不规整，制作粗糙，尖锐利。长5.4厘米（图六七，11）。

B型　2件。桂叶形。有链。形体粗短厚重。H18：10，截面近似椭圆形。磨制精
细。残长3.1厘米（图六七，6）。H18③：125，截面呈不规则形。表面粗糙。残长5厘
米（图六七，12）。

叉　2件。均残。有倒钩。H2③：111，形体细长，截面呈圆形，倒钩残缺。加工
粗糙，表面有刮削痕迹。长13.8厘米（图六八，1）。H18：2，截面椭圆形，尖锐利。
下端残缺。侧面一个倒钩。残长5.8厘米（图六八，6）。

镖　4件。平面呈柳叶形，前锋一侧有倒钩。制作精致。H10：6，截面呈椭圆形，
前锋一侧有3个倒钩，两端尖钝，下面一侧有凹槽。磨制规整。长9.7厘米（图六八，
2；图版二〇，1）。H18：6，截面近梯形，上端残，下面尖锐。3个倒钩，其中前面
一个已残。下部一侧有凹槽。残长10厘米（图六八，3）。H12：11，截面椭圆形，下端

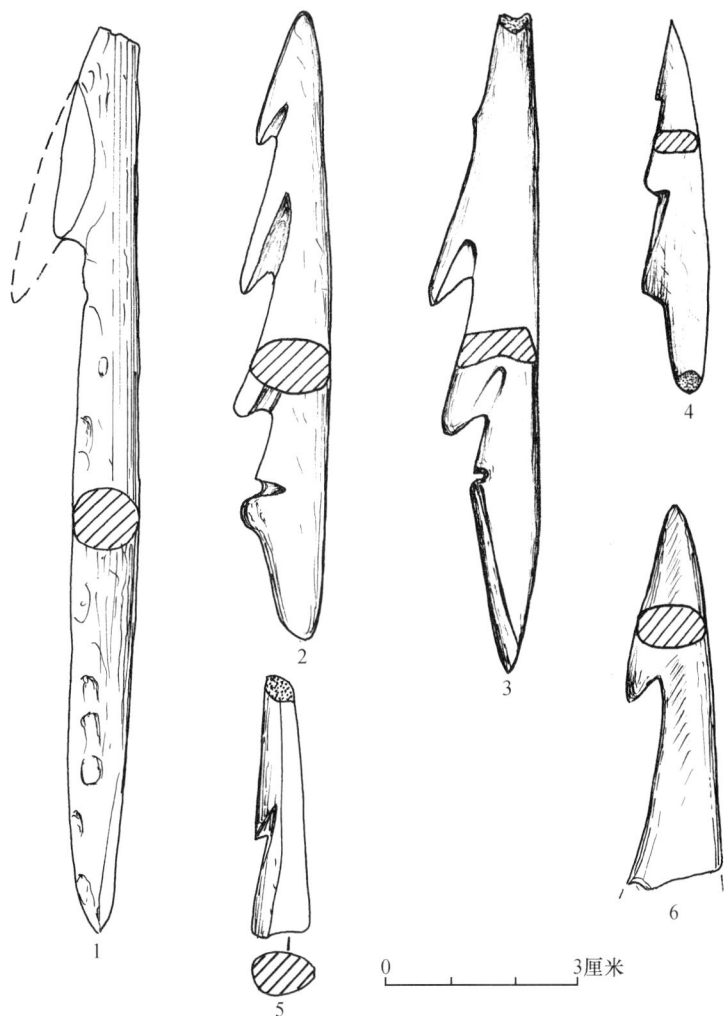

图六八 龙山文化骨器

1、6. 叉（H2③:111、H18:2） 2~5. 镖（H10:6、H18:6、H12:11、H12:5）

微残，形体较小。尖锋利。残长5.6厘米（图六八，4；图版二〇，2）。H12:5，两端残。仅剩上端一个倒钩。残长4厘米（图六八，5）。

骨笄 2件。长条形，上部扁平。制作极精细，磨制光滑。H18③:81，上端截面扁圆形，下端为圆形，尖部微残。残长11.9厘米（图六九，1）。H18:7，截面椭圆形，中间已断，下端扁圆。尖钝。长8.7厘米（图六九，2）。

匕 8件。扁长条形。加工精制，均有使用痕迹。H12:7，利用骨管磨制而成。顶部椭圆形，中空，中间截面圆形，匕部扁平。中下部残。磨制光滑。有使用痕迹。长8.5厘米（图六九，3）。H2③:60，已残。截面扁圆形，上端窄，下面扁宽，器表一道竖凹槽。残长7.8厘米（图六九，4）。H2③:116，下部已残。磨制光滑。扁体。残

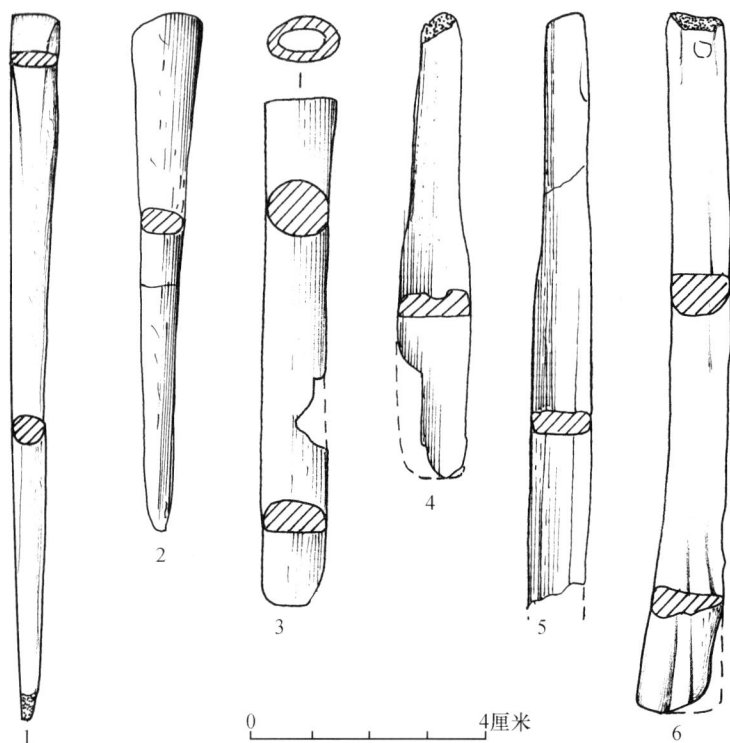

图六九　龙山文化骨器

1、2. 骨笄（H18③：81、H18：7）　　3~6. 匕（H12：7、H2③：60、H2③：116、H10：12）

长9.8厘米（图六九，5）。H10：12，截面半圆形，体较长。下部微残。残长11.8厘米
（图六九，6）。H2③：114，截面椭圆形，形体较短。下端已残。残长6.9厘米（图
七○，1）。H10：14，柄上端残。下面扁长方形，上面一道凹槽。制作精致。残长
4.5厘米（图七○，2）。

　　刻刀　1件（H18③：60）。上半部截面圆形，下端扁圆形，斜直刃。刃部锋利。
长5.3厘米（图七○，3）。

　　鱼钩　1件（H2③：76）。截面椭圆形，顶端有沟槽。磨制精致，器形完整。尖锐
利。长4.5厘米（图七○，4；图版一九，13）。

　　针　8件。多数残断，完整者较少。平面细长条形，截面圆形。顶部扁圆形，穿
圆形孔。尖锐利。通体磨制精细。H18③：92，长6.8、直径0.2、孔径0.1厘米（图
七一，1；图版一九，14）。H2③：98，顶端残。残长5.2、直径0.15厘米（图七一，
2）。H2③：66，两端残缺。残长3.3、直径0.15厘米（图七一，3）。H18③：88，
两端残缺。顶部残留孔的痕迹。残长3.8、直径0.15厘米（图七一，4；图版一九，
16）。H18③：89，顶端残。残长6.45、直径0.15厘米（图七一，5；图版一九，
15）。

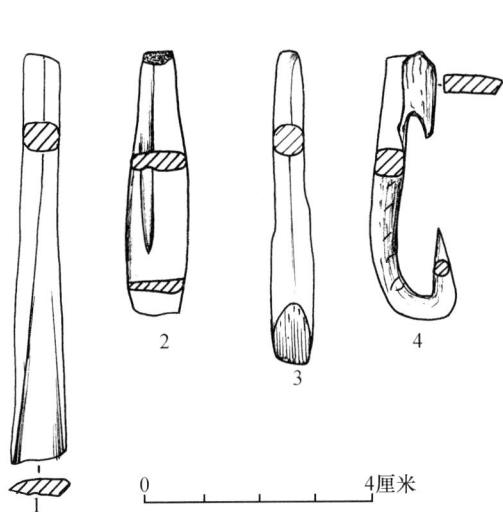

图七〇　龙山文化骨器
1、2.匕（H2③：114、H10：14）　3.刻刀（H18③：60）
4.鱼钩（H2③：76）

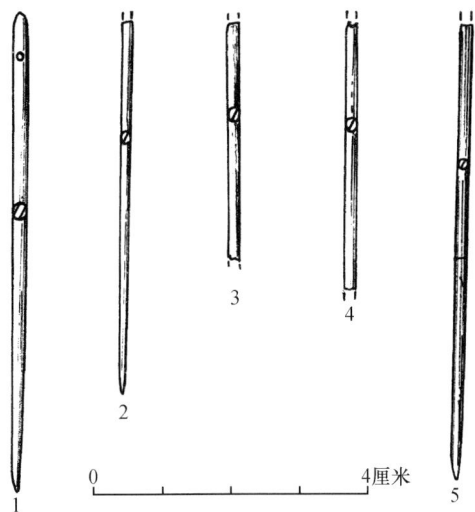

图七一　龙山文化骨针
1.H18③：92　2.H2③：98　3.H2③：66
4.H18③：88　5.H18③：89

（4）角器

6件。均为鹿角切割磨制而成。主要有拍、矛、锥、镞、坠饰等。

拍　1件（H18③：121）。利用鹿角磨制而成。平顶。拍面圆形，微鼓。柄部半圆形，中空。长8.6、宽4.8~7.4、顶径4.7、拍面直径7.9厘米（图七二；图版二〇，3）。

矛　1件（H18③：107）。铤与矛身截面均为圆形。铤与身界线明显。矛下端一周凹槽。器形规整，磨制精致。尖锐利。残长11.4、铤直径0.6、矛直径1.4厘米（图七三，1；图版二〇，4）。

镞　2件。圆锥形。通体磨制，精致光滑。H18②：31，铤细长，尖锐利。铤直径0.6、矛直径1.3、长9厘米（图七三，2；图版二〇，5）。M3：1，粗短铤，尖残。磨制光滑。铤直径0.7、矛直径1.3、残长7.2厘米（图七三，4；图版二〇，6）。

锥　1件（H18②：54）。截面圆形，形体弯曲。顶端有切割痕迹。表面光滑。尖部钝。长16.1厘米（图七三，3；图版二〇，7）。

坠饰　1件（H2③：113）。截面圆形。顶部扁长方形。上面钻圆形孔。长7.2、孔径0.3、直径0.8~1.5厘米（图七三，5；图版二〇，8）。

（5）蚌器

13件。均利用大型贝壳磨制而成。主要有镰、刀、镞、环和饰件等。

镰　4件。均残。根据平面的不同，分为三型。

A型　2件。平面呈长方形。弧背。H18③：80，直刃。两端残。残长10.8、宽3.2~4.2厘米（图七四，1）。H18③：94，弧刃。一端扁圆形，另端残，刃部锋利。

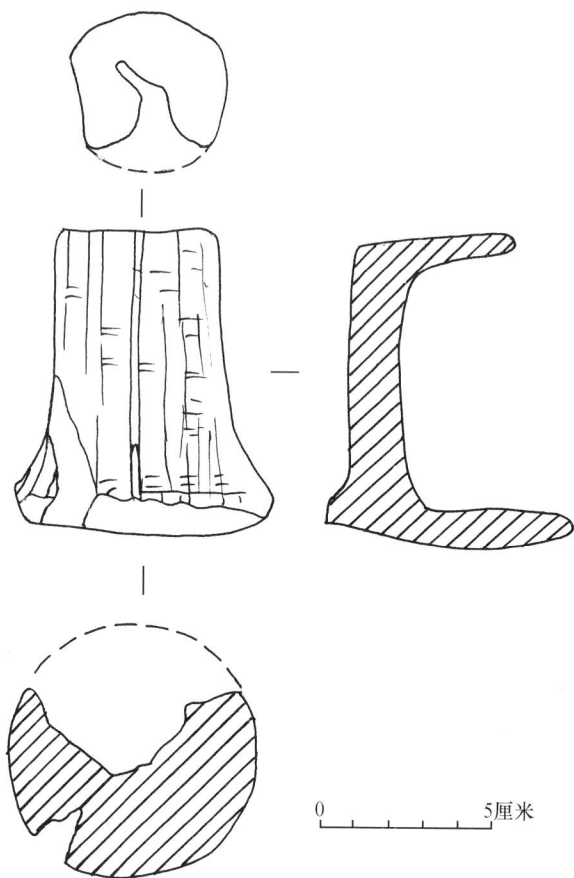

图七二　龙山文化角拍（H18③：121）

残长10、宽2.2～4.2厘米（图七四，3）。

B型　1件（H18②：51）。弧刃。一端呈方形，另端残。残长5.3、宽2.8～4厘米（图七四，2）。

C型　1件（H2②：23）。平面半圆形。弧刃。尖部残。刃部锋利，有使用痕迹。残长9.8、宽1.3～4.2厘米（图七四，4；图版二一，1）。

刀　5件。均穿圆形孔。弧背。根据平面不同，分为四型。

A型　2件。平面呈长方形。H18①：15，背部穿圆形孔。一端扁圆形，另端残缺。残长5、宽3～4厘米（图七四，5）。H12：15，平顶内凹，直刃。上部圆形穿孔。有使用痕迹。长7.8、厚0.1～0.5、宽4厘米（图七五，1；图版二一，2）。

B型　1件（H18③：109）。平面呈半圆形。两端残。背部穿2个圆形孔。残长4.3、宽1.7～2.1厘米（图七五，2）。

C型　1件（H18③：108）。平面呈近似三角形，刃上部穿圆形孔。尖部残。刃部锋利，有使用痕迹。残长10、宽4.4～6.2厘米（图七四，6）。

D型　1件（H18③：73）。平面椭圆形。形体较大，中间穿2个圆形孔。下面一角

3. ⊢————————⊣ 6厘米
0

余 ⊢————————⊣ 3厘米
0

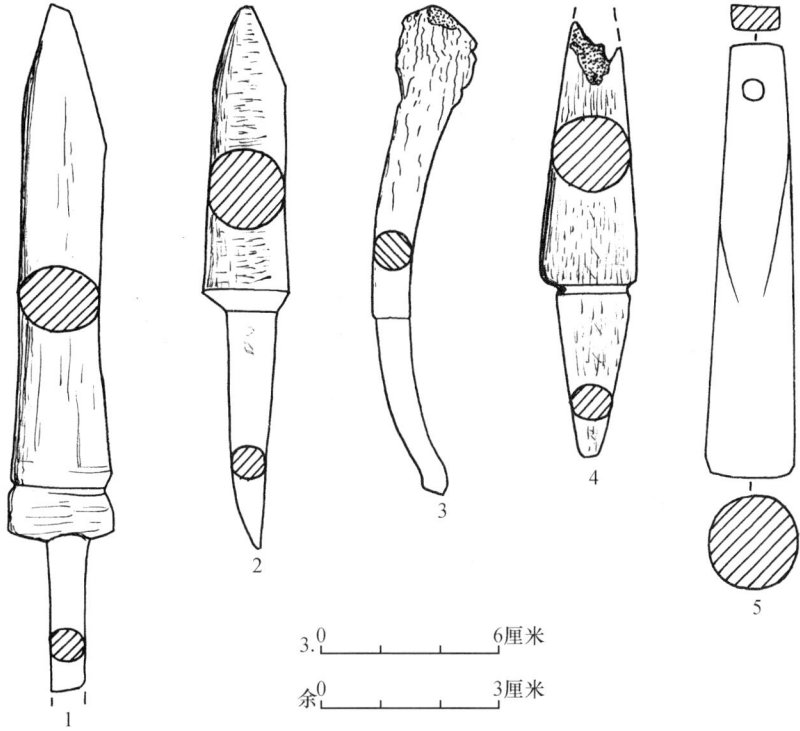

图七三　龙山文化角器

1.矛（H18③：107）　2、4.镞（H18②：31、M3：1）　3.锥（H18②：54）　5.坠饰（H2③：113）

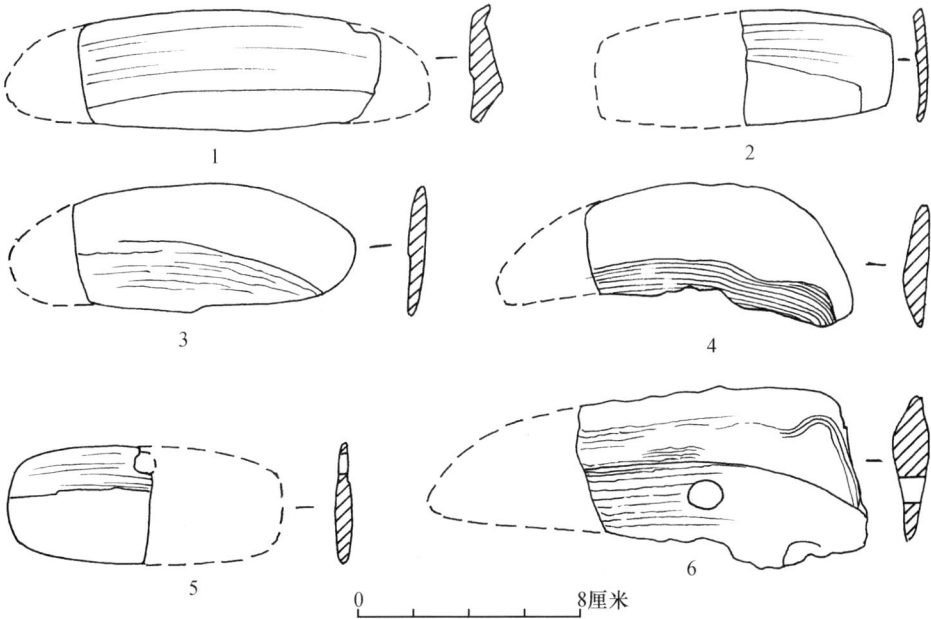

0 ⊢————————⊣ 8厘米

图七四　龙山文化蚌器

1、3.A型镰（H18③：80、H18③：94）　2.B型镰（H18②：51）　4.C型镰（H2②：23）

5.A型刀（H18①：15）　6.C型刀（H18③：108）

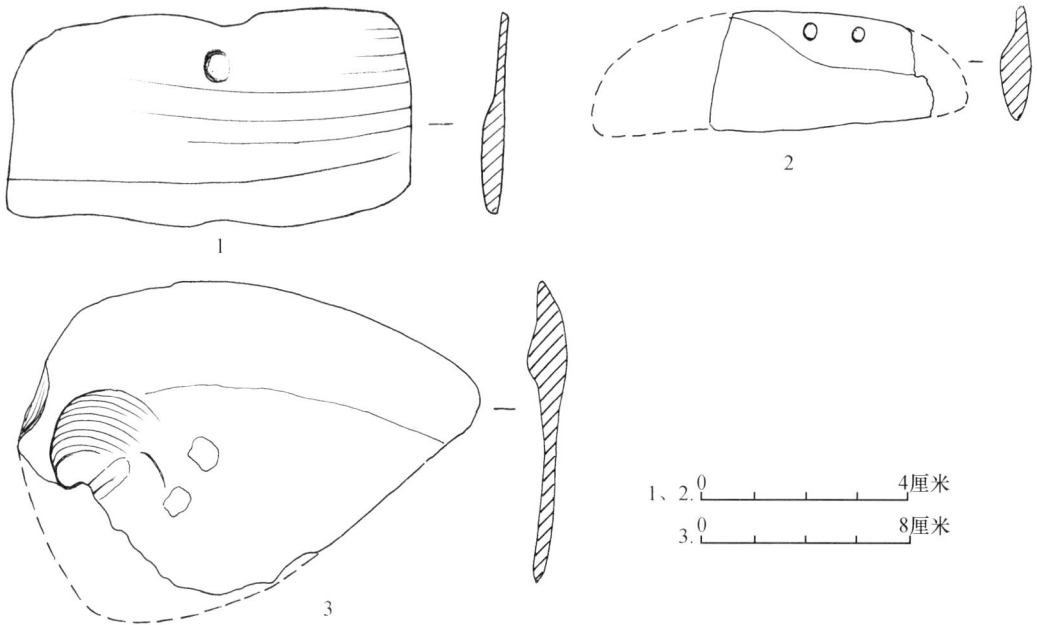

图七五　龙山文化蚌刀

1. A型刀（H12∶15）　2. B型刀（H18③∶109）　3. D型刀（H18③∶73）

残缺。长8.9、宽0.9～11.6厘米（图七五，3）。

镞　3件。利用蚌壳较厚的边缘部分磨制而成。H10∶8，三棱形。形制规整，尖端锋利。通长7厘米（图七六，1；图版二一，3）。H18②∶39，桂叶形。一面平另面鼓。尖部锋利。通长5.9厘米（图七六，2；图版二一，4）。

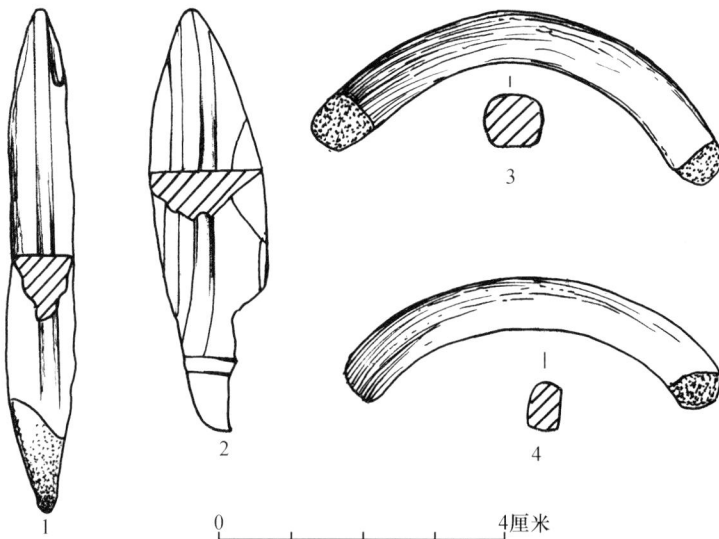

图七六　龙山文化蚌器

1、2. 镞（H10∶8、H18②∶39）　3、4. 环（H18③∶68、H18②∶49）

环 2件。H18③：68，截面圆形。残宽5.8厘米（图七六，3）。H18②：49，截面方形。残宽5.3厘米（图七六，4）。

饰件 1组4件。H18③：76，中间穿孔。制作精致。形状大小不一。 H18③：76-1，不规则形。长2、孔径0.4、厚0.3厘米（图七七，1）。H18③：76-2，圆形。直径0.9、孔径0.3、厚0.25厘米（图七七，2）。H18③：76-3，圆形。直径0.8、孔径0.4、厚0.2厘米（图七七，3）。H18③：76-4，椭圆形。形体较大。长径1.9、短径1.6、孔径0.4、厚0.2厘米（图七七，4）。

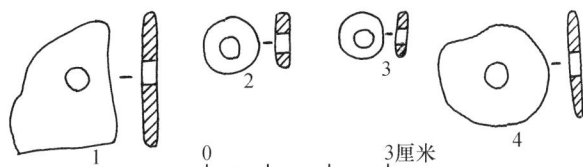

图七七 龙山文化蚌饰
1. H18③：76-1 2. H18③：76-2 3. H18③：76-3 4. H18③：76-4

（三）岳石文化遗存

灰坑 1个（H19）。位于T42西侧，部分压在T32东隔梁下，开口于第2层下，打破H2。坑口平面呈椭圆形，斜壁内收，底部较平缓。坑口长径2.7、短径2.2、深0.8米。坑内填土呈灰褐色，质较硬，内含较多红烧土颗粒，少量草木灰。出土陶片以夹砂红褐陶为主，纹饰主要是刻划纹、附加堆纹、指甲纹等。可辨器形有盆口沿、甗腰、罐腹片、蘑菇形盖纽以及石刀等（图七八）。

石刀 1件（H19：1）。平面呈半月形。弧背，上部中间有凹槽。直刃，偏锋。刃部锋利。中部穿双孔，孔系两面对钻。制作规整。磨制光滑。长8.4、宽5、孔径0.3厘米（图七九；图版一五，7）。

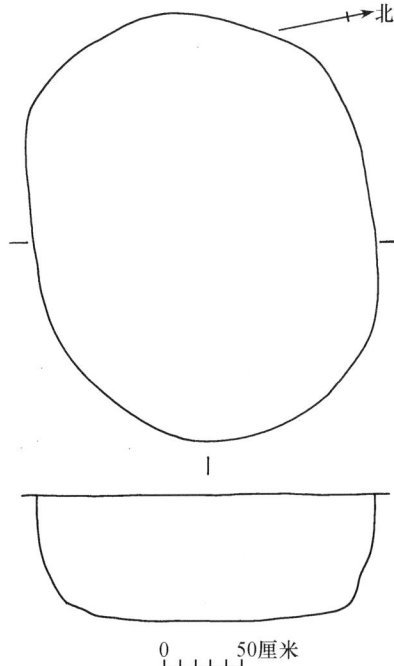

图七八 岳石文化H19平、剖面图

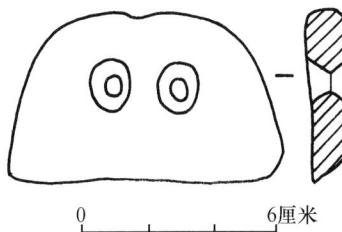

图七九 岳石文化石刀（H19：1）

（四）周代文化遗存

1. 遗迹

主要有沟和灰坑。

（1）沟

2条。

G1　位于T33内，开口于第2层下，被H1打破。平面呈长条形，斜壁、底部东高西低，呈台阶状。坑口清理部分长3.6、宽0.6、深0.4～0.58米。沟内填土呈黄褐色，质较黏。出土陶片较少。

G2　位于遗址北部、发掘区西侧，开口于第4层下，打破生土。沟呈东北—西南走向，沟上口较敞，沟壁较缓，沟底部较平。上口宽23～24.5、底部宽10.5～13.5、深1.4～1.6米。经过长期使用，废弃后被淤积填平。沟内堆积多为淤泥和细砂，包含有陶片和大量螺壳、蚌壳，根据不同颜色，可以分为6层（图八〇）。第1层，厚约0.4米。黑褐黏土，质致密，内含大量螺壳、红烧土块和少许蚌壳、石块等。出土陶器可辨器形有陶鬲、豆、罐、盆、瓮、纺轮、拍、球；铜器有鱼钩和镞。石器有铲和刀。第2层，厚0.03～0.4米。黄褐粉砂土夹杂粗砂粒。质细密，内含螺壳以及少量红烧土颗粒、石块等，陶片较少，可辨器形有鬲和罐。第3层，厚0.03～0.15米。灰白色细淤砂土，质细腻，夹杂少量褐色锈斑、内含螺壳及红烧土颗粒、石块等。出土遗物有少量陶片，可辨器形有鬲和罐。第4层，厚0.03～0.1米。灰白色淤土，质疏松，夹杂少量黄砂土、内含少许红烧土颗粒及红烧土颗粒。遗物只有少量鬲足和绳纹罐残片。第5层，厚0.25～0.5米。深灰褐黏土，夹杂0.05米黄褐层及灰色淤土带，质紧密。内含少许红烧土颗粒以及少量兽骨、螺壳、鹿角、碎石块等。遗物仅见少量绳纹陶片和残石铲、角料各1件。第6层，厚0.25～0.45米。浅灰褐黏土，夹杂少量黄砂及黄褐黏土块，质紧密。内含少许红烧土颗粒、兽骨等。遗物仅有少量陶片。根据沟内出土陶片判断，时代从春秋一直延续到战国时期。

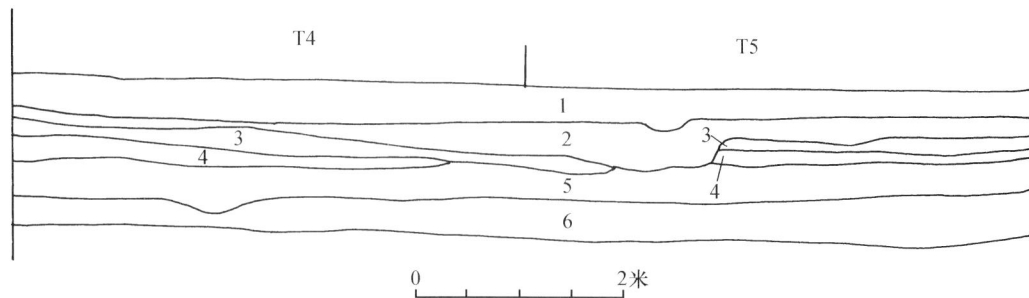

图八〇　T4～T5西壁G2剖面图

1. 黑褐黏土　2. 黄褐粉砂土　3. 灰白色细淤砂土　4. 灰白色淤土　5. 深灰褐黏土　6. 浅灰褐黏土

（2）灰坑

8个（H3～H6、H14～H17）。形状主要分为圆形和椭圆形两类。

H4　位于T42内，开口于第2层下，打破H2。坑口平面呈椭圆形，斜壁，底微凹。长径1.84、短径1.45、深0.7米。坑内填土灰褐色，质较黏。夹杂红烧土颗粒和少量炭粒。陶片较少，发现1件铜镞（图八一）。

H17　位于T1内，开口于第2层下，打破H18。坑口平面呈椭圆形，斜壁，平底。长径2.08、短径1.28、深0.78米。坑内填深灰褐土，质较黏。夹杂红烧土颗粒和少量蚌壳。内含红烧土颗粒和少量炭粒。陶片较多，仅发现1件铜镞（图八二）。

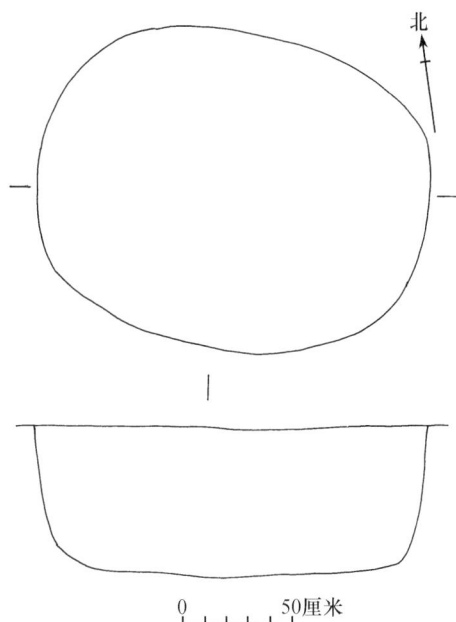

图八一　周代H4平、剖面图　　　　　　图八二　周代H17平、剖面图

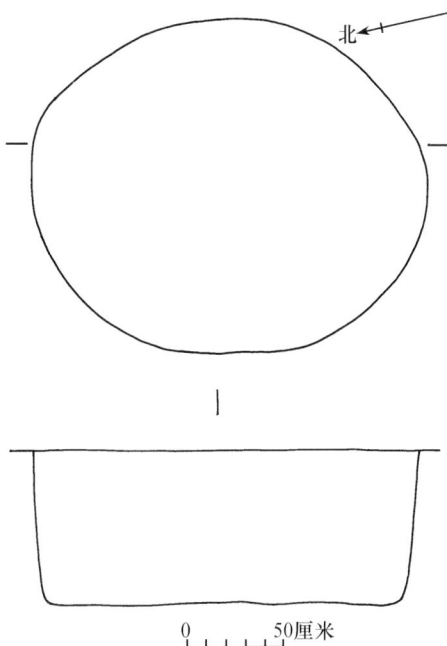

2. 遗物

（1）陶器

主要是G2内出土的大量碎陶片，可辨器形有鬲、豆、罐、盆、瓮、器座、纺轮、拍、球等，下面选择部分代表性器物标本进行介绍。

豆　2件。均泥质陶。素面。G2：8，红褐陶。尖唇，浅盘。柄残。口径18.2、残高4.5厘米（图八三，1）。G2：9，灰陶。盘残。喇叭柄。残高8厘米（图八三，3）。

鬲足　2件。均夹砂陶。锥状。G2：11，灰褐陶。绳纹脱落，形体厚重。残高8.8厘米（图八三，2）。G2：10，红褐陶。饰细绳纹。残高6.2厘米（图八三，4）。

罐口沿　3件。斜折沿，广肩。腹饰细绳纹。G2：19，泥质灰陶。圆唇，直口。

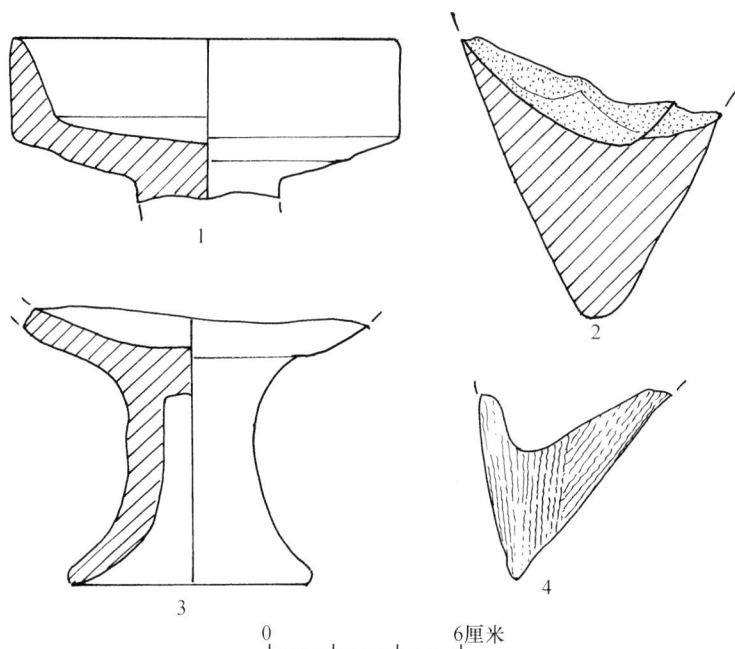

图八三　周代陶器

1、3.豆（G2：8、G2：9）　　2、4.鬲足（G2：11、G2：10）

口径22.6、残高6厘米（图八四，1）。G2：16，夹砂灰陶。方唇，窄折沿，束颈。口径11、残高2.6厘米（图八四，2）。G2：18，夹砂褐陶。圆唇，平窄沿，束颈。口残宽9.5、残高7厘米（图八四，3）。

　　器座　　1件（G2：15）。夹砂灰陶。方唇，斜折沿。沿面有数周凹弦纹。口残宽9.5、残高6厘米（图八四，4）。

　　盆口沿　　7件。多为夹砂陶，个别泥质陶。宽折沿。G2：12，夹砂灰褐陶。方唇，

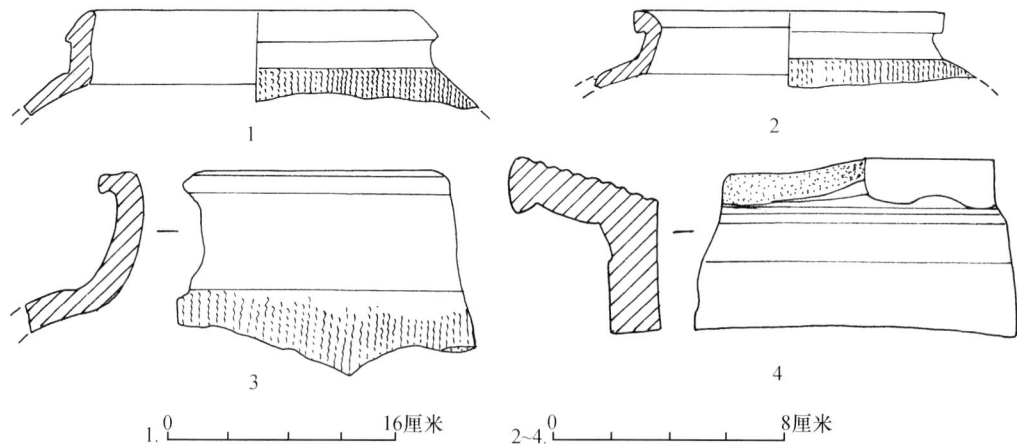

图八四　周代陶器

1～3.罐口沿（G2：19、G2：16、G2：18）　　4.器座（G2：15）

折沿，沿面内凹，唇面有一周凹槽。腹饰横绳纹。口径19.8、残高8厘米（图八五，1）。G2：17，夹砂灰褐陶。方唇，窄折沿，沿面内凹。腹部饰横绳纹。口残宽7、残高8.5厘米（图八五，2）。G2：14，夹砂浅灰陶。方唇，卷沿。腹饰横绳纹。口残宽10.7、残高10.4厘米（图八五，3）。G2：20，泥质灰陶。圆唇，窄折沿，深腹，腹饰斜绳纹。口残宽8.2、残高12厘米（图八五，4）。G2：22，泥质红陶。尖唇，宽折沿，沿面微凹。素面。口残宽5.6、残高5.2厘米（图八五，5）。G2：21，夹砂灰褐陶。方唇，斜折沿。腹饰竖绳纹。口残宽10、残高11.2厘米（图八五，6）。

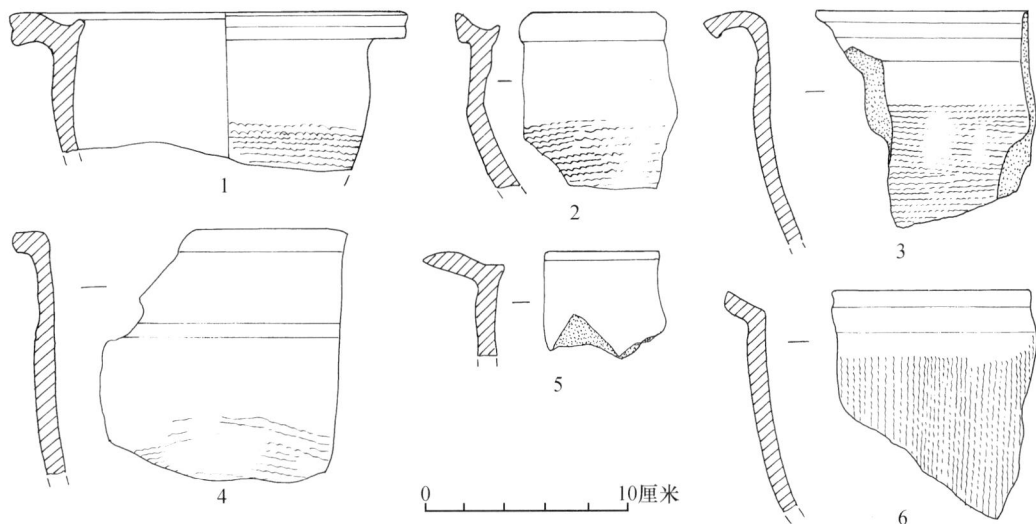

图八五　周代陶盆口沿
1. G2：12　2. G2：17　3. G2：14　4. G2：20　5. G2：22　6. G2：21

拍　2件。G2①：6，夹砂灰陶。椭圆形。拍面饰篮纹。残长5、宽5.6、厚1.5厘米（图八六，1）。采集：01，泥质灰陶。平面呈梯形。上窄下宽。把手已残。拍面刻划叶脉纹。长8.2、宽3.5～5.6、厚1.5～1.8厘米（图八六，3；图版二二，4）。

纺轮　1件（G2①：1）。已残。泥质红褐陶。圆饼形，中间穿圆孔，一面平，另面粗糙。素面。直径5.2、孔径1.1、厚1.2厘米（图八六，2）。

球　2件。均夹砂红褐陶。手制。素面。H5：1，平面略呈椭圆形。直径1.7厘米（图八七，4）。G2①：2，平面呈圆形。直径2.1厘米（图八七，5）。

（2）石器

4件。仅有铲和刀。

铲　3件。均残。长方形。磨制。G2①：5，中间有一圆形穿孔，弧刃，刃部钝。残长3.9、宽5.1、厚0.4～1、孔径1.2厘米（图八七，1）。G2⑤：1，上部残。弧刃，正锋，刃部锋利。残长4、宽5.6、厚0.7厘米（图八七，3）。

刀　1件（G2①：7）。磨制。弧背，直刃，偏锋，尖圆头。残长8、宽3.2～4.4、厚0.6厘米（图八七，2）。

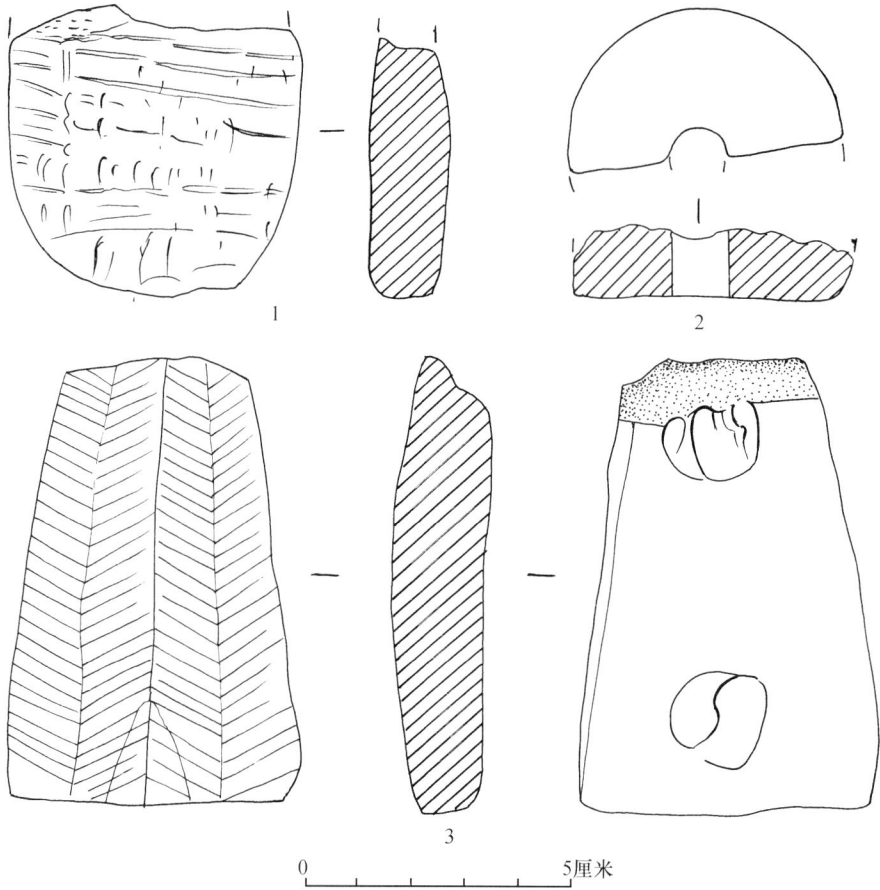

0　　　　　　　　　　　5厘米

图八六　周代陶器

1、3.拍（G2①：6、采集：01）　2.纺轮（G2①：1）

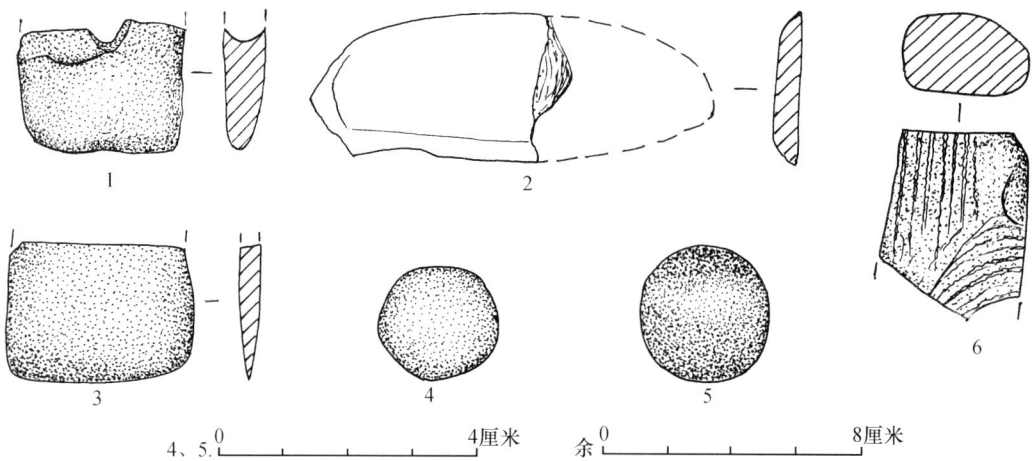

4、5. 0　　　　　　　4厘米　　余 0　　　　　　　8厘米

图八七　周代石器、陶器、角器

1、3.石铲（G2①：5、G2⑤：1）　2.石刀（G2①：7）　4、5.陶球（H5：1、G2①：2）　6.角料（G2⑤：3）

（3）角器

角料 1件（G2⑤：3）。鹿角。两端均有切割加工痕迹。截面椭圆形，上端齐平。长5.6、直径2.5~3.9厘米（图八七，6）。

（4）铜器

4件。仅有镞和鱼钩。

镞 3件。平面近似桂叶形。双翼。中脊凸起，脊两侧有凹槽。铤截面呈圆形。H4：1，脊截面椭圆形，身与铤分界明显。长6.7厘米（图八八，1；图版二二，5）。H17：1，形体较小。脊截面椭圆形。长3.8厘米（图八八，3；图版二二，6）。G2①：3，双翼残。脊截面不规则形。镞身已变形。长7.6厘米（图八八，4；图版二二，7）。

鱼钩 1件（G2①：4）。截面扁圆形。尖锐，有倒钩，顶端凹槽。长3.1、直径0.3厘米（图八八，2；图版二二，8）。

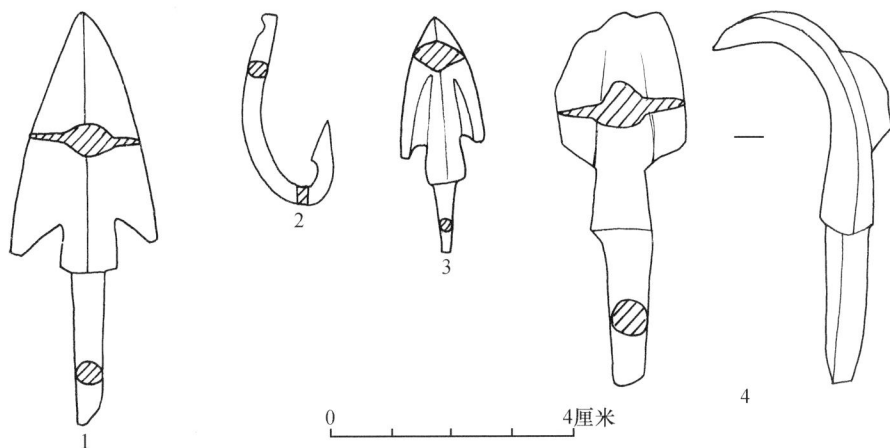

图八八 周代铜器

1、3、4.镞（H4：1、H17：1、G2①：3） 2.鱼钩（G2①：4）

（五）汉代文化遗存

1. 遗迹

灰坑 2个（H1、H13）。

H13 位于T33内。开口在第2层下。打破H1、H14。坑口平面呈长条形，斜壁，底不平。长2.1、宽0.43、深0.28~0.38米。坑内填灰褐土，质较松软，夹杂少量炭屑。包含少量陶片和兽骨，发现1枚五铢钱。

2. 遗物

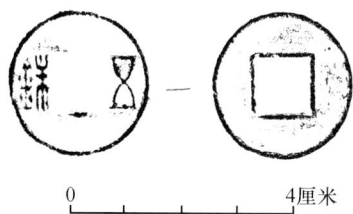

图八九　五铢钱（H13∶1）

（1）五铢钱

1枚（H13∶1）。钱径2.5厘米，穿为方形，边长1厘米。"五"字中间相交两笔弯曲。"铢"字的"金"字头呈三角形，"朱"字头方折（图八九）。

（2）铁器

刀　2件。均残。H1∶3，长条形。两端残。残长18、宽1.3厘米（图九〇，1）。II1∶2，刀身截面呈三角形。环首已残。残长9.6、宽1.4厘米（图九〇，2）。

锸　1件（H1∶1）。已残。平面长方形，刃部呈三角形略弧。截面呈三角形。残长10.4、宽6.1厘米（图九〇，3）。

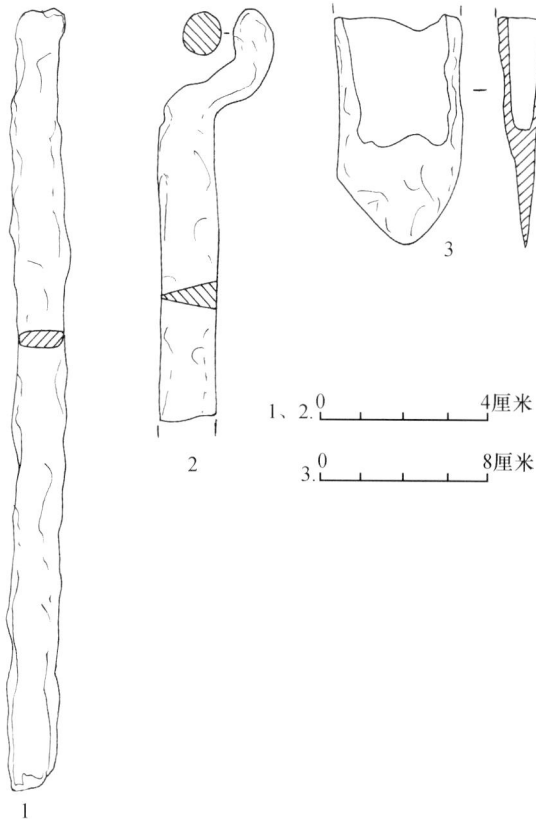

图九〇　汉代铁器

1、2. 刀（H1∶3、H1∶2）　3. 锸（H1∶1）

（六）宋代墓葬

M1　位于T8内。开口于第2层下，墓口距地表0.4米。结构为长方形土坑竖穴墓，长2、宽0.55、深0.6米。墓内填土呈黄褐色，质松软。死者仰身直肢，头向南，面向西。骨架保存较差，一触即碎。随葬瓷罐、瓷碗、铜笄各1件（图九一；图版二二，1）。

双系瓷罐 1件（M1：2）。圆唇，敛口，深鼓腹，下收为小平底。口沿下安对称双耳。上腹挂浅黄色陶衣，器表光滑，下腹呈褐色。粗糙。口残宽12.8、通高14.8厘米（图九二，1；图版二二，2）。

瓷碗 1件（M1：1）。圆唇，敞口，浅腹，假圈足式平底。内壁白色全釉，外壁半釉。口残宽13.2、通高4.8厘米（图九二，2；图版二二，3）。

铜笄 1件（M1：3）。用铜条弯曲而成。平面长条形，截面圆形。长20.8厘米（图九三）。

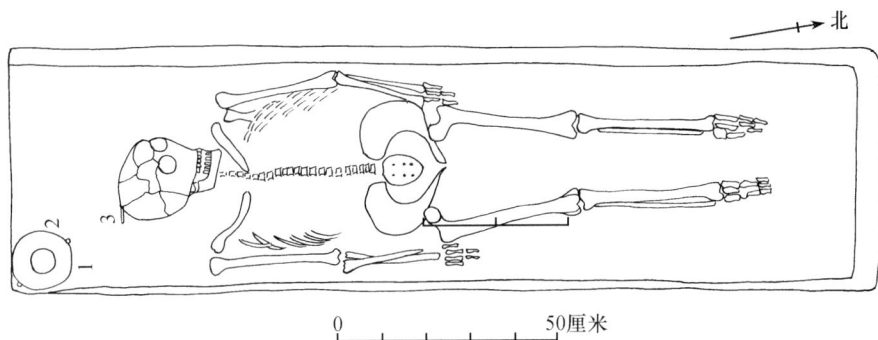

图九一 宋代墓

1. 瓷碗 2. 瓷罐 3. 铜笄

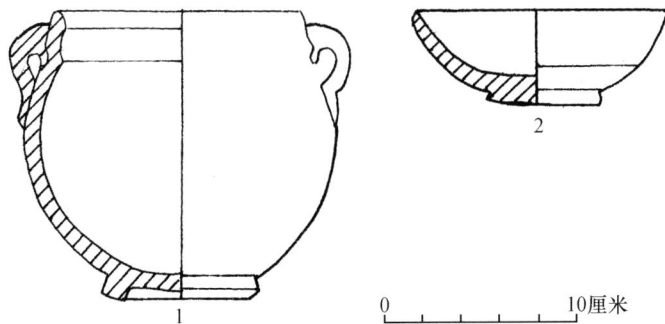

图九二 宋代瓷器

1. 双系罐（M1：2） 2. 碗（M1：1）

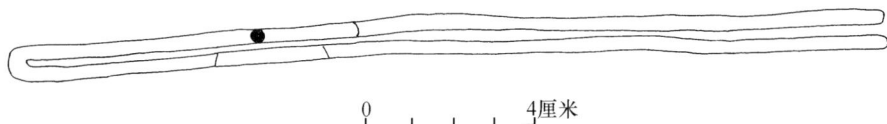

图九三 宋代铜笄（M1：3）

三、结　语

通过对苍山后杨官庄遗址发掘资料的整理与报告的编写，我们对遗址的面貌特征和文化内涵有了如下认识。

根据出土遗物来看，该遗址时代延续时间较长。从大汶口文化、龙山文化、岳石文化、周、汉代一直到唐代，基本是绵延不断，连续发展的。

（一）大汶口文化遗存

大汶口文化遗存比较简单，遗迹主要是灰坑，遗物多为陶片，基本没有可复原的器物。陶质以夹砂红陶、红褐陶为主，黑陶、灰陶较少。可辨器形有鼎、盆、罐、瓮、豆、高柄杯、器盖等。鼎足多为侧三角形，也见有少量锥状足。其年代距今5300~5000年，属于大汶口文化中期阶段。

（二）龙山文化遗存

苍山后杨官庄龙山文化遗存与兖州西吴寺[1]、泗水尹家城[2]、枣庄建新[3]、二疏城[4]、临沂大范庄[5]等遗址的文化面貌存在许多相同或相近的地方，均属于山东龙山文化系统。如后杨官庄遗址的A型Ⅰ式罐（H2③：97）与尹家城遗址一期的A型Ⅰ式中口罐（M136：1）、西吴寺遗址早期的Aa型Ⅰ式罐（H653：5）相同；后杨官庄遗址的A型Ⅱ、Ⅲ式罐（H2③：100、H10：9）与西吴寺遗址的Aa型Ⅱ式罐（M753：2）、Ab型Ⅲ式罐（H1029：28）、尹家城遗址三期四段的Fb型中口罐（M138：26）近似。后杨官庄遗址的A型壶（H18②：74）、觯形杯（H18②：33）分别与临沂大范庄遗址的长圆腹壶（LD：175）[6]、ⅤB式壶（M24：49）相似[7]。后杨官庄遗址C型（H2③：32）、F型（H18②：19）陶纺轮与西吴寺遗址Aa型（H4033：3）、B型（H4262：6）同类器近同。

遗址中出土的石器数量较多，种类齐全。主要有斧、锛、铲、凿等生产工具，其造型规整，磨制精细，且刃部非常锋利，普遍采用磨光和穿孔技术。钻帽的发现，为从技术上研究钻孔的工艺找到了实物证据。镞的大量发现说明，镞不仅是狩猎工具，而且是用于战斗的重要武器，是军事活动激烈的反映。骨针的使用和布纹的存在，说明当时纺织缝纫技术已经产生。

遗址中发现的粟、黍、稻等农作物和杂草类植物遗存[8]，说明聚落当时形成了稻旱混作的农业种植格局，且农业发展在这一时期达到了较高的水平；结合藜属、紫苏属、葡萄属、蔷薇科等野生植物种子和果核的发现，可以认为，采集经济活动仍是当时重要的生业补充。

经鉴定，遗址中发现的动物骨骼多达27408件（附表三），其中可鉴定标本21990件，占总标本数80%，以鱼类标本最多，占51%，软体动物约23%，哺乳动物约24%，另外还有少量爬行动物、鸟类和节肢动物。据统计，大汶口文化时期到龙山文化时期的动物遗存2万多件，代表了田螺、丽蚌、裂嵴蚌、珠蚌、矛蚌、蚬、螃蟹、鲤鱼、草鱼、青鱼、龟、鳖、鸟、兔、仓鼠、狗、猪、斑鹿、麋鹿、獐、牛、羊等20余种动物[9]。根据对出土动物遗存的分析发现，后杨官庄遗址居民在大汶口文化时期已经开始饲养家畜，龙山文化时期饲养水平有所提高。从大汶口文化时期到龙山文化时期该地区的气候环境变化不大，总体而言，比现在的气候更加温暖湿润。鹿科动物和家畜猪为先民保证了主要的肉食供应，淡水鱼类、贝类也分担了部分肉食供应的需求，捕猎野生动物占据更重要的地位。古代先民除了食用动物肉质部分，还利用动物的肢骨、鹿角、蚌壳等坚硬的骨骼加工制作生产工具和生活用具，极大丰富了人们的物质文化生活。

关于龙山文化的年代，中国社会科学院考古研究所、西安加速器质谱中心测了两个14C年代数据（附录二），一是H2第3层，编号ZK-3407，14C年代（半衰期5568）：3843±27BP （公元前1893年±27年）

树轮校正年代（OxCal 3.10）：

$$1\delta：2400BC \sim 2380BC（4.5\%）$$
$$2350BC \sim 2270BC（42.1\%）$$
$$2260BC \sim 2200BC（21.6\%）$$
$$2\delta：2460BC \sim 2200BC（95.4\%）$$

二是H18第4层，ZK-3408，14C年代（半衰期5568）：3807±30BP（公元前1857年±30年）

树轮校正年代（OxCal 3.10）：

$$1\delta：2290BC \sim 2200BC（68.2\%）$$
$$2\delta：2350BC \sim 2130BC（95.4\%）$$

从上述两个年代数据以及陶器分析，其年代当以龙山文化中期为主，大约在公元前2400~前2200年（距今4400~4200年），前后经过200多年的发展时期。

（三）岳石文化遗存

岳石文化的遗迹和遗物均较少，但从灰坑中出土的陶片来看，陶质、陶色、纹饰和器形等方面均与泗水尹家城、牟平照格庄[10]遗址出土的同类器物基本一致，应属于岳石文化的代表性器物。

（四）其他文化遗存

周代遗迹主要是灰坑和两条排水沟。沟经过长期使用，废弃后被淤积填平。沟内堆积多为淤泥和细砂，包含有陶片和螺壳和蚌壳。出土遗物主要是大量陶片，可辨器形有鬲、盆、罐、豆和一些板瓦等，但可复原器物较少。仅有铜镞、鱼钩、铁镢和铁刀等。根据沟内陶片来看，延续时间较长，从春秋一直到战国时期。

汉代灰坑，包含文化遗物较少，主要是一些筒瓦、板瓦残片。从发现的五铢钱看，时代当为西汉中期阶段。

清理的宋代墓葬中出土的双系罐与枣庄中陈郝瓷窑址第四期的Ⅵ式罐（M1∶1）[11]器物造型与特征基本一致，与淄川区磁村古窑址[12] Ⅰ式罐（北y7∶9）非常相似，与兖州徐家营[13]宋代墓葬中双耳瓷罐（M210∶2）也有许多近似之处，墓葬属于宋代问题不大。

总之，后杨官庄遗址是临沂地区一处文化内涵丰富，延续时间较长的古文化遗址。这次田野发掘所获资料，对于深入研究该地区大汶口文化、龙山文化、岳石文化的面貌特征和文化内涵以及周、汉、唐、宋时期的历史提供了不可缺少的实物资料，因此，具有非常重要的学术价值。

附记：器物绘图王站琴，拓墨李胜利，文物摄影何德亮。植物遗存分析和动物骨骼鉴定由山东大学东方考古研究中心王海玉、靳桂云、宋艳波、李倩完成。中国社会科学院考古研究所实验室、西安加速器质谱中心做了^{14}C年代测定报告。M3人骨是由美国伊利诺伊大学董豫博士帮助鉴定。报告完成后，山东省文物考古研究所孙波副所长审阅了全文，提出一些好的修改建议。在此一并致谢。

执　笔：何德亮　宋岩泉　王树栋
　　　　李　钰　李善超　张书畅

注　释

［1］　国家文物局考古领队培训班：《兖州西吴寺》，文物出版社，1990年。

［2］　山东大学历史系考古专业教研室：《泗水尹家城》，文物出版社，1990年。

［3］　山东省文物考古研究所、枣庄市文化局：《枣庄建新》，科学出版社，1996年。

［4］　中国社会科学院考古研究所、枣庄博物馆：《枣庄市二疏城遗址发掘简报》，《海岱考

古》（第四辑），科学出版社，2011年。

[5] 临沂文物组：《山东临沂大范庄新石器时代墓葬的发掘》，《考古》1975年1期。

[6] 冯沂：《山东临沂市大范庄遗址调查》，《华夏考古》2004年1期。

[7] 同［ 5 ］。

[8] 王海玉、何德亮、靳桂云：《苍山后杨官庄遗址植物遗存分析报告》，见本书。

[9] 宋艳波、李倩、何德亮：《苍山后杨官庄遗址动物遗存分析报告》，见本书。

[10] 中国社会科学院考古研究所山东队：《山东牟平照格庄遗址》，《考古学报》1986年4期。

[11] 山东大学历史系考古专业、枣庄市博物馆：《山东枣庄中陈郝瓷窑址》，《考古学报》1989年3期。

[12] 山东淄博陶瓷史编写组：《山东淄博市淄川区磁村古窑址试掘简报》，《文物》1978年6期。

[13] 山东省文物考古研究所：《鲁中南汉墓》，文物出版社，2009年。

附表一 灰坑登记表

编号（H）	位置（T）	层位	形状	尺寸（米）	遗物	时代
1	T34西南角	第2层下、打破G1	椭圆形	直径2.7～4.1	陶盆；铁镞1、刀2	汉代
2	T31、T41北部	第2层下、打破H21、被H3、H4、H15、H16、H19打破	不规则椭圆形	清理南北径8～11、东西长11	陶鼎B型2、鼎足A型、B型、C型5、罐AⅠ式2、AⅡ式3、B型、C型、残罐5、钵2、盆A型2、B型2、C型4、D型4、豆、鬶片、壶B型、小杯、碗A型、器盖AaⅠ式、Ab型2、BⅡ式、C型、纺轮A型、C型、D型3、E型、F型、球、圆饼、环A型2、B型2；石铲A型、未分型2、斧7、锛C型5、未分型2、凿、钻帽、打磨器、刀3、磨石2、砺石10、矛、镞A型4、B型4、Bb型4、D型2、未分型5；角锥、角坠饰、骨锥Ab型、Bb型5、C型、未分型6、镞A型、B型6、Cc型、镞形器A型2、叉、匕3、鱼钩、针2；蚌镰C型	龙山文化
3	T33南部	第2层下、打破H2	圆形	直径1.1	陶罐、板瓦	周代
4	T42中部	第2层下、打破H2	椭圆形	长径1.84、短径1.45	陶罐、瓶、铜镞	周代
5	T41西南角	第2层下、打破至第5层	椭圆形	长径3.2、清理南北长1.58	陶豆、罐、盆、球	周代
6	T35西南角	第2层下、打破G2、H7	椭圆形	南北径2.9、东至西壁3.13	陶鬲、盆、罐、豆、筒瓦	周代

续表

编号（H）	位置（T）	层位	形状	尺寸（米）	遗物	时代
7	T35东南角	第2层下，打破H9、被H6、M2打破	近似圆形	直径1.9~2.1	陶鼎、盆、瓮、豆、器盖2、罐口沿、杯、球；石铲、刀、凿	大汶口文化
8	T34北部	第2层下，打破至第5层	椭圆形	长径2.65、短径1.46	陶鼎、罐	大汶口文化
9	T34西北、T35西南角	第2层下，打破至第5层、被H7打破	椭圆形	长径4.7、短径4	陶鼎足、鬶足、盆口沿、罐片、杯、豆、钵、球、环2；蚌环、骨锥、骨针	大汶口文化
10	T1西北	第4层下，打破H18、被G2、H10、H12打破	不规则圆形	南北径5.5、东西清理2.32	陶鼎A Ⅲ式、罐、杯、陶纺轮A型；石铲B型、刀、镞Ba型、Bb型；骨锥C型、镞形器A型2、镖、匕2；蚌镰	龙山文化
11	T2东北	第4层下，打破第5至生土	圆形	口径1.3、底径0.96	鼎足、罐；石铲C型	龙山文化
12	T2西北	开口G2下、打破H10	圆形	东西清理1.05、南北直径2.1	陶器盖Ab型、B Ⅰ式、C型、纺轮D型；网坠；石铲A型、砺石、镞Ba型、C型、镖2、匕、针；蚌刀A型	龙山文化
13	T33西北	第2层下，打破H1、H14	长条形	长2.1、宽0.43	陶盆、板瓦、筒瓦、铜钱	汉代
14	T33北、T34南	第2层下，打破第5层、被H1、H13打破	长椭圆形	长径2.68、短径1.32	陶豆、罐、盆	周代
15	T31西北角	第2层下，打破H2	椭圆形	清理部分长径东至西壁0.8、短径2.25	陶鬲、豆、罐、盆	周代
16	T32西部、部分叠压西壁下	第2层下，打破H2	圆形或椭圆形	清理部分南北直径2.06、东至西壁1.46	陶盆、罐、豆等	周代
17	T1东北角	第2层下，打破H18	椭圆形	长径2.08、短径1.28	陶鬲、罐、板瓦；铜镞	周代

续表

编号（H）	位置（T）	层位	形状	尺寸（米）	遗物	时代
18	T1东南部	第4层下，打破至生土，被H3、H4、H10、H17打破	不规则椭圆形	清理南北7.7、东西6.3	陶鼎A型2式、鼎足B型2、C型4、罐AⅢ式、残罐3、钵、盆C型、D型7、瓮、豆、簋、壶A型、鬶型杯、筒形杯A型、B型、小杯、碗B型、器盖AaⅡ式、AbⅠ式、BⅡ式、C型、纺轮B型、C型、D型、F型、珠、球2、环B型、C型、弓铲B型、铲A型、C型、D型、球、镞A型13、Ba型11、Bb型、D型、未分型3；角扣、锥、矛、骨锥Aa型、Ba型9、Bb型6、C型6、未分型3、镞B型、Ca型2、Cb型、Cc型4、镞形器A型6、B型2、镖、叉、笄2、针5、匕2、刻刀；蚌刀A型、B型、C型、D型、镰2、环2、饰件、镰A型2、B型	龙山文化
19	T42西壁下	第2层下，打破H2	椭圆形	长径2.7、短径2.2	瓶、盆；石刀	岳石文化
20	T41东南角	第2层下，打破至第5层，被M5打破	椭圆形	清理部分西至东壁2.95、南北径3.35	鼎、鬶、罐；石镞Ba型	龙山文化
21	T31西南角	第2层下，被H2打破	椭圆形	长径2.1、短径1.8	鼎、罐、鬶	龙山文化

说明：表内的器物多为报告中涉及的标本，1件的不标明件数，仅注明器物名称和型式，2件以上的标注器物数量

附表二（A）　H18第1层陶片统计表

陶质	泥质				夹砂								细砂	数量	%
陶色纹饰	磨光黑陶	磨光灰陶	灰皮红褐	红褐	灰褐	灰陶	黑陶	红陶	白陶	红褐	浅灰	黑皮红陶	白衣红陶		
篮纹	4				66	6	56	10		12	1			155	4.9
凸弦纹		5			2		1					1		9	0.3
凹弦纹	4	13			11		26					6		60	1.9
附加堆纹					3	3		5		20				31	1
刻划纹						1		3		4				8	0.3
按压纹								3						3	0.1
细弦纹	10													10	0.3
乳钉纹	1						4			2		2		9	0.3
瓦纹		1					1		2					4	0.1
凸棱纹	14								4					18	0.55
波浪纹			1					1						2	0.05
素面	208	404	30	78	780	240	620	62	133	255	11	46	9	2876	90.2
数量	241	423	31	78	862	250	708	84	139	293	12	55	9	3185	100
%	7.6	13.3	1	2.5	27	7.8	22.2	2.6	4.4	9.2	0.4	1.7	0.3	100	
合计	773				2403								9	3185	
%	24.3				75.4								0.3	100	

续表

陶质	泥质				夹砂								细砂	数量	%
器形＼陶色	磨光黑陶	磨光灰陶	灰皮红褐	红褐	灰褐	灰陶	黑陶	红陶	白陶	红褐	浅灰	黑皮红陶	白衣红陶	数量	%
壶		1												1	0.3
罐		37			95									132	38.3
高柄杯		5												5	1.4
杯		3												3	0.9
豆		7												7	2
甑					1									1	0.3
盒		1												1	0.3
圈足盆		3												3	0.9
器盖		14			32									46	13.3
盆		16			1									17	4.9
匜形盆					28									28	8.1
鬶					31									31	9
瓶					6									6	1.7
鼎					64									64	18.6
合计	87				258									345	100

附表二（B）　H18第2层陶片统计表

陶质	泥质								夹砂							数量	%
陶色\纹饰	黑皮红陶	灰褐	浅灰	黄褐	红褐	黑陶	磨光黑陶	白陶	黄褐	红褐	灰褐	浅灰	深灰	黑皮红陶	黑陶		
素面	18	51	28	8	11	204	103	126	208	30	136	34	396	26	248	1627	87.8
凹弦纹	1			2		6	9	1	2				1	1	3	26	1.4
乳钉纹								4						1		5	0.3
凸棱纹	2	2	3			1		6								14	0.8
刻划纹		2														2	0.1
瓦棱纹						1		8	1							10	0.5
刻划纹								2	14	1	1	1	2			21	1.1
篮纹		1				3			24	2	16	12	29	12	24	123	6.65
篮纹加附加堆纹						3	2		6		3	1			2	17	0.9
按窝									1							1	0.05
箆纹											3					3	0.2
附加堆纹													2			2	0.1
波浪纹															1	1	0.05
绳纹															1	1	0.05
数量	19	56	31	10	11	218	114	147	256	33	159	48	430	40	281	1853	100
%	1	3	1.7	0.5	0.6	11.8	6.1	7.9	13.8	1.8	8.6	2.6	23.2	2.2	15.2	100	
合计	459								1394							1853	
%	24.7								75.3							100	

续表

陶质 器形	泥质 黑皮红陶	灰褐	浅灰	黄褐	红褐	黑陶	磨光黑陶	夹砂 白陶	黄褐	红褐	灰褐	浅灰	深灰	黑皮红陶	黑陶	数量	%
盆					1							2				3	1.4
盒															1	1	0.5
器盖		1			1	1	9	2							6	24	11.3
鼎									23	1	6	1	1			31	14.6
鬶								30								30	14.1
罐		5	5	2	1	3	3	2	5	2	11		11	8	14	72	33.8
敛口盆											1		4		14	19	8.9
箅														1	1	2	0.9
匜						1								1	1	2	0.9
敞口盆						1	4	2						1	14	20	9.4
杯						1	1									3	1.4
豆						1										1	0.5
高柄杯							5									5	2.3
合计	44							169								213	100

附表二（C）　H18第3层陶片统计表

陶质	泥质						夹砂							数量	%
陶色 \ 纹饰	灰陶	红褐	红陶	灰褐	磨光黑陶	磨光黑皮陶	白陶	白衣红陶	红陶	红褐	灰陶	灰褐	黑陶		
素面	48	95	17	260	170	760	780	45	52	420	114	1060	1150	4971	69.20
凸弦纹	7	1	1	4		10				2				25	0.34
附加堆纹	1	1				8	31	4	1	12		4		62	0.86
刻划				1			13	2	34					50	0.70
凹弦纹				3										3	0.04
戳印					8									8	0.11
彩绘					1									1	0.01
刻划花边							3					4		7	0.10
乳钉纹							7	2		4				13	0.18
篮纹									70	550	75	529	750	1974	27.48
花边										2				2	0.03
细刻划										1				1	0.01
篮纹加附加堆纹											3	20	24	47	0.65
篮纹加乳钉												4	6	10	0.14
凸棱												3	8	11	0.15
数量	56	97	18	268	179	778	834	53	157	991	192	1624	1938	7185	100
%	0.8	1.4	0.3	3.7	2.5	10.8	11.6	0.7	2.2	13.8	2.7	22.6	26.9	100	

合计：泥质 1396（19.5%）　夹砂 5789（80.5%）　总计 7185（100%）

续表

陶质	泥质						夹砂							数量	%
陶色 / 器形	灰陶	红褐	红陶	灰褐	磨光黑陶	磨光黑皮陶	白陶	白衣红陶	红陶	红褐	灰陶	灰褐	黑陶		
鼎							4		44	131		26	19	224	35.9
壶				4		9			6	19	5		40	89	14.3
匜													6	6	0.9
小盆	4													4	0.6
陶足	3	1				2	1							7	1.1
覆碗式器盖	2													2	0.3
器盖	3				1	3			4	15	3	8	17	54	8.7
敞口盆		4				15						1	1	21	3.4
豆	4	1			5	3	1							14	2.2
罐	2	1			6			1	4	20	4	20	26	84	13.4
大口罐					1									1	0.2
镂空高柄杯					13									13	2.1
算					1									1	0.2
钵		1												1	0.2
鬶							85	9						94	15.1
瓶									2			5	2	9	1.4
合计	90						534							624	100

附表二（D） H18第4层陶片统计表

陶质		泥质						夹砂						数量	%
陶色		浅灰	红褐	灰褐	黑陶	黑皮红陶	磨光黑陶	浅灰	红褐	深灰	灰褐	黑陶	黑皮红陶	数量	%
纹饰	篮纹			3	3			14	31	46	30	35	9	171	23.5
	篮纹加附加堆纹						1	1	1	1	1	1	1	7	1
	凸棱纹							1						1	0.1
	素面	6		18	63	9	20	29	36	132	116	88	23	540	74.2
	篦纹									3				3	0.4
	附加堆纹									4	1			5	0.7
	乳钉纹		1											1	0.1
	数量	6	1	21	66	9	21	45	68	186	148	124	33	728	100
	%	0.8	0.1	2.9	9.1	1.2	2.9	6.2	9.4	25.6	20.3	17	4.5	100	
	合计	124						604						728	
	%	17						83						100	
器形	鼎							2	5			1	2	10	14.7
	器盖				1		1	1		1	2	4		10	14.7
	罐			1	2	4		2	4	2	4	3	1	24	35.2
	敛口盆	1							1	2			2	10	14.7
	算													1	1.5
	豆			1	1									4	5.9
	甑								1					1	1.5
	敛口罐									1		1		2	2.9
	敞口盆						3						1	4	5.9
	壶								1					1	1.5
	高柄杯						1							1	1.5
	合计	16						52						68	100

附表三　动物骨骼统计表

单位	种属	数量	可鉴定标本数	最小个体数	年代	备注
H7	鱼	2	2		大汶口文化	
	鸟	3	3		大汶口文化	
	猪	4	4	1	大汶口文化	
	狗	3	3	1	大汶口文化	
	鹿	5	5	1	大汶口文化	
	小鹿	3	3	1	大汶口文化	
	中型哺乳动物	60			大汶口文化	
	骨骼残块	3			大汶口文化	
H8	丽蚌	1	1		大汶口文化	
	楔蚌	2	2		大汶口文化	
	狗	1	1	1	大汶口文化	
	鹿	3	3	1	大汶口文化	
	斑鹿	1	1		大汶口文化	
	中型哺乳动物	8			大汶口文化	
H9	蚌	1			大汶口文化	
	鳖	1	1		大汶口文化	
	鸟	4	4		大汶口文化	
	猪	4	4	1	大汶口文化	13~18个月
	鹿	23	23	3	大汶口文化	
	斑鹿	1	1		大汶口文化	
	中型哺乳动物	82			大汶口文化	
	未知	1			大汶口文化	
H11	鹿	2	2	1	大汶口文化	
H10	贝	1	1		龙山文化	
	鱼	4	4		龙山文化	
	鳖	1	1		龙山文化	
	鸟	2	2		龙山文化	
	兔	2	2	1	龙山文化	
	狗	1	1	1	龙山文化	
	猪	19	19	4	龙山文化	小于18个月2个，其中1个大于1岁；大于18个月2个，其中1个大于2岁
	鹿	43	43	6	龙山文化	

续表

单位	种属	数量	可鉴定标本数	最小个体数	年代	备注
H10	小型鹿	1	1	1	龙山文化	
	斑鹿	1	1	1	龙山文化	
	麋鹿	1	1		龙山文化	
	牛	2	2	1	龙山文化	
	哺乳动物	157			龙山文化	
	骨骼残块	1			龙山文化	
H12	猪	29	29	1	龙山文化	
	鹿	3	3	2	龙山文化	
	中型哺乳动物	6			龙山文化	
H18①	贝	58	58		龙山文化	
	田螺	126	126		龙山文化	
	蚌	14	14		龙山文化	
	丽蚌	11	11		龙山文化	
	矛蚌	7	7		龙山文化	
	圆顶珠蚌	6	6		龙山文化	
	鱼	17	17		龙山文化	
	爬行动物	1	1		龙山文化	
	鳖	1	1		龙山文化	
	鸟	5	5	1	龙山文化	
	中型食肉动物	3	3		龙山文化	
	小型食肉动物	1	1		龙山文化	
	狗	3	3	1	龙山文化	
	猪	14	14	2	龙山文化	13~18个月1个，大于25个月1个
	鹿	17	17	1	龙山文化	
	小鹿	7	7	2	龙山文化	
	斑鹿	1	1		龙山文化	
	羊	1	1	1	龙山文化	
	哺乳动物	104			龙山文化	
	骨骼残块	64			龙山文化	
H18②	田螺	35	35		龙山文化	
	蚌	23	23		龙山文化	
	丽蚌	4	4		龙山文化	
	矛蚌	14	14		龙山文化	

续表

单位	种属	数量	可鉴定标本数	最小个体数	年代	备注
H18②	圆顶珠蚌	1	1		龙山文化	
	贝	36	36		龙山文化	
	鱼	9	9		龙山文化	
	鳖	2	2		龙山文化	
	鸟	3	3		龙山文化	
	中型食肉动物	7	7		龙山文化	
	猪	7	7	2	龙山文化	
	鹿	11	11	2	龙山文化	
	中型鹿	3	3	1	龙山文化	
	小鹿	5	5	1	龙山文化	
	斑鹿	3	3		龙山文化	
	麋鹿	1	1		龙山文化	
	獐	1	1	1	龙山文化	
	牛	6	6	2	龙山文化	
	哺乳动物	133			龙山文化	
	骨骼残块	27			龙山文化	
H18③	田螺	4720	4720		龙山文化	
	蚌	657	657		龙山文化	
	丽蚌	14	14		龙山文化	
	裂嵴蚌	5	5		龙山文化	
	矛蚌	133	133		龙山文化	
	珠蚌	68	68		龙山文化	
	圆顶珠蚌	8	8		龙山文化	
	贝	67	67		龙山文化	
	蚬	7	7		龙山文化	
	螃蟹	3	3		龙山文化	
	鱼	13804	13804		龙山文化	
	草鱼	7	7		龙山文化	
	鲤鱼	19	19		龙山文化	
	青鱼	15	15		龙山文化	
	爬行动物	1	1		龙山文化	
	龟鳖类	29	29		龙山文化	均为幼年
	鳖	98	98	1	龙山文化	

单位	种属	数量	可鉴定标本数	最小个体数	年代	备注
H18③	龟	22	22		龙山文化	
	鸟	144	144	3	龙山文化	
	食虫目动物	1	1	1	龙山文化	
	兔子	8	8	1	龙山文化	
	啮齿动物	57	57	6	龙山文化	
	仓鼠	2	2	1	龙山文化	
	食肉动物	72	72	3	龙山文化	
	小型食肉动物	3	3	1	龙山文化	
	小型鼬科	1	1	1	龙山文化	
	小型犬科	1	1	1	龙山文化	
	狗	23	23	3	龙山文化	
	猫	5	5	2	龙山文化	
	猪	227	227	11	龙山文化	小于6个月2个；6~13个月1个；13~18个月3个；大于25个月5个
	鹿	453	453	13	龙山文化	
	大型鹿	2	2	1	龙山文化	
	小鹿	40	40	2	龙山文化	
	斑鹿	8	8	2	龙山文化	
	獐	5	5	3	龙山文化	
	牛	4	4	1	龙山文化	
	羊	9	9	2	龙山文化	
	哺乳动物	3060			龙山文化	
	骨骼残块	195			龙山文化	
H18④	田螺	38	38		龙山文化	
	蚌	20	29		龙山文化	
	丽蚌	4	4		龙山文化	
	矛蚌	3	3		龙山文化	
	圆顶珠蚌	8	8		龙山文化	
	贝	2	2		龙山文化	
	鱼	9	9		龙山文化	
	爬行动物	1	1		龙山文化	
	鳖	1	1		龙山文化	
	龟	1	1		龙山文化	

单位	种属	数量	可鉴定标本数	最小个体数	年代	备注
H18④	鸟	4	4		龙山文化	大于25个月3个
	狗	2	2	1	龙山文化	
	猪	15	15	3	龙山文化	
	鹿	26	26	2	龙山文化	
	小鹿	3	3	1	龙山文化	
	梅花鹿	1	1		龙山文化	
	牛	2	2	1	龙山文化	
	哺乳动物	145			龙山文化	
	骨骼残块	35			龙山文化	
H2①	田螺	4	4		龙山文化	
	鱼	4	4		龙山文化	
	鳖	1	1		龙山文化	
	狗	3	3	1	龙山文化	
	中型食草动物	1	1		龙山文化	
	猪	34	34	3	龙山文化	全部为25个月左右
	鹿	40	40	3	龙山文化	
	小鹿	1	1		龙山文化	
	斑鹿	2	2		龙山文化	
	牛	1	1		龙山文化	
	哺乳动物	164			龙山文化	
	骨骼残块	71			龙山文化	
H2②	贝	1	1		龙山文化	
	鱼	6	6		龙山文化	
	鸟	5	5	1	龙山文化	
	鳖	3	3		龙山文化	
	大型食肉动物	1	1	1	龙山文化	大于25个月4个，6~13个月1个，18~25个月1个
	小型食肉动物	2	2	1	龙山文化	
	小型犬科	1	1	1	龙山文化	
	狗	16	16	2	龙山文化	
	猫	2	2	1	龙山文化	
	猪	74	74	6	龙山文化	
	鹿	114	114	6	龙山文化	

续表

单位	种属	数量	可鉴定标本数	最小个体数	年代	备注
H2②	大型鹿	1	1	1	龙山文化	
	斑鹿	8	8	4	龙山文化	
	獐	3	3	2	龙山文化	
	牛	9	9	2	龙山文化	
	哺乳动物	472			龙山文化	
H2③	蚌	2	2		龙山文化	
	鱼	8	8		龙山文化	
	鳖	1	1		龙山文化	
	龟	1	1		龙山文化	
	鸟	4	4		龙山文化	
	斑鹿	4	4	1	龙山文化	
	狗	8	8	1	龙山文化	
	鹿	74	74	6	龙山文化	
	麋鹿	1	1	1	龙山文化	
	牛	3	3	1	龙山文化	
	獐	4	4	3	龙山文化	
	猪	47	47	6	龙山文化	
	哺乳动物	631			龙山文化	
	残骨	3			龙山文化	
H2④	螺	1	1		龙山文化	
	鳖	1	1		龙山文化	
	中型食肉动物	1	1		龙山文化	
	小型食肉动物	1	1	1	龙山文化	
	猪	23	23	3	龙山文化	乳猪1个，大于25个月2个
	鹿	7	7	1	龙山文化	
	大型鹿	1	1		龙山文化	
	中型鹿	20	20	3	龙山文化	
	小型鹿	1	1	1	龙山文化	
	斑鹿	6	6	1	龙山文化	
	牛	4	4	1	龙山文化	
	哺乳动物	109			龙山文化	
	骨骼残块	7			龙山文化	

单位	种属	数量	可鉴定标本数	最小个体数	年代	备注
H20	鹿	3	3		龙山文化	
	哺乳动物	3			龙山文化	
H21	鹿	3	3	1	龙山文化	
	中型哺乳动物	5	5		龙山文化	
H15	猪	1	1	1	周代	
	鹿	1	1		周代	
	中型哺乳动物	2			周代	
H6	猪	1	1	1	周代	13～18个月
G2	蚌	2	2		周代	
	螺	2	2		周代	
	矛蚌	1	1		周代	
	楔蚌	1	1	1	周代	
	圆顶珠蚌	1	1		周代	
	鸟	2	2		周代	
	食肉动物	1	1		周代	
	狗	18	18	2	周代	
	猪	52	52	4	周代	其中未成年2个
	鹿	70	70	3	周代	
	斑鹿	13	13	1	周代	
	麋鹿	2	2	1	周代	
	獐	1	1	1	周代	
	牛	13	13	2	周代	
	羊	3	3	2	周代	
	哺乳动物	183			周代	
	动物残骨	37			周代	

附录一

龙山文化墓3人骨鉴定报告

董 豫

（美国伊利诺伊大学）

2010年山东省文物考古研究所为配合当地高速公路基本建设，对位于苍山县神山镇后杨官庄村北约700米的后杨官庄遗址进行了抢救性发掘，清理古代墓葬5座，由于人骨腐朽严重，只有墓3死者骨骼保存状况较好，下面对此进行了人类学鉴定，现将结果报告如下。

通过观察，墓3整体保存情况较好，除头骨粉碎外，其他骨骼保存较完整。上下肢骨都比较粗壮，健康及营养状况较好。从坐骨大切迹以及耻骨看，该个体应该为男性[1]。死者肢骨的各关节头都已愈合，说明该个体已成年。从耻骨联合面判断，该个体的年龄应该在27～30岁[2]。从牙齿的萌出及磨损情况，可以得到类似的年龄判断，第三臼齿已萌出，无明显磨损痕迹，其余牙齿磨损较明显。

按照Fujii根据日本人得出的身高估测公式，该个体的身高约为173厘米[3]；如果按照Stevenson根据中国北方人得出的身高估测公式，死者的身高约为176厘米[4]。

观察发现，死者腰椎有轻微的唇状增生，可能来自较大的劳动强度与上身负荷。从所存肢骨看无明显病理表现，也无明显外伤，死因不详。

发掘者在现场清理发现，该墓主左侧膝关节处有一角镞，然而膝盖骨、股骨远端及胫骨近端均无明显伤痕，可能没有伤及骨骼。

注 释

［1］ Buikstra, Jane E and Douglas H Ubleaker. 1994. *Standards for Data Collection From Human Skeletal Remains*. Fayetteville: Arkansas Archaeological Survey.

［2］ Todd, T Wingate. 1920. Age changes in the pubic bone. I. The male white pubis. *American Journal of Physical Anthropology*, 3（3）: 285～334.

［3］ Fujii A. 1960. On the relation of long bone lengths of limb to stature. *Bull School Phys Educ Juntendo Univ*, 3: 49～61 （in Japanese）.

［4］ Stevenson P H. 1929. On racial differences in stature long bone regression formulae, with special reference to stature reconstruction formulae for the Chinese. *Biometrika*, 21: 303～318.

附录二

苍山后杨官庄遗址¹⁴C年代测定报告

中国社会科学院考古研究所实验室

西 安 加 速 器 质 谱 中 心

标本名称：山东苍山后杨官庄遗址出土木炭（含土较多）

标本物质：木炭

实验室编号：ZK-3407

原编号：2010苍山后杨官庄T42H2③

采集日期：2010年6月

收到日期：2010年7月

出土情况及有关文献：龙山文化

提供单位：山东省文物考古研究所

测定日期：2012年8月

经纬度：东经118º11′，北纬34º54′

¹⁴C年代（半衰期5568）：3843±27BP （公元前1893年±27年）

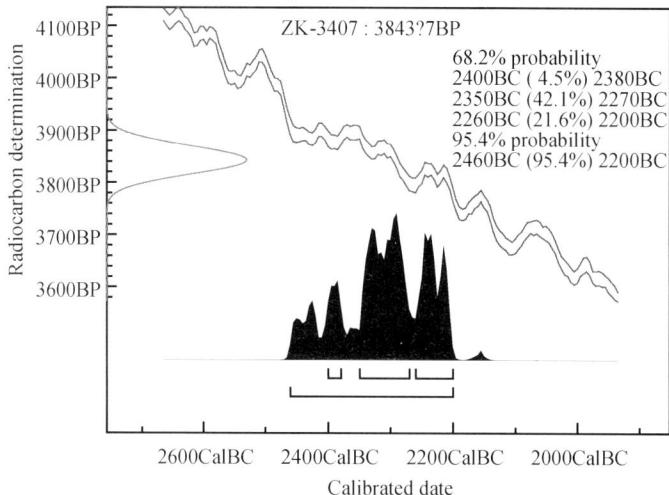

Atmospheric data from Reimer et al (2004);OxCal v3.10 Bronk Ramsey (2005); cub r:5 sd:12 prob usp[chron]

ZK-3407 : 3843?7BP

68.2% probability
2400BC (4.5%) 2380BC
2350BC (42.1%) 2270BC
2260BC (21.6%) 2200BC
95.4% probability
2460BC (95.4%) 2200BC

树轮校正年代（OxCal 3.10）：

　　　　1δ：2400BC～2380BC（4.5%）

　　　　　　2350BC～2270BC（42.1%）

　　　　　　2260BC～2200BC（21.6%）

　　　　2δ：2460BC～2200BC（95.4%）

标本名称：山东苍山后杨官庄遗址出土木炭（含土较多）

标本物质：木炭

实验室编号：ZK-3408

原编号：2010苍山后杨官庄H18④

采集日期：2010年6月

收到日期：2010年7月

出土情况及有关文献：龙山文化

提供单位：山东省文物考古研究所

测定日期：2012年8月

经纬度：东经118º11′，北纬34º54′

^{14}C年代（半衰期5568）：3807±30BP　（公元前1857年±30年）

树轮校正年代（OxCal 3.10）：

　　　　　1δ：2290BC～2200BC（68.2%）

　　　　　2δ：2350BC～2130BC（95.4%）

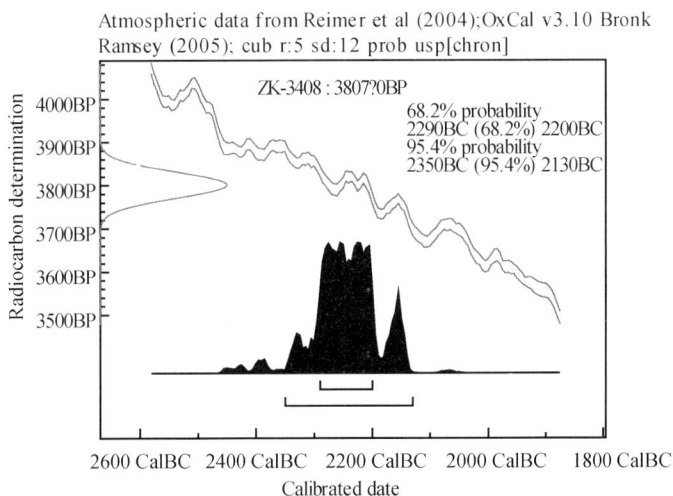

2012年9月25日

苍山后杨官庄遗址动物遗存分析报告*

宋艳波[1]　李　倩[1]　何德亮[2]

（1. 山东大学文化遗产研究院；2. 山东省文物考古研究所）

一、前　言

（一）遗址简介

苍山后杨官庄遗址位于山东省临沂市苍山县神山镇后杨官庄村北约700米。该遗址是20世纪80年代发现的，其后市、县文物部门进行过多次考古调查，并采集了大量的文物标本。本次发掘共开5米×5米探方22个，连扩方在内发掘面积有573平方米。考古工作者在发掘中有意识地采集了所有动物遗存，为我们的鉴定和研究工作提供了非常丰富的资料。

本文的研究对象即是该遗址出土的动物遗存，时代包含了大汶口文化、龙山文化以及周代几个大的阶段。下文将分阶段进行动物遗存的分类鉴定和描述，并尝试在种属鉴定的基础上，对结果进行科学的统计和分析，希望能为进一步的研究提供更多信息。

（二）研究理论与方法

1. 基本理论

动物考古研究最基本的理论是均变论。这是一个借鉴自地质学的概念，即地球的

* 本研究得到国家社科基金重点项目（11AZD116）、山东大学人文社科重大研究项目（12RWZD09）和山东大学自主创新基金项目（IYFT12042）共同资助。

变化是古今一致的，地球地质作用过程是缓慢、渐进的；地球过去的变化只能通过今天的研究来了解。根据这一原理，动物考古学家便假定适应各种动物生息的生态环境是古今一致的，如果遗址中出土的某种动物和现在的动物属于同一种，那么依据现在这种动物生息的生态环境就可以推测当时遗址周围的环境。除此之外，"动物在生长过程中的某些生理特征也是古今一致的"[1]。以均变论为指导，动物考古工作者在研究遗址中出土的动物遗存材料时，就有了比较科学的理论依据。

2. 研究方法

（1）种属鉴定与测量

我们参照《中国脊椎动物化石手册》[2]《动物骨骼图谱》[3]《中国经济动物志——淡水软体动物》[4]和《中国海洋贝类图鉴》[5]等相关文献，同时以山东大学文化遗产研究院动物考古实验室的现生动物标本为主要参考对象，以动物考古实验室历年积累的古代典型动物标本作为辅助参考对象，对遗址出土的动物遗存进行鉴定。尽量确定其具体的属种（不能确定属种的按照其特征分别鉴定到纲、目和科）、所在部位（包括左右）、死亡年龄和性别特征等，记录骨骼保存状况，观察骨骼表面痕迹（包括风化磨蚀痕迹、人工砍砸切割等痕迹、动物啃咬痕迹与烧烤痕迹等），并对部分骨骼（完整的头骨、上下颌骨和牙齿、完整的长骨关节端、部分短骨、部分脊椎和肋骨等）进行测量。在鉴定的过程中，还对全部标本进行了重量的记录。

猪、牛、羊等的牙齿的萌出阶段与磨蚀级别的记录，采取格兰特（Grant）的记录方法，测量则主要根据安格拉·冯登德里施（Angela Von den Driesh）《考古遗址出土动物骨骼测量指南》确定的测量方法与标准[6]。

（2）定量统计方法

可鉴定标本数（NISP：the number of identified specimen per taxon）：代表可以据其进行系统分类或可以鉴定到骨骼部位的标本数量，它能提供标本量多少的信息，是初始的量化单元。NISP有两个主要的优点：一是动物种类和骨骼部位的鉴定与NISP的确定是同时完成的，也就是说，将一件标本鉴定到分类或骨骼部位即增加一个NISP的值；二是值可以追加，如果在初步鉴定后又发现了一些可鉴定标本，那么只要将增加的数量归入原来的NISP即可，而不必像计算MNI那样还要进行重新对比和统计。缺点是对于可鉴定标本的样品，只要能鉴定出一定分类水平上的种属就划归为一件新的标本，容易受遗存埋藏条件和保存状况影响。例如，一件贝壳在被埋藏之前被打碎或埋藏的过程中受外力挤压碎裂成若干块，利用可鉴定标本数对此类动物遗存进行分析时，容易夸大真实数据。

最小个体数（MNI：the minimum number of individual animals）：它的基本任务是计算一个分类中的标本最少代表几个个体，方法是判断这类动物骨骼的部位及其左右，然后对比统计的数量选择最大值。最小个体数最大的好处是可以避免遗存的保存状况造成的影响。其主要缺点出现在数量累计这一环节上，有学者认为，MNI的值依赖于划分层位的多少，层位越多，将各层MNI相加后所获的值可能越大。在考古实践中，往往有可能把位于不同层位属于同一个动物个体的遗存判断为属于两个个体，同时，由于考古发掘中的地层是人为划分的，主观意识较浓，更容易造成偏差。

NISP和MNI这两种统计方法各有优缺，往往要求相互结合运用，并要与考古发现相结合。在对后杨官庄遗址出土动物遗存的分析中，我们将这两种方法应用于遗址动物种类和数量比例、年龄结构的统计上，并尝试在此基础上进一步探讨先民生业经济方式及复原古环境。

二、种属鉴定

苍山后杨官庄遗址共出土动物遗存28039件（包括少量人工制品），其中属于大汶口文化时期的有224件，属于龙山文化时期的有27408件，属于东周时期的有407件。下面按时期介绍鉴定统计情况。

（一）大汶口文化时期

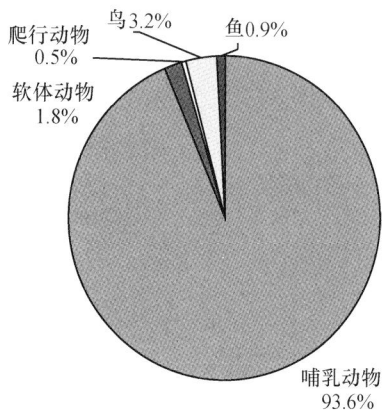

图一　大汶口文化时期动物遗存可鉴定标本比例示意图

标本全部出土于灰坑中，共224件，其中可鉴定标本70件，占总标本数30%。从总的数量来看，以哺乳动物数量最多，占93.6%，鸟类占3.2%，鱼类占0.9%，软体动物占1.8%（图一）。

1. 软体动物门 Mollusca

共有可鉴定标本4件，均为蚌科。

1.1　蚌科 Unionidae

共有可鉴定标本4件，其中1件仅能鉴定到蚌科。

1.1.1　丽蚌属 *Lamprotula*

共有可鉴定标本1件。

1.1.2　楔蚌属 *Cuneopsis*

共有可鉴定标本2件。

2. 脊椎动物门 Vertebrata

共有可鉴定标本66件，分别属于鱼纲、爬行纲、鸟纲和哺乳动物纲。

2.1　鱼纲 Pisces

本时期获得的鱼骨遗存极少，仅有浮选出的残破骨骼2件，种属不明。

2.2　爬行纲 Reptilia

2.2.1　龟鳖目 Testudines

2.2.1.1　鳖科 Trionychidae

仅有可鉴定标本1件，为鳖的腹甲残片。

2.3　鸟纲 Aves

共有可鉴定标本7件，均为肢骨残片，较为破碎，很难确定具体的种属。

2.4　哺乳纲 Mammalia

共有56件可鉴定标本，代表了至少7个个体。从种属上来看，分别属于食肉目、偶蹄目动物。

此外，残破无法确定种属的哺乳动物标本共有150件，主要为肢骨残片、肋骨残块和一些扁骨残块。

2.4.1　食肉目 Carnivora

2.4.1.1　犬科 Canidae

2.4.1.1.1　犬属 Canis

2.4.1.1.1.1　狗 Canis familiaris

共有可鉴定标本4件，分别为：寰椎残块1件，左上颌犬齿残块1件，右上颌犬齿残块1件，左侧下颌带P_3～$M_2$1件。全部标本至少代表了1个成年个体。

笔者认为部分不能明确种属的中小型哺乳动物的肢骨、肋骨等可能属于狗的遗存。

2.4.2　偶蹄目 Artiodactyla

共有可鉴定标本52件，以残破的肢骨、上下颌骨和牙齿为主，至少代表了6个个体。

2.4.2.1　猪科 Suidae

2.4.2.1.1　家猪 sus scrofa domesticus

共有可鉴定标本8件，分别为：右侧胫骨残块1件，右侧上颌带I^1～C1件，左侧第三掌骨残块1件，下颌骨残块1件，右侧上颌带DM^3～$M^2$1件，肱骨远端残块2件，右侧下颌带M_3（正在萌出）1件。

全部标本至少代表了2个个体，其中1个13～18个月，1个18～25个月。

笔者认为部分不能明确种属的中型哺乳动物的肢骨、肋骨等可能属于猪的遗存。

2.4.2.2　鹿科 Cervidae

共有可鉴定标本44件，以残破的肢骨、蹄骨、上下颌骨和牙齿为主，至少代表了4个个体。其中4件为破碎的鹿角，无法判断具体的种属。

在38件肢骨和上下颌骨标本中，我们根据完整的肢骨关节端和牙齿等的测量数据，对照现生动物比较标本，可将其中32件分为中、小两种类型。

中型鹿33件，分别为：股骨残块4件，近端趾骨6件，颈椎残块1件，炮骨残块9件，左侧上颌带P^3~$P^4$1件，左侧上颌带M^1~$M^2$1件，左侧上颌带臼齿残块1件，左侧下颌带M_1~$M_2$1件，左侧下颌带P_2~$P_4$1件，左侧下颌带$M_1$1件，右侧下颌带DM_3~$M_2$1件，左侧下颌带M_2（M_3未萌出）1件，右侧下颌带P_2~$M_3$1件，左侧下颌带P_3~$M_1$1件，左侧下颌带P_4~$M_3$1件，趾骨残块1件，左侧桡骨近端残块1件。全部标本至少代表了3个个体。

小型鹿5件，分别为：左侧上颌带P^3~$M^3$1件，右侧下颌带P_3~$M_1$1件，右侧下颌残块1件，近端趾骨2件。全部标本至少代表了1个个体。

2.4.2.2.1　斑鹿 *Cervus nippon*

共有可鉴定标本2件，均为角残块。笔者认为，上述发现的中型鹿标本可能是属于斑鹿的。

（二）龙山文化时期

动物遗存均出于灰坑中，共有标本27408件，其中可鉴定标本21990件，占总标本数的80%。从总体数量来看，以鱼类标本最多，占了51%，软体动物约占23%，哺乳动物约占24%，另外还有少量的爬行动物、鸟和节肢动物（图二）。

根据鉴定统计结果，这一时期动物遗存种类主要包括田螺、螃蟹、草鱼、鲤鱼、青鱼、鳖、龟、鸟、仓鼠、狗、猫、猪、斑鹿、鹿、牛、羊等。

1. 软体动物门 Mollusca

共有可鉴定标本6099件，分别属于腹足纲和瓣鳃纲。

1.1　腹足纲 Gastropoda

1.1.1　田螺科 Viviparidae

共有可鉴定标本4924件，大部分为完整个体。我们对每一个完整的田螺都进行了高度和壳口最大径的测量，测量结果显示出一定的集中性（图三）。

1.2　瓣鳃纲 Lamellibranchia

共有可鉴定标本1010件，分别属于真瓣腮目和帘蛤目。另有165件残破标本，并未归入以上任一目中。

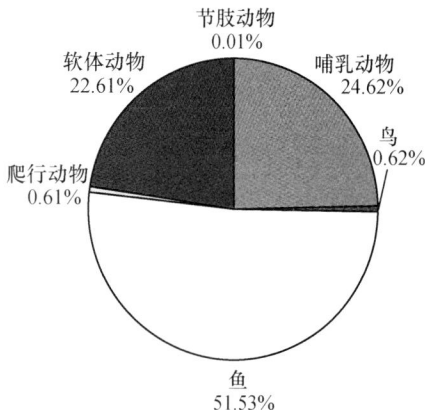

图二　龙山文化时期全部动物数量分布示意图

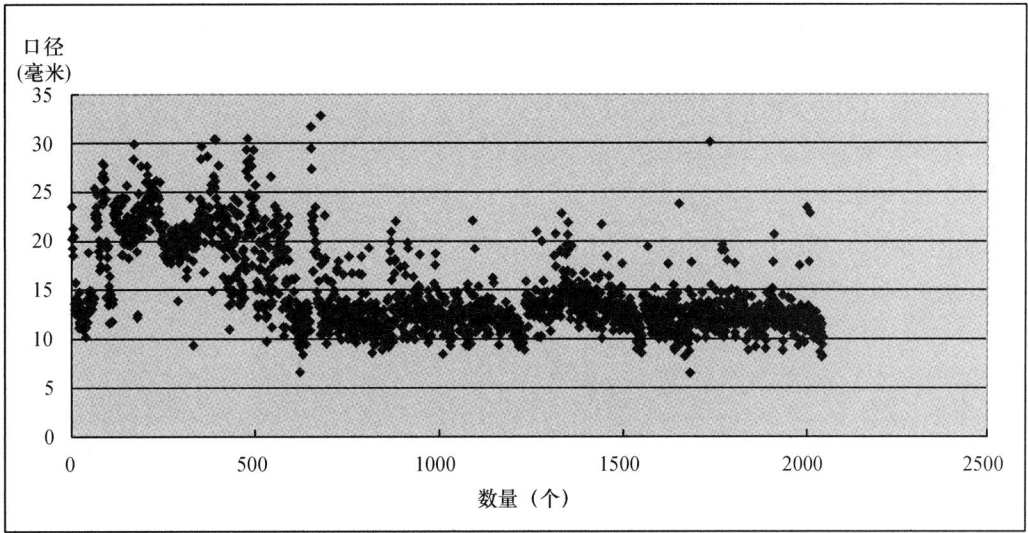

图三 龙山文化时期田螺口径测量数据分布示意图

1.2.1 真瓣鳃目 Eulamellibranchia

1.2.1.1 蚌科 Unionidae

共有可鉴定标本1003件，其中717件较为残破，仅能鉴定到科。

1.2.1.1.1 丽蚌属 Lamprotula

共有可鉴定标本33件（图四），包含了多个不同的种，本次鉴定未进一步细化。

1.2.1.1.2 矛蚌属 Lanceolaria

共有可鉴定标本157件，大部分属于剑状矛蚌一个种，少量可能为其他种，本次鉴定未进一步细化。

1.2.1.1.3 裂嵴蚌属 Schistodesmus

共有可鉴定标本5件（图五），未进一步鉴定到种。

1.2.1.1.4 珠蚌属 Unio

共有可鉴定标本91件（图六），大部分属于圆顶珠蚌一个种；部分较为残破，未能进一步鉴定到种。

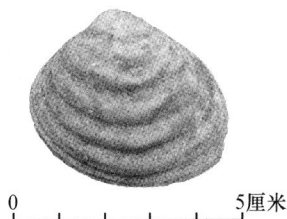

0　　　　　　　5厘米	0　　　　　　　5厘米	0　　　　　　　5厘米
图四　丽蚌（H10）	图五　裂嵴蚌（H10）	图六　珠蚌（H18①）

1.2.2　帘蛤目 Veneroida

1.2.2.1　蚬科 Corbiculidae

共有可鉴定标本7件。

2. 节肢动物门 Arthropoda

2.1　甲壳纲 Crustacea

2.1.1　十足目 Decapoda

共有可鉴定标本3件，均为残破的蟹螯。

3. 脊椎动物门 Vertebrata

共有21306件标本，其中可鉴定标本15888件，至少代表了88个不同种属不同年龄的个体。这些个体分别属于鱼纲、爬行动物纲、鸟纲和哺乳动物纲。

3.1　鱼纲 Pisces

共有可鉴定标本13902件，均较为破碎，只有部分标本可以明确种属和部位。我们根据骨骼特征推断出有青鱼、草鱼和鲤鱼三种淡水鱼类存在。

3.1.1　鲤形目 Cypriniformes

3.1.1.1　鲤科 Cyprinidae

3.1.1.1.1　青鱼属 *Mylopharyngodon*

3.1.1.1.1.1　青鱼 *Mylopharyngodon piceus*

共有可鉴定标本15件，均为咽齿骨。

3.1.1.1.2　草鱼属 *Ctenopharyngodon*

3.1.1.1.2.1　草鱼 *Ctenopharyngodon idellus*

共有可鉴定标本7件，均为咽齿骨。

3.1.1.1.3　鲤属 *Cyprinus*

3.1.1.1.3.1　鲤鱼 *Cyprinus carpio*

共有可鉴定标本19件，均为咽齿骨（图七）。

3.2　爬行动物纲 Reptilia

共有可鉴定标本165件，主要是甲壳残块，经鉴定，有龟和鳖两个种属存在。

3.2.1　龟鳖目 Testudinidae

共有可鉴定标本162件，其中32件肢骨残块，因较为破碎，形态特征不明显而未能鉴定到科，分别为：肩胛骨残块12件，肢骨残块1件，胫骨残块8件，股骨残块10件，右侧胫骨残块1件。这些标本至少代表了1个个体。

3.2.1.1　鳖科 Trionychines

共有可鉴定标本109件，分别为：背甲残块74件（图八），腹甲残块34件，右

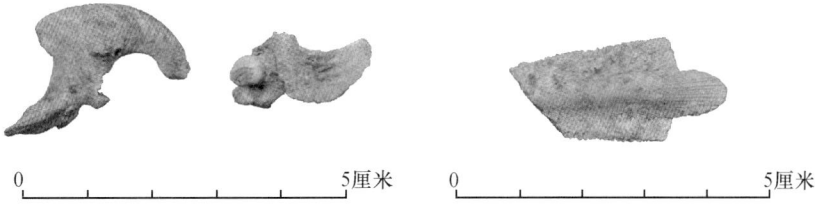

图七　鲤鱼咽齿（H18④）　　　　图八　鳖背甲（H18③）

侧股骨残块1件。全部标本至少代表了1个个体。

3.2.1.2　龟科 Emydidae

共有可鉴定标本24件，分别为：背甲残块21件，腹甲残块3件。

3.3　鸟纲 Aves

共有可鉴定标本167件，分别为：左侧尺骨近端残块2件，左侧尺骨远端残块1件；跗跖骨残块4件；左侧肱骨1件，左侧肱骨残块1件，右侧肱骨远端残块1件，肱骨残块9件；右侧股骨1件，左侧股骨1件，股骨残块5件，左侧股骨远端残块1件；喙骨残块2件，右侧喙骨残块1件，左侧喙骨远端残块2件，右侧喙骨近端残块1件；右侧胫骨远端残块2件，胫骨远端残块1件，右侧胫骨近端残块1件，左侧胫骨远端残块1件；桡骨远端残块1件，右侧桡骨远端残块1件，左侧桡骨近端残块1件，左侧桡骨残块1件；锁骨残块3件；腕掌骨残块1件，左侧腕掌骨残块1件；肢骨残块120件。全部标本至少代表了3个不同的个体。

3.4　哺乳纲 Mammalia

共有可鉴定标本1654件，至少代表了84个不同种属、不同年龄段的个体。这些种属包括食虫目、兔形目、啮齿目、食肉目和偶蹄目动物。

此外，不能鉴定种属的哺乳动物标本有4988件，以肢骨残片和肋骨残片为主，还有一些椎骨残块等，根据其特征可以大概分成大、中、小三种不同的类型。

3.4.1　食虫目 Insectivora

共有可鉴定标本1件，为左侧下颌骨残块，至少代表了1个个体。

3.4.2　兔形目 Lagomorpha

3.4.2.1　兔科 Leporidae

共有可鉴定标本10件，分别为：肱骨残块1件，肱骨远端残块1件；右侧股骨1件；颊齿残块1件；胫骨残块1件，左侧胫骨远端残块1件；桡骨残块1件，左侧桡骨残块1件（近端关节脱落）；两侧第二跖骨各1件。全部标本至少代表了1个个体。

3.4.3　啮齿目 Rodentia

共有可鉴定标本59件，主要为残破的肢骨、下颌骨和椎骨等，根据下颌骨特征，可鉴定出仓鼠科动物。

未能鉴定到科的标本有57件，分别为：尺骨近端残块2件，左侧尺骨残块2件；腓骨残块1件；左侧肱骨残块5件，右侧肱骨残块6件，肱骨残块1件；左侧股骨残块2件；肢骨残块4件；寰椎1件；脊椎残块5件；胫骨残块1件，左侧胫骨残块5件，右侧胫骨残块3件；左侧髋骨残块1件，右侧髋骨残块4件；门齿残块5件；左侧桡骨1件（远端关节脱落），右侧桡骨远端残块1件，桡骨残块2件；右侧上颌残块3件；枢椎残块1件；牙齿残块1件。全部标本至少代表了6个不同的个体。

3.4.3.1　仓鼠科 Cricetidae

共有标本2件，为两侧下颌带颊齿残块各1件，至少代表了1个个体。

3.4.4　食肉目 Carnivora

共有可鉴定标本158件，主要为残破的肢骨、上下颌骨和牙齿等。根据部分骨骼的特征，能够鉴定出有犬科、鼬科、猫科动物存在。

未能鉴定到科的标本有93件，根据骨骼特征可以分为中、小两个类型。其中小型食肉动物7件，分别为：寰椎1件；右侧下颌带$DM_1 \sim M_3$1件；右侧尺骨近端残块1件；肋骨残块1件；右侧下颌带前臼齿残块1件；左侧下颌带犬齿残块1件；右侧下颌残块1件。全部标本至少代表了2个不同年龄段的个体。

中型食肉动物86件，分别为：趾骨残块20件；肋骨残块21件；掌/跖骨残块13件；右侧尺骨残块1件，左侧尺骨残块3件；跟骨残块2件；肱骨远端残块1件，右侧肱骨远端残块1件；两侧距骨各1件；门齿残块2件；左侧桡骨残块2件，右侧桡骨残块1件，右侧桡骨远端残块1件；乳臼齿残块2件；乳犬齿残块1件；左侧上颌残块1件；尾椎残块11件；左侧下颌残块1件。全部标本至少代表了3个不同年龄段的个体。

3.4.4.1　犬科 Canidae

共有可鉴定标本57件，根据骨骼特征，可以确定有狗这种动物存在。

未能鉴定到种属的标本有2件，分别为：左侧下颌带$P_2 \sim M_2$1件，左侧下颌$P_4 \sim M_3$1件。以现代动物标本的尺寸作为对比依据，这2件标本可归为小型犬科，至少代表了1个个体。

3.4.4.1.1　犬属 *Canis*

3.4.4.1.1.1　狗 *Canis familiaris*

共有可鉴定标本55件，分别为：臼齿残块2件；左侧尺骨近端残块2件，右侧尺骨近端残块1件，尺骨近端残块1件；第二掌骨1件；第四跖骨1件，左侧第四跖骨近端残块1件；趾骨残块2件；腓骨残块1件；左侧跟骨1件；肱骨远端残块1件；寰椎残块2件；左侧胫骨远端残块2件，胫骨残块1件；左侧颞骨残块1件；右侧髋骨残块1件（未愈合）；左侧颧骨残块1件；两侧下颌犬齿各1件；左侧桡骨远端残块1件，右侧桡骨残块1件；右侧上颌残块1件；右侧上颌带$DM^1 \sim DM^3$1件；左侧上颌带$DM^2 \sim DM^3$1件；左侧上颌带$P^3 \sim M^2$1件；右侧上颌带犬齿1件；枢椎残块2件；右侧下颌带$C \sim M_3$1件；右侧下颌带DM_2 ~ $DM_3$1件；右侧下颌带$M_1$1件；右侧下颌带P_2 ~ $P_4$1件；左侧下颌带P_3 ~ $M_1$1件；左侧下颌带P_4 ~ $M_1$1件；左侧下颌带DM_1 ~ $DM_2$1件；左侧下颌残带$DM_3$1件；左侧下颌残块2件；右侧胫骨残块1件；右侧下颌带$DM_1$1件；掌/跖骨残块10件。全部标本至少代表了3个不同年龄段的个体。

笔者认为部分不能明确种属的中小型哺乳动物的肢骨、肋骨等可能属于狗的遗存。

3.4.4.2 猫科 Felidae

3.4.4.2.1 猫 *Felis silvestris catus*

共有可鉴定标本8件，分别为：右侧下颌带P_3 ~ $M_1$1件；右侧下颌带P_4 ~ $M_1$1件；左侧下颌带P_4 ~ $M_1$1件；左侧桡骨2件；左侧尺骨1件；左侧下颌带I_2 ~ C1件；左侧坐骨1件。全部标本至少代表了2个成年个体。

笔者认为部分不能明确种属的小型哺乳动物的肢骨、肋骨等可能属于猫的遗存。

3.4.5 偶蹄目 Artiodactyla

共有可鉴定标本1426件，大部分为残破的四肢骨和上下颌骨，其次为椎骨、肋骨和角等。鉴定结果显示，有猪科、鹿科、牛科动物存在。

3.4.5.1 猪科 Suidae

3.4.5.1.1 家猪 *Sus scrofa domesticus*

共有可鉴定标本487件，以残破的上下颌骨、牙齿和四肢骨为主，较少椎骨以及一些其他扁骨，分别为：左侧下颌$I_1$2件（齿根未封闭），右侧下颌$I_1$5件（其中3件齿根未封闭）；左侧上颌$I^1$1件；臼齿残块28件；左侧下颌$M_1$1件；右侧上颌$M^1$1件；右侧下颌$M_2$1件；右侧下颌$P_2$1件，左侧下颌$P_2$1件；右侧上颌$P^3$1件，左侧下颌$P_3$1件；左侧上颌$P^4$1件；前臼齿残块11件；左侧上颌$I^2$1件；右侧下颌$I_2$1件；左侧尺骨近端残块3件（其中1件肘结节脱落），右侧尺骨近端残块2件，尺骨残块1件，右侧尺骨3件（近端肘结节脱落）；门齿残块36件；左侧顶骨1件；腓骨残块2件，左侧腓骨远端残块1件；跗骨残块1件，左侧跗骨残块3件；左侧跟骨5件（其中1件跟骨结节脱落），右侧跟骨4件（其中1件跟骨结节脱落），跟骨残块1件；左侧肱骨远端残块5件，右侧肱骨1件，右侧肱骨远端残块4件，肱骨残块3件；左侧股骨1件，右侧股骨残块1件，股骨远端残块1件（关节脱落）；寰椎9件；左侧肩胛骨残块13件，右侧肩胛骨残块7件，肩胛骨残块3件；近端趾骨近端残块3件，近端趾骨远端残块1件；颈椎残块1件；左侧胫骨2件，右侧胫骨1件，左侧胫骨远端残块3件，左侧胫骨近端残块1件（关节脱落），右侧胫骨远端残块1件，右侧胫骨近端残块1件（关节脱落）；左侧距骨2件，右侧距骨4件；左侧髋骨残块1件，右侧髋骨残块2件，髋骨残块2件，右侧髋臼窝残块1件；右侧髂骨残块2件，左侧髂骨残块1件，髂骨残块1件；左侧下颌犬齿残块3件，右侧上颌犬齿残块2件，左侧上颌犬齿残块2件，下颌犬齿残片3件，右侧下颌犬齿残块2件；左侧桡骨近端残块1件，右侧桡骨近端残块3件，右侧桡骨残块2件，桡骨近端残块1件；上颌残块2件，右侧上颌残块4件，右侧上颌带C～$P^2$1件，右侧上颌带M^1～$M^3$3件，右侧上颌带P^4～$M^2$1件，左侧上颌带$I^1$1件，右侧上颌带$M^3$1件，左侧上颌带$P^4$2件，左侧上颌残块2件，右侧上颌带M^1～$M^2$1件，左侧上颌带$P^2$1件，左侧上颌带P^3～$M^2$1件，左侧上颌带P^4～$M^3$1件，左侧上颌带DM^3～M^1（P^4正在萌出）1件，左侧上颌带M^1～$M^3$1件，右侧上颌带M^2（P^4正在萌出）1件，左侧上颌带$M^3$1件，右侧上颌带P^3～$M^3$1件，右侧上颌带门齿1件，右侧上颌带$I^1$1件，左侧上颌带M^1～$M^2$1件，左侧上颌带M^2～$M^3$1件，左侧上颌带P^3～$M^1$2件，右侧上颌带P^3～M^2（M^3未萌出）1件，左侧上颌带P^4～$M^1$1件，左侧上颌带DM^3～$M^2$1件，右侧上颌带P^4～$M^1$1件，左侧上颌带P^2～$P^3$1件，左侧上颌带DM^3～$M^1$1件，右侧上颌带$M^2$1件，右侧上颌带M^1～M^2（M^3未萌出）1件，右侧上颌带犬齿1件；头骨残块2件；两侧下颌带完整齿列I_1～$M_3$1件，右侧下颌残块21件，下颌残块12件，右侧下颌带M_2（M_3未萌出）1件，右侧下颌带M_2～$M_3$1件，左侧下颌带$M_3$3件，右侧下颌带P_2～$M_2$2件，左侧下颌带$P_3$3件，右侧下颌带$P_3$1件，右侧下颌带P_4～M_3（M_3正在萌出）1件，下颌联合带两侧$I_1$1件，右侧下颌带$M_3$4件，右侧下颌带$DM_3$3件，两侧下颌带M_3各1件，左侧下颌残块12件，左侧下颌带P_2～$M_2$2件，右侧下颌带P_2～P_3、$M_1$1件，右侧下颌带P_2～$M_3$1件，左侧下颌带DM_2～DM_3（M_1未萌出）1件，左侧下颌带M_2（其中1件正在萌出）3件，左侧下颌带$P_1$1件，右侧下颌带P_3～$M_2$1件，左侧下颌带P_3～$M_3$1件，左侧下颌带P_3～$P_4$1件，左侧下颌残带门齿齿根1件，左侧下颌带DM_1～DM_3（M_1未萌出）1件，左侧下颌带DM_1～$DM_3$1件，右侧下颌带DM_1～$DM_2$1件，右侧下颌带DM_3～$M_1$1件，右侧下颌带DM_3～M_2（M_2正在萌出）1件，左侧下颌带I_1、DM_1、DM_2（I_2正在萌出）1件，右侧下颌带I_1～$M_1$1件，左侧下颌带$M_1$4件（其中1件M_2未萌出），左侧下颌带M_1～M_2（M_3正在萌出）1件，左侧下颌带M_1～M_3（M_3正在萌出）2件，右侧下颌带$M_1$2件，右侧下颌带$M_2$1件，左侧下颌带$M_2$1件，左侧下颌带P_2～$M_2$1件，右侧下颌带M_1～$M_3$1件，左侧下颌带$P_4$1件，左侧下颌带前臼齿1件，下颌带左I_1～I_3、右I_1～I_2、C1件，下颌带两侧I_1～$I_2$1件，下颌带左I～C牙槽、右P_2～$M_2$1件，右侧下颌带M_1～$M_2$1件，右侧下颌带M_1～$M_3$1件，左侧下颌带P_1～$P_2$1件、右侧下颌带I_1～$I_2$1件，右侧下颌带$DM_2$1件，左侧下颌带$P_2$1件，右侧下颌带$P_2$1件，右侧下颌带$P_1$1件，左侧下颌带DM_2～$DM_3$1件，左侧下颌带DM_3～$M_2$1件，左侧下颌带P_4～$M_3$1件，右侧下颌带门齿残块2件，左侧下颌吻部残带I_1～$I_2$1件，右侧下颌吻部残带C、P_1～P_3保留齿根1件，两侧下颌支残块各1件，胸椎残块1件；掌/跖残块76件；趾骨残块2件；中间趾骨12件；末端趾骨9件，右侧坐骨残块2件；尺骨近端残块（两端关节脱落）1件；右侧下颌带乳臼齿1件；右侧肱骨远端残块（关节脱落）1件。

全部标本至少代表了15个不同年龄段的个体。其中小于6个月的有2个，6～13个月有2个，13～18个月有2个，18～25个月有3个，大于25个月的有6个。

笔者认为部分不能明确种属的中型哺乳动物的肢骨、肋骨等可能属于猪的遗存。

3.4.5.2 鹿科 Cervidae

共有标本897件，主要为残破的四肢骨、上下颌骨和牙齿，小部分椎骨、鹿角及其他扁骨等。鉴定结果显示，该遗址龙山文化时期有斑鹿、麋鹿和獐的存在。

根据其形态不足以鉴定出其具体种属的标本有849件，其中47件为残破的鹿角，另外802件标本根据骨骼和牙齿等的大小特征可以分为大中小三种类型。

大型鹿标本共18件，分别为：左侧髂骨残块1件；左侧中央跗骨1件；右侧距骨残块1件，距骨近端残块1件；近端趾骨3件；左侧胫骨远端残块3件，右侧胫骨远端残块2件；中间趾骨2件；左侧肱骨远端残块3件；右侧肩胛骨残块1件。全部标本至少代表了3个不同的个体。

中型鹿标本共690件，分别为：左侧上颌$M^1$8件，右侧上颌$M^1$10件；左侧下颌$M_1$1件，右侧下颌$M_1$3件；左侧下颌$M_2$1件；左侧下颌$M_3$3件，右侧下颌$M_3$1件；两侧上颌P^3各1件；左侧上颌$P^4$2件；左侧下颌$P_4$1件；右侧上颌$P^4$1件；右侧下颌$P_4$1件；左侧髌骨1件；左尺侧腕骨5件，右尺侧腕骨1件；左侧尺骨近端残块4件，左侧尺骨2件，右侧尺骨3件，尺骨残块7件；右第4+5腕骨1件；中间趾骨远端残块2件，中间趾骨13件，中间趾骨近端残块1件；第七颈椎1件；末端趾骨6件，末端趾骨残块1件；近端趾骨远端残块5件，近端趾骨28件，近端趾骨近端残块2件；左侧跟骨19件（其中2件结节脱落），右侧跟骨16件；左侧肱骨远端残块9件，左侧肱骨近端残块1件（关节脱落），左侧肱骨3件，右侧肱骨远端残块8件，右侧肱骨2件，右侧肱骨近端残块1件，肱骨远端残块3件，肱骨头（脱落关节）1件；右侧股骨近端脱落关节2件，右侧股骨近端残块2件，右侧股骨远端残块4件（其中2件关节脱落），股骨远端残块2件，右侧股骨1件；寰椎2件；左侧肩胛骨1件，右侧肩胛骨2件，右侧肩胛骨残块8件，左侧肩胛骨残块4件，肩胛骨残块4件；左侧角残块1件；左侧胫骨远端残块4件，左侧胫骨近端残块3件，左侧胫骨中段残块1件，右侧胫骨远端残块17件（其中2件关节脱落），右侧胫骨近端残块1件，右侧胫骨3件，左侧胫骨2件（其中1件近端关节脱落），胫骨残块1件；臼齿残块39件；左侧距骨12件，右侧距骨16件，距骨残块2件；左侧髋骨残块4件，右侧髋骨残块3件，髋骨残块2件；门齿残块3件；炮骨远端残块55件（其中2件关节脱落）；右侧髂骨1件，髂骨残块2件；左桡侧腕骨3件，右桡侧腕骨1件；左侧桡骨近端残块8件，左侧桡骨1件，右侧桡骨近端残块5件，右侧桡骨远端残块2件，桡骨远端（关节脱落）残块1件，桡骨远端残块2件，桡骨残块1件，左侧桡骨远端残块2件；左侧上颌带$M^1 \sim M^2$3件，左侧上颌$P^2$2件，右侧上颌带$M^2 \sim M^3$2件，右侧上颌带$DM^1 \sim M^1$1件，右侧上颌带$M^1$3件，左侧上颌带$M^1$8件，左侧上颌带$M^1 \sim M^3$1件，右侧上颌带$P^3$1件，右侧上颌带$P^3 \sim M^3$1件，右侧上颌带$P^4$2件，左侧上颌带P^4、$M^2 \sim M^3$1件，上颌残块10件，左侧上颌带P^2、$P^4 \sim M^1$1件，左侧上颌带$P^4 \sim M^3$1件，左侧上颌带$P^4 \sim M^1$2件，左侧上颌带$M^2 \sim M^3$1件，左侧上颌带$M^3$1件，左侧上颌带$P^4$2件，左侧上颌带$M^2$1件，右侧上颌带$P^4 \sim M^3$1件，右侧上颌带$P^3 \sim M^1$1件，右侧上颌带$M^3$1件，左侧上颌带$P^4 \sim M^2$1件，前臼齿残块25件；枢椎2件；听骨残块1件；左侧头骨带角残块1件；腕骨残块3件；左侧下颌残块19件，右侧下颌残块11件，右侧下颌带$DM_1 \sim DM_3$1件，左侧下颌带$DM_1 \sim DM_3$1件，右侧下颌带$M_1 \sim M_2$6件，右侧下颌带$P_2 \sim P_4$3件，左侧下颌带$P_3 \sim M_2$2件，左侧下颌带$P_3 \sim M_3$5件，右侧下颌带$P_4 \sim M_3$1件，左侧下颌带$P_4 \sim M_3$1件，左侧下颌带$P_2 \sim M_3$1件，左侧下颌带$P_4 \sim M_2$4件，右侧下颌带$DM_3$1件，两侧下颌带M_3各2件，右侧下颌带$P_2$1件，左侧下颌带$P_2 \sim P_3$1件，左侧下颌带$M_2 \sim M_3$8件，左侧下颌带$M_3$7件，右侧下颌带$P_2 \sim P_4$2件，右侧下颌带$P_3 \sim M_1$2件，左侧下颌带$DM_2 \sim M_1$1件，右侧下颌带$DM_2 \sim M_2$2件，左侧下颌带$DM_3 \sim M_2$2件，左侧下颌带$M_1 \sim M_2$3件，右侧下颌带$M_3$3件，右侧下颌带$P_2 \sim M_3$1件，右侧下颌带$P_3 \sim P_4$1件，右侧下颌带$P_4 \sim M_1$1件，右侧下颌带$P_4 \sim M_2$3件，下颌残块15件，左侧下颌带DM_1、$DM_3 \sim M_1$2件，右侧下颌带$DM_2 \sim M_1$1件，右侧下颌带$M_1$2件，右侧下颌带$M_2$1件，右侧下颌带$M_2 \sim M_3$6件，左侧下颌带$P_2 \sim M_1$2件，右侧下颌带$P_2 \sim P_3$1件，左侧下颌带$P_3 \sim M_1$2件，左侧下颌带$P_3 \sim P_4$1件，左侧下颌带$P_4 \sim M_1$1件，左侧下颌带$P_4$1件，左侧下颌带$P_3$1件，右侧下颌带$P_3 \sim M_3$1件，右侧下颌带$P_4$2件，左侧下颌带$P_2$1件；左侧掌骨1件，右侧掌骨4件，右侧掌骨近端残块3件，掌骨残块5件，左侧掌骨近端残块1件；左侧跖骨近端残块5件，右侧跖骨残块1件，右侧跖骨近端残块4件，跖骨残块9件；趾骨残块18件；左中间腕骨2件；右侧中央跗骨2件，左侧中央跗骨5件；籽骨3件；右侧坐骨残块1件。全部标本至少代表了25个不同年龄段的个体。

小型鹿94件，分别为：右侧尺骨近端残块2件；中间趾骨6件，中间趾骨近端残块1件；末端趾骨14件；近端趾骨25件，近端趾骨近端残块3件；左侧跟骨1件，右侧跟骨2件，跟骨残块1件；两侧肱骨远端残块各1件，左侧肱骨2件，左侧肱骨远端残块1件；右侧肩胛骨残块1件；胫骨远端残块1件，左侧胫骨远端残块1件；左侧距骨3件，右侧距骨2件；炮骨远端残块6件；左侧上颌带$P^4 \sim M^3$1件；右侧下颌残块6件，右侧下颌带$DM_2 \sim M_1$1件，右侧下颌带$M_2 \sim M_3$1件，右侧下颌带$M_3$2件，右侧下颌带$DM_2 \sim M_2$1件，左侧下颌带$DM_3 \sim M_1$1件，左侧下颌带$M_2 \sim M_3$1件，右侧下颌带$P_3 \sim M_1$1件；左侧掌骨近端残块1件；左侧跖骨近端残块1件，跖骨1件，跖骨近端残块1件；趾骨残块1件。全部标本至少代表了4个不同年龄段的个体。

3.4.5.2.1　斑鹿 *Cervus nippon*

共有可鉴定标本32件，均为角残块。至少代表了4个成年雄性个体。笔者认为，上文提到的中型鹿的标本可能是属于斑鹿的。

3.4.5.2.2　麋鹿 *Elaphurus davidianus*

共有标本3件，均为角残块，至少代表了1个成年雄性个体。笔者认为，上文提到的大型鹿的标本可能是属于麋鹿的。

3.4.5.2.3　獐 *Hydropotes inermis*

共有标本13件，分别为：左侧上颌带犬齿7件，右侧上颌带犬齿4件，犬齿残块2件。全部标本至少代表了7个成年雄性个体。笔者认为上文提到的小型鹿的标本可能是属于獐的。

3.4.5.3　牛科 Bovidae

共有可鉴定标本42件，以残破的上下颌骨、牙齿和四肢骨为主。鉴定结果显示，该遗址龙山文化时期有牛和羊存在。

3.4.5.3.1　牛亚科 Bovinae

共有可鉴定标本31件，由于没有发现牛角和带有典型特征的骨骼，因此并未进一步鉴定具体的种属。发现的标本包括：右侧上颌 P^2 2件，左侧上颌 P^2 1件，前臼齿残块4件，右侧上颌 P^3 1件，右侧上颌 P^4 1件，右侧上颌带 M^3 1件，右侧上颌带 M^1 3件，右侧上颌带 M^2 1件；右侧距骨1件；左侧下颌带 $P_2 \sim M_1$ 1件；近端趾骨1件；中间趾骨1件；右侧下颌带 $M_1 \sim M_2$ 1件；左侧股骨1件；左侧跟骨1件；左侧肱骨远端残块1件；肩胛骨残块1件，右侧肩胛骨1件，左侧肩胛骨残块1件；右侧上颌残块1件；右侧掌骨1件（远端关节脱落）；左侧距骨近端残块2件；两侧中央跗骨各1件。全部标本至少代表了3个不同年龄段的个体。

笔者认为，部分不能明确种属的大型哺乳动物的肢骨、肋骨等可能属于牛的遗存。

3.4.5.3.2　羊属 *Ovis*

共有可鉴定标本11件，分别为：左侧下颌第三臼齿1件；左侧尺骨近端残块1件；左侧肱骨1件；炮骨远端残块1件；右侧桡骨远端残块1件（关节脱落）；左侧上颌带 P^4 1件，右侧上颌带 $P^3 \sim M^2$ 1件，右侧上颌带 M^3 1件；左侧下颌残块2件，右侧下颌带 $M_1 \sim M_2$ 1件。全部标本至少代表了1个成年个体。

笔者认为，部分不能明确种属的中小型哺乳动物的肢骨、肋骨等可能属于羊的遗存。

（三）周代

本期共有标本407件，其中可鉴定标本185件，占总标本数的46%。可鉴定标本中，软体动物占4%，鸟类占1%，哺乳动物占95%（图九）。鉴定结果显示，这一时期的动物种属包括有螺、矛蚌、楔蚌、圆顶珠蚌、鸟、狗、斑鹿、麋鹿、獐、猪、牛和羊等。

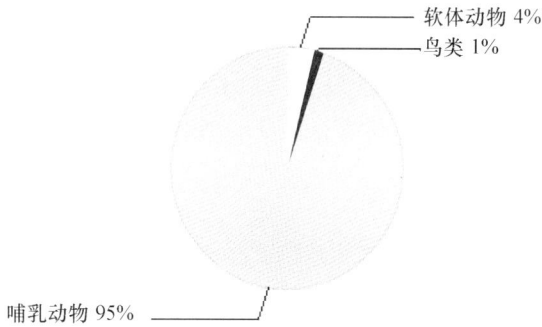

图九　周代出土动物遗存可鉴定标本比例示意图

（图中：软体动物 4%，鸟类 1%，哺乳动物 95%）

1. 软体动物门 Mollusca

共有可鉴定标本7件，包括腹足纲和瓣鳃纲，其中2件未能鉴定到纲。

1.1　腹足纲 Gastropoda

1.1.1　田螺科 Viviparidae

共有可鉴定标本2件，保存状况较好。

1.2　瓣鳃纲 Lamellibranchia

1.2.1　真瓣鳃目 Eulamellibranchia

1.2.1.1　蚌科 Unionodae

共有可鉴定标本3件，分别属于矛蚌、楔蚌和珠蚌属。

1.2.1.1.1　矛蚌属 Lanceolaria

共有可鉴定标本1件。

1.2.1.1.2　楔蚌属 Cuneopsis

共有可鉴定标本1件。

1.2.1.1.3　珠蚌属 Unio

共有可鉴定标本1件。

2. 脊椎动物门 Vertebrata

共有可鉴定标本178件，分别属于鸟纲和哺乳动物纲。

2.1　鸟纲 Aves

共有可鉴定标本2件，分别为：胫骨远端残块1件，胫骨残块1件。至少代表了1个个体。

2.2　哺乳纲 Mammalia

共有可鉴定标本176件，根据骨骼特征可以判断出有食肉和偶蹄目动物存在。

此外，不能鉴定种属的哺乳动物标本共有185件，以肢骨残片和肋骨残片为主，还有一些扁骨残块，依据形态特征可以分为大、中、小三种类型。

2.2.1　食肉目 Carnivora

共有可鉴定标本19件，其中1件未能鉴定到科。

2.2.1.1　犬科 Canidae

2.2.1.1.1　犬属 Canis

2.2.1.1.1.1　狗 Canis familiaris

共有可鉴定标本18件，分别为：左侧下颌带C～$P_4$1件；右侧上颌犬齿残块1件；左侧下颌带$P_4 \sim M_1$1件；掌骨残块3件；腓骨残块4件；胫骨远端残块2件；右侧肱骨远端残块1件；股骨残块2件；桡骨残块1件；胫骨近端残块2件。全部标本至少代表了2个个体。

2.2.2 偶蹄目 Artiodactyla

共有可鉴定标本157件，以残破的肢骨和上下颌骨为主，可鉴定出有猪、鹿、獐、牛和羊等动物存在。

2.2.2.1 猪科 Suidae

2.2.2.1.1 家猪 *Sus scrofa domesticus*

共有可鉴定标本54件，分别为：尺骨远端残块1件，左侧尺骨近端残块1件（关节脱落），右侧尺骨残块2件；掌/跖骨残块5件；左侧腓骨近端残块1件；左侧肱骨近端残块1件（关节脱落），左侧肱骨远端残块4件，右侧肱骨远端残块2件，左侧肱骨残块1件，肱骨头残块1件；右侧股骨近端残块1件（关节脱落），右侧股骨残块1件（近端关节脱落），左侧股骨残块1件（近端关节脱落）；寰椎残块1件；右侧肩胛骨残块3件，左侧肩胛骨残块1件，肩胛骨残块1件；右侧胫骨远端残块2件，胫骨远端残块1件，左侧胫骨残块3件（其中2件两端关节脱落，1件远端关节脱落），左侧胫骨1件；臼齿残块1件；左侧髋骨残块1件；左侧桡骨近端残块1件，左侧桡骨远端残块1件；枢椎残块1件；头骨残块1件；左侧下颌$M_3$1件（正在萌出）；右侧下颌残块1件；左侧下颌残块3件；右侧下颌带$M_1$1件；右侧下颌带$DM_3 \sim M_2$2件；下颌门齿残块1件；胸椎棘突残块3件；左侧坐骨残块1件。全部标本至少代表了6个不同年龄段的个体。

笔者认为部分不能明确种属的中型哺乳动物的肢骨、肋骨等可能属于猪的遗存。

2.2.2.2 鹿科 Cervidae

共有可鉴定标本87件，根据骨骼特征可以判断出有斑鹿、麋鹿和獐这几种动物存在。

未能鉴定到属的鹿科动物标本有71件，分别是：右侧尺骨近端残块1件；中间趾骨近端残块1件；近端趾骨2件；左侧额骨带角柄残块2件，右侧额骨带角柄残块1件；左侧跟骨残块1件；角残块4件；肱骨残块1件，左侧肱骨远端残块2件，右侧肱骨远端残块2件，左侧肱骨1件；股骨远端残块2件；寰椎残块2件；两侧肩胛骨残块各1件，肩胛骨残块1件；左侧胫骨近端残块1件，右侧胫骨近端残块3件（其中1件关节脱落），左侧胫骨远端残块2件，胫骨残块1件，右侧胫骨远端残块1件，左侧胫骨远端脱落关节1件；左侧距骨1件；髋臼残块1件，右侧髂骨残块1件（关节未愈合）；右侧桡骨远端残块1件，左侧桡骨远端残块1件，左侧桡骨近端残块1件，桡骨残块2件；左侧下颌带$P_2$1件，右侧下颌残块1件，左侧下颌带$M_2$1件，右侧下颌带$M_1 \sim M_3$1件，左侧下颌冠状突残块1件，左侧下颌骨残块2件；胸椎棘突残块1件；腰椎残块1件；掌骨残块5件，掌骨近端残块1件；左侧跖骨近端残块1件，跖骨残块11件，右侧跖骨残块2件。全部标本至少代表了3个不同年龄段的个体。

2.2.2.2.1　斑鹿 *Cervus nippon*

共有可鉴定标本13件，分别为：左侧角残块1件，右侧角残块1件，角残块10件；右侧下颌残块1件。全部标本至少代表了1个成年雄性个体。

2.2.2.2.2　麋鹿 *Elaphurus davidianus*

共有可鉴定标本2件，均为左侧跖骨残片，至少代表了1个个体。

2.2.2.2.3　獐 *Hydropotes inermis*

共有可鉴定标本1件，为右侧上颌犬齿，至少代表了1个成年雄性个体。

2.2.2.3　牛科 Bovidae

共有可鉴定标本16件，以残破的四肢骨和上下颌骨为主。

2.2.2.3.1　牛亚科 Bovinae

共有可鉴定标本13件，分别为：中间趾骨2件；左侧肱骨远端残块2件，右侧肱骨远端残块2件；股骨头残块2件；左侧肩胛骨残块1件；右侧下颌带$M_3$1件；掌骨远端残块1件；左侧坐骨残块1件，右侧坐骨残块1件。全部标本至少代表了2个不同的个体。

2.2.2.3.2　羊属 *Ovis*

共有可鉴定标本3件，分别为：右侧下颌带$M_2 \sim M_3$1件，右侧肱骨远端残块2件。全部标本至少代表了2个不同的个体。

三、分析与讨论

（一）家畜饲养

袁靖先生在2001年发表的一篇文章中[7]，结合中外对家养动物的研究方法和中国考古发现的现状，对中国新石器时代家养动物的起源问题进行了详细的探讨。他提出三种判断遗址出土各种动物骨骼是否属于家畜的方法。一是根据骨骼形态的特征进行判断。即通过测量和观察，比较各种骨骼、牙齿等的尺寸大小、形态特征等，据此判定其是否属于家养动物；二是根据考古遗址中古人对某种动物的有意识处理行为进行推测；三是结合年龄结构、骨骼形态和考古学的判断与分析进行判断。

1. 大汶口文化时期

（1）狗

本期发现的狗标本极少。从形态上看，其特征和尺寸与现代狗骨骼十分接近。狗是人类最早驯化的家畜。最早的狗可能出现在更新世晚期以来以采集狩猎经济为主的阶段，目前为止中国最早的狗发现于河北徐水的南庄头遗址[8]。山东地区后李文化时期的小荆山遗址[9]、前埠下遗址[10]，大汶口文化时期的西公桥遗址[11]、北阡遗址[12]，安徽蒙城尉迟寺遗址[13]等均出土了狗的遗存，说明在大汶口文化时期饲养狗是一种普遍的现象。因此苍山后杨官庄遗址发现的狗应属于家养动物。

（2）猪

本期发现猪的可鉴定标本有8件，占哺乳动物的16%；最小个体数为2，占总最小个体数的29%。从猪所占的哺乳动物可鉴定标本数和最小个体数的比例看，猪在苍山先民的饮食结构中有一定比重，但并不占主要地位。从其死亡年龄看，13～18个月1个，18～25个月1个，大于1岁的个体比例为100%，与家猪的屠宰年龄[14]相吻合。猪是较早被驯化的家养动物之一，目前明确的最早的家猪出土于距今8500年左右的河南舞阳贾湖遗址[15]，大汶口文化时期山东地区的建新遗址[16]、北阡遗址[17]、梁王城遗址[18]等均出土了家猪遗骸，说明该时期海岱地区家猪饲养已经较为普遍。因此，笔者认为苍山后杨官庄遗址出土的猪应该是家猪。

2. 龙山文化时期

（1）狗

上文论述大汶口文化时期已经饲养狗，这一时期鲁南苏北地区也普遍发现狗的存在，因此后杨官庄遗址龙山文化时期的狗是家养动物无疑。

（2）猪

上文已说明后杨官庄遗址大汶口文化时期的猪是家猪，那么龙山文化时期的猪也毫无疑问是家养的了。这一期发现发现的猪骨较多，共有可鉴定标本487件，占哺乳动物的30%；最小个体数为15，占总最小个体数的18%。猪的可鉴定标本数占哺乳动物的比例比大汶口文化时期高得多，尽管最小个体数所占比例有所下降，但并不妨碍这些数据所反映出来的信息，猪在苍山先民的饮食结构中的比重有较大幅度的提高。在15个个体中，小于6月龄的有2个，6～13月龄的有2个，13～18月龄的有2个，18～25月龄的有3个，大于25月龄的有6个。从猪的死亡年龄结构可以看出，小于半岁的猪占了13.3%，半岁到一岁的约占13.3%，一岁到两岁的占33.3%，大于两岁的成年个体占40%，幼年个体死亡率较低，大部分的猪都能养到1岁以后再进行宰杀，这说明当时家畜饲养水平较高。这种情况与鲁南地区其他遗址的发现也是相符的。泗水尹家城遗址龙山文化墓葬随葬大量猪幼体的下颌[19]，这种葬俗说明该聚落的猪不仅能够保证聚落居民日常肉食供应，还能为其他社会功能提供服务，鲁南地区家猪饲养业已经达到较高水平。

（3）牛

本期发现牛标本31件，数量较少，未能判断其属于哪个种属。根据附近同一时期遗址的发现情况，山东滕州庄里西遗址[20]和安徽蒙城尉迟寺遗址[21]有黄牛和水牛，泗水尹家城遗址[22]有黄牛，笔者推测，后杨官庄遗址的牛可能是黄牛或水牛或两者皆有。

关于家养黄牛，根据吕鹏的研究，"中国家养黄牛的起源至少可以追溯至新石器时代末期晚段（约公元前2500～前2000年）……进一步而言，至少在齐家文化和河南龙山文化分布范围内的某些遗址已经驯化了黄牛，其分布范围为黄河流域上、中和下游地区"[23]。付罗文等的研究表明，在齐家文化之前，甘青地区已经开始出现驯化的黄牛了[24]。从地理位置看，后杨官庄遗址靠近这些起源地，若该遗址发现的牛可以确定是黄牛，那么很可能是家养的。

关于水牛，中国境内家养水牛到底是起源于本土还是由南亚地区传入[25]，目前还存在争议。因此，若后杨官庄遗址发现的牛是水牛，还难以判断其是家养还是野生的。

（二）动物群所反映的古代环境

现代的苍山县位于山东省南部，地处鲁南低山丘陵南缘，西北部是丘陵，中南部为广阔的平原，海拔100～200米。此地位于暖温带季风区，属于半湿润大陆性气候，春季干旱少雨且多风沙；夏季盛行东南风，炎热多雨；秋季降水较少，多晴朗天气；冬季多西北风，寒冷干燥。四季分明，无霜期长，光照充足。植被带属于暖温带半湿润地区，多为以落叶阔叶林为代表的温带植物，以农林培植为主[26]。

从野生动物的种群看，后杨官庄遗址从大汶口文化时期至周代没有发生明显的变化，由此推测这三个阶段的气候环境应该没有太大的改变。

1. 大汶口文化时期

后杨官庄遗址发现鹿的数量较多，其中斑鹿性喜温暖湿润的环境，生活在草地和森林中[27]，这说明当时有广阔的森林和草地。现代斑鹿主要分布在长江以南地区，说当时苍山的气候与现代的长江以南地区相近，比现代的苍山地区的气候更为温暖湿润。

2. 龙山文化时期

本时期出土了大量的鹿（包括斑鹿、麋鹿、獐）、鱼类、贝类等野生动物。斑鹿的存在说明当时的气候环境依然是温暖湿润的，有一定面积的森林和草地。麋鹿是湿地动物，原产于黄河下游地带[28]，性喜温暖湿润的环境，生活在水边沼泽地带，喜群居，擅长游泳，以青草和各种水生植物为食。獐与麋鹿习性相似，喜欢在河岸、湖边等潮湿地或沼泽地的芦苇草丛中生活，有时生活于山地草坡灌丛中，善游泳，以青草为食，现代分布于长江沿岸地区[29]。田螺群栖于水草茂盛的水田、沼泽、河流以及湖泊中[30]。蚌类生活在淤泥底或砂石底的江河、湖泊等水域中[31]。青鱼"栖息在水的中、下层"[32]，草鱼"喜居于水的中下层和近岸多水草区域"[33]、鲤鱼"多生活在水域的中下层"[34]。根据上述野生物的生态特征，笔者推测当时的气候比现代更温暖湿润，并有丰茂的森林、草地，一定面积的灌木丛、山地和沼泽以及深广的水域。

3. 周代

这一时期发现的动物遗存较少，在此不做讨论。

（三）先民行为和经济活动

本部分的重点在于探讨先民的行为及经济活动。先民的行为主要通过动物遗存的表面痕迹及动物遗存制成品进行分析；经济活动则主要通过讨论先民获取肉食资源的途径及其肉食的主要来源来体现。

1. 先民行为

苍山先民能够利用动物获取肉食、皮毛，利用动物骨骼制作工具，并在狩猎、屠宰、肢解、敲骨吸髓、加工骨料等过程中在骨骼上留下痕迹。因此可以通过观察和分析这些痕迹获取不同的人类行为信息。

据统计，后杨官庄遗址出土的动物骨骼中，有痕迹的动物骨骼标本共有336件，包括切割痕、砍痕、刮痕、磨痕、切锯痕、烧痕等（图一〇）。通过对这些痕迹的观察和分析，我们发现古人对各种骨骼部位有不同的利用方式，对不同动物的依赖程度也是不一样的。由于大汶口文化时期的动物遗存材料不足，在此不进行讨论，仅对龙山文化时期的动物遗存进行分析。

从动物种类看，存在痕迹的骨骼大部分是中型哺乳动物，其他动物较少（图一一）。

古人利用越多的动物，说明人类与这种动物的关系越密切，在遗址中的出现频率就越高。从图一一数据所反映的信息来看，中型哺乳动物的出现频率要远远高于其他种类，说明后杨官庄遗址先民的经济活动极大地依赖于中型哺乳动物。中型哺乳动物可以提供大量的肉食资源，是先民的主要肉食来源之一。这些动物包括猪和鹿等，应该与家猪饲养、自然环境适应鹿等野生动物生存且容易捕获有关。

根据产生痕迹的方式，骨骼上的痕迹可分为两种：一种是屠宰、取料、敲骨吸髓、打磨等过程中产生的人工痕迹，如砍痕、刮痕、切锯痕、磨痕等；另一种是用

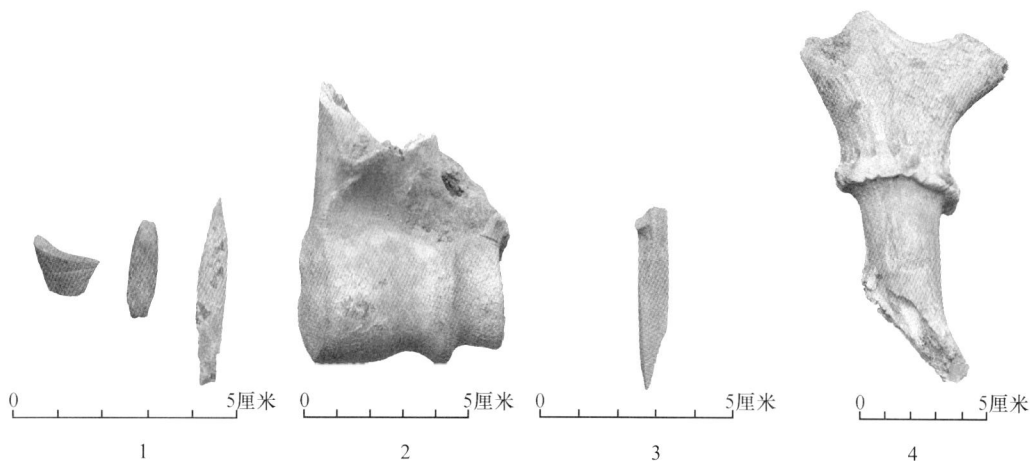

图一〇　人工痕迹（人工制品）

1.磨制、烧痕（骨制品）　2.切锯痕、切割痕（鹿左肱骨远端）　3.骨质鱼钩　4.砍痕（梅花鹿右角）

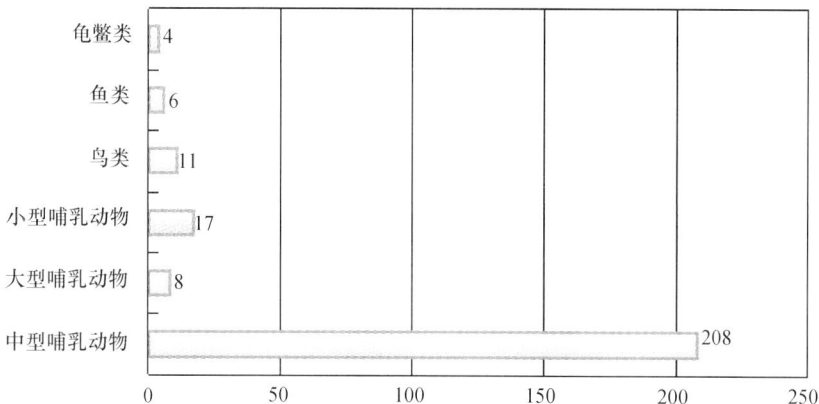

图一一　苍山后杨官庄遗址带人工痕迹的骨骼所属动物种类统计图

火加工肉食在骨骼上留下的烧痕。后杨官庄遗址出土的动物骨骼上的痕迹大部分为烧痕，共有354件；人工痕迹较少，有18件；1件兼有砍痕和烧痕。这说明苍山先民对动物骨骼的利用率比较低。统计数据显示，使用工具产生的人工痕迹主要出现在肢骨和鹿角上，说明古人利用肢骨、鹿角等硬度高且形状合适的部位进行取料制作工具等生产活动。肢骨上的砍痕很可能是先民敲骨吸髓时留下的痕迹，也可能是取料时留下的。烧痕出现的骨骼部位比较分散，没有发现集中出现在哪一种或者几种特定的骨骼部位上，这说明烧这种行为在当时可能只单纯是一种烹饪方式，而未涉及占卜等宗教祭祀问题。

　　此外，除了人工痕迹外，还有人类及食肉动物、啮齿动物等在食用时留下的啃咬痕迹。后杨官庄遗址出土的动物骨骼中，有312件标本带有咬痕，大部分应该是人和狗食用时留下的，啮齿动物咬痕极少，仅有4件。部分带咬痕的骨骼兼有烧痕。咬痕多出现在哺乳动物肢骨上，其他部位如肋骨、头骨、肩胛骨等也常有出现。肢骨是哺乳动物身上携带的肉量最丰富的部分，又富含骨髓，且两端关节富含筋腱，因此在骨体上，特别是两端关节部分往往带有较多的咬痕以及其他人工痕迹。先民可能将食用过的骨骼残骸投喂狗，狗则啃咬骨骼上的残余肉质，在骨骼上留下咬痕。

2. 经济活动

根据上文的论述分析，后杨官庄遗址先民的肉食来源主要是哺乳动物类、鱼类和贝类等，从其获得的方式看，分别是通过渔猎和饲养家畜获得的，也就是说先民肉食资源可分为两种：野生和家养。

由于大汶口文化时期和春秋战国时期发现动物遗存较少，数据不够全面，难以代表这两个时期的真实情况，在此仅对龙山文化时期的情况进行分析。

龙山文化时期后杨官庄遗址出土了大量的软体动物、淡水鱼类，与大汶口文化时期的发现有很大的差别，大汶口时期仅发现少量蚌类和鱼类。这可能是因为发掘区是龙山文化时期的聚落中心，而大汶口文化时期的聚落中心另有他处。此外，后杨官庄遗址发现的鱼骨保存状况较差，导致鱼骨统计数量偏大，为了减小误差，未能鉴定种属的哺乳动物骨骼也计入哺乳动物可鉴定标本数中。从数量比例上看，软体动物占23%，鱼类占51%，哺乳动物类占24%。这说明龙山文化时期后杨官庄先民大量地利用淡水软体动物和鱼类资源，软体动物和鱼类在先民的食谱中占据着重要的地位；对哺乳动物的依赖程度依然很高（就食物所能够提供的热量来看，哺乳动物要远大于软体动物和鱼类）；鸟类和爬行动物的比重都很低。

从哺乳动物的构成看，家养动物（狗、猪和牛）的可鉴定标本数占总数的35.6%，野生动物（鹿类、食肉动物、兔子等）可鉴定标本数占总数的64.4%（图一二）。从最小个体数看，家养动物（狗、猪和牛）占总数的31%；野生动物（鹿类、食肉动物、兔子等）占总数的69%（图一三）。以上数据说明，龙山文化时期后杨官庄先民肉食来源较多地依赖于野生动物。

从肉食供应量看，参照有关动物资料，结合古代家畜饲养情况，可大体得出家畜和野生动物的肉量标准[35]：平均成年狗出肉10公斤，猪119公斤，大型鹿80公斤，中型鹿60公斤，小型鹿7.5公斤，幼年个体按成年个体的一半肉量进行统计，结果见图一四。

从图一四可以看出，家畜提供的肉量约占总肉量的56%，而野生动物肉量，则约占43%，二者相差并不悬殊。

综上所述，笔者认为，龙山时期的后杨官庄遗址先民们的社会经济模式是以渔猎为主，家畜饲养并重。

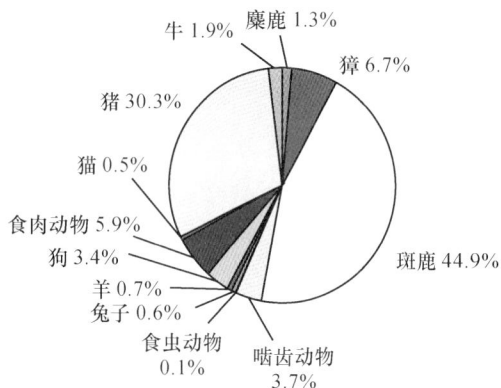

图一二　龙山文化时期哺乳动物可鉴定标本数
量分布示意图

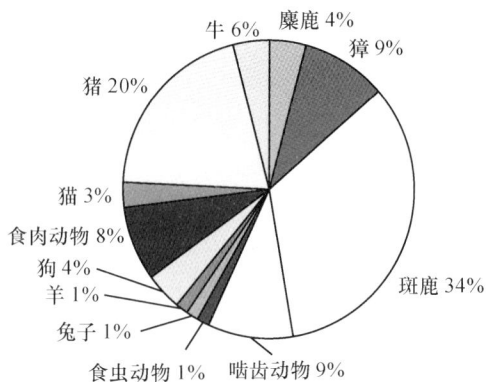

图一三　龙山文化时期哺乳动物最小个体数
分布示意图

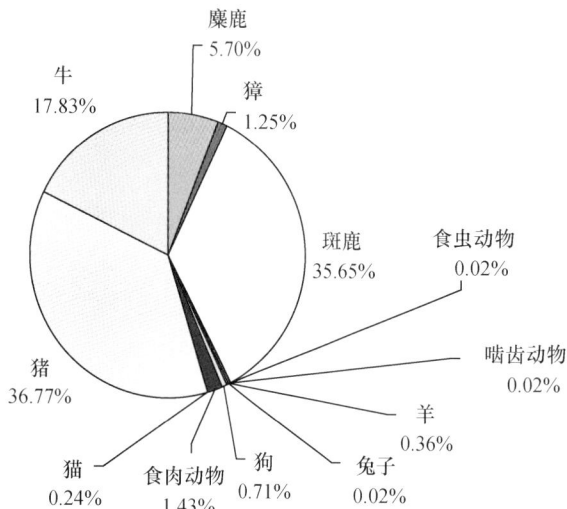

图一四　龙山文化时期哺乳动物肉量消费示意图

到周代，先民们已经完全进入了家畜饲养和农耕社会。

根据上文的论述，龙山文化时期后杨官庄居民过着渔猎、耕作、饲养家畜的定居生活。结合尉迟寺遗址从大汶口文化时期到龙山文化时期家畜比例上升的情况以及其他新石器时代遗址所反映的家畜饲养水平向前发展的一般规律，笔者推测后杨官庄遗址大汶口文化时期的社会经济模式应该与龙山文化时期的相似，因家畜饲养水平所限，先民的肉食资源可能更多地依赖于野生动物。哺乳动物遗存中鹿的数量最多，说明龙山文化时期有十分适合鹿类动物生存的生态环境。这种情况与同时期尹家城遗址和尉迟寺遗址相同。这段时期内，苍山地区野生动物资源比较丰富，后杨官庄居民主要通过狩猎鹿科动物和家养的猪获得肉食资源。

四、小　　结

苍山后杨官庄遗址是临沂地区的一处重要的大汶口文化时期到周代的古文化遗址，其年代跨度大，出土遗物丰富，采集仔细，是研究鲁南地区大汶口文化时期到周代生业经济的重要材料。本文就出土的大汶口文化时期至龙山文化时期以及周代的动物遗存进行了鉴定分析，希望为更深入的研究提供更多的证据。

后杨官庄遗址出土大汶口文化时期到龙山文化时期的动物遗存2万多件，包括田螺、丽蚌、裂嵴蚌、珠蚌、矛蚌、蚬、螃蟹、鲤鱼、草鱼、青鱼、龟、鳖、鸟、兔、仓鼠、狗、猪、斑鹿、麋鹿、獐、牛、羊等20余种动物。根据对出土动物遗存的分析发现，后杨官庄居民在大汶口文化时期已经开始饲养家畜，龙山文化时期饲养水平有所提高。从大汶口文化时期到龙山文化时期，苍山地区的气候环境变化不大，总体而言，比现在的气候更加温暖湿润。鹿科动物和家猪为先民保证了主要的肉食供应，淡水鱼类、贝类也分担了部分肉食供应的需求，总之，捕猎野生动物占更重要的地位。古人除了食用动物肉质部分，还利用动物的肢骨、鹿角、蚌壳等坚硬的骨骼部位加工制作生产生活工具。

注　释

[１]　袁靖：《研究动物考古学的目标、理论和方法》，《中国历史博物馆馆刊》1995年1期，59～68页。

[２]　中国科学院古脊椎动物与古人类研究所《中国脊椎动物化石手册》编写组：《中国脊椎动物化石手册（增订版）》，科学出版社，1979年。

[３]　伊丽莎白·施密德著，李天元译：《动物骨骼图谱》，中国地质大学出版社，1992年。

[４]　刘月英等：《中国经济动物志——淡水软体动物》，科学出版社，1979年。

[５]　张素萍：《中国海洋贝类图鉴》，海洋出版社，2008年。

[６]　安格拉·冯登德里施（Angela Von den Driesh）著，马萧林、侯彦峰译：《考古遗址出土动物骨骼测量指南》，科学出版社，2007年。

[７]　袁靖：《中国新石器时代家畜起源的问题》，《文物》2001年5期，53～60页。

[８]　傅罗文、袁靖、李水城：《论中国甘青地区新石器时代家养动物的来源及特征》，《考古》2009年5期，80～86页。

[９]　孔庆生：《小荆山遗址中的动物遗骸》，《华夏考古》1996年2期，23～24页。

[10]　孔庆生：《前埠下新石器时代遗址中的动物遗骸》，《山东省高速公路考古报告集（1997）》，科学出版社，2000年，103～105页。

[11]　钟蓓：《滕州西公桥遗址中出土的动物骨骼》，《海岱考古》（第二辑），科学出版社，2007年，238～240页。

[12]　山东大学历史文化学院考古学系等：《山东即墨市北阡遗址2007年发掘简报》，《考古》2011年11期，14～18页。

[13]　袁靖、陈亮：《尉迟寺遗址动物骨骼研究报告》，《蒙城尉迟寺——皖北新石器时代聚落遗存的发掘与研究》，科学出版社，2001年，424～441页；罗运兵、吕鹏、杨梦菲等：《动物骨骼鉴定报告》，《蒙城尉迟寺（第二部）》，科学出版社，2007年，306～327页。

[14]　同[１]。

[15]　罗运兵、张居中：《河南舞阳贾湖遗址出土猪骨的再研究》，《考古》2008年1期，90～96页。

［16］ 宋艳波、何德亮：《枣庄建新遗址2006年动物骨骼鉴定报告》，《海岱考古》（第三辑），科学出版社，2010年，224～226页。

［17］ 同［12］。

［18］ 南京博物院考古研究所内部资料，目前尚未发表。

［19］ 卢浩泉、周才武：《山东泗水县尹家城遗址出土动、植物标本鉴定报告》，《泗水尹家城》附录一，文物出版社，1990年，350～352页。

［20］ 宋艳波、宋嘉莉、何德亮：《滕州庄里西遗址动物遗存分析》，《东方考古》第9集，609～626页。

［21］ 同［13］。

［22］ 同［19］。

［23］ 吕鹏：《试论中国家养黄牛的起源》，《动物考古》（第1辑），文物出版社，2010年，152～167页。

［24］ 同［8］。

［25］ 刘莉、杨东亚、陈星灿：《中国家养水牛起源初探》，《考古学报》2006年2期，141～178页。

［26］ 王仁卿、周光裕主编：《山东植被》，山东科学技术出版社，2000年，32～46页。

［27］ 盛和林等：《哺乳动物学概论》，华东师范大学出版社，1985年，233页。

［28］ 同［27］，235页。

［29］ 夏武平等：《中国动物图谱·兽类》，科学出版社，1998年，101页。

［30］ 同［4］，9页。

［31］ 同［4］，73页。

［32］ 伍献文等：《中国经济动物志·淡水鱼类》（第二版），科学出版社，1979年，33页。

［33］ 同［32］，37页。

［34］ 浙江动物志编辑委员会：《浙江动物志·淡水鱼类》，浙江科学技术出版社，1991年，109页。

［35］ 关于各种哺乳动物肉量的计算参照Elizabeth J Reitz and Elizabeth S Wing. *Zooarchaeology*, Cambridge University Press，1999：223. White，T. E.的计算方法；体重数据参考以下文献：高耀亭等：《中国动物志·兽纲》，科学出版社，1987年；夏武平等编著：《中国动物图谱·兽类》，科学出版社，1988年；寿振黄：《中国经济动物志·兽类》，科学出版社，1962年；盛和林：《中国鹿类动物》，华东师范大学出版社，1992年；邱怀：《中国黄牛》，农业出版社，1992年。

苍山后杨官庄遗址植物遗存分析报告[*]

王海玉[1]　何德亮[2]　靳桂云[3]

（1.山东省石刻艺术博物馆；2.山东省文物考古研究所；3.山东大学文化遗产研究院）

苍山后杨官庄遗址位于山东省苍山县神山镇后杨官庄村北，2010年5～7月，为配合枣临高速公路建设，山东省文物考古研究所联合临沂市文物局、苍山县文物管理所等单位对该遗址进行了考古发掘。发掘面积约573平方米，发现主要遗迹有灰坑、沟和墓葬等，出土了包括陶、石、骨、角、蚌器在内的丰富的人工遗物以及较丰富的动物遗存。遗址从大汶口文化、龙山文化、岳石文化一直延续到周、汉[1]。

在发掘过程中，为了尽可能全面地获取各类遗存，发掘者对发掘的土样进行了过筛，对有机质丰富的灰坑土样进行了水洗浮选。龙山文化时期的H18中浮选出了丰富的炭化植物种子和果实，本文以该单位为例，介绍一下苍山后杨官庄遗址植物遗存的鉴定分析结果。

一、浮选结果

此次样品均取自H18内，其中H18②一份，经水洗浮选后，仅发现2块桃核残块。

从H18③中选取了5份土样，经水洗浮选后，发现了较为丰富的炭化植物遗存，可分为炭屑和植物种子（果实）两大类。其中炭屑大多较为细碎，未做进一步种属鉴定，仅将>1毫米的炭屑称重，得出其总重为5.738克。炭化种子（果实）又可分为农作物和非农作物两大类（表一），共97粒，种子（含果实）平均出土密度为16.9粒/克[2]。

* 本研究得到国家自然科学基金（41072135）和中国科学院战略性先导科技专项"应对气候变化的碳收支认证及相关问题"（XDA05130603-B）共同资助。

表一　后杨官庄遗址H18③出土植物种子（果实）统计表

	植物名称	数量	出土密度（粒/克）
农作物	粟 Setaria italica	9	1.57
	黍 Panicum miliaceum	1	0.17
	稻 Oryza sativa	3	0.53
非农作物	藜属 Chenopodium sp.	20	3.49
	黍亚科 Panicoideae	12	2.09
	紫苏属 Perilla sp.	7	1.22
	野大豆 Glycine soja	2	0.35
	豇豆属 Vigna sp.	1	0.17
	蓼属 Polygonum sp.	1	0.17
	莎草属 Cyperus sp.	1	0.17
	葡萄属 Vitis sp.	6	1.05
	蔷薇科 Rosaceae果核1	1	0.17
	蔷薇科果核1的种子	11	1.92
	蔷薇科 Rosaceae果核2	9	1.57
	块茎类？	1	0.17
	未知与不可鉴定	12	2.09

（一）农作物

H18出土的农作物包括粟、黍、稻三类，共计13粒。

炭化粟9粒，出土密度为1.57粒/克。颖果整体呈近圆球状，直径1.13～1.23毫米，胚区窄卵形，炭化后呈凹口形，占种子直径的2/3～3/4（彩版一，1）。

炭化黍1粒，出土密度为0.17粒/克。颖果整体呈椭圆球状，长约1.78毫米，宽1.48毫米，胚区较短，炭化爆裂后呈倒"V"形，约占种子长度的1/2（彩版一，2）。

炭化稻米3粒，出土密度为0.53粒/克。米粒呈椭圆形，两侧压扁，表面有2条纵棱，胚侧生，约为颖果长度的1/4（彩版一，3），长5.44～4.54、宽2.22～2.72毫米，长宽比为2～2.05。一般认为粳稻长宽比在1.6～2.3，籼稻的长宽比在2.3以上[3]，据此认为，后杨官庄遗址出土的稻米遗存可能皆为粳稻。

（二）非农作物

H18中共发现84粒非农作物遗存，明显多于农作物。包括草本植物种子（果实）和一些果核及其种子。

1. 草本植物种子（果实）遗存

藜属种子是该灰坑中出土数量最多的植物遗存，总计20粒，出土密度达3.49粒/克。种子呈扁圆形，两面呈凸透镜或双凸透镜状，表面光滑有光泽，顶部圆形，基部突出，有凹口，种脐位于凹口处（彩版一，4），种子直径1~1.2毫米。

非农作物中黍亚科颖果的出土数量仅次于藜属种子，总计12粒，出土密度为2.09粒/克。这些颖果大多较残破，整体呈扁椭圆形，腹部扁平，背部微鼓（彩版一，5），尺寸均较小，长度一般都在1毫米及以下，初步鉴定可能有狗尾草属、马唐属和黍属。这些黍亚科颖果中有很多都是常见的田间杂草，且与农作物共出，因而极有可能是当时的农田杂草遗存。

紫苏属是唇形科（Lamiaceae）一年生草本植物。H18③共出土7粒紫苏属种子（实为小坚果），出土密度为1.22粒/克。该属种子形态特征明显，整体呈三棱状近圆球形，表面具不规则细网纹，径长1.62~2毫米，背面拱形，腹面隆起，果脐位于基端，呈近三角形（彩版一，6）。

此次共出土3粒豆科种子，出土密度为0.53粒/克，包括2粒野大豆（*Glycine soja*）和1粒豇豆属种子（*Vigna* sp.）。野大豆种子呈椭圆形，两侧微鼓，背部弧形，腹部微凹，种脐位于腹部偏上，呈细椭圆形（彩版一，7），长2.94~3.06、宽1.94~2.5毫米，正好落在现生野大豆的尺寸范围内。豇豆属种子残留一半，为矩圆形，种脐则呈窄矩圆形，长3、宽2.08毫米（彩版一，8）。

蓼属种子出土1粒，出土密度为0.17粒/克。蓼科为一年生或多年生草本，以蓼属最为普遍，种子实为瘦果。发现的1粒近扁圆形，两面扁平，顶端具小突起，直径约为1.31毫米（彩版二，1）。

莎草属种子出土1粒，出土密度为0.17粒/克。种子呈三棱状倒卵形，长1.53、宽0.84毫米（彩版二，2）。莎草属的植物多是常见的稻田杂草。

藜属、蓼属中的很多种类也都是常见的农田杂草。

2. 果类遗存

在H18中发现桃核残块、葡萄属种子、蔷薇科果核及种子等。

桃核仅见于H18②，为两个残块，整体呈椭圆形，表面有不规则的深沟纹，特征明显，判断可能为山桃。

葡萄属种子6粒，出土密度为1.05粒/克。种子呈倒卵状球形，顶端有短尖的喙，腹面中央略起脊，贯穿种子基部和顶端，两侧各有一条纵沟，约占粒长的1/3，有时出现裂沟，背面中部有一圆形区，稍凹陷（彩版二，3）。种子长2.61～3.11、宽2.51～2.56毫米，从尺寸上看，与该时期的临沭东盘遗址出土的葡萄属种子较为接近，比滕州庄里西遗址的则略小一些。

蔷薇科中的很多核果类果实都是常见的水果来源。在该灰坑中也发现较多的蔷薇科果核遗存，可能是当时采集食用后的遗留。这些遗存主要分为两类：一类与蔷薇科苹果属较为接近，共发现1个果核和11粒种子（彩版二，4、5）；另一类多为残块，从形态上看与蔷薇科李属较为相似（彩版二，6）。

除以上可鉴定的植物遗存外，该单位还发现一块可能为块茎类的遗存（彩版二，7）。另有12粒难以鉴定出种属的未知种子残块。

二、分析与讨论

后杨官庄遗址分析的样品数量虽少，但发现的植物遗存种类和数量相对较丰富可观，为我们初步分析聚落当时的农业发展状况及人类对植物的利用状况等提供了重要的证据。

（一）农作物和杂草反映的农业生产问题

从鉴定结果可知，后杨官庄遗址的农作物遗存至少包括粟、稻、黍三类，表明该聚落在龙山文化时期已形成稻旱混作的农业种植格局。这一格局几乎见于海岱地区龙山文化时期所有经过系统植物考古工作的遗址[4]，尤其是后杨官庄遗址所在的海岱地区南部，该区域的两城镇遗址、尉迟寺遗址、东盘遗址等都是典型的稻旱混作格局，粟、稻种植规模相当，或者稻作规模高于粟作，因而我们推测后杨官庄遗址在龙山文化时期的农业生产格局也大致如此，这可能与当时的自然生态环境和生产力发展水平、文化传统等因素密切相关[5]。

此次发现的黍亚科、藜属、蓼属、莎草属等植物中很多都是常见的杂草[6]，在灰坑中与农作物共出，说明它们都是伴随作物收获加工而遗留在聚落中的。在该单位中，农作物和杂草等与农业相关的植物遗存发现数量最多（未知遗存不包括在内），这也从侧面反映出龙山文化时期农业在生业经济中可能占据了最重要的地位。此外，遗址还发现了大量石刀、石镰等农业收获工具[7]。这些都表明这一时期农业发展到了较高的程度。

（二）其他植物利用情况反映的生业经济特点

此次发现的非农作物遗存中以藜属种子最多，其次是紫苏属、野大豆等草本植物及葡萄属和蔷薇科等果类遗存。这些都是聚落周围常见的野生植物资源，先民对其利用方式可能是直接采集食用或他用。

藜属植物是常见的伴人植物，多见于农田和聚落周围。该类植物的嫩茎叶皆可食，至今仍是常见的野菜资源。另外，藜属的某些种类在一些民族和地区被当作淀粉类食物的重要补充。如在北美东部地区，藜属植物被作为当地农业起源的土著作物之一[8]；台湾高山族将藜属植物混种在粟田里，与粟一起收获食用[9]。在后杨官庄遗址的H18中，藜属种子出土数量最多，表明其不仅是作为杂草进入聚落内部，还很有可能是先民有意采集食用其茎叶或含淀粉的种子后的遗留。

紫苏的叶、梗、籽粒皆可食用，籽粒还可榨油，全草皆可入药；野大豆种子含大量油脂和蛋白质，可榨油或直接食用，也可药用，其茎叶也是重要的饲草来源[10]。这两类植物都是史前考古遗址中常见的野生植物资源，其在后杨官庄遗址的发现表明，当时聚落先民可能也注意采集这类植物来食用或他用。

葡萄属、桃核及其他蔷薇科果核的发现表明，后杨官庄的龙山先民在日常生活中也会从聚落周围采食时令性的水果作为食物的调剂补充。而结合龙山文化时期两城镇遗址的发现，我们推测先民除了采食其果实，也可能会尝试将葡萄属等的果实用来酿制果酒或其他饮品[11]，当然，这还需要进一步做一些相关的残留物分析来验证。

以上分析表明，龙山文化时期利用聚落周围野生植物资源丰富的便利条件，采集经济活动在后杨官庄先民的生计中可能仍占有一定地位。

三、结　语

通过对后杨官庄遗址H18水洗样品的鉴定分析，我们可以初步得出以下三点认识：首先，单从该灰坑的鉴定结果可以看出，H18应该是一个典型的日常生活垃圾堆积坑，也正因为如此，我们可以窥探遗址当时的部分生业经济图景；其次，根据发现的粟、黍、稻等农作物和杂草类植物遗存，我们认为该聚落在龙山文化时期形成了稻旱混作的农业种植格局，且农业在这一时期达到了较高的水平；第三，结合藜属、紫苏属、葡萄属、蔷薇科等野生植物种子和果核的发现，我们认为采集经济活动可能仍是当时重要的生业补充。

但同时，我们也意识到，仅靠一个典型灰坑遗迹的植物遗存情况分析当时的生业经济等问题明显会有失偏颇，因此，在这里我们只是给出了一种可能性的推测。至于龙山文化时期该聚落生业经济的具体情况，还需要结合动物遗存、生产工具及其他文化遗存进行综合分析讨论。

注　释

［1］　山东省文物考古研究所：《山东苍山后杨官庄遗址2010年考古发掘成果》，《中国文物报》2010年8月13日第四版。

［2］　本文的出土密度是指每克炭屑（>1毫米炭屑）中包含的种子数量，即每类种子的出土密度是由该类种子的总数除以大于1毫米炭屑总重得出，参考刘长江、靳桂云、孔昭宸：《植物考古——种子和果实研究》，科学出版社，2008年，30～32页。

［3］　赵志军、张居中：《贾湖遗址2001年度浮选结果分析报告》，《考古》2009年8期，83～93页。

［4］　刘长江、靳桂云、孔昭宸：《植物考古——种子和果实研究》，科学出版社，2008年，163～179页；王海玉、刘延常、靳桂云：《山东省临沭县东盘遗址2009年度炭化植物遗存分析》，《东方考古》第8集，科学出版社，2011年，357～371页。

［5］　赵志军：《海岱地区南部新石器时代晚期的稻旱混作农业经济》，《东方考古》第3集，科学出版社，2006年，253~257页。

［6］　强胜：《杂草学》，中国农业出版社，2003年。

［7］　同［1］。

［8］　Smith B D, Yarnell R A. 2009. Initial formation of an indigenous crop complex in Eastern North America at 3800B.P. *PNAS*, 106：6561～6566.

［9］　Lee G A, Crawford G W, Li L, et al.. 2007. Plants and people from the Early Neolithic to Shang periods in North China. *PNAS*, 104：1087～1092.

［10］　山东经济植物编写组：《山东经济植物》，山东人民出版社，1978年。

［11］　麦戈文、方辉等：《山东日照市两城镇遗址龙山文化酒遗存的化学分析——兼谈酒在史前时期的文化意义》，《考古》2005年3期，73～85页。

山东乐陵尹家岳石文化遗址植物考古报告[*]

郑晓蕖[1]　朱　超[3]　王海玉[2]　徐倩倩[3]
（1. 山东大学考古系；2. 山东省石刻艺术博物馆；3. 山东省文物考古研究所）

尹家遗址位于山东省乐陵市郑店镇尹家村与张保山村之间，南北长约290米，东西宽约60米，遗址总面积约17400平方米。遗址中部偏北有一条东西向道路穿过，将遗址分成南北两个部分。

为配合京沪二线高速公路（济乐段）建设工程，山东省文物考古研究所于2012年4~5月对该遗址进行了考古发掘，发掘面积500余平方米。从发掘情况来看，尹家遗址的文化内涵以岳石文化为主，发现了岳石文化层堆积及灰坑、沟等遗迹，出土了陶器、石器和大量动物骨骼；另有个别战国灰坑及部分汉代墓葬，出土了少量陶器和青铜器[1]。

笔者有幸参加了本次考古发掘工作，受发掘单位委托，对发现的岳石文化遗存进行了植物考古采样，包括浮选土样和植硅体土样，并分别进行了相关分析。本文报告的即为这次发掘工作中植物考古学的研究成果。

一、大植物遗存的初步鉴定

（一）采样与浮选

本次发掘共采集浮选土样19份，分别取自10个岳石文化灰坑，数量共计290升。土样的浮选工作在山东省文物考古研究所用水波浮选仪[2]进行，收取轻浮部分使用规格为80目（筛孔径为0.2毫米）的分样筛。浮选样品阴干后送至山东大学植物考古实验室，用常规方法进行了分类和植物种属鉴定[3]。

* 本研究得到国家自然科学基金（41072135）、国家社科基金重点项目（11AZD116）共同资助。

（二）浮选结果及炭化植物遗存鉴定

通过实验室整理和分类，尹家遗址浮选样品中发现的炭化植物遗存可以分为炭屑和植物种子（果实）两大类。其中种子（果实）类又可细分为农作物、非农作物，另有部分植物遗存不可鉴定。浮选结果主要是对炭化植物遗存出土数量和出土概率进行了百分比统计。

1. 炭屑

尹家遗址发现的炭化木屑大多数比较细碎，我们的工作首先是凭肉眼进行识别。实验室的工作是将遗址出土的大于1毫米的炭屑进行了称重和记录。

尹家遗址出土大于1毫米的炭屑总重为0.626克，平均每升土样所含的炭化木屑仅为0.002克，此结果与其他同时期遗址如山东烟台庙后遗址相比相当小[4]。样品所含炭屑重量差别不大，最小的一份电子秤上无法显示重量，最大的一份也仅有0.076克。由于木炭鉴定需要更为专业的解剖学知识，因此对于其中残留体积较大的炭屑，我们送交相关专家进行种属鉴定。

2. 植物种子（果实）

尹家遗址19份浮选样品中有18份发现了炭化植物种子，共计694粒。其中属于农作物的种子有158粒，占植物种子总数的22.8%，以粟最多，其次是黍。非农作物种子有377粒，占植物种子总数的54.3%，主要为豆科植物、藜科植物和黍亚科黍属。其余159粒为特征不明显的或者由于炭化过甚而失去特征部位的植物种子，难以进行鉴定。

参照相关种子果实图谱[5]和实验室现代植物种子标本，各类种子出土数量和出土概率的统计如下（表一）。

表一　尹家遗址岳石文化时期出土植物种子果实统计表

植物种子（果实）		绝对出土数量（粒）	占种子总数百分比（%）	占农作物百分比（%）	占非农作物百分比（%）	占有样品总数量（%）	出土概率（%）
农作物类	粟（发育成熟）	85	12.25	53.80	—	12	63.20
	粟（未发育好）	16	2.31	10.10	—	1	5.30
	黍	40	5.76	25.30	—	9	47.40
	水稻	10	1.44	6.30	—	6	31.60
非农作物类	大豆	7	1.00	4.40	—	6	31.60
	野大豆	7	1.00	—	1.30	3	15.80

续表

植物种子（果实）		绝对出土数量（粒）	占种子总数百分比（%）	占农作物百分比（%）	占非农作物百分比（%）	占有样品总数量（%）	出土概率（%）
非农作物类	藜科	106	15.27	—	19.80	12	63.20
	马齿苋属	18	2.59	—	3.40	6	31.60
	黍亚科	61	8.80	—	11.40	11	57.90
	黍亚科马唐属	10	1.44	—	1.70	3	15.80
	黍属	7	1.00	—	1.30	2	10.50
	锦葵科	1	0.14	—	0.19	1	5.30
	大戟科	2	0.29	—	0.37	2	10.50
	禾本科（牛筋草）	1	0.14	—	0.19	1	5.30
	豆科（草木犀）	149	21.47	—	27.80	10	52.60
	茄科	1	0.14	—	0.19	1	5.30
	十字花科	7	1.00	—	1.30	2	10.50
	唇形科	1	0.14	—	0.19	1	5.30
	苋科	1	0.14	—	0.19	1	5.30
	酸浆属	1	0.14	—	0.19	1	5.30
	紫苏属	2	0.29	—	0.37	1	5.30
	蔷薇科（翻白草）	1	0.14	—	0.19	1	5.30
	玄参科（地黄）	1	0.14	—	0.19	1	5.30
	种属不明	159					

由表一可以看出，属于农作物的植物种子有粟（*Setaria italica*）、黍（*Panicum miliaceum*）、稻（*Oryza sativa* L.）三种。非农作物包括野大豆（*Glycine soja*）、大豆（*Glycine max*）、豆科（Leguminosae）、藜科（Chenopodiaceae）、黍亚科（Panicoideae）、马齿苋属（*Portulaca*）、黍属（*Panicum*）、锦葵科（Malvaceae）、大戟科（Euphorbiaceae）、禾本科牛筋草（*Eleusine indica*）、茄科（Solanaceae）、十字花科（Brassicaceae）、唇形科（Lamiaceae）、苋科（Amaranthaceae）、酸浆属（*Physalis*）、紫苏属（*Perilla*）、蔷薇科翻白草（*Potentilla discodor*）、玄参科地黄（*Rehmannia glutinosa* Libosch.）等可利用的野生植物。

（1）农作物

粟（*Setaria italica*）：粟为一年生旱生草本植物，禾本科黍族狗尾草属。在我国北方称为谷子，脱壳籽粒称为小米，南方则统称为小米。粟生育期短，适应性广，耐干旱，耐瘠薄，籽粒耐存储，是我国北方地区的重要食粮。尹家遗址共发现炭化粟101粒，是农作物中出土数量最丰富，出土概率最高的一种。其中发育完全的有85粒（其中H17出土数量最多，有41粒），占出土种子总数的12.25%，占农作物种子总数的53.8%，出土概率高达63.2%；未发育成熟的16粒，占出土种子总数的2.31%，占农作物种子总数的10.1%，出土概率为5.3%。尹家遗址的炭化粟大多是圆形或椭圆形，少数较瘦，大多数长度大于宽度，长1.1～1.6毫米，宽1～1.5毫米，厚0.7～1.2毫米。

黍（*Panicum miliaceum*）：黍为一年生草本植物，为禾本科黍属的一个栽培种，一年生草本植物。黍具有早熟性、抗寒性和耐热性，在自然条件恶劣地区常作为备荒救灾作物。黍在我国的主产区为内蒙古、陕西等干旱、半干旱地区，这些地区年降水量变化大，春旱频繁，黍较其他作物适应性强，所以在上述地区的粮食生产中占有重要的地位。尹家遗址发现40粒，占出土种子总数的5.76%，占农作物种子总数的25.3%，出土概率高达47.4%，在农作物中出土数量仅次于粟。其形状近圆球状，稍扁，胚区成"U"形，占种子长度的1/3左右。这次发现的黍多有炭化爆裂的现象，并不完整。黍的粒型比粟较大，但也有少数大小与粟相近，应为发育不完全的黍。

水稻（*Oryza sativa* L.）：水稻属于禾本科稻属，是一年生湿性植物。现在学界一般认为有两个栽培稻种，即非洲栽培稻和亚洲栽培稻。中国稻作历史悠久，地域分布辽阔，类型丰富。普通栽培稻分有籼稻和粳稻两种，学者多认为中国南方种植的是籼稻，北方种植的粳稻，中部淮河流域是籼粳交错地带。二者的主要区别之一表现在稻粒的形态上，现代籼稻的稻粒长、宽比值一般大于2，而粳稻稻粒的长、宽比值一般为1.6～2.3[6]。尹家遗址出土水稻计10粒，占出土种子总数的1.44%，占农作物种子总数的6.3%，出土概率也有31.6%。其中3粒是残粒，4粒略残，仅有3粒是完整的。完整水稻的长度在4.05～4.69毫米，宽度在1.93～2.08毫米。长、宽比值分别为1.95、2.3和1.97，初步推测其类型更接近于粳稻。

（2）非农作物类

非农作物类主要指杂草类。尹家遗址出土的杂草种子以豆科最多，共有149粒，占种子总数的21.47%，杂草类种子的27.8%，其出土概率也较高，为52.6%。藜科种子数量共106粒，较豆科略少，但出土概率却是所有种子内最高的，为63.2%。其次，黍亚科的种子也有较多的数量和较高的出土概率，分别为61%和57.9%，其中马唐属较多。

大豆（*Glycine max*）：大豆为豆科（Leguminosae）。大豆属一年生草本植物，别名和颜色都有很多类型。大豆种子富含蛋白质和油分，可供食用和做饲料，是人类植物蛋白的重要来源。经初步鉴定，尹家遗址出土大豆（包括野大豆）14粒，占出土种子总数的2%，占农作物种子总数的8.8%，出土概率为23.7%。

豆科（Fabaceae）：豆科为种子植物的第三大科，广布于全世界，用途之大不亚于禾本科。豆科植物为重要的粮食作物，是植物性蛋白质和油料的重要来源。许多种类可作为饲料、药用、绿肥等多种用途，经济价值极高。尹家遗址出土的豆科种子多为草木犀属（*Melilotus* sp.）。草木犀属具有很强的生活力和适应性，能耐旱、耐寒、耐瘠薄、耐盐碱等。尹家遗址的豆科植物遗存多数保存较为完整，呈椭圆形。

藜科（Chenopodiaceae）：多为一年生草本，少数为半灌木或灌木，多生于温寒带的滨海或多盐地区。藜科用途广泛，藜的茎、叶和种子可入药，嫩叶可食。尹家遗址出土的藜科种子多达106粒，出土概率在种子中最高，高达63.2%。

黍亚科（Panicoideae）：黍亚科为暖季型草，一般分布于温度较高的热带和亚热带地区，但其亚科的部分植物也适应了温带气候。就山东地区的遗址浮选情况看，黍亚科是龙山文化以来比较常见的杂草类型。尹家遗址的黍亚科植物种子主要包括了狗尾草属、黍属和马唐属，都有一定的数量且出土概率较高。因粟和黍都属于黍亚科，其伴生杂草自然也以黍亚科品种为多。这些黍亚科植物种子进入遗址最可能的途径是混杂在已收获的农作物中被带入。而在加工过程中，有大量的未成熟的粟遗留在加工谷物的副产品堆积中[7]，那么有没有可能在这些被鉴定为黍亚科的杂草种子中有一部分是没有成熟的粟或者黍呢？这值得我们进一步探讨。

马齿苋属（*Portulaca* L.）：在我国各省均有分布，是常见的野蔬，供食用或动物饲料。马齿苋属的再生能力强，几乎可以在任何土壤中生长。尹家遗址发现马齿苋属种子18粒，保存都较完整，种子呈偏斜球型，表面有细密的颗粒状突起。

尹家遗址出土的杂草类种子，除了以上的四种，还有锦葵科、大戟科、禾本科牛筋草、茄科、唇形科、十字花科、苋科、酸浆属、紫苏属、蔷薇科翻白草和玄参科地黄。出土情况如表二。

表二　尹家遗址非农作物种子（果实）统计表

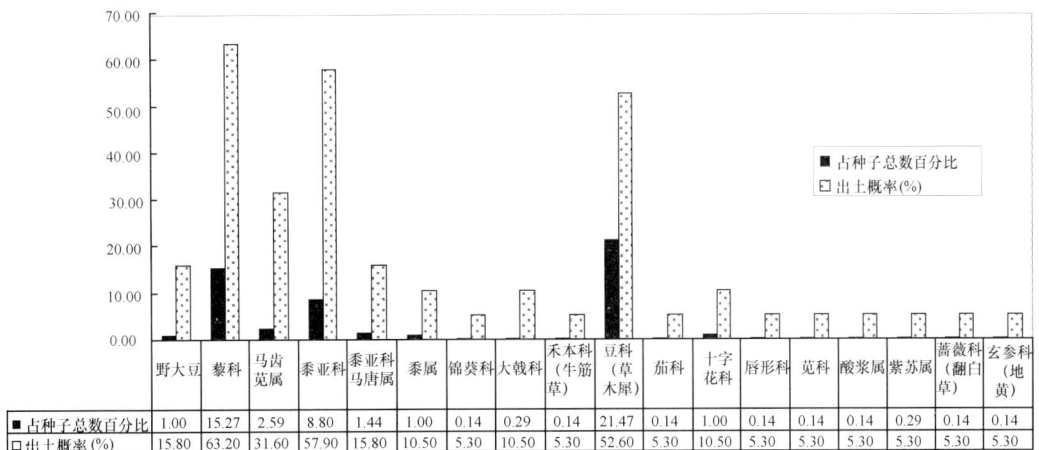

	野大豆	藜科	马齿苋属	黍亚科马唐属	黍亚科马唐属	黍属	锦葵科	大戟科	禾本科（牛筋草）	豆科（草木犀）	茄科	十字花科	唇形科	苋科	酸浆属	紫苏属	蔷薇科（翻白草）	玄参科（地黄）
■ 占种子总数百分比	1.00	15.27	2.59	8.80	1.44	1.00	0.14	0.29	0.14	21.47	0.14	1.00	0.14	0.14	0.14	0.29	0.14	0.14
□ 出土概率(%)	15.80	63.20	31.60	57.90	15.80	10.50	5.30	10.50	5.30	52.60	5.30	10.50	5.30	5.30	5.30	5.30	5.30	5.30

（三）分析和讨论

1. 聚落农业发展状况分析

（1）聚落农作物结构

尹家遗址的农作物目前判断为人工栽培的主要有粟、黍、水稻三种，其中粟无论在出土的绝对数量还是出土概率上都占有绝对的优势，这与山东地区其他岳石时期遗址[8]的浮选结果相同（如桐林、马安、照格庄、彭家庄）。黍的数量仅次于粟，出土的绝对数量为40粒，出土概率为47.4%。也在农业作物中占有很大的比例。水稻出土了10粒，出土概率为31.6%（表三）。

表三　尹家遗址农作物种子（果实）统计表

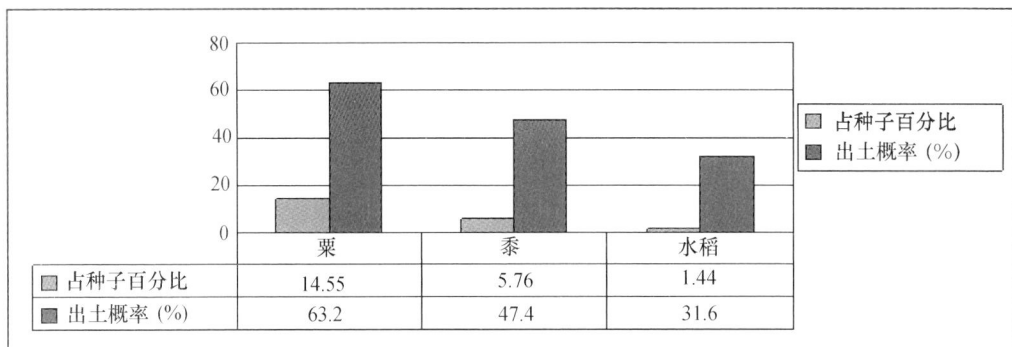

	粟	黍	水稻
占种子百分比	14.55	5.76	1.44
出土概率（%）	63.2	47.4	31.6

由此可推测，尹家遗址仍以北方旱作农业为主，水稻的发现和一定的出土概率并不能说明水稻的种植也较为普遍，仍需要更多的工作来验证。

最近有学者的研究成果表明，1克粟的颗粒数平均是黍的2.26倍[9]。在尹家遗址中，粟有85粒，黍有40粒，从产量来说应该是相近的。但是因受保存条件和各类种子自身特点的影响，并不是每类种子都能很好地以炭化形态保留下来，因此绝对数量不能作为衡量的唯一标准，我们还应采用出土概率作为另一指标来进行分析[10]。在尹家遗址，黍的出土概率为47.4%，粟的出土概率为63.2%，出土概率的差距并不大。到底是黍是主要的农作物还是粟是主要的农作物？在同期遗址中，照格庄遗址和彭家庄遗址是以粟为主[11]；庙后遗址的浮选结果和植硅体结果则显示，黍是主要的农作物[12]。同时，在龙山时代伊洛河流域的发现也说明，可能气候比较温暖湿润的时候以种植粟为主，但黍也一直存在，而一旦气候转向干冷，黍就可能代替粟成为主要作物[13]。而岳石文化正处于中全新世气候趋于干冷的时期[14]，那在尹家遗址中，有没有可能黍是作为主要的粮食作物呢？

尹家遗址的大豆（不包括直接鉴定为野大豆的种子）仅有7粒，但出土概率还是较高的，为31.6%。大豆保存情况较为良好，均较完整，呈椭圆形，但少数有内容物外流的情况。尹家大豆的粒型普遍较小，大多数是长度在2.12～3.54、宽度在1.76～2.76、厚度在2毫米以下的小粒型。明显比现代栽培大豆的尺寸小很多，甚至明显小于现代野生大豆[15]。在同属岳石文化的照格庄遗址，被鉴定为是栽培大豆的豆类遗存的尺寸为长4.74、宽3.64毫米[16]。尹家的大豆也明显小于这个尺寸，根据这些数据，我们推测尹家遗址的大豆为野生大豆。但是在龙山文化时期的茌平教场铺遗址中[17]，已经有大豆的出现，而且在岳石文化时期的其他遗址中[18]，也有疑似栽培大豆的出现，这或可说明，在岳石文化时期山东地区的居民已经将大豆属植物作为一种重要的食物资源。尹家遗址中大量的豆科植物炭化遗存的出现，可能反映了当时的豆科植物的利用是以采集食物的方式进行的。

研究表明，岳石文化时期的农作物种类已经十分丰富，包括粟、黍、稻、小麦、大豆和大麦六种作物[19]。岳石文化时期我国北方的气候发生了变化，降水明显减少，气温降低，原来龙山文化时期能种植水稻的地区到岳石文化时期不再具备种植水稻的环境和气候条件，所以，这时的稻作农业已经走向衰落，替代其兴起的是小麦的种植。在牟平照格庄[20]和章丘马安遗址[21]都有小麦和大麦的出现，水稻的出现则较少。而在尹家遗址，水稻出土了10粒，且出土概率为31.6%，并没有发现小麦。分析其原因，可能与尹家遗址所处位置的小环境有关，此地为黄河流经区域，降水也较为丰富，为稻作农业的水源提供了保障。鉴于在与尹家遗址较近的茌平教场铺遗址的龙山文化的灰坑中也发现了小麦[22]，所以尹家遗址不能完全排除存在小麦的可能性，来自发掘区域和采样地点的局限或许是其原因。

山东地区其他岳石文化时期遗址[23]浮选结果显示，这一时期农作物的出土量占76.9%，相比非农作物占有绝对的优势。而尹家遗址，农作物种子仅占种子总数的22.8%，与以往的研究成果形成较大的反差。究其原因，一是这次遗址发掘的区域并非当时主要生活区；二是也有受发掘区面积的限制而造成了人为方面的误差。

（2）杂草反映的农业发展问题

在尹家遗址中，杂草种子的种类较多，占比例较大的为豆科、藜科、黍亚科和马齿苋属。黍亚科的狗尾草属和马唐属、藜科、马齿苋属，皆为常见的田间杂草。杂草是伴随着人类的出现而形成的、依附于人类生产和生活而存在的一类特殊植物[24]，其进入遗址途径的最大可能性是伴随着被收获的农作物进入人类居住地的[25]。而在遗址中出土的大量的藜科、豆科和黍亚科等杂草种子则说明，在岳石文化时期的尹家遗址，农业活动已较为普遍，种植业已较发达。

除此之外，藜科的嫩叶、豆科的种子，都可作为人类的食物来源，因此也有人类采集此类杂草作为辅助食物的可能性。我们推测，在岳石文化时期，人类的生业方式主要以种植业为主，同时也有一定的采集经济作为辅助。在其他岳石时期遗址的研究中，对石刀等农具的研究也支持了此看法[26]。

2. 其他的植物利用方式分析

尹家遗址中发现了较多的豆科草木犀属的炭化种子，保存都较为完整，而且无论是占种子总数的百分比和出土概率都明显高于其他种属。推测其用途，一则是可能为田间杂草，二则可能为喂养牲畜的饲料。根据泗水尹家城的考古报告显示，岳石文化的家畜饲养业十分发达。在尹家城遗址中，山东龙山文化时期，家畜类的骨骼占全部动物骨骼的40%左右，而岳石文化时期则超过了60%，尤其是以粮食为主要食物的猪、狗的增长幅度尤为显著[27]。所以笔者推测，尹家的大量草木犀属种子可能是作为动物饲料而保存下来。

在尹家遗址中，还有2粒紫苏属的炭化种子和1粒禾本科牛筋草的炭化遗存。牛筋草、紫苏属和豆科植物都可作为油料存在，说明尹家人可能已经对这些植物的利用有了一定的认识。

值得一提的是，在尹家遗址中发现了疑似蔷薇科翻白草和玄参科地黄。翻白草主产于山东、辽宁和安徽，可用于治疗腹痛和痢疾等常见病。而地黄为玄参科多年生草本植物，亦为常见的传统中药。这是否说明尹家人已经对中草药的利用有了一定的认识，还需要其他遗址进一步证明。

二、植硅体结果初步分析

（一）采样及方法

植硅体分析土样14份，全部来自于岳石文化时期的灰坑，植硅体的分析鉴定在山东大学植物考古实验室完成。

植硅体分析采用常规方法[28]：

①取干碎样品（1克左右）放入10毫升试管中；

②把烧杯放入烘箱，加温到50～70℃，取出放入通风柜，加入3～4毫升浓度为30%的双氧水，分散黏土颗粒和氧化有机质；

③加入稀盐酸（10%），加热（0.5小时左右）；

④用超纯水清洗，离心机离心，反复5～7次，将盐酸洗净；

⑤用比重2.3～2.4的重液（HI+KI+Zn）将植硅体浮出，再用超纯水清洗，重复5次，将重液洗净；

⑥用中性树胶制片，在显微镜下观察，统计。

（二）植硅体分析结果

表四 尹家城遗址植硅体分析统计表

序号	样品编号	植硅体特点	基本组合
1	H5（1）	植硅体较多，炭屑、杂质极少	扇型、哑铃型、平滑棒型、刺状棒型、方型、导管型、尖型、多铃型；农作物植硅体包括粟和黍稃壳，黍较为丰富，粟较少，并且有少量的水稻扇型、水稻哑铃型和稻壳突起，推测灰坑可能曾与水稻加工有关
2	H5（2）	植硅体较多，炭屑极少，杂质较多	扇型、芦苇扇型、哑铃型、平滑棒型、刺状棒型、方型；农作物植硅体包括粟和黍稃壳，且存在水稻哑铃型和稻壳突起
3	H6（2）	植硅体有一定数量，炭屑较少	扇型、芦苇扇型、平滑棒型、哑铃型、刺状棒型、方型、长方型、尖型、导管型；农作物植硅体包括粟和黍的稃壳，黍稃壳的数量大于粟，且存在水稻哑铃型和稻壳突起
4	H7	植硅体有一定数量，炭屑较少	扇型、芦苇扇型、平滑棒型、哑铃型、刺状棒型、板状棒型、方型、尖型、导管型；农作物植硅体以粟、黍稃壳为主，出现了水稻哑铃型植硅体
5	H7①	炭屑较多，植硅体较少	平滑棒型、扇型较多，还存在哑铃型、方型等；农作物植硅体包括粟和黍的稃壳，黍的含量较多
6	H7②	植硅体较为丰富，炭屑较少，杂质较多	扇型、芦苇扇型、平滑棒型、哑铃型、刺状棒型、板状棒型、方型、尖型、导管型；其中芦苇扇型较多，可能是人们利用野生芦苇的遗留；农作物植硅体包括粟和黍的稃壳，且数量较多，也发现了水稻扇型和水稻哑铃型
7	H8	植硅体较多，炭屑较少，暗褐色杂质较多	扇型、芦苇扇型、平滑棒型、哑铃型、刺状棒型、板状棒型、方型、尖型、导管型；农作物植硅体以粟和黍稃型为主，且也存在水稻哑铃型植硅体
8	H15（1）	植硅体较多，炭屑、杂质也较多	扇型、哑铃型、平滑棒型、方型、尖型等；芦苇扇型相比其他灰坑较多，农作物植硅体包括粟和黍的稃壳，并且发现了稻壳突起
9	H15（2）	植硅体极少，炭屑极多	扇型、平滑棒型、方型、长方型

续表

序号	样品编号	植硅体特点	基本组合
10	H16（1）	植硅体较多，炭屑较多，杂质较少	扇型、哑铃型、平滑棒型、方型、导管型、尖型、多铃型，其中哑铃型和平滑棒型植硅体数量最多；农作物植硅体包括粟和黍的稃壳
11	H16（2）	植硅体较丰富，炭屑较少	扇型、芦苇扇型、平滑棒型、哑铃型、刺状棒型、板状棒型、方型、尖型、导管型；其中芦苇扇型较多；农作物植硅体包括粟和黍的稃壳，且数量较多，且存在着数量较多的水稻扇型、哑铃型和稻壳突起，推测灰坑可能与水稻加工有关
12	H17②（2）	植硅体有一定的数量，炭屑较多	扇型、芦苇扇型、哑铃型、平滑棒型、刺状棒型、方型、长方型、尖型、导管型；农作物植硅体出现了粟和黍的稃壳，但数量较少，且出现了水稻扇型和稻壳突起以及水稻哑铃型
13	H18②（1）	植硅体、炭屑都较少，杂质较多	扇型、芦苇扇型、哑铃型、平滑棒型、刺状棒型等；农作物植硅体出现了粟和黍的稃壳，但数量较少，且出现了水稻扇型和稻壳突起
14	H18②（2）	植硅体、炭屑都较少，杂质较多	扇型、芦苇扇型、哑铃型、平滑棒型、刺状棒型等；农作物植硅体以粟、黍稃壳为主，出现了水稻哑铃型植硅体

如表四显示，尹家遗址全部土样中都有一定数量的植硅体，植硅体类型差别也较小，但是植硅体各类型所占比例和组合都有差异。

目前植硅体形态鉴定，主要是采用与公开发表的文献进行对比的方法。对农作物植硅体的鉴定，我们根据目前发表的文献有较为明确的鉴定标准，其中对水稻的鉴定主要依赖于由叶片的泡状细胞所产生的典型的扇型和由于短细胞硅酸体的特殊排列方式而产生的横排哑铃型[29]；对粟和黍的鉴定则依据张健平博士[30]的研究，将粟和黍稃壳分为 η 型和 Ω 型，其中黍为 η 型，粟为 Ω 型。

由以上标准判断，尹家遗址土壤中基本的植硅体组合包括扇型、芦苇扇型、平滑棒型、哑铃型、刺状棒型、板状棒型、方型、尖型、导管型、竹节型、水稻扇型、水稻哑铃型、水稻的稻壳突起，粟稃壳、黍稃壳及一些我们目前不可鉴定的植硅体类型。

（三）分析和讨论

在取样的14份样品8个遗迹当中，每份都包含有一定数量的植硅体，其中植硅体含量较多的有10份样品，占样品总数的66.7%。除一份植硅体数量极少且几乎不存在任何农作物植硅体，其他每份样品中都发现了农作物的植硅体。这说明尹家遗址所处地区应该有丰富的人类活动。农作物植硅体主要以粟和黍的稃壳为主，且有水稻植硅体的发现。在尹家遗址中，除一份样品外，其余样品均发现了黍和粟稃壳植硅体，出现的概率高达93.3%。而且，黍稃壳植硅体的数量远远大于粟稃壳的数量。根据研究[31]，发现就产量而言，应以植硅体数量为参考标准才更为准确。这就说明，在尹家遗址中，可能存在着黍的产量要多于粟的情况，这与根据浮选结果得出的推测也正可对应。

在14份样品中，有12份样品发现了水稻扇型、水稻哑铃型或稻壳突起，其中发现水稻扇型的就有4份，根据对大遗存的研究，共发现了10粒炭化水稻（包括残粒），出土概率为33.3%；而在植硅体的分析结果中，水稻出现的概率则达到了85.7%，说明当时虽然处于气候相对较为干冷的阶段，但是由于丰富的水源，尹家人对水稻的利用还是相当普遍。

植硅体遗存中，除了农作物之外，还存在着野生植物，例如芦苇。在14份样品中，仅两份未发现芦苇扇型，出现的概率高达85.7%。芦苇在日常生活中有很多种用途，包括作为燃料、编织材料、房屋或者畜圈的铺垫材料等[32]，芦苇扇型植硅体的多次出现，说明了当时人对芦苇利用频繁。

在无法鉴定科、属的植硅体中，以平滑棒型和哑铃型数量最多，方型也较多见。

三、结　语

浮选和植硅体分析结果显示，尹家遗址的炭化植物遗存的农作物结构反映的仍是以黍、粟为主要粮食作物的旱作农业经济，而水稻的出土暗示，这一区域水稻的种植在岳石文化时期仍然存在。对于尹家遗址农作物所占比例远远小于杂草类的原因，则可能由于采样灰坑并非包含生活垃圾丰富的灰坑并多为晚期墓葬所破坏以及采样数量较少等原因所致。因此，要更加深入地探讨本地区岳石文化时期的生业经济问题，还需要做更多考古工作。

注　释

[1]　资料现存山东省文物考古研究所。

[2]　赵志军：《植物考古学的田野工作方法——浮选法》，《考古》2004年3期。

[3]　刘长江、靳桂云、孔昭宸：《植物考古——种子和果实研究》，科学出版社，2008年。

[4]　靳桂云、王传明、赵敏等：《山东烟台庙后遗址植物考古研究》，《东方考古》第6集，科学出版社，2009年。

[5]　同［ 3 ］；关广清、张玉茹、孙国友等：《杂草种子图鉴》，科学出版社，2000年。

［6］ 靳桂云、赵敏、王传明等：《山东烟台照格庄岳石文化遗址炭化植物遗存研究》，《东方考古》第6集，科学出版社，2009年。

［7］ 宋吉香：《山东桐林遗址出土植物遗存分析》，中国社会科学院研究生院硕士研究生学位论文，2007年。

［8］ 同［6］；陈雪香、郭俊峰：《山东章丘马安遗址2008年浮选植物遗存分析》，《东方考古》第5集，科学出版社，2008年。

［9］ 张健平、吕厚远、吴乃琴等：《关中盆地6000～2100cal.aB. P.期间黍、粟农业的植硅体证据》，《第四纪研究》2010年2期。

［10］ 吴文婉、郝导华、靳桂云：《济南彭家庄遗址浮选结果初步分析》，《东方考古》第7集，科学出版社，2010年。

［11］ 同［6］。

［12］ 同［4］。

［13］ 同［3］。

［14］ 陈雪香：《岳石文化农业初探》，《东方考古》第9集，科学出版社，2012年。

［15］ 根据赵志军先生对在安徽采集的现生野大豆的测量结果，豆粒的长和宽平均值分别是3.89毫米和3.04毫米。

［16］ 同［6］。

［17］ 赵志军：《两城镇与教场铺龙山时代农业生产特点的对比分析》，《东方考古》第1集，科学出版社，2004年。

［18］ 同［6］。

［19］ 同［14］。

［20］ 同［6］。

［21］ 同［8］陈雪香等文。

［22］ 同［17］。

［23］ 同［14］。

［24］ 同［8］陈雪香等文。

［25］ 同［17］。

［26］ 同［14］。

［27］ 卢浩泉、周才武：《山东泗水县尹家城遗址出土动、植物标本鉴定报告》，《泗水尹家城》，文物出版社，1990年。

［28］ 王永吉、吕厚远：《植硅体研究及应用》，海洋出版社，1993年。

［29］ 靳桂云：《中国北方史前遗址稻作遗存的植物硅酸体判别标准》，《文物保护与考古科学》2002年1期。

［30］ 同［9］。

［31］ 同［9］。

［32］ 同［4］。

章丘城子崖周边区域考古调查报告*
（第一阶段）

山东省文物考古研究所

一、区 域 概 况

城子崖及周边区域聚落形态研究是"中华文明探源工程"第三阶段子课题之一，本项调查即为该课题的第一阶段工作。

我们将城子崖周边区域的范围设定为齐鲁腹地济南市东部地区，其北临黄河，南部、东部分别依靠泰沂山区北麓及长白山西麓，行政区划包括章丘市和济南市历城区。本次调查范围较小，为城子崖聚落群的核心区域，主要目的是了解城子崖遗址周边聚落的分布状况。

调查区域内地貌以平原为主，南部山前地区为丘陵地带，地势整体南高北低，由南向北梯次倾斜，海拔在33～75米。巨野河纵贯其间，是该区域内主要河流，其两条支流西河、武原河于龙山镇杜张村北交汇流入杜张水库，后又向西北流至鸭旺口汇入小清河。该区域属黄河南部冲积平原地区，地势平坦开阔、河流密集、土地肥沃，为古代人类的繁衍生息提供了良好的自然、地理条件。

二、既往工作及调查缘由

城子崖是中国考古发掘最早的古遗址之一。早在1928年春，中央研究院历史语言研究所的吴金鼎先生在平陵城一带进行古迹调查时发现了该遗址，并于1929年间数次前往调查，认为城子崖灰土层为"龙山文化之最古层"[1]。1930～1931年城子崖遗址

---

* 本项目为中华文明探源工程（四）子课题。

的发掘、龙山文化的确立，使得城子崖及周边地区开始引起学界重点关注[2]。自20世纪30年代开始，伴随着城子崖遗址及周边区域考古工作的陆续展开，取得了丰富的考古学研究成果，形成了后李文化—北辛文化—大汶口文化—龙山文化—岳石文化完整的新石器至早期青铜时代文化序列，可以说该区域是海岱地区史前文化的一个缩影。至本次调查前，该区域内及周边已发现新石器时代至汉代遗址及墓葬100多处，已发掘的遗址及墓葬有城子崖、西河、小荆山、王官、乐盘、邢亭山、宁家埠、王推官庄、董东、焦家、孙家东南、大辛庄、洛庄、女郎山、平陵城、危山等几十处[3]。

几十年的田野工作为该地区考古学研究提供了良好的学术基础，完整的考古学文化序列及丰富的研究成果是我们开展此次调查研究之前提。

城子崖遗址位于调查范围的中心区域，是该区域内面积最大、堆积最丰富的史前遗址。1990～1992年，山东省文物考古研究所对城子崖遗址进行了再次发掘，发现了龙山文化城址，并确认了30年代初发现的城址属于岳石文化。"城"作为文明探源关注的主要因素，对研究中华文明起源及社会结构分化具有重要意义。城子崖遗址地层堆积为研究龙山文化至岳石文化聚落形态、社会结构的延续及演变提供了充分有力的层位依据。故城子崖及周边区域聚落形态研究作为国家"十五""十一五"重点科技项目——"中华文明探源工程"子课题之一加以立项。

三、调查范围

以城子崖遗址为中心，向东、西、南、北各辐射5公里，整体呈正方形（图一）。东北至章丘市党家镇西李村（东经117°24′55″，北纬36°46′37″），西北至济南市历城区董家镇城子村（东经117°18′40″，北纬36°46′28″），西南至济南市历城区孙村镇升官庄村（东经117°18′18″，北纬36°41′18″），东南至章丘市圣井镇毕家坡村（东经117°25′00″，北纬36°41′14″）。

该区域东西、南北跨度各10公里，覆盖面积约100平方公里。区域内的平陵城遗址因已有较为系统的调查、钻探及发掘，故此次调查平陵城内未再重复工作。在实际调查过程中，部分区域最北到达G20青银高速，最南至世纪大道与经十东路之间，接近南部山区北麓，实际调查面积大于100平方公里。

遗址点记录年限上起后李文化，下至唐宋时期。

四、调查方法

本次调查采用全覆盖式的区域系统调查[4]方法。在调查过程中，根据调查区域实

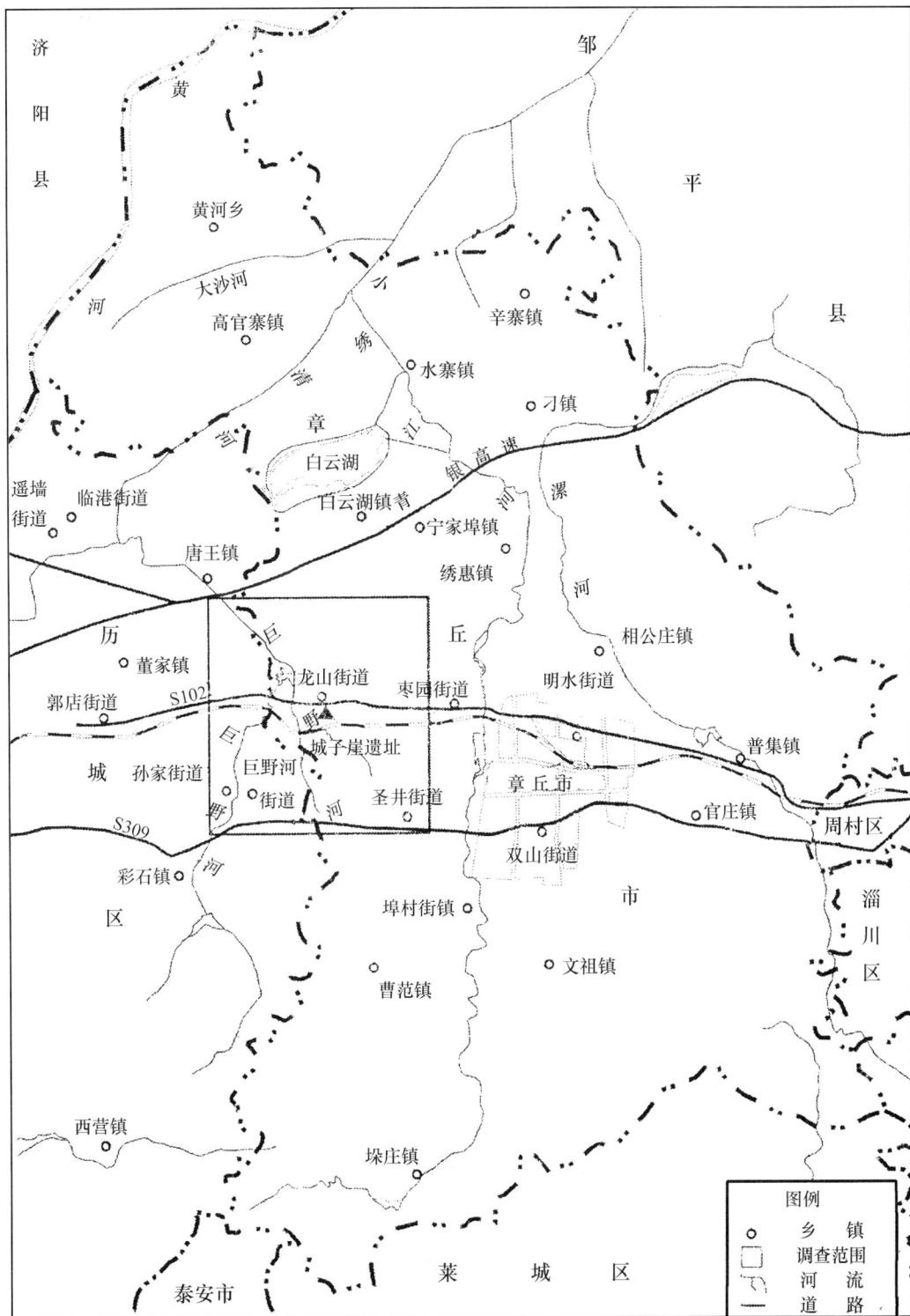

图一 城子崖周边区域调查所处位置示意图

际地理环境情况，具体方式亦有所变通。

实际调查过程中，我们安排调查人员一字排开以间距50米拉网式进行。根据地形、遗物多少程度及人员状况，调查间距有所增减。调查过程中以50米范围内包含5片以上陶片作为一个遗址的基本判定标准，对地表散落陶片较多的区域集中人力进行详细复查，并注意区分因后期人为或自然因素搬运形成的"假遗址"现象，以免造成判断上的失误。调查过程中着重注意对田间陡坡、取土坑断面的观察，对暴露在外的灰坑进行简单清理，根据地层堆积情况及所采集标本判断遗址的文化性质，依据地表陶片等遗物的分布范围对遗址面积进行初步估算。遗物丰富的遗址，标本的采集以对判断遗址性质、年代有典型代表性遗物为准；遗物较少时，对可见陶片尽量全部采回并记录。调查过程中，每处新发现之遗址均辅以详细文字、照片记录，尽可能客观、真实地反映遗址性质及特征。本次调查所发现遗址均采用全球定位仪（GPS）记录坐标位置。在室内资料整理过程中，对所采集标本的时代、文化进行复核，并将遗址的范围、文化类型标注于地形图上。

调查用图采用山东省国土资源厅1998年测绘比例1：10000调绘地形图。调查队由山东省文物考古研究所研究人员、技工、鲁中南考古队技工及山东大学考古系硕士研究生等8~10人组成，队员大多参加过类似性质的田野调查，具备相关经验，且对陶片、石器等遗物均有一定辨识能力。

五、主 要 收 获

（一）文物点发现情况

此次调查工作开展前，我们了解到整个章丘市包括济南市历城区及高新区在全国第三次文物普查中共发现后李文化、北辛文化、大汶口文化、岳石文化、商、西周、东周及汉代时期遗址、墓葬100余处，其中城子崖周边区域100平方公里范围内仅有3处[5]。通过此次考古调查，在这100平方公里范围内共发现并记录遗址（墓地）49处（附表），除已发掘或先前记录在案遗址3处外，新发现遗址、墓地46处。这49处地点，有38处包含两个或两个以上时期的遗存，占总数的77.55%；单一时期的遗址（墓地）10处，占总数的20.41%。

按时代排序，后李文化遗址1处，大汶口文化遗址5处，龙山文化遗址14处，岳石文化遗址8处，商代遗址4处，西周遗址12处，东周遗址35处，汉代遗址或墓地29处，唐宋遗址11处，年代不清墓地1处。各时期遗址（墓地）所占比例见图二。

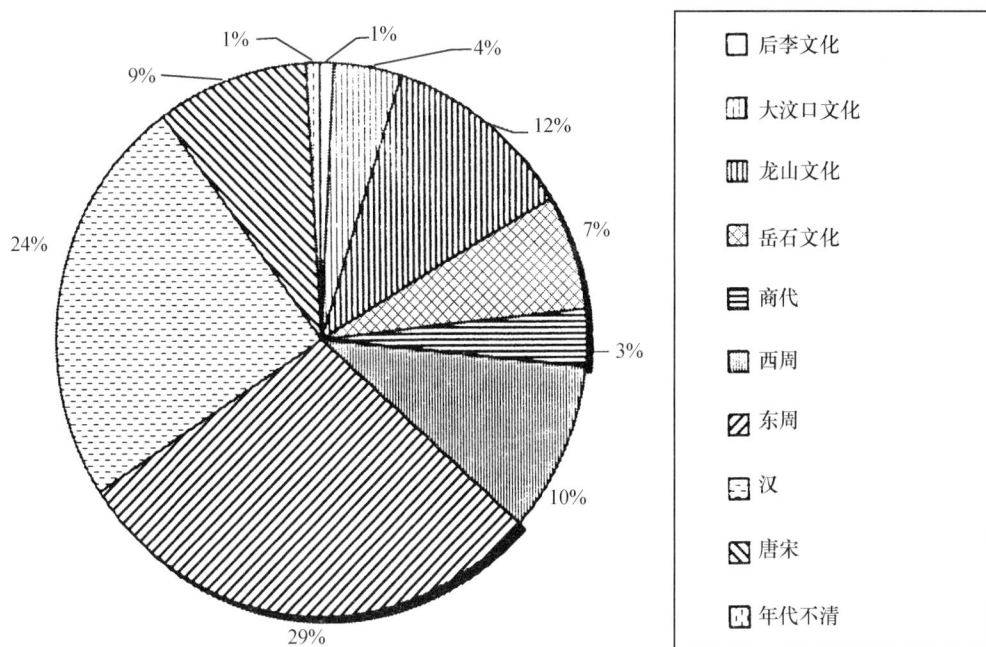

饼图图例：
- □ 后李文化
- ▥ 大汶口文化
- ▦ 龙山文化
- ▧ 岳石文化
- ▤ 商代
- ▥ 西周
- ▨ 东周
- ▥ 汉
- ▧ 唐宋
- ▢ 年代不清

图二　各时期遗址所占比例示意图

（二）遗址（墓地）介绍

下面按照时代分阶段介绍各遗址（墓地）情况。

1. 龙山二村遗址

位于龙山街道办龙山二村西南1公里处，巨野河东岸。中心地势隆起，四周较为平坦。其西部被砖厂取土破坏，南北长300米，东西宽200米。断崖剖面文化层堆积厚1~1.5米，分3层：第1层，耕土层，浅灰褐粉砂土；第2层，黄褐粉砂土；第3层，灰褐粉砂土。剖面可见灰坑，包含有陶片、烧土、兽骨等。陶片有灰陶布纹瓦、红褐陶鼎足、红褐夹砂陶釜口沿及残片、泥质红褐陶片等。

釜口沿　2件。均夹砂红陶。标本：1，口微侈，颈部有附加堆纹，其上压指甲纹。残高6、残宽7.6、壁厚0.8厘米（图三，1）。标本：2，斜壁，叠沿，沿上饰四道凹弦纹。残高3.4、残宽7.2、唇厚1、壁厚0.6厘米（图三，4）。均属后李文化。

鼎足　1件（标本：3）。夹砂红陶。扁凿形足。足外侧中部有一竖凹槽。残高3.4、足底残宽1.8厘米（图三，3）。属大汶口文化。

罐底　1件（标本：4）。泥质灰陶。平底，直腹。腹部有数道凹弦纹。残高4.6、残宽6.2、腹部壁厚1、底厚0.6厘米（图三，2）。属汉代。

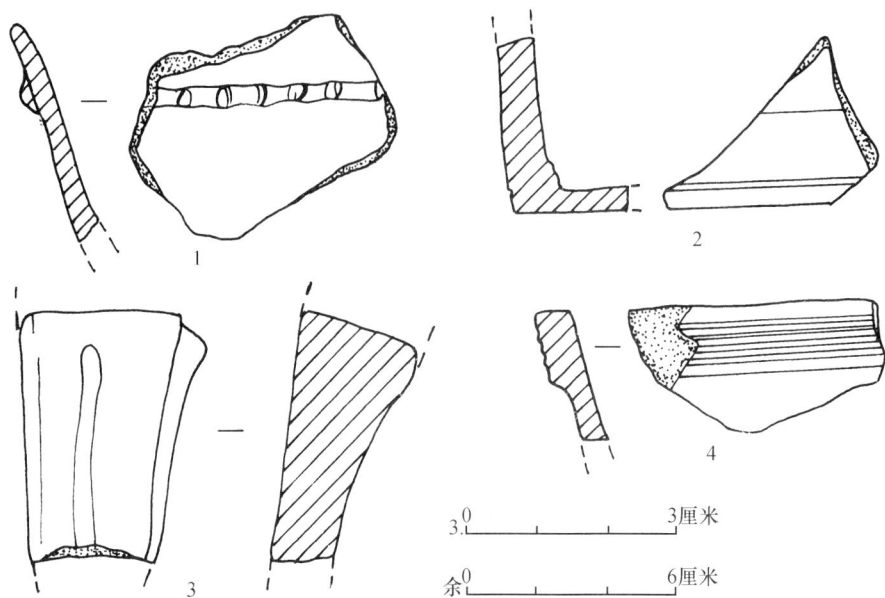

图三　龙山二村遗址标本

1、4.釜口沿（标本：1、标本：2）　2.罐底（标本：4）　3.鼎足（标本：3）

2. 董西遗址

位于章丘市龙山街道办董家西村西南500米处。地势高低起伏，不甚平整，南北长500米，东西宽450米。遗址被几个取土坑破坏，较为严重。从断面观察文化堆积厚度0.6~2米。可分3层：第1层，耕土层；第2层，黄褐色粉砂层；第3层，灰褐色黏土层。此层有许多灰坑，包含大量烧土颗粒、草木灰等。采集标本可辨器形有鬶、壶、盆、缸等。

高柄杯　1件（标本：2）。泥质红陶。束腰，喇叭形圈足。素面。残高5.5、残宽3.3、壁厚0.3厘米（图四，4）。属大汶口文化。

罐底　1件（标本：10）。夹砂红陶。平底，中部较薄。残高2.2、残宽5、壁厚0.7厘米（图四，6）。属大汶口文化。

鼎足　3件。均夹砂陶。标本：5，灰白陶。表面较光滑。圆锥状，足底较尖。残高3.8厘米（图五，3）。属岳石文化。标本：6，红陶。乳突形。残宽6、壁厚0.5、足残高2.1厘米（图五，2）。标本：9，红陶。扁凿形足，足外侧中部有一竖凹槽。足残高4.7、上部残宽3.1、足底残宽1.7厘米（图五，4）。均属大汶口文化。

器盖　1件（标本：3）。泥质灰陶。圆弧形盖，平沿。残高3、残宽6.2、盖壁厚0.4厘米（图四，2）。属龙山文化。

鬶足　1件（标本：4）。夹砂红陶。尖锥状足，足截面呈椭圆形，足尖略外撇。

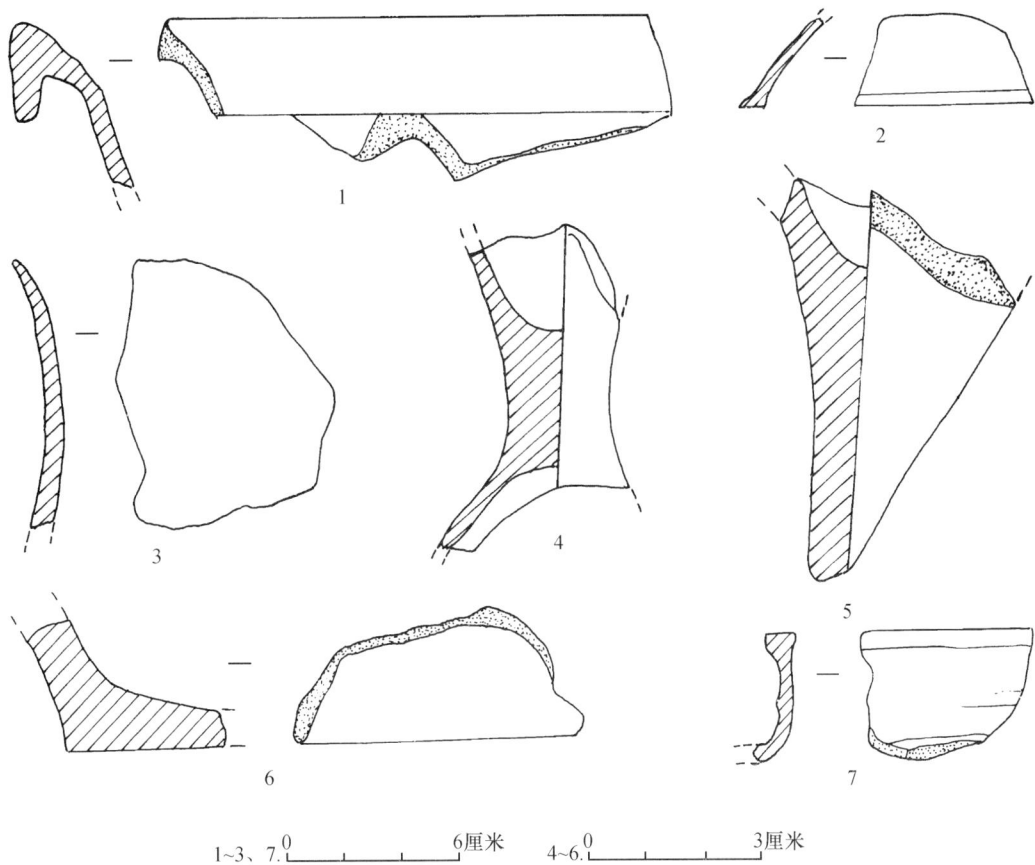

1~3、7. 0   6厘米　　　4~6. 0   3厘米

图四　董西遗址标本（一）

1.盆口沿（标本：1）　2.器盖（标本：3）　3、7.罐口沿（标本：7、标本：8）　4.高柄杯（标本：2）
5.鬶足（标本：4）　6.罐底（标本：10）

残高6.7、足底宽0.7厘米（图四，5）。属龙山文化。

　　罐口沿　2件。均泥质陶。标本：7，红陶。尖唇，口微侈，高领。陶器素面，外施红褐色陶衣。残高9、残宽7.6、壁厚0.7厘米（图四，3）。属岳石文化。标本：8，灰褐陶。口部微敛。颈部饰一道凸棱。残宽6、残高4.4、壁厚0.5厘米（图四，7）。属龙山文化。

　　鬲口沿　1件（标本：11）。夹砂红褐陶。方尖唇，斜折沿，束颈。颈及以下饰斜向绳纹。残高4.8、残宽6.8、壁厚0.7厘米（图五，1）。属西周时期。

　　盆口沿　1件（标本：1）。泥质灰陶。圆唇，斜折沿，侈口。素面。残高5.4、残宽17.8、壁厚0.6厘米（图四，1）。属战国时期。

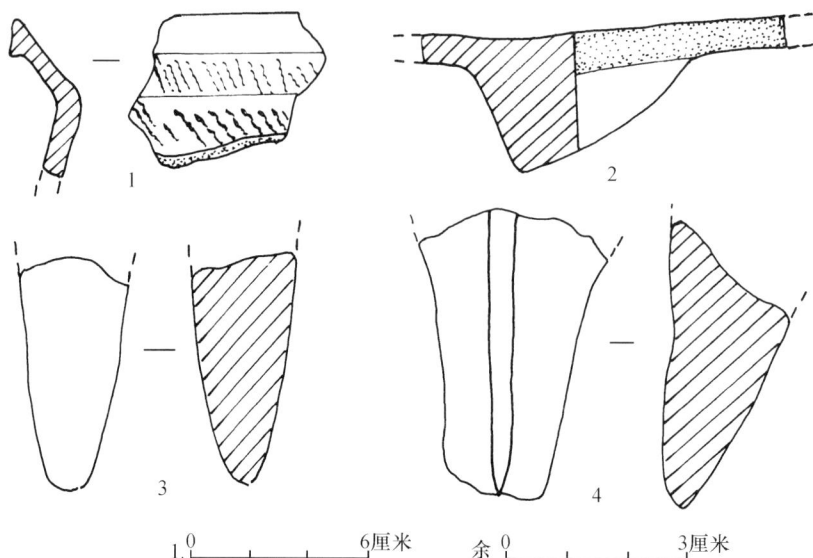

图五　董西遗址标本（二）

1. 鬲口沿（标本：11）　2～4. 鼎足（标本：6、标本：5、标本：9）

3. 董东遗址

位于章丘市龙山街道办董家东村南，紧邻董家东村。1990年10月，山东省文物考古研究所派员对董东村遗址进行了调查、钻探和试掘[6]，2000年被章丘市确定为市级文物保护单位。遗址东西长400米，南北宽150米。遗址周边破坏严重。

鼎足　1件（标本：2）。夹砂红陶。扁凿形。素面。足高5.8、宽2.2厘米（图六，2）。属大汶口文化。

钵口沿　1件（标本：1）。泥质灰陶。圆唇，外折沿，口微敞。素面。残高5.6、残宽4.8、壁厚0.4厘米（图六，1）。属东周时期。

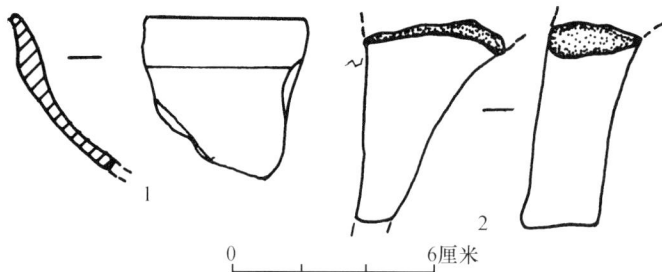

图六　董东遗址标本

1. 钵口沿（标本：1）　2. 鼎足（标本：2）

4. 焦家遗址

位于章丘市龙山街道办焦家村西500米处，距城子崖遗址4公里。地势微隆，东西长800米，南北宽700米。中心区域地面散落大量陶瓷片，可辨器形有罐、豆、鼎、杯、鬲、碗等。1992年被确定为省级文物保护单位。章丘市博物馆曾对该遗址进行过调查及清理[7]。

鼎足　5件。标本：3，夹砂红陶。侧三角凿型，有肩，足尖残。素面。残高3.6、残宽4.8、壁厚0.7厘米（图七，10）。标本：5，泥质灰陶。铲形。表面两道竖向凹槽。残高7、底宽3.4、底厚0.6厘米（图七，3）。标本：10，夹砂灰陶。扁凿形足，足尖残。素面。残高5.4厘米（图七，16）。标本：11，夹砂灰陶。铲形。表面一道竖向凹槽。残高5.2、残宽2.6厘米（图七，7）。标本：16，夹砂褐陶。细圆锥状。足尖残。素面。残高5.5、直径1.1厘米（图七，15）。均属大汶口文化。

杯口沿　2件。均为泥质陶。标本：7，灰陶。尖唇，折沿，口部微敛，直腹微弧。素面。残高4.5、残宽5.2、壁厚0.3厘米（图七，8）。标本：15，黑陶。圆唇，口微侈，斜弧壁。素面。残高3.2、残宽5、厚0.2厘米（图七，6）。均属大汶口文化。

碗　1件（标本：1）。泥质灰陶。圆唇，斜弧壁，小平底。通高8.2、口径16、底厚1厘米（图七，14）。属岳石文化。

鬲足　1件（标本：12）。夹砂灰黑陶。尖锥状矮实足。素面。残高5.2厘米（图七，9）。属商代。

鬲口沿　1件（标本：9）。夹砂灰褐陶。尖方唇，卷沿，盘口。颈部两道凹弦纹，腹饰竖绳纹。残高5.4、残宽8、壁厚0.9厘米（图七，11）。属周代。

罐口沿　6件。标本：2，泥质灰陶。圆唇，侈口，束颈。唇部以下饰斜绳纹。残高6、残宽7.2、壁厚0.7厘米（图七，2）。标本：4，泥质灰陶。圆唇，折沿，敛口，束颈，斜直肩。沿面略凹，内颈有一道凸弦纹。残高4.6、残宽8.1、肩部壁厚1厘米（图七，4）。标本：8，夹砂褐陶。尖唇，平沿，敛口，高颈。素面。残高4、残宽7.4、壁厚0.4厘米（图七，12）。标本：6，泥质灰陶。方唇，折沿，束颈。残高4.2、残宽6.4、壁厚0.9厘米（图七，5）。标本：13，夹砂灰陶。尖唇，微侈口，直颈。残高3.3、残宽4.4、壁厚0.65厘米（图七，13）。标本：14，泥质灰陶。圆方唇，卷沿，束颈，腹饰竖绳纹。残高4、残宽4.9、壁厚0.75厘米（图七，1）。年代均为周代。

5. 西徐马西遗址

位于历城区巨野河街道办西徐马村西500米处，距历城煤矿50米。遗址因砖厂取土破坏严重，所剩无几，范围不清。只在断崖剖面位置发现陶片及灰坑遗迹。其中一个灰坑断面宽度近2米，深度约1.4米，填土包含烧土颗粒、草木灰、陶片等。整体上文化堆积较薄且单一，采集陶片有夹砂灰陶罐口沿残片、泥质红褐陶鼎口沿残片、磨光黑陶杯残片等。

罐口沿　1件（标本：1）。夹砂灰陶。尖方唇，中口，卷沿，束颈，颈肩之间起

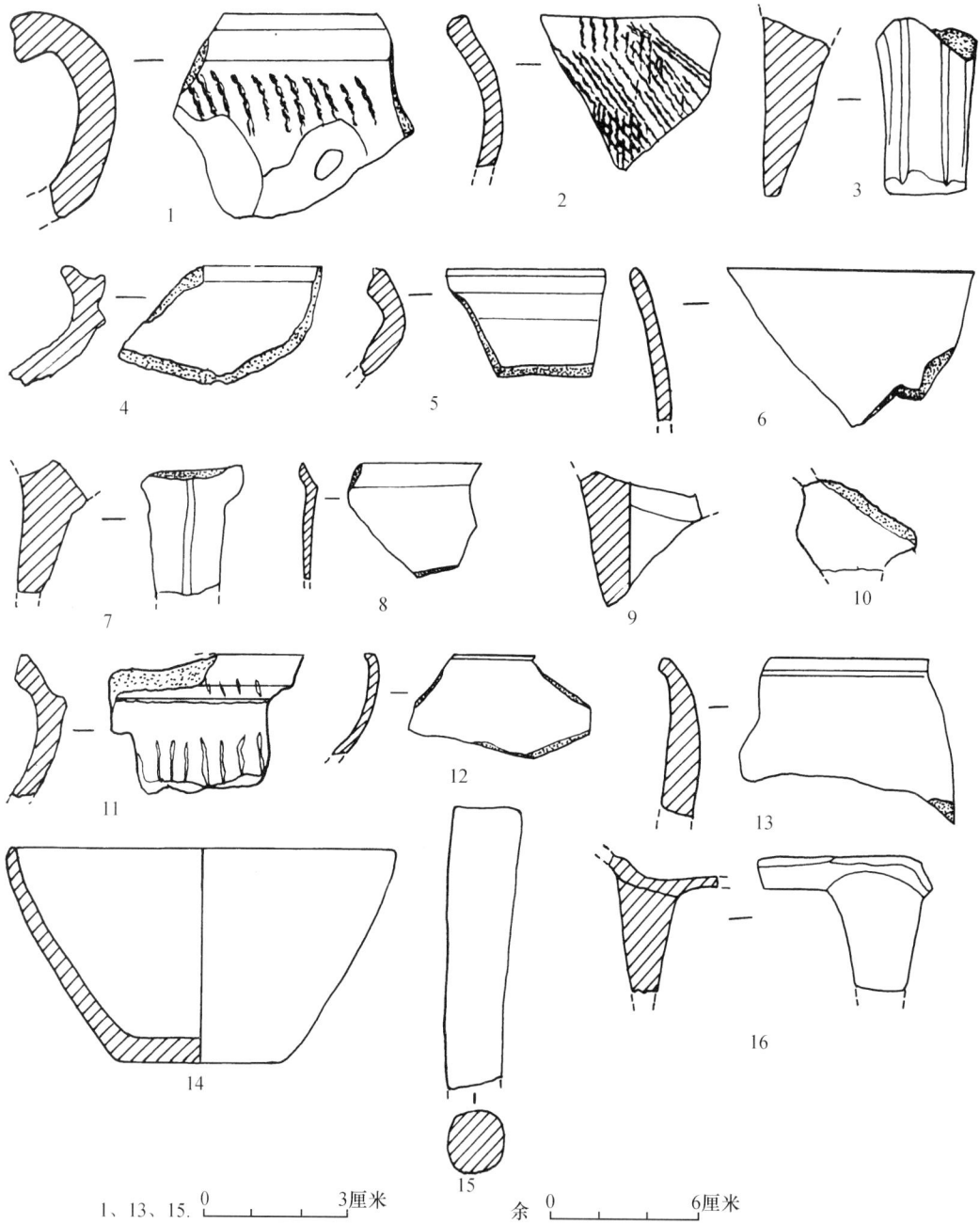

1、13、15. 0 ———— 3厘米　　余 0 ———— 6厘米

图七　焦家遗址标本

1、2、4、5、12、13.罐口沿（标本：14、标本：2、标本：4、标本：6、标本：8、标本：13）　3、7、10、15、
16.鼎足（标本：5、标本：11、标本：3、标本：16、标本：10）　6、8.杯口沿（标本：15、标本：7）　9.鬲足
（标本：12）　11.鬲口沿（标本：9）　14.碗（标本：1）

台。素面。残高5.8、残宽17、壁厚0.7厘米（图八，1）。属龙山文化。

鼎　1件（标本：2）。夹砂红陶。圆唇，大口，圆腹。唇及肩上各一条凹弦纹。残高7、残宽6.2、壁厚0.2厘米（图八，2）。属龙山文化。

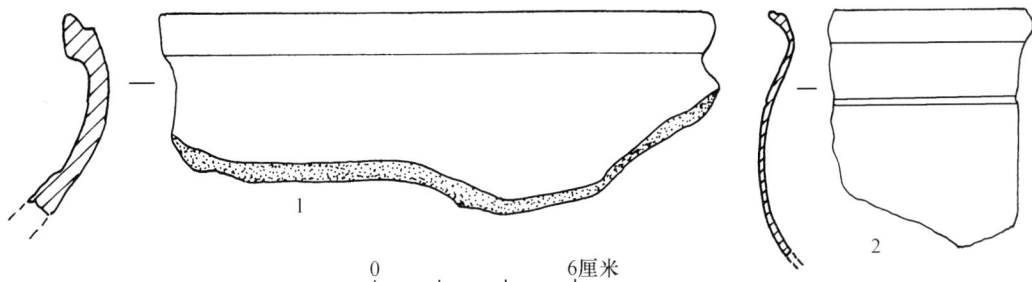

图八　西徐马西遗址标本
1.罐口沿（标本：1）　2.鼎（标本：2）

6. 甄家遗址

位于历城区董家镇甄家村以东、袁家村以北，遗址西部边缘在甄家村内。遗址地势略隆起，东西长500米，南北宽300米。在甄家村东取土坑断面发现文化堆积，厚0.5～1.2米，有的灰坑深达3米。文化层可分3层：第1层，耕土层，浅灰褐粉砂土；第2层，黄褐粉砂土；第3层，灰褐黏土，包含烧土颗粒、泥质红褐陶片、夹砂灰陶片。

鼎足　1件（标本：4）。泥质红褐陶。铲形，表面饰附加堆纹。残宽3、残高4、厚1.2厘米（图九，4）。属龙山文化。

罐底　1件（标本：3）。夹砂灰褐陶。斜直腹，平底较薄。素面。残宽4.4、残高3.3、壁厚0.7厘米（图九，3）。属龙山文化。

鼎口沿　1件（标本：1）。泥质灰陶。方唇，平卷沿，直颈，近圆腹。素面。残宽8.8、残高6.4、壁厚0.5厘米（图九，1）。属龙山文化。

鬲足　1件（标本：2）。夹砂灰陶。联裆鬲锥状袋足，表面饰绳纹。残宽6.5、残高4、足壁厚0.4厘米（图九，2）。属周代。

7. 娄家四户遗址

位于龙山街道办娄家四户村西500米处巨野河西岸，杜张水库北侧。南北长400米，东西宽250米。东部因取土被破坏，地表不见遗物，断崖上发现有陶片、烧土及多个灰坑。文化层厚2～4米，层次不甚分明。从断崖采集标本多为泥质陶片，夹砂陶较少。可辨器形有罐、盆、鬲等。

鬲足　1件（标本：4）。夹砂红陶。袋足，略有实足尖。表面饰交叉绳纹。残高8.2、残宽6.1、壁厚0.8厘米（图一〇，2）。属西周时期。

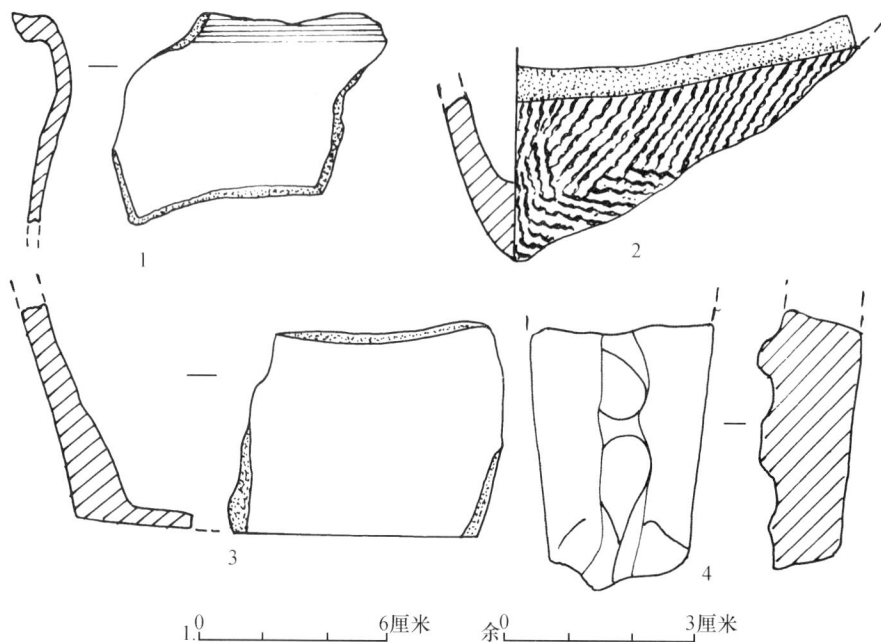

图九　甄家遗址标本

1. 鼎口沿（标本：1）　2. 鬲足（标本：2）　3. 罐底（标本：3）　4. 鼎足（标本：4）

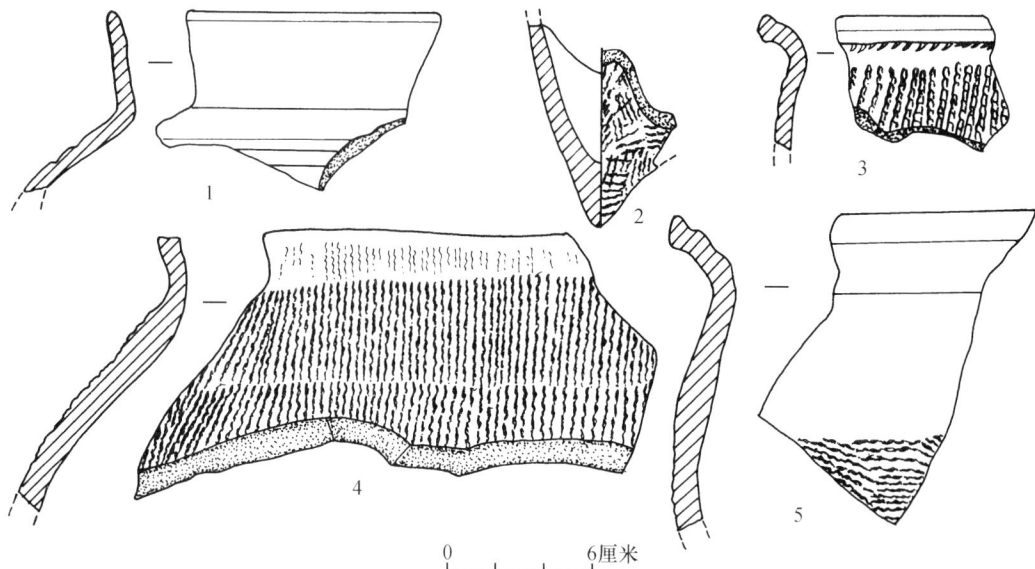

图一〇　娄家四户遗址标本

1、4、5.罐口沿（标本：3、标本：1、标本：2）　2. 鬲足（标本：4）　3. 鬲口沿（标本：5）

鬲口沿　1件（标本：5）。夹砂红陶。方唇，卷沿，弧腹，腹下饰竖绳纹，颈部抹平。残高5.4、残宽7、壁厚0.7厘米（图一〇，3）。属西周时期。

罐口沿　3件。均泥质陶。标本：1，灰陶。方唇，折沿，小口，矮领，唇中部略内凹，溜肩，球腹。颈部以下饰竖绳纹。残高11、残宽22、壁厚0.9厘米（图一〇，4）。标本：2，灰陶。方唇，宽卷沿，鼓腹。肩部以下饰斜绳纹。残高12.6、残宽11、壁厚1~1.2厘米（图一〇，5）。标本：3，红陶。圆唇，斜直口，高领，圆肩。肩部残留两道凹弦纹。残高7.1、残宽11.8、壁厚0.7厘米（图一〇，1）。均属周代。

8.西王野河遗址

位于章丘市龙山街道办西王野河村、东王野河村、梁村之间。遗址地势不甚平整，东西长300米，南北宽150米。从断面可见文化层厚0.8~2米，层次不甚清晰，可见多个灰坑及一个陶窑，灰坑较为规整，填土包含烧土颗粒，陶片较多。陶窑坍塌严重，但窑壁烧烤较好。标本可辨器形有豆、罐、鬲等。

鬲口沿　6件。标本：4，夹砂灰陶。锐方唇，斜折沿，敛口，短颈。颈部以下饰细绳纹。残高5、残宽6.8、壁厚0.4厘米（图一一，1）。标本：5，夹砂红陶。圆方唇，折沿，小口，颈部以下饰竖向绳纹。残高4.2、残宽6.5、壁厚0.7厘米（图一一，2）。标本：2，泥质红褐陶。方唇，卷沿，束颈，圆弧肩。腹饰竖绳纹。残高6.4、残宽16、壁厚0.6厘米（图一一，4）。标本：6，夹砂红陶。尖方唇，短折沿，敛口，斜

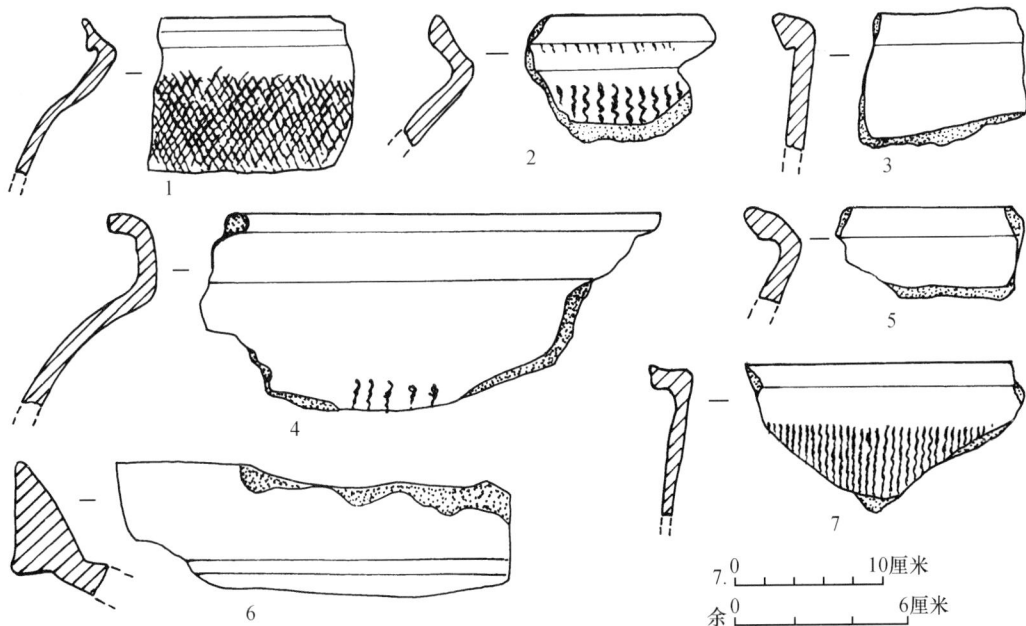

图一一　西王野河遗址标本（一）

1~5、7.鬲口沿（标本：4、标本：5、标本：6、标本：2、标本：8、标本：3）　6.豆盘（标本：9）

直壁腹。素面。残高4.4、残宽6、壁厚0.5厘米（图一一，3）。标本：8，夹砂灰陶。圆方唇，宽折沿。素面。残高3、残宽6.5、壁厚0.7厘米（图一一，5）。标本：3。夹砂灰陶。方唇，唇上部略尖，平折沿。颈部以下饰斜向细绳纹。残高10、残宽19.2、壁厚0.5厘米（图一一，7）。均属周代。

鬲足　1件（标本：10）。夹砂红褐陶。尖锥状袋足，实足尖。饰稀疏细绳纹。残高4、残宽5.5厘米（图一二，2）。属西周时期。

鬶足　1件（标本：7）。夹砂红褐陶。肥袋足，足尖残。素面。残高5、残宽5.7、壁厚0.4～0.5厘米（图一二，4）。属龙山文化。

器盖　1件（标本：11）。夹砂灰陶。盖纽上平。表面饰数道凹弦纹。残高8、残宽5、壁厚0.7厘米（图一二，1）。属龙山文化。

石刀　1件（标本：12）。近梯形，单面刃。边沿及刃部有磨光痕迹。残长6.5、宽3.4、厚0.8厘米（图一二，5）。属岳石文化。

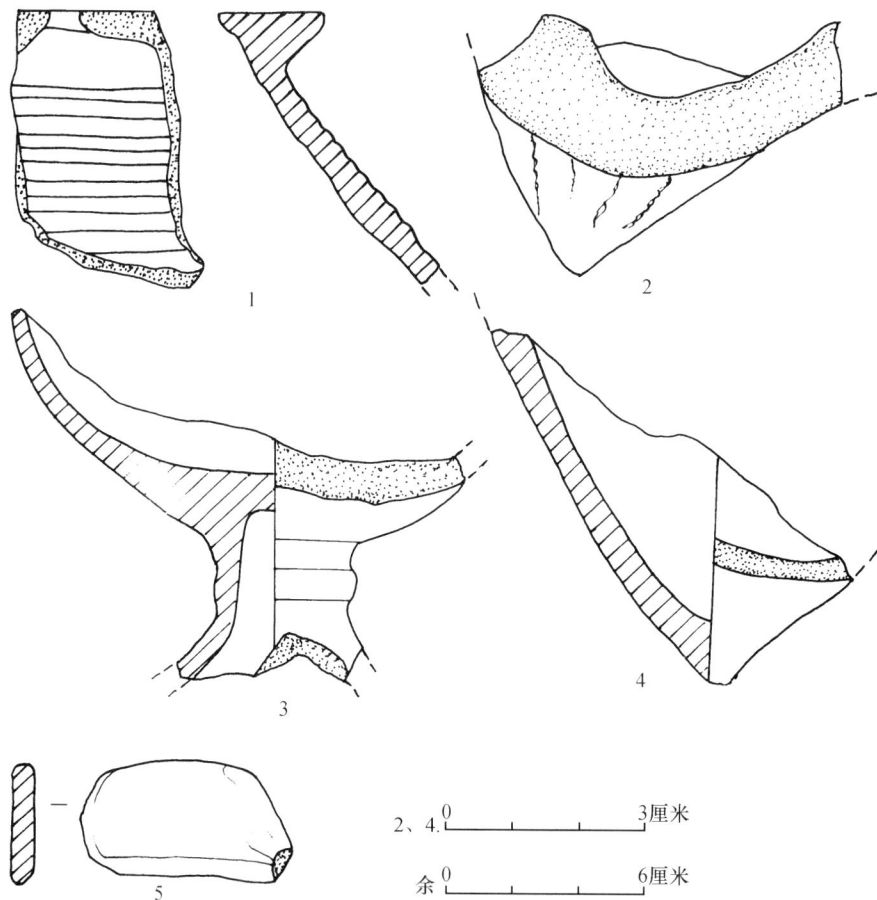

图一二　西王野河遗址标本（二）

1. 器盖（标本：11）　2. 鬲足（标本：10）　3. 豆（标本：1）　4. 鬶足（标本：7）　5. 石刀（标本：12）

豆　2件。均为泥质灰陶，素面。标本：1，深腹，圆弧壁，方唇，矮柄，竹圈足残。残高10.4、口径14、盘壁厚0.7厘米（图一二，3）。属西周时期。标本：9，浅腹，直沿，尖唇，盘内壁斜直，盘外底边缘内凹。残高4.2、残宽13.4、盘底厚1.1厘米（图一一，6）。属战国时期。

9. 兰家遗址

位于章丘市龙山街道办兰家村东400米处，董家村南400米处。遗址地势略隆起，南北长约700米，西残宽400米，遗址西部被兰家村窑厂取土破坏，从断崖观察文化堆积厚0.8～2.5米，陶片较多，断面上暴露多个灰坑。采集标本包括泥质绳纹、素面陶片，夹砂粗绳纹红褐陶片，夹砂素面灰陶，磨光黑陶等，可辨器形有罐、豆、鬲、三足盆、盆形鼎等。

盆形鼎　1件（标本：6）。泥质黑陶。足残，腹壁竖直，底较平。腹部饰两道凸弦纹。残高7.3、残宽12.2、壁厚0.6厘米（图一三，5）。属龙山文化。

罐底　1件（标本：11）。夹砂红褐陶。斜弧壁，假圈足，平底，底沿有乳突状足。素面。残高4.5、残宽10、壁厚0.5厘米（图一三，12）。属龙山文化。

罐口沿　3件。均为泥质陶。标本：1，灰陶。圆方唇，唇面内凹，卷沿，口微侈，长颈。素面。残高6、残宽11.8、壁厚0.7厘米（图一三，1）。标本：10，灰陶。圆唇，卷沿，小口，短直颈。颈部以下饰竖绳纹。残高4.8、残宽9、壁厚0.8厘米（图一三，10）。标本：7，灰陶。圆唇，高直领。颈部压印有陶文，陶文残缺。残高6、残宽11.2、颈部壁厚0.7厘米（图一三，7）。均属东周时期。

陶片　1件（标本：2）。泥质灰陶。表面中部有一道凹弦纹，弦纹上下饰方格纹及菱形"回"字纹。残长8、残宽6.5、壁厚1.7厘米（图一三，4）。属东周时期。

盆　1件（标本：5）。泥质灰陶。方唇，卷沿，直口。素面。残高4、残宽7、壁厚0.4厘米（图一三，2）。属东周时期。

鬲口沿　4件。标本：3，夹砂灰陶。方唇，折沿，束颈，肩略耸。颈以下饰竖绳纹。残高5.4、残宽11.2、壁厚1厘米（图一三，3）。标本：12，泥质灰陶。圆唇，折沿，束颈，折肩略显。颈下饰斜向绳纹。残高8.4、残宽10.5、壁厚0.8厘米（图一三，11）。标本：4，泥质灰陶。方唇，宽折沿，敛口，短领。素面。残高4、残宽5.6、壁厚1～1.3厘米（图一三，6）。标本：8，泥质红陶。方唇，宽卷沿，大口，束颈，直腹。素面。残高4、残宽8.2、壁厚0.7厘米（图一三，8）。均属东周时期。

豆　1件（标本：9）。泥质灰陶。深弧盘壁呈圆弧状，粗柄。残高8、残宽12、盘壁厚0.8厘米（图一三，9）。属东周时期。

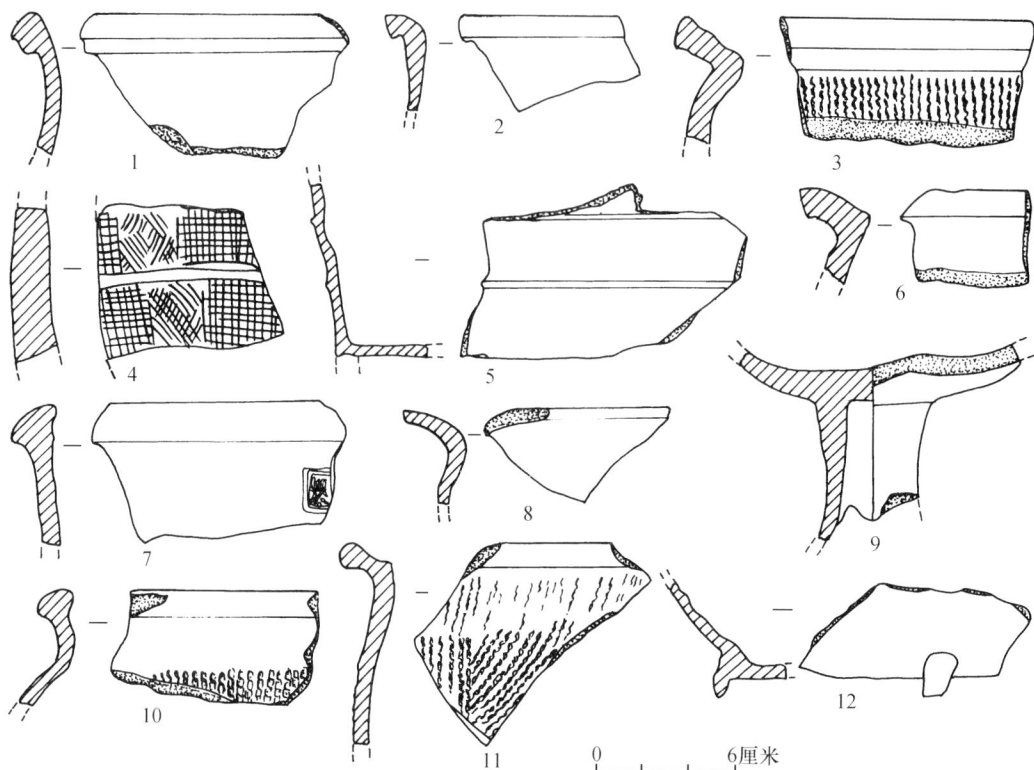

图一三　兰家遗址标本

1、7、10.罐口沿（标本：1、标本：7、标本：10）　2.盆（标本：5）　3、6、8、11.鬲口沿（标本：3、标本：4、
标本：8、标本：12）　4.陶片（标本：2）　5.盆形鼎（标本：6）　9.豆（标本：9）　12.罐底（标本：11）

10. 崔家遗址

位于章丘市龙山街道办崔家村西北400米处。地势隆起，东西长300米，南北宽250米。地表不见陶片，从取土坑断壁可见文化层厚约0.8米，发现有灰坑，最深处达1.5米。采集标本有泥质绳纹灰陶片，夹砂灰陶、黑陶、红褐陶片等。可辨器形有罐、盆、鬲等。

盆口沿　2件。标本：1，夹砂灰陶。尖方唇，宽折沿，束颈，弧腹略鼓。腹部斜饰细绳纹。残高11、残宽17.4、壁厚0.7～0.9厘米（图一四，7）。标本：4，泥质红陶，方唇，宽平沿，直口。内外均着黑色陶衣。腹饰竖绳纹。残高3、残宽6.5、壁厚0.7厘米（图一四，3）。属东周时期。

罐口沿　1件（标本：2）。泥质灰陶。圆唇，侈口，束颈。素面。残高4.8、口径20、壁厚0.7～1.1厘米（图一四，2）。属周代。

鬲口沿　3件。标本：5，夹砂青灰陶。圆方唇，宽折沿，斜直腹。沿下饰稀疏竖向细绳纹，有抹光痕迹。颈以下饰交错细绳纹。残高6.5、残宽10.8、壁厚0.7～1.2厘米

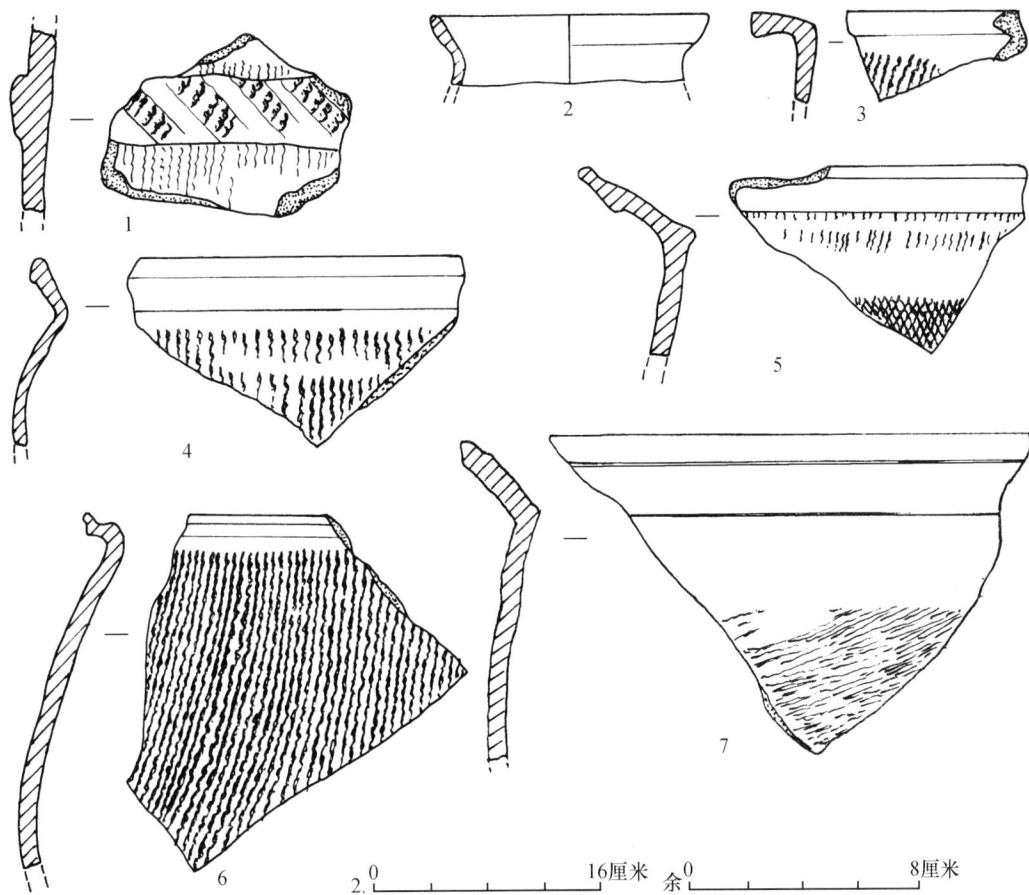

图一四　崔家遗址标本

1. 陶片（标本：7）　2. 罐口沿（标本：2）　3、7. 盆口沿（标本：4、标本：1）　4~6. 鬲口沿（标本：6、标本：5、标本：3）

（图一四，5）。属西周时期。标本：3，夹砂灰陶。方唇，唇面内凹，折沿，近盘形小口。颈以下饰竖绳纹。残高12.4、残宽12.4、壁厚0.7厘米（图一四，6）。属西周时期。标本：6，夹砂灰陶。方唇，宽折沿，敛口。肩及腹部饰竖向绳纹，有抹痕。残高6.6、残宽12、壁厚0.5~0.7厘米（图一四，4）。属春秋时期。

陶片　1件（标本：7）。夹砂红陶。表面饰细绳纹，有一附加堆泥条，泥条上有成组斜向戳刺纹。残长9、残宽6.3、壁厚0.8厘米（图一四，1）。属东周时期。

11. 孙家东南遗址

位于章丘市龙山街道办孙家村东南800米处，西距城子崖遗址300米。遗址区域内地势较平缓，东西长500米，南北宽400米，文化堆积厚0.8~1.5米。山东省文物考古研究所和济南市考古研究所分别于1996年和2011年对其进行过考古发掘，发现龙山文化、东周和汉代遗存[8]。

12. 高家遗址

位于章丘市龙山街道办高家村北500米处。地势微隆，东西长500米，南北宽480米，地表遗物碎小，从取土坑观察文化层较薄，包含陶片较少。第三次文物普查时曾在自来水管道沟内发现有龙山文化陶鬶足残片。

此次仅采集到瓮口沿1件（标本：1）。夹砂灰陶。圆唇，平沿，口微敛，高领，斜直肩。素面。残高6.7、残宽10.4、壁厚0.8厘米（图一五）。属汉代。

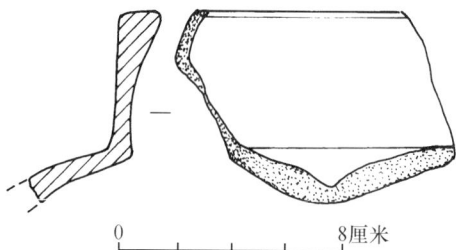

图一五　高家遗址瓮口沿（标本：1）

13. 西城后遗址

位于章丘市龙山街道办西城后村东北500米处。地势隆起，东西长550米，南北宽500米，地面遗物较少，从砖厂取土坑断面可见文化堆积层，厚0.5～2.8米。可见灰坑、墓葬等遗迹。标本可辨器形有鬲、罐、豆、盘、盆等。

盆口沿　3件。标本：2，泥质青灰陶。圆方唇，大卷沿，大敞口，斜腹。素面。残高4.5、残宽12、壁厚0.8厘米（图一六，1）。标本：8，泥质红褐陶。方唇，宽折

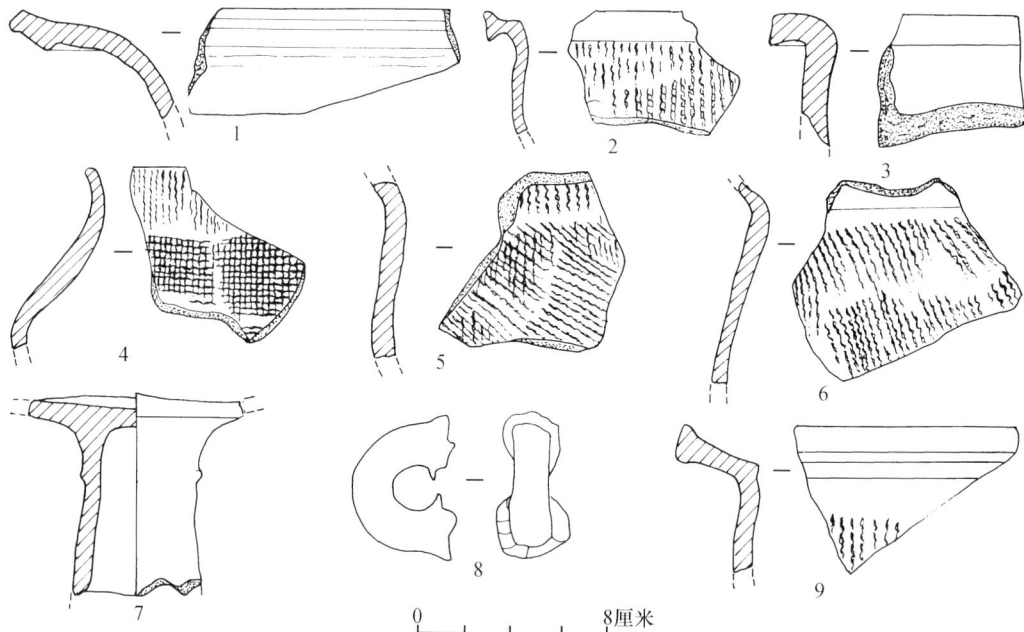

图一六　西城后遗址标本

1、3、9. 盆口沿（标本：2、标本：6、标本：8）　2、5、6. 鬲口沿（标本：5、标本：7、标本：4）　4. 罐口沿（标本：3）　7. 豆柄（标本：1）　8. 器耳（标本：9）

沿，侈口。腹部饰竖绳纹。残高6.1、残宽9.6、沿宽3.6、壁厚0.8厘米（图一六，9）。以上属西周时期。标本：6，泥质灰陶。方唇，卷沿，直腹。素面。残高5.4、残宽6.3、壁厚1.1厘米（图一六，3）。属东周时期。

鬲口沿　3件。标本：4，夹砂青灰陶。折沿，敛口，斜弧深腹。颈以下饰竖细绳纹。残高8.4、残宽9.8、壁厚0.7厘米（图一六，6）。标本：5，夹砂灰黑陶。方唇，唇上部略尖，折沿，束颈，弧腹。颈部以下饰竖绳纹。残高5、残宽7.4、壁厚0.5厘米（图一六，2）。标本：7，泥质红褐陶。沿残，侈口，束颈。表面饰绳纹。残高7.3、残宽8.2、壁厚0.9厘米（图一六，5）。均属周代。

罐口沿　1件（标本：3）。泥质灰陶。圆方唇，小口，短颈，鼓腹。颈部绳纹抹平，颈以下饰纵横交错细绳纹。残高7.6、残宽7.6、壁厚0.8厘米（图一六，4）。属东周时期。

豆柄　1件（标本：1）。泥质青灰陶。上部饰一周凸弦纹。残高8.4厘米（图一六，7）。属东周时期。

器耳　1件（标本：9）。泥质灰陶。半环形，截面呈圆形，根部略大，中有榫状突。长6、宽1.6厘米（图一六，8）。属周代。

14. 孙侯里遗址

位于章丘市圣井街道办孙侯里村西250米处，武原河西岸。遗址地势略隆起，东西长150米，南北宽100米，地表遗物较少。第三次文物普查时章丘市博物馆工作人员曾在一取土坑断面上发现文化层并采集到龙山文化、岳石文化陶片，此次未见。

15. 卫东遗址

位于历城区董家镇卫东新村北300米处。地势平坦，南北长700米，东西宽300米。遗址东部被砖厂取土破坏，断崖上发现文化堆积，厚0.8～1.5米，发现灰坑及陶窑，灰坑呈袋状。文化堆积可分为4层：第1层，耕土层，浅灰褐粉砂土；第2层，黄褐粉砂土；第3层，灰褐粉砂土；第4层，灰褐黏土。采集陶片有泥质绳纹，夹砂红褐、白陶，泥质黑陶片等，可辨器形有板瓦、豆、罐、鬲、盂、盆等。

甗足　1件（标本：1）。夹砂红陶，表面局部呈灰色。乳状袋足，长圆锥状实足尖。素面。残高4厘米（图一七，1）。属龙山文化。

盂口沿　1件（标本：12）。泥质灰黑陶。唇残，唇下起凸棱，平沿，口微侈。表面磨光。残高4.7、残宽5.6、壁厚0.6厘米（图一八，5）。属龙山文化。

器耳　1件（标本：4）。夹砂红陶。横耳。呈纹丝状。耳根上部有戳刺纹。耳残长10、耳宽2.5、厚1.5厘米（图一七，7）。属龙山文化。

罐肩　1件（标本：9）。泥质灰陶。折肩，直腹。肩部素面，腹饰竖细绳纹。残

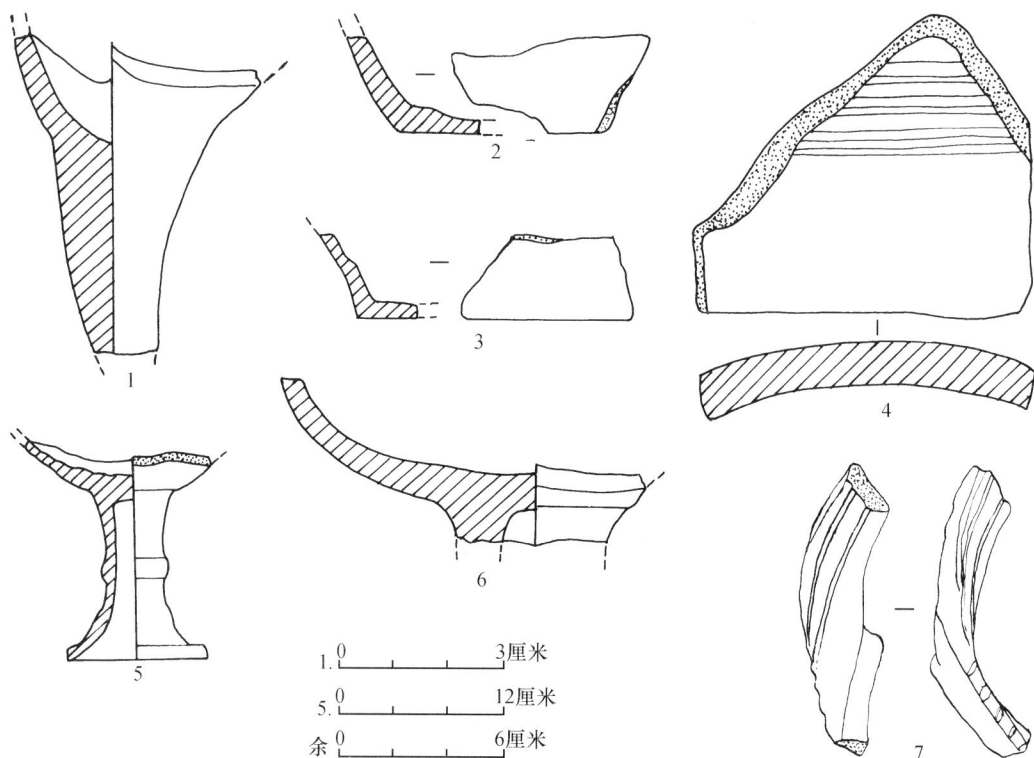

图一七　卫东遗址标本（一）

1.甗足（标本：1）　　2、3.罐底（标本：2、标本：5）　4.板瓦（标本：3）　5、6.豆（标本：7、标本：6）
7.器耳（标本：4）

高6.2、残宽7.6、壁厚0.4厘米（图一八，3）。属东周时期。

　　盆口沿　1件（标本：10）。泥质红陶。圆唇，敛口，宽折沿，沿面中部偏外起棱，棱外沿上3周凹弦纹。腹饰横绳纹。残高6.8、残宽11.8、沿宽4.5、壁厚0.7～1.5厘米（图一八，4）。属东周时期。

　　豆　3件。均为泥质陶。标本：6，灰陶。平沿，浅弧形盘。素面。残高6.2、残宽13.6、壁厚0.8厘米（图一七，6）。标本：7，灰褐陶。弧形盘，中空柄，喇叭圈足，豆柄中部较细，有一道凸棱。盘内底部有"十"字刻划符号。残高15.5、豆盘残宽13.6、壁厚0.5厘米（图一七，5）。标本：8，青灰陶。窄平沿，弧形盘略深，盘壁与豆柄连接处有一折角。素面。残高5.4、残宽12.2、壁厚0.8厘米（图一八，1）。均属东周时期。

　　罐底　2件。标本：2，泥质灰陶。斜直腹，平底。素面。残高3.5、残宽7.2、壁厚0.8厘米（图一七，2）。属汉代。标本：5，夹砂灰陶。平底、腹壁外张。素面。残高3、残宽6.3、壁厚0.6、底厚0.4厘米（图一七，3）。属龙山文化。

　　板瓦　1件（标本：3）。泥质褐陶。表面上部饰瓦纹，下部素面，内面为布纹。

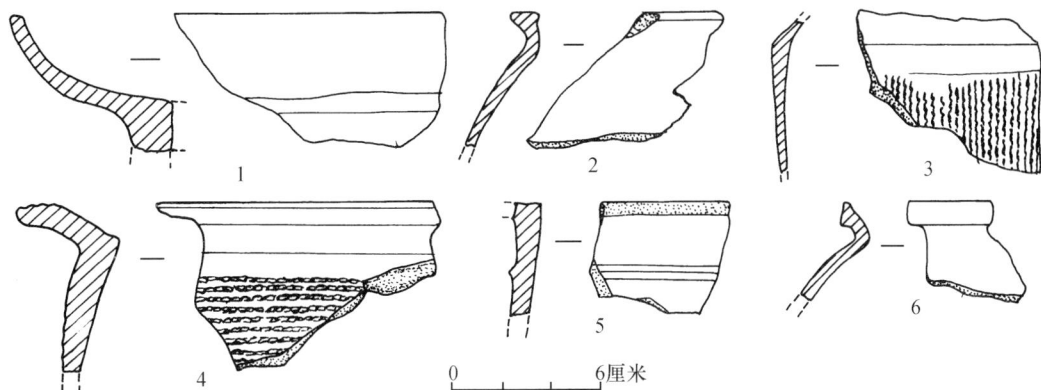

图一八　卫东遗址标本（二）

1. 豆（标本：8）　　2、6. 罐口沿（标本：11、标本：13）　　3. 罐肩（标本：9）　　4. 盆口沿（标本：10）

5. 盂口沿（标本：12）

残长11、残宽12.6、厚1.5厘米（图一七，4）。属汉代。

　　罐口沿　2件。均夹砂红陶。标本：11，尖圆唇，卷沿，小口，短颈，鼓腹。素面。残高5.4、残宽8、壁厚0.5～0.6厘米（图一八，2）。标本：13，尖方唇，卷沿，敛口，斜弧形肩。素面。残高3.8、残宽5.2、壁厚0.6厘米（图一八，6）。均属汉代。

16. 芽庄遗址

　　位于章丘市龙山街道办芽庄村西北150米处。地形微隆，四周地势平坦。地表遗物极少，仅在取土坑断面发现个别灰坑。灰坑直壁、平底，内填灰褐色粉砂土，夹杂烧土块。采集有红褐色夹砂陶片及鼎口沿。

　　鼎口沿　1件（标本：1）。夹砂红陶。方唇，宽折沿，斜直腹。素面。残高5.4、残宽7.4、沿宽0.7厘米（图一九，3）。属龙山文化。

17. 湖中坡遗址

　　位于历城区孙村街道办湖中坡村东北350米处，牛王庄与西卢村间乡级公路南侧。遗址因取土高低不平，南北长350米，东西宽300米。地表散落大量陶片，可辨器形有罐、豆、鬲、盆，另有石镰一件。

　　鬲足　2件。均为夹砂陶。标本：2，青灰陶。肥袋足，较低矮。表面竖饰细绳纹。残高2.8、残宽5.1、壁厚0.5厘米（图二〇，1）。标本：3，红褐陶。袋足瘦，较低矮。表面饰竖绳纹。足残高6、残宽8.2厘米（图二〇，3）。均属周代。

　　鬲口沿　4件。标本：5，夹砂红陶。方唇，宽折沿，沿内侧靠上有一周凹弦纹。斜肩。素面。残高5.8、残宽10.6、壁厚0.7厘米（图二一，3）。标本：7，夹砂红褐陶。尖方唇，折沿，束颈，肩略显，下收腹。沿内侧有一道凹弦纹，腹竖饰粗绳纹。

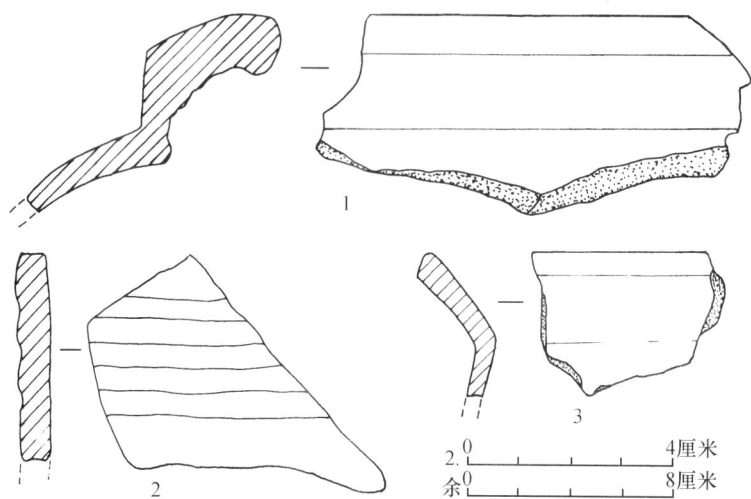

图一九　权庄、权北、芽庄遗址标本

1.瓮口沿（标本：1）　2.陶片（标本：1）　3.鼎口沿（标本：1）

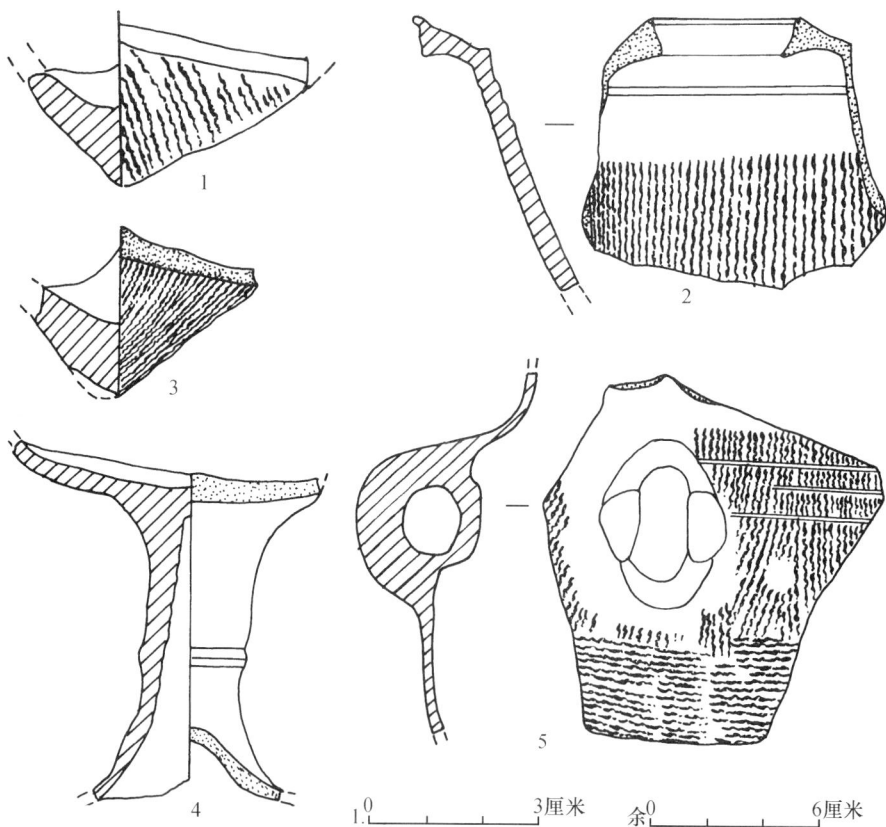

图二○　湖中坡遗址标本（一）

1、3.鬲足（标本：2、标本：3）　2.盆口沿（标本：10）　4.豆（标本：11）　5.罐腹（标本：6）

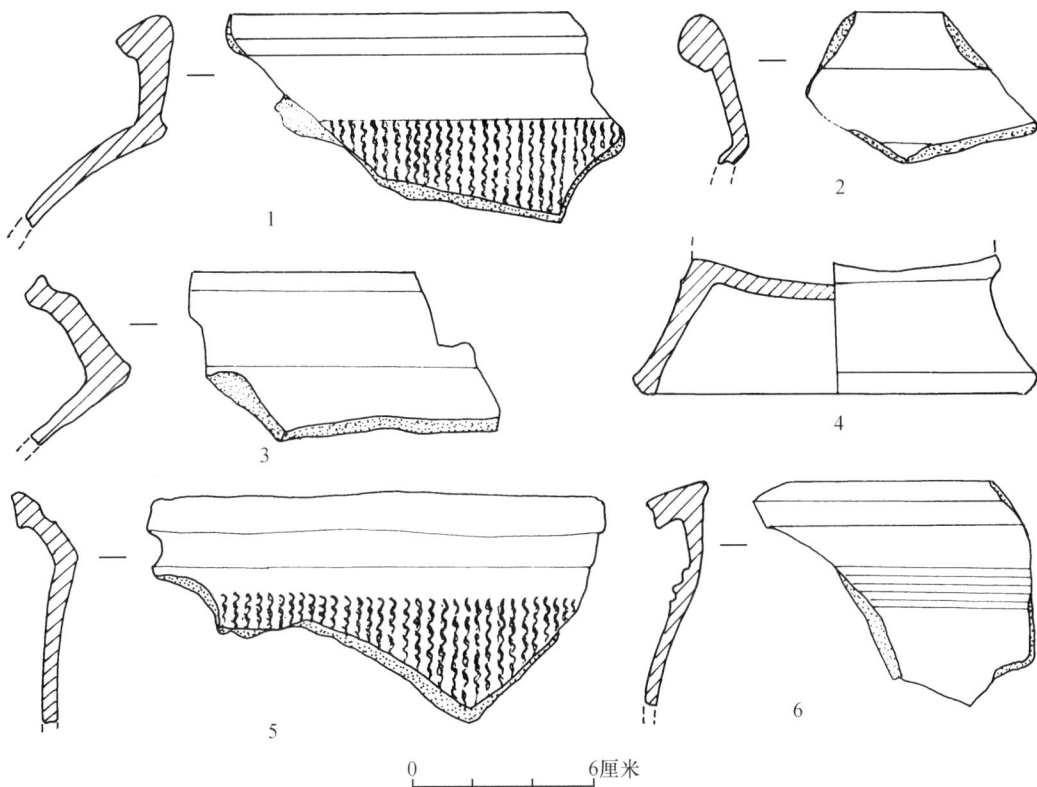

图二一　湖中坡遗址标本（二）

1、2、6.罐口沿（标本：1、标本：8、标本：9）　3、5.鬲口沿（标本：5、标本：7）　4.圈足（标本：4）

残高7.6、残宽15.7、壁厚0.6厘米（图二一，5）。标本：13，夹砂灰黑陶。方唇，唇上部略尖，折沿，敛口，弧腹。腹饰竖绳纹。残高5、残宽9.4、壁厚0.5厘米（图二二，1）。标本：24，泥质青灰陶。方唇，唇中部略凹，折沿，敛口，斜腹。腹竖饰细绳纹。残高3.6、残宽7.7、壁厚0.5～0.7厘米（图二二，2）。均属周代。

罐底　1件（标本：15）。泥质红褐陶。斜壁，平底。腹、底均饰交错细绳纹。残高5.8、残宽7、壁厚1.2、底厚0.9厘米（图二三，2）。属周代。

罐口沿　9件。标本：1，泥质灰陶。三角形尖圆唇，直口，高领，圆肩。腹饰竖绳纹。残高7、残宽13.6、壁厚0.8厘米（图二一，1）。标本：21，泥质灰陶。圆唇，卷沿，束颈，圆肩。素面。残高4.8、残宽10.3、壁厚0.8厘米（图二三，3）。标本：22，夹砂灰陶。方唇。卷沿，短颈，圆肩。沿上有一道凹弦纹，余素面。残高4.6、口径19、壁厚0.8厘米（图二三，8）。标本：23，泥质灰陶。方唇，唇上部略尖，卷沿，束颈，颈部有一折角。颈以下斜饰粗绳纹。残高3.4、残宽7.6、壁厚0.5～1.1厘米（图二三，6）。标本：8，泥质灰陶。方唇，卷沿，侈口，高直领。素面。残高5、残宽8、壁厚0.6厘米（图二一，2）。标本：9，泥质青灰陶。方唇较厚，

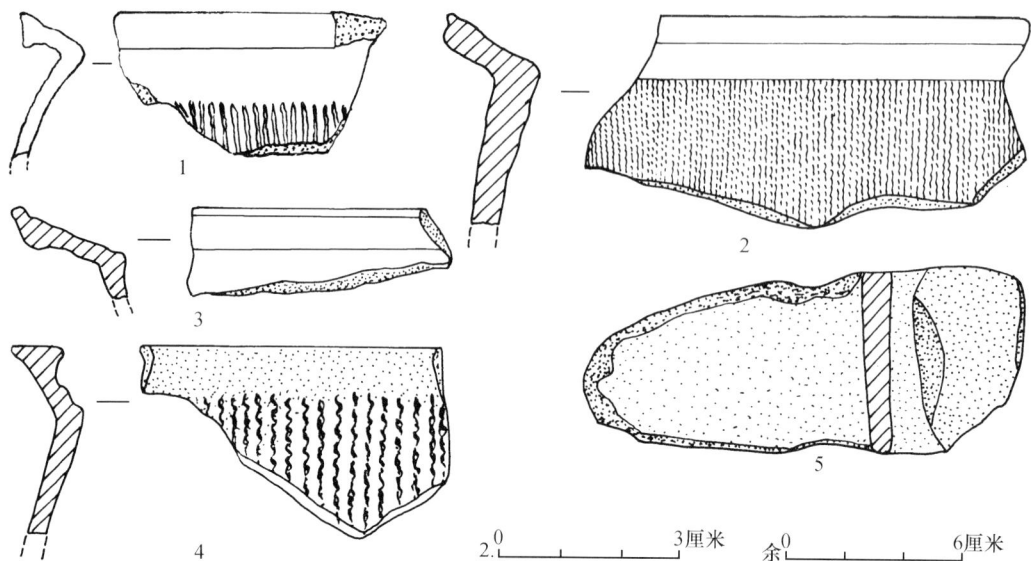

图二二　湖中坡遗址标本（三）

1、2.鬲口沿（标本：13、标本：24）　3、4.盆口沿（标本：19、标本：17）　5.石镰（标本：14）

斜平沿，敛口，短颈，溜肩，弧腹。肩部饰三道凸弦纹。残高7.4、残宽9.8、壁厚0.4厘米（图二一，6）。标本：12，泥质灰陶。圆唇，唇面起方棱，直口，短颈。腹饰竖绳纹。残高6、残宽10.6、壁厚0.8厘米（图二三，1）。标本：18，泥质红陶。圆唇，唇外似斜削，直口，斜肩，素面。残高6、残宽5.8、壁厚0.9厘米（图二三，7）。标本：20，泥质灰陶。三角唇，折沿，口微敛，直领，短颈，广肩。素面。残高5、残宽10、壁厚0.6厘米（图二三，4）。均属东周时期。

圈足　1件（标本：4）。泥质灰陶。喇叭状高足。器底饰三角形成组细绳纹。残高4.6、圈足直径14、底厚0.6厘米（图二一，4）。属周代。

罐腹　1件（标本：6）。泥质灰陶。口残，有颈，高肩，弧腹。肩上侧装横耳。颈下绳纹抹平并饰三道凹弦纹，肩及腹竖饰细绳纹，下腹横饰细绳纹。残高12、残宽12、壁厚0.5厘米（图二〇，5）。属东周时期。

盆口沿　3件。标本：10，夹砂红褐陶。方唇，唇上缘修出凸棱，宽折沿，敞口，斜弧腹。沿下一道凹弦纹，腹竖饰细绳纹。残高9.7、残宽11、壁厚0.8厘米（图二〇，2）。标本：17，泥质灰陶。折沿，平口内敛，斜腹。腹竖饰粗绳纹。残高6.4、残宽10.8、壁厚0.8厘米（图二二，4）。标本：19，泥质灰陶。方唇，唇上缘修出凸棱，唇中部内凹，宽折沿。沿宽3、残宽9、壁厚0.5厘米（图二二，3）。均属东周时期。

豆　2件。均为泥质灰陶。标本：11，弧形盘，矮柄，圈足。柄中部偏下饰凸棱。盘内底部有一内凹圆坑。残高12.4、盘残宽11.2、盘壁厚0.4厘米（图二〇，4）。标本：16，柄下部饰凸棱。残高12厘米（图二三，5）。均属东周时期。

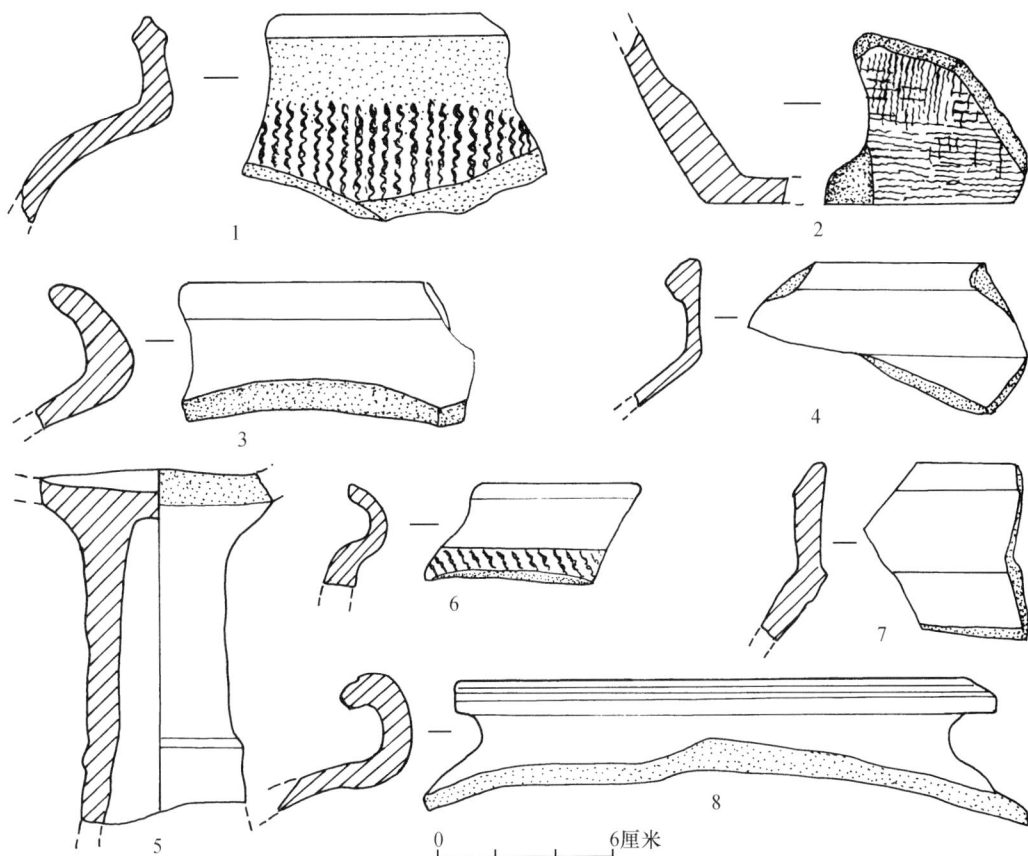

图二三　湖中坡遗址标本（四）

1、3、4、6~8.罐口沿（标本：12、标本：21、标本：20、标本：23、标本：18、标本：22）

2.罐底（标本：15）　　5.豆（标本：16）

石镰　1件（标本：14）。通体磨光，尖部较圆滑，刃部较薄，有残损。残长15.2、最宽处宽6.1、厚1.1厘米（图二二，5）。属商代。

18. 张乙郎遗址

位于章丘市圣井街道办张乙郎村北100米处。地势微隆，东西长300米，南北宽250米。第二次文物普查被定为周代遗址。本次调查未采集到标本。

19. 邢家庄遗址

位于章丘市圣井镇邢家庄西北180米处。中心隆起，四周低平，呈东南—西北向分布，长400米，宽300米。地表遗物较多，采集有鬲、罐、盆等残片。地表裸露有灰坑、烧土等，发现有人头盖骨碎片，可能存在墓葬。

豆　1件（标本：1）。泥质灰陶。浅平盘，三角沿。盘内底部外圈有一周凹弦纹。盘深2.4、残宽7.6、底厚0.9厘米（图二四，8）。属战国时期。

　　鬲足　3件。均为夹砂陶。标本：3，褐陶。浅裆，矮袋足，足外侧残缺。表面竖饰细绳纹，局部交错。残高4、残宽8.2、壁厚0.8厘米（图二四，6）。标本：9，灰褐陶。弧形浅裆，偏袋足，足尖较高。裆部饰绳纹，足尖素面。残高5、残宽6.4、壁厚0.6厘米（图二四，9）。以上均属春秋时期。标本：4，灰陶。裆、袋足较高。袋足竖饰绳纹，足尖素面。残高5、残宽6、壁厚0.9厘米（图二四，10）。属西周时期。

　　鬲口沿　3件。均为夹砂陶。标本：5，灰陶。尖方唇，卷沿，弧腹。腹饰斜绳纹。残宽7.5、残高4.8、壁厚0.9厘米（图二四，1）。标本：8，灰陶。方唇，卷沿，斜弧腹。唇上有一道凹槽，沿及腹部均饰绳纹，颈部抹平。残高5、残宽8.2、壁厚0.9厘米（图二四，2）。标本：6，褐陶。圆唇，卷沿，敛口，弧腹。腹饰斜绳纹，颈部抹平。残高5、残宽7.8、壁厚1厘米（图二四，3）。均属西周时期。

　　盆口沿　1件（标本：2）。泥质灰陶。叠唇，大卷沿。素面。残宽13、残高3.6、厚0.8厘米（图二四，7）。属战国时期。

　　罐口沿　2件。均为泥质陶。标本：7，灰陶。方唇，斜直口，高领。唇外侧饰一

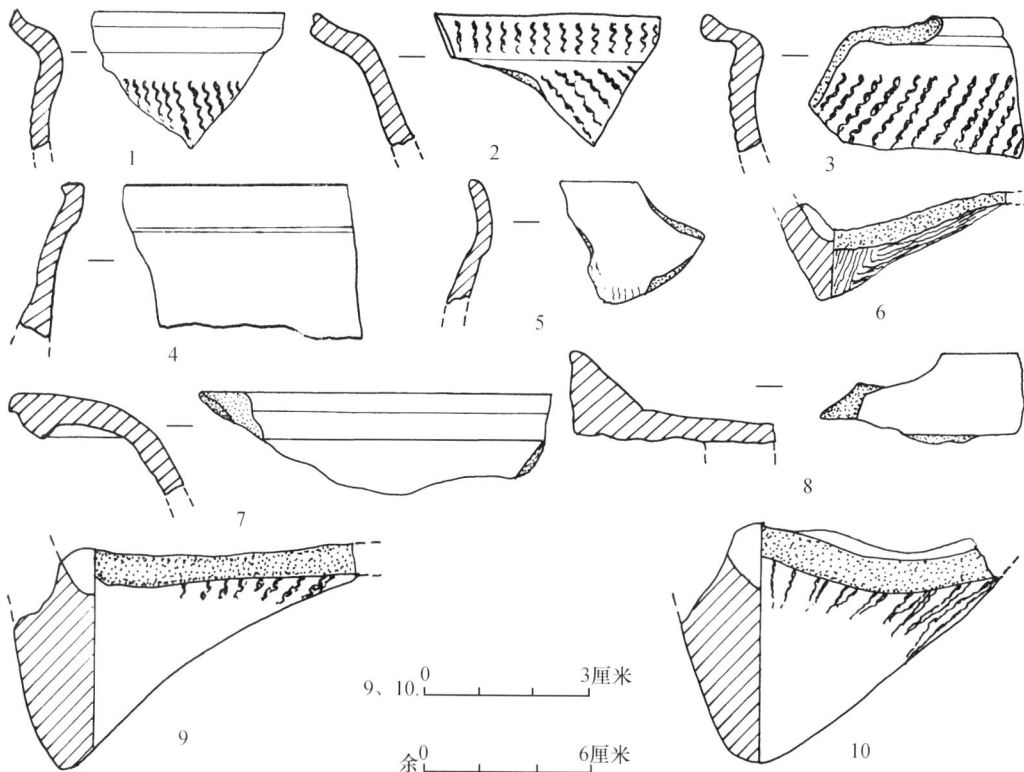

图二四　邢家庄遗址标本

1~3.鬲口沿（标本：5、标本：8、标本：6）　4、5.罐口沿（标本：7、标本：10）　6、9、10.鬲足（标本：3、标本：9、标本：4）　7.盆口沿（标本：2）　8.豆（标本：1）

道凹弦纹。残高5.5、残宽8.8、厚0.7厘米（图二四，4）。标本：10，红陶。圆唇，小直口，高领，溜肩。腹饰细绳纹。残高4.4、残宽5.4、壁厚0.7厘米（图二四，5）。均属东周时期。

20. 李家寨遗址

位于历城区孙村街道办李家寨村西北120米处巨野河东岸台地上。遗址地势平坦，南北长300米，东西宽200米。东部及北部被窑厂取土破坏殆尽，从取土坑断面观察可知文化层厚约1米，可见灰坑及窖穴等遗迹。灰坑最深处达2米。剖面上采集有泥质绳纹、素面黑灰陶片，夹砂陶片较少。可辨器形有鬲、罐等。

鬲口沿　1件（标本：2）。夹砂灰陶。方唇，折沿，敛口，溜肩，弧腹。口沿下饰竖向坚细绳纹，肩下绳纹抹断。残高7.2、残宽12.2、壁厚0.6厘米（图二五，1）。属西周时期。

罐口沿　2件，均为泥质陶。标本：1，灰陶。尖唇，三角形卷沿，小口，鼓腹。领下部有一圈凹弦纹，将腹部绳纹分成上下两层，上层稀疏细绳纹，下层粗绳纹较密。残高7、残宽16.6、壁厚0.5厘米（图二五，3）。标本：3，红陶。方唇，唇上起凸棱，直口，高领，圆肩。肩竖饰粗绳纹。残高6、残宽12、壁厚0.7厘米（图二五，2）。均属东周时期。

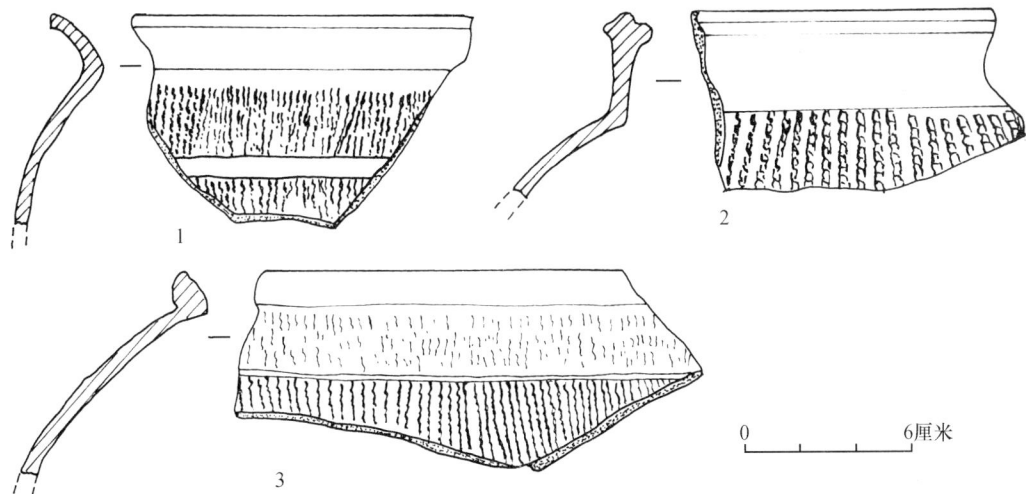

图二五　李家寨遗址标本
1. 鬲口沿（标本：2）　2、3. 罐口沿（标本：3、标本：1）

21. 西徐马南遗址

位于历城区巨野街道办西徐马村西南200米处台地上。其北临世纪大道，西侧有一条自然沟。中心略高，南北长350米，东西宽300米。地表有许多碎小陶片，多为泥质绳纹灰陶，少有夹砂陶片。可辨器形有罐、鬲、豆、盆等。文化层堆积厚度不详。

罐肩　1件（标本：2）。泥质灰陶。束颈，圆肩。肩部饰斜细抹断绳纹。残高5.4、残宽7.5、壁厚1厘米（图二六，1）。属周代。

鬲足　1件（标本：3）。夹砂灰陶。锥状袋足。表面竖饰细绳纹。残高2.8、残宽2.9厘米（图二六，2）。属西周时期。

盆口沿　1件（标本：4）。泥质青灰陶。方唇，宽折沿。素面。残高3、残宽7、沿宽3.7厘米（图二六，3）。属西周时期。

罐底　1件（标本：1）。泥质红陶。腹壁斜直内收，平底。素面。残高3.5、残宽7.6、壁厚1厘米（图二六，4）。属周代。

鬲肩　1件（标本：5）。夹砂红陶。折沿，腹微弧。腹竖饰绳纹。残高4.2、残宽5.5、壁厚0.8厘米（图二六，5）。属西周时期。

罐口沿　1件（标本：6）。夹砂青灰陶。圆唇，卷沿，小口，短颈。腹竖饰粗绳纹。残高4.6、残宽4.6、壁厚1.2厘米（图二六，6）。属周代。

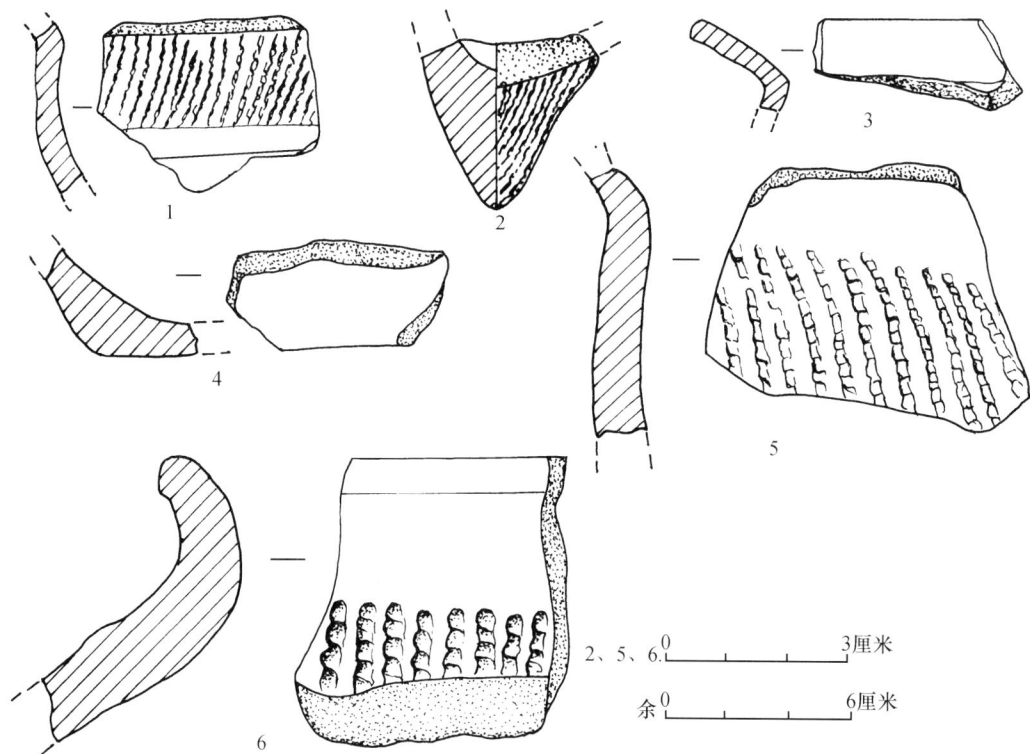

图二六　西徐马南遗址标本

1.罐肩（标本：2）　2.鬲足（标本：3）　3.盆口沿（标本：4）　4.罐底（标本：1）　5.鬲肩（标本：5）

6.罐口沿（标本：6）

22.西曹官庄遗址

位于章丘市龙山街道办西曹官庄村南100米处，东曹官庄村西南部。遗址地形微隆，周边较平坦。在地表采集到一些泥质绳纹灰陶片、豆柄及盆、罐口沿残片。遗址中部取土坑断崖剖面文化层厚0.6～1.5米，分3层：第1层，耕土，浅灰褐粉砂土；第2层，黄褐粉砂土，内含陶片、石块等；第3层，灰褐色粉砂土，含陶片、石块、砖块等。

罐口沿　3件。均为泥质灰陶。标本：3，圆唇，平沿，敛口，高直领，圆肩。素面。残高5.8、残宽13、壁厚0.7厘米（图二七，3）。标本：5，圆唇外翻，直口，高直领，圆肩。颈中部有一道凸棱，素面。残高8、残宽18.5、壁厚0.6厘米（图二七，1）。标本：6，圆唇，卷沿，小口，斜肩，大鼓腹。腹饰绳纹。残高6、残宽5、壁厚0.6厘米（图二七，5）。均属东周时期。

缸口沿　2件。标本：2，泥质灰陶。方唇，宽折沿，直腹。唇上部有一圈绳纹，腹饰瓦纹。残高9.8、残宽13.2、壁厚2厘米（图二七，6）。标本：7，夹砂褐陶。圆唇，直口。沿外有一圈凹弦纹，弦纹下饰斜向绳纹。残高7.8、残宽14、壁厚1.1厘米（图二七，2）。均属汉代。

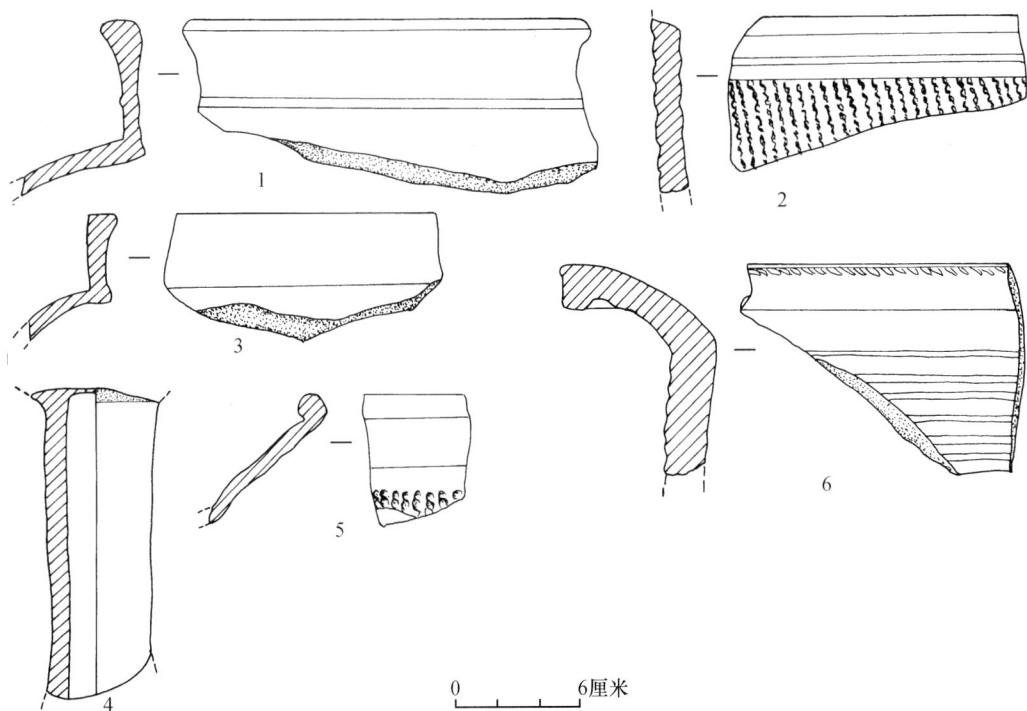

图二七　西曹官庄遗址标本

1、3、5.罐口沿（标本：5、标本：3、标本：6）　2、6.缸口沿（标本：7、标本：2）　4.豆柄（标本：4）

豆柄　1件（标本：4）。泥质灰陶。高圆柱形空心柄。素面。残高14.2、柄径5、厚0.9厘米（图二七，4）。均属汉代。

筒瓦　2件，均为泥质灰陶。标本：1，表面饰粗绳纹，内面为布纹。残长17、残宽9、厚1.1厘米（图二八，2）。标本：8，表面一端瓦纹，另一端细绳纹。残长14、残宽12.2、厚1厘米（图二八，1）。均属汉代。

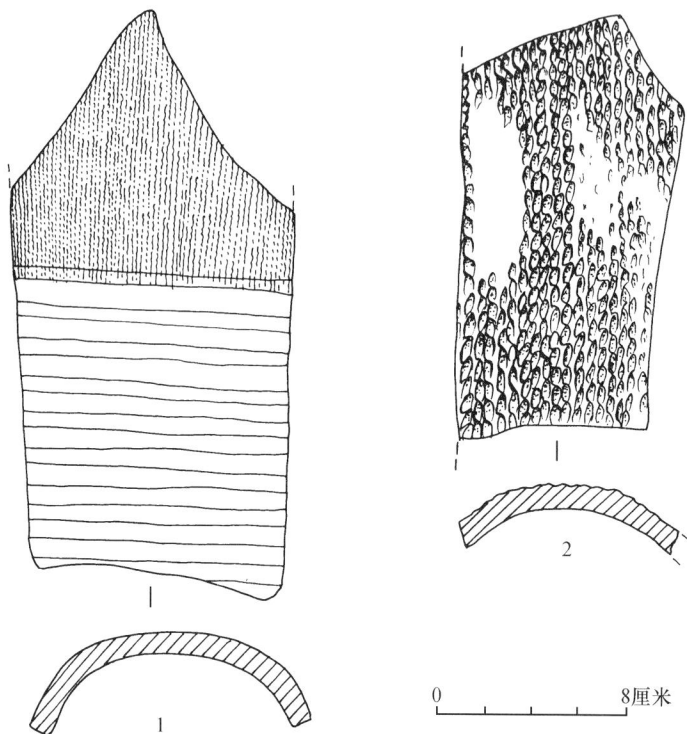

图二八　西曹官庄遗址筒瓦
1.标本：8　2.标本：1

23. 权北遗址

位于章丘市龙山街道办权北村北350米处。东西长450米，南北宽370米。断崖剖面可见文化层厚约1.2米，分2层：第1层，耕土层，浅灰褐粉砂土；第2层，灰褐粉砂土，夹杂较多烧土颗粒、陶片、瓦片等。地表采集有绳纹灰陶片、豆柄等。

陶片　1件（标本：1）。泥质灰陶。表面饰瓦纹。残长4.3、残宽6、厚0.6厘米（图一九，2）。属汉代。

24. 权北东遗址

位于章丘市龙山街道办权北村东500米，北部被铁路占压。地势较平，大部被窑场破坏，采集标本有盆、豆、瓦残片，绳纹青砖。2006年济青客运专线调查时亦发现有墓砖及绳纹陶片。

豆圈足　1件（标本：2）。泥质灰陶。喇叭形低台式。残高5.8、残宽10厘米（图二九，2）。属东周时期。

豆盘　1件（标本：3）。泥质灰陶。平沿，外沿起檐，敞口，深弧腹。残高7、残宽11、盘壁厚0.7厘米（图二九，3）。属东周时代。

罐口沿　1件（标本：1）。泥质灰陶。圆唇，卷沿，口微侈，高领。残高6.2、残宽5.6、颈部壁厚0.7厘米（图二九，1）。属汉代。

盆口沿　2件。均为泥质灰陶。标本：4，圆方唇，宽折沿，沿面微凸，敞口，直腹。腹内饰瓦纹。残高7.2、残宽17.5、壁厚0.7厘米（图二九，4）。属东周时期。标本：5，圆唇，宽平折沿，敞口，斜直腹。残高4、残宽10、壁厚1.5、沿宽4.6厘米（图二九，5）。属汉代。

陶片　1件（标本：6）。泥质灰陶。圆弧壁。表面竖饰细绳纹，以不等距手抹弦纹分段。残长13.4、残宽11、厚0.7厘米（图二九，6）。属东周时期。

器座　1件（标本：7）。泥质灰陶。高圈足，底缘内外起台。残高6、残宽10.8、厚0.7厘米（图二九，7）。属汉代。

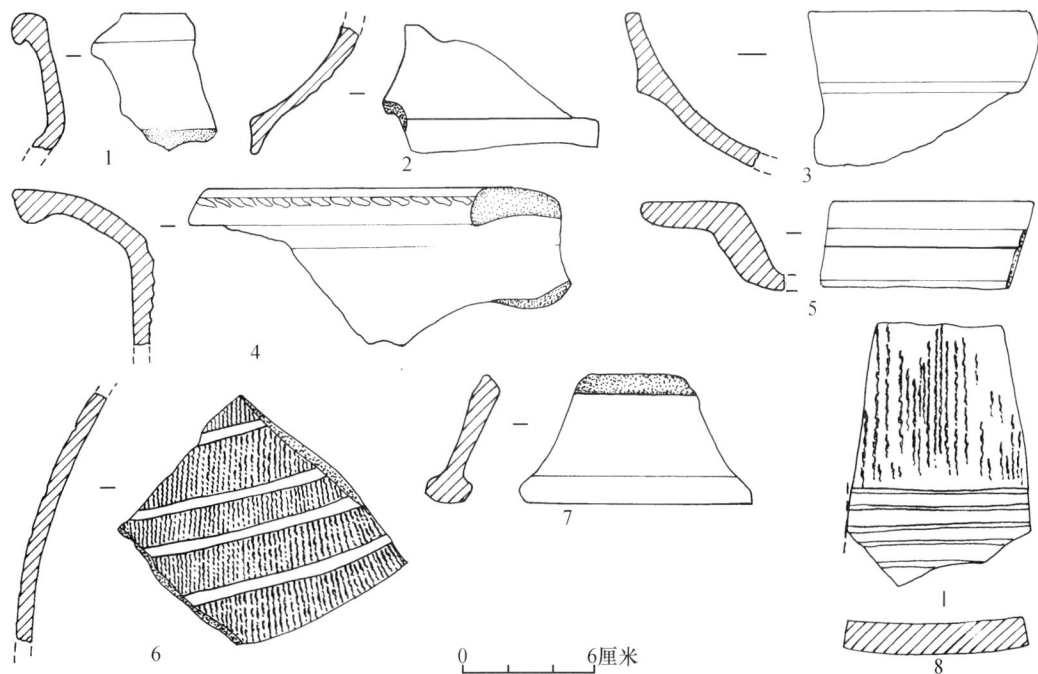

图二九　权北东遗址标本

1.罐口沿（标本：1）　2.豆圈足（标本：2）　3.豆盘（标本：3）　4、5.盆口沿（标本：4、标本：5）

6.陶片（标本：6）　7.器座（标本：7）　8.板瓦（标本：8）

板瓦　1件（标本：8）。泥质灰陶。板瓦外表面一端为竖绳纹，一端为瓦纹，内表面为粗方格纹。残长12、残宽8.7、厚1.4厘米（图二九，8）。属汉代。

25. 龙山一村遗址

位于龙山街道办龙山一村南100米处武原河西岸台地上，胶济铁路穿过遗址北部。地势较平坦，地表不见遗物，在遗址西边断崖发现文化堆积，性质单一，厚0.4 ~ 0.6米，发现有灰坑，坑内填土为灰褐粉砂土，包含有烧土块、草木灰、陶片及瓦片。

纺轮　1件（标本：2）。泥质红陶。截面近长方形，中部略厚。外径4、孔径0.8、中部厚0.8厘米（图三○，2）。属汉代。

鬲口沿　1件（标本：1）。夹砂红褐陶。敛口，斜折沿，深直腹略弧。腹竖饰粗绳纹。残高8.4、残宽6、壁厚0.9厘米（图三○，1）。属东周时期。

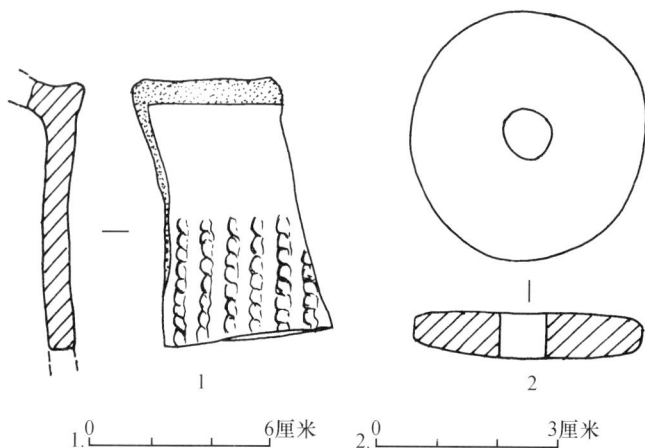

图三○　龙山一村遗址标本
1.鬲口沿（标本：1）　2.纺轮（标本：2）

26. 孙家北遗址

位于章丘市龙山街道办孙家村北200米处。中部略隆起，东西长200米，南北宽150米，地表和断崖剖面可见青砖、豆柄、豆盘、板瓦等。文化层厚约1.5米。据村民介绍，早时曾有3个封土冢，现已夷平。

罐口沿　1件（标本：1）。泥质灰陶。圆唇，平沿，口微敛，短颈，直领，圆肩。颈上部有一道凹弦纹，余素面。残高5、残宽10、壁厚0.7厘米（图三一，1）。属东周时期。

板瓦　1件（标本：2）。泥质灰陶。表面一端为瓦纹，一端饰分节式绳纹。残长36.2、宽29、厚2厘米（图三一，2）。属汉代。

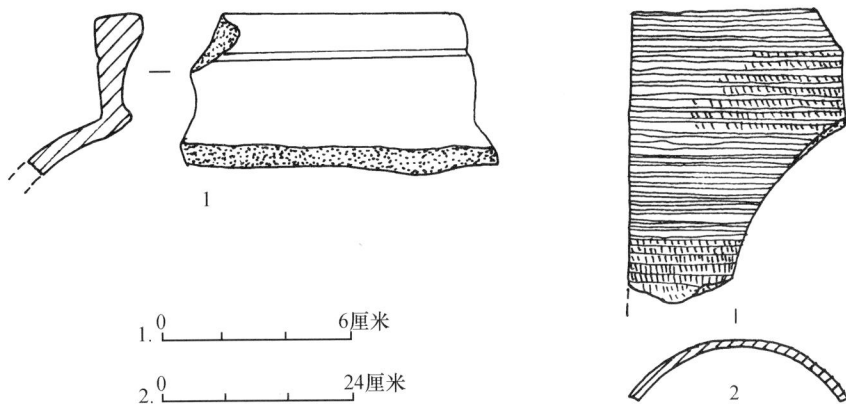

图三一　孙家北遗址标本
1.罐口沿（标本：1）　2.板瓦（标本：2）

27. 辛店遗址

位于章丘市龙山街道办辛店村西南150米处。地势平坦，南北长300米，东西宽200米，地表不见遗物，遗址东部取土坑断面上可见泥质灰陶片。文化堆积厚约0.5米。

罐口沿　2件。均为泥质灰陶。标本：1，圆方唇，宽平沿，直口，略弧腹。残高5.3、残宽11.6、壁厚0.6厘米（图三二，1）。标本：2，圆唇，卷沿，敛口，唇内沿起棱，中部内凹。素面。残高2.5、残宽7.5、沿宽1.8厘米（图三二，2）。均属东周时期。

盆口沿　1件（标本：4）。泥质灰陶。圆唇，唇下沿尖锐，宽卷沿，大敞口，斜腹下收。沿下及腹部有数道凹弦纹。残高6.4、残宽10.5、壁厚0.7厘米（图三二，3）。

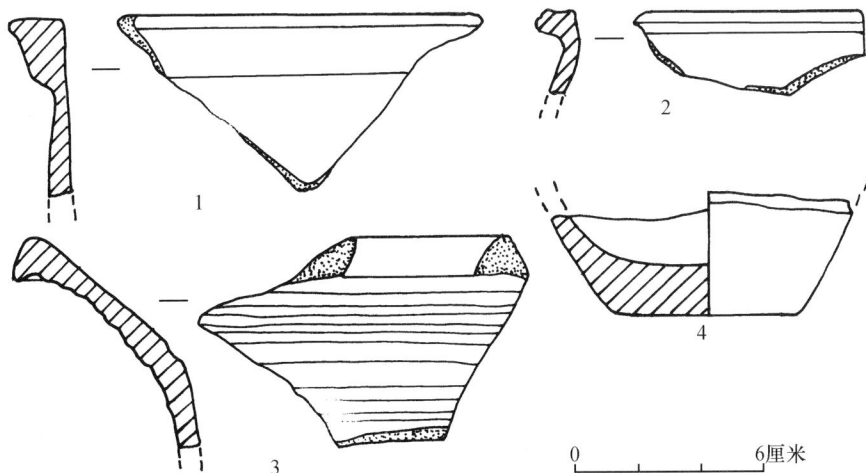

图三二　辛店遗址标本
1、2.罐口沿（标本：1、标本：2）　3.盆口沿（标本：4）　4.罐底（标本：3）

属东周时期。

　　罐底　1件（标本：3）。泥质灰陶。斜弧壁，平底。素面。残高3.8、底径5.8、壁厚0.6厘米（图三二，4）。属东周时期。

28. 平陵城北遗址

　　位于章丘市龙山街道办辛店村西南150米处。地势微隆，不甚平整，东西长500米，南北宽350米。从取土坑断面观察文化堆积厚0.5～1.5米，地表散落有较多陶片，可辨器形有豆、盆、罐、缸等。

　　罐口沿　2件。均为泥质灰陶。标本：5，圆唇，斜弧沿，敛口，短直颈，圆肩。素面。残高6、残宽14.8、壁厚0.7厘米（图三三，5）。标本：2，方唇，唇中部略凹，大卷沿，敛口，束颈，弧肩。素面。残高7、残宽15.5、壁厚0.5厘米（图三三，2）。均属东周时期。

　　盆口沿　1件（标本：1）。泥质灰陶。方唇，卷沿，敛口，束颈，下垂腹，唇中部内凹。颈以下饰横向细绳纹。残高9.2、残宽14、壁厚0.5厘米（图三三，1）。属东周时期。

　　缸口沿　1件（标本：3）。泥质灰陶。方唇，弧沿内折外起檐，敛口，鼓腹，斜弧腹内收。残高11.4、残宽17.2、壁厚0.8厘米（图三三，3）。属汉代。

　　豆盘　1件（标本：4）。泥质灰陶。浅折腹，小敞口，方唇。盘深2.6、残宽

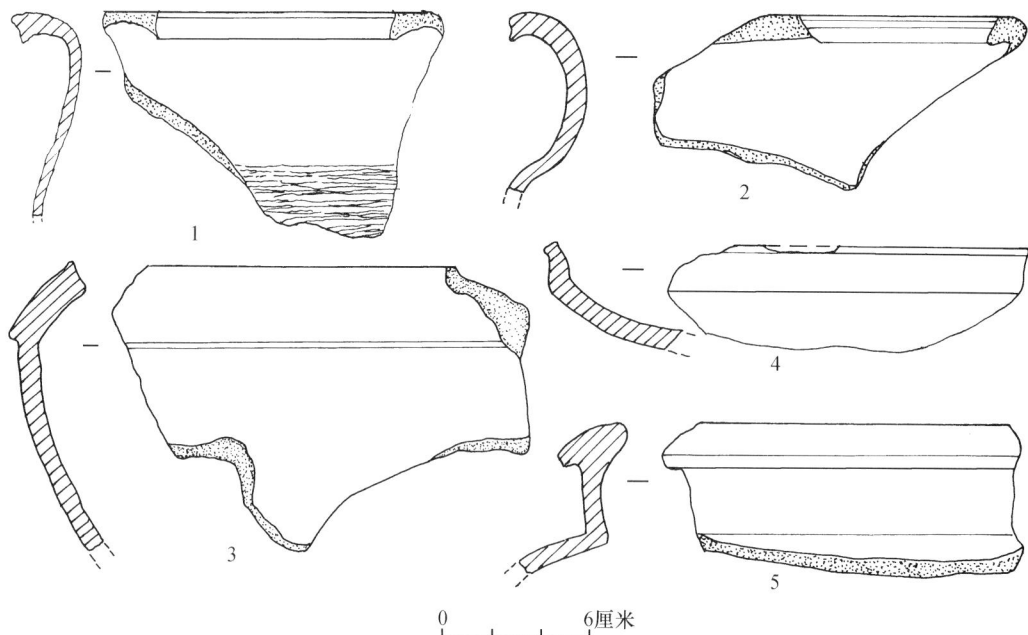

图三三　平陵城北遗址

1. 盆口沿（标本：1）　2、5.罐口沿（标本：2、标本：5）　3.缸口沿（标本：3）　4.豆盘（标本：4）

14.8、盘厚0.8厘米（图三三，4）。属东周时期。

29. 何家遗址

位于章丘市龙山街道办何家村南300米处潘王公路西侧。地势微隆，东西长450米，南北宽350米。地表可见较多陶片，主要为泥质绳纹灰陶、红褐陶，夹砂灰陶、褐陶等，器形主要为鬲。

鬲足　1件（标本：1）。夹砂红褐陶。锥状袋足。素面。有抹平痕迹。残高6.8、残宽10.5、厚0.6厘米（图三四，1）。属周代。

罐口沿　1件（标本：2）。夹砂灰陶。方唇，卷沿，小口，束颈。颈部有一道凹弦纹，领下饰竖绳纹。残高2.8、残宽4.2、壁厚0.5厘米（图三四，2）。属东周时期。

鬲口沿　2件。均夹砂灰陶。标本：3，方唇，卷沿，敛口，束颈，弧肩。肩下饰竖绳纹。残高3.4、残宽7.2、壁厚0.6厘米（图三四，3）。标本：4，方唇，唇上缘尖锐，中部内凹，折沿，短颈，直腹。肩部饰附加堆纹，腹部饰竖绳纹。残高10、残宽14.4、壁厚0.5厘米（图三四，4）。均属西周时期。

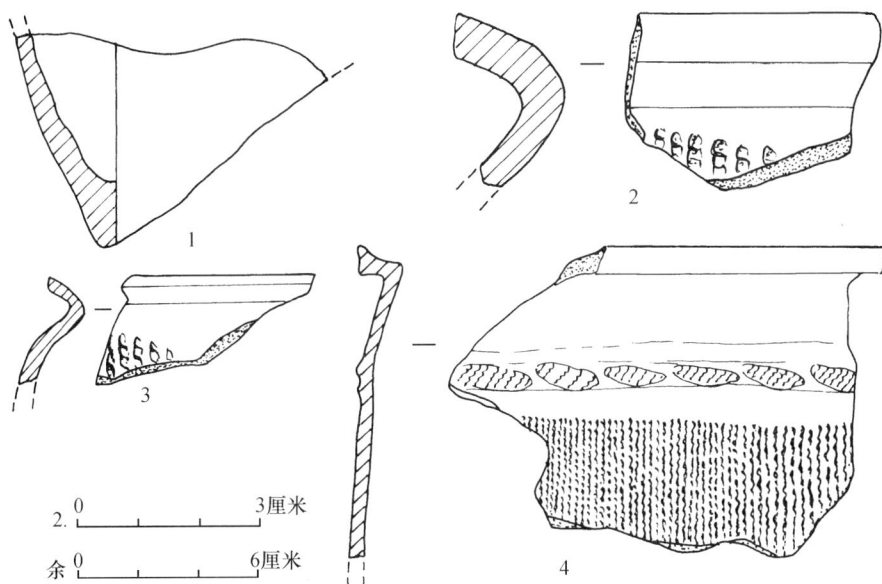

图三四　何家遗址标本

1. 鬲足（标本：1）　2. 罐口沿（标本：2）　3、4. 鬲口沿（标本：3、标本：4）

30. 于张遗址

位于章丘市龙山街道办于张村东北400米处。中心地势较高，东西长500米，南北宽450米，地表不见遗物，北部取土坑断面发现灰坑遗迹及较多陶片。文化堆积厚1~1.5米，可分3层：第1层，耕土层；第2层，黄褐粉砂层；第3层，灰褐粉砂层，其中包含较多陶片、烧土颗粒、草木灰。采集标本多为泥质绳纹灰陶片和红褐素面陶片，可辨器形有鬲、豆、罐等。

豆柄　1件（标本：1）。泥质灰陶。短粗空心柄，中部一周锐棱，喇叭口形圈足。残高9.6、豆盘残宽7.8厘米（图三五，1）。属东周时期。

罐口沿　3件。均为泥质灰陶。标本：2，方唇，小口，直领，圆肩。颈下饰竖绳纹。残高5.6、残宽7.5、壁厚0.6厘米（图三五，2）。标本：3，方唇，唇上部略尖，敛口，斜直颈，斜肩，耳残。素面。残高5.6、残宽6.2、壁厚0.6厘米（图三五，4）。标本：5，圆唇，折沿，斜直腹。沿中部起凸棱，颈下一道凸棱。素面。残高5.2、残宽9.2、壁厚1厘米（图三五，6）。均属东周时期。

盆　1件（标本：4）。红陶。圆唇，折沿，小敞口，肩部略弧，斜直腹。素面。残高4.2、残宽6.2、壁厚0.6厘米（图三五，3）。属东周时期。

鬲口沿　1件（标本：6）。夹砂红陶。方唇，折沿，敛口，束颈，收腹。素面。残高4.2、残宽5.6、壁厚0.5厘米（图三五，5）。属东周时期。

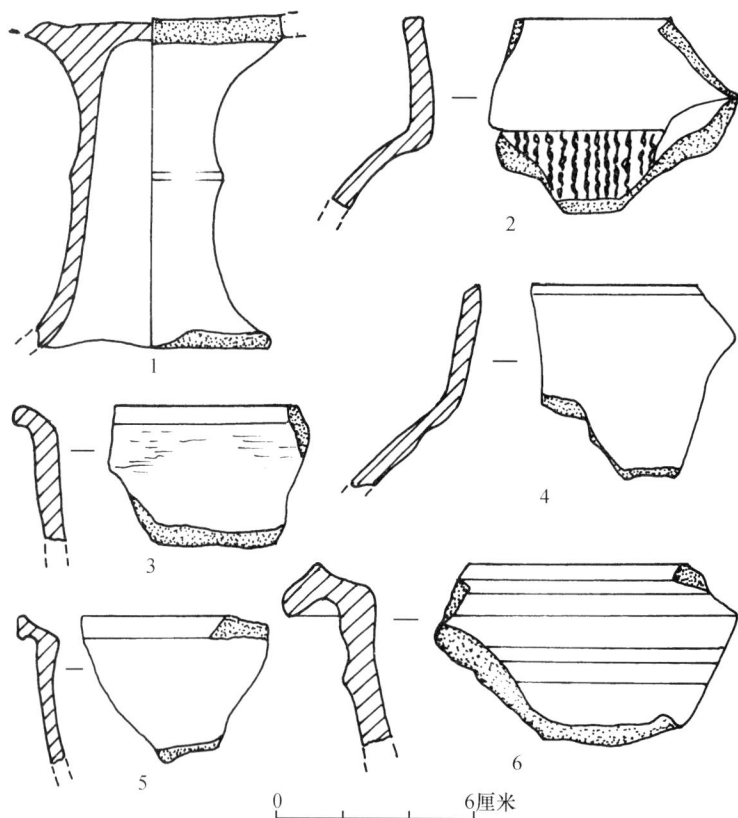

图三五　于张遗址标本

1.豆柄（标本：1）　2、4、6.罐口沿（标本：2、标本：3、标本：5）　3.盆（标本：4）　5.鬲口沿（标本：6）

31. 吴辛遗址

位于章丘市圣井街道办吴辛村西南50米处。大部被村庄占压，南部被重汽厂房占压，范围不详。地表仅采集到一些绳纹碎陶片。

陶片　2件。标本：1，夹砂灰陶。椭圆形，陶质疏松。表面有一道凹弦纹。残长6.1、残宽5、厚0.6厘米（图三六，1）。标本：2，泥质灰陶。梯形，表面饰分段细绳纹。残长5.4、残宽5、厚0.6厘米（图三六，2）。均属周代。

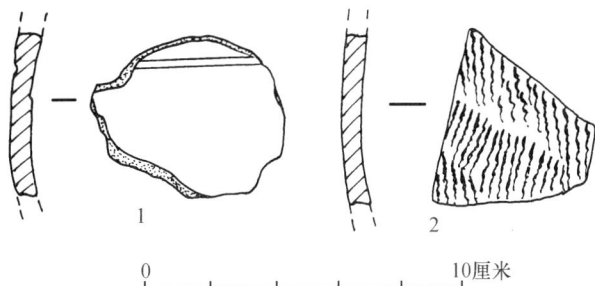

图三六　吴辛遗址陶片
1.标本：1　2.标本：2

32. 蒋家庄北遗址

位于章丘市圣井街道办蒋家庄村北。地势略隆起，东西长约300米，南北长度不清。地表遗物较少，在一管道沟内发现有陶片、板瓦、罐口沿等。

罐口沿　1件（标本：1）。泥质灰陶。方唇，折沿，侈口，束颈，圆弧肩。残高4.4、残宽14.4、壁厚0.7厘米（图三七，1）。属东周时期。

鬲口沿　1件（标本：2）。夹砂红褐陶。方唇，卷沿，束颈，弧腹，唇上缘尖锐。颈部以下饰竖绳纹。残高4.6、残宽8.5、壁厚0.6厘米（图三七，3）。属东周时期。

小罐　1件（标本：3）。黑釉陶。圆唇，卷沿，口微侈，束颈，鼓腹。口、颈施

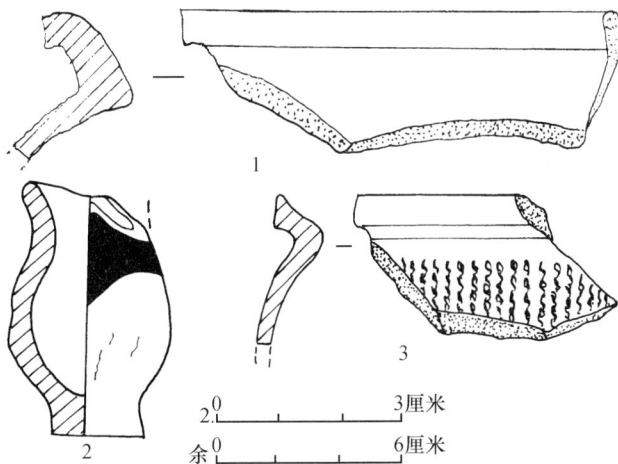

图三七　蒋家庄北遗址标本
1.罐口沿（标本：1）　2.小罐（标本：3）　3.鬲口沿（标本：2）

黑釉，腹部及底露胎。高4、底径1.7厘米（图三七，2）。属唐宋时期。

33. 卢家寨遗址

位于历城区孙村街道办小寨村东南200米处巨野河西岸。地势平坦，南北长400米，东西宽300米。破坏严重，在取土坑剖面发现大量陶片、瓦片、烧土、草木灰。文化层堆积厚0.5～2.8米，可分为4层：第1层，耕土，浅灰褐色；第2层，黄褐粉砂；第3层，浅灰褐粉砂；第4层，灰褐黏土。陶片可辨器形有盆、罐、鼎、鬲等。

罐口沿　5件。均为泥质陶。标本：2，灰陶。尖方唇，卷沿，侈口，束颈。残高4.8、残宽9、壁厚0.7厘米（图三八，5）。标本：3，灰陶。尖圆唇，小直口，短颈，圆肩。肩部饰竖绳纹。残高3.8、残宽7.6、壁厚0.5厘米（图三八，3）。标本：5，灰陶。方唇，敛口，折沿，斜肩。肩部横饰细绳纹，有摁压痕。残高6.1、残宽5、壁厚0.6～1.3厘米（图三八，4）。标本：6，黑陶。轮制。圆唇，卷沿，束颈。残高4、残宽10、壁厚0.8厘米（图三八，1）。标本：7，灰陶。尖方唇，敛口，折沿，束颈，耸肩，鼓腹。颈部以下竖饰中绳纹。残高9.2、残宽14.6、壁厚0.5厘米（图三八，2）。均属东周时期。

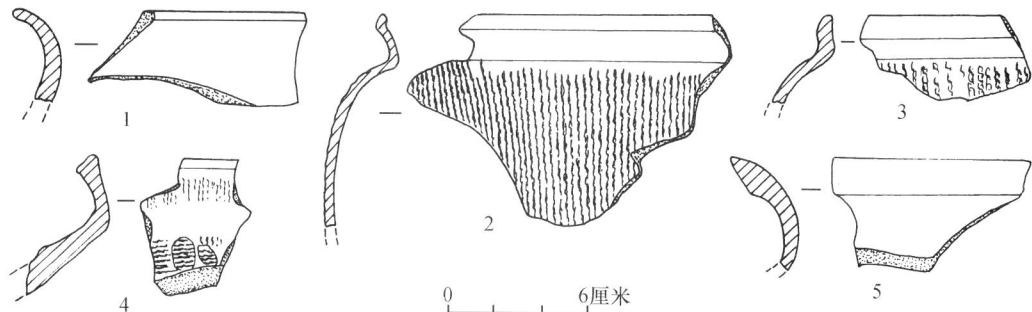

图三八　卢家寨遗址罐口沿
1. 标本：6　2. 标本：7　3. 标本：3　4. 标本：5　5. 标本：2

鬲足　1件（标本：4）。夹砂红褐陶。矮袋足。表面斜饰细绳纹。残高3.5、残宽7、壁厚0.9厘米（图三九，1）。属东周时期。

鼎足　1件（标本：1）。夹砂红陶。兽蹄状足，截面呈椭圆形。素面。残高8.8、残宽7.6、足底宽1.8厘米（图三九，4）。属东周时期。

鬲口沿　1件（标本：8）。泥质红陶。方唇，唇外缘内凹，斜折沿，束颈，弧腹。颈部以下饰竖绳纹。残高3.7、残宽6.31、壁厚0.5厘米（图三九，3）。属东周时期。

罐肩　1件（标本：9）。夹砂灰陶。折肩，直腹。肩部素面，腹部饰斜绳纹。残高4.8、残宽8、壁厚0.4厘米（图三九，2）。属东周时期。

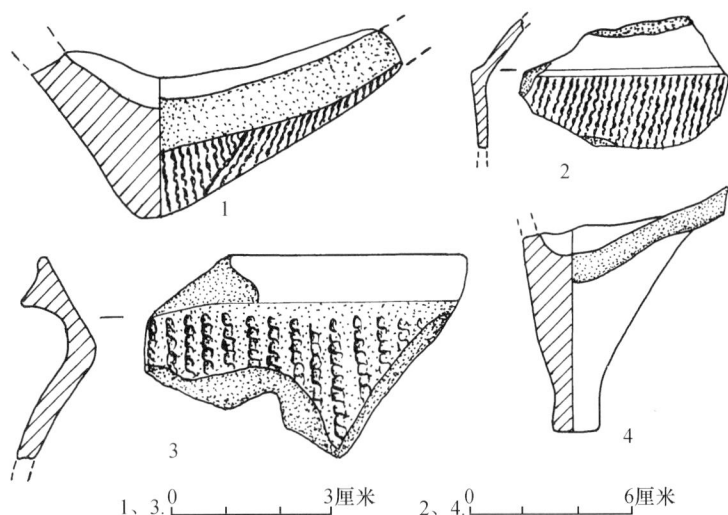

图三九　卢家寨遗址标本

1. 鬲足（标本：4）　2. 罐肩（标本：9）　3. 鬲口沿（标本：8）　4. 鼎足（标本：1）

34. 西卢遗址

位于历城区孙村街道办西卢村西300米处巨野河东岸。中心隆起，四周较平。南北长450米，东西宽330米。采集有泥质灰陶片，可辨器形有豆、直领罐。在取土坑断崖剖面发现有灰坑，包含有兽骨。文化层厚0.6～3米，堆积层间痕迹不清。

罐口沿　6件。均为泥质陶。标本：7，青灰陶。方唇，折沿，口微敛，短直颈，圆肩。颈部有修整痕迹。颈以下饰绳纹，绳纹上有抹平迹象。残高5.4、残宽9.8、壁厚1厘米（图四〇，5）。标本：8，红陶。圆唇，卷沿，侈口，高颈。沿下有抹痕，肩部饰斜绳纹。残高7.2、残宽5、壁厚0.8厘米（图四〇，1）。标本：9，灰陶。圆唇，卷沿，敛口。残高4、残宽8、壁厚0.6厘米（图四〇，2）。标本：5，青灰陶。圆唇，敛口，矮颈，斜肩。颈下饰竖向绳纹。残高4.5、残宽10、壁厚0.7～2厘米（图四〇，3）。标本：1，灰陶。圆唇，折沿，侈口，高颈，广肩，鼓腹。素面。残高14.4、残宽26.4、壁厚1.3厘米（图四一，2）。标本：6，灰陶。重唇，敛口，广肩。口沿内有一圈凹槽，罐身素面。残高6.4、残宽17.4、壁厚0.7厘米（图四一，3）。均属东周时期。

罐底　1件（标本：2）。泥质灰陶。斜壁，假圈足平底，底部略凹。有轮制弦痕。残高3.5、罐底直径10.4、壁厚0.8厘米（图四〇，6）。属东周时期。

豆盘　1件（标本：3）。泥质灰陶。浅弧盘，方唇，直口，空心柄。残高6.6、盘残宽14、盘壁厚0.6～1.5厘米（图四一，1）。属东周时期。

豆柄　1件（标本：4）。泥质灰陶。空心状柄。柄径4、残高7.9厘米（图四〇，4）。属东周时期。

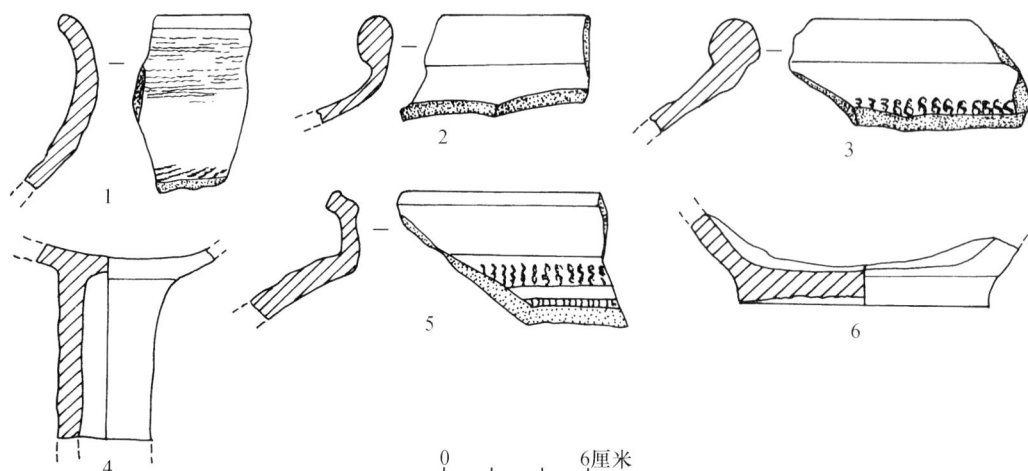

图四〇　西卢遗址标本（一）

1~3、5.罐口沿（标本：8、标本：9、标本：5、标本：7）　4.豆柄（标本：4）　6.罐底（标本：2）

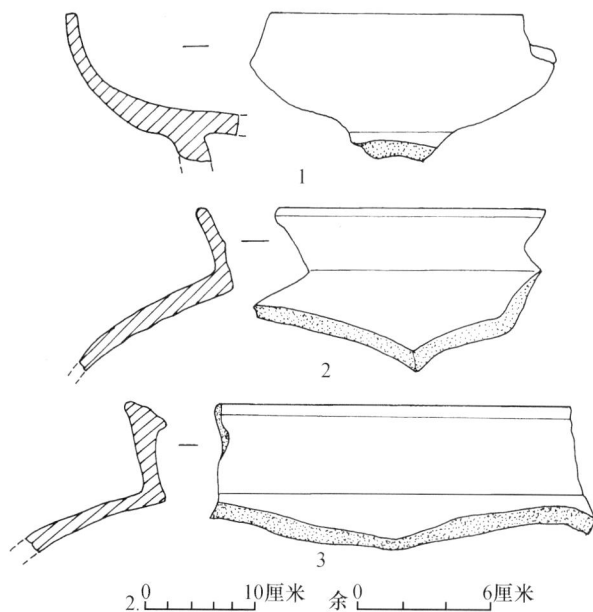

图四一　西卢遗址标本（二）

1.豆盘（标本：3）　2、3.罐口沿（标本：1、标本：6）

35. 小寨遗址

位于历城区孙村街道办小寨村东南200米处巨野河西岸。地势平坦，南北长400米，东西宽300米。遗址破坏严重，在取土坑剖面发现有陶片、瓦片、烧土、草木灰。文化层堆积厚0.5~2.8米，可分为4层：第1层，耕土，浅灰褐色；第2层，黄褐粉砂；第3层，浅灰褐粉砂；第4层，灰褐黏土。

36. 北徐马遗址

位于历城区孙村街道办北徐马村与东枣园村之间，东距北徐马村200米。地势较四周略高，东西长450米，南北宽400米。地面散落有较多陶片，有布纹瓦、泥质绳纹陶片。

罐底　1件（标本：1）。泥质红陶。斜直腹，外饰瓦棱纹，平底。残高4.4、残宽7.2、壁厚0.6厘米（图四二，1）。属东周时期。

盆口沿　1件（标本：2）。泥质灰陶。方唇，宽平折沿，侈口，斜直腹。残高1.5、沿宽3.5厘米（图四二，2）。属汉代。

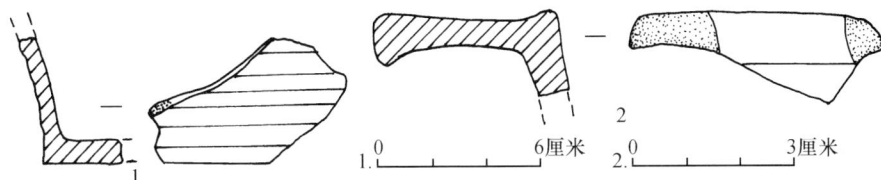

图四二　北徐马遗址标本
1.罐底（标本：1）　2.盆口沿（标本：2）

37. 西徐马遗址

位于历城区孙村街道办西徐马村北100处。遗址中心略隆起，南北长250米，东西残宽100米。其南部被村庄占压，其他大部被砖厂取土严重破坏，仅存东北一角。断崖可见文化层厚约1米，层次不甚分明。发现灰坑5个，多为袋状圜底，灰坑内填灰土，陶片较少。在剖面采集有假圈足灰陶碗残片、泥质灰陶罐口沿、布纹瓦残片、粗绳纹夹砂鬲残片。

罐口沿　2件。均为泥质灰陶。标本：1，尖方唇，卷沿，口微敛，束颈。素面。残高5.5、残宽8.5、壁厚0.6厘米（图四三，1）。标本：2，圆唇，宽平沿，敛口，直腹微弧。素面。残高8、残宽4、壁厚0.9厘米（图四三，2）。均属汉代。

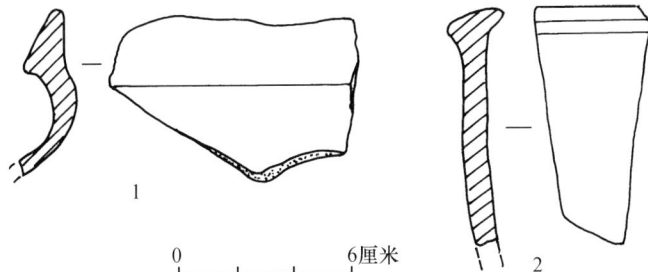

图四三　西徐马北遗址罐口沿
1.标本：1　2.标本：2

38. 卫东西遗址

位于历城区董家镇卫东新村西200米处。地势较为平坦，南北长350米，东西宽300米。大部被砖厂取土破坏，在取土坑西侧断崖发现少量陶片，文化层堆积厚0.8～1米，可分3层：第1层，耕土层；第2层，黄褐粉砂层，内有少量红褐陶片及少数瓷片；第3层，灰褐粉砂土层，包含泥质绳纹陶片及夹砂陶片少许。可辨器形有罐、豆、缸、鬲等。

罐口沿　1件（标本：3）。泥质红陶。圆方唇，卷沿，直口，直腹。残高7.4、残宽9、壁厚0.5厘米（图四四，4）。属东周时期。

鬲口沿　1件（标本：4）。夹砂灰黑陶，方唇，卷沿，束颈，斜肩。腹竖饰细绳纹，颈部抹平。残高3.8、残宽6.4、壁厚0.7厘米（图四四，5）。属东周时期。

鼎口沿　1件（标本：5）。夹砂灰黑陶，陶质疏松。束颈，宽折沿，方唇。略尖残高5、残宽8.8、壁厚0.8厘米（图四四，3）。属东周时期。

缸口沿　1件（标本：1）。泥质灰陶。方唇，唇中部内凹，直口微敛，宽平沿，沿上有一道凸棱，直腹。素面。残高7.8、残宽13、壁厚0.8厘米（图四四，1）。属汉代。

豆盘　1件（标本：2）。泥质灰陶。浅盘，尖唇，三角沿，盘内底部略凹，盘内底与壁连接处有两道凹弦纹，空心细柄。残高5.6、盘深3、盘直径16.4厘米（图四四，2）。属汉代。

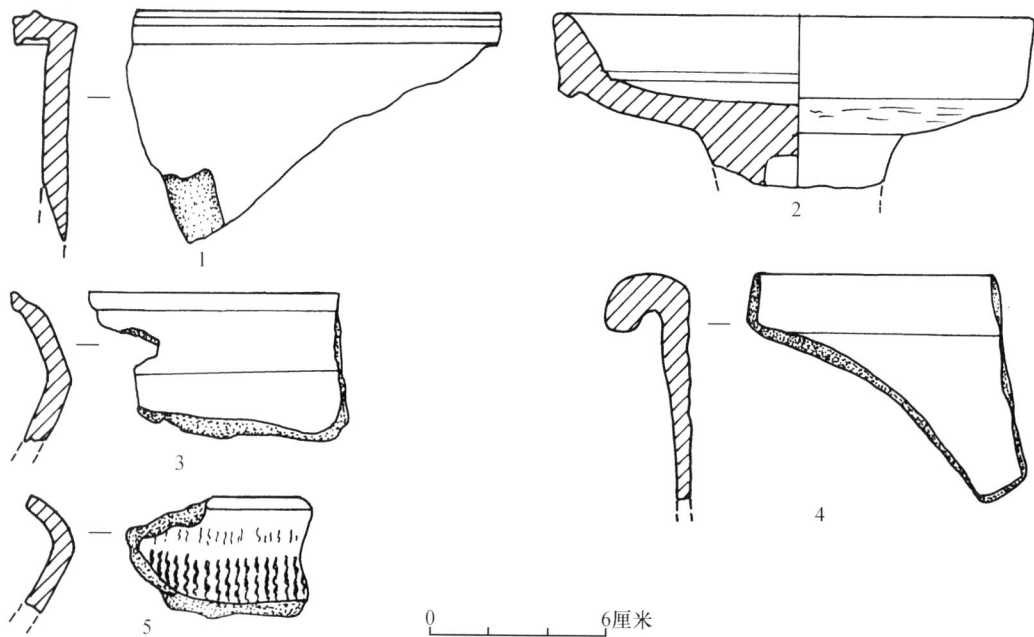

0 ——————— 6厘米

图四四　卫东西遗址标本

1.缸口沿（标本：1）　2.豆盘（标本：2）　3.鼎口沿（标本：5）　4.罐口沿（标本：3）　5.鬲口沿（标本：4）

39. 东曹官庄封土墓

位于章丘市龙山街道办东曹官庄东南450米处。现存封土面积30余平方米，残高11米，封土断面夯层清晰可见，年代为汉。

40. 权庄遗址

位于章丘市龙山街道权庄村东南1公里武原河南岸。中部微隆，周边地势平坦。南北长500米，东西宽400米。2000年被列为章丘市文物保护单位。本次调查在地表采集到少量汉代陶片。

瓮口沿　1件（标本：1）。泥质灰陶。圆唇，宽沿，敛口，斜直领，圆肩。素面。残高7.4、残宽16.8、沿宽5.5、壁厚0.9厘米（图一九，1）。年代为汉。

41. 凤凰岭墓地

位于章丘市龙山街道办娄家四户村、东王野河村以东，杜家村以北，崔家村以西的岭地。地势较高，呈东南—西北走向，与周边高差3米多。在度假村北部取土坑发现两个土坑墓，填土夯实，其中一座有近期盗扰迹象。在东王野河村东北取土坑也有墓葬发现，地面散落有墓砖。据村民介绍，土地平整时，此处曾有文物发现。年代为汉。

42. 任家庄墓地

位于章丘市龙山街道办任家村东南300米处，南距崔家遗址100米。仅在取土断崖发现4个土坑墓，四周散落有墓砖和石板。范围不清。年代为汉。

43. 毕扬村封土墓

位于章丘市圣井街道办毕扬村西南700米处。墓上封土现存20余平方米，残高6～7米。此墓西150米处另有一座墓葬，已被毁，现呈大坑，坑直径40余米，深4～5米。时代为汉代。

44. 蒋家庄遗址

位于章丘市圣井街道办蒋家庄西北300米处，巨野河从遗址东部穿过。河西侧遗址被砖厂破坏殆尽，东岸范围不清，地表可见陶片。河东岸断崖剖面发现陶片、瓦片及大片红烧土。该遗址文化层单一，厚约2米。所采集标本有布纹筒瓦、陶片、罐等。

筒瓦　1件（标本：1）。泥质灰陶。表面饰竖向细绳纹，内面为布纹。残长14.2、残宽8.3、厚1厘米（图四五，1）。属汉代。

陶片　1件（标本：2）。泥质灰白陶。内外面均为瓦纹，表面饰以斜向绳纹。残长8.5、残宽9.6、厚1厘米（图四五，3）。属汉代。

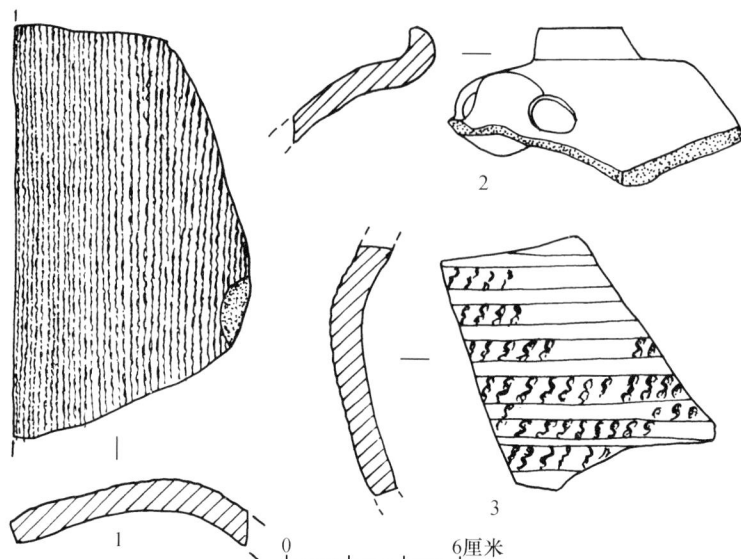

图四五　蒋家庄遗址标本

1. 筒瓦（标本∶1）　2. 罐口沿（标本∶3）　3. 陶片（标本∶2）

　　罐口沿　1件（标本∶3）。泥质灰陶。圆唇，口微侈，短颈，广肩，鼓腹。腹部残留牛鼻耳。素面。残高5.4、残宽10.4、壁厚0.8厘米（图四五，2）。属唐代。

45. 抬头河遗址

　　位于历城区孙村街道办抬头河村东北200米，巨野河西岸台地上。地势平坦，南北长200米，东西宽150米。遗址地表无遗物，在遗址东部断崖剖面上发现灰坑及道路，另有部分烧土块。文化堆积单一，灰坑中发现有陶片、瓦及砖残块。

　　板瓦　1件（标本∶1）。泥质青灰陶。板瓦截面呈圆弧形。表面一端饰细绳纹，另一端为瓦纹。内面一端为粗绳纹，其余为布纹。残长24、残宽22、厚1.5厘米（图四六，1）。属汉代。

　　陶片　1件（标本∶2）。夹砂红陶。近三角形。表面饰篮纹，内表层施灰褐色釉。残长7.3、残宽5、厚0.8厘米（图四六，2）。属汉代。

46. 三官庙遗址

　　位于历城区董家镇三官庙村东150米。地势微隆，南北长250米，东西宽200米，地表布纹瓦片较多，从取土坑观察文化堆积厚约0.4米。另见村民发现唐代陶罐。未采集标本。

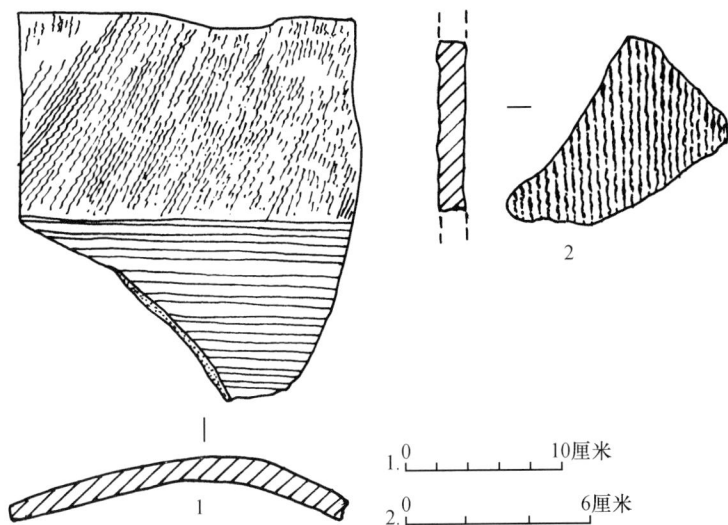

图四六　抬头河遗址标本

1.板瓦（标本：1）　2.陶片（标本：2）

47. 城子遗址

位于历城区董家镇城子村东南500米处巨野河南岸。地势微隆，南北长350米，东西宽300米。地表陶片较少。在一地窖外围发现有大量瓦片、瓷片，从断面观察文化层厚度超过0.8米，并发现一券顶砖室墓。

盆口沿　2件。均为泥质灰陶。标本：1，方唇，卷沿，斜直腹。沿上有一道凸棱，腹饰成组凸弦纹。残高10、残宽34、壁厚1厘米（图四七，1）。标本：4，方唇，敞口，平折沿，斜直腹微弧。沿上有一道凸弦纹，唇外缘内凹，腹部有修整痕迹。残高7、残宽9.2、壁厚0.7厘米（图四七，4）。属汉代。

缸口沿　1件（标本：2）。泥质灰陶。方尖唇，平折沿，直口微敛，深腹略鼓。腹饰细弦纹，中部装饰一道附加堆纹，其上有指压纹。残高15.8、残宽14.4、壁厚0.8厘米（图四七，3）。属汉代。

豆盘　1件（标本：3）。泥质灰陶。浅盘，略呈双层盘，圆唇。盘腹内壁有轮修留下的弦纹。残高2.8、盘直径17.8、壁厚1.2厘米（图四七，2）。属汉代。

48. 城子村北遗址

位于历城区董家镇城子村北巨野河南岸。紧邻城子村北，南部被民房占压，东西长200米，南北宽100米。地面不见遗物，在几个取土坑断面发现文化堆积，内含布纹瓦片，陶碗残片等遗物。年代应为汉至唐宋时期。

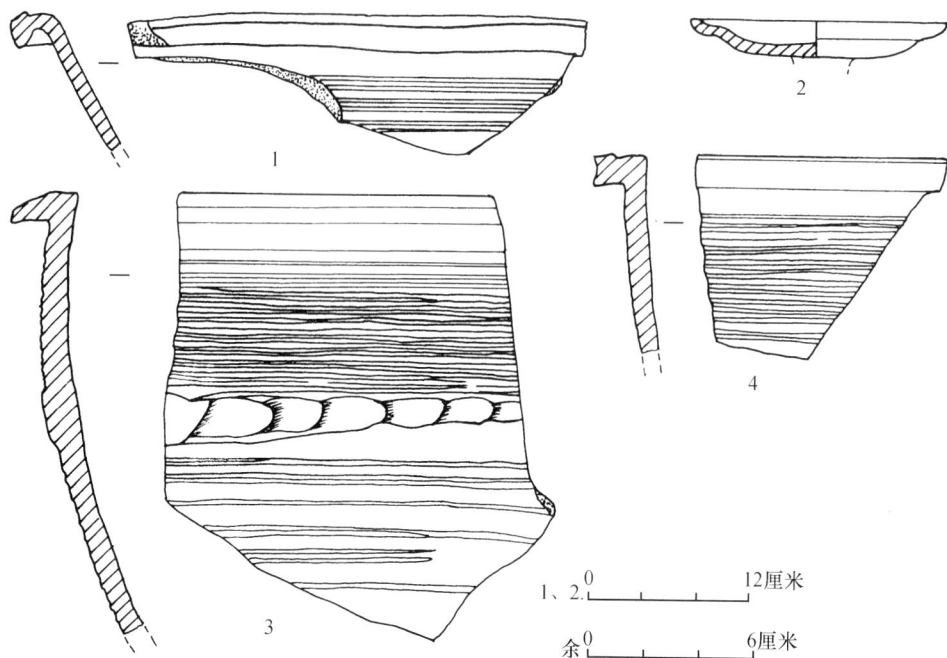

图四七　城子遗址标本

1、4. 盆口沿（标本：1、标本：4）　2. 豆盘（标本：3）　3. 缸口沿（标本：2）

49. 东省庄墓地

位于章丘市圣井街道办东省庄村东北150米处，地表为杨树林。原有封土，现已不存，盗挖成坑，墓上发现盗洞，盗洞直径1米左右。

（三）各时期遗址分布及演变规律

由分布图可以发现，遗址多密集于巨野河下游主河道及上游支流两岸地区，一般距河道3公里以内，且相当一部分遗址沿巨野河两岸分布，呈现出以河流为轴线、南北向延伸的带状聚落群。这些遗址主要处于南部山区向北的冲积平原上，海拔在35～75米，多数坐落于河旁的高地上，周围属平坦、开阔的沃野平原。

我们的讨论自后李文化开始，将各时期文化遗址分布特征归结如下，以便于加深对整个地区内文化变迁和聚落演变的认识。

1. 后李文化时期

仅新发现龙山二村遗址1处，坐落于巨野河中游东岸冲积平原上，面积约6万平方米，南距西河遗址[9]仅1.1公里。张学海先生曾谈到章丘地区后李文化聚落有明显分组现象[10]，故这两处遗址可能存在某种组合关系[11]，结合西河遗址观察，该区域后李文化聚落分布特点为：基本上都处于河流拐弯处的冲积平原上，滨河设居，聚落间距较近（图四八）。

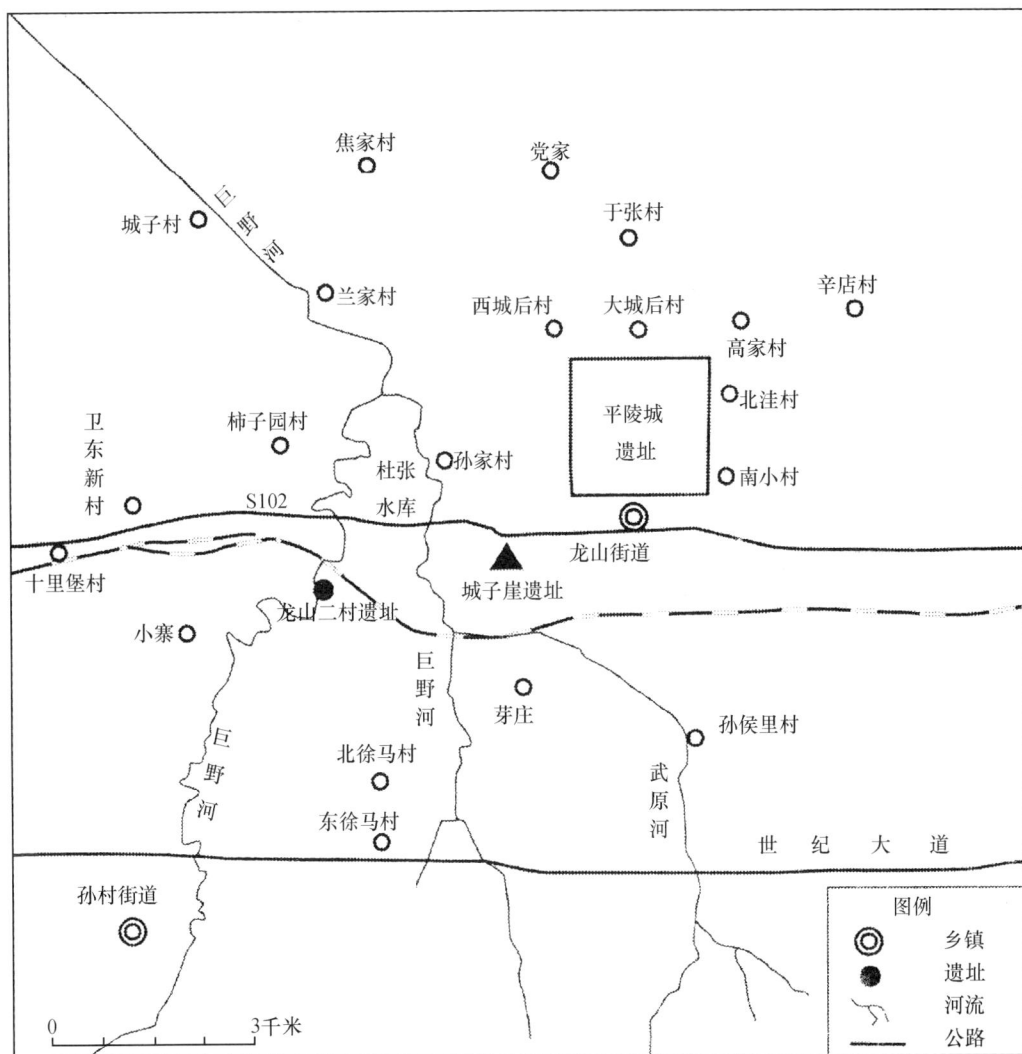

图四八　后李文化遗址分布图

2. 大汶口文化时期

发现5处。数量较后李文化明显增多。巨野河上、中、下游均有发现，下游干流河段较密集，极个别遗址距河道稍远，遗址面积多数万平方米，大小不等，仅焦家遗址超过50万平方米，焦家遗址内含大汶口文化、龙山文化、岳石文化等多个阶段的遗存，由于未经钻探、发掘，无法分辨出各阶段的实际面积，但大汶口文化应是其中的主要内涵。从分布图上可以发现（图四九），该区域大汶口文化遗址可划分为三个聚落群，分别位于于巨野河上、中、下游，以巨野河下游的3个聚落董东、董西、焦家间距相对中游拉近，相互距离约1.5公里。

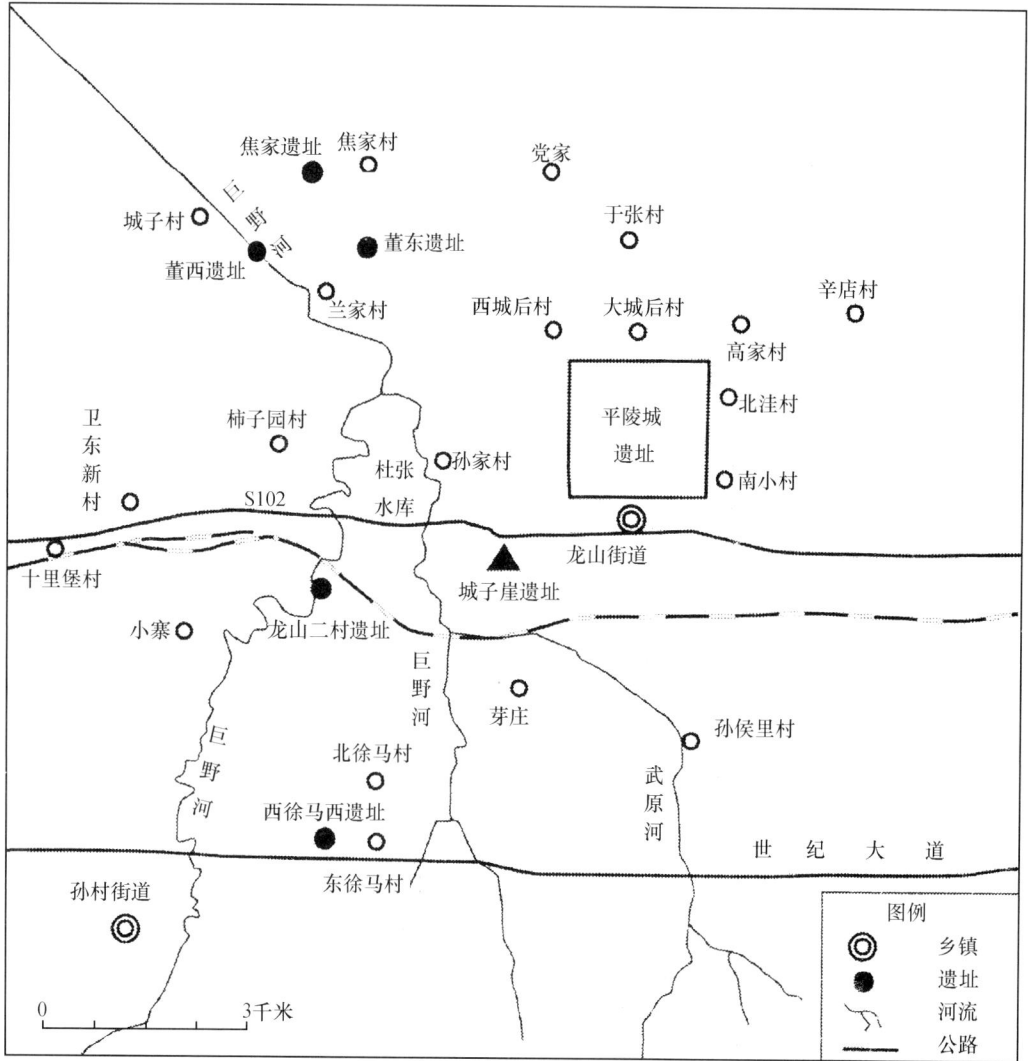

图四九　大汶口文化遗址分布图

3. 龙山文化时期

遗址数量较大汶口文化成倍增加，共发现14处。由巨野河上、中、下游呈递增态势（图五○）。下游干流遗址明显增多，并且约有一半以上遗址距河道有一段距离，如高家遗址距巨野河直线距离达5.3公里，沿河分布的仅为个别。遗址面积从一两万至几十万平方米不等。显然城子崖遗址是其中的佼佼者。遗址绝大多数位于城子崖遗址

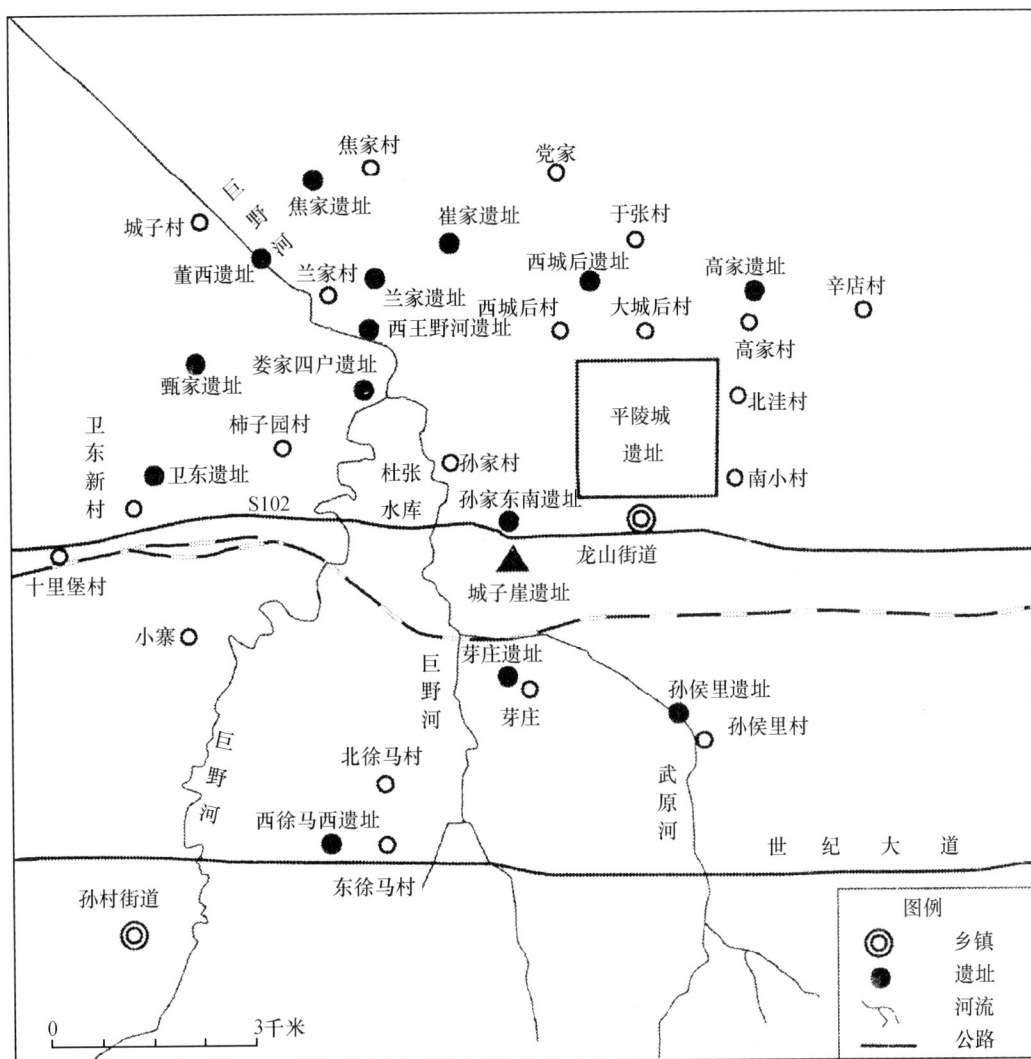

图五〇　龙山文化遗址分布图

以北的巨野河下游河段，如娄家四户、西王野河、兰家、董西、崔家、焦家、孙家东南、高家、西城后、卫东等。巨野河上游及其支流仅发现孙侯里、西徐马西2处遗址。显示出从城子崖向北，然后经焦家向东伸展的趋势。

4. 岳石文化时期

　　共发现8处聚落。数量较龙山文化时期有所回落，分布特征与龙山文化相似，下游干流较为密集（图五一）。与龙山文化不同的是8处遗址中仅2处距离河道稍远。此期遗址下层堆积多为龙山文化遗存，如娄家四户、西王野河、焦家、高家、西城后、孙侯里等，这揭示了本区域内龙山文化与岳石文化之间的衔接、传承关系。遗址面积多

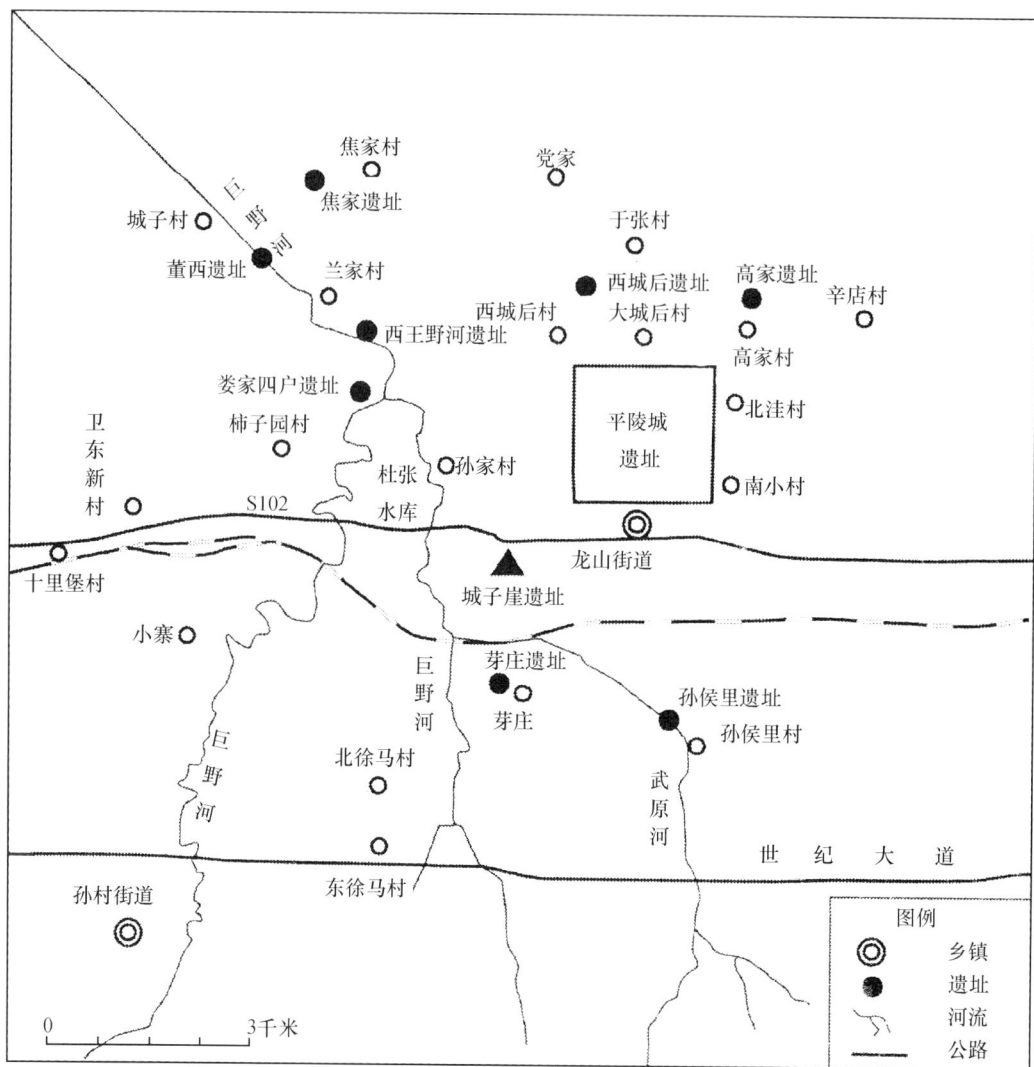

图五一　岳石文化遗址分布图

为几万平方米。从遗址分布图可以将这8处遗址划分成3组，巨野河上游支流武原河组包含2个聚落（芽庄、孙侯里），均沿河分布，之间距离稍远；下游组由4个聚落（娄家四户、西王野河、董西、焦家）组成，相互距离较近，依旧沿河分布；距离河道稍远的2处遗址（高家、西城后）可看做一个组，其相互距离较近，应存在一定组合关系。

5. 商代时期

遗址仅发现4处，遗址分布区域在岳石文化基础上进一步缩小，数量亦明显减少，整体沿巨野河呈线性分布，遗址均距河道较近。面积多数超过10万平方米。数量的减

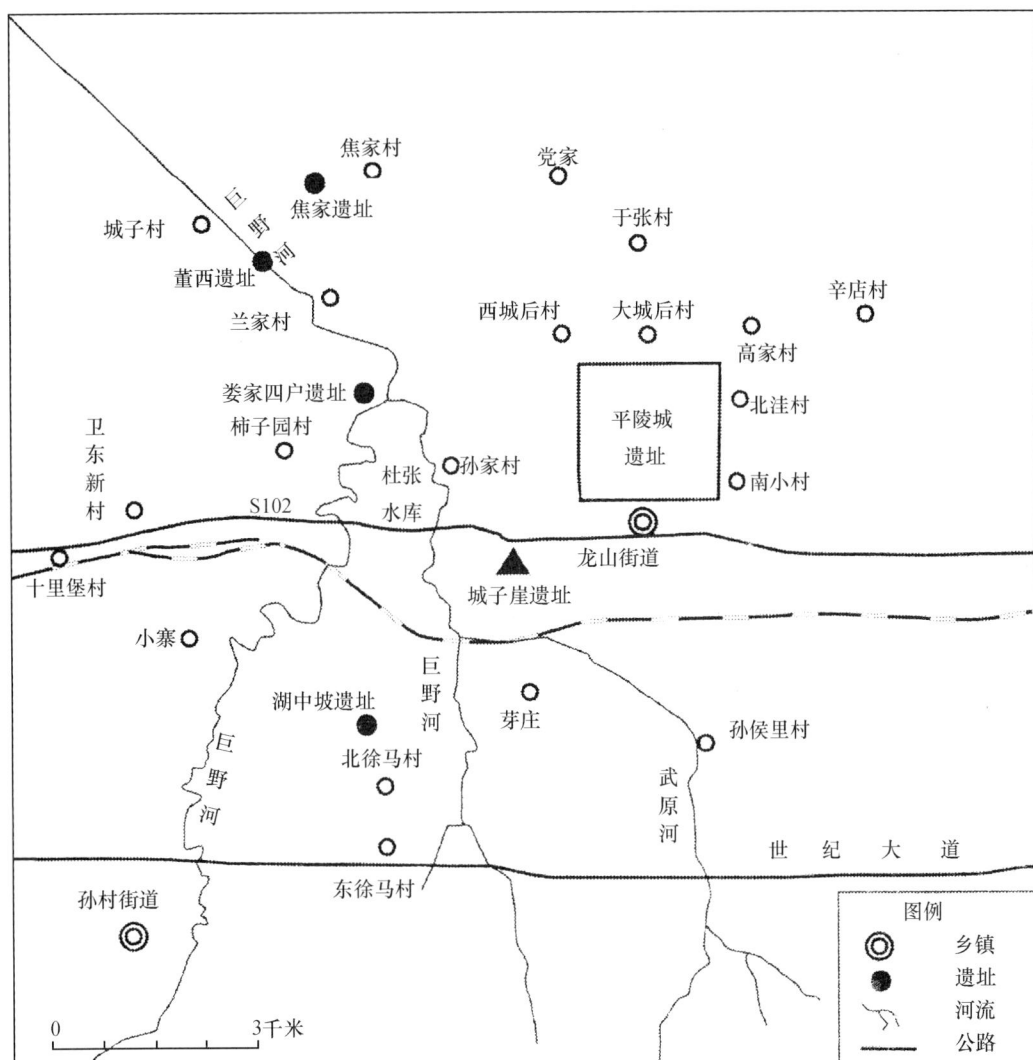

图五二　商代遗址分布图

少及面积的增加显示该地区商代文化聚落可能存在合并现象，这暗示岳石文化之后社会的重新整合（图五二）。

6.西周时期

共发现遗址12处，数量突然增加，均匀分布于城子崖南北两区河流周边区域，基本上为商文化发展扩充后的结果（图五三）。城子崖东西向带状区呈现小范围空白区域。

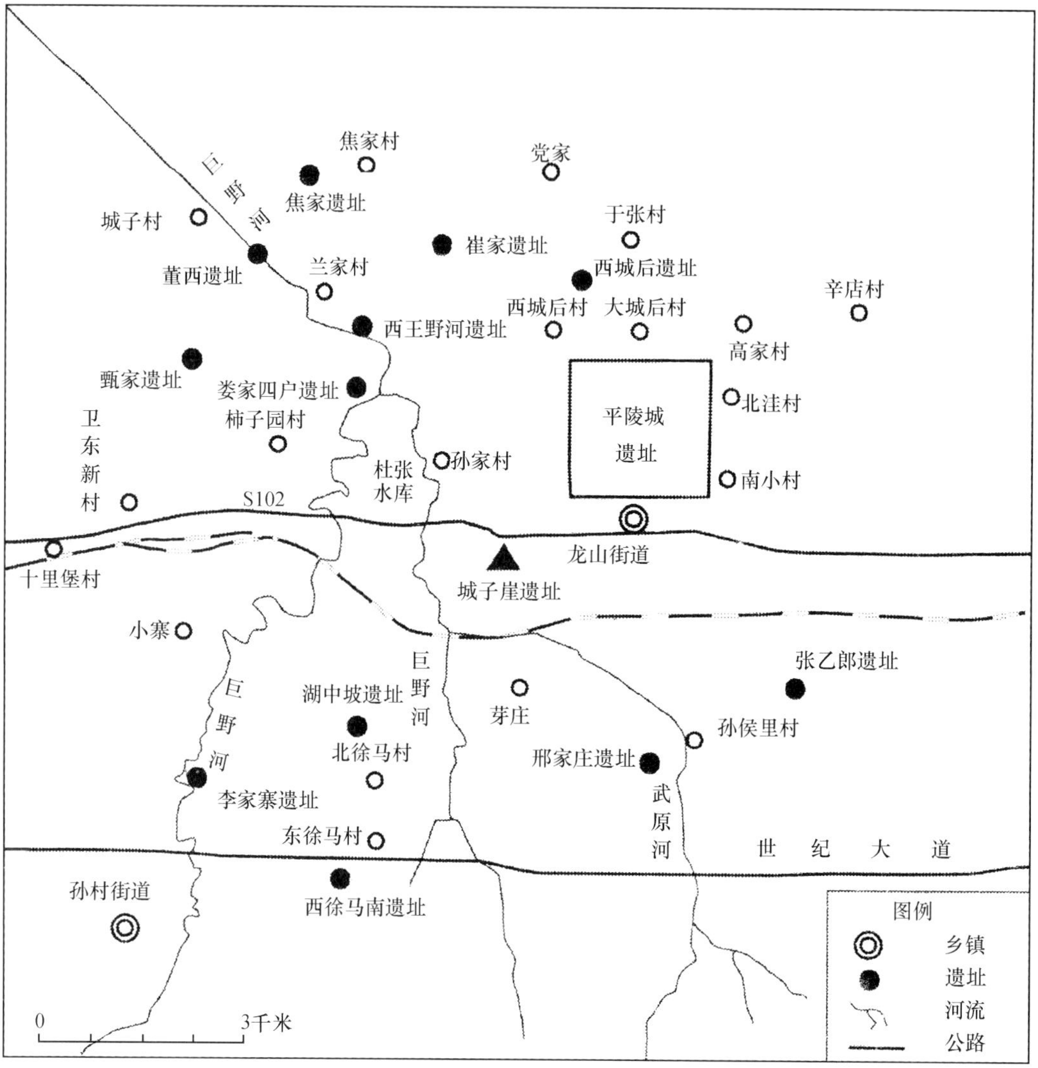

图五三　西周遗址分布图

7. 东周时期

　　共发现遗址35处，数量继续大幅增加，以城子崖遗址区域为中心呈现环状密集分布。这个时期的遗址数量在各个时期中最多，表明本区域东周时期最为繁盛（图五四）。

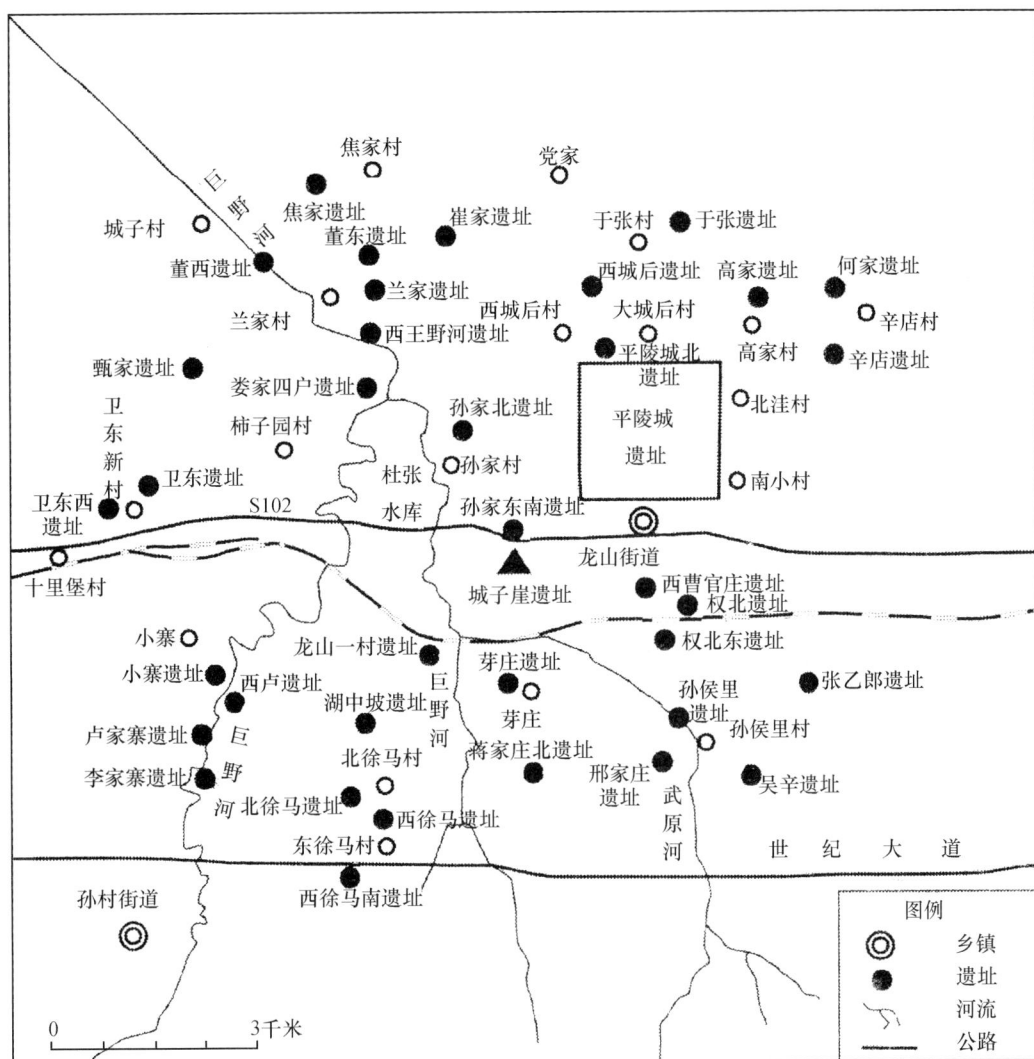

图五四　东周遗址分布

8. 汉代文化时期

共发现遗址（墓地）29处，由于调查范围的局限，平陵城以东区域本次调查未能涉及，但以西区域呈现均匀散布的特征（图五五）。

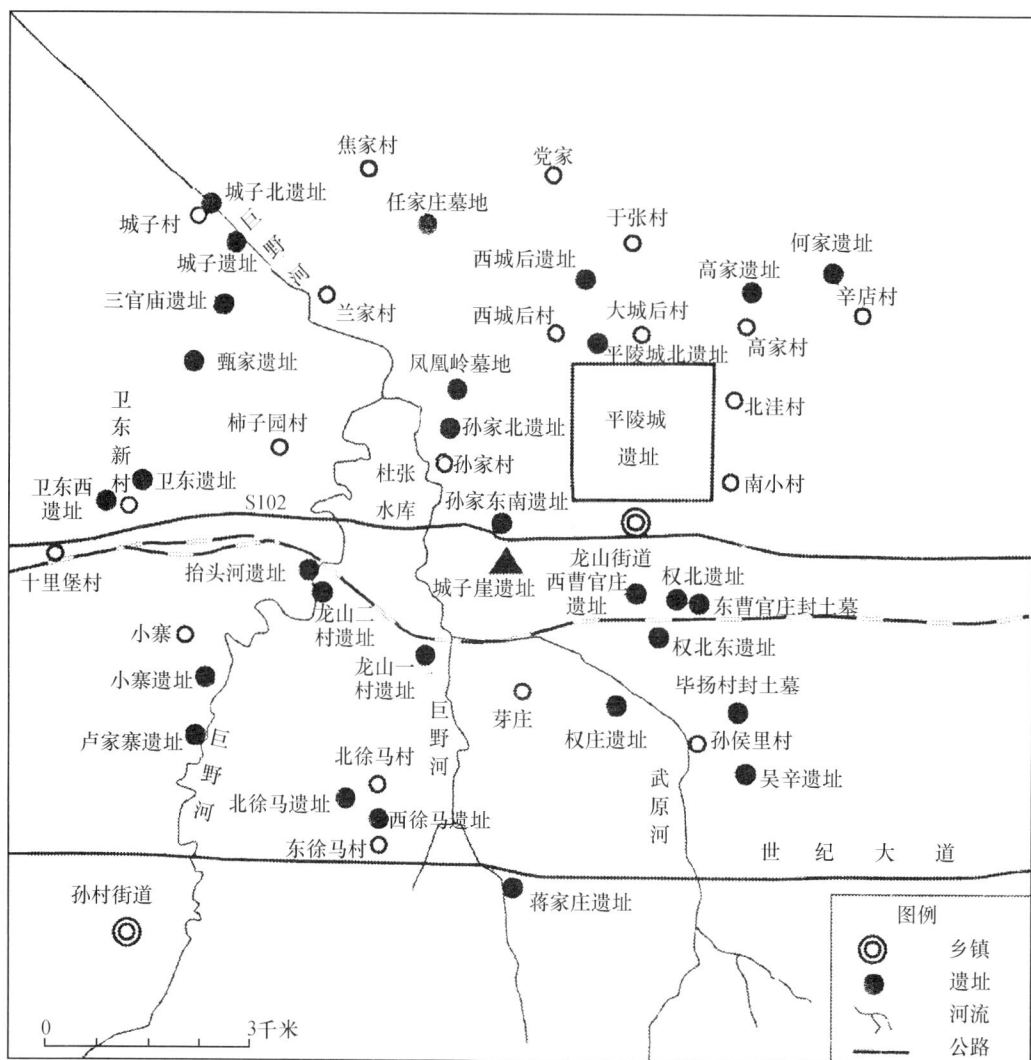

图五五　汉代遗址分布

9. 唐、宋时期

　　共发现遗址11处，数量较汉代明显回落。由于经济文化中心的西移，遗址分布出现逐渐向西偏移态势（图五六）。

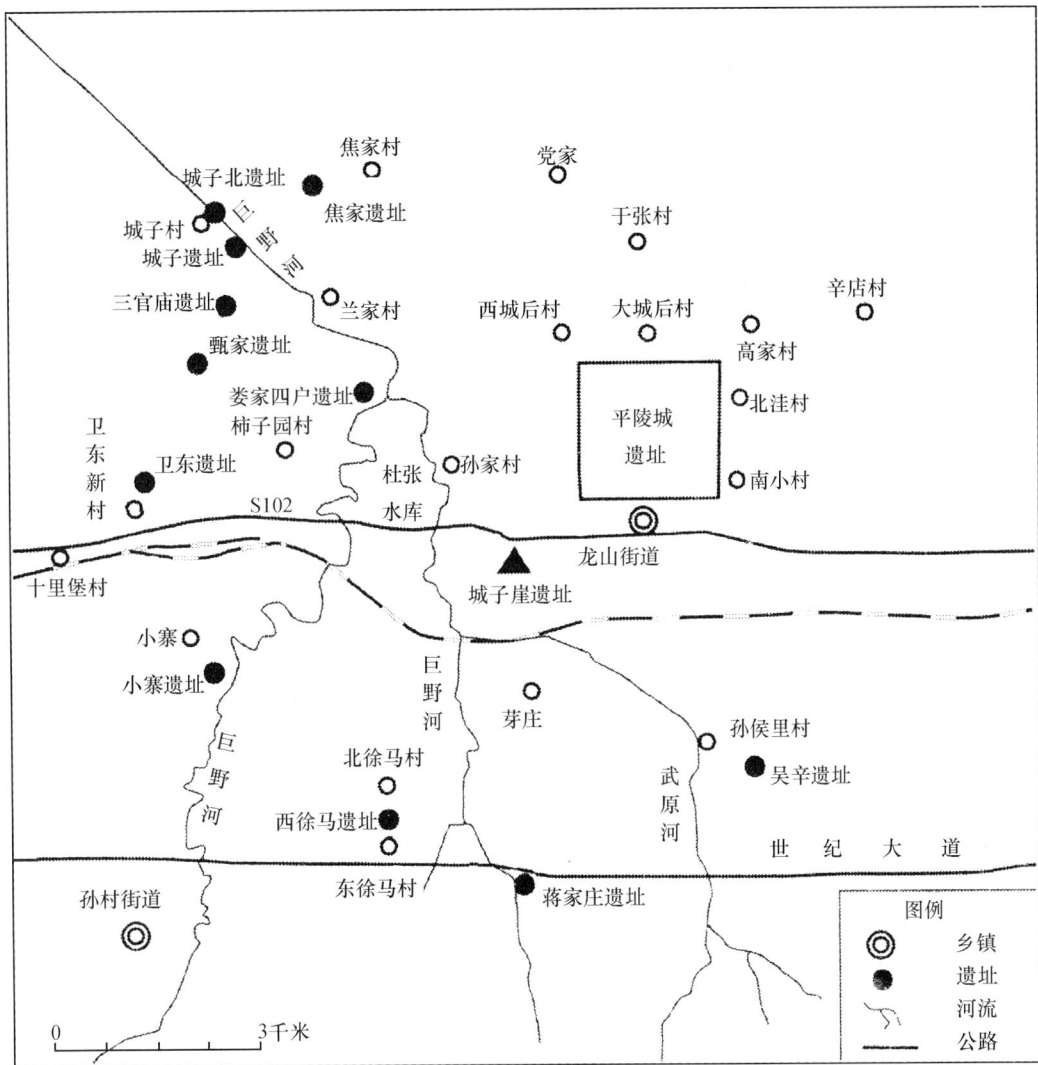

图五六　唐宋遗址分布

六、存在问题及相关讨论

　　本次调查的目的是对该地区史前文化遗址分布特征及文化性质有一个基本的了解，特别是龙山文化、岳石文化聚落的分布规律与城子崖遗址之间的关系。由于课题所涉区域后世人类活动频繁，我们知道具体结论不可避免地具有相当大的不可确定性。

　　首先，由于此次调查区域属于现代乡村、大型古城址及工厂密集分布区，早期遗存不是被压于其下就是因当今工农业生产造成破坏，仅通过地面调查很难完全反映当时的真实状况。同时，该区域基本上处于巨野河及其支流冲积范围，长年的河流泛滥冲积肯定会影响一些遗址的生存和出露。可能因为这些原因造成有些区域出现了遗存空白。

再者，遗址面积主要依据地表陶片散布范围得出，而这些遗址多位于农田下，现代生产活动对于地表陶片分布影响较大，这也是我们在实际工作中需要面对和努力避免其影响的问题。

除去上述问题，此次调查收获颇丰，特别是对城子崖核心区域史前文化遗址的分布状况有了一个较为清楚的了解，极大地丰富了对该区域遗址分布及文化序列的认识，大体摸清了各时期考古学文化分布特征，为今后深入考古工作的开展提供了重要参考。

综观调查区域内诸时期聚落的分布状况（图五七），可以看出本区域内数千年来聚落与社会的发展变化轨迹。

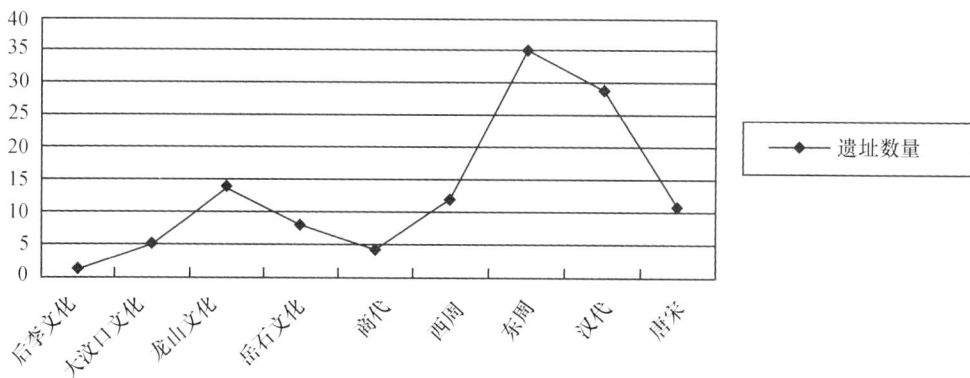

图五七　各时期遗址数量变化曲线

虽然后李文化是本地区目前最早的新石器时代文化，但聚落数量并不算稀少，调查区域内发现2处，如果算上整个章丘市、历城区及高新区，达到6处。这些遗址面积一般较大，多是三两成组沿河分布，显示了一幅与自然和谐相融的画面。

北辛文化时期，调查区域内没有发现，但在章丘董东等处有所发现，只是数量甚少，表明这时期是本地区发展的一个低潮。

大汶口文化时期，聚落的数量陡增，分布范围有所拓展，特别是巨野河下游集中了更多的聚落。这时期聚落对河流依赖性依旧很强，同时最明显的变化是出现了群落现象，尤其下游区域更为显著。

龙山文化阶段，聚落数量成倍增加，虽然整体上仍然呈现出与巨野河的密切关系，其中也有将近一半实际上已经脱离了河流的束缚，生存空间得到拓展，资源利用更加广泛。

　　到了岳石文化时期，遗址数量略有下降，距离河流较远的聚落开始消失，聚落规模普遍有所缩小，但依然继承了龙山时期的聚落格局，城子崖的区域中心地位得到延续。

　　至商代聚落数量锐减，整个社会发展完全落入低谷期。西周时期开始快速回升，终于在战国时期达到地区社会发展的顶峰，秦汉时期这一趋势基本得以延续，此后进入了衰落阶段，各期聚落都不多见。

　　附记：前后参加过此次调查工作的有山东省文物考古研究所孙波、朱超、张克思、王泽冰、孙亮申、苏凡秋，山东大学考古系研究生陈松涛、邢永超及鲁南考古所李兆銮、李哲、陈晨等。绘图工作由王站琴、周登军、朱超、徐倩倩完成。

执　笔：朱　超　孙　波

注　释

［ 1 ］　吴金鼎：《平陵访古记》，《历史语言研究所集刊》第一本第四分，1930年。

［ 2 ］　李济等：《城子崖》，1934年。

［ 3 ］　孙尧奎：《新世纪以来山东地区先秦秦汉考古的新发现》，《山东社会科学》2007年4期。

［ 4 ］　又称"全覆盖式调查"（full coverage survey）。

［ 5 ］　有学者据此形成城子崖核心区域聚落分布"空壳化"的认识。

［ 6 ］　山东省文物考古研究所：《山东章丘县董东村遗址试掘简报》，《考古》2002年7期。

［ 7 ］　章丘市博物馆：《山东章丘市焦家遗址调查》，《考古》1998年6期。

［ 8 ］　山东省文物考古研究所：《山东章丘市孙家东南遗址的发掘》，《华夏考古》2005年4期。

［ 9 ］　佟佩华：《章丘县西河新石器时代遗址》，《中国考古学年鉴·1991》，文物出版社，1992年；山东省文物考古研究所：《山东章丘龙山三村窑厂遗址调查简报》，《华夏考古》1993年1期。

［10］　张学海：《西河文化初论》，《刘敦愿先生纪念文集》，山东大学出版社，1998年。

［11］　裴安平：《史前聚落的群聚形态研究》，《考古》2007年8期。

附表 城子崖周边区域遗址调查登记表

编号	遗址名称	所在乡镇	面积（m²）	后李	大汶口	龙山	岳石	商	西周	东周	汉	唐、宋
								时代				
1	龙山二村遗址	龙山街道	6万	○	○						○	
2	董西遗址	龙山街道	22.5万		○	○	○	○	○	○		
3	董东遗址	龙山街道	6万		○					○		
4	焦家遗址	龙山街道	56万		○	○	○	○	○	○		○
5	西徐马西遗址	孙村街道	不详		○	○						
6	甄家遗址	董家镇	15万			○			○	○	○	○
7	娄家四户遗址	龙山街道	10万			○	○			○		○
8	西王野河遗址	龙山街道	4.5万			○	○			○		
9	兰家遗址	龙山街道	28万			○				○		
10	崔家遗址	龙山街道	7.5万			○			○	○		
11	孙家东南遗址	龙山街道	20万			○				○	○	
12	高家遗址	龙山街道	24万			○	○			○	○	
13	西城后遗址	龙山街道	27.5万			○				○	○	
14	孙侯里遗址	圣井街道	1.5万			○	○					
15	卫东遗址	董家镇	21万			○				○	○	○
16	芽庄遗址	龙山街道	不详			○	○			○		
17	湖中坡遗址	孙村街道	10.5万					○	○	○		
18	张乙郎遗址	圣井街道	7.5万							○		
19	邢家庄遗址	圣井街道	12万							○		
20	李家寨遗址	孙村街道	6万						○			
21	西徐马南遗址	孙村街道	10.5万						○	○		
22	西曹官庄遗址	龙山街道	不详							○	○	
23	权北遗址	龙山街道	16.65万							○	○	
24	权北东遗址	龙山街道	不详							○	○	
25	龙山一村遗址	龙山街道	不详							○	○	
26	孙家北遗址	龙山街道	3万							○	○	
27	辛店遗址	龙山街道	6万							○		
28	平陵城北遗址	龙山街道	17.5万							○	○	
29	何家遗址	龙山街道	15.75万							○	○	
30	于张遗址	龙山街道	22.5万							○		
31	吴辛遗址	圣井街道	不详							○	○	○

续表

编号	遗址名称	所在乡镇	面积（m²）	时代								
				后李	大汶口	龙山	岳石	商	西周	东周	汉	唐、宋
32	蒋家庄北遗址	圣井街道	不详							○		
33	卢家寨遗址	孙村街道	12万							○	○	
34	西卢遗址	孙村街道	14.85万							○		
35	小寨遗址	孙村街道	12万							○	○	○
36	北徐马遗址	孙村街道	18万							○	○	
37	西徐马遗址	孙村街道	2.5万							○	○	○
38	卫东西遗址	董家镇	10.5万							○	○	
39	东曹官庄封土墓	龙山街道	不详								○	
40	权庄遗址	龙山街道	20万								○	
41	凤凰岭墓地	龙山街道	不详								○	
42	任家庄墓地	龙山街道	不详								○	
43	毕扬村封土墓	圣井街道	不详								○	
44	蒋家庄遗址	圣井街道	不详								○	○
45	抬头河遗址	孙村街道	3万								○	
46	三官庙遗址	董家镇	5万								○	○
47	城子遗址	董家镇	10.5万								○	○
48	城子北遗址	董家镇	2万								○	○
49	东省庄墓地	圣井街道	不详	不详								
合计				1	5	14	8	4	12	35	29	11

说明：○表示遗址包含该时期遗存

济南市唐冶遗址考古发掘报告

济南市考古研究所

一、自然环境与工作概况

唐冶遗址位于济南市历城区郭店镇唐冶村西塔山之南，中心地理坐标为北纬36° 41′，东经117° 13′，海拔90~92米。遗址位于泰山北麓的山前平原，东、西有南部山区延伸而来的低山丘陵。许多河流发源于南部山地，向北穿过平原，注入小清河。其中土河、刘公河夹峙流过遗址东西两侧，河道深广（图一；图版二三，1）。

根据文献记载，该地周代有泺邑、鞍邑、台邑、鲍邑、平陵邑及谭国，后并入齐国。汉代治济南郡，属齐国、吕国、济南国。魏晋刘宋时期为青州济南郡历城县，唐代为河南道济南郡历城县，宋代开始设济南府，现属济南市历城区。

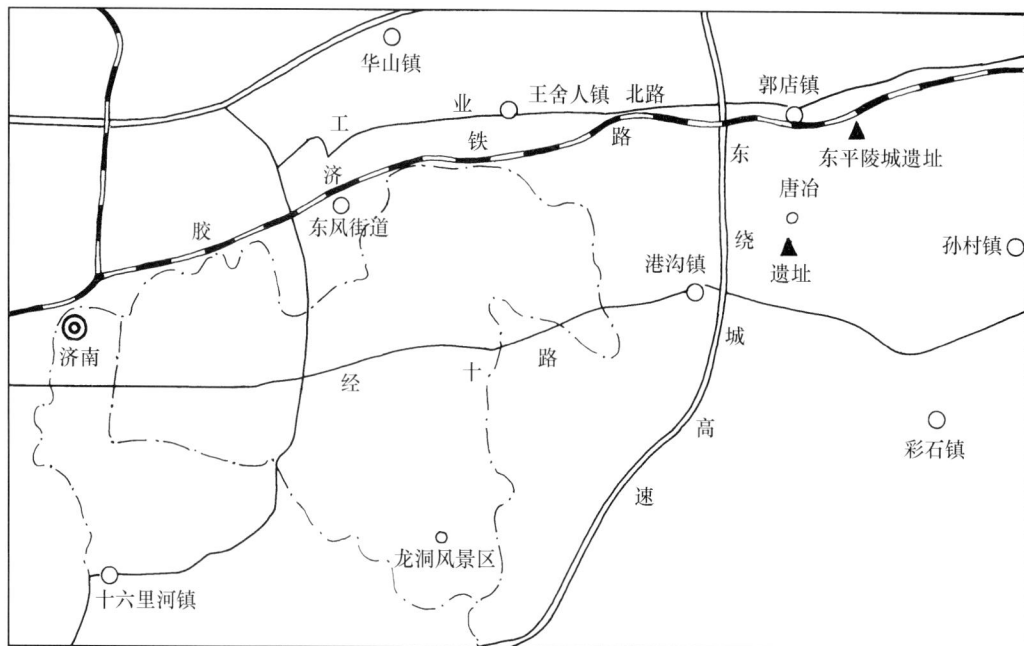

图一　遗址位置示意图

遗址是在2006年初为配合济南市唐冶新城规划的实施发现的。在此次调查中，济南市考古研究所对历城区郭店镇和港沟镇境内，东至围子山，西到绕城高速公路东线，南临经十东路，北靠胶济铁路，规划总面积约18平方公里的唐冶新城区域进行了全面调查，共发现大汶口文化至东汉时期重要的古代文化遗存6处，其中位于唐冶村南侧的西周到汉代文化遗存分布范围大且文化内涵丰富，命名为唐冶遗址。该遗址北起历城区港沟镇唐冶村南塔山，南至邢村北自然沟壑，西至刘公河，东到土河，面积近50万平方米。

2006年2月底至6月初，济南市考古研究所组成专业考古队伍，重点对横七路、港西路延长线即将占压范围内的遗迹实施了抢救性发掘。由于是配合道路施工建设，所以发掘工作只限于横七路和港西路路基所占压的范围内。发掘区域位于遗址的中部偏北，清理面积近9000平方米。布方采用直角坐标系第一象限全部覆盖的方法，参照点设在遗址北部的塔山山顶，探方坐标用全站仪测点，探方号采用四位区号加四位探方号的方法，将发掘区分为100米×100米的大区，大区内再分为5米×5米或10米×10米的探方。其中港西路片区采用10米×10米，横七路片区采用5米×5米（图版二三，2）。此次发掘发现西周到汉代的灰坑、窖穴、房址、墓葬、窑址以及其他重要遗迹若干。出土遗物有陶器、骨角器、石器、蚌器、青铜器、漆器等，其中西周文化堆积中出土了比较多的鹿角、卜骨等。

二、地层堆积

根据地表采集的遗物及河沟断崖剖面来看，唐冶遗址包括西周至汉代的遗存，发掘区域内文化堆积丰富程度不等。在发掘之前的道路施工中，工程部门已经将耕土层挖去，直接暴露出遗迹开口。从河沟断崖及工程施工剖面可以看出，在早年的农业生产中，由于耕地的平整工作，遗址内大部分遗存开口于耕土层下，打破生土，原有的文化层已经不存在，仅在河边原有地势较低的区域保留少有的文化层堆积。现在以位于横七路发掘区的T1707西壁剖面为例，介绍遗址的地层情况（图二）。

第1层：耕土层。浅灰褐色砂土，质松软，结构疏松。厚0.2～0.3米。包含物有陶片、石料等，为现代农业生产耕土。遗址中大部分遗迹开口于耕土层下。

第2层：灰褐色土，结构疏松。包含大量的烧土块、炭粒、草木灰等。厚0.2～0.3米。仅分布于横七路区域靠近河沟的少数探方内。包含物有陶片、兽骨、石料等。系西周文化层。

第2层下为生土层。浅黄色土，质较硬，结构较为紧密。所有的遗迹均打破该层。无包含物，土质纯净。

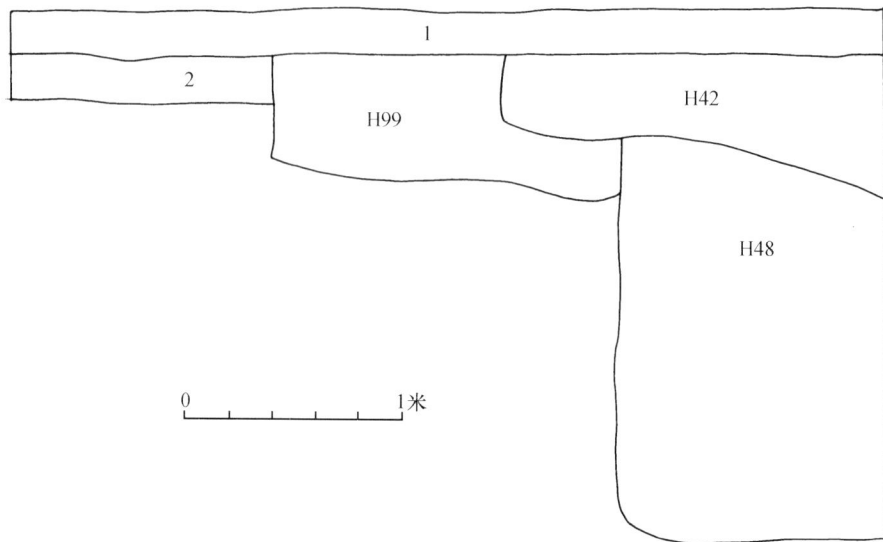

图二　T1707西壁剖面图

三、西周文化遗存

（一）遗迹

西周文化遗迹主要分布在横七路区域及港西路区域的南部，遗迹以灰坑为主，有少量祭祀坑和墓葬以及房址等。

1. 灰坑

共116个。大部分开口于耕土层下，少量分布于横七路区域的开口于2层下。根据平面形状可分为圆形、椭圆形、方形（包括长方、正方）、不规则形（包括残破、难以分辨形状的灰坑）四大类。按照坑壁特征又可分为直壁、斜壁，其中斜壁又有外斜袋状和内斜之分。依底部特征又可分为平底、圜底、斜底，斜底包括底部高低不一，或略有起伏或向一侧倾斜。口径一般为1~2.3、深0.3~1.6米。现择其要者介绍如下。

（1）圆形

59个。

H6　位于T0301东南部，开口于耕土层下，打破生土。平面形状呈圆形，直壁，平底。直径1.7、残深0.54米。坑内填土灰褐色，质松软，结构疏松。包含物有陶片等，可辨器形有陶罐、豆、盆等（图三）。

H34　位于T0307北部，开口于耕土层下，打破生土。坑口面积较大，未扩方，北、西边范围不明。平面形状呈圆形，不规则斜壁，圜底。清理东西3.1、南北2.7、残深

1.5米。根据土质土色，坑内堆积可分为7层，整体呈圜底状。第1层：灰黑色土，略显砂性，较疏松，厚度约0.3米，分布于坑内中心位置。包含物有大量陶片、兽骨、蚌壳及贝类等。可辨器形有蚌镰、骨锥、陶鬲等。第2层：黑灰土，较上一层颜色深，质疏松，砂性，分布范围比上一层大，厚0.2～0.45米。包含物主要为陶片、蚌片、兽骨、贝壳、石料等。第3层：灰土，含有较多烧土块，结构疏松，倾斜分布于坑内西侧，最厚处厚度约0.7米，出土丰富的陶片、兽骨等。第4层：黄褐色土，结构紧密，较硬，主要分布于灰坑北部，厚度约0.15米，包含有极少陶片。该层上下各有一层约0.02米厚的草木灰

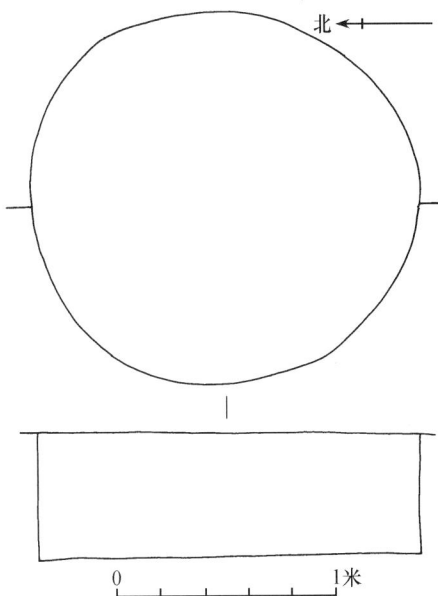

图三　H6平、剖面图

层。第5层：黑灰色土，质松软，结构疏松，厚度约0.4米，包含有丰富的陶片、兽骨、贝壳、石英石等。第6层：花土，黄褐色和黑色相杂，结构较为紧密，类似淤土，厚0.1～0.2米，包含物有大量的陶片等。第7层：黑灰土，分布于坑内中部，夹杂草木灰、炭粒等，结构疏松，厚度为0.15～0.33米，包含物大量陶片、兽骨等（图四；图版二四，1）。

H104　位于T0407西南部，开口于耕土层下，打破生土。平面形状呈圆形，弧形壁，平底。直径2.3、残深1.18米。坑内填灰黑色土，质松软。包含有陶片、蚌片、兽骨等，可辨器形有陶鬲、罐、甗、壶等（图五）。

H172　位于T1806南部，开口

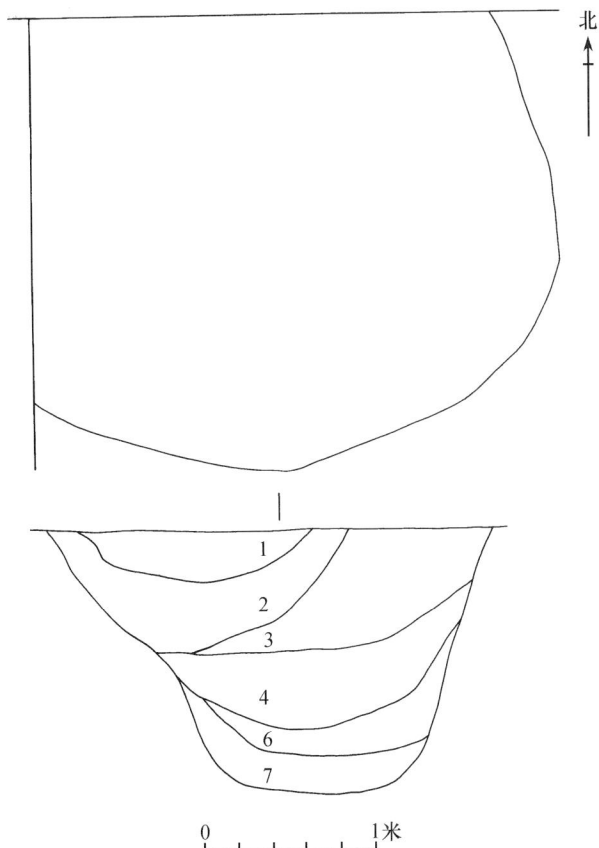

图四　H34平、剖面图

1.灰黑色土　2.黑灰色土　3.灰土　4.黄褐色土　6.花土　7.黑灰土

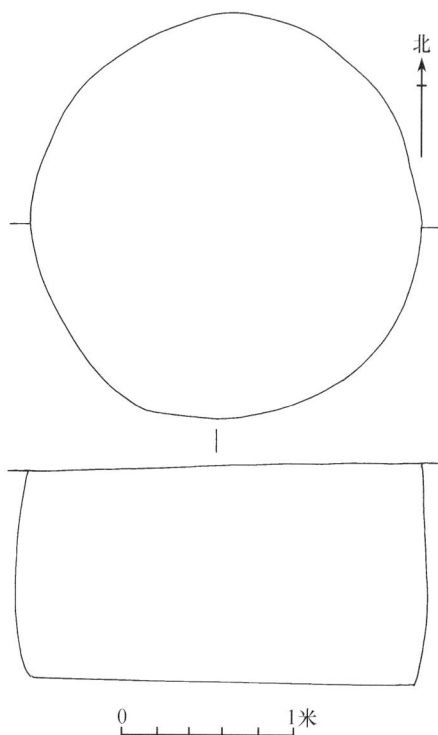

图五　H104平、剖面图

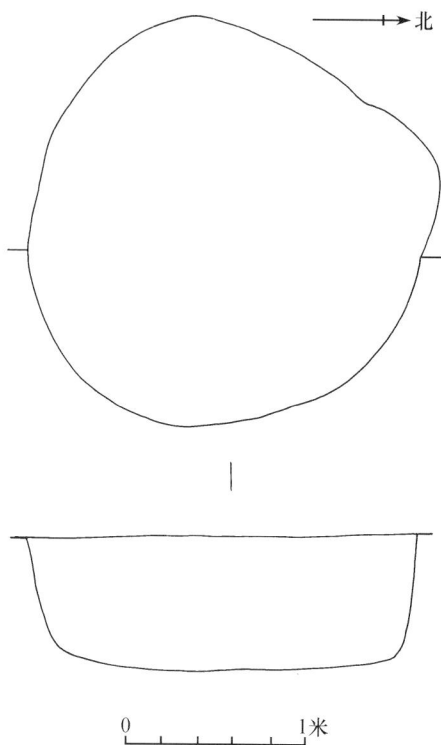

图六　H172平、剖面图

于耕土层下，打破生土。平面形状近圆形，西北壁上部有向内塌压的迹象，微斜壁，圜底。直径2.26、残深0.76米。坑内填灰黑色土，质较松软，结构疏松。包含有大量陶片、蚌片、兽骨等，可辨器形有陶鬲、罐、簋等（图六）。

　　H187　位于T1806南部，开口于第2层下，被H172打破，打破生土。平面形状呈圆形，北侧及东侧各向外凸出一直径0.12米的半圆小坑，微袋状壁，平底微倾斜，中部有一斜坡台阶，级高约0.16米。直径1.82、北部残深0.42、南部残深0.68米。坑内填土黑灰色，结构疏松。包含物有陶片、蚌片、兽骨等，可辨器形有陶鬲、陶饼等（图七）。

　　H189　位于T1806中部。开口于耕土层下，打破生土。平面形状呈圆形，袋状斜壁，平底。开口直径1.7、底部直径2.14、残深1.4米。坑内填黑灰色土，质松软，结构疏松。包含物有大量的陶片、蚌片、石料及兽骨等，可辨器形有陶鬲、罐、簋、甗等（图八）。

　　（2）椭圆形

　　19个。

　　H109　位于T0507中部，开口于耕土层下。平面形状呈椭圆形，直壁，缓平底。东西长2.25、南北宽1.06、残深0.6米。东部有一台阶状通道，级高0.3、宽0.35、长0.45米。坑内填灰色土，质松软，结构疏松。包含物有陶片、蚌片等（图九）。

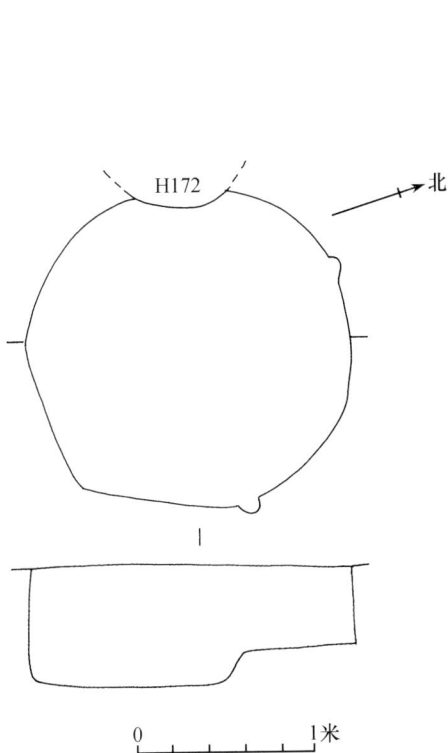

图七 H187平、剖面图

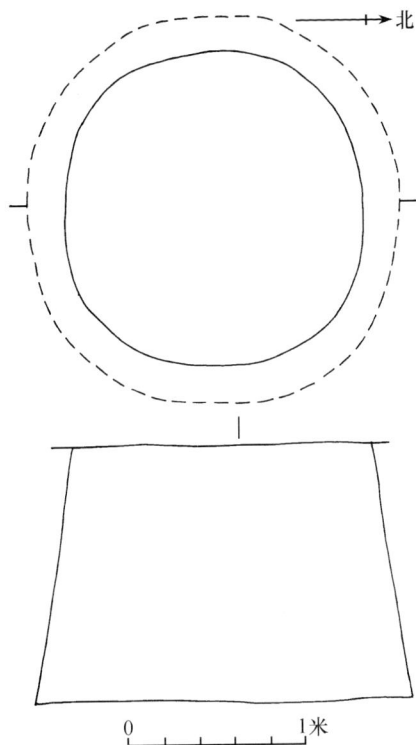

图八 H189平、剖面图

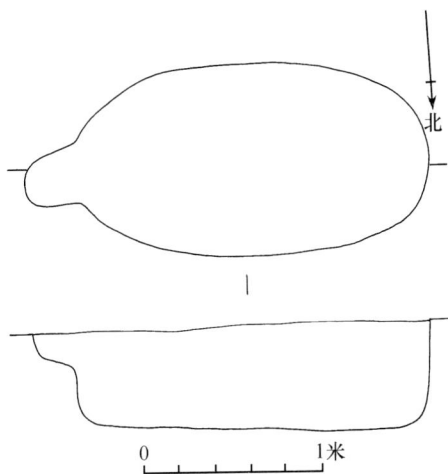

图九 H109平、剖面图

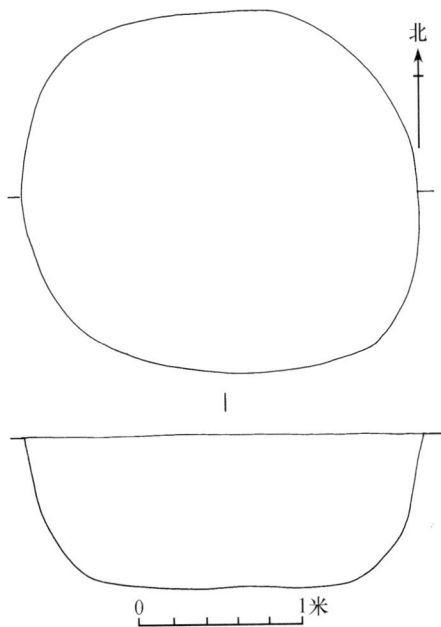

图一〇 H119平、剖面图

H119　位于T0408中部，开口于耕土层下，打破生土，同时打破H125。平面形状呈椭圆形，斜壁，圜底。长径2.41、短径2.18、残深0.9米。坑内填灰色土，质较软，结构紧密。包含物有陶片、蚌片、兽骨等，可辨器形有罐、鬲、甗、盆、壶、甑等（图一〇）。

H173　位于T1807西部，开口于耕土层下，打破生土。平面形状呈椭圆形，直壁，平底倾斜。长径2.02、短径1.74、残深0.26～0.36米。坑内填土深黑灰色，质松软，结构疏松。包含物有陶片、蚌片等，可辨器形有陶簋、鬲、骨锥等（图一一）。

（3）长方形

4个。

H126　位于T0407中部，开口于耕土层下，被H107打破。平面形状呈长方形，直壁，平底。开口残长1.6、宽0.7、残深0.5米。坑内填土灰褐色，土质松软，结构疏松。包含物主要有陶片、兽骨等（图一二）。

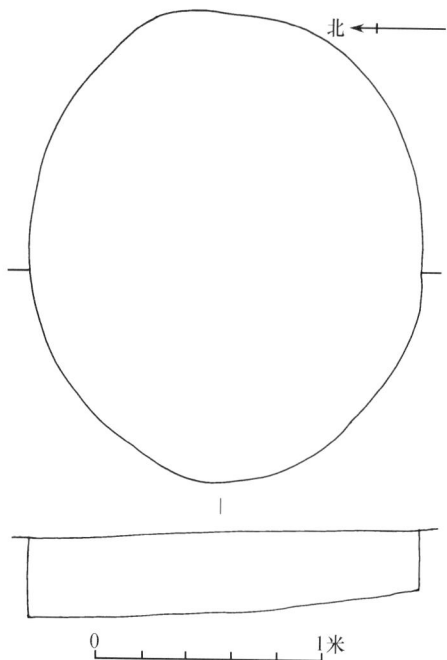

图一一　H173平、剖面图

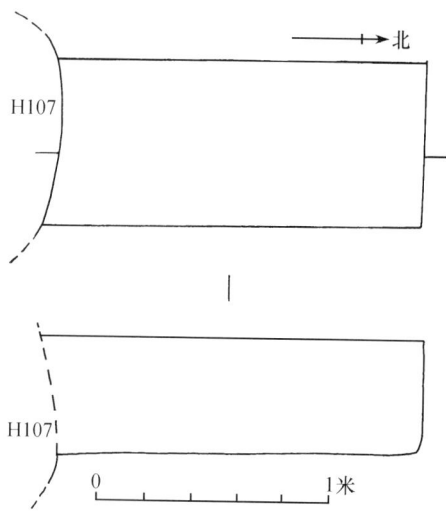

图一二　H126平、剖面图

（4）不规则

34个。

H48　位于T1707中北部，坑口面积较大，未扩方，北、东、西边范围不明。开口于耕土层下，被H42、H33打破，打破H66及生土。平面形状不规则，微斜壁，底部不规则形。探方内清理东西约3.7、南北约2.7、残深2～2.4米。依据堆积土质土色，可分为10层，整体呈倾斜状堆积，第1层：黄褐色土，夹杂有水锈及灰土颗粒，似经过长期水浸，厚度0.36～0.8米，普遍分布于坑内，包含物有大量陶片、兽骨及蚌贝等，可辨器形有蚌镰、骨锥、陶鬲等。第2层：灰褐色砂土，质较上一层疏松，分布于坑内大部，厚0.12～0.44米。包含物主要有陶片、蚌片、兽骨、贝壳等，可辨器形有石刀、陶鬲、篮、骨锥等。第3层：灰土，结构疏松，厚0.18～0.5米。包含物有较多陶片、骨角器及蚌器等，可辨器形有蚌镰、骨锥等。第4层：灰褐色土，结构疏松，厚0.14～0.3米，包含少量料姜石及大量陶片。第5层：黑灰色土，夹杂有发黄或发白的水锈，底部有一层坚硬的水锈结块，似经过水浸，结构疏松，厚0.1～0.3米，包含有丰富的陶片、兽骨、贝壳、石英石等。第6层：黄褐色黏土，夹杂水锈，结构较为紧密，类似淤土，厚0.1～0.2米，包含物有大量的陶片等。第7层：灰褐土，夹杂草木灰、炭粒等，结构

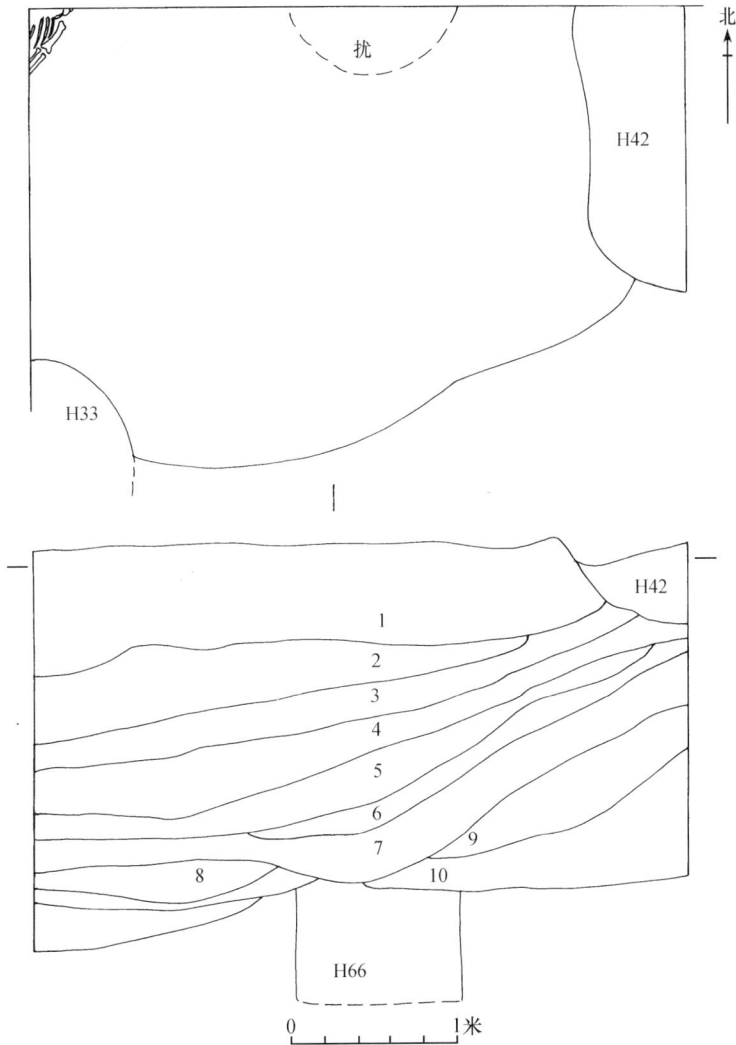

图一三　H48平、剖面图

1.黄褐色土　2.灰褐色砂土　3.灰土　4.灰褐色土　5.黑灰色土　6.黄褐色黏土　7.灰褐土　8.黄褐土
9.深灰褐色土　10.深黄褐色土

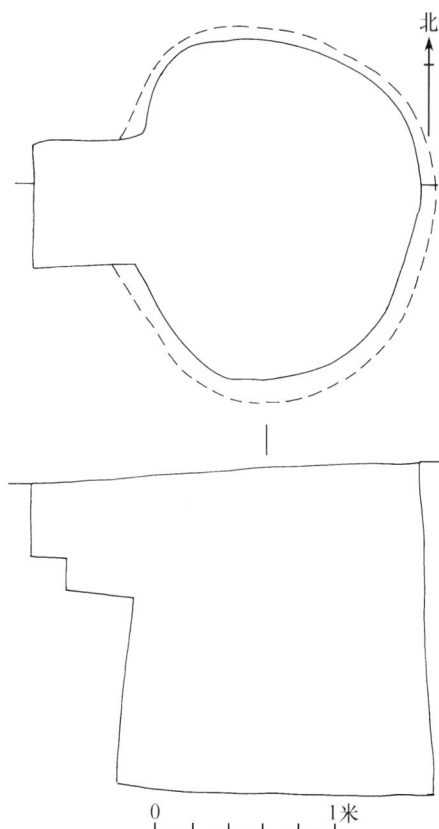

图一四　H65平、剖面图

疏松，厚0.15～0.33米，包含数量众多的陶片、兽骨及蚌贝等。第8层：黄褐土，结构较上层坚硬，堆积厚度为0.2～0.62米，包含物有较少的陶片、兽骨等。第9层：深灰褐色土，夹杂大量的草木灰、炭粒、水锈等，结构疏松，厚0.2～0.74米，包含物有较多的陶片。第10层：深黄褐色土，结构紧密，较硬，含有红烧土颗粒等，厚0.2～0.35米，包含物有较少的陶片等（图一三）。

H65　位于T1706西北角，开口于耕土层下，打破及生土。平面形状不规则圆形带长方形通道，袋状斜壁，平底。开口南北长1.8、东西宽2.14、残深1.8米。其中长方形通道长0.66、宽0.6米，有台阶，级高0.19～0.38米。坑内填灰色土，夹杂黄色土块，土质较松软。包含有大量的陶片、蚌片、兽骨等。可辨器形有陶鬲、甗、盆、罐等（图一四）。

H134　位于T1007北部，开口于耕土层下，打破生土。平面形状呈葫芦状，直壁，平底。开口南北长3、东西宽1.9、残深0.35米。坑内填灰土，夹杂黄色土块，质松软，结构疏松。包含物主要有陶片、蚌片、兽骨等。可辨器形有陶鬲、甗、罐等（图一五）。

H181　位于T1807中部，开口于耕土层下，被H175打破，打破生土。平面形状不规则圆形，袋装斜壁，倾斜度不一，不规整平底。开口残长1.6、宽1.36、残深0.3～0.4米。坑内填灰黑色土，质松软，结构疏松。包含物有陶片、蚌片、兽骨等（图一六）。

2. 祭祀坑

2个。

H115　位于T1706西北部，开口于耕土层下，西部被断崖打破，打破生土。平面形状近似圆形，直壁微袋状，底部不规则。直径1.6、残深约0.8米。坑内填灰黑色土，质松软，结构疏松。在坑底南侧摆放人骨一具，侧身后仰，

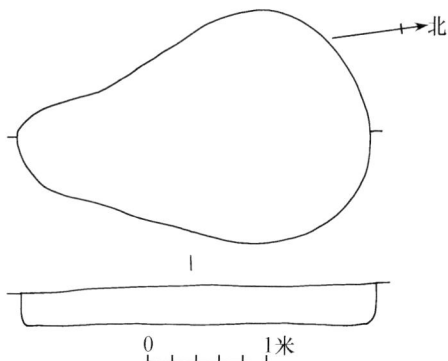

图一五　H134平、剖面图

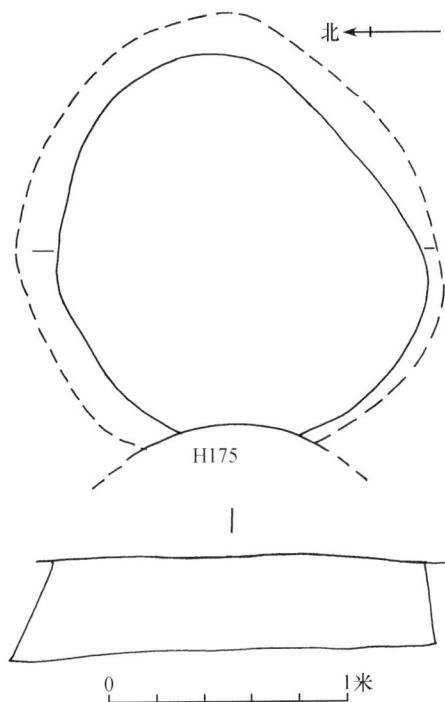

图一六　H181平、剖面图

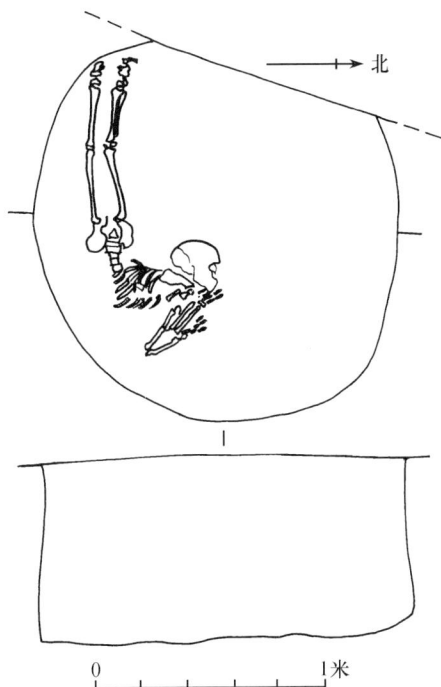

图一七　H115平、剖面图

身体前部靠近坑壁。包含物有陶片、蚌片及兽骨等，可辨器形有陶罐等（图一七）。

3. 房址

5座。其中1座为木骨泥墙平面式建筑，其余4座为半地穴式。保留状况较差，大部分仅发现有不规则的烧土面和零散的柱洞、活动面等。

F2　位于T1707中部，木骨泥墙地面式建筑。开口于第2层下，被H140打破，叠压H48。平面近圆形，东西4.9、南北5.5米，南部为长方形门道，方向180°，宽0.8、残长0.86米。木骨泥墙共发现33个柱洞，柱洞孔径0.1～0.15、深0.04～0.15米，分布密集。墙基为黄褐色硬土，夹杂大量石子及草灰，宽0.3～0.4米。内外地面都经过平整，黄褐色土，未有发现烧土痕迹。垫土残留一层，厚0.1～0.2米，有夯筑痕迹，垫土层下有一层碎石子层。室内未发现完整器物（图一八；图版二五，1）。

F5　位于T0208，半地穴式建筑，未发现门道。开口于耕土层下，西北部被现代扰坑打破，打破生土。平面形状近长方形，南北长4.2、东西宽3.1米，地穴深0.5米。室内地面经过加工，发现有三处红烧土痕迹，其中西北角烧土延伸到地穴壁面，用火痕迹明显。西部烧土范围较大，旁边摆放有烧痕的石块4块。南部清理鱼骨一堆，鱼骨有烧痕。地穴的东北角清理灶一处，火塘平面呈"8"字形，东西长0.8、南北宽0.3米，

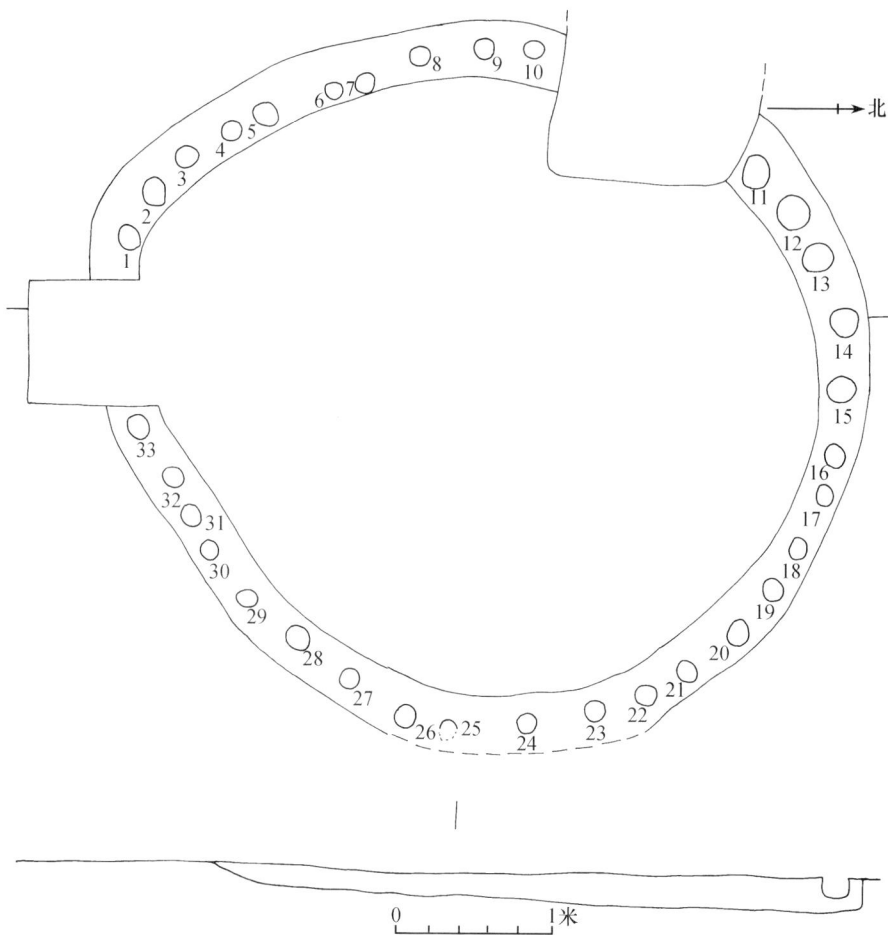

图一八　F2平、剖面图

1～33.柱洞

东端烟道为直径0.06米的孔道，沿坑壁向上通出室外。西北侧靠近地穴壁有一圆形深坑，直径0.32、深0.48米，内堆积灰土。室内地面共发现柱洞5个，其中中部柱洞呈倾斜状，直径0.23、深0.58米（图一九；图版二五，2）。

4. 墓葬

8座。集中在横七路西部区域，排列无规律，均为长方形土坑竖穴，无随葬品，个别有葬具，形式结构简单。

M5　位于T0314东隔梁，开口于耕土层下，打破生土。长方形土坑竖穴，长2.5、宽0.94、深0.5米。有木质葬具，保存较差，仅存灰烬，长2、宽0.7、厚度0.06米。头向

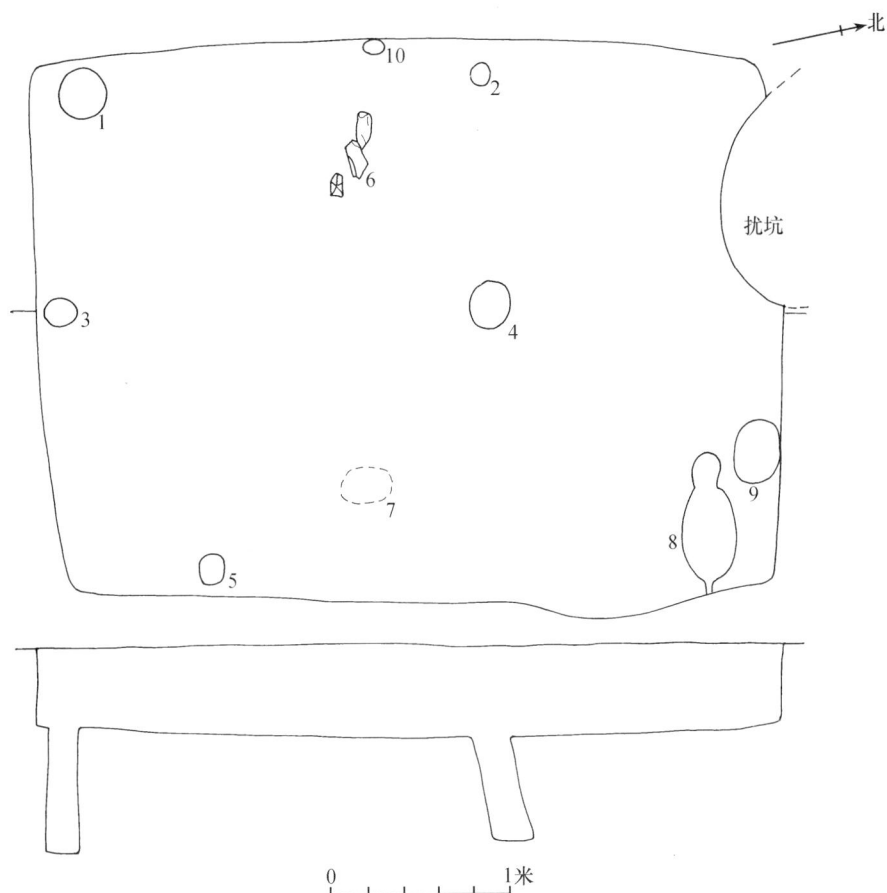

图一九　F5平、剖面图

1～5.柱洞　6、10.石块　7.红烧土　8.灶　9.坑

90°，仰身直肢，双手交叉置于腹前，指骨散乱，分布于大腿内侧和左腿外侧。墓主头部两侧清理2石块，墓室填土灰黑色，较疏松（图二〇；图版二六，2）。

（二）遗物

遗物较为丰富，完整器少见，陶器为主，有少量石器、蚌器、骨器及较多兽骨，现按质地分类介绍。

1. 陶器

主要出土于灰坑，大部分为残片，仅有少量可复原。陶质有夹砂、泥质之分，其中夹砂陶有少量夹杂石英、长石砂粒、云母等。泥质陶的细腻程度也不尽相同，大部分比较细腻，少量较粗糙。陶色以灰陶为主，根据颜色深浅不一可细分为灰、深灰、

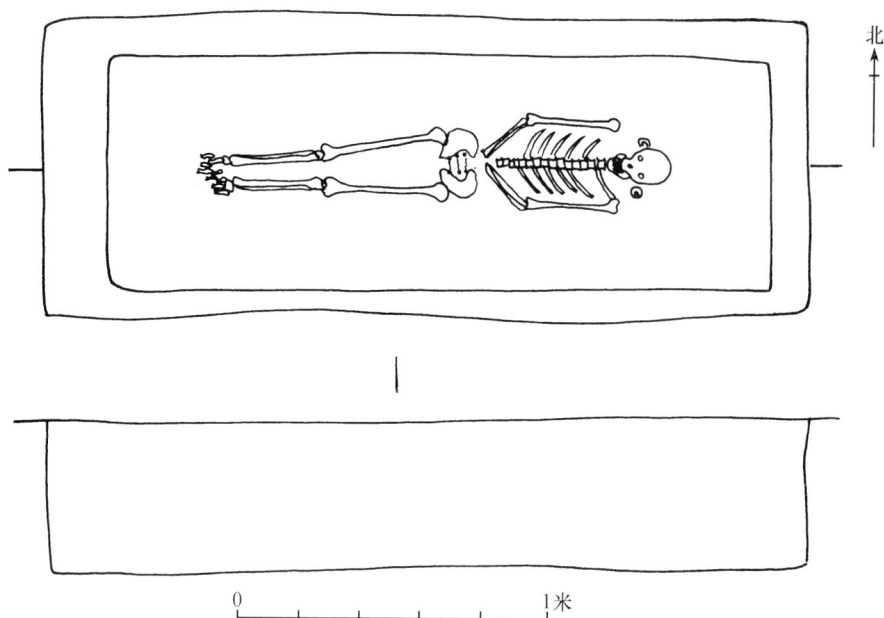

图二〇　M5平、剖面图

青灰、灰褐等，其中灰色及灰褐色较多。其次是褐陶，多为加砂陶，色泽斑驳。另有少量的红陶，有的胎和器表颜色不一，常见黑皮褐、灰皮褐。器表装饰主要为绳纹，可分为细绳纹、中绳纹、粗绳纹、麦粒状绳纹。纹饰还有素面磨光、附加堆纹、刻划纹、弦纹等，有的装饰组合纹饰。器形有鬲、罐、簋、盂、豆、甗、盆、瓮、陶拍、纺轮、盔形器等。其中常见鬲、罐、簋组合。

鬲　595件，复原3件（可分型49件）。胎质以夹砂为多，泥质较少。灰陶较多，有少量的褐陶、灰褐、红褐陶。泥质陶火候较高，质地较好，褐陶鬲夹砂颗粒粗，有石英、云母等，火候较低，陶色斑驳，有的内部或外部有烟灰痕迹。纹饰多见粗绳纹、中绳纹等。大部分不可复原，仅存口沿部分，少数可复原。根据口沿和腹差异，可分为三型。

A型　12件。收腹。H34：2，泥质灰陶。高分裆，尖袋足，圆唇，折沿。从颈部至足底通饰粗绳纹。口径19、高13.6厘米（图二一，1）。H195：1，泥质灰陶。尖唇，卷沿，瘪裆，锥状足。通饰中绳纹。口径18.6、通高14、胎厚0.4～1厘米（图二一，4；图版二八，3）。

B型　8件。盘状敛口，鼓腹。根据口沿变化，可分为二式。

Ⅰ式：3件。浅盘口。H60：1，夹砂灰陶。尖圆唇，浅盘口，折沿，最大径在底部。素面饰两周弦纹。口径28、残高17、胎厚0.8～1.4厘米（图二二，2）。

Ⅱ式：5件。深盘口。H138：1，夹砂褐陶。圆唇，盘口上翘，卷沿，鼓腹，瘪

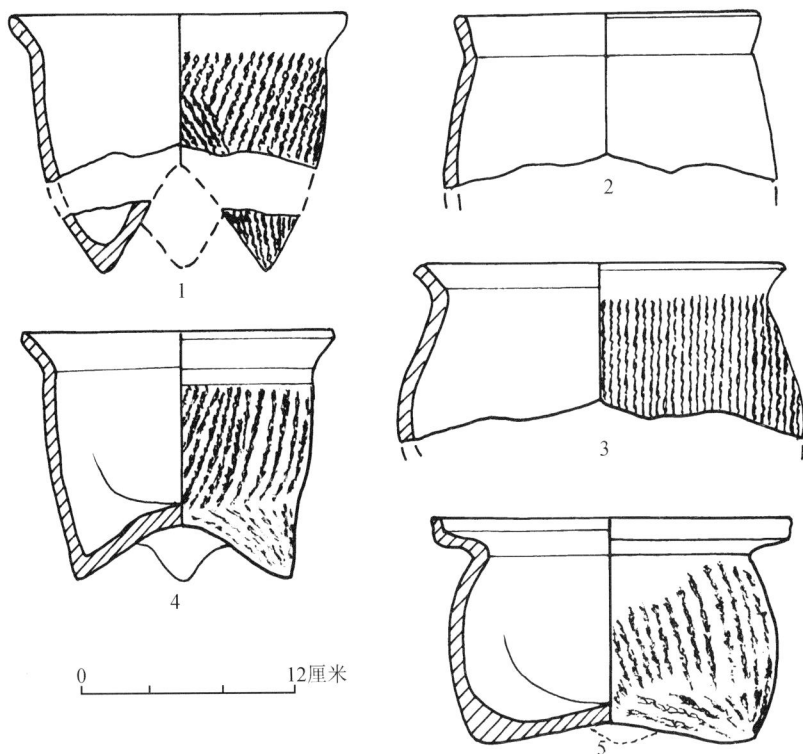

图二一 西周文化陶鬲

1、4.A型（H34：2、H195：1） 2.C型Ⅱ式（H60：2） 3.C型Ⅲ式（H88：1） 5.B型Ⅱ式（H138：1）

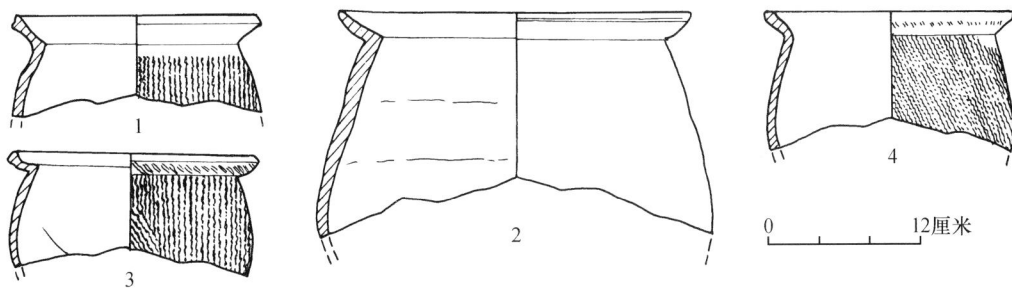

图二二 西周文化陶鬲

1.C型Ⅰ式（H88：4） 2.B型Ⅰ式（H60：1） 3.B型Ⅱ式（H69：2） 4.C型Ⅲ式（H135：6）

裆较低近平裆，最大径在口部。粗绳纹。口径21.2、通高12.6厘米（图二一，5；图版二八，2）。H69：2，夹砂灰陶。圆唇，深盘口，折沿，瘪裆。通饰粗绳纹，颈部刻划凹弦纹。口径20、残高9、胎厚0.7厘米（图二二，3）。

C型 29件。侈口。根据口沿及腹部变化可分三式。

Ⅰ式：8件。窄沿，鼓腹。H88：4，夹砂褐陶。方唇，唇中有一细凹槽。肩部以下饰中绳纹。口径20、残高7.4、胎厚0.6厘米（图二二，1）。

Ⅱ式：9件。微鼓腹近似直筒状。H60：2，夹砂灰陶。方唇。折沿。素面。口径18、残高9.6、胎厚0.6~0.8厘米（图二一，2）。

Ⅲ式：12件。宽沿，鼓腹。H135：6，夹砂灰陶。圆唇，折沿，微鼓腹。通饰绳纹。沿下部有抹痕。口径20、残高10.6、胎厚0.6厘米（图二二，4）。H88：1，泥质灰陶。尖唇，折沿，鼓腹。颈部以下饰竖立状中绳纹。口径22、残高10、胎厚0.8厘米（图二一，3）。

罐　595件，均残（可分型33件）。多为夹砂陶，有少量泥质陶。纹饰以绳纹为主，粗绳纹、中绳纹常见，附加堆纹、弦纹常与绳纹组合装饰。陶色常见灰陶，火候较高，质地较好，褐陶较少。大部分不可复原，仅存口沿部分。根据口部不同，可分为三型。

A型　9件。直口。根据口沿变化，可分为二式。

Ⅰ式：4件。T1708②：1，夹砂灰陶。方唇。颈部饰凹弦纹，中绳纹在肩部抹去一圈。口径20、残高5、胎厚1.2~1.4厘米（图二三，2）。

Ⅱ式：5件。H191：3，泥质灰陶。圆唇，短卷沿。颈部饰凹弦纹，余素面。口径20、残高7.2、胎厚0.8厘米（图二三，4）。H46：1，夹砂灰陶。方唇，短卷沿。颈部饰一圈凹弦纹，余素面。口径28、残高11、胎厚0.8~1.2厘米（图二三，5）。

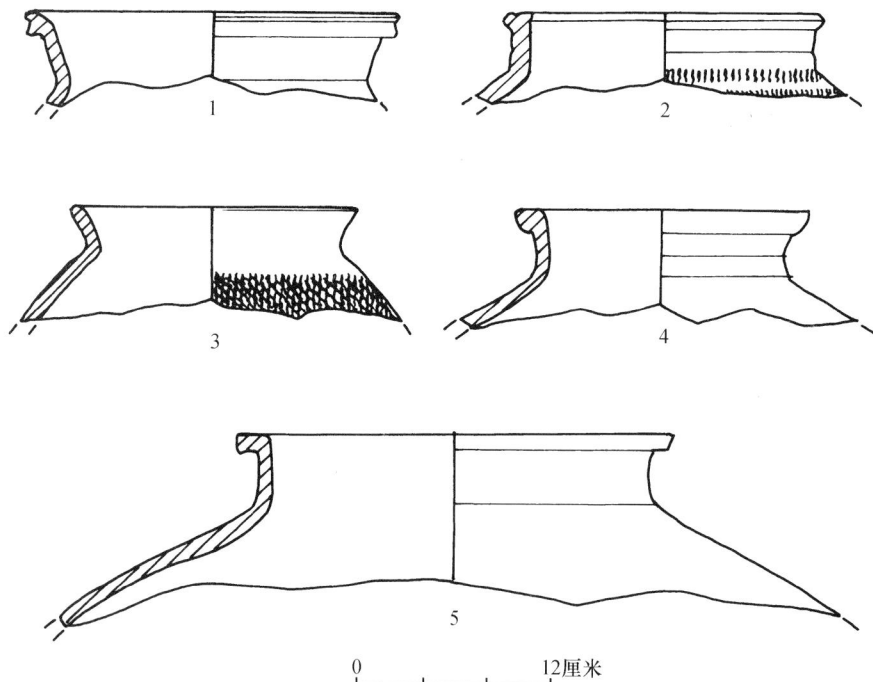

0　　　　　　　　12厘米

图二三　西周文化陶罐

1. C型Ⅲ式（H99：3）　2. A型Ⅰ式（T1708②：1）　3. C型Ⅱ式（H65：3）

4、5. A型Ⅱ式（H191：3、H46：1）

B型　6件。敛口。根据口沿及肩部差异，可分为二式。

Ⅰ式：2件。窄斜沿，无颈或短颈。H191：6，夹砂灰陶。圆唇，短卷沿上翘，无颈。中绳纹，颈部抹平一周。口径16、残高9、胎厚0.8厘米（图二四，1）。

Ⅱ式：4件。窄平沿，无颈。H34：3，夹砂灰陶。圆唇，肩部以下饰麦粒状绳纹。口径18、残高12、胎厚0.4厘米（图二四，2）。H99：4，泥质灰陶。尖唇，沿上缘凹陷，溜肩鼓腹。肩部以下饰粗绳纹。口径20、残高7、胎厚0.7厘米（图二四，4）。

C型　18件。侈口。可分为三式

Ⅰ式：7件。H63：1，泥质灰陶。圆唇，卷沿，直颈，内部有一周凸棱。素面。口径26、残高6.4、胎厚0.8～1.6厘米（图二四，3）。

Ⅱ式：6件。H65：3，泥质灰陶。圆唇，折沿。肩部以下饰交错状绳纹。口径18、残高7、胎厚0.8～1厘米（图二三，3）。H48②：3，夹砂灰陶。方唇，折沿。沿下饰中绳纹，肩部饰附加堆纹。口径26、残高8、胎厚1.2厘米（图二四，5）。

Ⅲ式：5件。H99：3，夹砂灰陶。双尖叠唇，卷沿。素面。口径24、残高5.4、胎厚0.8厘米（图二三，1）。

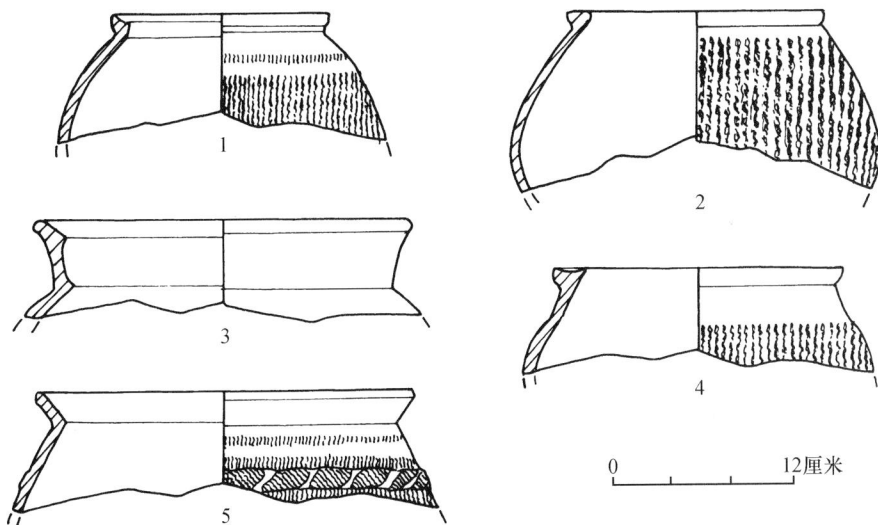

图二四　西周文化陶罐

1.B型Ⅰ式（H191：6）　2、4.B型Ⅱ式（H34：3、H99：4）　3.C型Ⅰ式（H63：1）　5.C型Ⅱ式（H48②：3）

盂　22件，复原4件（可分型10件）。均为泥质灰陶，少数饰有弦纹、绳纹。根据口沿变化，可分为二型。

A型　4件。敛口。根据肩部及底部差异，又可分为三式。

Ⅰ式：1件（F8：1）。圆唇，无沿，折肩，收腹，内圜底。腹内部有凹弦纹一道。口径12、底径6.4、腹径15.4、通高9.8、胎厚0.4～1.4厘米（图二五，2；图版二九，2）。

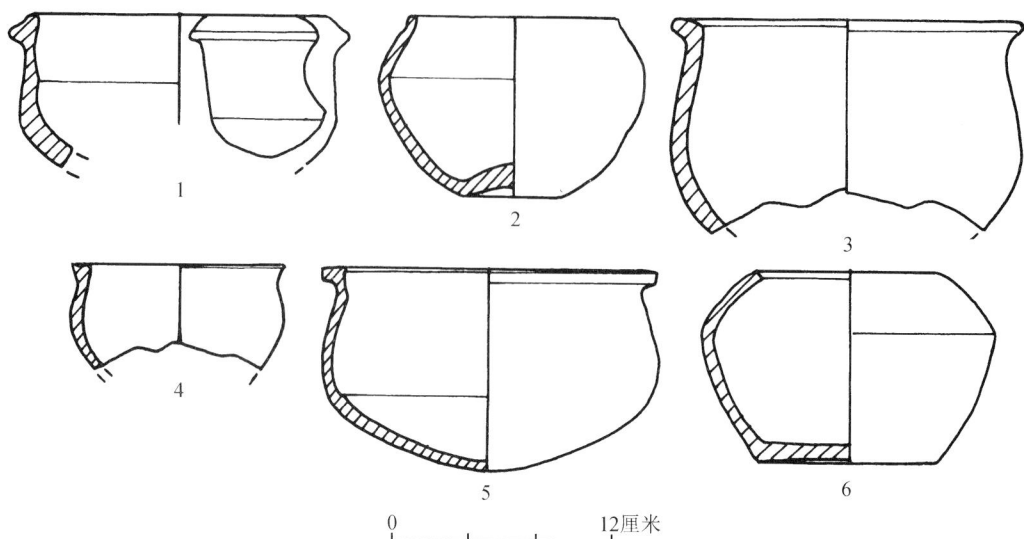

图二五　西周文化陶盉

1、3、4.B型Ⅱ式（采：23、H36：1、H55：3）　2.A型Ⅰ式（F8：1）　5.B型Ⅰ式（H16：1）

6.A型Ⅱ式（T0507：1）

Ⅱ式：1件（T0507：1）。泥质灰陶。方唇，无沿，折肩，收腹，平底。口径10.8、腹径16.8、底径9.6、通高10.6、胎厚0.6～0.8厘米（图二五，6；图版二九，3）。

Ⅲ式：2件。折沿，溜肩，圆腹。采：15，圆唇。肩部有凸弦纹两周，靠近底部有凹弦纹一周。口径22、残高11、最大腹径22厘米（图二六，2）。H43：2，底部残缺。尖唇。颈部有弦纹一圈。口径22、残高12厘米（图二六，3）。

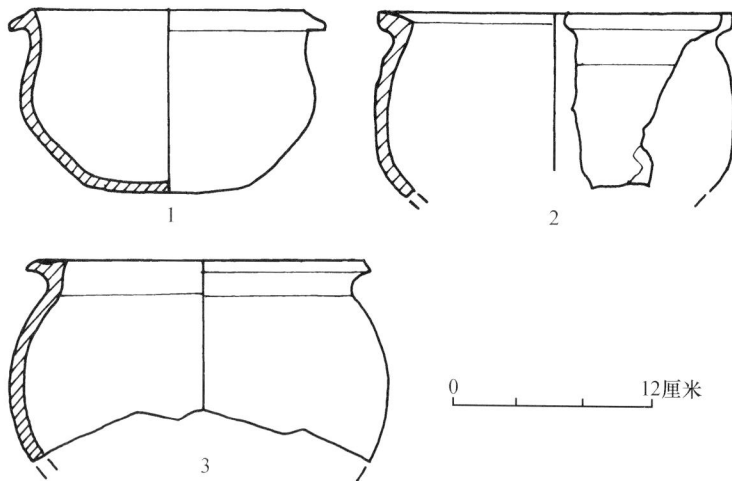

图二六　西周文化陶盉

1.B型Ⅰ式（采：40）　2、3.A型Ⅲ式（采：15、H43：2）

B型　6件。直口。根据腹部变化，可分为二式。

Ⅰ式：2件。鼓腹，圜底。采：40，圆唇，宽卷沿下垂。口径17.2、通高11、胎厚0.6～0.8厘米（图二六，1）。H16∶1，方唇，窄卷沿微平，大圜底。口径19.2、通高11.1厘米（图二五，5）。

Ⅱ式：4件。直腹。采：23，圆唇，窄卷沿下垂。腹部内外各有一周凹弦纹。口径19、残高8、最大腹径17.2厘米（图二五，1）。H36∶1，方唇，窄斜卷沿。口径20、残高11.4厘米（图二五，3）。H55∶3，圆唇上翘。口径12、残高6厘米（图二五，4）。

簋　202件，复原1件（可分型13件）。大部分为口沿、肩部或圈足残片，泥质、夹砂均有，而泥质多为灰陶，夹砂多为褐陶。其中夹砂褐陶的火候较低，色泽深浅不一，呈红褐、灰褐、黑褐等复色。纹饰有绳纹、刻划纹、弦纹等。根据圈足及口沿的变化，可分为三型。

A型　6件。大侈口，高圈足。H138∶2，夹砂褐陶。圆唇，卷沿，圆腹，圜底，最大径在口部。素面。口径21、圈足径10.8、通高19.6、胎厚0.5～1厘米（图二七，1；图版二八，6）。

B型　1件（H112∶1）。仅存腹部以上，泥质灰陶。侈口，圆唇，收腹，最大径在口部。颈部饰两周凹弦纹，有抹去的绳纹痕迹，肩部以下饰竖状中绳纹，刻划纹组成三角形。口径28、残高13厘米（图二七，2）。

C型　5件。均为泥质灰陶。仅见圈足部位，圈足饰弦纹。根据圈足外撇的大小变化，可分为二式。

Ⅰ式：3件。大喇叭口，圈足。H48①∶7，平底，足壁上粗下细，尖沿。饰两圈凹弦纹。直径12、残高4.4厘米（图二八，1）。采∶39，平底，足底沿粗大外卷。圈足饰两圈凸棱。底径14、残高4.5厘米（图二八，2）。H88∶6，圜底，足壁厚度一致。饰两周凸棱。底径14、残高6厘米（图二八，3）。

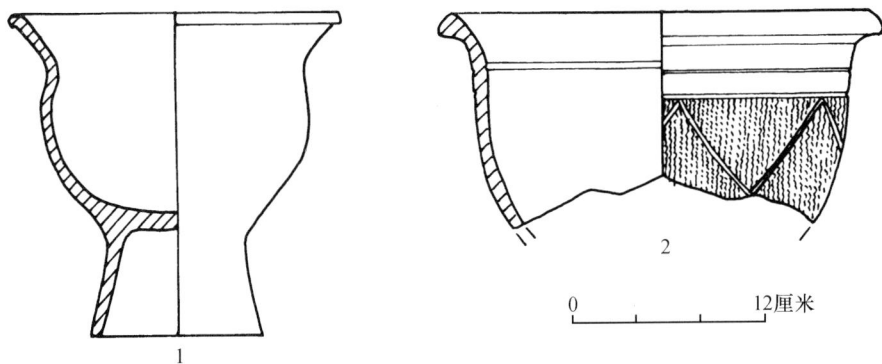

图二七　西周文化陶簋

1. A型（H138∶2）　2. B型（H112∶1）

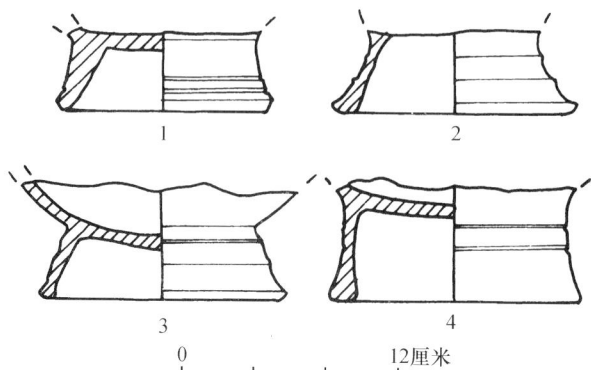

图二八　西周文化陶簋

1~3.C型Ⅰ式（H48①：7、采：39、H88：6）　4.C型Ⅱ式（H48②：4）

Ⅱ式：2件。直圈足或近直圈足。H42②：4，圜底，足根粗大。饰两周凹弦纹。底径13.8、残高6.8厘米（图二八，4）。

盆　110件，均残（可分型13件）。泥质灰陶多见，少量有夹砂灰、褐陶。纹饰主要是绳纹，有少量的附加堆纹、刻划纹等。根据腹部变化，可分为二型。

A型　4件。收腹。根据口沿的变化，可分为二式。

Ⅰ式：2件。敛口，微斜口沿近平。采：2，泥质灰陶。尖唇，折沿。口沿内缘有一周凸棱，腹部横向饰中绳纹。口径40、残高13.4厘米（图二九，3）。H63：2，泥质灰陶。方唇，卷沿。口沿内缘有一周凸棱，腹部斜向饰中绳纹。口径38、残高12.6厘米（图二九，4）。

Ⅱ式：2件。大侈口，斜沿。H48：2，泥质灰陶。尖唇。素面。口径28、残高6.8厘米（图二九，2）。

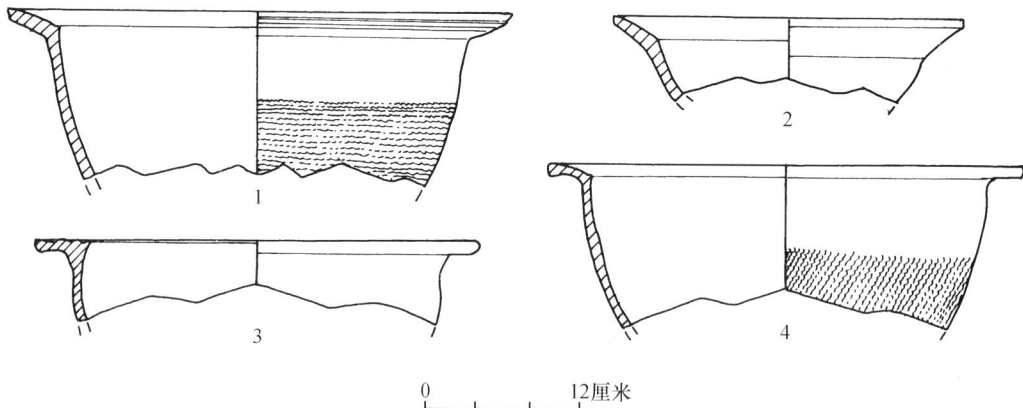

图二九　西周文化陶盆

1.B型Ⅰ式（H99：1）　2.A型Ⅱ式（H48：2）　3、4.A型Ⅰ式（采：2、H63：2）

B型　9件。直腹或近直腹。根据口沿的平斜变化，可分为二式。

Ⅰ式：3件。宽平口沿。H99：1，泥质灰陶。圆唇，卷沿内缘凸起，敛口。素面。口径36、残高6.4厘米（图二九，1）。

Ⅱ式：6件。宽斜口沿。F1：1，夹砂灰陶。圆唇，卷沿内缘凸起。饰细绳纹。口径40、残高13厘米（图三〇，1）。H15：2，夹砂灰陶。方唇，折沿。颈部饰附加堆纹，颈下饰粗绳纹。口径36、残高8.4厘米（图三〇，2）。

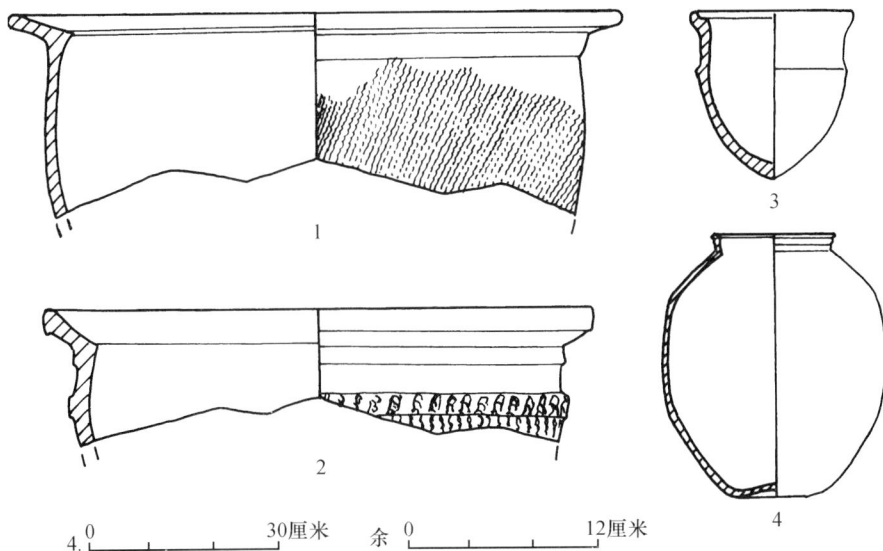

图三〇　西周文化陶器

1、2.B型Ⅱ式盆（F1：1、H15：2）　3.盉形器（H189：1）　4.瓮（T1708②：1）

豆　120件。均为残片，泥质灰陶为主，有少量的夹砂褐陶，纹饰多为素面，有一小部分饰弦纹。H15：3，豆盘。泥质灰陶。侈口，圆唇，碗状豆盘。素面。口径16、残高5.2厘米（图三一，1）。H48③：5，豆盘。泥质灰陶。敛口。素面。口径27、残高4.6厘米（图三一，2）。H36：7，豆盘。泥质灰陶。侈口，圆唇，上半部分外壁为直壁。素面。口径16、残高5.8厘米（图三一，3）。H43：5，豆柄。泥质灰陶。喇叭口状底口。底径10.2、残高4.4厘米（图三一，4）。H56：3，豆柄。泥质灰陶。圆柱状豆柄，底口外卷。底径10、残高7厘米（图三一，5）。H15：1，夹砂灰皮褐陶。豆盘直壁，较深，外壁饰有四周凸棱。口径24、残高15厘米（图三一，6；图版二九，1）。

盉形器　1件（H189：1）。泥质灰陶。圆唇，卷沿内缘凸起。圜底较尖。肩部有一周凸棱，以下饰中绳纹。口径11、通高10.5、胎厚0.5~0.8厘米（图三〇，3；图版二八，4）。

瓮　12件（可复原2件）。T1708②：1，泥质灰陶。侈口，方唇，窄折沿，近直颈，溜肩，圆腹，内凹圜底。颈部饰两周凸棱。口径17.6、腹径37、底径14、通高

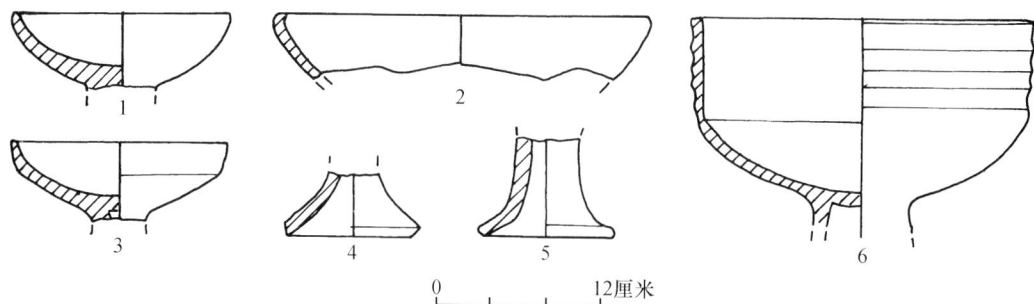

图三一　西周文化陶豆

1. H15：3　2. H48③：5　3. H36：7　4. H43：5　5. H56：3　6. H15：1

41.4、胎厚0.7～1.1厘米（图三〇，4；图版二八，1）。H138：3，泥质灰陶。直口，圆唇，小卷沿，直颈，溜肩，收腹，平底。口径23、底径22、腹径40、通高56、胎厚0.8～1厘米（图三二，1）。

　　甗　114件。均不能复原。质地多为夹砂陶，火候较低，色泽斑驳的褐陶为主，有少量的红陶及灰陶，大部分有烟熏痕迹。纹饰有少量的粗绳纹。H48：1，上半部残片。夹砂红陶。敞口，尖唇，折沿，收腹。素面。口径33.1、残高27.6厘米（图三二，2；图版二九，4）。采：18，夹砂褐陶。长袋足，乳钉足底。素面。残高19.5厘米（图三三，1）。H66：1，夹砂褐陶。乳状袋足残片，瘪裆，乳钉足底。素面。残高12厘米（图三三，2）。

　　鼎　5件。夹砂陶残片，少量夹云母片、滑石片等，褐陶为多，少量灰陶，火候较低，色泽较杂。H34：5，夹砂褐陶。残存底部。夹云母、滑石片。直腹，圆柱状实足，联裆底。腹径13.4、残高7.2厘米（图三三，3）。

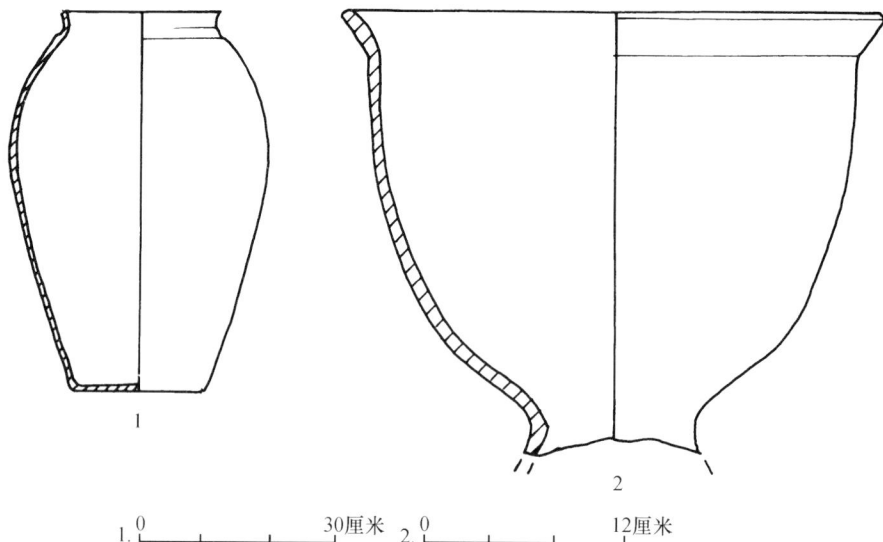

图三二　西周文化陶器

1. 瓮（H138：3）　2. 甗（H48：1）

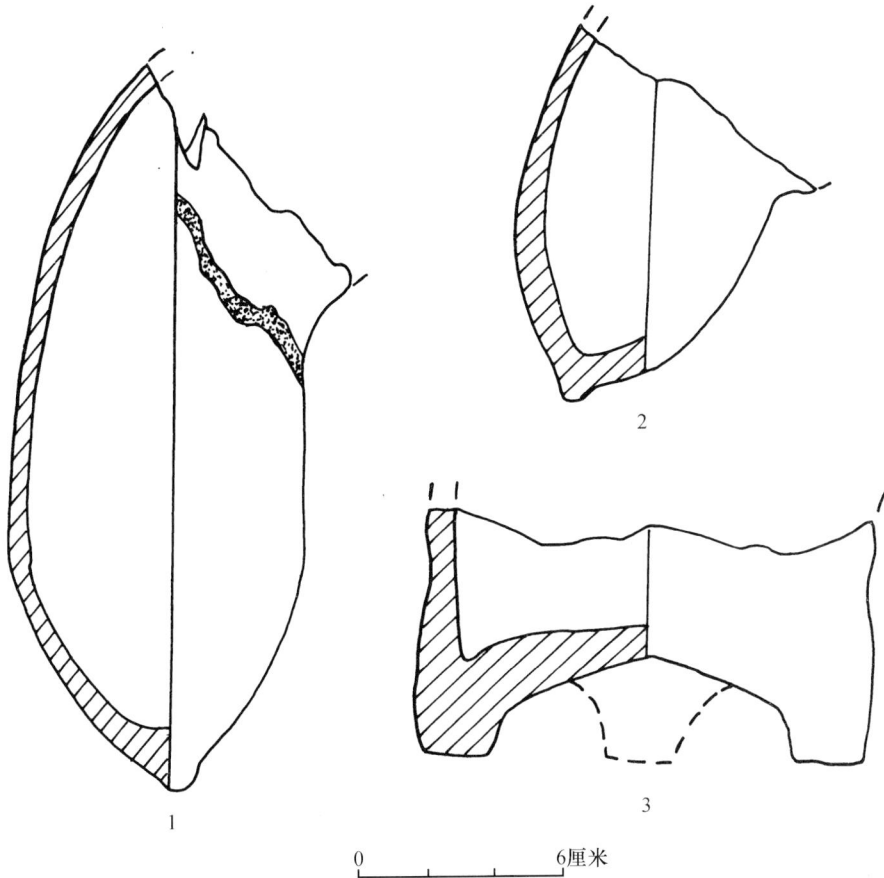

图三三　西周文化陶器

1、2.甗（采：18、H66：1）　3.鼎（H34：5）

纺轮　15件。均为泥质灰陶，大部分为利用陶器残片打制而成，少量为专门制作。陶器残片带原有的纹饰，一般常见中绳纹、细绳纹，有的饰戳点。根据横截面的形状，可分为三型。

A型　9件。截面为圆柱形，对穿孔。可分为二式。

Ⅰ式：2件。均为专门制作，器形规整。H98：1，器身饰满戳点。直径6、厚1.5、孔径0.9厘米（图三四，1）。H195：1，轮缘饰三排小戳点。直径4、厚1.4、孔径0.6厘米（图三七，4）。

Ⅱ式：7件。H78：3，残缺。陶器残片打制而成，边缘不规整。直径6.4、厚1.2、孔径0.9厘米（图三五，1）。H171：1，为专门制作器。穿孔周围有弦纹。直径4.5、厚1.4、孔径0.7厘米（图三五，2）。T1308：1，残缺。直径4.1、厚1.3、孔径0.7厘米（图三五，3）。H62：1，制作规整。素面。直径3.7、厚1.5、孔径1厘米（图三六，2）。T0311②：1，尖轮缘。穿孔外围有三周凹弦纹。直径5.3、厚1.4、孔径0.7厘米

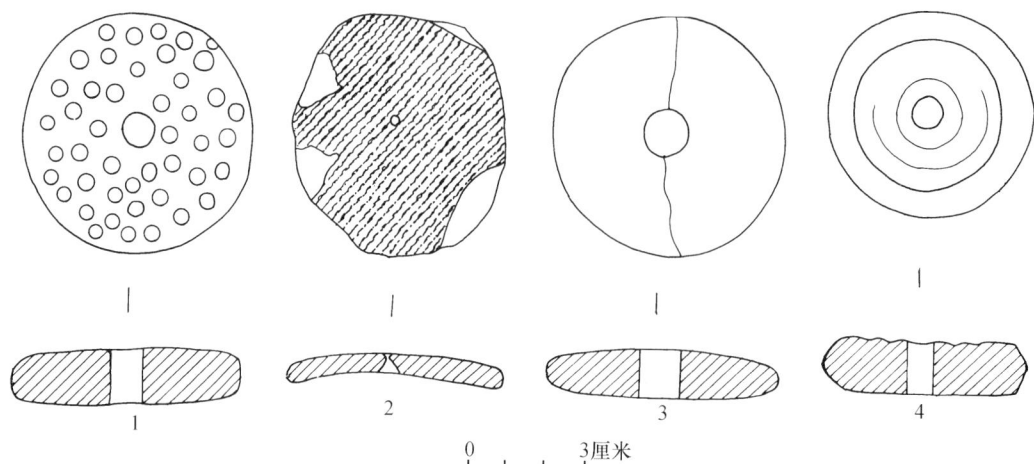

0 ————— 3厘米

图三四　西周文化陶纺轮

1. A型 I 式（H98：1）　2. C型（H27：1）　3. B型（H172：1）　4. A型 II 式（T0311②：1）

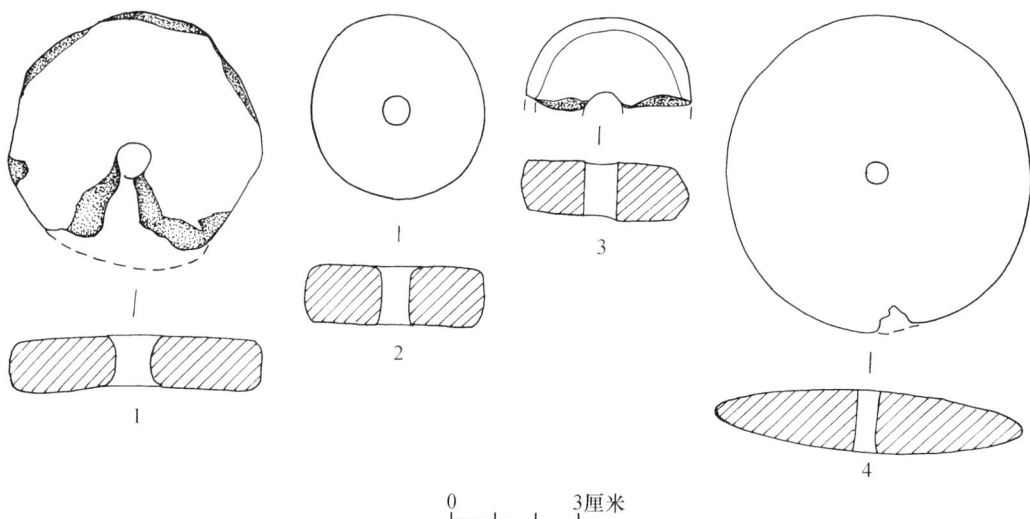

0 ————— 3厘米

图三五　西周文化陶纺轮

1~3. A型 II 式（H78：3、H171：1　T1308：1）　4. B型（F5：3）

（图三四，4）。H51：1，残缺。制作不规整。直径4、厚1.5、孔径0.5厘米（图三七，3）。H170：1，残存一半。制作规整。直径5.2、厚2、孔径0.8厘米（图三七，6）。

　　B型　2件。截面为中粗两端细的柱状。H172：1，直径6、厚1.2、孔径1.1厘米（图三四，3）。F5：3，小穿孔。直径7.7、厚1.6、孔径0.5厘米（图三五，3）。

　　C型　4件。均为陶器残片打制而成，截面保留原器物的弧度，制作粗糙。H130：1，钻孔对穿，孔径不一，不规则圆形。厚1厘米（图三六，1）。H27：1，钻孔未打通。原器表细绳纹保留。直径5.6、厚0.6厘米（图三四，2）。H134：1，对穿不

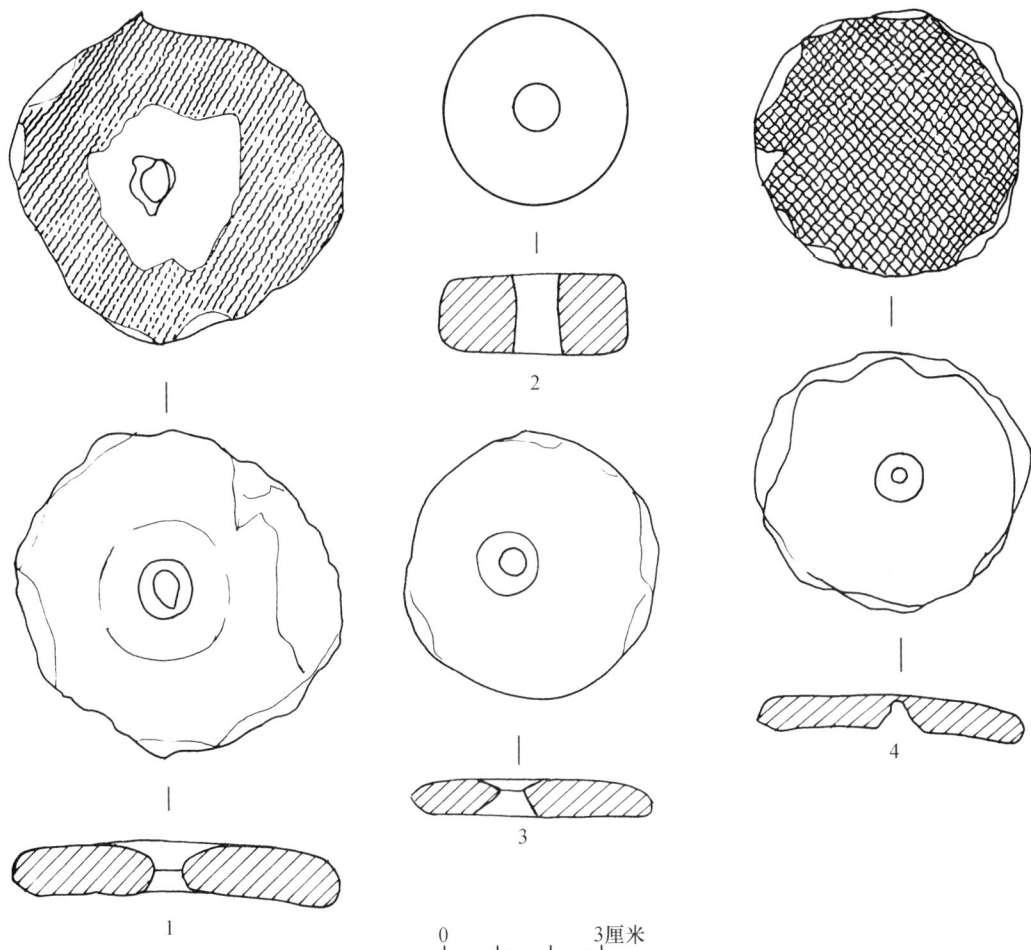

图三六　西周文化陶纺轮

1、3、4. C型（H130∶1、H134∶1、T0909∶1）　2. A型Ⅱ式（H62∶1）

规整。素面。直径4.6、厚0.5厘米（图三六，3）。T0909∶1，钻孔未打通。原器表饰篮纹。厚约0.6厘米（图三六，4）。

　　玦　2件。泥质灰陶。均素面。M5∶1，宽1.1、厚0.3厘米（图三七，2）。M5∶2，宽1.1、厚0.2厘米（图三七，5）。

　　网坠　1件（H146∶1）。泥质灰陶。火候较低，陶衣脱落，残存一半，球状，中穿孔上粗下细。球径约4.8厘米（图三七，1）。

　　拍　3件。H57∶1，夹砂灰陶。圆柱把柄，拍面圜形。素面。柄径5.4、残长6.4厘米，拍面直径9.4厘米（图三八，1）。H142∶3，夹砂灰陶。柱状把柄，拍面微凸。拍面饰交错绳纹。拍径7.1厘米（图三八，2）。T1520∶5，残缺。夹砂褐陶。拍柄为三棱柱状。鞋底状拍面及侧缘饰斜格纹。厚2.1、宽5.2、残长6厘米（图三八，3）。

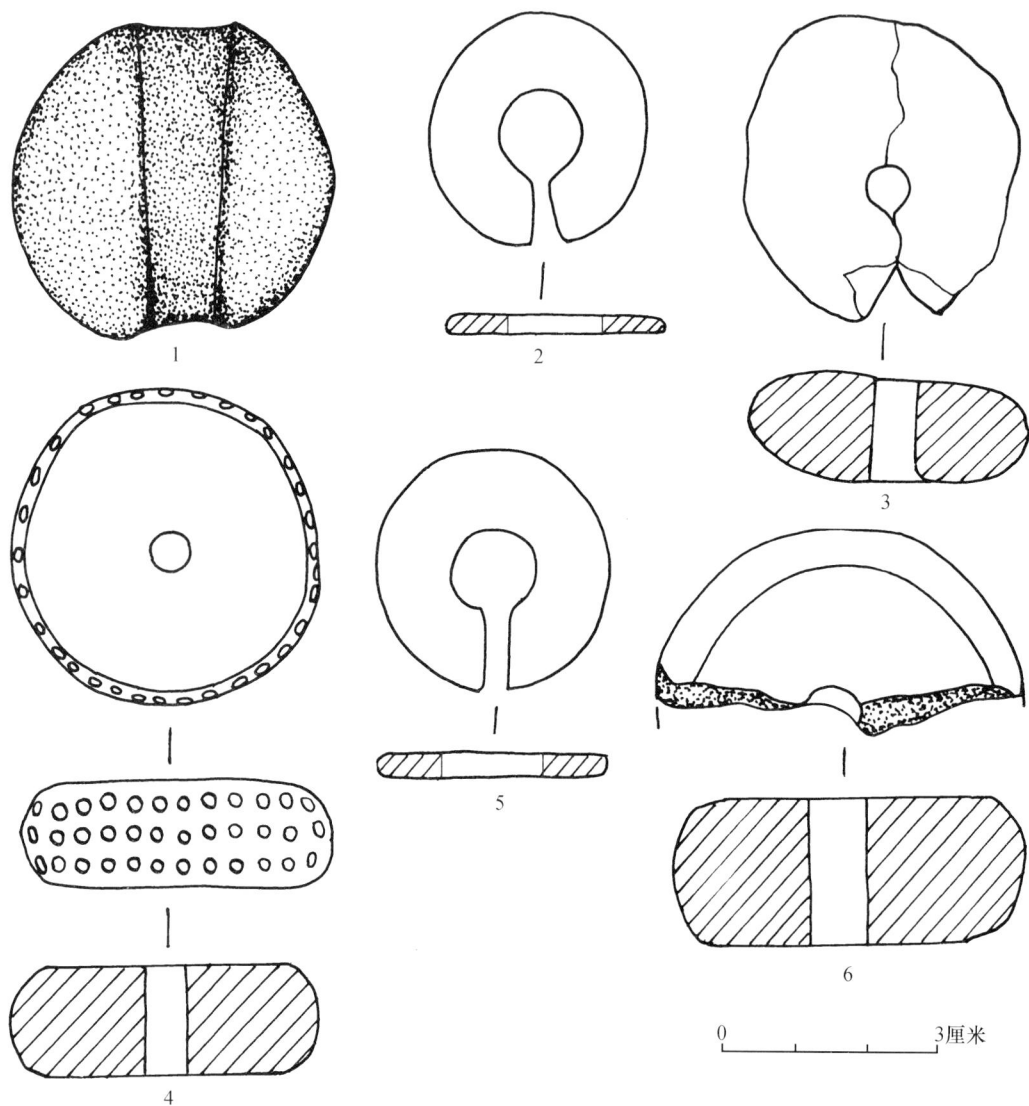

图三七　西周文化陶器

1. 网坠（H146：1）　2、5. 玦（M5：1、M5：2）　3、6. A型Ⅱ式纺轮（H51：1、H170：1）
4. A型Ⅰ式纺轮（H195：1）

范　2件。H132：1，夹砂灰陶。内壁饰三排刻划纹。长8.4、壁厚1.4厘米（图三九，1）。T0311②：2，夹砂褐陶。残长6.4、壁厚0.7厘米（图三九，2）。

圆饼　14件。多泥质灰陶、夹砂灰陶，少量的夹砂红陶及褐陶。大部分为陶器残片打制而成，少量为专门制作。器表多素面，纹饰有少量绳纹、戳点等。根据横截面的形状，可分为二型。

A型　8件。截面有弧度。H65：1，夹砂灰陶。陶片打制，边缘有打制残痕。直径

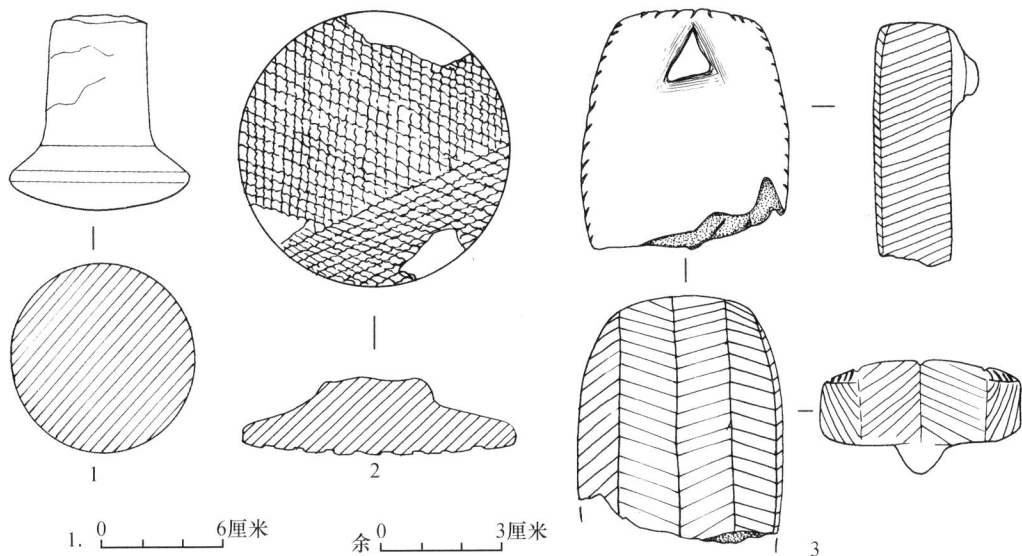

图三八　西周文化陶拍

1.H57：1　2.H142：3　3.T1520：5

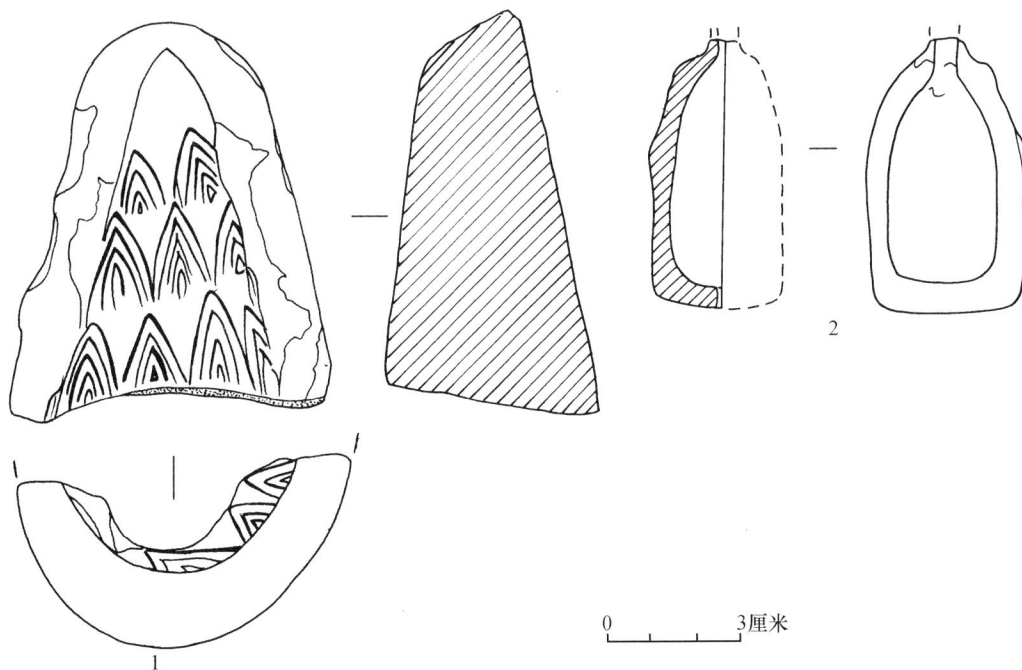

图三九　西周文化陶范

1.H132：1　2.T0311②：2

4.6、厚0.6厘米（图四〇，2）。H141：2，泥质灰陶。薄厚不一。素面。直径10.4、厚0.4～1.2厘米（图四〇，3）。H38：4，泥质灰陶。陶器残片打制，边缘有打制残痕。直径5.2、厚0.5～0.8厘米（图四〇，5）。H65：2，残缺。泥质灰陶。直径10.4、厚0.4～1.8厘米（图四一，1）。H66：1，泥质灰陶。制作不规整。直径3、厚0.5～0.8厘米（图四一，2）。F1：1，残缺。夹砂灰陶。饰戳点。厚0.5厘米（图四一，3）。H48①：1，泥质灰陶。制作规整。中部饰少量细绳纹。直径14、厚1.4厘米（图四二，1）。H48①：2，夹砂红陶。制作规整。底部有用火痕迹。直径12、厚0.6厘米（图四二，2）。

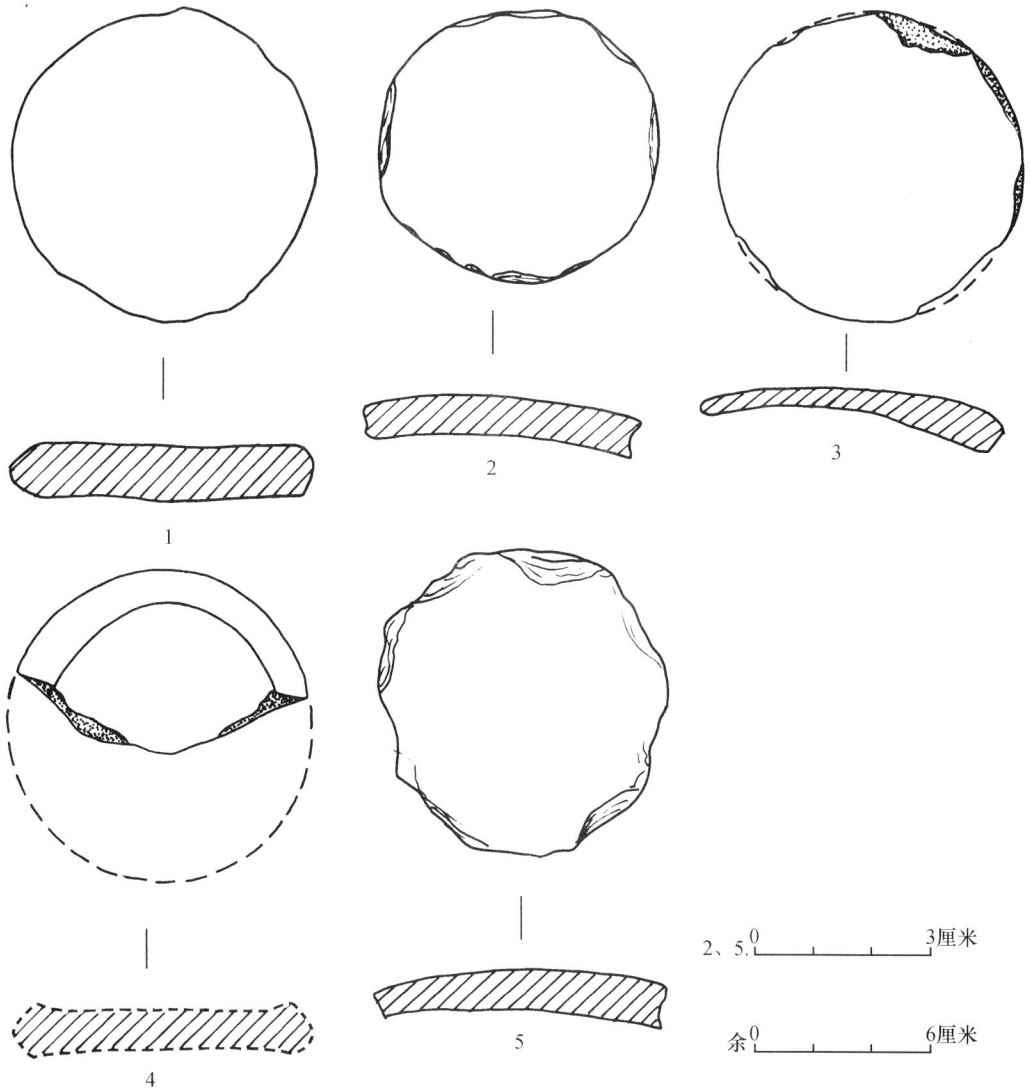

图四〇　西周文化陶圆饼

1、4.B型（H128：3、T1708：1）　　2、3、5.A型（H65：1、H141：2、H38：4）

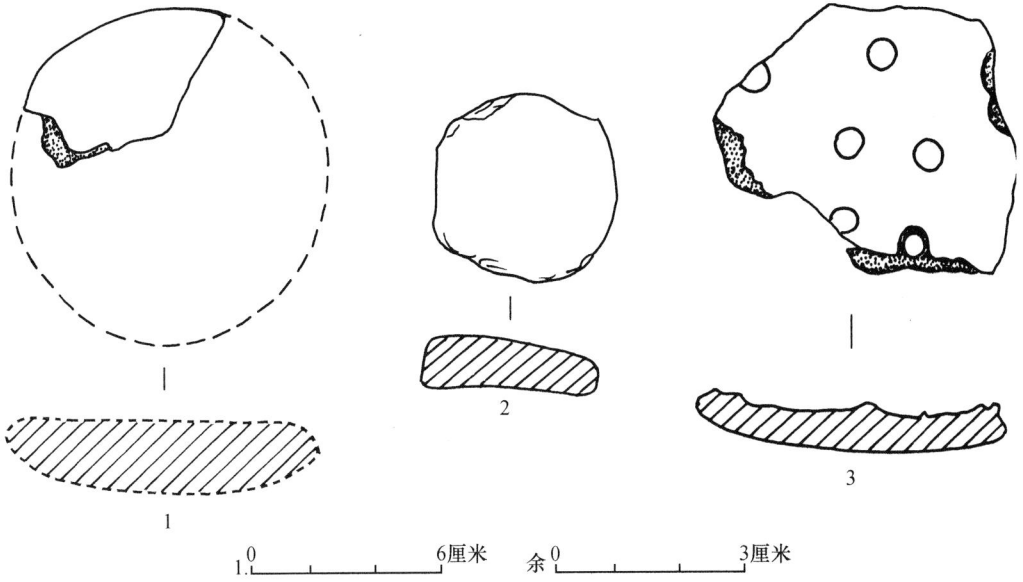

图四一　西周文化A型陶圆饼

1. H65：2　2. H66：1　3.F1：1

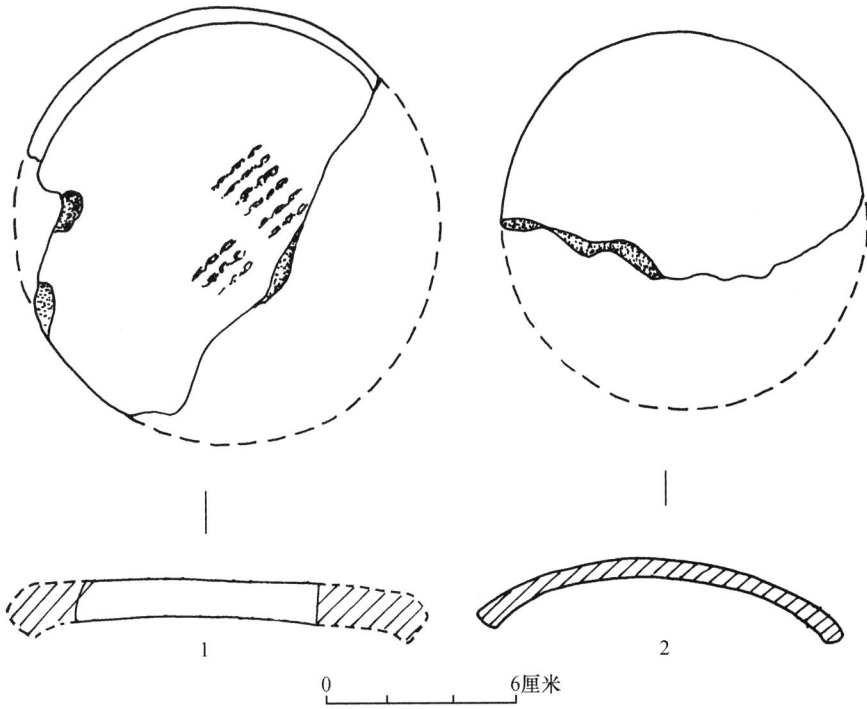

图四二　西周文化陶A型圆饼

1. H48①：1　2. H48①：2

　　B型　6件。截面平直。均为泥质灰陶。H48②：7，直径10.5、厚1.8厘米（图四三，1）。H88：1，直径9.2、厚0.4～1.3厘米（图四三，2）。H128：3，形制不规整。直径10、厚1.4厘米（图四〇，1）。T1708：1，边缘厚。直径10.4、厚1.2～1.6厘米（图四〇，4）。H78：1，直径10.1、厚1.8厘米（图四三，3）。H59：1，残缺。边缘薄。直径10.6、厚1.5厘米（图四三，4）。

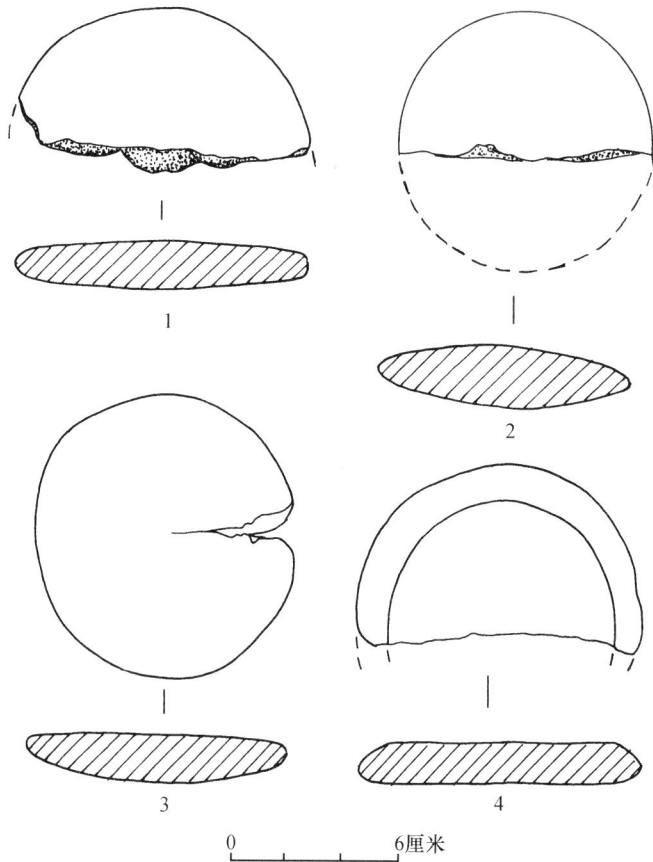

图四三　西周文化B型陶圆饼
1. H48②：7　2. H88：1　3. H78：1　4. H59：1

2. 石器

　　磨石　3件。H79：1，青石。截面长方形。厚1.5厘米（图四四，1）。H34：1，残缺。页岩。截面长方形。厚1.1厘米（图四四，2）。H26：1，青石。近长方形，截面梯形。长6.6、宽5、厚1.2～1.8厘米（图四四，3）。

　　刀　5件。半月形。根据刃面差异，可分为二型。

　　A型　3件。双面刃。H71：1，残缺。刀背最厚。宽约5、残长10.4厘米（图四五，1）。H48：5，残缺。刀身最厚。宽约4.6、残长7厘米（图四五，2）。采：41，残

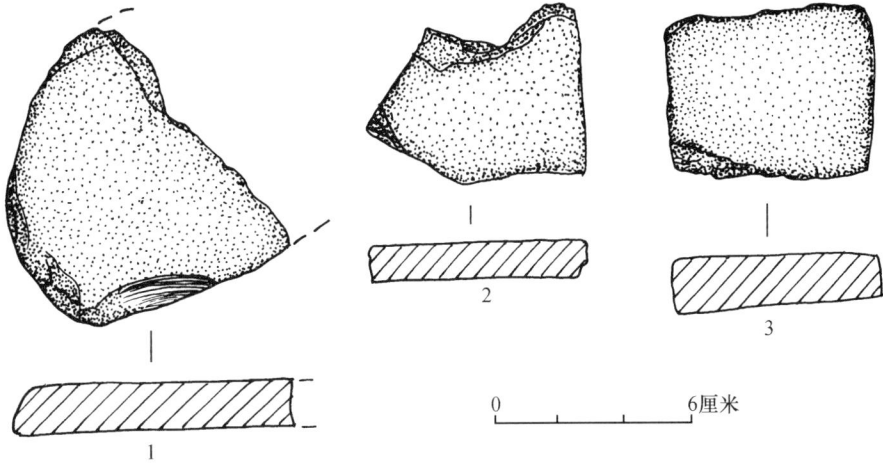

图四四　西周文化磨石

1. H79：1　2. H34：1　3. H26：1

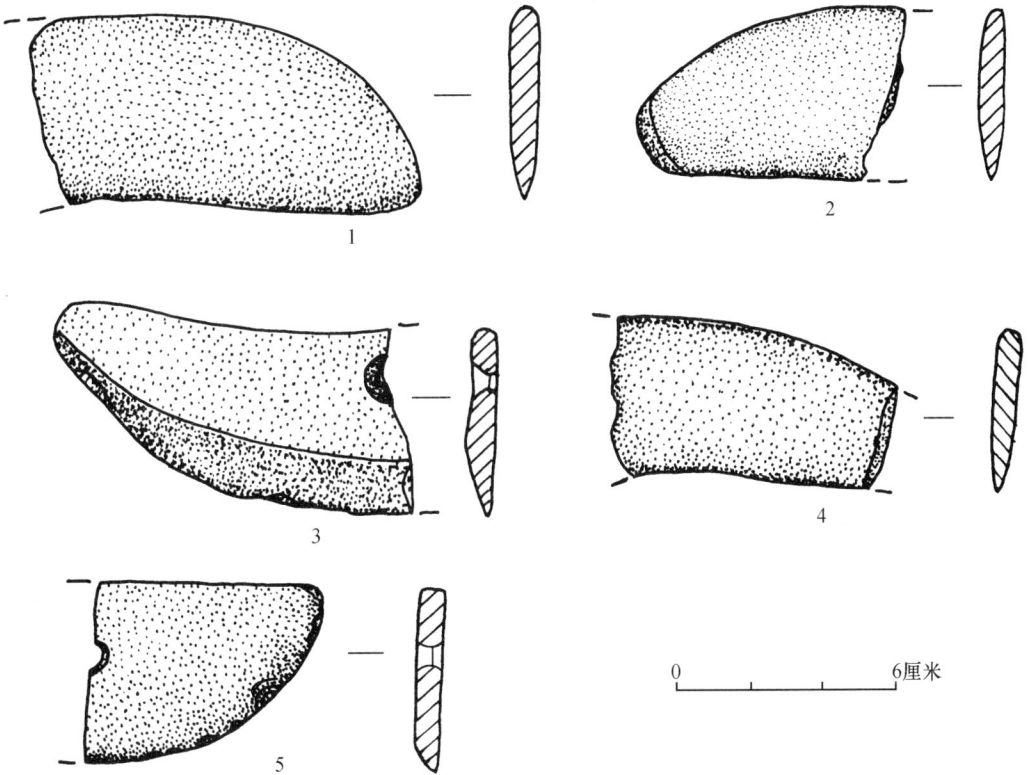

图四五　西周文化石刀

1、2、4. A型（H71：1、H48：5、采：41）　3、5. B型（H85：1、H48②：5）

缺。平刀头，有钻孔。宽约4.1、残长8厘米（图四五，4）。

B型　2件。单面刃。H85：1，直背，弧刃，对钻孔。宽约4.8、残长9.2厘米（图四五，3）。H48②：5，直背，弧刃，穿孔。宽约5、残长6.3厘米（图四五，5）。

斧　3件。均为残件。T0909：1，长方形，直腰，双面刃。残长6.5、残宽4、厚3.3厘米（图四六，1）。H85①：1，斧身及刃残缺。亚腰形，有钻孔。残长7.8、厚1.7厘米（图四六，2）。采：1，长方形，双面刃。残长10.1、宽3.8、厚2.8厘米（图四六，3）。

镰　1件（H34：4）。已残。直背，双面弧刃。残长10、宽3.2～5厘米（图四六，4）。

不明器　4件。H187：1，直背，双面刃，厚身。刃部有使用痕。残长8、宽4.6、厚0.7厘米（图四六，5）。T0307②：2，近长方形。长7、宽约5.3、厚2厘米（图四六，6）。H187：2，方形，直背，直腰，单面弧刃。长4.5、宽4.8、厚1.1厘米（图四六，7）。H66：7，直背，截面楔形，刃残。残长7、宽5.2、厚0.6厘米（图四六，8）。

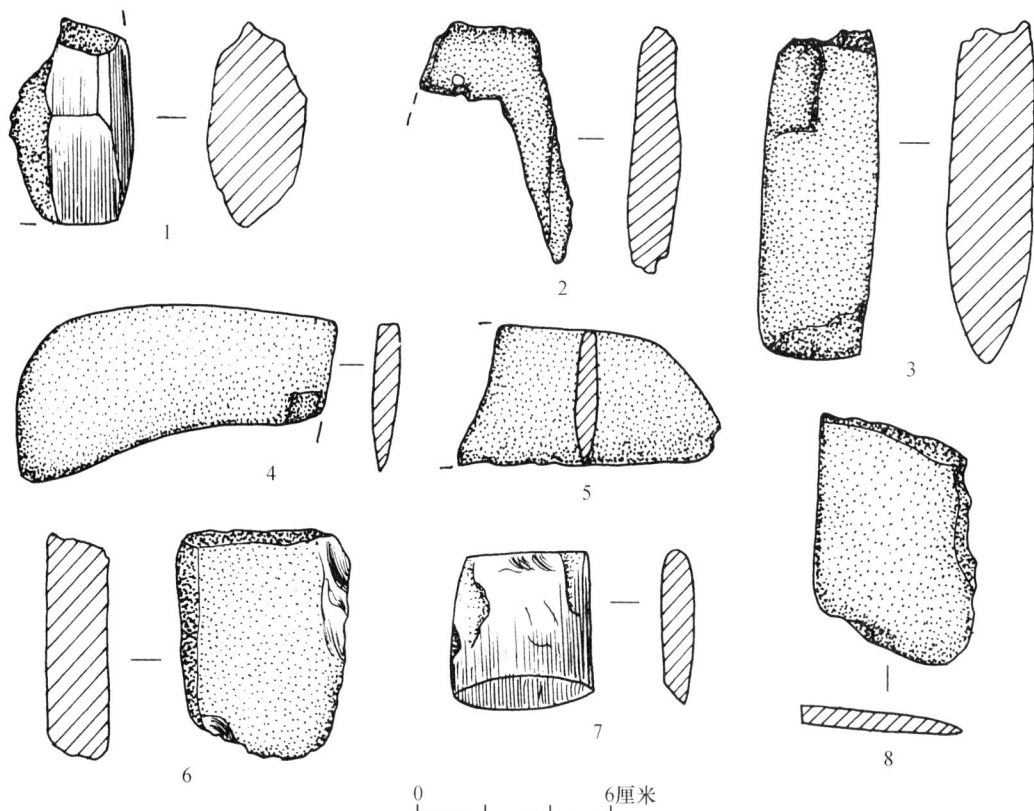

图四六　西周文化石器

1～3. 斧（T0909：1、H85①：1、采：1）　4. 镰（H34：4）　5～8. 不明器（H187：1、T0307②：2、H187：2、H66：7）

3. 骨器

利用动物骨骼肢骨制成,大部分骨片的打制粗糙,主要形制有锥、簪、针、匕、镞等生产工具及卜骨等祭祀用品。

锥 59件。按照顶部及骨片的变化,可分为三型。

A型 34件。骨片粗糙,动物肢骨关节保留。H142:1,锥状体,顶端磨平。长15.8、顶宽3.6厘米(图四七,1)。H173:1,锥状体,肢骨管壁尚存。长10.7、顶宽3厘米(图四七,2)。T0316②:1,长9.9、顶宽2.4厘米(图四七,3)。H48④:1,顶端关节明显,仅锥尖部分切割。长14.5、顶宽3.5厘米(图四七,4)。H111:8,锥状体,肢骨管壁尚存。长14.2、顶宽2.8厘米(图四七,5)。

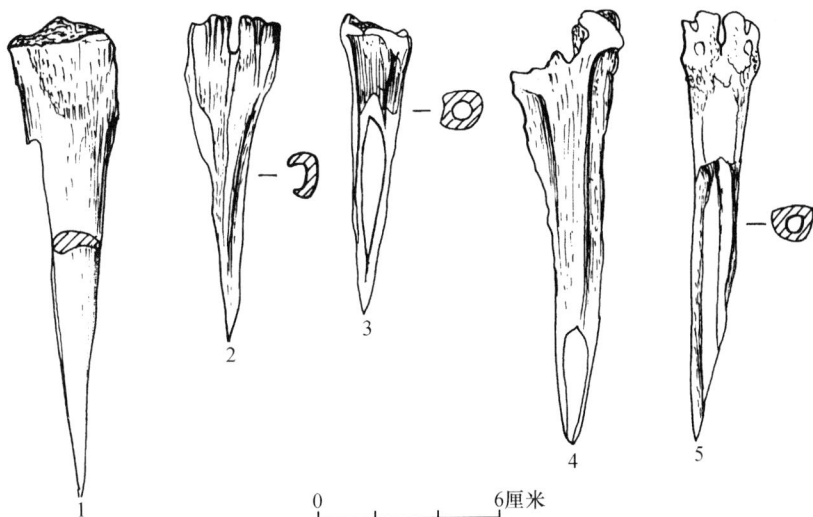

图四七 西周文化A型骨锥
1. H142:1 2. H173:1 3. T0316②:1 4. H48④:1 5. H111:8

B型 17件。骨片取自肢骨管壁,关节部位不见。H48⑤:2,三角状,粗短。长6.1、宽1.7厘米(图四八,1)。F8:1,窄细。长6.4、宽0.6厘米(图四八,2)。H48②:4,三角状,粗短。长6.6、宽1.2厘米(图四八,4)。H34③:1,肢骨管壁取半,一端切割锥体。长8.6、顶宽1.8厘米(图四八,5)。

C型 8件。圆柱体,顶残或尖顶。H38:5,残长5.4、直径0.6厘米(图四八,3)。H84:1,尖顶。长6.3、直径0.7厘米(图四八,6)。H48③:1,残缺。尖顶。残长6、直径0.7厘米(图四八,7)。T1807③:1,残缺。圆顶。残长8、直径0.6厘米(图四八,8)。

簪 23件。按照器身的变化,可分为二型。

A型 8件。取动物肢骨切割制作,骨关节、管壁等保留明显。T1808②:1,锥

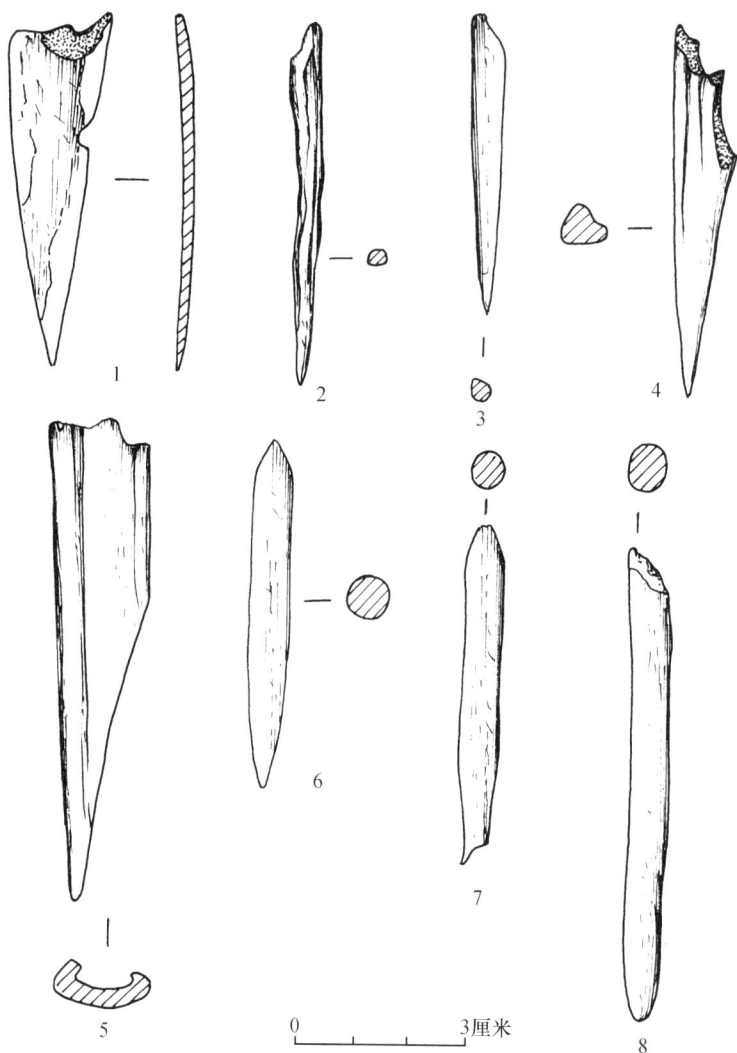

图四八　西周文化骨锥

1、2、4、5. B型（H48⑤：2、F8：1、H48②：4　H34③：1）

3、6～8. C型（H38：5、H84：1、H48③：1、T1807③：1）

状。长10.7、顶宽2.1厘米（图四九，2）。H48②：7，长12.5、顶宽3厘米（图四九，4）。H65：5，关节下切割，中部斜切成锥尖。长12.8、顶宽1.6厘米（图四九，5）。

B型　15件。制作精致，圆柱状体，有顶帽。H48①：8，顶部呈钉帽状。长17.4、顶宽1.1厘米（图四九，1）。H48②：10，椭圆锥体顶。残长20.5、顶宽2.6厘米（图五〇，1）。T0901：1，三棱体。长14.7、顶宽1.2厘米（图五〇，2）。H196：2，顶部残。残长9.2、宽0.7厘米（图五〇，3）。F3：2，四角锥体顶。残长15、顶宽2.2厘米（图五〇，4）。H88：7，椭圆锥体顶。残长7.6、顶宽0.7厘米（图四九，3）。

针　5件。多残件。采：5，尖部锋利，弧身。残长4.4、直径0.4厘米（图五一，

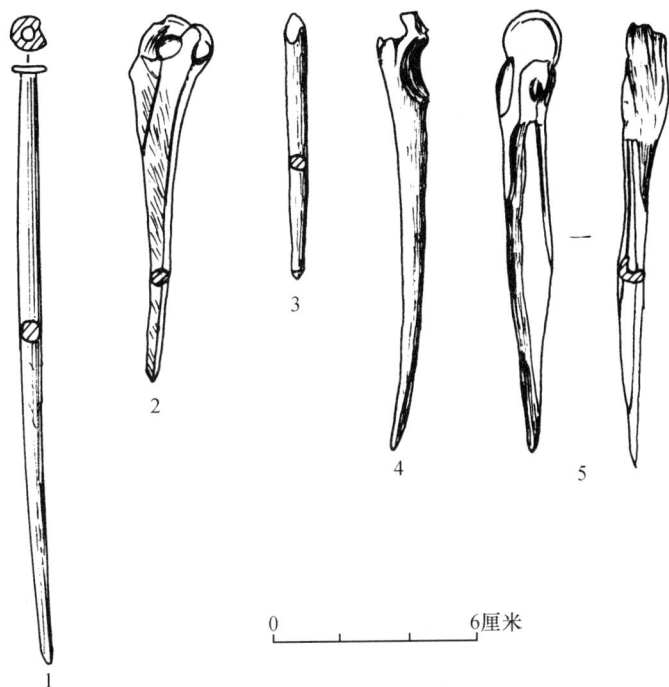

图四九　西周文化骨簪

1、3.B型（H48①：8、H88：7）　　2、4、5.A型（T1808②：1、H48②：7、H65：5）

3）。H48②：11，顶部有钻孔，针身弯曲，尖部锋利。长约5、直径0.2厘米（图五一，4）。T1808：3，残长4.3、宽0.5厘米（图五一，5）。

匕　4件。多残件。H48②：12，扁平体，顶部有钻孔。残长7.2、顶宽1.6厘米（图五一，1）。H48①：7，扁平体。残长5.7、宽1.3厘米（图五一，6）。H183：1，完整。顶部有对钻穿孔。长19.2、顶宽2厘米（图五三，1）。H59：1，近长方形。残长6.3、宽2.3厘米（图五三，3）。

饰品　2件。T1809②：1，长方形，打磨光滑，两端扁薄，有三穿孔。长3、宽1.5、厚0.5厘米（图五二，1）。T1809②：2，长方形，打磨光滑，一端扁薄，有三穿孔。长3、宽1.5、厚0.3厘米（图五二，2）。

镞　2件。T0313：1，锥状体，直铤。长5.9、直径0.7厘米（图五一，2）。H48①：6，残件。柱状体。残长7、直径0.7厘米（图五三，2）。

卜骨　多为残件。取用动物肢骨、肩胛骨等灼烧。根据骨料不同，可分为二型。

A型　采用动物肢骨，在管壁内侧灼烧。采：7，残件。残长14、宽6～8厘米（图五三，5）。

B型　动物肩胛骨切片，有规律地成排灼烧。H172：4，残件。灼烧孔组合不规律，有的单孔，有的三孔。残长6.5、残宽2.9厘米（图五三，4）。H88：13，残件。灼烧孔采用三联环的形式排列。残长10.3、残宽5.6厘米（图五三，6）。

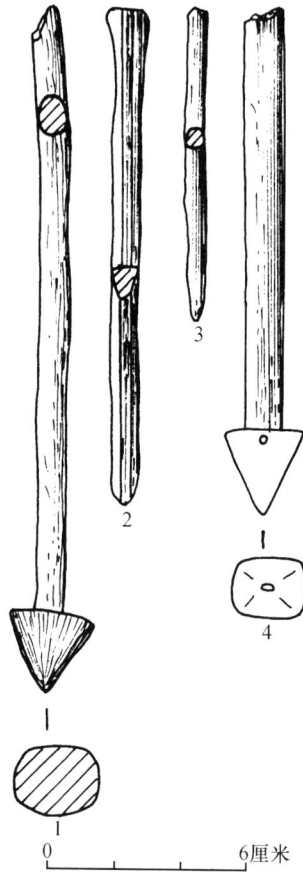

图五〇　西周文化B型骨簪
1. H48②：10　2. T0901：1　3. H196：2　4. F3：2

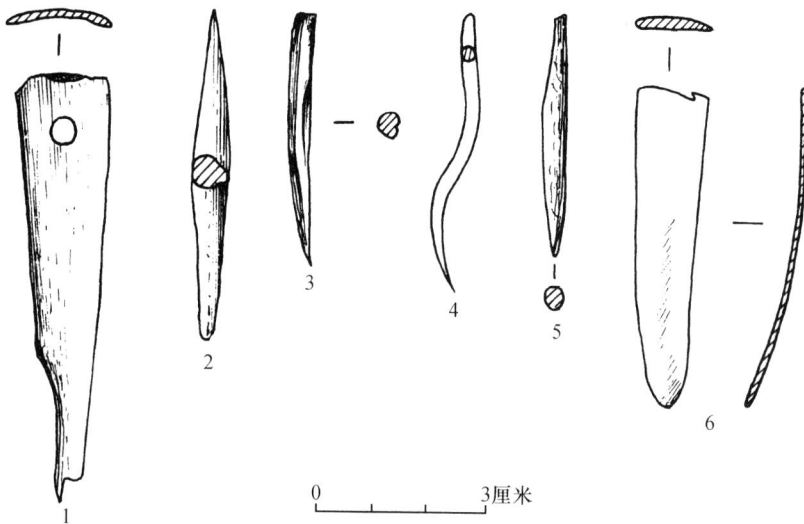

图五一　西周文化骨器
1、6. 匕（H48②：12　H48①：7）　2. 镞（T0313：1）　3～5. 针（采：5、H48②：11、T1808：3）

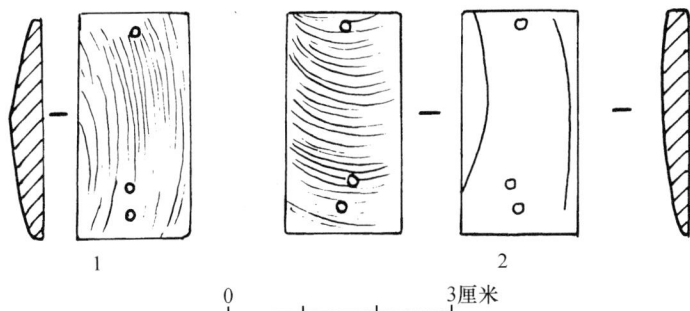

图五二　西周文化骨饰
1.T1809②：1　2.T1809②：2

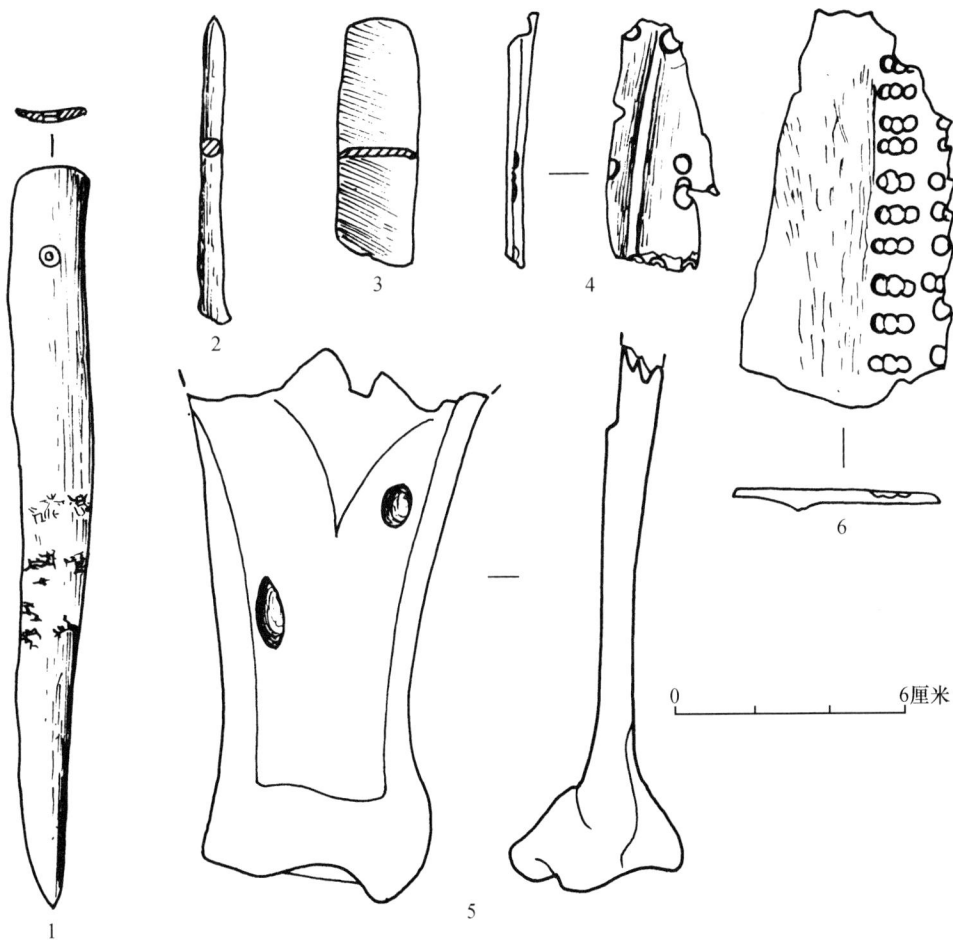

图五三　西周文化骨器
1、3.匕（H183：1、H59：1）　2.镞（H48①：6）　4、6.B型卜骨（H172：4、H88：13）　5.A型卜骨（采：7）

4. 蚌器

均为镰，共51件。均残，制作粗糙，保存较差。H95：1，锯齿状刃，平头。残长12.7、宽2.5～5.3厘米（图五四，1）。H128：2，一端平直，刃部残缺。长6.2、宽4.2厘米（图五四，2）。H128：7，锯齿状刃。平头。长16、宽6.2～3.2厘米（图五四，3）。H46：1，长三角形，锯齿状刃。长5.5、宽0.7～2.2厘米（图五四，4）。

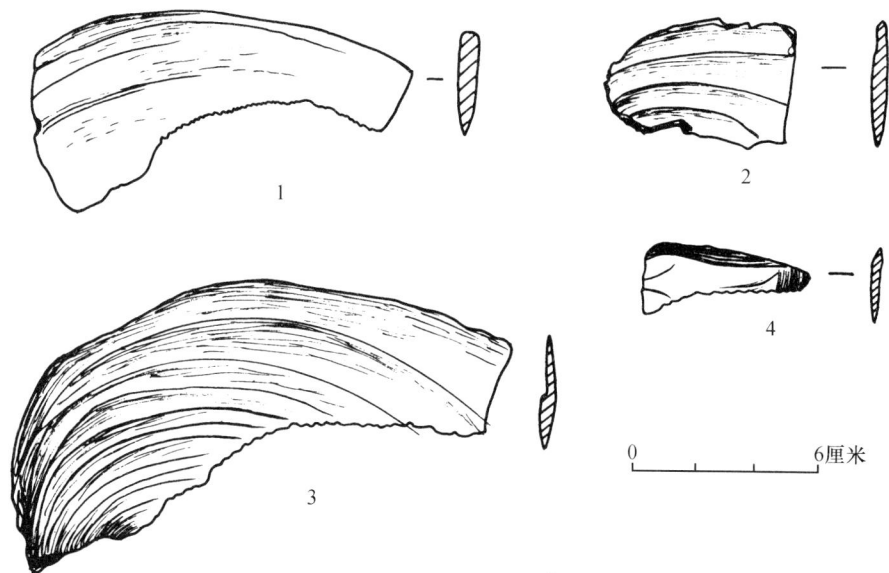

图五四　西周文化蚌镰
1. H95：1　2. H128：2　3. H128：7　4. H46：1

四、东周文化遗存

（一）遗迹

主要分布于港西路区域，又可分为春秋和战国两个时期。主要的遗迹现象为灰坑、祭祀坑，另有少量的窑址、灶穴和房址。

1. 灰坑

灰坑30个。根据平面形状可分为圆形、椭圆形、长方形及不规则形，根据坑壁可分为直壁、斜壁，坑底有平底、圜底。其中以圆形为多。现择其要者介绍如下。

（1）圆形

20个。

H9　位于T0901。开口于第1层河卵石下。平面形状近圆形，袋状斜壁，平底。直径1.8、残深1.16米。坑内填灰褐色土，质松软，结构疏松。包含有草木灰，红烧土颗粒及砂砾。包含物有陶片等，可辨器形为陶豆（图五五）。

H54   位于T0710西北角。开口于耕土层下，打破H58及生土。平面形状呈圆形，袋状斜壁，平底。直径1.4、残深0.8米。坑内填灰褐色砂土，结构疏松。包含物有陶片、兽骨等，可辨器形有陶豆、罐、盆等（图五六）。

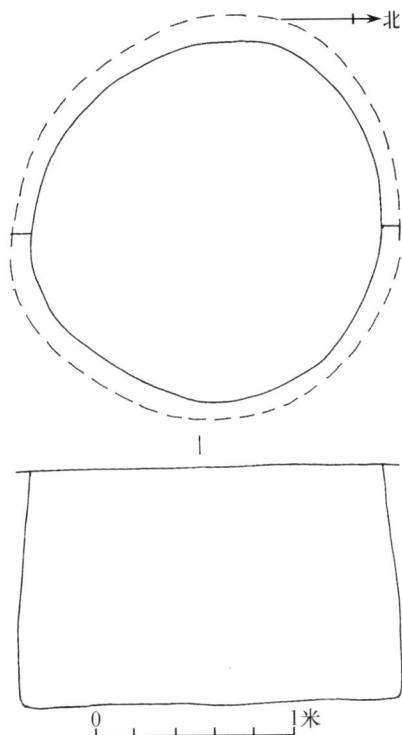

图五五   H9平、剖面图

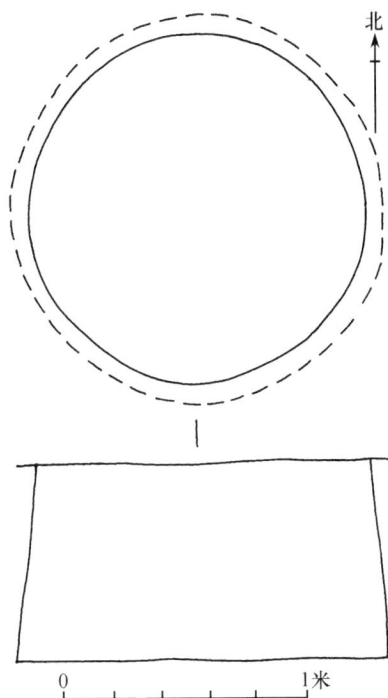

图五六   H54平、剖面图

H61   位于T0609东部。开口于耕土层下，打破生土。平面形状呈圆形，微斜壁，平底。直径2.6、残深1.35米。坑内填灰黑色土，质略显黏性，结构疏松。包含物有大量陶片等，可辨器形有陶豆、罐、釜等（图五七）。

（2）椭圆形

3个。

H23   位于T0910中部，开口于耕土层下，打破H83。平面形状呈椭圆形，直壁，平底。长径1.4、短径1.14、深0.54米。坑内填土浅黄褐色，土质较松软，结构疏松。包含物主要有陶片、石料等。可辨器形有陶豆、盆、罐、釜等（图五八）。

H25   位于T0910中部。开口于耕土层下，打破H13及生土。平面形状呈椭圆形，斜壁，圜底。长径2.8、短径2.2、残深1.04米。坑内填灰黑色土，质松软，结构疏松。

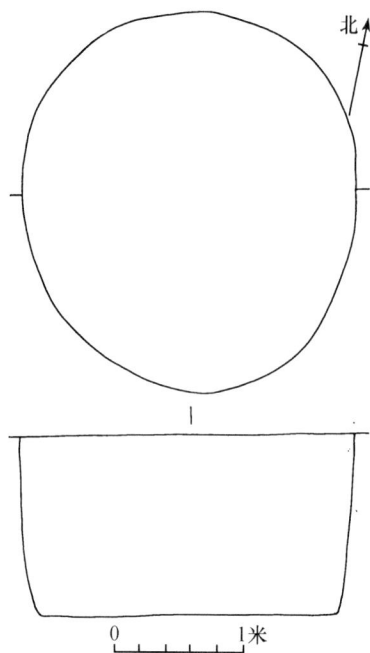

图五七　H61平、剖面图

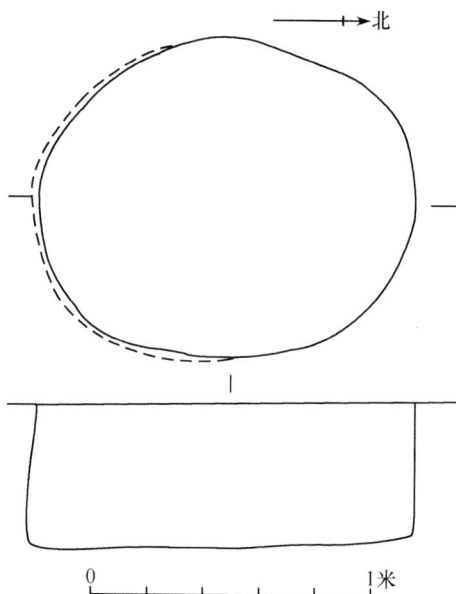

图五八　H23平、剖面图

包含物有陶片、蚌片及兽骨等，可辨器形有陶盆、罐、豆、鬻等（图五九）。

　　H83　位于T0910南部。开口于耕土层下，被扰坑及H23打破。平面形状呈椭圆形、微斜壁、圜底，锅底状。长径3.8、短径2、残深0.8米。坑内填土黄褐色，土质砂性，结构疏松。包含物主要有陶片、石料、兽骨等。可辨器形有陶罐、豆、盆、瓮、鬲等（图六〇）。

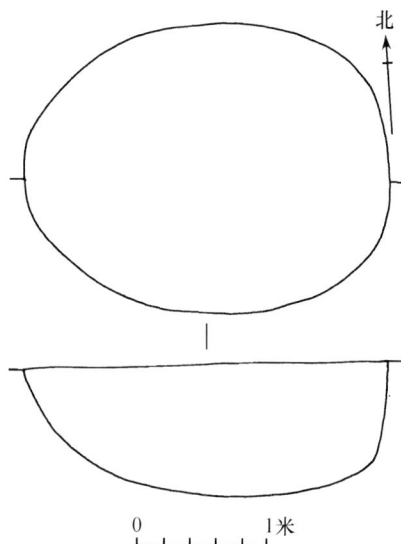

图五九　H25平、剖面图

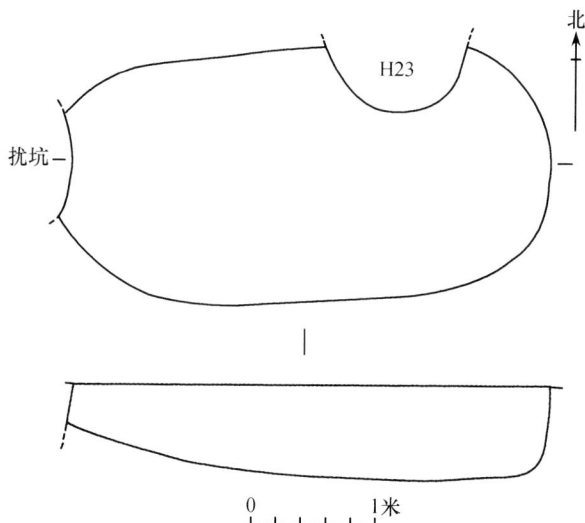

图六〇　H83平、剖面图

（3）长方形

2个。

H26　位于T0910。开口于耕土层下，打破生土。平面形状长方形，直壁，平底。开口长2.2、宽1.36、残深0.68～0.8米。坑内填黄褐色土，质略显砂性，结构疏松。包含物主要为陶片、兽骨等。可辨器形有盆、豆、罐、鬲、盂、釜等（图六一）。

（4）不规则

5个。

H21　位于T0909西部正中。开口于耕土层下，被H19打破。平面形状为不规则形。直壁、斜平底。开口东西长1.5、南北宽1.24、残深0.35米。坑内填土浅灰褐色，土质较松软，结构疏松。包含物主要为陶片、兽骨等。可辨器形有陶罐、鬲、豆等（图六二）。

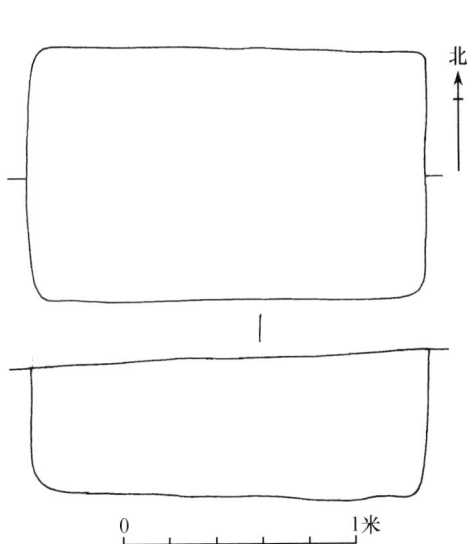

图六一　H26平、剖面图　　　　　　图六二　H21平、剖面图

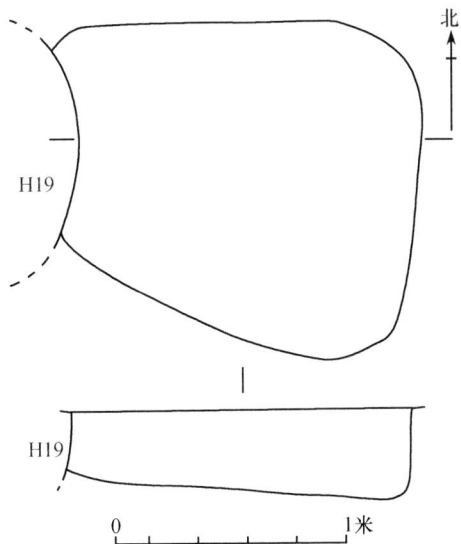

2. 祭祀坑

1个。

H8　位于T0901中部。开口于耕土层下。平面呈椭圆形，直壁，平底。在灰坑底部有完整的狗骨架一幅。长径2.1、短径1.6、残深0.98米。坑内填灰褐色土，包含红烧土颗粒及木灰、砂砾等，质松软，结构疏松。包含物有陶片等，可辨器形有陶豆、罐、盆等（图六三）。

3. 窑址

4座。

Y3　位于T0710中北部。开口于耕土下，被H102、H103同时打破。圆形。直径2、残深0.9米。清理时窑箅已经暴露，窑箅厚0.34~0.4米，火塘厚约0.45米。窑箅平面中央有一近圆形火口，直径约0.2米。四周紧贴窑壁的位置均匀地分布有7个长条形火口。火塘底部堆积有大量的木炭灰。长约0.6、宽约0.1米（图六四；图版二七，1）。

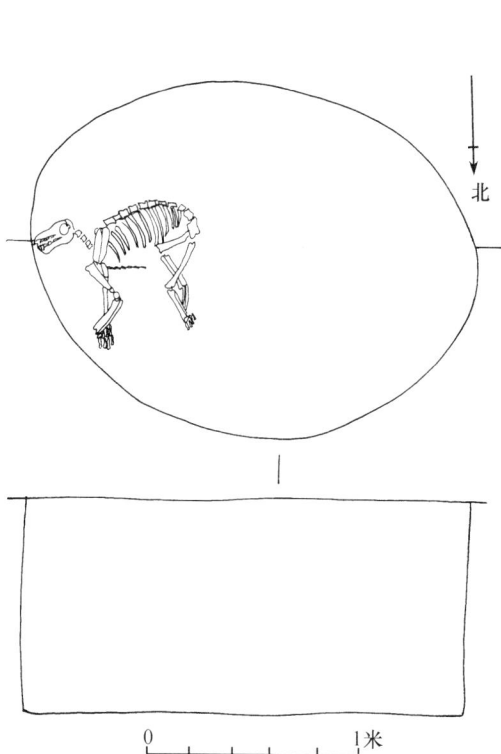

图六三　H8平、剖面图

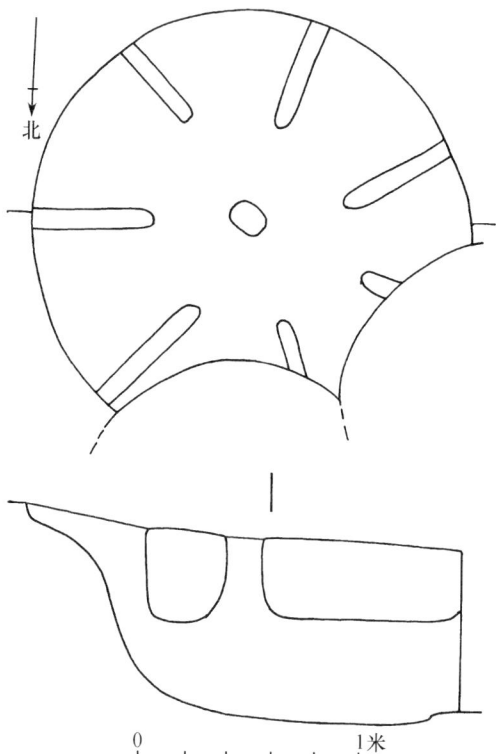

图六四　Y3平、剖面图

4. 灶穴

5座。由于早年农业生产中的平整土地，此次发现的灶穴均残存火塘的底部，更像是烧土坑边的灰坑。

Z6　位于T0209的中部偏北。方向89°。残存的灶坑及火塘平面呈不规则椭圆形。灶坑壁面有红烧土层，底部残留少量的红烧土层。坑内填灰黑色土，质较黏，结构较为紧密，含有红烧土块、木炭及陶片等。灶坑圆形，直径0.4米。残留烟道长0.2米，烟道直径0.25米。出烟口圆形，直径0.3米（图六五）。

Z7　位于T0209的中部。方向350°。残存的灶坑平面呈不规则形，全长2.08米。

北部较为清楚，深约0.3米，灶坑壁面有带加工痕迹的红烧土层。坑内填灰褐色土，质较黏，结构较为紧密，含有红烧土块、木炭及陶片等（图六六）。

5.房址

东周时期房址清理4座，均为半地穴式建筑，大部分有门道，保存状况较差。

F4 位于T0209西北部。开口于耕土层下，距现代地表0.3米，北部被H135、H142打破。平面形状为不规则长方形。东西长约3.5、南北宽约2.3米。在房址西北角清理出灶穴一处，编号为Z8，其附近有大量的陶片及兽骨。西南角有一形似柱洞的小坑，直径约0.4米。中央部位有一柱洞，直径0.18、残深0.2米。房址周围没有发现柱洞及门道（图六七）。

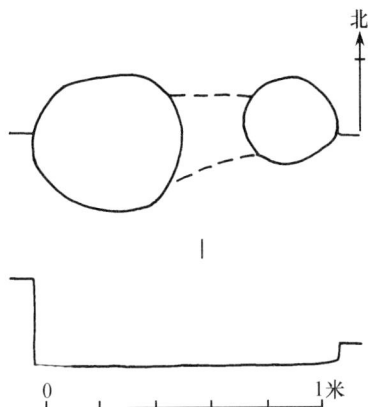

图六五 Z6平、剖面图

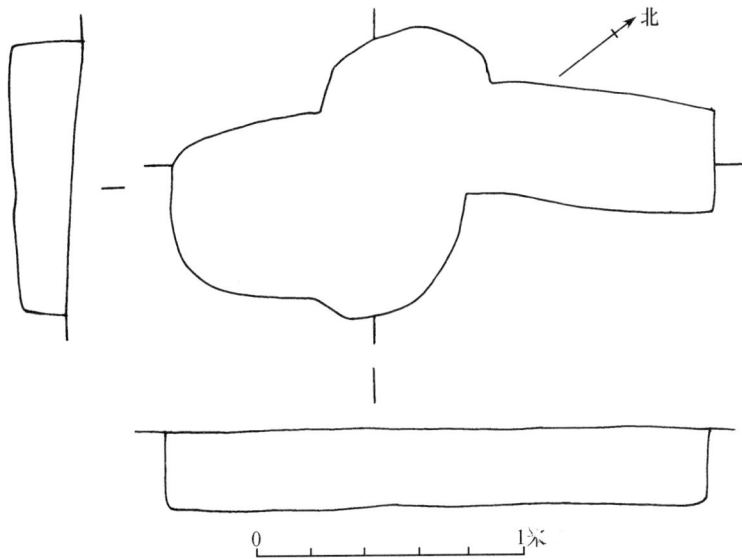

图六六 Z7平、剖面图

（二）遗物

均为出土于灰坑及房址、窑址的陶器。可复原器极少，残片为主。陶质以泥质陶多见，其胎质的细腻程度也不尽相同，有的细腻，有的就比较粗糙。陶色以灰陶为主，根据颜色深浅不一又可细分为灰、灰褐等。其次是褐陶，多为加砂陶，色泽斑驳。器表装饰主要为绳纹，又可分为细绳纹、中绳纹、粗绳纹等。纹饰还有素面磨光、附加堆纹、刻划纹、弦纹等，有的纹饰组合装饰。器形常见有罐、豆、盆等。

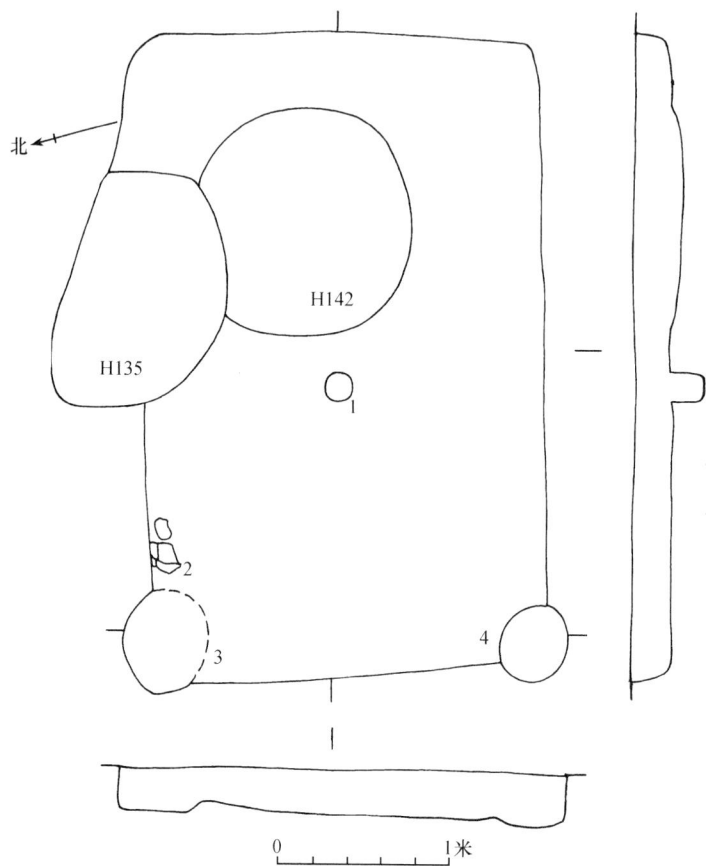

图六七　F4平、剖面图
1、4.柱洞　2.陶片　3.灶坑

　　豆　147件，复原1件（可分型16件）。多为豆盘或豆柄残片，泥质灰陶为主，有少量的夹砂褐陶，纹饰常见素面，少量弦纹。依口及腹部变化，可分为二型，豆柄等另为一型。

　　A型　9件。侈口，斜腹。H72：1，夹砂红陶。圆唇，平底，直柄，喇叭口状柄底。内侧及豆柄有弦纹。口径17.6、底径9、通高12.9、胎厚0.6～2厘米（图六八，1；图版二九，6）。H9：1，泥质灰陶。尖圆唇，圜底。素面。口径16、残高7.2厘米（图六八，2）。

　　B型　5件。侈口或直口，直腹。H72：21，泥质灰陶。直口，圆唇，平底，斜内壁。口径16、残高3.4厘米（图六八，3）。H10：2，泥质灰陶。直口，圆唇，圜底。素面。口径18、残高5.6厘米（图六八，4）。

　　C型　2件。均为柄部。H13：4，夹砂灰陶。长柱状柄，大喇叭口，方唇。豆柄饰弦纹。柄径4.2、残高10、底径10厘米（图六八，5）。H9：2，泥质灰陶。大喇叭口，圆唇。素面。底径10、残高11厘米（图六八，6）。

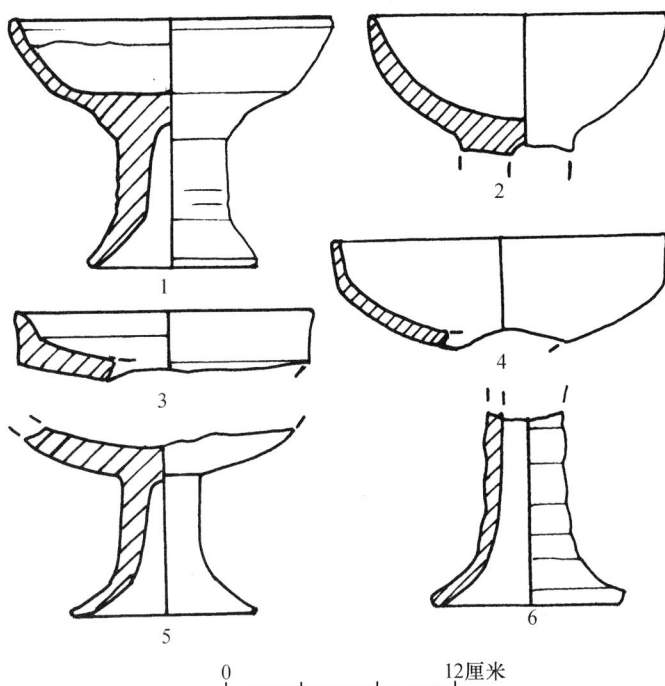

图六八 东周文化陶豆

1、2. A型（H72：1、H9：1） 3、4. B型（H72：21、H10：2） 5、6. C型（H13：4、H9：2）

罐 145件，均残（可分型30件）。泥质灰陶较多，纹饰以绳纹常见，附加堆纹、弦纹常与绳纹组合装饰。火候较高，质地较好，很少有夹砂褐陶。不可复原，仅存口沿或底部残片。根据口沿及颈部变化，可分为三型。

A型 15件。窄沿，无颈。又可根据口沿的不同，分为二式。

Ⅰ式：4件。平沿。H54：2，泥质灰陶。圆唇，溜肩，鼓腹。肩部以下饰中绳纹。口径18、腹径26、残高12厘米（图六九，3）。

Ⅱ式：11件。斜沿。Y3：7，泥质灰陶。方唇，圆腹，内壁有压痕。肩部以下饰中绳纹。口径24、残高9厘米（图六九，4）。Y3：11，夹砂灰陶。圆唇，口沿内缘凸起，平肩，鼓腹。肩部以下饰细绳纹。口径20、残高9厘米（图六九，5）。

B型 5件。侈口，直颈。H72：16，泥质灰陶。方唇，卷沿。口径20、残高5厘米（图六九，2）。

C型 10件。侈口，斜颈。H72：8，泥质灰陶。圆唇，窄斜沿，内缘一周凸棱，圆肩。口径20、残高7.2厘米（图六九，1）。

盆 113件。均残（可分型10件）。主要为口沿及腹部残片，均为泥质灰陶。火候较高，厚胎，纹饰主要为细绳纹。按照口部及腹部的变化，可分为二型。

A型 4件。侈口，收腹。Y3：9，圆唇，宽斜沿上翘。肩部以下饰细绳纹。口径

32、残高13.6厘米（图七○，2）。H72：15，圆唇，窄平沿，折肩。口径40、残高7.6厘米（图七○，3）。

B型　6件。宽斜沿，圆腹。H62：1，尖唇，卷沿。腹部横向饰断续的中绳纹。口径36、残高10厘米（图七○，1）。

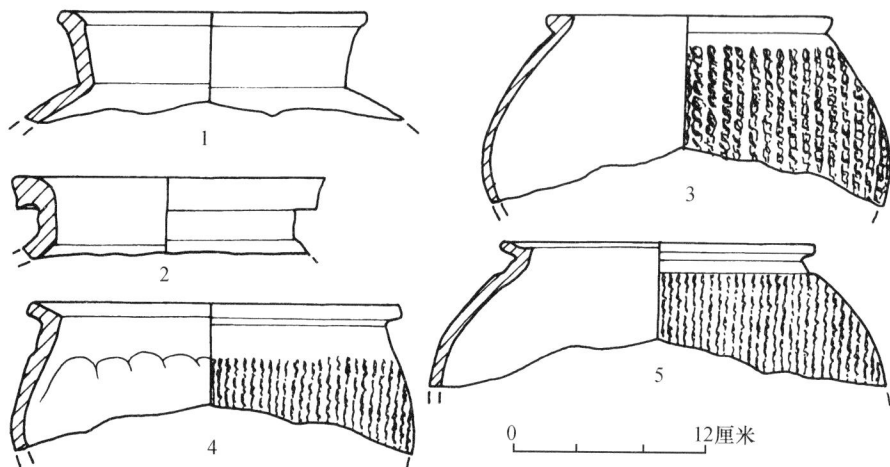

图六九　东周文化陶罐

1. C型（H72：8）　2. B型（H72：16）　3. A型Ⅰ式（H54：2）　4、5. A型Ⅱ式（Y3：7、Y3：11）

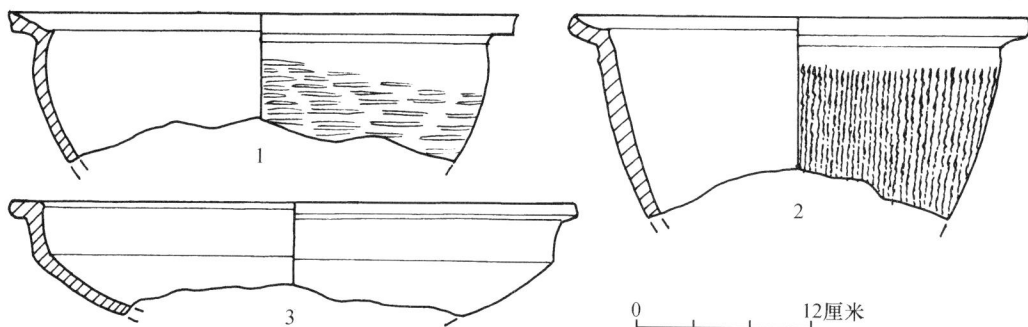

图七○　东周文化陶盆

1. B型（H62：1）　2、3. A型（Y3：9、H72：15）

五、汉代遗存

（一）遗迹

发现不多，主要分布于港西路片区的北部，遗迹有灰坑、墓葬等。

1. 灰坑

10个。主要分布于港西路片区的北部，分布较为稀疏，从形状上分有圆形、椭圆形、长方形等，坑壁有斜壁、直壁之分，坑底有平底、圜底等。现择其要者介绍如下。

（1）圆形

5个。

H30　位于T0201西北部。开口于耕土层下。平面形状呈圆形，直壁。平底。直径1.2、残深0.5米。南部有一级台阶，直壁，平底。台阶长0.4、宽0.3、深0.18米。坑内填黄褐色土，质松软，结构疏松。包含红烧土颗粒及木灰，包含物有少量陶片等，可辨器形有陶瓮、瓦等（图七一）。

（2）长方形

2个。

H31　位于T1001。开口于耕土层下。平面形状呈长方形，直壁。平底，规整，有加工痕迹。长2.6、宽0.7～0.8、残深1米。坑内填黄褐色花土，质松软，结构疏松。包含物有少量陶片、瓦片等（图七二）。

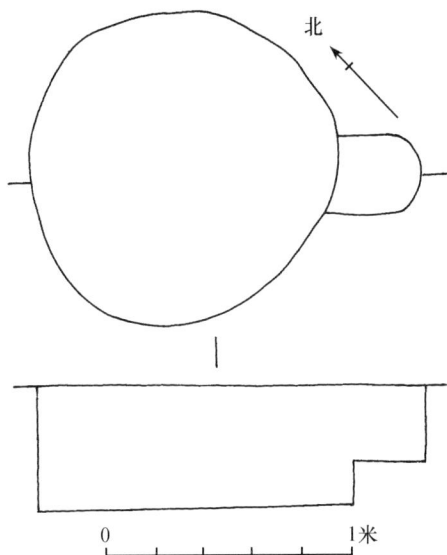

图七一　H30平、剖面图

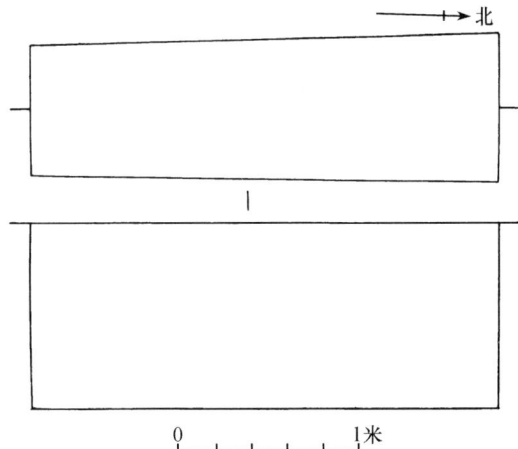

图七二　H31平、剖面图

（3）椭圆形

3个。

H29　位于T0601北部偏东。开口于耕土层下。平面形状呈椭圆形，斜壁，圜底。长径2.5、短径1.81、残深0.12米。坑内填黄褐色土，质略呈砂性，结构较为紧密。包含物有少量陶片、兽骨等，可辨器形有陶瓮、鬲以及瓦片等（图七三）。

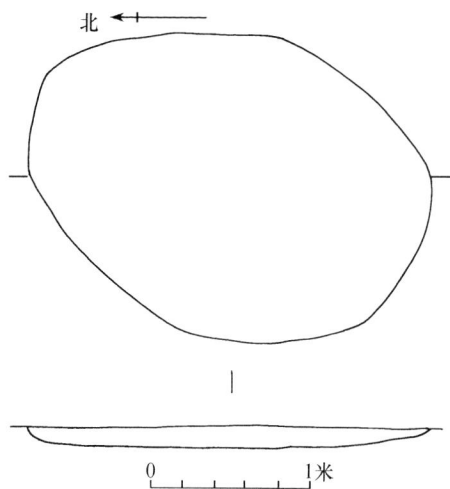

图七三 H29平、剖面图

2. 祭祀坑

1个。

H44 位于T0601东部偏北。开口于耕土层下，打破H55及生土。平面为不规则的椭圆形，直壁，平底。坑口距底部约0.8米深处发现狗骨架一具。长径2.5、短径1.8、残深0.94米。坑内填灰色土，质略显砂性，结构紧密。包含物主要为陶片、兽骨、大量的石料、砖块等。可辨器形有陶罐、豆、盆等（图七四）。

3. 墓葬

3座。两座长方形竖穴墓，一座"甲"字形墓。

M10 "甲"字形，墓室呈长方形，墓道部分已被破坏，从残存痕迹可辨认为长方形墓道。南向。墓室长3.6、宽3、深5.2米，斜坡式墓道残长6、宽1.2米。墓室一椁二棺，椁室四角各用一根直径约0.2米的圆木做支撑，四周辅以直径约0.1米的圆木做椁室四壁。椁室上盖椁板，东西向横铺，盖板长约2.6、宽约0.2米。两棺东西并列，棺板南北向排列，椁室、棺室底部均东西横向排列。椁室南侧有脚箱，放置随葬品。墓道填黄花土，夹杂灰褐色土块，墓底铺一层碎瓦、陶片等，墓室填土有加工夯打痕迹。随葬陶壶、五铢钱等器物（图七五）。

（二）遗物

遗物主要是灰坑出土的陶片、瓦片，以及墓葬出土的陶器、铜镜等。陶器多为泥质灰陶，纹饰有弦纹、磨光、粗绳纹等，制作工艺为快轮制作，器物底部大多有快轮制作的痕迹。

壶 6件。出土于墓葬中，器形完整。均为泥质灰陶。多素面磨光，少数在肩部及腹部饰弦纹，平底。根据底部有无高圈足，可分为二型。

A型 2件。高圈足。可分为二式。

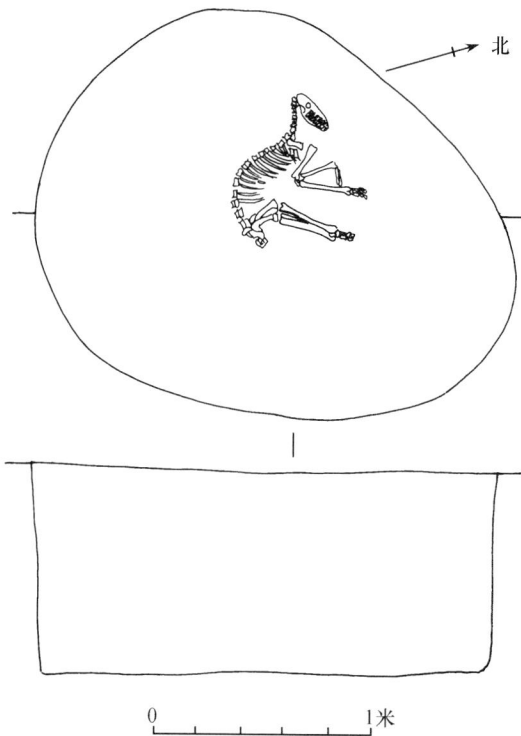

图七四 H44平、剖面图

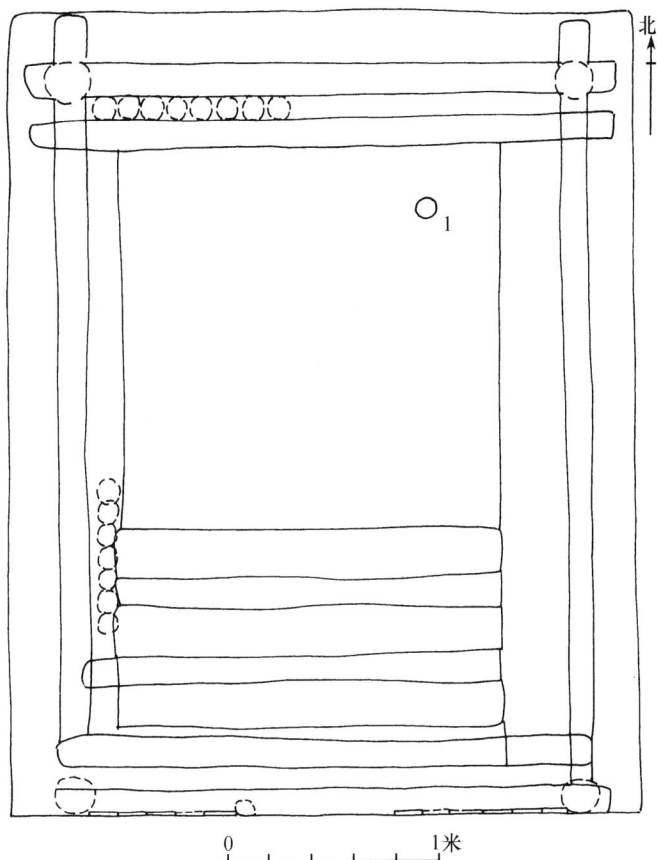

图七五A　M10椁室平面图
1. 铜镜

　　Ⅰ式：1件（M10：1）。侈口，尖圆唇，卷沿，口沿内有凸棱，平底，倒扣喇叭状高圈足。素面磨光。口径11.6、底径13.5、通高43.2、器壁厚0.5～1.8厘米（图七六，1；图版二八，5）。

　　Ⅱ式：1件（M10：2）。直口，尖唇，口沿内侧凸起，平底，高圈足。素面磨光。口径12、底径13.2、通高41.7、器壁厚1～1.8厘米（图七六，2）。

　　B型　4件。平底。可分为三式。

　　Ⅰ式：1件（M6：1）。侈口，圆唇，卷沿，口沿外部有两条凸棱线，内部内敛。口径11.6、底径15.4、通高26、器壁厚0.6～1.2厘米（图七七，1）。

　　Ⅱ式：1件（M6：2）。侈口，方唇，卷沿，器壁厚重。口径15.6、底径15.4、腹径18.8、通高24.4、胎厚0.6～1厘米（图七七，2）。

　　Ⅲ式：2件。M7：1，直口，方唇，卷沿。颈部、肩部、腹部饰三组凹弦纹，每组三条。口径11.2、底径13.8、通高26.4、器壁厚0.6厘米（图七七，3）。

　　豆　11件。均残。泥质灰陶，素面。H53：12，圆唇，浅盘微斜壁，豆柄残缺。

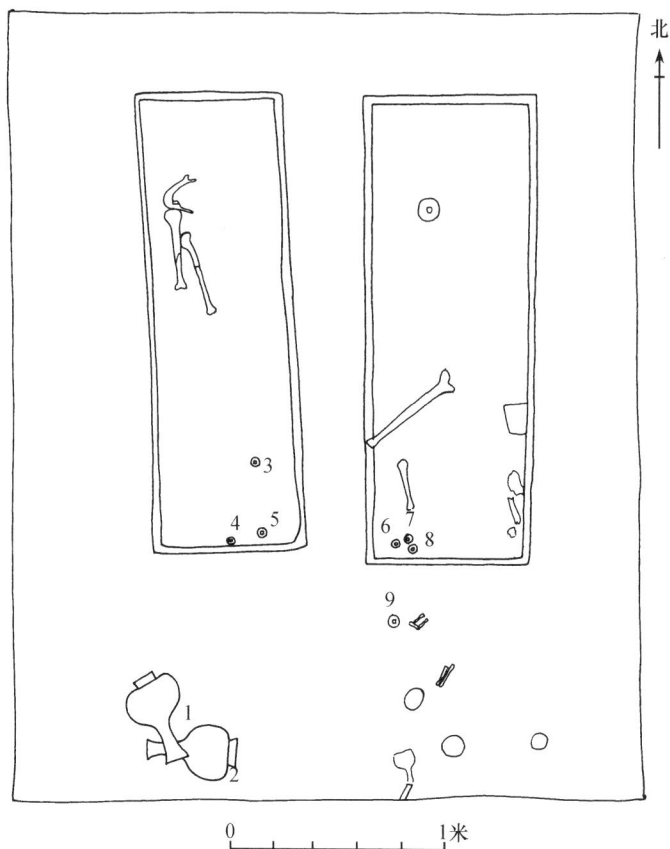

图七五B　M10平面图
1、2.壶　3~9.五铢钱

口径20、残高6.4、器壁厚0.6~2厘米（图七八，3）。H53：14，仅存喇叭状豆柄。圆唇。底径10.4、残高8.4、厚0.8~1.4厘米（图七八，4）。

盆　16件。均残，多为泥质灰陶，有的夹细砂。H44：1，泥质灰陶。侈口，方唇，折沿，折腹内收，最大径在颈部，底部残缺。沿上有两周凹弦纹，余素面。口径40、残高10、胎厚1~1.6厘米（图七八，5）。

盂　2件。均为残片。泥质灰陶。根据口沿及腹部不同，可分为二型。

A型　1件（H39：2）。侈口，圆唇，卷沿，近直腹，底部残缺。口沿部位有两周凹弦纹，余素面。口径20、残高9.6、胎厚0.6厘米（图七八，1）。

B型　1件（H53：11）。敛口，圆唇，卷沿，近直腹下收，底部残缺。素面。口径20、残高8.4、胎厚0.6~0.8厘米（图七八，2）。

罐　9件。均为残片。泥质、夹砂均有，多为口沿部分，器表以绳纹为主，也见素面。根据口沿不同，可分为三型。

A型　1件（H53：6）。夹砂灰陶。直口，圆唇，卷沿，短直颈，溜肩。肩部以下

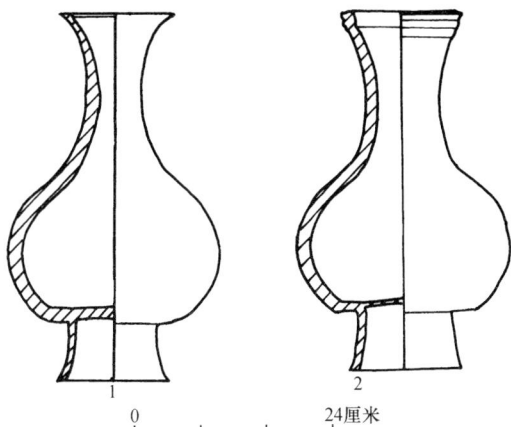

图七六　汉代文化陶壶

1.A型Ⅰ式（M10：1）　2.A型Ⅱ式（M10：2）

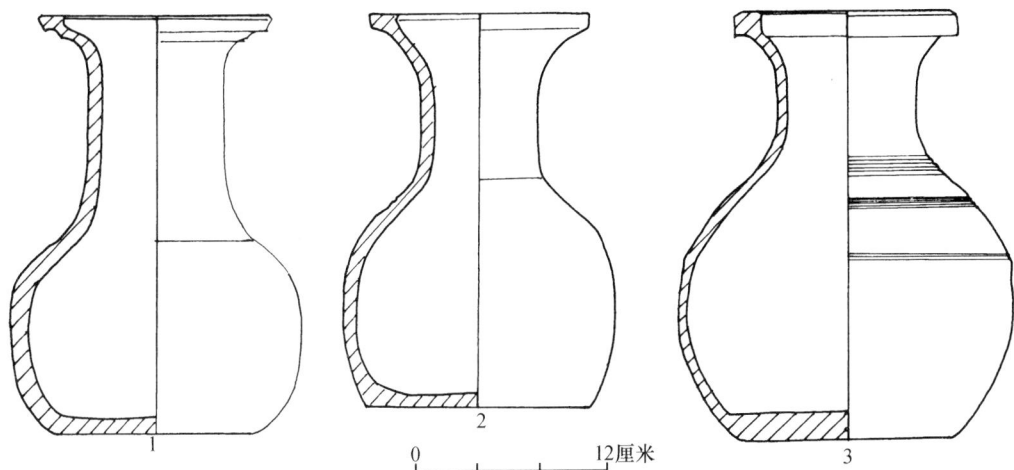

图七七　汉代文化陶壶

1.B型Ⅰ式（M6：1）　2.B型Ⅱ式（M6：2）　3.B型Ⅲ式（M7：1）

饰粗绳纹，斜向整体排列。口径22、残高8、胎厚0.6～0.8厘米（图七九，2）。

B型　6件。侈口。可分为三式。

Ⅰ式：3件。H53：10，泥质灰陶。侈口，圆唇，口沿微外卷，近似直口，圆腹。口径14、残高7、胎厚0.8～1厘米（图七九，1）。

Ⅱ式：1件（H53：5）。泥质灰陶。侈口，尖唇，卷沿，圆腹。口径20、残高11、胎厚0.8～1.4厘米（图七九，5）。

Ⅲ式：2件。H53：2，夹砂灰陶。侈口，圆唇，卷沿，口沿外侧有一周凸棱，鼓腹。口径18、残高6、胎厚0.8厘米（图七九，3）。

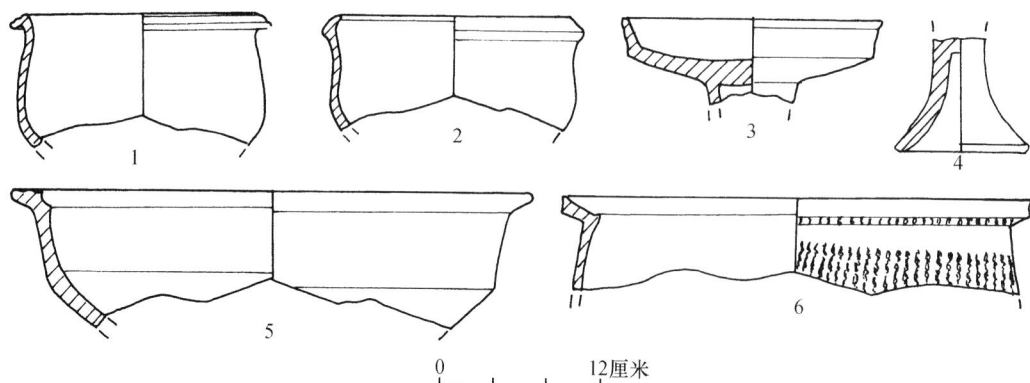

图七八　汉代文化陶器

1. A型盂（H39∶2）　　2. B型盂（H53∶11）　　3、4. 豆（H53∶12、H53∶14）

5. 盆（H44∶1）　　6. 瓮（H37∶1）

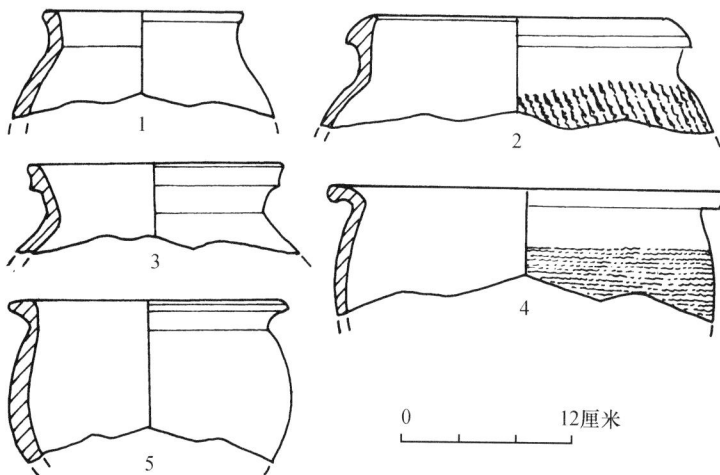

图七九　汉代文化陶罐

1. B型Ⅰ式（H53∶10）　　2. A型（H53∶6）　　3. B型Ⅲ式（H53∶2）　　4. C型（H53∶7）

5. B型Ⅱ式（H53∶5）

C型　2件。H53∶7，夹砂灰陶。侈口，圆唇，大卷沿，无颈，微鼓腹。口径28、残高9、胎厚0.6~0.8厘米（图七九，4）。

瓮　11件。均残。泥质、夹砂均有，纹饰主要为绳纹。H37∶1，夹砂灰陶。侈口，尖唇，折沿，口沿内部有一周凸棱。口沿外面及肩部以下饰粗绳纹，斜向整体排列，颈部绳纹似为抹去。口径36、残高7、胎厚0.6~0.8厘米（图七八，6）。

瓦当　7件。采∶6，残存一半。截面长方形，中凹。环绕钉点，云纹四分，云纹外围为交叉纹。直径16.2、厚3.4厘米（图八〇，2）。采∶7，残片。外缘上翘，中心为凸钉。其余与采∶6同。直径15、厚2厘米（图八〇，1）。

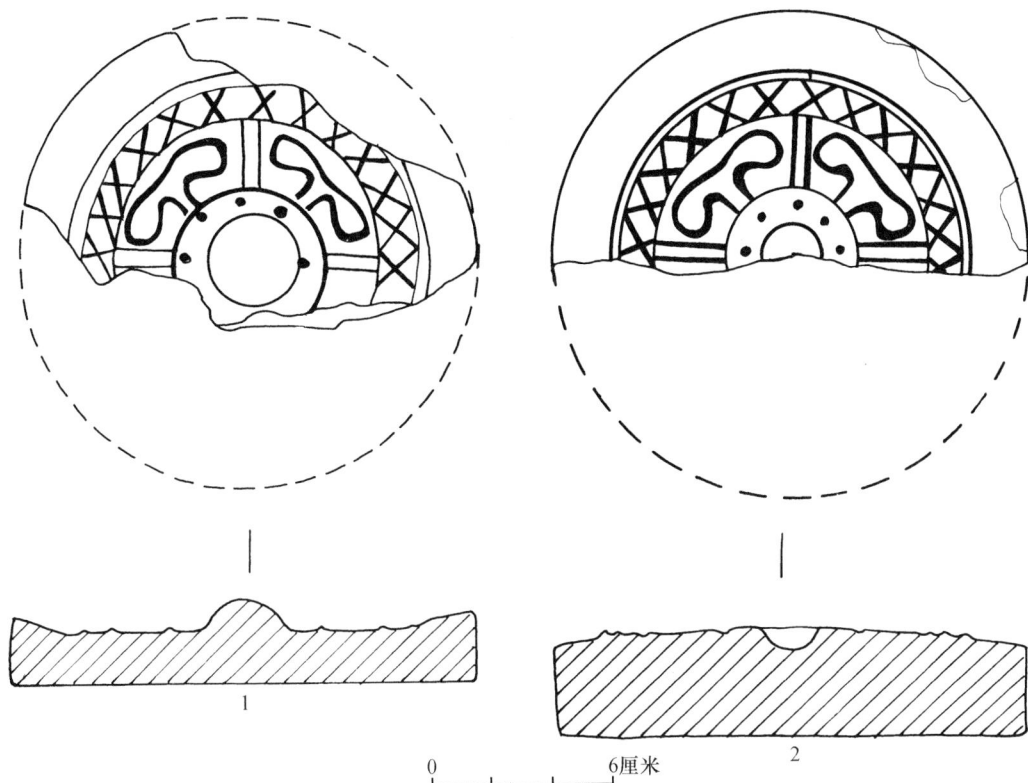

图八〇　汉代文化瓦当

1.采：7　2.采：6

铜镜　1面（M10：3）。环形纽。四周为太阳花纹，短斜纹组成两圈环，中有刻画文字。直径8、厚0.2、纽高0.6厘米（图八一）。

六、宋元时期遗存

主要分布于港西路片区的北部，遗迹为灰坑和墓葬。其中墓葬系在附近施工中抢救，形制不明。

（一）遗迹

灰坑　3个。多为不规则形，坑口面积较

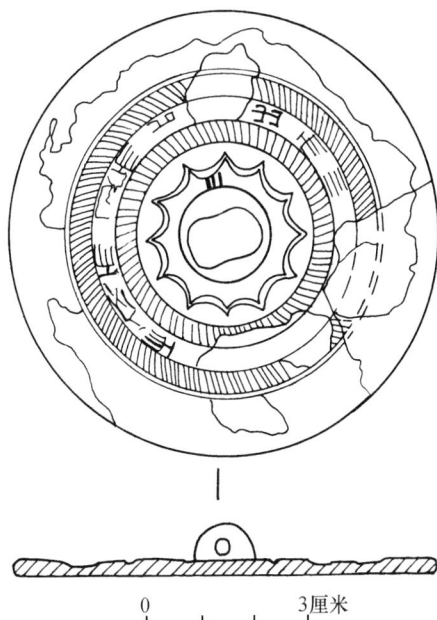

图八一　汉代文化铜镜（M10：3）

大，保留深度较浅，出土陶瓷片较少。

　　H5　位于T0503东部。开口于耕土层下，打破生土。平面形状不规则，斜壁，圜底。长3.55、宽1.44、残深0.2米。坑内填深红褐色土，质略黏，结构紧密。包含物有少量陶片、瓷片、兽骨等，可辨器形有瓷碗、瓮等（图八二）。

　　H7　位于T0201东南部。开口于耕土下，打破生土。平面形状呈圆形，直壁，平底。直径1.3、残深0.56米。西南方向有一级台阶，直壁，平底。台阶宽0.36、长0.4、深0.25米。坑内填黑褐色土，质松软，结构疏松，包含有红烧土颗粒及草木灰。包含物有大量的砖瓦残片及少量陶片等。推测其功能为窖穴（图八三）。

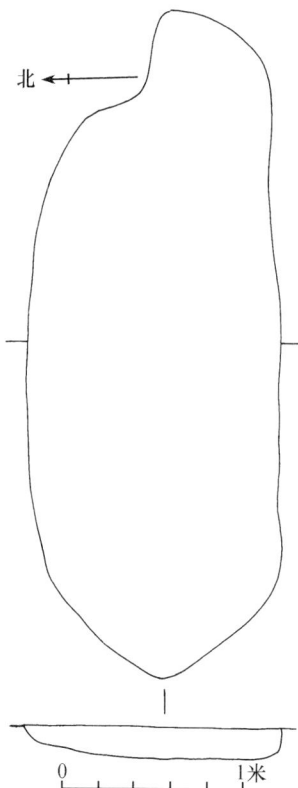

图八二　H5平、剖面图　　　　　　　　　图八三　H7平、剖面图

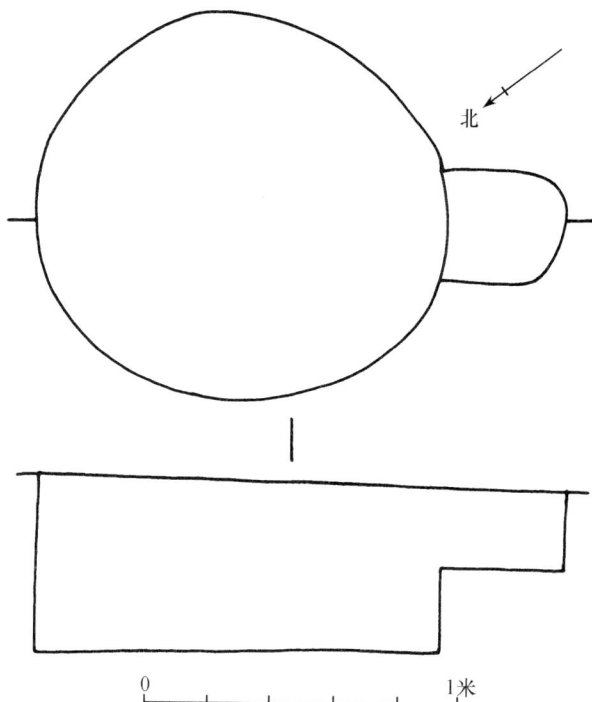

（二）遗物

　　宋元时期遗物主要是灰坑内出土的陶瓷残片，器形有瓷碗、罐、盆、瓮等。瓷器有青瓷、白瓷、酱釉等。

　　瓷罐　2件。M16：1，青瓷。圆唇、直口、折沿、鼓腹、高圈足，颈部对称有两个桥形耳。口径5.2、底径5.2、通高13.8、胎厚0.6厘米（图八四，2）。M15：1，青瓷。

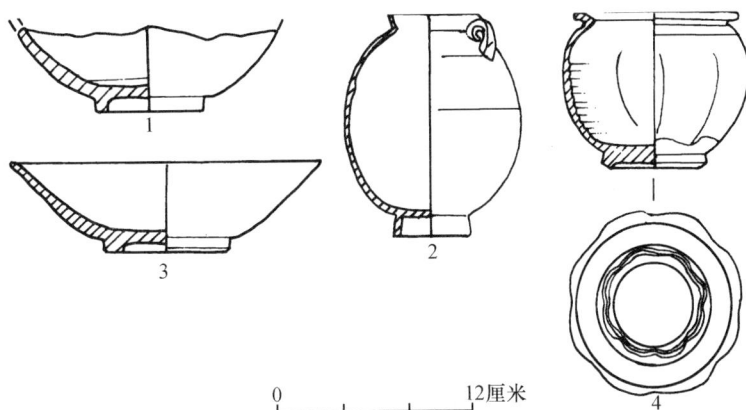

图八四　宋元文化瓷器

1、3. 瓷碗（H5：1、H5：2）　2、4. 瓷罐（M16：1、M15：1）

圆唇，敞口，卷沿，圆腹，小圈足。腹部对称的饰有八条凹线，成八棱状，俯视为八瓣花状。口径10.7、腹径11.7、底径5.8、通高9.6、胎厚0.4厘米（图八四，4）。

　　瓷碗　5件。H5：1，白瓷。口部残缺，圈足较窄。底径6.8、残高5、厚0.3～0.8厘米（图八四，1）。H5：2。青瓷。圆唇，敞口，圈足较宽。口径20、高5.6、厚0.4～1.2厘米（图八四，3）。

七、结　语

（一）关于西周文化的时代

　　唐冶遗址文化面貌包括了西周、东周、汉代三个时期的遗存，尤其以西周时期的文化遗存最为重要。该时期遗迹主要为灰坑，窖穴、墓葬、房址等较少，保存不好。比较集中分布于遗址的南部，相互之间极少见叠压及打破关系，形制特征上也比较一致，说明其年代大致处于同一时期。从出土遗物的类别、形制及纹饰等来看，唐冶遗址的西周陶鬲、罐、豆、簋，骨器，石器，蚌器等与章丘宁家埠F8[1]、济阳刘台子M6[2]、长清仙人台[3]、章丘王推官庄[4]等遗址同类器相似。比如唐冶B型鬲与刘台子M6：32及仙人台F6：4相似，B型簋与王推官庄A1式（H116：1）基本一致。另外，遗址出土陶器包含了大量的夷人文化因素，可以推测唐冶遗址西周文化遗存属于西周早期阶段，处于中原西周文化与东方土著文化交融冲突的时期。

（二）关于遗址分区

唐冶遗址根据文化性质区别可分为港西路北区、港西路南区和横七路三个区，风格迥异，各有特色。

港西路北区为汉代的手工业作坊区，在多个灰坑内堆积大量的汉瓦等建筑构件，可以推测，在汉代时期附近应该存在大型的官署等建筑，抑或是专为其烧制建筑构件的窑场。从其中出土的瓦当等文物的数量和质量上看，当时的手工业发展已经到了一个很高的水平，而该区域可以初步判断为汉代手工业作坊区，所制造的建筑构件为当时济南地区大型官署等建筑所用。联系近年来济南发现的平陵城、洛庄汉墓、危山汉墓等，唐冶遗址汉代手工业作坊区出土的建筑构件很有可能是为上述遗址所用。

港西路南区主要以周代生活遗迹为主。此处共发现灰坑53个，大部分做工精细，形状规整，有的填土中仍然可以找到炭化的粮食颗粒，这些在当时应该作为储藏粮食的窖穴所使用。在这个区另外发现祭祀坑2个，坑内出土大量有灼烧痕迹的兽骨。

同时发掘汉代瓦棺葬一座、周代墓葬一座，房址三处。三处房址各有特色，为我们研究周代建筑形制及复原聚落生活提供了重要的资料。房址为圆角长方形半地穴式，灶穴位于房址的一角，从F5东北角清理的灶穴看，灶口在西边房内地面上，灶膛被掏成圆形，上留一小口，用于笼火，东壁有一小孔通向室外，用于排烟，以减少对室内的空气污染。F6东西两侧还带有生土二层台，为放置东西的设施。

横七路主要为周代的生活聚落区和汉代的墓葬区。位于刘公河东岸的地方主要分布有西周早期的灰坑、窖穴、房址、墓葬、祭祀坑等，出土大量该时期的陶器、骨角器、石器、蚌器及鹿角、兽骨、河蚌等动物骨骼。H48、H88等灰坑直径较大，坑内出土遗物丰富，这样的大型灰坑在同时期为少见类型。其中H48上叠压一座后期建造的房址F2，该房址平面呈圆形，木骨泥墙，门道向南，室内入口处残留一活动面，地面经过加工。

横七路东靠近港西路是汉代墓葬区，墓葬排列有序，方向一致，是当时特意安排的墓地。现已发掘长方形土坑竖穴墓5座，其中两座为带长方形墓道的大墓，出土汉代五铢铜钱、陶壶等遗物。

（三）关于社会生产

出土器物有陶器、玉器、青铜器、铁器、骨器、蚌器、石器、角器、卜骨等。不仅种类繁多，而且制作精细，充分反映了当时人类活动状况和社会发展水平。通过对遗址土样的分析[5]，我们发现遗址中西周文化时期农作物主要是粟、黍、大豆和小麦等旱作物，其中粟为绝对主要的作物。部分灰坑底部加工平整，有大量灰烬，可能为储藏窖穴，说明当时农业生产的产量较大。野生植物以黍亚科和豆科为主，野果发现了酸枣。结合出土的大量骨器、石器等生产工具，可以肯定，当时人们除了农业耕种以外，还存在大量的野外采集生产。遗址两侧夹峙河道，灰坑内又出土了网坠，虽然数量少，或许是因为发掘区域的限制；F5室内发现的大量鱼骨、骨镞等工具和兽骨、鹿角等，均说明了当时人们还从事较多的渔猎生产。陶拍等工具的出土，可以看出西周时期唐冶遗址的先民开始了陶器制作生产。少量陶范的出土是否与冶炼生产有关，还有待于进一步的工作。东周至汉代窑址及建筑构件的出土，可以看出，在这一时期手工业生产活动的进一步加强。

附记：此次发掘由济南市考古研究所组织，发掘期间得到市文物局、历城区文化局的大力支持。先后参加田野工作的有市考古研究所高继习、郭俊峰、房道国、王兴华、何利、常祥、艾楠，历城区文化局王慧明，长清区靖立军、李勇，章丘市宁荫堂、孙涛、宁述鹏及山东大学考古系王华、金汉波、赵敏、李健、王迪、徐波等。浮选土样由山东大学考古系赵敏、陈雪香完成。山东省文物考古研究所何德亮老师对报告编撰进行了指导，在此一并表示感谢。

绘　图：吕　凯　何　利
　　　　　王站琴（清绘）
摄　影：何　利
执　笔：何　利

注　释

[1]　济青公路文物考古队宁家埠分队：《章丘宁家埠遗址发掘报告》，《济青高级公路（章丘工段）考古发掘报告集》，齐鲁书社，1993年。

[2]　山东省文物考古研究所：《山东济阳刘台子西周六号墓清理报告》，《文物》1996年12期。

[3]　山东大学考古系：《山东长清县仙人台遗址发掘简报》，《考古》1998年9期。

[4]　山东省文物考古研究所：《山东章丘市王推官庄遗址发掘报告》，《华夏考古》1996年4期。

[5]　赵敏、陈雪香等：《山东省济南市唐冶遗址浮选结果分析》，《南方文物》2008年2期。

附表一 灰坑登记表

编号（H）	位置	形状	尺寸（米）	遗物	时代
4	T0403	不规则	东西3、南北1.25、深0.1		金代或元代
5	T0503	不规则形	长3.55、宽1.44、深0.2	黑瓷碗2、青瓷碗、白瓷碗4、酱釉瓷	金代或元代
6	T0301	圆形	直径1.7、深0.54	泥质灰瓦32、泥质红瓦2、陶罐、豆	西周
7	T0201	圆形	直径1.3、深0.56	盆2	元代
8	T0901	椭圆形	长2.1、宽1.6、深0.98	陶豆5、罐4	春秋
9	T0901	圆形	直径1.8、深1.16	陶豆A型、C型	春秋
10	T0901	不规则形	南北径5.5、东西清理2.32	陶豆B型、罐19、盆5	战国
12	T0909	圆形	东西径2.73、南北径2.45、深1～1.1		春秋
13	T0910	圆形	直径2、深0.6	陶豆C型、罐11	春秋
14	T0909	圆形	直径1.4、深1		春秋
15	T0909	椭圆形	东西2.86、宽1.85、深0.7～1.2	陶鬲、豆2、罐、盆BII式	西周
16	T0909	不规则形	东西2.53、南北2.27、深0.77	陶盂BI式、豆、罐4	汉代
18	T1001	椭圆形	南北清理7.7、东西5.6	陶豆2、瓦2	汉代
19	T0909	圆形	直径1.16、深0.22		战国
20	T0909	圆形	直径1.28、深0.45	陶盆、罐	战国
21	T0909	不规则形	东西1.5、南北1.24、深0.35	陶罐2、鬲、豆	春秋
22	T0909	圆形	直径1.22、深0.55	陶豆、盆2、鬲	春秋
23	T0910	椭圆形	南北1.4、东西1.14、深0.54	陶豆3、盆、罐5	春秋
24	T0909	圆形	直径2.1、深1.3	陶盆11、罐14	战国
25	T0910	椭圆形	长2.8、宽2.2、深1.04	陶盆5、罐6、豆2、瓶	春秋
26	T0910	长方形	长1.36、宽0.68～0.8	陶盆4、豆12、罐3、盂3、釜；磨石	战国
27	T0909	圆形	直径1.32、深0.62	陶纺轮C型、盆2、豆、罐3	战国

续表

编号（H）	位置	形状	尺寸（米）	遗物	时代
28	T0909	不规则形	南北1.64、东西1.44、深0.62	陶豆5、罐10、盆6、高2	战国
29	T0601	椭圆形	长2.5、宽1.81、深0.12	陶瓦40、高、瓮	汉代
30	T0201	圆形	直径1.2、深0.5	陶瓦39、瓮9	汉代
31	T1001	长方形	场2.6、宽0.7~0.8、深1		汉代
32	T0701	圆形	直径1.2、深0.26	陶罐10、盆2、豆4	战国
33	T1707	圆形	清理南北1.7、东西0.6、深0.5	陶高5	西周
34	T0307	圆形	清理东西3.1、南北2.7、深1.5	陶高A型、瓺10、罐BⅡ式、豆3、篕CⅠ式、盆、鼎；磨石、石镰；骨锥B型	西周
35	T0701	圆形	直径1.25、深0.3~0.4	陶豆、盆、罐	战国
36	T0701	圆形	直径2.4、深0.97	陶盂BⅡ式、豆	战国
37	T0601	长方形		陶盆2、瓮	汉代
38	T0307	圆形	直径1.43、深0.75	陶豆9、瓺3、罐6、圆饼A型；骨锥C型	西周
39	T0701	圆形		陶盆2、缸、盂2、盂A型	汉代
40	T0701	圆形		陶罐	汉代
41	T0701	圆形	直径1.02、深0.38	陶豆、罐、盆、釜	战国
42	T1707	椭圆形	清理南北1.7、东西0.7、深0.5	陶篕CⅡ式	西周
43	T0601	不规则形	长2.95、宽2.65、深0.9	陶盂AⅢ式、罐8、豆5、盆14	西周
44	T0601	圆形	长径2.5、短径1.8、残深0.94	陶豆、罐4、盆2	汉代
45	T0710	椭圆形		陶罐5、豆12、盆3、鼎	西周
46	T0501	椭圆形	长3.05、宽2.6、深1.74	陶罐14、盆21、豆14、篕5；蚌镰	西周
48	T1707	不规则	清理东西3.7、南北2.7、深2~2.4	陶高、罐CⅡ式、篕、盆AⅡ式、盂、豆、瓺、B型；圆饼A型2、B型；石刀A型、B型；骨锥A型、B型、C型；箸A型、B型2、针、匕2、镞	西周

续表

编号（H）	位置	形状	尺寸（米）	遗物	时代
49	T0701	圆形		陶罐8、豆3、盆4	西周
50	T0307	圆形	直径1.5、深0.6		汉代
53	T0601	圆形	直径2.1、深0.96	陶豆9，罐A型、BI～Ⅲ式、C型、盂B型、盆8	汉代
54	T0710	圆形	直径1.4、深0.8	陶豆1，罐AI式、盆3	战国
55	T0601			陶盂BⅢ式	春秋
56	T0601	椭圆形	南北径1.8、南北径1.4、深0.65	陶豆2、罐4、盆	西周
57	T1009	圆形		陶拍	西周
58	T0710	圆形	直径1.5、深0.6	陶豆2、罐	西周
59	T0308	圆形	直径1.2、深0.38	陶鬲、盆、圆饼B型、骨匕	西周
60	T0308	椭圆形	清理南北2.06、东西1.06、深1.06	陶鬲5、鬲BI式、CⅡ式、罐3、盆2	西周
61	T0609	圆形	直径2.6、深1.35	陶豆、盂	春秋
62	T0710	圆形	直径2.3、深2.1	陶罐18、豆、盆B型、豆、纺轮AⅡ式	战国
63	T0501	圆形		陶盆AI式、罐CI式	西周
65	T1706	不规则形	南北1.8、东西2.14、深1.8	陶罐CⅡ式、鬲3、盂、瓶2、圆饼A型2；骨簪A型	西周
66	T1707	椭圆形	东西长径2、南北径1.4、深0.7	陶瓶3、鬲24、豆6、陶饼3、瓮、圆饼A型；石质不明器	西周
67	T0910	圆形	直径1.6、深0.4～1	陶罐2、盆2、豆	西周
68	T0307	不规则形	清理南北1.1、东西0.9、深0.75		西周
69	T0308	圆形	清理东西2.4、南北1.4、深0.55	陶鬲BⅡ式、瓶3	西周
71	T0309	圆形	直径2.2、深0.2	陶鬲2、罐2、瓶、豆；石刀A型	春秋
72	T0610	圆形		陶罐B型、C型、盆A型、B型、盂3、豆A型；高1	战国

续表

编号（H）	位置	形状	尺寸（米）	遗物	时代
73	T0308	椭圆形	清理东西1.7、南北0.6、深0.72	陶盂	西周
74	T0401	椭圆形	东西径2.06、南北径1.4		西周
75	T0308	圆形	直径2、深1.4	陶罐5、甗2	西周
76	T0308	圆形	直径1.5、深1.16	陶鬲2、盆	春秋
77	T0309	不规则形	清理东西1.5、南北1.34、深0.4	陶鬲3、盆、豆、罐5	战国
78	T0107	圆形	直径2、深0.36	陶壶2、罐、鬲3、豆、纺轮AII式、圆饼B型	战国
79	T0107	圆形	直径2.2、深0.5	磨石	西周
80	T0107	圆形	直径1.4、深0.25		西周
83	T0910	椭圆形	东西3.8、南北2、深0.8	陶釜2、罐4、豆3、盆	战国
84	T1706	圆形	直径1.42、深1～1.4	陶罐4、釜4、鬲4、簋；骨锥C型	西周
85	T0306	圆形	直径2.44、深1.33	陶罐8、簋3；石刀B型、石斧	西周
86	T0307	圆形		陶罐3、甗2	西周
87	T0310	圆形	直径2.2、深0.92	陶罐14、鬲7、甗7、盆3	西周
88	T0310	不规则		陶鬲CI、III式、罐55、簋CI式、盆、圆饼器、圆饼B型；盂7、甗6、豆8、卜骨B型	西周
89	T0310	圆形	直径1.18、深0.92	陶罐4、鬲2、盂	西周
90	T0310			陶罐3、鬲2	西周
91	T0310	圆形		陶盆	西周
93	T0312	圆形	直径2.1、深0.6	陶罐7、鬲2、豆2	西周
94	T0315			陶鬲5、罐4、盆2、壶	西周
95	T0216	圆形	直径1.5、深0.2～0.34	蚌镰	西周

续表

编号（H）	位置	形状	尺寸（米）	遗物	时代
96	T0316				西周
97	T0116	不规则形	南北2.78、东西2.44、深0.3	陶罐6、簋、鬲5	西周
99	T1707	圆形	清理南北1.76、东西1.26、深0.6	陶罐BII式、CIII式、盆BI式	西周
102	T0710	圆形	直径1.4、深0.65	陶罐3、鬲、盆2、豆3	西周
103	T0710	圆形	直径1.6、深0.84		西周
104	T0407	圆形	直径2.3、深1.18	陶罐9、瓿5、鬲、壶2	西周
105	T0407	圆形	直径1.38、深0.62		西周
106	T0507	椭圆形	东西2.32、南北1.2、深0.44		西周
107	T0407	椭圆形	东西2.6、南北2.12、深0.54	陶罐3	西周
108	T0407	圆形	直径2.1、深1.02~1.13		西周
109	T0507	椭圆形	东西2.25、南北1.06、深0.6	陶罐6、鬲3、簋、豆	西周
110	T0408	圆形	直径1.6、深0.66	陶罐、鬲、簋	西周
111	T0507	圆形	直径2.35、深1	陶罐7、簋2；骨锥A型	西周
112	T0407	圆形	直径2.2、深1.6	陶簋B型、鬲4、盂、鼎	西周
113	T0408	圆形	直径1.5、深0.58		西周
114	T0407	椭圆形	东西1.1、南北0.84、深0.36		西周
115	T1706	圆形	直径1.6、深0.8		西周
116	T1709	不规则形	清理南北3.5、东西1、深1.6	陶罐3、盆2、瓿、鬲7、鼎	西周
117	T0507			陶罐10、盆3、瓿2、鬲4	西周
118	T0407	椭圆形	东西1.6、南北1.26、深0.3		西周
119	T0408	椭圆形	长2.41、宽2.18、深0.9	陶罐5、鬲4、瓿、盆2、壶2、簋	西周
120	T0508	圆形	直径1.77、深0.65	陶鬲2、壶2、盆	西周

续表

编号（H）	位置	形状	尺寸（米）	遗物	时代
121	T0507	圆形	直径0.72，深0.14		西周
122	T0508	圆形	直径0.94，深0.32		西周
123	T0307	长方形		陶罐、瓿、瓮	西周
124	T0307	椭圆形	南北2.1，东西1.7，深0.4		西周
125	T0408	圆形	直径1.2，深0.38		西周
126	T0407	长方形	长1.6，宽0.7，深0.5		西周
127	T0308	圆形	直径2，深0.3~0.4	陶盆、瓿4、罐	西周
128	T0408	圆形	直径2，深1	陶簋4、瓶5、壶3、圆饼B型；蚌镰2	西周
129	T0408	圆形	直径1.66，深0.36		西周
130	T0408	圆形	直径2.26，深0.78	陶罐2、纺轮C型	西周
132	T0308	圆形	直径2.6，深0.96	陶罐12、鬲6、瓿15、盆5	西周
133	T0310			陶罐、盆、鬲	西周
134	T1007	不规则形	南北3，东西1.9，深0.35	陶罐、瓿3、鬲2、纺轮C型	西周
135	T0209	不规则形	东西1.35，南北1，深0.35	陶罐3、鬲CⅢ式、盆8、簋2、罍	西周
136	T0209	圆形	直径1.6，深0.32	陶罐3、鬲、簋2、缸3	西周
137	T0208			陶鬲3、罐2、瓿、磨石	西周
138	T0208	圆形	直径2.7，深0.65~0.83	陶鬲ⅡⅡ式、罐12、簋A型、瓮	西周
139	T1808	圆形	直径0.96，深0.4	陶鬲2、罐、簋	西周
140	T1808	长方形	清理东西1.44，南北1.4，深0.74	陶罐5、鬲、盆、豆	西周
141	T0209	圆形	直径1.75，深0.92	陶罐2、瓶、壶、圆饼A型	西周
142	T0209	圆形	直径1.26，深0.26	陶拍；骨锥A型	西周
143	T1009	圆形		陶罐4、鬲3、瓶2	西周

编号（H）	位置	形状	尺寸（米）	遗物	时代
144	T0309			陶鬲11、簋4、罐4、甑、陶饼	西周
145	T0309				西周
146	T0309			陶簋8、罐10、鬲4、瓶3、网坠	西周
147	T0310	圆形	直径1.7，深1.1	陶鬲5、壶、簋、豆、罐3	西周
149	T0309	圆形	直径2.05，深0.56	陶簋2、尊、鬲、瓶	西周
150	T0208			陶鬲6、罐3	西周
151	T0907	圆形	直径0.98，深0.53		西周
152	T1709	圆形	直径2.2，深0.5	陶鬲4、簋、罐2、盂、瓶	西周
153	T1501			陶鬲10、尊、豆、簋3、甑	西周
157	T1519			陶豆、鬲2	西周
163	T1708	不规则形	南北1.82，南北1.64，深0.32～0.62	陶鼎、簋2、鬲6、盂	西周
164	T1708	圆形	直径1.22，深0.8	陶鬲3、罐2	西周
165	T0708			陶鬲7、簋、盂、簋2、瓶	西周
166	T0708			陶豆9、盆8、盂、簋5、罐9、瓶、鬲2	西周
169	T1809	圆形	直径1.1，深0.6	陶罐4、鬲	西周
170	T1807	不规则形	东西1.65，南北1.4，深0.15～0.28	陶纺轮AII式、簋2、罐	西周
171	T1907	圆形	清理南北1.34，东西0.9，深0.5	陶纺轮AII式	西周
172	T1806	圆形	直径2.26，深0.76	陶鬲12、罐13、簋、纺轮B型；卜骨B型	西周
173	T1807	椭圆形	长2.02，宽1.74，深0.26～0.36	陶簋、鬲；骨锥A型	西周
174	T1908	圆形	直径2.22，深1.6	陶簋2、罐4、鬲7、豆	西周
175	T1807	圆形	直径1.88，深0.22		西周
176	T1308	椭圆形	南北1.1，东西0.94，深0.2	陶鬲9、簋6、罐6	西周

续表

编号（H）	位置	形状	尺寸（米）	遗物	时代
177	T1808	圆形	直径2.1，深1.2	陶鬲3、罐、甑	西周
178	T1408			陶鬲10、簋4、罐4、陶饼、壶	西周
179	T1408			陶鬲8、豆4、簋5	西周
181	T1807	不规则形	长1.6，宽1.36，深0.3～0.4		西周
182	T1809	圆形	直径1.4，深0.54	陶鬲2	西周
183	T1909	椭圆形	东西1.8，南北1.45，深0.6	陶鬲8、尊、盂3、簋2、罐2、骨匕	西周
184	T1907	圆形	直径1.42，深0.44～0.48	陶罐2、鬲	西周
185	T1808	椭圆形	东西2.1，南北2.1，深0.75	陶鬲、簋2、罐3	西周
186	T1808	不规则	南北长1.88，东西宽1.65，深0.76	陶罐2、鬲、甑	西周
187	T1806	圆形	直径1.82，深0.42～0.68	陶鬲4、陶饼、石质不明器	西周
188	T1808			陶鬲、甑	西周
189	T1806	圆形	直径1.7，深1.4	陶簋8、鬲9、盆形器	西周
190	T1808	长方形	东西2.35，南北1.65，深0.75	陶鬲3、罐2、簋3	西周
191	T1907			陶罐AII式、BI式	西周
195	T1907	圆形		陶鬲A型、簋5、纺轮AI式	西周
196	T1907			陶鬲2、罐2、骨簪B型	西周

说明：表内形制、尺寸资料空缺者为在工程施工现场抢救灰坑，资料不全。遗物数量不注明者为仅有1件，可分型式无数量表示该型式只有1件。

附表二　　H88陶片统计表

陶质		泥质				夹砂				数量	%
陶色		灰陶	褐陶	黑皮褐	红褐	灰陶	红陶	褐陶	黑皮褐陶		
纹饰	细绳纹	34	8	3	1	10		13		69	6.66
	中绳纹	328	31	15	12	46		37	1	470	45.37
	粗绳纹	18	4	3		11	1	8		45	4.34
	素面	65	14	6	6	11	16	153	13	284	27.41
	绳纹刻划纹	10						32		42	4.05
	附加堆纹	13	2	1		2		2		20	1.93
	麦粒状绳纹	4								4	0.39
	绳纹弦纹	66	4			3		4	1	78	7.53
	戳印纹	1								1	0.1
	磨光	2		1						3	0.29
	素面弦纹	13	5	1	1					20	1.93
数量		554	68	30	20	83	17	249	15	1036	100
%		53.47	6.56	2.90	1.93	8.01	1.64	24.03	1.45	100	
合计		672				364					
%		64.86				35.14				100	
器形	鬲	7				29	1	38	1	76	39.79
	罐	33	6	3	1	2		9	1	55	28.81
	簋	29	5	1				2		37	19.37
	甗	1				1		4		6	3.14
	豆	7		1						8	4.19
	盂	5	2							7	3.66
	盉形器								1	1	0.52
	盆	1								1	0.52
合计		102				89				191	100

附表三　H72陶片统计表

陶质		泥质				夹砂				数量	%
陶色		灰陶	褐陶	黑皮褐	红褐	灰陶	红陶	褐陶	黑皮褐陶		
纹饰	细绳纹	359	21			12				392	38.28
	中绳纹	140				4				144	14.06
	粗绳纹	18	7			35		25		85	8.3
	素面	308	13	2	1	29		42		395	38.57
	绳纹刻划纹	2								2	0.20
	附加堆纹	1				2				3	0.29
	素面弦纹	3								3	0.29
数量		831	41	2	1	82		67		1024	100
%		81.15	4.0	0.20	0.10	8.0		6.54		100	
合计		875				149					
%		85.45				14.55				100	
器形	鬲					1				1	0.49
	罐	45	5							50	24.27
	豆	89	2	1						92	44.66
	盂	3								3	1.46
	盆	57	3							60	29.13
合计		205				1				206	100

临淄齐国故城河崖头村西周墓

临 淄 区 文 物 局
临淄区齐故城遗址博物馆

临淄区齐都镇河崖头村位于临淄齐国故城大城东北角。1989年，临淄区文物部门对河崖头村西五号墓大型殉马坑实施防水工程，在施工中发现3座西周墓。3座墓葬均被叠压在殉马之下，为保护殉马不受损害无法进行正常的发掘清理，只能在做防护处理取土时将随葬品取出。当时仅记录了3座墓葬的大体位置、形制、随葬品的放置位置。3座西周墓墓向一致，由南向北排列。为了与过去发掘的墓葬编号有所区别，本次墓葬编号为M101、M102、M103。

一、墓 葬 形 制

3座墓葬皆为土竖穴坑墓，方向北偏西。

M101　位于3座墓葬的最南部，殉马坑南部，方向约345°。墓口长约2.6、宽约1.4、残深约0.4米。葬具已朽，从板灰痕迹看为一棺一椁，墓主骨骼腐朽，头向北。随葬品在墓的西端，放置于棺椁外二层台上，有铜鼎1件、铜簋1件、陶罐3件、陶鬲2件。

M102　位于3座墓葬的最北侧，距M103约4米。方向约345°。墓口长约3.2、宽1.7、残深约1米。葬具已朽，至少为一棺一椁，墓主骨骼已朽，头向北。随葬品出于头端北部二层台上，有铜鼎1件、铜簋1件、铜鬲2件、原始瓷豆2件、陶簋1件、陶罍4件、陶鬲6件、陶罐4件。

M103　位于M102与M101之间，距两墓各约4米。方向约345°。墓口长约2.8、宽约1.5、残深约0.5米。发现有腐朽的板灰迹，葬具可能为一棺一椁，人骨架严重腐朽。随葬品出于墓的西端，有铜鼎1件、铜簋1件，陶罐2件、陶罍2件、陶鬲2件。

二、随葬器物

（一）铜器

8件。器形有鼎、簋、鬲。

铜鼎　3件。分二式。

Ⅰ式：1件（M102：0073）。敛口，窄沿，方唇外折，鼓腹下垂，弧底，柱足，环形立耳。沿下饰两道凸弦纹，外底部有三角形铸痕。通高20.5、口径18厘米（图版三〇，1）。

Ⅱ式：2件。M103：0017，敛口，窄沿外折，腹较浅，柱形足，环形立耳微外撇，一足残，修补过。沿下部两道凸弦纹。通高21、口径18厘米（图版三〇，2）。

铜簋　3件。分二式。

Ⅰ式：1件（M102：0074）。直口，圆唇，沿外卷，腹微鼓，矮圈足，沿下部饰两道凸弦纹。龙形双耳，兽尾下垂，有珥。内底部铸铭3字。通高10、口径15厘米（图版三〇，3）。

Ⅱ式：2件。形制基本相同。M101：0081，直口，圆唇，窄沿外卷，腹较深，圈足较高。沿下部饰两道凸弦纹。饰龙形双耳。通高10.3、口径15厘米（图版三〇，4）。

铜鬲　2件。形制大小相同。M102：0077，环形立耳，袋形足，实足尖。颈部饰一周凤鸟纹，内铸铭文9字（图版三〇，5）。M102：0078，内铸铭文3字（图版三〇，6）。

（二）陶器

26件。器形有簋、罍、罐、鬲。

陶簋　1件（M102：0079）。磨光灰陶。侈口圆唇，鼓腹较深，圈足。腹饰一周夔龙纹，底部刻一"侯"字。高11.7、口径16.9厘米（图版三一，1）。

陶罍　6件。分二型。

A型　2件。平底罍。修复1件。M102：XM01，泥质灰陶。敛口，高颈，圆唇微外卷，折肩鼓腹，小平底内凹。肩饰三角纹，内填竖绳纹。腹部饰宽带纹，内填三角竖绳纹。肩饰三角形贯耳。口径19.3、器高24厘米（图版三一，2）。

B型　4件。圈足罍。分二式。

Ⅰ式：2件。器形相近。M102：0055，泥质磨光灰陶。侈口，溜肩，腹下收，矮圈足。双纽耳，腹饰绳纹，肩饰波折纹，盖残。口径19.9、高16厘米（图版三一，3）。M102：0080，弧形盖，顶部有圆纽，四周刻画三角纹，内填竖绳纹（图版三一，4）。

Ⅱ式：2件。M103：0072，夹砂灰陶。直口，高颈，溜肩，腹内收，平底，高圈足。肩部在两道弦纹之间饰三角纹，三角纹内饰几何云纹。器高10.3、口径7.3厘米（图版三一，5）。M103：0062，泥质灰陶。侈口，卷沿，矮颈，折肩，腹下收，平底，喇叭形圈足。折肩部位饰压纹。口径9.3、器高12.4厘米。（图版三一，6）。

陶罐　9件。分二型。

A型　4件。广肩罐。M102：0070，泥质灰陶。敛口，平沿，短颈，广肩，鼓腹平底。颈部和肩各饰三道凹弦纹。肩部饰三个乳钉纹。器高15、口径11.6厘米（图版三二，1）。M102：0111，泥质灰陶。卷沿，圆唇，折肩，收腹，小平底，素面。口径8.4、高12.5厘米（图版三二，2）。

B型　5件。圆肩罐。M103：0093，泥质灰陶。卷沿，圆唇，短颈，溜肩，鼓腹，大底。肩饰一道凹弦纹，在肩部凹弦纹上装饰乳钉纹。口径9.6、器高13.8厘米。M103：0089，泥质灰陶。卷沿，圆唇，溜肩，收腹，小平底。肩饰一道凹弦纹，凹弦纹上装饰乳钉纹。口径8.4、高13厘米。M101：0110，口径10.6、高12.2厘米。M101：0069，泥质灰陶。侈口，卷沿，圆唇，斜腹内收，小平底。肩部饰二周凹弦纹。口径16.6、高18厘米。

陶鬲　10件。分二型。

A型　8件。仿铜实足鬲。分二式。

Ⅰ式：2件。M102：0067，夹砂红褐陶。敛口折沿，浅腹，袋形足，实足尖，平裆。器饰竖绳纹。高11、口径16厘米（图版三二，3）。

Ⅱ式：6件。M101：XM02，夹砂灰陶。敛口，窄沿外卷，腹较深，弧裆，袋形足，实足尖。肩部饰两道凹弦纹，腹饰竖绳纹。高8、口径11厘米（图版三二，4）。

B型　2件。袋足鬲。器形相同。M103：0066，夹砂灰陶。侈口，折沿，圆唇，直腹，弧裆，袋足，腹下部饰竖绳纹。口径27、器高19.8厘米。

（三）原始瓷器

2件。均为豆。器形相同。M102：0075，青釉，钵形盘，沿下饰三组盲鼻，呈三角形分布，喇叭形矮圈足，圈足下半部无釉。出土时盘内有红色颜料。器高18、口径18厘米（图版三二，5）。

三、结　语

这3座西周墓葬相隔不远，头向一致，南北排列有序，均保存完好，随葬品也比较丰富，有成组的青铜礼器和仿铜器的陶礼器。M102规模较大，随葬品放置的位置与M101、M103有所不同，而且5件仿铜陶礼器陶壘4件、陶簋1件制作极为精细，器表磨光，刻有三角纹，内填竖绳纹。尤其是出土的泥质陶簋，器形规整，器表饰有陶衣，腹部刻有蕉叶纹，内刻卷云纹，腹较深，圈足略矮，底部刻有"侯"字，不是一般小贵族使用的器物，应为上层贵族的遗物。M102还出土2件青铜鬲，器内壁都铸有铭文，其中一件铸铭文9字，其内容待考。这3座墓排列有序，显然关系密切，是一处重要的齐国贵族墓地。

关于这批墓的年代，从器物特征和叠压现象来分析，应属于西周中期。齐故城东北部、河崖头村西一带，地势特别高，文化层厚度达3～4米，在这一带多次发现大型古墓，其中有大型殉马坑的墓葬2座。目前已发掘的五号墓有大量殉马，殉马坑规模宏大，估计殉马600余匹之多。河崖头五号墓属于春秋时期，3座墓葬均处于五号墓西部殉马坑下，其年代明显早于五号墓。从出土的随葬品看也具有西周中期的特征，河崖头M102出土的Ⅰ式铜鼎与曲阜鲁国故城M23出土的Ⅰ式西周铜鼎基本相同，与山东滕州前掌大M19出土的西周青铜鼎相似，唯有腹部略有差异。出土的Ⅰ式青铜簋与滕州市前掌大M19出土的双兽耳夔龙纹簋基本相同。出土的陶罐、陶鬲与山东近几年西周时期墓葬中出土的同类器物相同。曲阜鲁国故城M23、前掌大M19的年代为西周中期，河崖头M102及M101、M103的年代相隔很近，都属于西周中期墓葬。

临淄河崖头墓地位于大城东北角处的河崖头村一带，20世纪60年代在这一带勘探出大型墓葬20余座，并先后发掘其中的5座，均属于春秋时期。1965年，在河崖头村东的淄河岸边出土了一批西周时期的青铜礼器，有铜盂1件、铜簋4件、铜镈钟1件、铜鼎1件、铜錞1件，出土双耳方座簋1组4件，其中的青铜盂高43.5、口径62厘米，重达55.5公斤。这些青铜器均属于齐国重器。从上述墓地的规模、随葬器物特征、葬俗分析，河崖头墓地应是一处西周至春秋时期重要的齐国贵族墓地。这次发现的3座西周墓的器物特征也反映了西周中期齐地土著文化已与外来文化正处于融合阶段，为研究齐文化的形成提供了证据，同时为探讨齐都营丘故城临淄说提供了线索。

执　笔：王晓莲　李琳璘

沂水县纪王崮一号春秋墓及车马坑

山东省文物考古研究所
临沂市文物考古队
沂水县博物馆

　　墓葬及车马坑位于山东省沂水县城西北40公里处的"纪王崮"山顶，隶属泉庄镇。现整个山崮被开发为旅游景区，名"天上王城"。其东北距沂河约6公里，东南距跋山水库约15公里（图一）。纪王崮山顶下被杨家洼、魏家洼、深门峪和崮崖等村庄环绕。此区属于沂蒙地区的山崮地貌，其特点是顶部平展开阔，其周围峭壁如削，再向下坡度由陡至缓（图版三三，1）。纪王崮最高点海拔577.2米，顶部面积约0.45平方公里，是沂蒙七十二崮中唯一有人曾常年居住的崮，因此被誉为"沂蒙七十二崮之

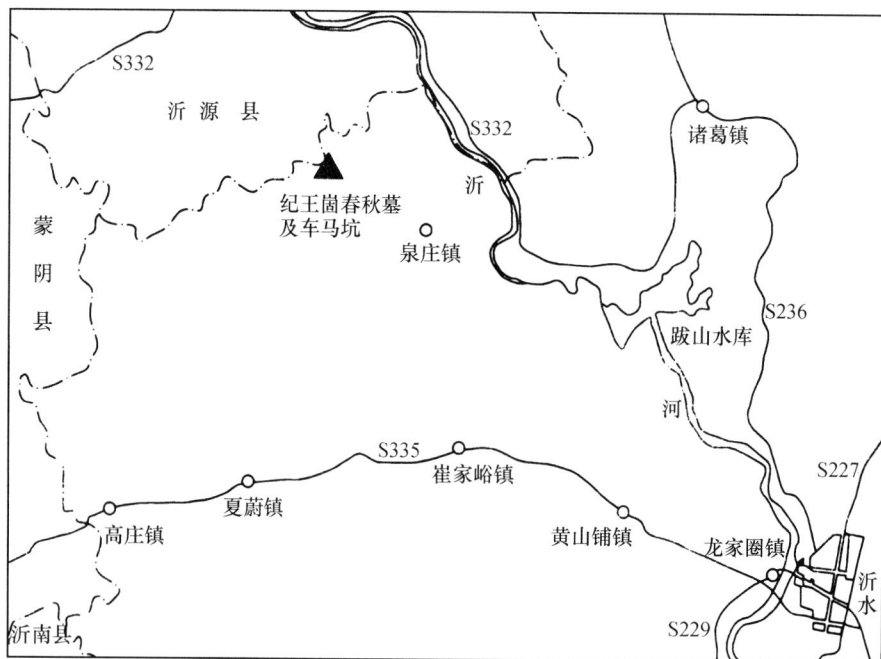

图一　纪王崮春秋墓及车马坑位置示意图

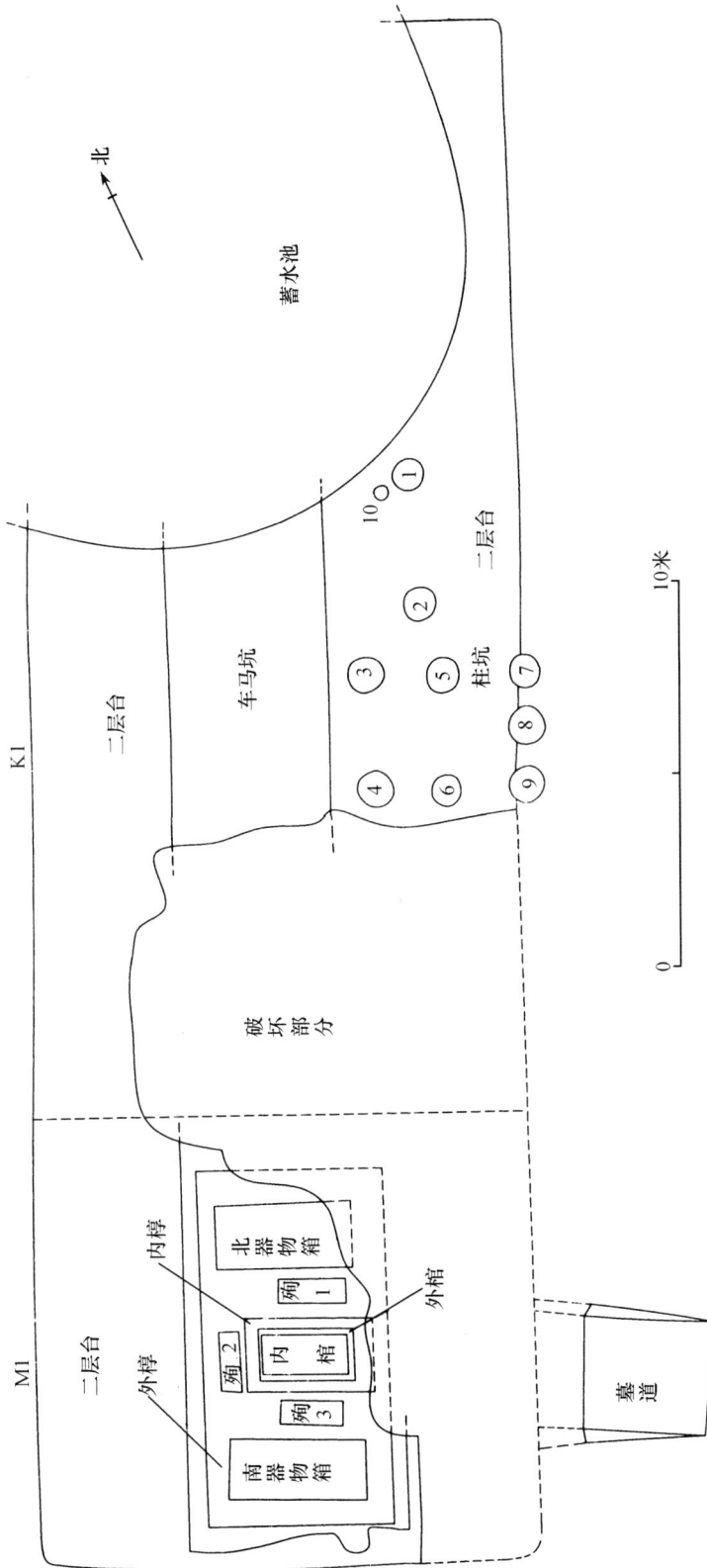

图二 纪王崮M1、K1平面图

首"。纪王崮山顶自南向北分布三个岩丘，分别称为"擂鼓台""万寿山"和"妃子墓"，其中，最大的为"万寿山"，为纪王崮最高点。此次发掘的墓葬及车马坑位于"擂鼓台"的北部，其北紧邻景区的"天池"。

2012年元月初，天上王城景区管理委员会在崮顶修建水上娱乐项目的过程中，意外发现部分青铜器及其残片。临沂市文广新局、沂水县文广新局闻讯后，即刻赶往现场，责令停止施工，对受损文物遗迹进行覆土保护，同时收缴出土文物，并及时上报山东省文物局。省文物局立即派员赶赴现场进行勘查。经考察后确定其为古墓葬，需进行抢救性发掘，随即上报国家文物局。

经批准，2012年2～7月，由山东省文物考古研究所联合临沂市文物考古队、沂水县博物馆等单位对墓葬及车马坑进行了抢救性考古发掘。发掘期间，得到了各级文物主管部门、地方政府及景区的大力支持。

历经近5个月的发掘工作，取得了重要收获。该墓形制较为特殊，墓室与车马坑共凿建于一个长方形斜壁内收的岩坑之中。北部是车马坑（K1），南部是墓室（M1），岩坑总体南北长约40、东西宽13米。墓道则位于岩坑东南部（图二）。该墓已残，车马坑北部在早年修蓄水池时已被毁坏，墓室东半部则被工程部门破坏，侥幸的是主墓室部分保存较好。现将墓葬与车马坑的情况分别报道如下。

一、一 号 墓

（一）形制与结构

M1开口于现代垫土层下，向下打破页岩而直至石灰岩，未发现封土迹象。其东部及东北部已残。南部墓口距地表0.35米，北部墓口距地表0.9米，墓深2.2米。墓向116°。

该墓为带一条墓道的岩坑竖穴木椁墓，由墓室、墓道两部分组成。墓室口部整体呈长方形，墓壁斜内收。由于墓室东部、北部被破坏，西部二层台又与车马坑西部二层台相连且分界不清，所以南北长度未详。参照车马坑，东西宽度为13米。

现存二层台距墓口0.7米，均以碎岩石渣夹红、褐、灰色土逐层夯打而成，每层厚0.07～0.1米，夯土较硬。由于页岩碎渣较多，未发现夯窝。西部二层台上部宽3.4、下部宽3.5、残高1～1.5米。东侧二层台只残存东南角，结构同于西侧二层台，但内含较厚红黏土。

二层台上部被后期活动扰乱，椁室上部亦由于葬具腐朽而坍塌。以上两者及棺椁、器物箱、殉人坑之间的填土均为碎岩石渣，其间夹杂红、褐、灰色土。另外值得注意的是，M1填土有几个特殊现象：第一，在南器物箱、北器物箱及椁室的上部，分布一层较厚的岩石块层，其内夹杂页岩碎渣和黄褐色土，土质松散，此层可能具有防盗的作用；第二，在外椁以上的整个墓室有一层红土，厚0.07～0.12米；第三，在整个墓室，包括二层台底层，分布一层青灰色膏泥状的淤土层，厚0.03～0.07米。而外椁是在淤土形成后，向下掏挖而成。在西部二层台底的淤土层之上，间断堆放石块、碎陶片、少量蚌壳及零乱的动物骨骼和牙齿，局部还有成片红烧土层和灰痕。

外椁室位于墓室中部，其东部、北部被施工破坏。椁板早已腐朽坍塌，盖板亦已不存，底板已朽成青灰色粉末。在距墓口0.7米处，发现边板痕迹。其木质已朽为较薄的灰色粉末。南边板仍存有黑灰或灰白色痕迹，其他三面椁边则主要根据土质土色来判断。外椁口部呈长方形，南北长9.24、东西宽5、存高1.45～1.5米。

内椁位于外椁中部，在其南北各有一个器物箱，在内椁和器物箱之间及内椁室的西侧共分布着3个殉人坑。

内椁的东部略残。椁板木质大部分已朽成灰黑色，南北侧板及东西端板的板灰较清晰。根据板灰痕迹，椁呈长方形，长3.26、宽1.94、残高0.7米。盖板横向，塌落在棺上，木质保存较好者共7块，皆为黄色。分别编号为1～7号。1号残长0.68、宽0.19、残厚0.1米；2号残长0.57、宽0.21、厚0.06米；3号朽重，存有木质，灰痕长0.62、宽0.22、厚0.01～0.06米；4号朽重，灰痕长0.64、宽0.17、厚0.06米左右；5号木质保存较好，长0.53、宽0.13、厚0.07米；6号残长0.4、宽0.2、厚0.08米；7号存少许木质，长0.23、宽0.14、厚0.05米。在内椁底部，分别横向放置两根南北向垫木，皆朽为灰黑色板痕。西部垫木长2.15、宽0.13、厚0.12米；东部垫木长2.24、宽0.13、厚0.12米。

棺室为重棺，位于内椁中部。外棺木质已朽，仅存木灰和漆皮，呈长方形，东西长2.5、南北宽1.35、高0.7米。在外棺东西两端，仍保留有木板朽痕，宽约0.06、厚约0.05米。

内棺木质基本朽为黑灰色，仅有两端板和部分侧板存有少许木质。其平面呈长方形，棺灰痕长2.25、宽1～1.04、残高0.7米。由于重力挤压，棺南北两侧的侧板灰痕严重向内挤压变形。棺东西两端的端板保存较好，宽0.06～0.07米。棺上髹有较厚的红漆和黑漆，棺面未见纹饰和图案。另在棺板交界的边缘存有银灰色粉末，宽约0.02米。在棺内的底部铺有一层厚约0.06米的朱砂，朱砂之间放置大量的玉器、玛瑙珠、骨珠等（图版三四，1～3），由此判断，墓主人的骨骼应被朱砂包围。

在棺内朱砂上面，纵向分布3块盖板朽迹。从南向北编号为2、1、3号。1、2号基本东西贯穿内棺，长度近于内棺长度。3号主要分布于西侧，长度约0.4米。2号存有黑灰色板灰和较宽的漆皮，宽0.03～0.1、厚0.03～0.04米。1、3号除少量漆皮外，还保留朽成灰白色的板灰痕迹，宽0.03～0.08、厚0.03～0.04米。由于在朱砂上面只发现一层盖板，所以不能断定其为内棺的盖板还是外棺的盖板。

在棺底中部及偏东部分，纵向分布一木质较好的底板，现为黄色，应属松木。长0.84、宽0.05～0.08、厚0.03～0.04米。此木板东西向，可能是内棺或外棺的底板。

由于下层岩石难凿，内椁下有象征性的"腰坑"，此坑没有明确的边界。坑内殉犬一只，头向西北（图版三四，4）。

3个殉人坑分别编号为1～3号。

1号殉坑位于内椁室北侧，一棺，已朽为灰色粉末。灰痕长1.82、宽0.65、残高0.3米。内有一具人骨，头向东、面向上。仰身，上肢屈放在胸部，两手分置左右两侧，下肢膝盖处交叉，右下胫骨、腓骨向右错位。经鉴定，为25岁左右成人[1]。无随葬品。

2号殉坑位于内椁室西侧，一木棺已朽，棺长1.6、宽0.55、高0.4米。内有一具人骨，头向南，面向下。侧身屈肢，腹部以上呈俯身状，上肢上屈，放在胸部，下肢蜷曲。经鉴定为7～8岁儿童。无随葬品。

3号殉坑位于内椁室南侧。有一木棺，已朽为灰色粉末。灰痕长1.73、宽0.6、高0.3米。内有一具人骨，头向东，面向上。仰身直肢，上肢弯曲，交叉于胸部，右手压于左上肢之上。右下肢胫骨、腓骨、脚骨向右错位。经鉴定，为35岁左右女性。在殉人的左下肢处，随葬一件铜舟。

器物箱两个，分别称为南器物箱和北器物箱。

南器物箱为木结构，已朽为灰白色粉末。灰痕东西长3.6、南北宽1.7、高0.7米。箱盖板以上有一层厚0.05～0.09米的动物骨骼。经过初步鉴定，是牛、猪、羊、鹿的遗骨，主要是肋骨和肢骨。其下，从中部向东，有一层较厚的鱼骨。部分骨骼完整。由于较细小，部分已塌落于器物的下面及周围。在动物骨骼之下，局部有纵向的器物箱盖板板灰痕迹。箱内主要放置青铜礼器、陶器、漆器等（图版三三，2）。

北器物箱木质已朽为灰白色粉末，其东部被破坏，东西残长3.46、宽1.6、高0.7米。箱内放置青铜礼器、乐器、兵器及骨器等。在部分铜器之上，局部还存有纵向分布的器物箱盖板板灰痕迹。部分兵器有木柲，但腐朽严重（图版三五，1、2）。

墓道东向，位于主墓室东部，呈东高西低的斜坡状，正对椁室，与墓室交接处被施工破坏。东西残长4、南北宽3.6米。填土分2层，上层为灰褐色页岩碎渣，厚0.08～0.47米，层次不明显，无夯打迹象。下层为红黏土层，较纯净致密，厚0.15～0.2米。其下为页岩层。

棺内未见墓主人的骨骼，只在头部发现一些已腐朽的灰白色粉末，可能是墓主的骨骼残迹。从朽痕和头饰、项饰看，墓主头向东。其葬式及面向不清。

（二）随葬器物

除施工扰乱外，随葬器物主要出土于棺室及南、北器物箱内。另外，3号殉人的左下肢骨处放置一件铜舟。

棺室主要存放玉器，分布于墓主人的周围，亦即朱砂之间。器形有琮、戈、虎形饰、人、觿、璜、环、玦、牌饰等，另有玛瑙珠、绿松石饰及骨珠等。

北器物箱出土的铜器有甬钟一套9件，镈钟一套4件，纽钟一套9件，錞于2件、舟3件，戈5件，凿3件，铙、甗、罍、壶、瓠壶、罐、盘、匜各1件，另外还有剑、镞等。除铜器外，还放置石编磬一套10件、古瑟残件一套、玉牌饰1件及角器、铜饰、玉饰等。而施工扰乱了存放位置的铜器有盂、鼎、剑等，其中，鼎、盂有铭文。

南器物箱出土的铜器有鼎、鬲、铺、罍、匕各7件，敦3件，小鼎5件，另有陶罐7件。在器物箱的西部，则放置漆器，皆已腐朽，仅存朽痕，器形难辨。

现将随葬器物择要介绍如下。

1. 棺室内出土的玉器

皆出自棺内，或为墓主身上佩戴之物，或为下葬时放置之物。

玉人　1件（M1：162）。青色，颜色较纯，有大量白斑，通体光滑。片状，镂雕成蜷曲人身，细眉、圆眼、宽鼻。其胸部雕出一龙，龙卷身吐舌。在人身后，亦饰一龙，长尾后卷、圆眼、吐舌而分叉。人、龙各饰卷云纹。此玉人为人龙合体，形象奇异。高6.4、宽3.1、厚0.3厘米（图三，1、2；图四，1；彩版三，1）。

琮　2件。青色。呈矮方柱体，外方内圆。M1：158，周边表面局部泛白及红褐色。器体厚重。通体素面无纹。高5.2、宽5.9厘米（彩版三，2）。M1：190，表面泛白，受沁。器体较薄，透明度好。器表四面均饰双勾阴线虺龙纹。射口部有对称的圆孔以便穿缀。高5.2、宽8.1厘米（彩版三，3）。

戈　2件。皆呈黄褐色，玉质较好。前锋锐尖。M1：163，略有中脊，上下有边

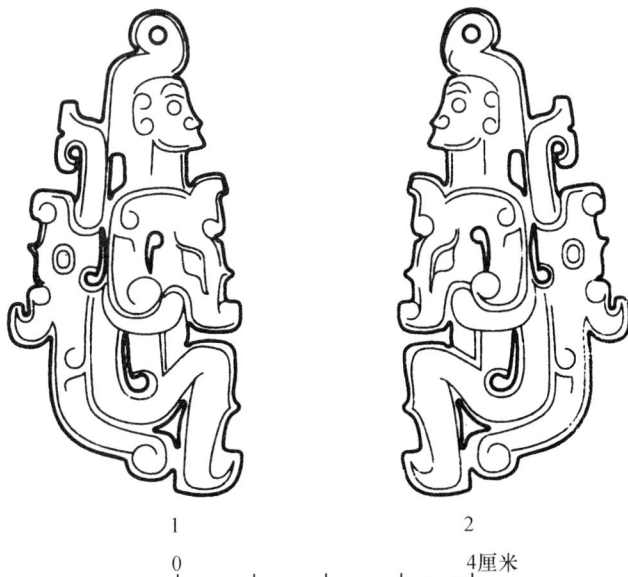

图三　玉人（M1：162）

1. 正面　2. 背面

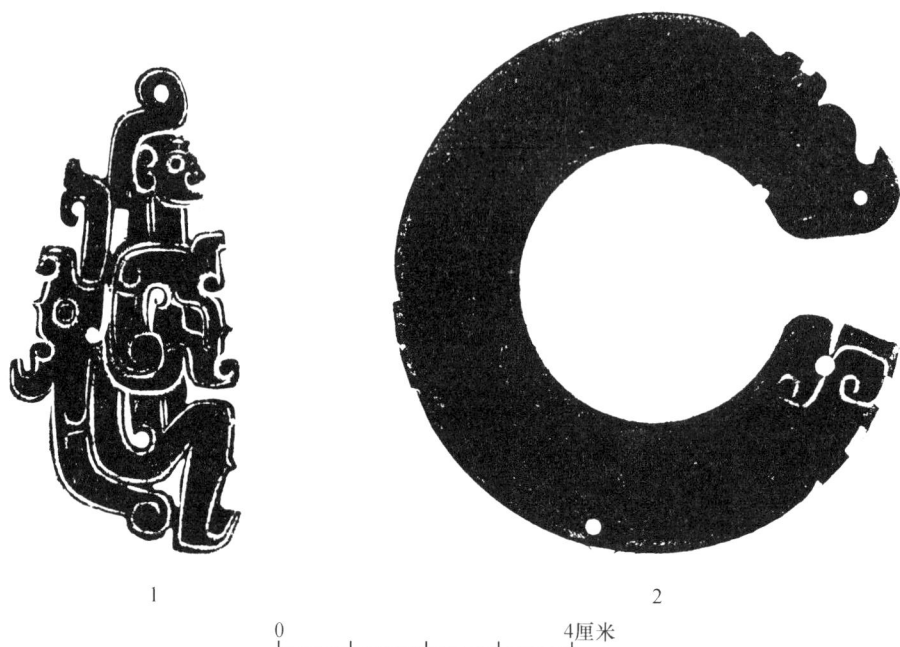

图四　玉器拓片

1. 玉人（M1：162）　　2. 玉玦（M1：168）

刃，下刃较直，上刃呈弧形。援两面素面。有上下阑。内呈长方形，中部有两条平列的竖线，后端雕琢平行阳线纹五组，直到内末端，使之更具有装饰性。内前部及援末中部各有一圆穿。通长26.9、宽7、厚0.8厘米（图五；彩版三，4）。M1：164，有明显的中脊和边刃，上刃呈弧形，下刃较直。无上下阑。内前部及援末中部各有一圆穿。通长24.6、宽6.4、厚0.8厘米（彩版三，5）。

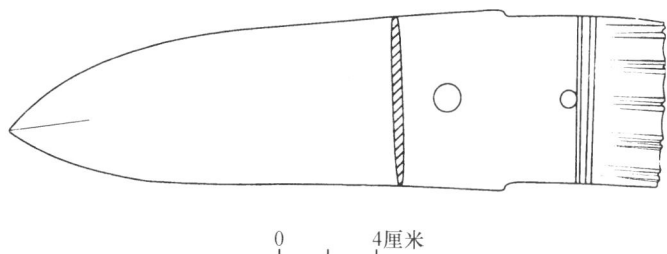

图五　玉戈（M1：163）

　　虎形玉佩　2件。青色，局部泛红褐色，表面有白斑，通体光滑，玉质较好。器片状，镂雕成虎形，周边琢有扉牙。在器体的上部和尾部各钻有一孔，以备系佩。M1：193，正背两面饰双勾阴线虺龙纹，纹饰精美。长10.4、宽2.9、厚0.24厘米（图六，1、2；彩版四，1）。M1：513，素面。长10.2、宽2.7、厚0.2厘米（彩版四，2）。

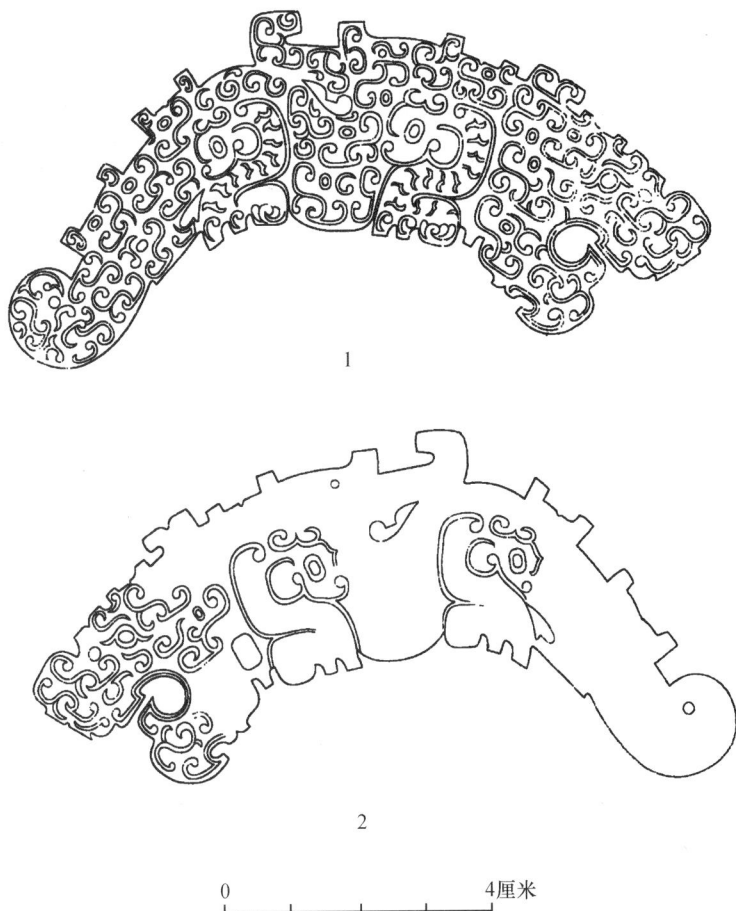

图六　虎形玉佩（M1：193）
1. 正面　2. 背面

玦　7件。青色。皆呈环形，有缺口。M1：168，有白色和红褐色色斑，受沁。缺口的一端雕成鹰首形，另一端表面饰有云雷纹，周边雕琢有牙脊。缺口两端及边缘处共钻有三孔，便于穿缀。外径7、内径3.6、厚0.1厘米（图四，2；彩版四，3）。M1：181，表面泛白，有白色斑纹。缺口的一端雕作龙首形，独角，张口。素面。头部钻有一孔，以便穿缀，器身一孔，未能钻透。外径2.9、内径1.1、厚0.2厘米（彩版四，4）。M1：182，表面泛白并有白斑。缺口的一端雕作凤鸟形，有冠，另一端雕成龙首形，外缘琢有牙脊。素面。背部琢有一孔，以便穿缀。外径3.3、内径1.3、厚0.18厘米（彩版四，5）。M1：184，受沁，表面有白斑和黄斑。器体较厚。外周饰双勾阴线虺龙纹，纹饰精美。外径4.6、内径3.6、厚1.7厘米（图版三九，1）。M1：339，与M1：184形制相同。外径4.4、内径3.4、厚1.7厘米（图七；图版三九，2）。M1：494，表面大片泛白，受沁严重。正面饰双勾阴线虺龙纹。外径3.7、内径1.2、厚

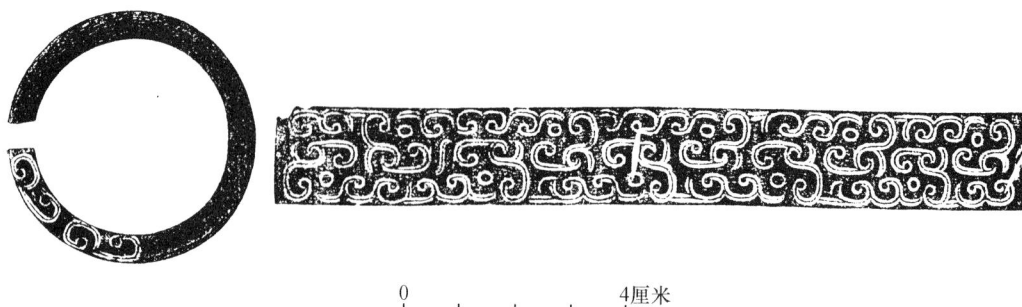

图七　玉玦拓片（M1：339）

0.28厘米（图版三九，3）。M1：325，表面有裂痕，稍受沁。器体较厚。缺口处有不规则的琢痕。外周饰双勾线虺龙纹。外径1.2、内径1、厚2厘米（图版三九，4）。

玉料　1件（M1：315）。青色，受沁，白斑较多。器体为玉玦的玉料，呈环形，有较大的缺口。器表有钻磨的痕迹。外径6.2、内径2.2、厚0.5厘米（彩版四，6）。

管　2件。青色，局部泛白。内有一孔以供穿绳。M1：157，器表中部有两周凹弦纹。长1.3、横断面长径1.4、短径0.9厘米（图版三九，5）。M1：156，器表有斜向两条一组的凹弦纹。长1.9、横断面长径0.7、短径0.8厘米（图版三九，6）。

璜　5件。皆为青色。体扁。M1：187，局部有白斑，透明度好。若半环形。正面饰双勾阴线虺龙纹，纹饰雕刻精美。在器体的两端各琢一孔，以备系佩。通长14.3、宽2.1、厚0.4厘米（图八，1、2；图版四〇，1）。M1：511，受沁严重，局部有白斑。若半环形，两端均有扉牙。素面。在器体的两端各钻有一孔，以备系佩。通长24、宽2.3、厚0.5厘米（图版四〇，2）。M1：481，局部有白斑，透明度好。若半环状。正面饰双勾阴线虺龙纹，背面有雕刻前起稿的痕迹。在器体的两端各琢三孔，一大两小，以备系佩。通长17.4、宽2.7、厚0.4厘米（图九，1、2；图版四〇，3）。M1：592，受沁，表面有白斑。若1/4环形。素面。在器体的两端各琢一孔，以备系佩。长6.4、宽1.1、厚0.25厘米（图版四〇，4）。M1：512，局部有白斑。两端雕镂成龙首形。正面饰有双勾线虺龙纹。在器体的两端各琢一孔，以备系佩。长5.4、宽2.2、厚0.3厘米（图一〇，2；图版四〇，5）。

珩　1件（M1：506）。青色，受沁，局部泛白，通体光滑。正面纹饰呈猪形。在器体的上部及两端各钻有一孔，以备系佩。长5.2、宽1.6、厚0.15厘米（图版四〇，6）。

牌饰　数量较多。M1：155，青色，表面有白斑。略呈长条形。正面饰双勾阴线虺龙纹，背面素面。在器体的一端钻有一孔，以备系佩。长6.5、宽1.9、厚0.3厘米（图一一，1；图版四一，1）。M1：152，器形同M1：155，而正面纹饰被中部的竖线分成两部分。长6.55、宽2、厚0.3厘米（图一〇，1；图一一，2；图版四一，2）。M1：191，

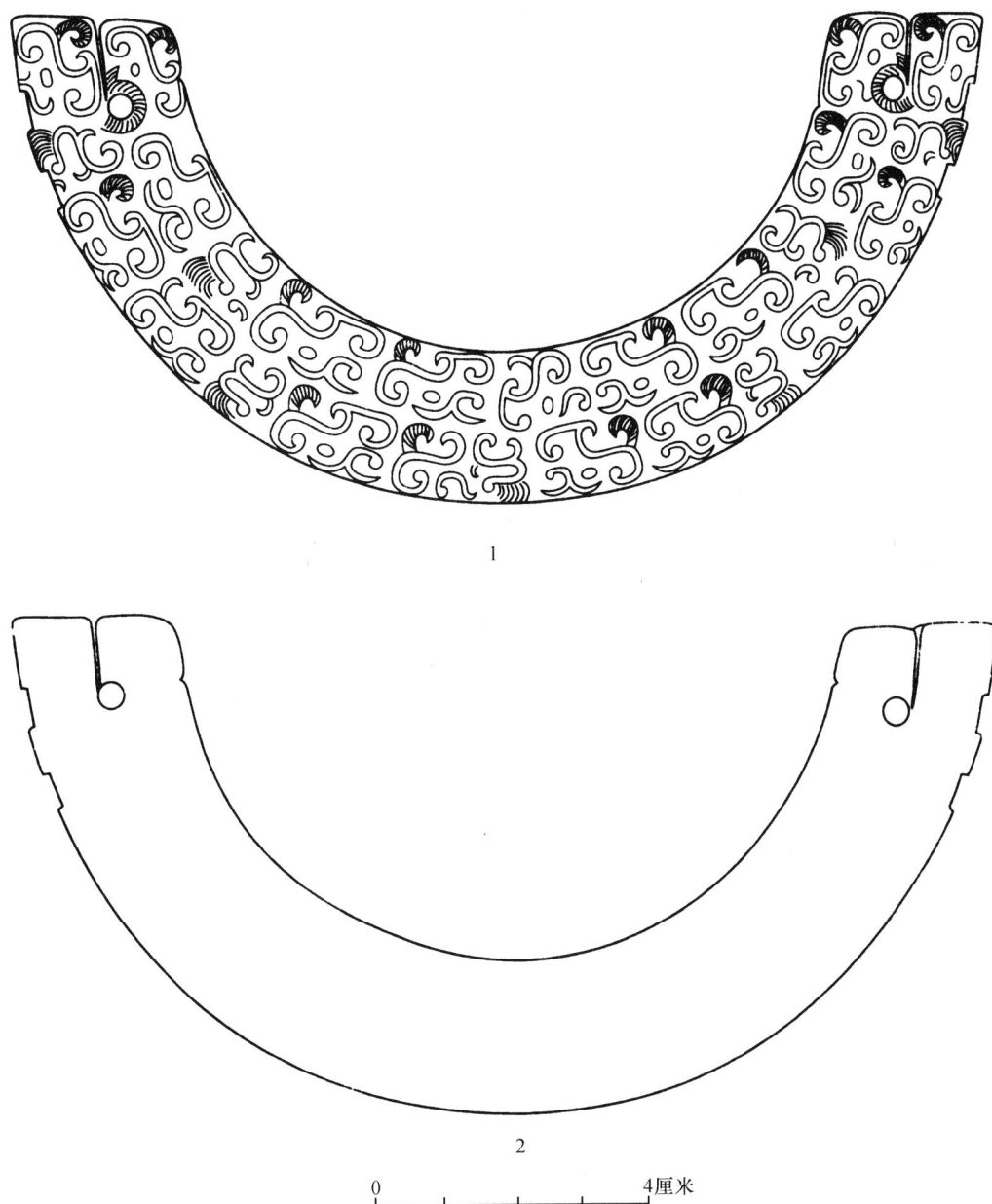

图八 玉璜（M1：187）

1. 正面 2. 背面

青色，局部泛白，受沁，有白斑。略呈梯状体，周边琢有牙脊，其中两边呈反向对称。器表饰双勾阴线虺龙纹。其中两边附近各钻二孔，以便穿缀。长边3.2、短边2.6、厚0.2厘米（图版四一，3）。M1：178，青色，受沁严重，局部泛白。前部呈三角形，后部呈不规则的长方形，整体呈兽形。素面。器身共钻三孔以便穿缀。通长6.7、宽2.5、厚0.2厘米

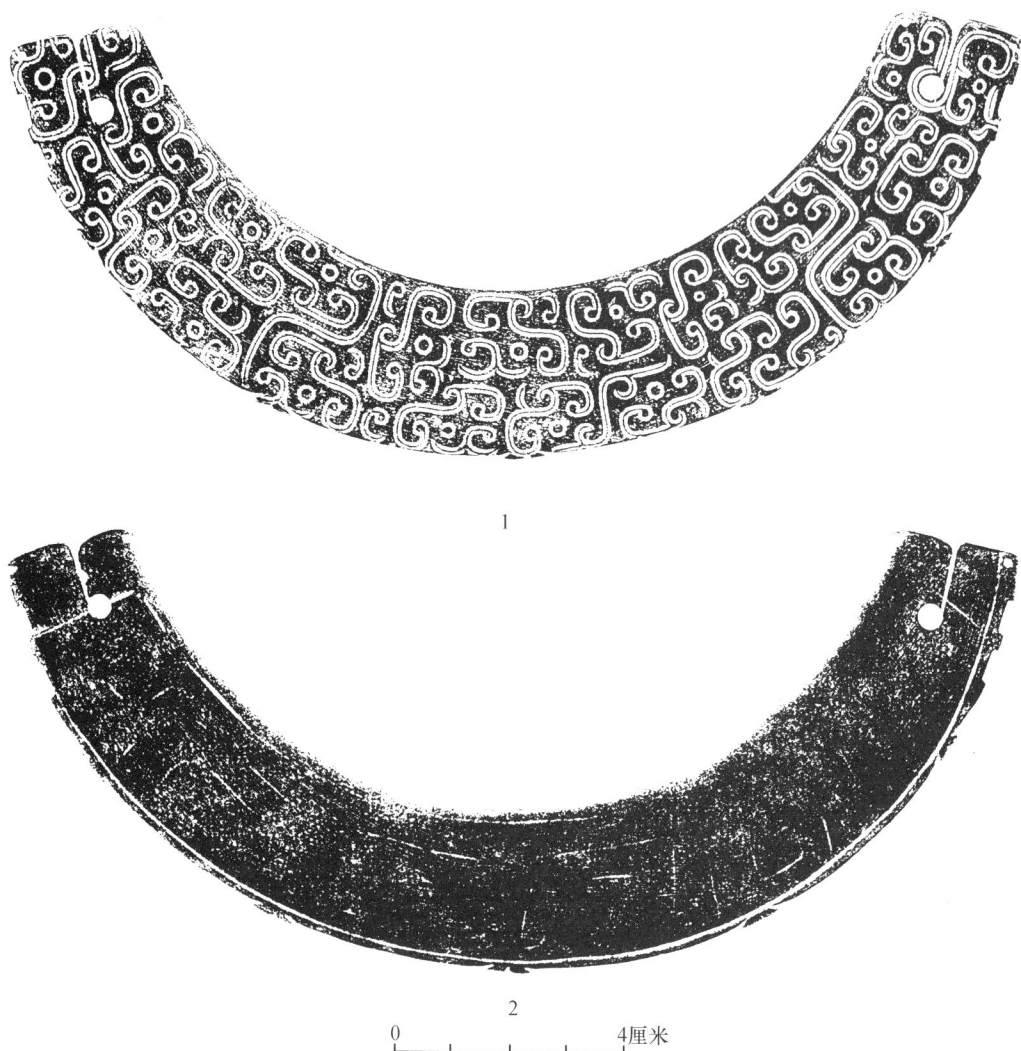

图九　玉璜拓片（M1：481）

1. 正面　2. 背面

（图版四一，4）。M1：167，青中泛黄，受沁。略呈长条形，周边琢有牙脊，左右两边基本对称。正面饰双勾阴线虺龙纹，背面素面。头部钻有对称双孔，尾部钻有一小孔，以便系缀。长7.8、宽2.4、厚0.15厘米（图一〇，3；图版四一，5）。

　　鸟形玉饰　1件（M1：172）。青色，表面泛黄，有白斑。体呈长条状，前部雕镂成相背的两个鸟头，后部则雕镂成鱼尾状。正面饰双勾阴线虺龙纹，纹饰精美。背面素面。在器身对称钻有两孔，以备系佩。长8.3、宽2.4、厚0.2厘米（图版四一，6）。

　　虎形玉饰　2件。形制、大小基本相同。青色，局部泛黄。器体雕镂成虎形，张口，卷尾。下琢有扉牙，象征足部。素面。头尾部各钻有一孔，以备系佩。M1：169，

图一〇 玉器拓片

1、3. 牌饰（M1：152、M1：167） 2. 璜（M1：512）

长6.3、宽1.5、厚0.17厘米（图版四二，1）。M1：170，长6.1、宽1.1、厚0.17厘米（图版四二，2）。

觿 5件。青色，表面泛白并有白斑。体扁平，弧形。龙首位于玉觿的一端，张口，圆眼，靠近龙首附近的外缘琢成齿边。器表两面均饰双勾阴线虺龙纹。龙背上方钻有一孔，以备系佩。M1：183，长9、厚0.4厘米（图一二，1；图版四二，3）。M1：180，长8.2、厚0.3厘米（图一二，2；图版四二，4）。

柱形玉饰 2件。大小形制全同。青色，局部呈片状泛白。略呈不规则的长条形，一端呈鸟喙形，另一端呈兽头形。器表满饰双勾阴线虺龙纹。两端各钻一孔，以便穿缀。M1：159，长8.4、宽1.4、厚0.9厘米（图一二，3）。M1：165，长8.3、宽1.4、厚0.8厘米（图版四二，5）。

牛首形饰 1件（M1：514）。青色，受沁较重，有白斑。器整体呈牛首状。器表正面饰双勾线虺龙纹。在器体中间及牛嘴部各钻一孔。长3.5、宽3.1、厚0.2厘米（图版四二，6）。

2. 南器物箱出土的器物

（1）铜器

小鼎 5件。器形较小。平盖，盖面中部有一桥状纽，立耳，平折沿，圆腹，大圈底，三蹄形足。素面。M1：102，通高11.2、口径13.5厘米（彩版八，1）。

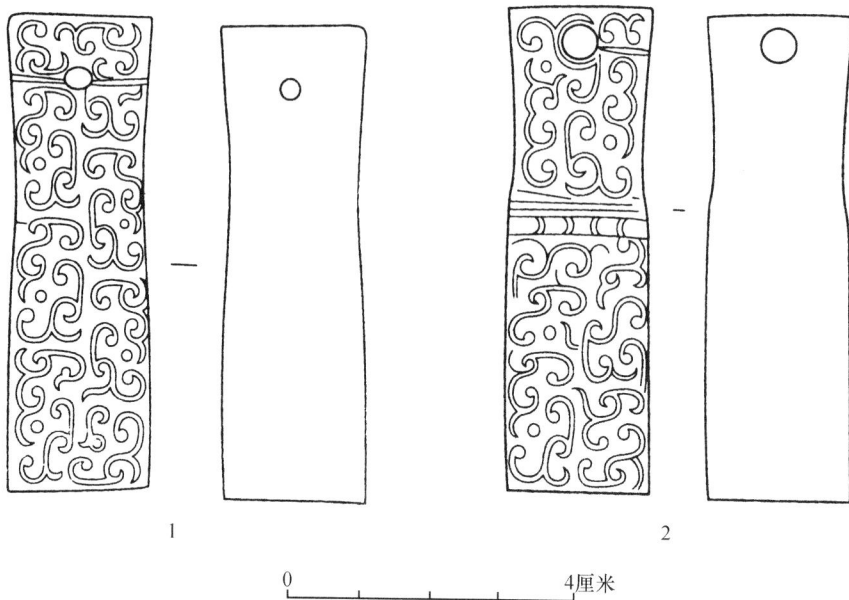

图一一　玉牌饰

1. M1：155　2. M1：152

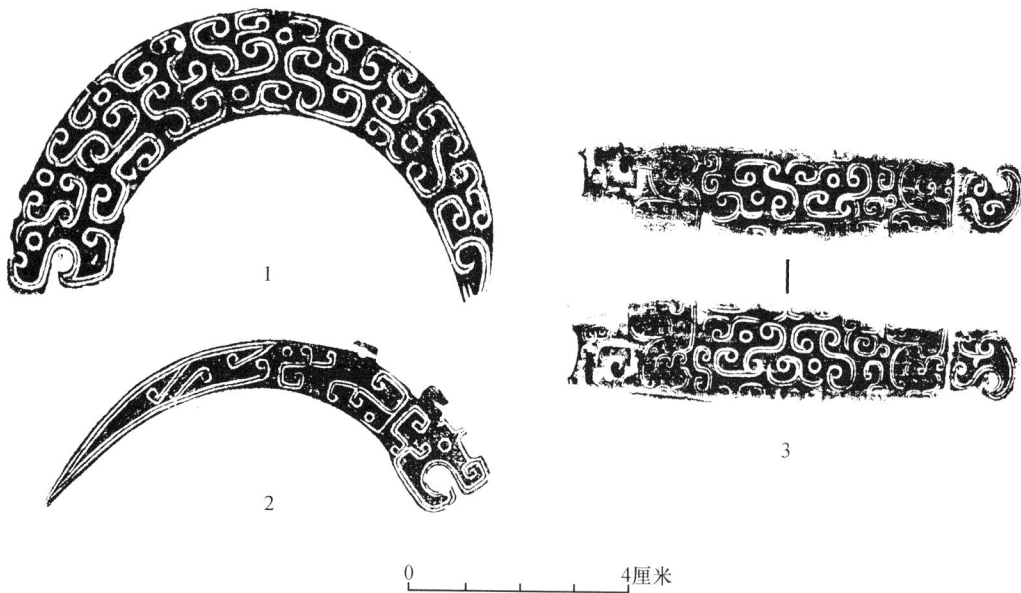

图一二　玉器拓片

1、2. 觿（M1：183、M1：180）　3. 柱形玉饰（M1：159）

（2）陶器

罐 7件，已修复5件。皆泥质红胎灰皮陶。方圆唇，折沿，有颈，圆肩，收腹，平底，有圈足碗式盖。素面。M1：144，通高23.2、口径12.6、底径13.4厘米（图版四五，1）。M1：147，通高24、口径12.6、底径13.2厘米（图一三，1；图版四五，2）。M1：148，通高22、口径11.8、底径12.8厘米（图一三，2，图版四五，3）。M1：149，通高24.2、口径12.4、底径12.5厘米（图版四五，4）。M1：150，通高21、口径11.4、底径12.4厘米（图版四五，5）。

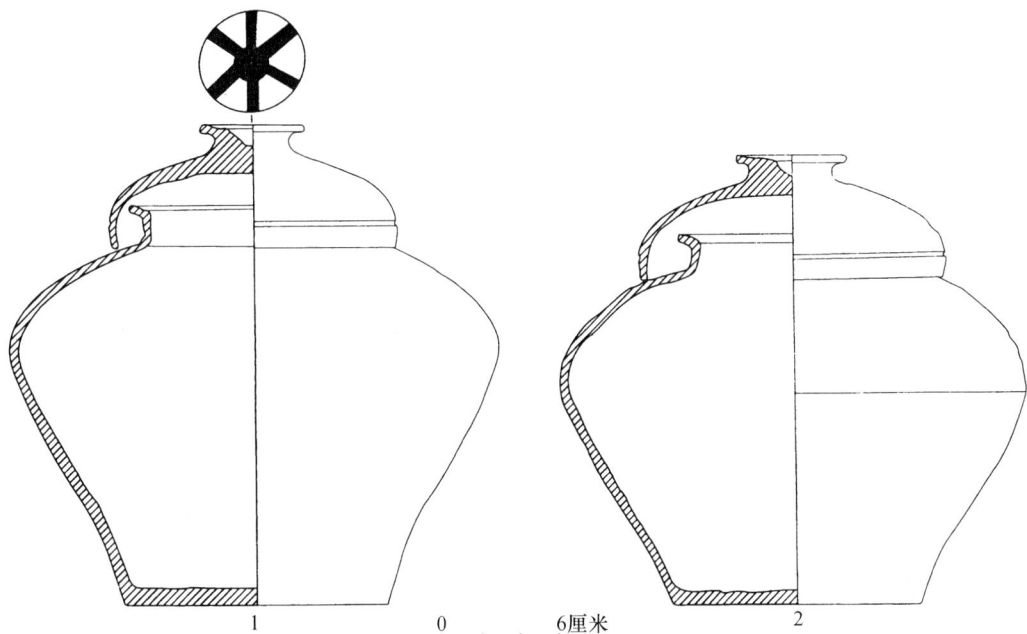

图一三 陶罐

1. M1：147　2. M1：148

3. 北器物箱出土的器物

（1）铜器

甬钟 一套9件。形制相同，大小递减。钟体呈合瓦形，上窄下宽，两侧近直，铣间为弧形。甬呈柱形，上细下粗，有旋，幹上下两侧呈直线，另一侧呈弧线，正视为长方形。舞部平，饰卷曲的对称龙纹。钲部有枚3层，每层每面6枚，整个甬钟共有36枚。篆部饰龙纹，正鼓部亦饰龙纹。有的甬钟的内部下缘处，多处留有弧形凹槽，应是调音槽（彩版五，4；图版四六，1~4）。甬钟尺寸如表一。

表一　甬钟尺寸表　　　　　　　　　　　　　　　　　　单位：厘米

编号	通高	甬高	舞修	舞广	鼓间	铣间
M1：5	58.6	19.5	26.4	20.3	21.6	32.5
M1：8	55.1	18.3	24	18.1	20.5	30
M1：4	50.8	17.5	21.6	16.8	18.6	28.4
M1：13	46.9	15.9	19.8	15.4	16.7	25.3
M1：9	41	13.4	17.3	13.2	14.5	21.9
M1：11	39.4	14.8	14.8	11.5	13.3	18.7
M1：7	39.2	13.8	16.8	12.5	14.8	21.3
M1：15	34.1	12	14.4	11.2	11.8	18.7
M1：14	32.1	11.2	12.7	19.1	10.5	16.5

　　纽钟　一套9件。形制相同，大小递减。钟体呈合瓦形，上窄下宽，两侧微向外鼓，铣间为弧形。纽为长方形，中间有长方形孔。舞部平，无纹饰。钲部有枚3层，每层每面4枚，整个纽钟共有24枚。篆部饰重环纹，鼓部饰龙纹。钟的内部下缘处，皆留有弧形凹槽，应是调音槽（彩版六，1~4；彩版七，1；图版四七，1~4）。纽钟尺寸如表二。

表二　纽钟尺寸表　　　　　　　　　　　　　　　　　　单位：厘米

编号	通高	纽高	舞修	舞广	鼓间	铣间
M1：20	24.3	4.4	10.5	9.8	10.5	12.3
M1：22	22.8	4.2	10.3	9.4	10.2	12.5
M1：21	21.5	4.1	9.5	8.8	9.7	11.6
M1：23	20.8	4.5	9.3	8	8.8	10.8
M1：24	19.1	3.9	8.7	7.5	8.6	10.8
M1：25	16.5	3.4	7.7	6.8	7.5	9.7
M1：26	15	3.3	6.1	5.4	6.2	7.9
M1：27	14.8	3.4	6.8	5.8	6.4	8.1
M1：28	13.1	2.7	6	5.1	5.5	7.4

　　镈钟　一套4件。形制相同，大小递减。钟体呈合瓦形，上窄下宽，两侧微向外鼓，铣间为弧形。纽为桥形，中间有桥形孔。舞部平，共8组纹饰，每组皆饰龙纹和鸟纹。钲部有枚3层，每层每面6枚，整个镈钟共有36枚。篆部饰龙纹，正鼓部亦饰龙纹。未发现调音槽（彩版七，2~4）。编镈尺寸如表三。

表三 编镈尺寸表　　　　　　　　　　　　　　　单位：厘米

编号	通高	纽高	舞修	舞广	鼓间	铣间
M1：17	51	10.5	30.8	25.2	29.5	38.6
M1：18	48.3	9.9	28.3	23	27.1	34.6
M1：16	47.3	8.8	27.1	21.5	28	34
M1：19	42.5	8.1	25.4	19.7	21.9	30.2

铙　1件（M1：3）。甬中有一近圆形穿，铙体较短扁，弧形口较阔。口部边缘处饰一周云雷纹。通高21.6、甬长7、铣间17、鼓间11.7、舞修11.5、舞广7.6厘米（图一四）。

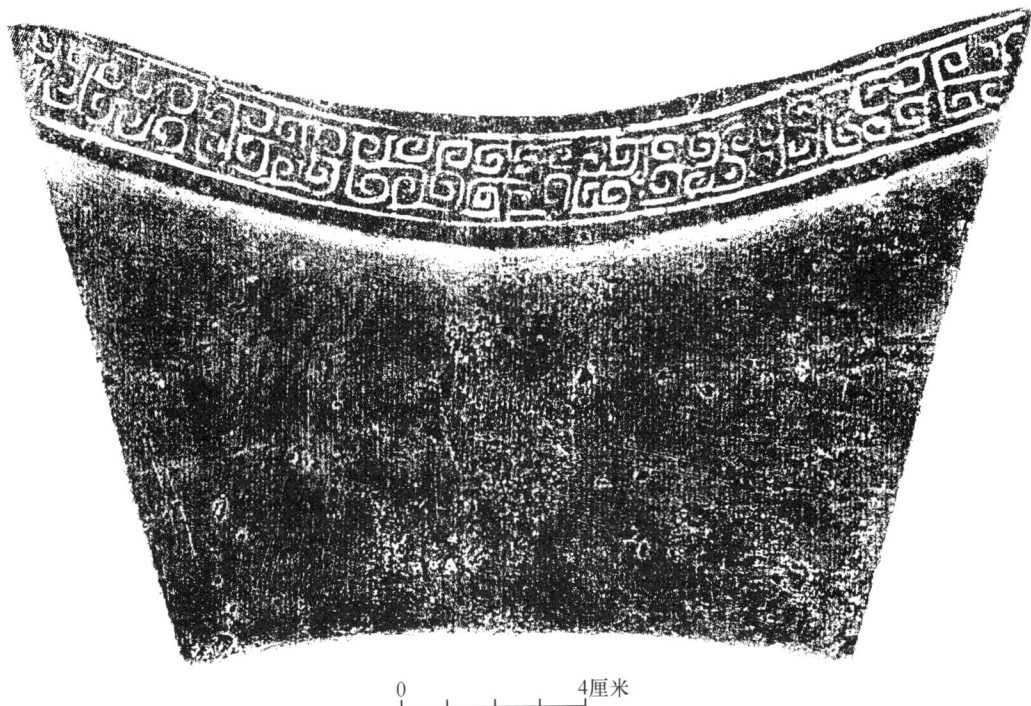

0　　　　4厘米

图一四　铜铙拓片（M1：3）

錞于　2件。形制相同，大小相近。圜首，顶部有绹索状环纽，平口外撇作椭圆形，圆肩，无盘，束腰。腰部有一宽条带装饰，其他素面。M1：1，通高40.4、下口长19.8、宽16.6厘米（彩版五，1）。M1：2，通高40.2、下口长20.6、宽16.3厘米（彩版五，2）。

瓠壶　1件（M1：50）。上有一盖，盖面有直口嘴、半环纽、小圆孔，三者成一条直线分布。直口，沿下有一对对称的圆孔，一侧有一提梁，提梁通过两半环形纽与器体连接，鼓腹，平底，矮圈足。素面。通高36.8、足径8.8厘米（彩版五，3）。

舟　4件。器作长椭圆形。M1：45，盖微鼓，盖顶有一环纽。敛口，鼓腹，腹侧有一环耳，平底。盖与上腹部饰蟠螭纹。通高10.5、长17.2、宽14.2厘米（图版四八，1）。

盂　1件。在墓葬发掘之前被工程施工破坏，器物已残，铭文7行38字（含两字重文）："惟王正月初吉丁亥，邛白厚之孙簠君季 自作濫盂，用祀用飨，其眉寿无疆，子=孙=永宝是尚。"（图版三八，1）

盘　1件（M1：51）。近直口微敛，方唇，沿下两侧有对称的半环形兽头耳，耳下各有一绹索纹圆环，浅腹，矮圈足。素面。高6.6、口径48.1、足径33.7厘米（图版四八，2）。

凿　3件。器呈长条状。M1：61，器身四面较平直，上下基本同宽，銎口呈长方形，銎口外侧有一周箍，凿体横截面呈长方形。单面刃较平直。长10、宽3、厚1.6厘米。

铜饰　1件（M1：64）。用一弧形弯曲黄铜制成。顶端铸成象首形，长鼻，圆眼，双曲眉，头顶有一对"S"形的角。器体周身刻出浅槽，内填绿松石片，嘴亦填一圆形绿松石。底部锈蚀较重，此器制作精美。器高1.8、径0.8、底径1.2厘米（图版五〇，5）。

（2）石编磬

共10件。均为石灰石质，呈灰色，形制基本相同，大小递减。磬上边呈倨句状，鼓下边及股下边较低平。鼓博、股博宽窄不等。素面，磨光，均受水沁（图一五，1~3；图一六，1~4；图一七，1~3；图版四三，3~6；图版四四，1~6）。编磬尺寸如表四。

表四　编磬尺寸表　　　　　　　　　　　　　　　　单位：厘米

编号	通长	高	鼓厚	股厚
M1：40	49.2	14.7	2.3	2.6
M1：39	47.7	14.8	3	3
M1：35	40. 4	13.2	2.1	2.4
M1：36	36.8	12.5	2.5	2.2
M1：38	33.7	12.2	1.9	2.2
M1：34	33	12	2.2	2.8
M1：33	31	11	2.3	2.2
M1：37	26.4	9.7	2.1	1.7
M1：31	24.8	9.7	2.5	1.9
M1：32	22.4	9.3	1.8	1.8

（3）玉器

戈　1件（M1：54）。青色，表面呈红褐色，玉质较好。前锋锐尖，略有中脊，上

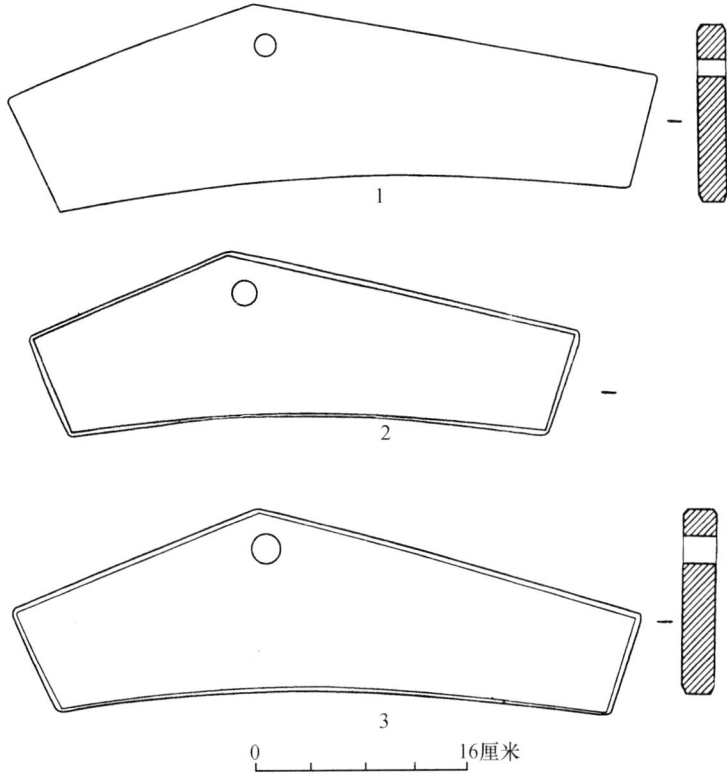

图一五　石编磬

1. M1∶40　2. M1∶35　3. M1∶39

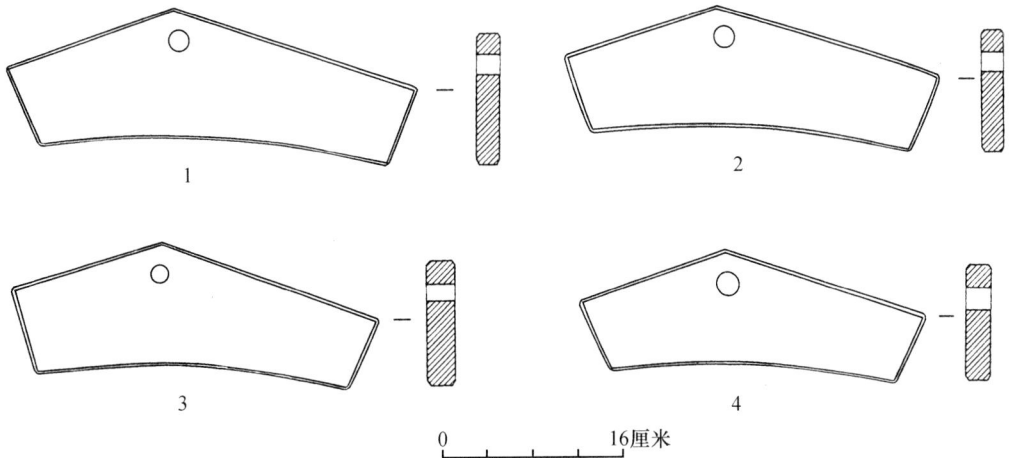

图一六　石编磬

1. M1∶36　2. M1∶38　3. M1∶34　4. M1∶33

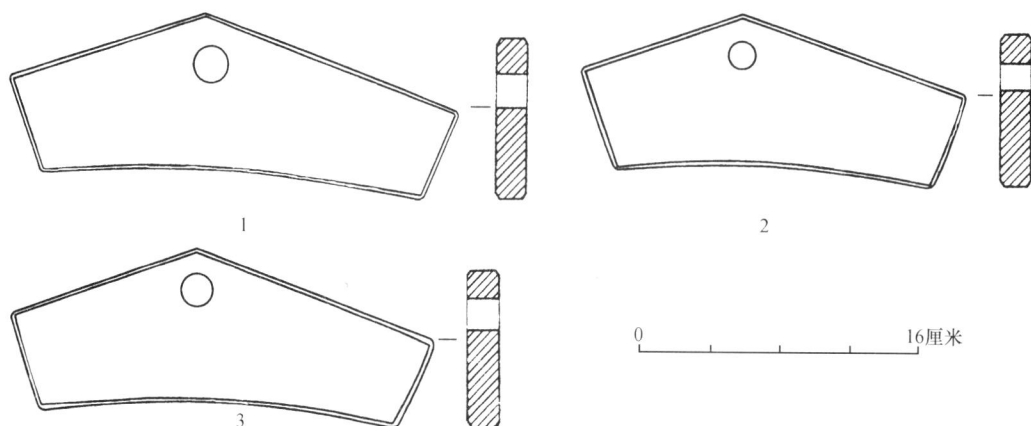

图一七　石编磬

1. M1：37　2. M1：32　3. M1：31

图一八　玉戈拓片（M1：54）

下有边刃，上下刃皆呈弧形。内雕镂成龙首形，制作精美，其前端钻有一孔，孔前有两穿。通长15.3、最宽4.6、厚0.37厘米（图一八；彩版三，6）。

牌饰　1件（M1：49）。青色，受沁，局部有白斑。器体略呈梯状，周边琢有牙脊，其中两边对称。器表饰双勾线虺龙纹并用平行线进行分隔。梯形上端钻有两孔，下端钻有一孔，以便系佩。长边5.9、短边4.6、宽5.3、厚0.21厘米（图一九，1；图版四三，1）。

玉兽　1件（M1：63）。用一段青色玉雕制而成。前端雕成兽首形，卷鼻，椭圆形眼外凸，小耳，卷角，眉毛弯曲，后端有空腔。耳后饰两周细凹弦纹。此器雕刻和制作都很精美。长4.5、后端径1.7厘米（图版四三，2）。

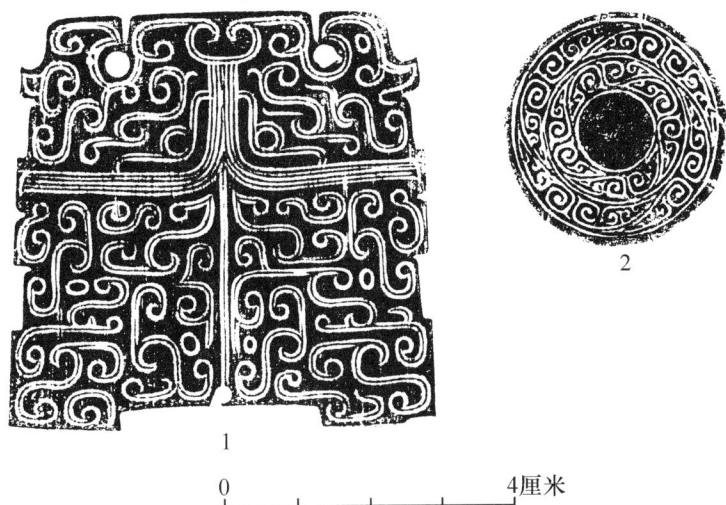

图一九　玉牌饰与铜泡拓片

1. 玉牌饰（M1：49）　2. 铜泡（K1：15）

二、一号车马坑

（一）形制与车马情况

K1　位于岩坑北部，其南、北两端皆遭破坏。南北残长7.5、东西上口宽4.1～4.4、底宽3.6、深1.1～1.2米。坑内填土与墓室基本一致，均为大量碎岩石渣夹红、褐、灰色土。在其上部，则填大量石块，亦应起到防盗的作用。

车马坑现存部分，共清理出7匹马，由南向北编号1～7。其中1号马仅存头骨，2～7号马完整。清理出4辆车，由南至北编号1～4。其中2、3号车完整，1、4号车已残。从现存迹象看，每辆车由两匹马驾驭，马骨保存较好，木质车体腐朽严重。马车为独辕车，由衡、辀、舆、轮等构成，马头部位一般有马饰、马镳等，马颈部位一般套一圈铜串珠。车衡部位有车轭等（图版三六，2；图版三七，1、2）。在2号车内出土有鼎、鬲、敦3件车载青铜礼器，这种现象非常少见。现将马、车的情况介绍如下。

1. 1号车

（1）车辆情况

由于施工破坏，未见车衡痕迹，亦未发现衡饰及车轭的迹象，仅在2号马颈部发现一车軏构件。

车辀朽后只存有黑色漆皮，位于两匹马的中间。辀残长1.55、宽0.06～0.08、厚

0.005～0.01米，辀近衡处有一"三角形"骨饰，用途不详。车辀叠压在轴上，具体衔接方式不清。辀首未发现轭饰，辀尾亦未发现铜踵。

车舆因腐朽及破坏，仅存部分底部。残存部分南北长0.35、东西宽0.95、高0.05～0.1米。在西北角处则发现较明显的漆皮。

左轮不存，右轮已腐朽并塌落，呈不规则的椭圆形。从残痕推断，车轮直径1.25～1.35米。车辐长0.48～0.52、宽0.01～0.02米。车牙宽0.05～0.06、厚0.06～0.07米。轮与舆间距0.2米。车轮下部放在凹坑内。

车轴右侧轴头有铜軎和铜辖。车軎至车毂0.22、至辐0.33米，轴外端直径0.06～0.08、毂直径0.13～0.15米。

（2）马匹情况

车前驾有两匹马。马置于车辀的南北两侧，两马背部相对，马头分别朝向南北。左服马仅存马头。右服马前蹄稍向腹部弯曲，后蹄上部亦稍向腹部弯曲，但下部向外。在马身附近未发现皮革痕迹及其他装饰物。

两马口内均含铜马衔，两侧有铜马镳固定。马头部饰有直径0.045米的圆铜泡。头、颈部挂铜串珠，头上部串珠较颈部串珠略大。串珠间有铜节约连接。

2. 2号车

（1）车辆情况

车衡仅见灰痕，长1.1、宽0.06、厚0.005米。在衡两端各有一铜环，辀头处亦有一铜环。衡上有4件铜衡饰。车辀两侧均有轭，已朽，现存较厚的黑色漆皮，套于马颈之上。车轭残长0.3、轭首长0.06～0.07米。两个车轭下部，皆有一个铜带扣，用以扣住马颈。现据车轭漆皮，轭尾间距0.18～0.2米。在车衡两端未发现车衡末饰。

车辀辀头叠压在衡下，存有较厚的黑色漆皮。辀头至车舆长1.95、宽0.06～0.07、厚0.005～0.01米。车辀压在车轴上，具体衔接方法不详。辀尾端未发现铜踵。

车舆因腐朽和挤压，平面不甚规整。其外面髹有较厚的黑漆，根据漆皮范围，平面呈长方形，南北长1.25～1.55、东西宽1～1.05、残高0.3米。从保存的漆皮看，后侧有门，门宽0.35～0.4米。前部有车轼，轼板上髹红漆，车轼中间有东西向木柱连接在前轸板上。车舆前左上部有一束箭头，从迹象看应放在箭箙内并挂在车舆前，在箭头南侧有一半月形骨饰，可能是箭箙上的装饰。车舆的轸、轿、栏等，因朽后漆皮叠压在一起，其形制尺寸不明。

车轮均放置在凹坑内。左右车轮间距1.8～1.85米。车轮因腐朽过甚及板灰塌落，呈不规则的椭圆形。车轮直径1.3～1.35米，车牙残宽0.02～0.03、厚0.06～0.07米。轮与舆间距0.1米。车辐已朽为灰痕，未见漆皮。从清出迹象看，辐长0.48～0.52、直径0.01～0.025米。

车舆下车轴总长（包括车軎）2.68、轴直径0.06~0.08、毂直径0.14~0.16米。

车轴轴头有铜軎和铜辖。车軎至毂0.21~0.22、至辐0.31~0.33米。

（2）马匹情况

车前驾有两匹马，两马背部相对排列在车辀南北两侧，马头分别朝向南北。两马四肢稍曲向腹部。在马身附近未发现皮革痕迹及其他装饰物。

两马口含马衔，两侧有马镳固定。头部有直径0.045米的圆泡装饰，马头及项部挂铜串珠，头部串珠较项部略大。串饰间有铜节约连接。

（3）随车器物放置情况

除以上的铜箭头及骨饰外，车舆内还有3件青铜礼器，从北向南分别为鼎、敦、鬲，三者皆倒扣放置。

3. 3号车

（1）车辆情况

车衡已朽，未见漆皮，在其两端未发现衡末饰。车衡长1.1~1.15、宽0.06~0.07、厚0.005米。在衡两端各有铜环一件。车辀两侧皆有车軶，套于马颈之上，已朽，现存较厚的黑色漆皮，从迹象看，车軶缚在车衡内侧。軶残长0.3、軶首长0.07米。下部軶尾间距0.18~0.2米。

车辀头叠压在衡下，已朽并存有较厚的黑色漆皮。辀头至车舆前侧长1.75、辀宽0.06~0.07、厚0.005~0.01米。辀叠压于轴上，具体衔接方法不详。辀尾未发现车踵。

车舆因腐朽及挤压，不甚规整，其外部髤有较厚的红漆和黑漆。从漆痕分析，车前的轼及前轸向西塌落而黏在一起，不能辨清。车舆的后轸向西（即车舆内）塌落。从清理出的形状看，车舆平面呈长方形，南北长1.25~1.63、东西宽1~1.08、残高0.4米。后侧有门，倒向车舆之内，门宽0.4米左右。车门右侧有铜合页固定，现塌落在车舆内。车舆前侧发现有直径0.08米的圆铜泡和圆角方形铜泡，从位置判断，应是镶嵌在前侧板上的装饰，同时也起到加固车体的作用。车舆上搭有铜矛，髤有红漆的木柄搭在车舆上，矛头伸至右轮外侧。舆内右底部有一铜戈，当时应有木柄，其漆皮和车舆漆皮叠压在一起，无法辨清。另在车舆前底部有4个小圆铜泡，应是放置在车舆内的漆木器装饰。

车轮均放置在凹坑内，因腐朽过甚而呈不甚规整的椭圆形。两轮间距1.8米左右。车轮直径1.25~1.3米，轮与舆间距0.1米。车辐长0.48~0.5、直径0.01~0.025米。车牙腐朽严重，厚0.06~0.07米。

车轴长2.72米。车轴两头有铜軎和铜辖。轴、毂朽后存有较厚的漆皮，轴外端直径0.05~0.06、毂直径0.14~0.15米。軎至毂0.21、至轮0.31~0.33米。

（2）马匹情况

车前驾有两匹马。两马背部相对，排列在车辕两侧。马头分别朝向南北，四肢曲向腹部。马口内均含铜马衔，两侧有铜马镳固定。马头及项部均有铜串珠装饰，其间有铜节约连接。两匹马头部、颈部及肩胛骨处均有装饰红漆现象，其具体用途不详。

4. 4号车

右服马、车辀、右车轮及部分车衡、车舆被蓄水池破坏，仅存左服马、部分车舆及左车轮。

（1）车辆情况

车衡仅存少许灰痕，未见衡末饰，亦未见车辀漆皮。

车舆因腐朽、挤压和后期的破坏，呈不规则形，残存部分东西长0.9～0.95、南北宽0.65～0.9、高0.4米。车舆有较厚的红、黑色漆皮。车舆左、后两侧向舆内倒落，后门南侧有一立柱，直径0.03、高0.3～0.35米。车舆前上部搭有一髹红漆的木柄，其北端被蓄水池破坏，残长1.25米。从跌落在3号车右车轮间的铜镦判断，该木柄应是此兵器的柲。木柄下有一件骨器，长0.52、宽0.01～0.025、厚0.001～0.003米，用途不详。

车左轮与3号车右轮放在同一凹坑内，坑长1.5～1.6、宽0.95～1、深0.43米。车轮直径1.25～1.3米。车辐、车牙已朽，未见漆皮。根据上部灰痕看，车辐长0.48～0.5、宽0.01～0.02米，车牙宽0.06～0.07米。

车轴、车毂朽后留有较厚的漆皮，轴外端直径0.06、毂直径0.14～0.15米。车轴左侧有铜軎和铜辖。车軎至毂0.21～0.22、至轮0.32～0.33米。

（2）马匹情况

车前驾有两匹马，右服马已不存。左服马马头向南，四肢曲向腹部。马口内含铜马衔，两侧有铜马镳。马头及项部有海贝装饰。

在车马坑的东西两侧皆有二层台。西部二层台距墓口0.5米，上部宽3.4、下部宽3.5、残高1.1～1.2米。该台与墓室的西二层台南北连成一体。其填土均以碎岩石渣夹红、褐、灰色土逐层夯打而成，每层厚0.07～0.1米，夯土较墓室西部的二层台软。由于页岩碎渣较多，夯窝不多见。只在台底红土之上，局部发现夯窝的迹象。夯窝直径0.03～0.05米，圜底，不规整，应是集束棍夯打而成。从二层台的断面观察，此台是自南向北分段而筑，每段4～5米。皆是北段夯土叠压着南段夯土。在台近底部，分布着一层红黏土，土质较硬，厚0.08～0.12米。在其下，分布一层呈青灰色的膏泥状的淤土层，厚0.03～0.07米。而在这些淤土层之上，间断堆放石块、碎陶片、少量蚌壳及零乱的动物骨骼和牙齿，局部还有成片的红烧土带和灰痕。

车马坑东侧还有一利用页岩形成的"生土"二层台。此台南部与西北部已被毁坏。台上分布两层堆积，上层为红黏土，质较硬。该层分布没有规律，其东南部较厚，由东南向西北逐渐变薄，而至近蓄水池处则又形成一较厚的红黏土堆。这层红黏土向西可延伸到车马坑上部和西部二层台之上，厚0.06～0.09米。在红黏土以下，则分布一层呈膏泥状的青灰色淤土，厚0.03～0.07米。此二层台南北残长20.5、宽5.2、高0.8～1.1米。台顶面不平整，凸起的平面间形成多处凹槽。现存平面上又有成排成列10个柱坑，9大1小，编号1～10，均分布于青灰色淤土之下。在这些柱坑中，皆发现柱洞，这可能与当时的建筑有一定关系（图二；图版三六，1）。

1、2号柱坑呈南北向排列。两个柱坑距墓口深均为1.2米。

1号柱坑：口部呈圆形，斜壁内收。填土为灰褐色岩石碎渣，夹较多石块。口径0.85～0.88米。内有一柱洞，口呈圆形，筒形壁。内填红褐色黏土夹页岩碎渣，口径0.2～0.22米。

2号柱坑：口部呈圆形，斜壁内收略呈梯状，圆平底较小。填土为页岩碎渣，夹有灰褐色土和较大石块。上口直径0.9、底径0.3～0.35、深0.8米。内有一柱洞，口呈圆形，筒形壁，平底，内填红褐色黏土夹页岩碎渣，底部垫有页岩碎渣。口径0.22、深0.78米。

3、5、7号柱坑与4、6、9号柱坑分别呈东西向排列。7、8、9号柱坑则呈南北向排列。此7个柱坑坑口距墓口深均为0.4米。

3号柱坑：口部呈圆形，斜壁内收。填土为灰褐色岩石碎渣，夹较多的石块。口径0.95米。内有一柱洞，口呈圆形，筒形壁。内填红褐色黏土夹页岩碎渣。口径0.2米。

4号柱坑：口部呈圆形，斜壁内收。填土为灰褐色岩石碎渣，夹较多石块。口径0.9～1米。内有一柱洞，口呈圆形，筒形壁。内填红褐色黏土夹页岩碎渣。口径0.19～0.2米。

5号柱坑：口部呈圆形，斜壁内收。填土为灰褐色岩石碎渣，夹较多的石块。口径0.85米。内有一柱洞，口呈圆形，筒形壁。内填红褐色黏土夹页岩碎渣。口径0.23米。

6号柱坑：口部呈圆形，斜壁内收。填土为灰褐色岩石碎渣，夹较多的石块。口径0.98米。内有一柱洞，口呈圆形，筒形壁。内填红褐色黏土夹页岩碎渣。口径0.2米。

7号柱坑：口部高出二层台0.4米，向东凿过墓壁。口呈圆形，斜壁内收。填土为灰褐色岩石碎渣，夹较多的石块。口径0.96米。内有一柱洞，口呈圆形，筒形壁。内填红褐色黏土夹页岩碎渣。口径0.22米。

8号柱坑：口部高出二层台0.4米，向东凿过墓壁。口呈圆形，斜壁内收。填土为灰褐色岩石碎渣，夹较多的石块。口径0.92～0.96米。内有一柱洞，口呈圆形，筒形壁。内填红褐色黏土夹页岩碎渣。口径0.22米。

9号柱坑：口部高出二层台0.4米，向东凿过墓壁。口呈圆形，斜壁内收。清理部分填土可分为3层：第1层，为灰褐色岩石碎渣，夹较多石块，厚0.45米；第2层，为黄褐色细砂，厚0.04～0.06米；第3层，为灰褐色碎岩石渣。柱坑口径0.92～0.96米。内有一柱洞，口呈圆形，筒形壁。内填红褐色黏土夹页岩碎渣。口径0.18～0.21米。

10号柱坑：口部呈不规则三角形，斜壁内收。填土为灰褐色岩石碎渣，夹较多的小石块。口东西长0.42、南北宽0.4米。内有一柱洞，口呈圆形，筒形壁。内填红褐色黏土。口径0.12米。

（二）出土器物

现将器物择要介绍如下。

1. 铜器

除2号车内的鼎、鬲、敦外，主要是车马器、兵器等。

鼎　1件（K1：3）。立耳外撇，平折沿，圆腹微鼓，圜底，三蹄形足，足内侧皆有一道纵向凹槽。口沿下饰一周窃曲纹，蹄足根部饰饕餮纹。底及腹部有烟炱痕迹。通高26.8、口径30.8厘米（彩版八，2）。

鬲　1件（K1：1）。斜折沿，口沿下有一对称的近环形竖耳，鼓肩，弧裆。肩部纹饰锈泐不清。底及三足部有明显的烟炱痕迹。通高19.2、口径19.6厘米（彩版八，3）。

敦　1件（K1：2）。子母口，圆腹，器略大于器盖，沿下两侧各饰一对称环耳。素面。通高19.4、口径27.4、底径13.6厘米（彩版八，4）。

车軎　6件。分属4辆车。均圆形起棱，内有车辖。K1：4，辖口外起一周凸棱。表面饰有龙纹。通高4.4、端径5、内径7.8厘米（图版四八，3）。K1：6，辖口外起两周凸棱。素面。通高8.3、端径4.9、内径8.8厘米（图二〇；图版四八，4）。K1：10，辖口外起一周凸棱。辖首饰兽面纹，表面纹饰锈泐不清。通高8.1、端径5.2、内径9.4厘米（图版四八，5）。K1：35，辖口外侧起两周凸棱。素面。通高8.3、端径4.6、内径8.5厘米（图版四八，6）。

环　5件。断面呈圆形。K1：58，外径4.6、内径3.5厘米。K1：53，外径4.8、内径3.3厘米（图版四九，1）。

带扣　4件。一边呈直线，另三边呈桥形。K1：61，长4厘米（图版四九，2）。

衡饰　4件。正面呈兽面形，背面内凹，有桥形绚索状纽。K1：62，长5.2、宽3.3厘米（图二一；图版四九，3）。

合页　4件。上页较短，呈长方形，内有长椭圆形孔，下页较宽较长，呈圆角长方形。下页纹饰锈泐不清。K1：12，上页长2.8、宽1.4厘米，下页长4、宽3.5厘米（图版四九，4）。

马衔、马镳　每套由两镳一衔组成。衔由两段套接而成，每段均有两环，一环圆形，另一环为一端尖角的椭圆形。K1：38，通长28.3厘米（图二二，2；图版四九，5）。镳内侧平直，与衔相交处有2个半圆形穿。镳一端呈蛇头形，另一端呈蛇尾形。

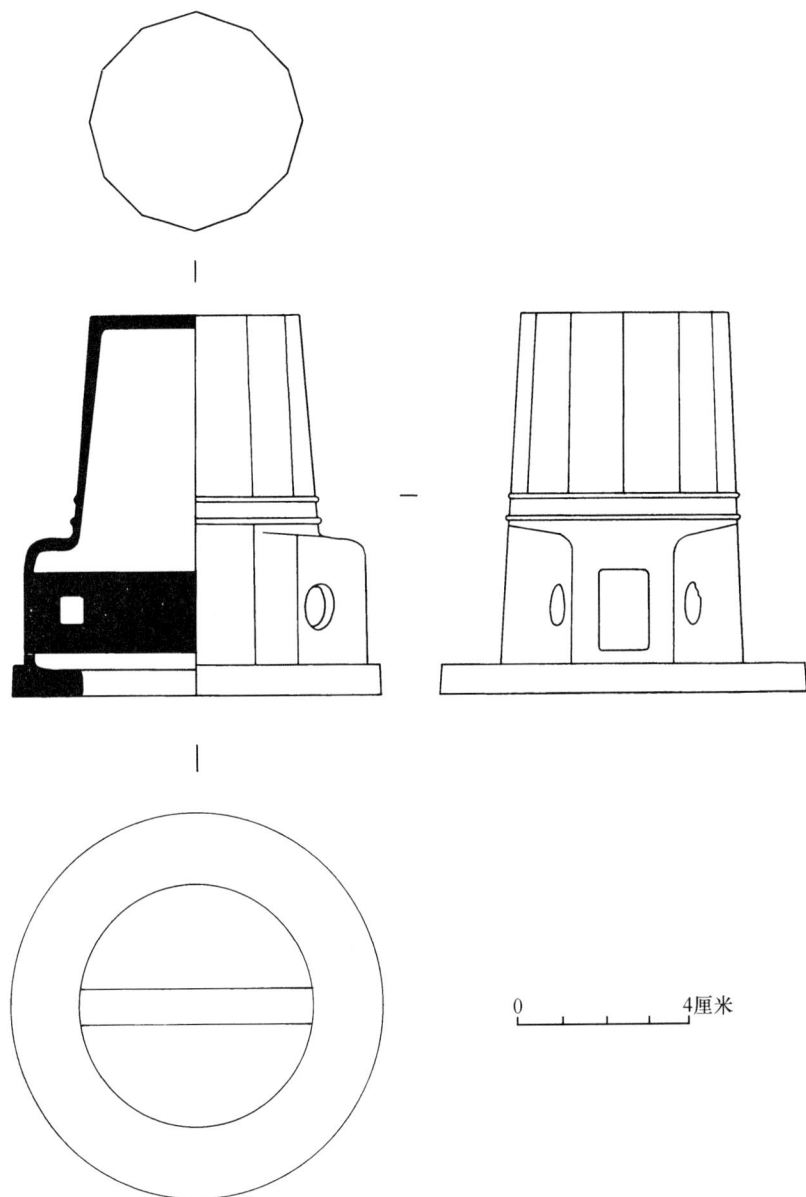

图二〇　铜车軎（K1：6）

K1：39，长20.5厘米（图二二，1；图版五〇，3）。

　　铜泡　4件。形制大小相同。正面隆起，背部内凹并有一穿。正面饰变形云雷纹。K1：15，直径3.1、穿径2.2厘米（图一九，2；图版五〇，4）。

　　矩　1件（K1：33）。弯月形，尖锋，有脊。刃内弧，有齿。弓背。銎作半筒形，前有两穿。通长19.5厘米（图版四九，6）。

　　节约　出土数量较多。可分二型。

图二一　铜衡饰（K1：62）

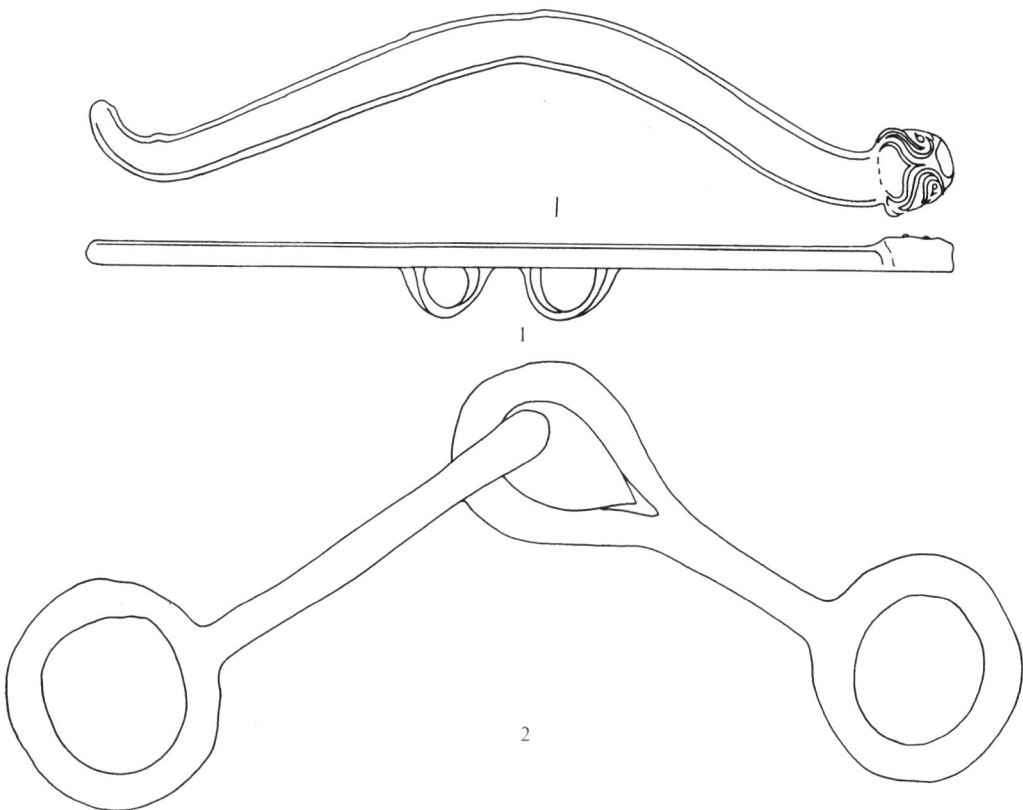

A型　器呈"十"字正方形。四个侧面皆有椭圆形孔，背面正中有一方形孔。K1：74，长2.2厘米（图版五〇，1）。

B型　器呈"八"字形。上下两侧均有椭圆形双孔，背部正中有一长方形孔。K1：86，长2.4、宽2.2厘米（图版五〇，2）。

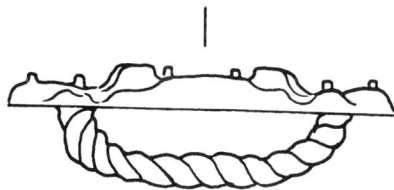

2. 骨器

主要是车马饰。

骨饰　1件（K1：89）。整体呈鸟形。长6、宽3.4厘米。

海贝　共8枚。大小基本相同，内外两侧均磨平，分布于马头部位。

图二二　铜器

1. 马镳（K1：39）　2. 马衔（K1：38）

三、结　语

从形制特征来看，纪王崮M1出土的器物时代较为复杂。棺内的两件玉戈是比较典型的商代器物[2]。北器物箱内的铜盂铭文提到江国[3]，而江国于鲁文公四年（前623年）为楚国所灭，其时代下限为春秋中期。车马坑放置的铜鬲也具有春秋中期的风格[4]。而北器物箱内的一件带璏铜剑却具有稍晚时期的特征。南器物箱出土的曲收腹罐与临沂凤凰岭同类陶罐有一定的相似性[5]；铜鬲裆较浅；列鼎为附耳，与莒地春秋中期流行的立耳鼎稍有不同[6]。由此，初步将墓葬的年代定在春秋晚期。

从墓葬的结构、所出器物（例如七鼎）来看，M1规格较高，应是诸侯或是其夫人之墓。据清代康熙十一年《沂水县志》记载：纪王崮“在县西北八十里，巅平阔，可容万人，相传纪侯去国居此”，故又被誉为“中华第一崮，千古纪王城”。公元前690年，纪王为扩充疆土，利用山崮的地理优势在此建起第二座都城，始称纪王城。然而，M1北器物箱在发掘前被施工部门挖出一件铜鼎，铭文为“华孟子作中叚氏妇中子媵宝鼎，其眉寿万年无疆，子=孙=保用享”（图版三八，2）。根据此铭，墓主应该是华孟子之婿，中子的丈夫中叚氏，但中叚氏的国族却没有提及[7]。而从墓葬结构、殉人、腰坑殉狗、墓道偏于墓葬一侧、有器物箱（库）等特征来看，该墓却有许多莒地的风格[8]。因此，墓地国别的确定有待进一步的研究和考古新发现。

经过调查，在纪王崮上还有朝阳门、凳子门、塔子门、走马门、水西门、咔啦门、东侧古城墙、走马泉、胭粉泉、擂鼓台、万寿山、妃子墓、东兵营遗址、西兵营遗址等遗迹，在纪王崮以西的深门峪村还有拦马墙、点将台等遗迹。虽然时代都不能确定，但在西兵营遗址和朝阳门以西的“崮韵长廊”以南皆发现属于东周时期的地层。这说明东周时期，纪王崮山顶可能还是人类的居址。

考古发掘情况表明，纪王崮春秋墓规模较大、规格较高、结构特殊、出土遗物丰富，是山东近几年来东周考古最重要的发现之一，具有十分重要的科研与保护价值，引起了学术界和社会的广泛关注。其墓室与车马坑共凿建于一个岩穴中，是一种全新的埋葬类型，为以后的考古学研究提供了新的线索。墓室及车马坑内出土了大量的青铜礼器、乐器、兵器、车马器及玉器等重要文物，对该区域考古学文化的研究具有重要的学术价值和意义。无论墓葬所处的环境、墓葬的结构、葬制葬俗等，都蕴涵着丰富的文化内涵。这次考古新发现，对揭开纪王崮历史传说的神秘面纱，对研究该地区春秋时期的政治、经济、文化以及工艺技术、墓葬制度等均具有重要的科学、历史和艺术价值。

附记：参加本项目发掘、文物保护和整理工作的有李振光、邱波、张子晓、李健、刘志标、闫启新、厉建梅、孔繁刚、耿涛、尹纪亮、秦博、李胜利、李顺华、许姗、吴双成、吕承佳、蔡友振、吕凯、石念吉、周宽超、郝导华等。发掘期间，郑同修、任相宏、刘延常、孙波诸先生曾长期现场指导，在此表示衷心感谢。

　　　　　　　　　　绘　图：许　姗
　　　　　　　　　　摄　影：李顺华
　　　　　　　　　　拓　片：李胜利
　　　　　　　　　　执　笔：郝导华　邱　波　吴双成
　　　　　　　　　　　　　　李胜利　李顺华　耿　涛
　　　　　　　　　　　　　　蔡友振　吕　凯　李　健

注　释

［ 1 ］　王明辉：《山东沂水纪王崮春秋墓人骨的初步鉴定》，见本文附录。

［ 2 ］　参见孙庆伟：《周代用玉制度研究》，上海古籍出版社，2008年。

［ 3 ］　邝国即江国，见方濬益《缀遗斋彝器款识考释》及郭沫若《两周金文辞大系考释》。

［ 4 ］　山东省文物考古研究所、沂水县文物管理站：《山东沂水刘家店子春秋墓发掘简报》，《文物》1984年9期。

［ 5 ］　山东省兖石铁路文物考古工作队：《临沂凤凰岭东周墓》，齐鲁书社，1988年。

［ 6 ］　朱凤瀚：《中国青铜器综论》，上海古籍出版社，2009年。

［ 7 ］　方辉：《华孟子鼎铭小议》，《中国文物报》2012年9月14日第六版。

［ 8 ］　刘延常：《莒文化探析》，《莒文化研究文集》，山东人民出版社，2002年。

附录

山东沂水纪王崮春秋墓人骨的初步鉴定

王明辉

（中国社会科学院考古研究所）

沂水纪王崮春秋墓墓主人的骨骼已经腐朽，无法做进一步的鉴定和研究。而在主棺南侧、北侧及西侧的殉人坑内各出土一具人骨，现将人骨的鉴定情况报告如下。

1. 主棺南侧

（1）仰身直肢一次葬，头东面上，肱骨直肢于体侧，双手交叉于胸上部，右上左下，下肢直肢，右侧胫腓骨与股骨之间有一定的错位，脚骨相向，随葬青铜舟；

（2）骨骼保存较差，头骨碎裂严重，肢骨也多碎裂，很难复原；

（3）性别：女性，年龄：35±岁；

（4）①盆骨、头骨、肢骨性征明显；肢骨相对细弱，耳前沟发育，坐骨大切迹浅而宽，直额，眶上缘薄锐；肢骨骨密度1级，粗壮度3级；②牙齿磨耗3~4级，齿质点暴露，但尚未连成一片；头骨缝皆未完全愈合；③门齿到臼前齿齿冠皆有釉质发育不全的平行横线，显示在婴幼儿时期可能发生营养不良的现象；同时，成年肢骨骨密度较大，反映了成年后营养状况相对较好；④右侧膝盖部位，即股骨和胫腓骨错位部位没有发现明显的创伤或切割痕迹，应该不属于肢解葬范畴；⑤部分臼前齿有龋齿现象。

2. 主棺北侧

（1）仰身直肢一次葬，头东面上，肱骨直肢于体侧，右手反置于肩部，左手抚于胸上部，下肢直肢，右下肢股骨与胫腓骨存在严重错位现象，脚尖向右；

（2）骨质保存极差，头骨碎裂严重，肢骨腐朽严重，难以提取；

（3）性别：倾向于男性，年龄：25±岁；

（4）①肢骨中等粗壮，牙齿相对较大，坐骨大切迹相对窄而深；

②第三臼齿正在萌出，未磨耗；第一臼齿3级磨耗，齿尖略磨平；

③臼前齿有釉质发育不全的现象，可能暗示该个体幼时曾发生营养不良；成人后的骨质相对较好，可能与成人后营养状况好转有关；

④右侧下肢股骨与胫腓骨错位部位，未发现明显的疾病和创伤现象，应与肢解葬

无关；

⑤部分臼前齿有龋齿现象。

3. 主棺西侧（脚部）

（1）主体属于俯身葬，屈肢葬，头南面下，上肢在体侧，双手交叉于腹下，下肢相互交叉；

（2）骨质保存相对较差，头骨碎裂，肢骨多不完整；

（3）性别：不明，年龄：7～8岁；

（4）①第一臼齿和中门齿已经萌出，其余为乳齿；

②耻骨联合面下支形态呈男性化，下颌骨形态呈女性化；

③肢骨缝皆未愈合，头骨缝皆未愈合；

④恒齿的釉质发育较好，显示营养状况较好。

　　以上三个个体的性别只有南侧个体可以明确判断为女性，其余两个个体或因骨骼保存较差，或因年龄较小，无法准确判断；从年龄上讲，三个个体包含两个成年人和一个儿童。从性别和年龄结构上，我们无法准确判断三个个体之间的关系。同时，由于墓主人的骨骼腐朽殆尽，无法做进一步的比较研究，因此我们也无法从骨骼上准确判断这三个个体与墓主人之间的关系。

　　两个成年人葬式有很多共同点，具体表现为皆为仰身直肢一次葬，头东面上，肱骨直肢于体侧，皆有至少一只手置于胸部，下肢皆直肢，右侧股骨与胫腓骨之间存在错位现象。成年人的骨骼上也有多个共同点，包括年龄皆为壮年阶段，都有牙齿釉质发育不全的现象、肢骨骨密度较大，部分臼前齿有龋齿现象等。

　　釉质发育不全是牙釉质形成不全或形成缺陷，是牙齿结构发育异常的一种疾病。釉质发育不全可以分为遗传型和环境因素导致的釉质发育不全。其中遗传型釉质发育不全是由于基因突变所致。导致釉质发育不全的外环境因素包括宿主营养缺乏，尤其以维生素 A、C、D影响最大；婴儿和母体在妊娠期的发热性疾病（如肺炎、麻疹、猩红热、水痘等）、低钙血症和乳牙的感染也可使在此期间形成的牙发生釉质发育不全。牙釉质的形成是在颌骨内的成釉器内完成的，在釉质形成过程中，成釉细胞分泌釉基质蛋白和矿物离子调控釉质基质的形成和矿化。在这个过程中，成釉细胞代谢异常、基质蛋白和蛋白酶的表达异常都会造成釉质形成的障碍，形成釉质发育缺陷性疾病。釉质发育不全的牙面颜色会发生改变，可呈白垩色或棕色。牙面可有浅沟、窝状凹陷或带状横纹。严重的出现釉质的大面积缺失，后牙牙尖缺损，会继发冷热敏感症状和龋坏。釉质发育不全，常表现为同一时期发育的牙齿，成组对称的发生釉质发育不全的形态异常。中门齿和侧门齿，犬齿和第一臼齿是最容易受到侵犯的牙齿，这些牙位的釉质是在3岁前矿化形成的。从婴儿胚胎、出生到6～7岁的营养状况直接决定了釉质的发育情况[1]。

纪王崮主棺两侧的成年个体都有明显的釉质发育不全现象，说明他（她）们婴幼儿时期的营养状况不佳。

两侧股骨与胫腓骨之间没有直接相接，而是产生了错位现象。在清理骨骼时，我们并没有在膝盖部位发现明显切割或砍砸痕迹，说明这些个体并不是在膝盖部位肢解后下葬的，即应该不属于肢解葬。推测错位形成的原因可能与右下肢屈肢葬有关，即在下葬时，由于某种原因，这两个个体的右下肢向上屈肢，膝部腐烂后，股骨和胫腓骨分别向不同方向塌落，从而在平面上产生错位现象。但对于右下肢为何采取屈肢葬形式则不清楚。

龋齿是人类、甚至灵长类动物常见的口腔疾病。龋病是含糖食物进入口腔后，在牙菌斑内经致龋菌的作用，发酵产酸，这些酸（主要是乳酸）从压面结构薄弱的地方侵入，溶解破坏牙的无机物而产生的。龋齿是细菌性疾病，因此它可以继发牙髓炎和根尖周炎，甚至能引起牙槽骨和颌骨炎症。龋齿的继发感染可以形成病灶，致成或加得关节炎、心骨膜炎、慢性肾炎和多种眼病等全身其他疾病。龋齿是多因素疾病，主要包括三个方面：细菌、饮食、牙和唾液，三者相互关联。在同等条件下，食物中含糖量的高低直接决定了龋齿的发生率。因此，纪王崮两个成年个体都患有不同程度的龋齿至少说明了他（她）们食物结构中可能含糖量相对较高。这也与肢骨表现的骨密度较大显示的成年个体营养状况较好较为一致。

有学者对中国古代北方人群的龋齿患病率进行了统计研究，认为农业文化人群的龋齿患病率高于畜牧业和采集渔猎经济，这应与不同经济类型和食物结构的差异有关[2]。纪王崮主棺两侧成年人的龋齿患病率较高，与农业经济类型和食物中含糖量或淀粉等食物转化的含糖量较高有关。

主棺脚部的骨骼属于一个小孩个体，但由于骨质保存较差等原因，无法观察骨骼上是否存在创伤现象，也无法判断是否属于陪葬或殉葬现象。值得注意的是该个体的葬式与主棺两侧的成年人完全不同，属于俯身葬，肢骨的姿态也不同，而且小孩的牙齿釉质发育良好，显示有较好的营养状况，与两侧成年人婴幼儿时期营养状况较差不同，但形成这种差异的原因目前尚不十分清楚，还需要与考古学和历史学结合起来研究。

注　　释

［1］　夏洛特·罗伯茨、基思·曼彻斯特著，张桦译：《疾病考古学》，山东画报出版社，2010年。
［2］　何嘉宁：《中国北方古代人群龋病及与经济类型的关系》，《人类学学报》2004年23卷增刊。

郯城县麦坡汉代墓地发掘报告

山东省文物考古研究所
郯 城 县 文 物 管 理 所

郯城县位于山东省最南端，南与苏北邳州、新沂、东海三县市交界，北与临沂、临沭、苍山三县市接壤。县境地处鲁中南低山丘陵区南部，临郯苍平原腹心地带，系沂蒙山区冲积平原。地形由东北向西南缓缓低下。东部马陵山绵延南北，中西部平原沂沭河纵贯南北。境内地势平坦，平均海拔约38米。

该县历史悠久，古为"东夷"之地，周代属郯国，战国时期为越国所灭。秦置郯

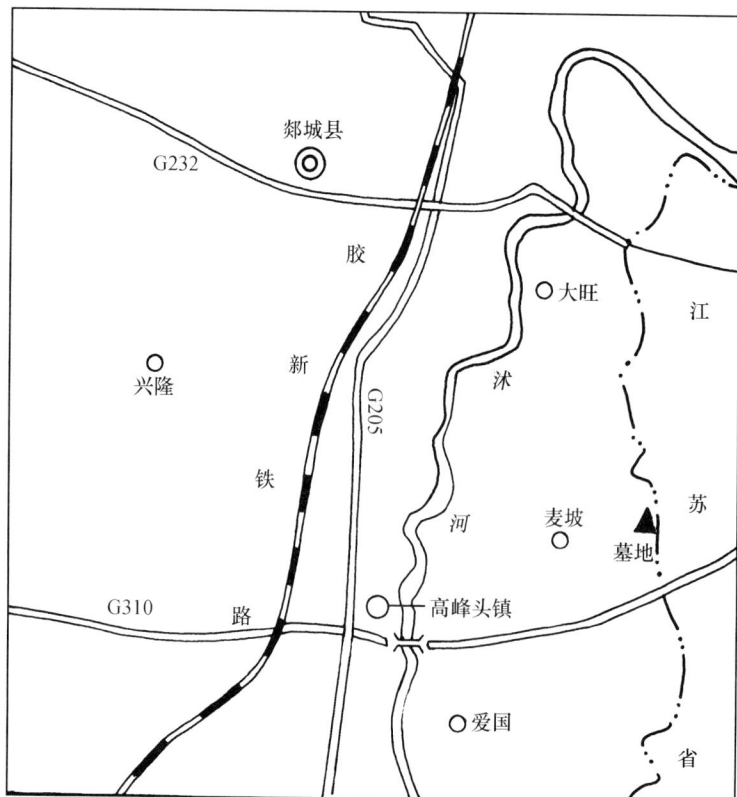

图一　麦坡墓地位置示意图

郡，西汉改称东海郡，后置郯县，属徐州刺史部，唐代始有郯城县之名。

麦坡墓地位于郯城县高峰头镇麦坡村东北约1.5公里处的马陵山西侧山坡上，西北距县城约9公里，西距沭河约5公里（图一；图版五一，1）。马陵山东侧即为江苏地界。墓地东部为著名的地质断裂带，其特征西侧为红褐色砂岩，中间为浅褐色砂岩，东侧为深褐色岩石，墓地即位于西侧红褐色砂岩地带。

2002年1月，为配合胶（州）新（沂）铁路工程建设，山东省文物考古研究所与郯城县文物管理所通过调查发现该墓地，同时，进行勘探和抢救性发掘。此次共清理墓葬90座，出土一批铜、铁、陶质类随葬品。

参加发掘工作的人员主要有王守功、石法德、赵敬民、李斌、齐炳学、党浩、苏凡秋、张宪英、杜以新、石念吉等，领队王守功。发掘工作得到郯城县文化局、县文物管理所、麦坡村两委的大力协助，在此致以诚挚的谢意。

现将发掘情况报告如下。

一、墓地概况

（一）墓地分析

经勘探，墓地东西约300米，南北约200米，面积约6万平方米。墓葬均开口于耕土层下，距地表0.2～0.3米，已非原来的墓口。少数墓葬因破坏严重，耕土层下即已暴露出器物和墓室，有的仅余岩石二层台。清理的墓葬均打破红褐色砂岩。

墓葬内多填红褐色或黄褐色细砂土，部分夹杂青色膏泥，少数羼杂有岩石颗粒和碎石子。一些墓葬填浅黄色黏土，较黏硬，这种土在墓地附近没有发现，应是从外地搬运来的。少数墓葬填土经过夯打。在M34北壁，发现宽0.05米的工具痕迹，M35北壁，有直径0.015、深0.01米的凹窝状工具痕，应是挖凿墓圹时形成的。

墓葬分布东部略稠密，西部较稀疏，从方向和排列看，是有一定规律的。从已发掘部分可以看出，分布有分组成片的现象，大体可以分为近十个区，区与区之间有一定的距离，各区内墓葬的排列有一定的规律，两座墓葬并列或故意打破的现象比较多见，部分区内有多座墓葬并列或有规律错开的现象，这都可能与墓主之间的关系有关（图二）。

（二）墓葬形制、葬具、葬式与方向

墓葬依形制分为木棺墓、石椁墓两类，前者占绝大多数，后者仅有两座。大部分墓底两侧都有岩石二层台，为放置石盖板，在两侧台上凿有凹槽。墓葬一端的二层台多较矮，其上放置器物。多数墓葬保存木棺的腐朽痕迹，个别墓如M77，棺木保存较

图二　麦坡墓地墓葬分布示意图

好。少数因打破或在近现代被破坏，葬具情况已不明。个别墓则是在墓圹凿挖完成后并没有下葬，如M2，在墓底没有发现任何埋葬的迹象。墓主骨架保存较差，多已朽烂，个别保存较好，少数被扰乱，在填土中发现有零星骨骼。墓葬方向以正方向为主，墓主头向以东向、北向为多，少量西向、南向者，葬式除个别上、下肢为屈肢外，余均仰身直肢。

（三）随葬品情况

随葬品以陶器为主，器形以罐最多，数量1~4件，多数墓葬2或3件。部分出土有鼎、壶、盒、盘、匜、勺的固定组合。器物多放置于棺外一端或岩石二层台上。铁剑和铁匕多放置于椁内墓主身侧，铜钱多置于墓主身体附近，如头、手、上肢和脚等部位。带钩多放置于墓主腰部。

二、墓葬分类及典型墓例

此次发掘的90座汉代墓葬，依据葬具的不同，可分为木棺墓和石椁墓两大类。

1. 木棺墓

88座。平面有长方形和梯形两类，后者仅1座，墓壁有直壁和斜壁，部分墓葬在岩石二层台上放置石盖板。分两型。

A型　单人葬，72座。多为长方形小墓，墓口一般长2~3、宽1~2、深0.2~3米。多数墓两侧、三面或四周有岩石二层台。部分墓葬因上部被破坏，仅余岩石二层台。葬式多为仰身直肢，个别屈肢。

M4　位于墓地东部。方向92°。墓口长2.45、宽1.55米，底宽0.7米，深0.48~0.8米。底南、北两侧有岩石二层台，北台宽0.4、南台宽0.45、高0.65米。填红褐色砂土。葬具为一棺，保存较差，已朽烂，残余板灰，长2、宽0.5、残高0.2米。骨架保存较差，墓主头向东，面向上，仰身直肢葬。棺外西端放置陶鼎、壶、盒、盘各1件（图三）。

M62　位于墓地中部北端。方向281°。墓口长2.46、宽1.54、深1.8米。填红褐色砂土。葬具为一棺，保存较差，已朽烂，残余板灰，长2.04、宽0.74米、高0.25米。骨架保存较差，墓主头向西。棺内北侧放置陶鼎、壶、盒、器盖各1件（图四）。

M64　位于墓地东部。方向185°。墓口长2.7、宽1.7米，底长2.4、宽0.76~1.02米，深2.4米。东、西两侧有岩石二层台，东台宽0.34~0.4、西台宽0.34、高0.7米，北端有宽0.3、高0.2米的小台。填红褐色砂土。葬具为一棺，保存较差，已朽烂，残余板

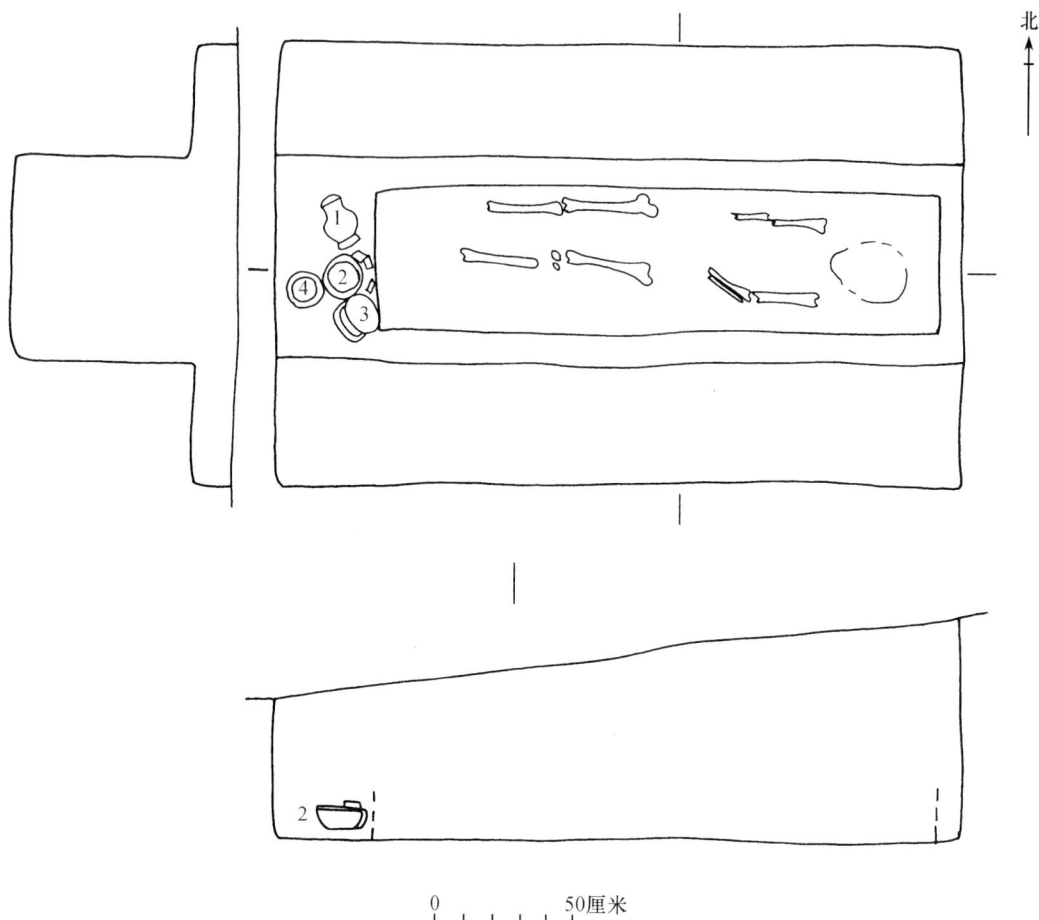

图三　M4平、剖面图
1. 陶壶　2. 陶鼎　3. 陶盆　4. 陶盘

灰，长2.1、宽0.6米。骨架保存较好，墓主头向南，面向上，仰身直肢葬。棺外北侧小台上放置陶鼎、壶、盒、罐、器盖各1件（图五）。

M66　位于墓地东部。方向6°。墓口略呈梯形，四壁自墓口向外扩张，口小底大，东长2.66、西长2.44、北宽1.41、南宽1.48米，底东长2.97、西长2.71、北宽1.71、南宽1.8米，深2.46米。东、西两侧有岩石二层台，东台宽0.7、西台宽0.39、高0.7米。填红褐色砂土。葬具为一棺，保存较差，已朽烂，残余板灰，长2.05、宽0.4、高0.05米。骨架保存较差，墓主头向北。棺外南部放置陶鼎、盘、仓、盒、杯各2件，壶4件，罐4件，匜、井、勺、猪圈、磨各1件（图六）。

M69　位于墓地东南部。方向15°。四壁自墓口向外扩张，口小底大。墓口长2.34、宽1.33米，底长2.66、宽1.43米，深1.9米。东、西两侧有岩石二层台，东台宽0.36、西台宽0.25、高0.7米。填红褐色砂土。葬具为一棺，保存较差，已朽烂，残余板

0　　　　50厘米

图四　M62平、剖面图

1. 陶壶　2. 陶盒　3. 陶鼎　4. 陶器盖

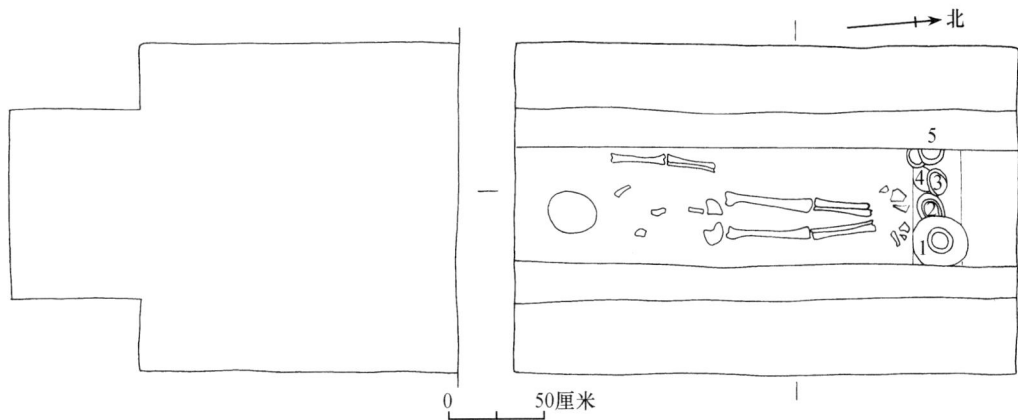

0　　　　50厘米

图五　M64平、剖面图

1. 陶罐　2. 陶壶　3. 陶器盖　4. 陶鼎　5. 陶盒

灰，长2.14、宽0.5、高0.05米。骨架保存较差，墓主头向北。棺内东南角放置铜镜，棺外南端放置盖陶鼎、壶、盒各1件（图七）。

　　M77　位于墓地东北部。方向88°。墓口长3、宽1.75米，底长3.1、宽1.1米，深3.7米。南、北、东三面有岩石二层台，宽0.25、高1米。二层台上放置4块石盖板，中部均断裂，厚0.22~0.26米。填黄褐色花土。葬具为一棺，保存较好，仅东、西两端朽烂，棺体及棺盖为榫卯结构固定，黑漆，长2.08、宽0.6、高0.58米，板厚0.11~0.12米。骨架保存较好，墓主头向东，仰身直肢葬。棺外西端放置陶鼎、盒、钫各2件和壶、盘各

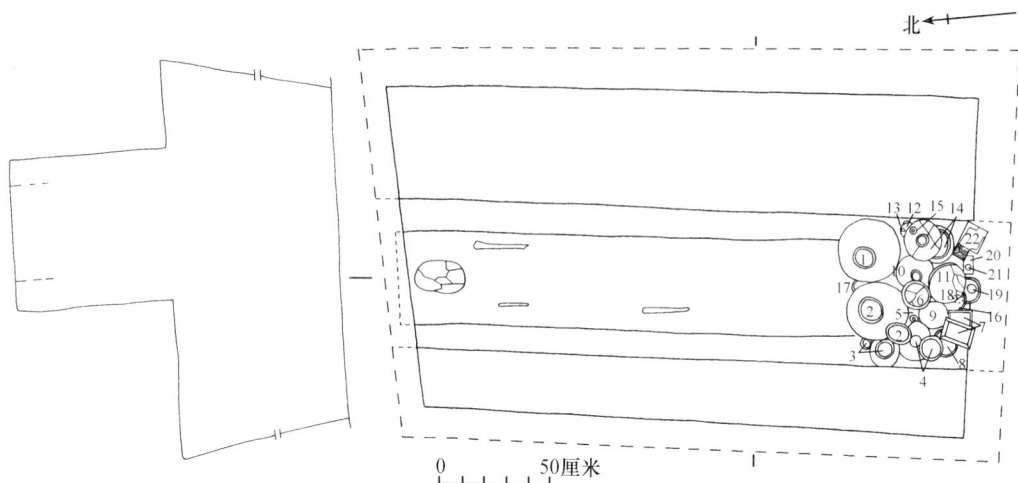

图六　M66平、剖面图

1～4.陶壶　5、15、17、21.陶罐　6、23.陶盘　7、8.陶仓　9、10.陶鼎　11、14.陶盒　12.陶匜

13.陶勺　16.陶井　18、24.陶杯　19.陶磨　20.陶灶　22.陶猪圈

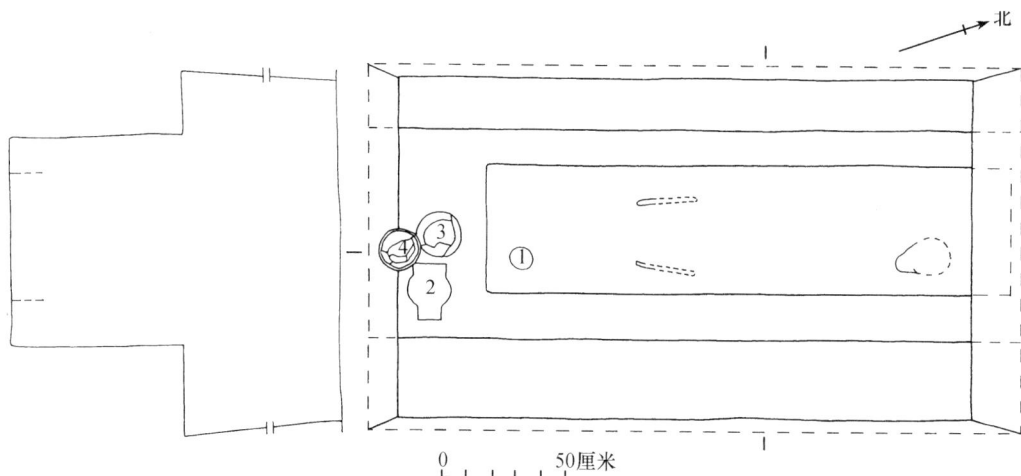

图七　M69平、剖面图

1.铜镜　2.陶壶　3.陶鼎　4.陶盒

1件（图八；图版五一，2、3）。

M81　位于墓地东北部。方向94°。墓口长2.5、宽1.4米，底宽0.6米，深2.7米。南北两侧有岩石二层台，宽0.4、高0.6米。填红褐色砂土。葬具为一棺，保存较差，已朽烂，残余板灰、红色漆皮。骨架保存较差，墓主头向东。棺外西端放置陶鼎、盒、壶、罐各1件，棺内放置1枚铜镜。南、北壁及墓底部有下棺时用的草绳痕迹（图九）。

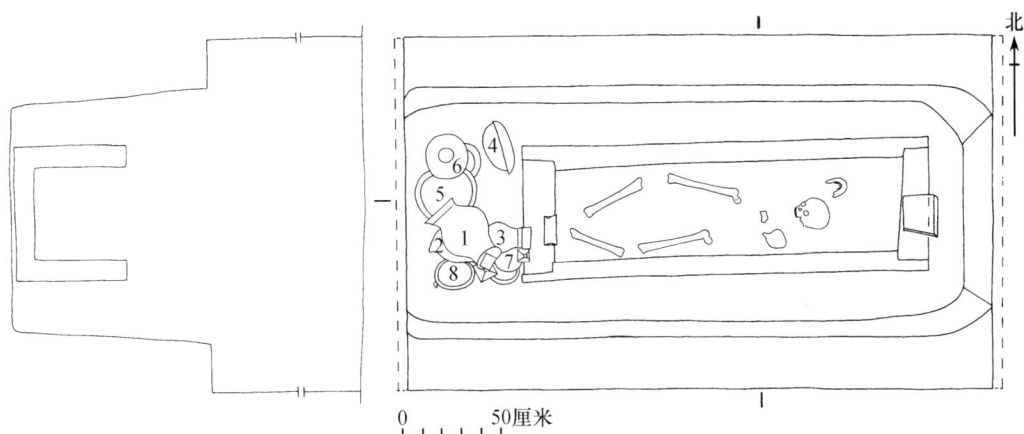

图八 M77平、剖面图

1.陶壶 2、3.陶钫 4、5.陶盒 6.陶盘 7、8.陶鼎

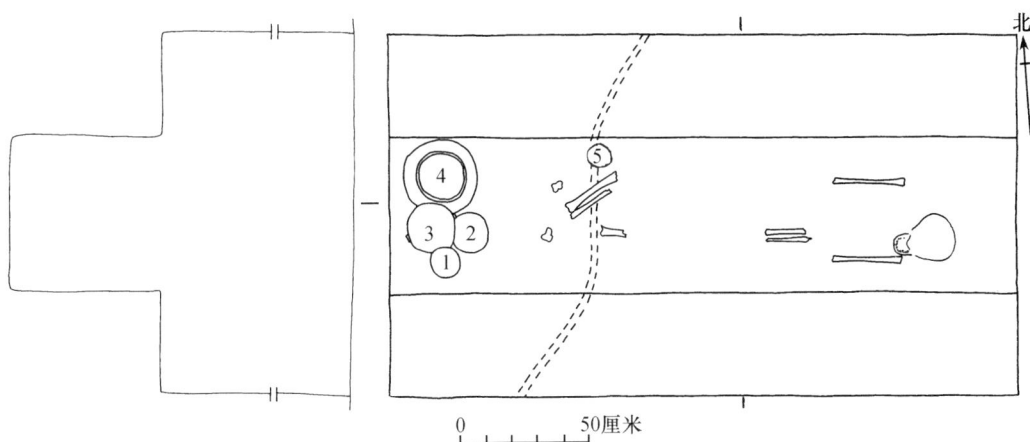

图九 M81平、剖面图

1.陶壶 2.陶盒 3.陶鼎 4.陶罐 5.铜镜

M84 位于墓地东北部。方向109°。墓口长2.6、宽1.5米，底宽0.65米，深2.15米。南、北两侧有岩石二层台，北台宽0.4、南台宽0.5、高0.6米。填红褐色砂土。葬具为一棺，保存较差，已朽烂，残余板灰，长1.7、宽0.55、残高0.25米。骨架保存较差，墓主头向东，面向下，仰身直肢葬。棺外西端放置陶鼎、壶、盘、罐各1件，盒2件，内盛兽骨的漆盒1件（图一〇）。

B型 双人合葬，16座。多近方形；其中多数墓两侧或四周有岩石二层台；葬具多为木棺。个别墓如M2为一次性凿成，壁很规整，未发现埋葬的痕迹。

M35 位于墓地东北部。方向104°。墓口长2.6、宽1.65米，底宽1米，深2米。底南、北两侧有岩石二层台，南台宽0.35、高0.9米，北侧距墓口0.5米，沿北二层台向外

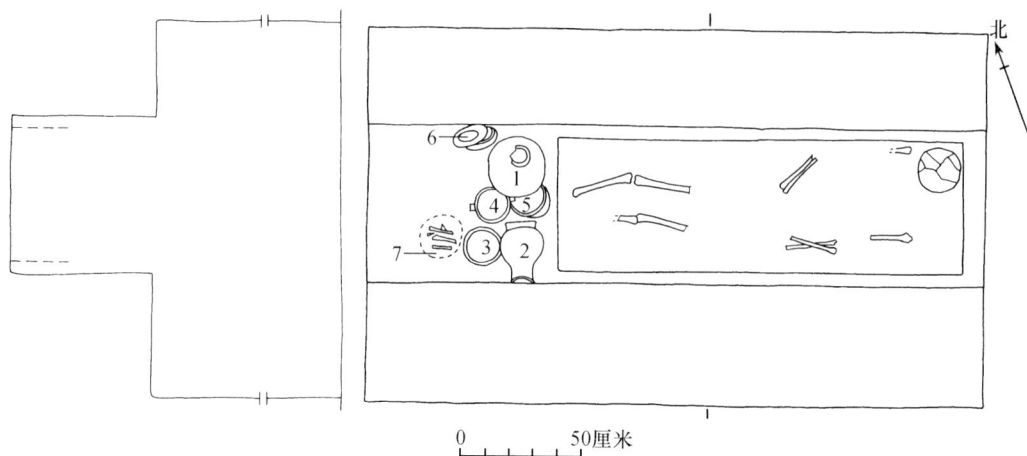

图一〇　M84平、剖面图

1. 陶罐　2. 陶壶　3. 陶鼎盖　4. 陶鼎　5、6. 陶盒　7. 漆盒

挖一侧室，长2.1、高0.55～0.6、进深0.8米。填浅黄褐色黏土。葬具为一棺，保存较差，已朽烂，残余板灰，骨架保存较差，仅在侧室发现头骨轮廓，墓主头向东。填土中残留的石盖板厚0.3米。北壁有直径0.015、深0.01米的凹窝状工具痕。填土中出土陶器残片（图一一）。

M76　位于墓地东北部，平面略呈梯形。方向352°。墓口长2.7、宽3.04～3.7、深2.6～3米。填黄褐色花土。葬具为两棺，东棺长1.6、宽0.48米，骨架保存较差，头向北，面向上。棺外南端放置陶鼎、盒、盘、匜各2件，壶4件，杯、罐各1件。西棺长1.9、宽0.7、厚0.06～0.08米，骨架保存较差，墓主头向北。棺外南部放置陶鼎、盒、壶各2件，罐1件，铜器、铜钱若干（图一二）。

M79　位于墓地东部。方向104°。墓口南长2.95、宽1.36、深2.45米，北长2.95、宽1.31、深2.3米。填红褐色砂土。葬具为两棺，南棺长2.03、宽0.49、高0.4米，骨架保存较差，墓主头向东，仰身直肢葬。棺外西端放置陶罐2件，陶盒、壶和铜带钩各1件。北棺长1.95、宽0.45、高0.4米，骨架保存较差，墓主头向东，仰身直肢葬。棺内墓主左臂处放置铜钱，棺外西端放置陶盒2件，陶壶、罐、瓮和铜釜各1件（图一三）。

M83　位于墓地东部。方向86°。墓口南长2.46、宽1.06米，底宽0.5～0.6米，深1.35米；墓口北长3.02、宽1.48米，底宽0.64米，深2.01米。填红褐色砂土。葬具为两棺，南棺长1.9、宽0.5～0.6、高0.12米，骨架保存较差，墓主头向东，面向上，仰身屈肢葬，棺外西端陶罐1件。北棺长1.95、宽0.45、高0.4米，骨架保存较好，墓主头向东，面向上，仰身葬，除墓主左臂弯曲外，余均直肢；棺内墓主左臂处放置铜钱，右侧放置铁环首刀、剑各1件，棺外西端放置铜环1件，陶罐3件（图一四）。

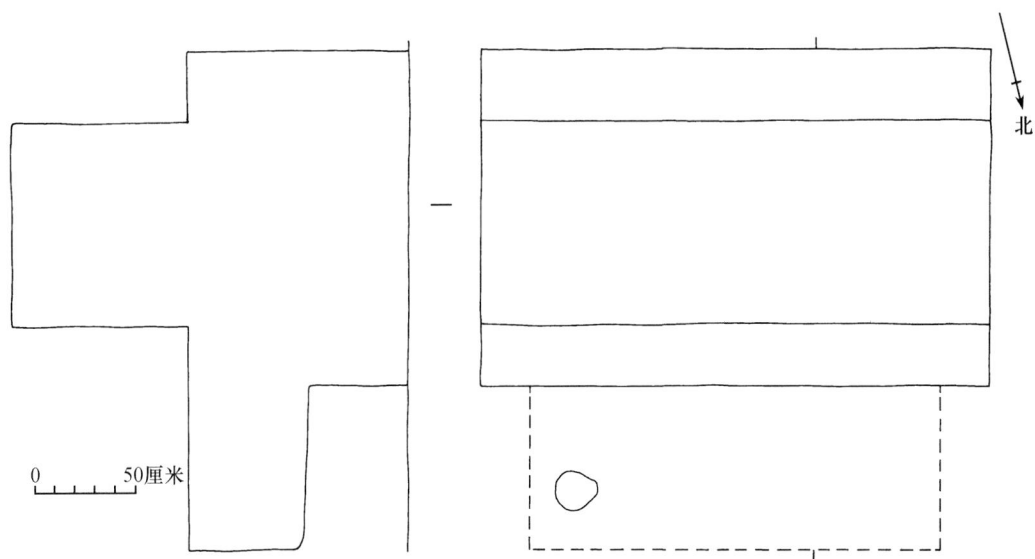

图一一　M35平、剖面图

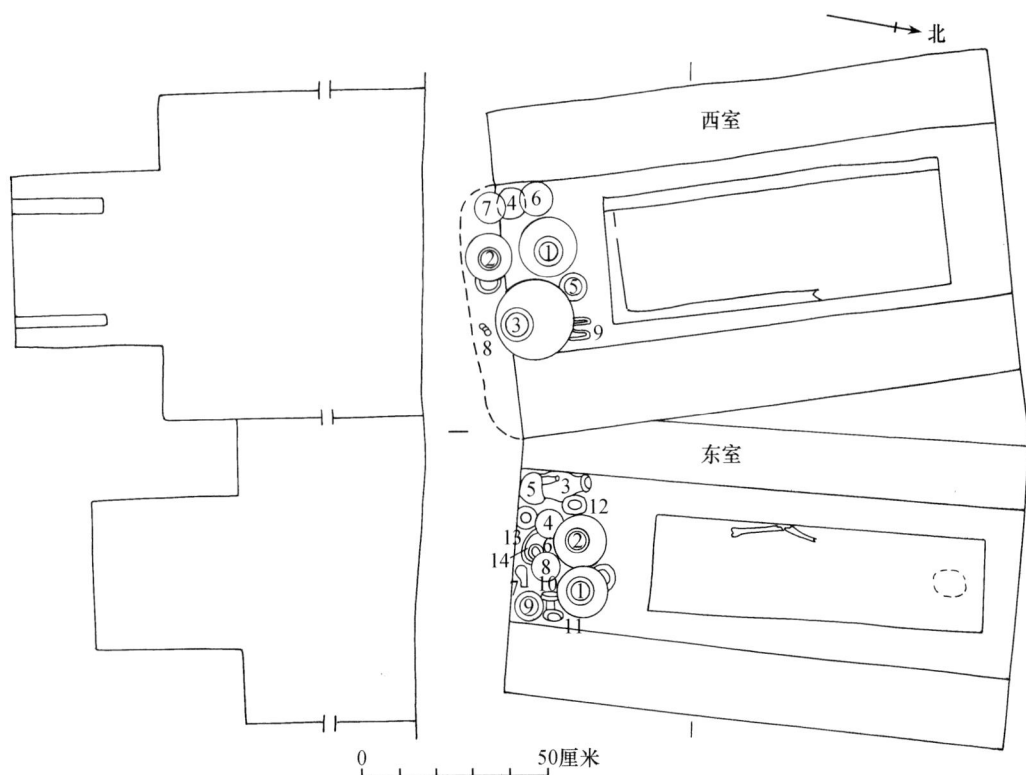

图一二　M76平、剖面图

东室：1~4.陶壶　5、8.陶盒　6、10.陶鼎　7、12.陶匜　9、14.陶盘　11.陶杯　13.陶罐

西室：1、2.陶壶　3.陶罐　4、5.陶鼎　6、7.陶盒　8.铜钱　9.铜器

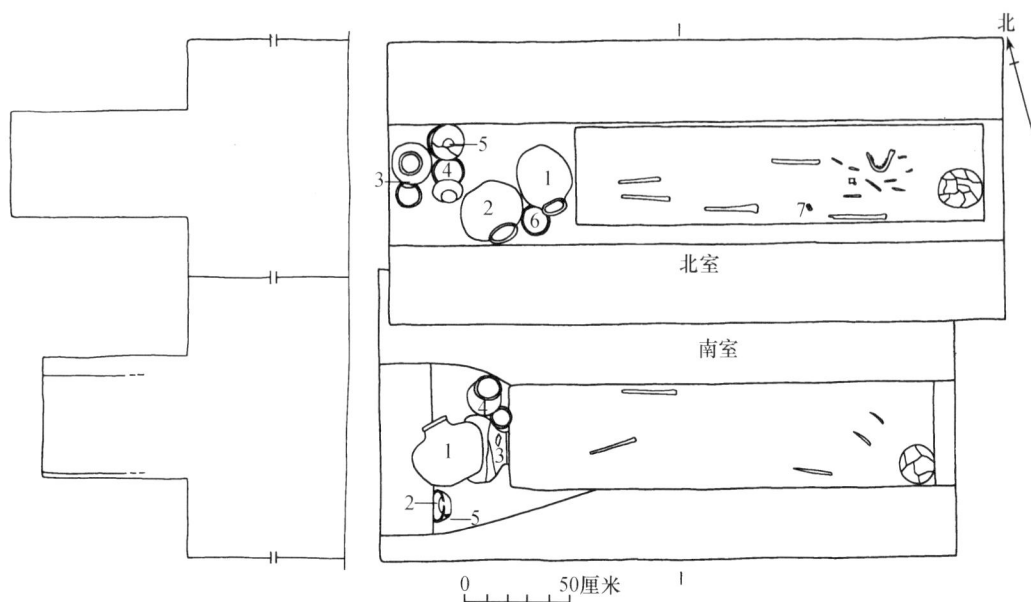

图一三　M79平、剖面图

南室：1、3.陶罐　2.陶盒　4.陶壶　5.铜带钩

北室：1.陶罐　2.陶瓮　3.陶壶　4、5.陶盒　6.铜釜　7.铜钱

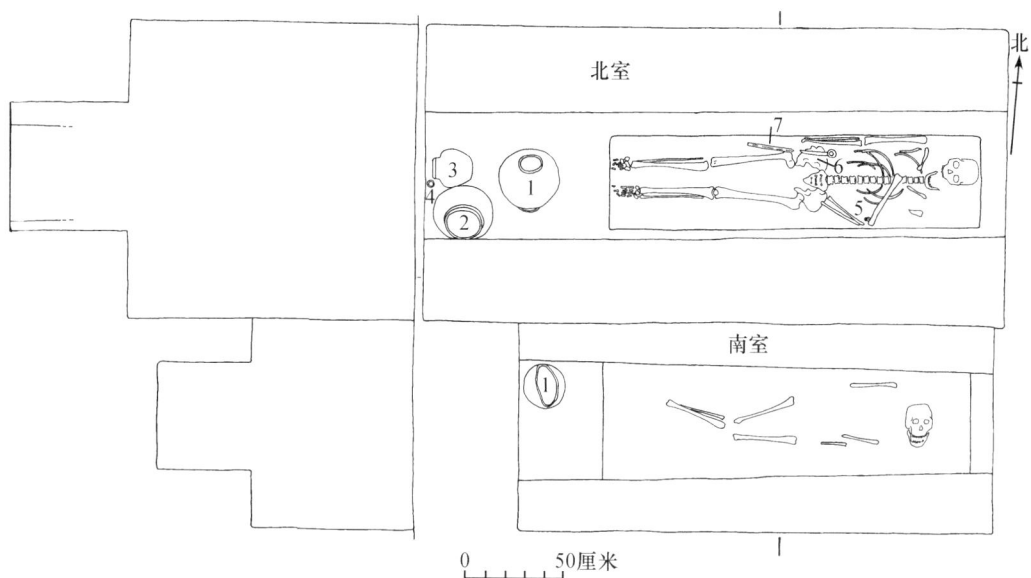

图一四　M83平、剖面图

南室：1.陶罐

北室：1～3.陶罐　4.铜环　5.铜钱　6.铁环首刀　7.铁剑

2. 石椁墓

2座（M7、M13）。均为合葬墓。平面为长方形或近方形，其中M13被盗，仅余石椁底板，有的底板也被破坏。石椁内木棺仅余板灰。

M7　位于墓地西部，平面呈方形。方向98°。墓口边长3、深2.2米。填红褐色砂土。葬具为石椁。南椁长2.4、宽0.98~1、高0.8米，石板厚约0.1米，石盖板被破坏。椁外南侧放置陶罐1件。北椁长2.54、宽1、高0.8米，石板厚约0.1米，东部有盗洞，石盖板被破坏。椁外西端有陶鼎碎片（图一五）。

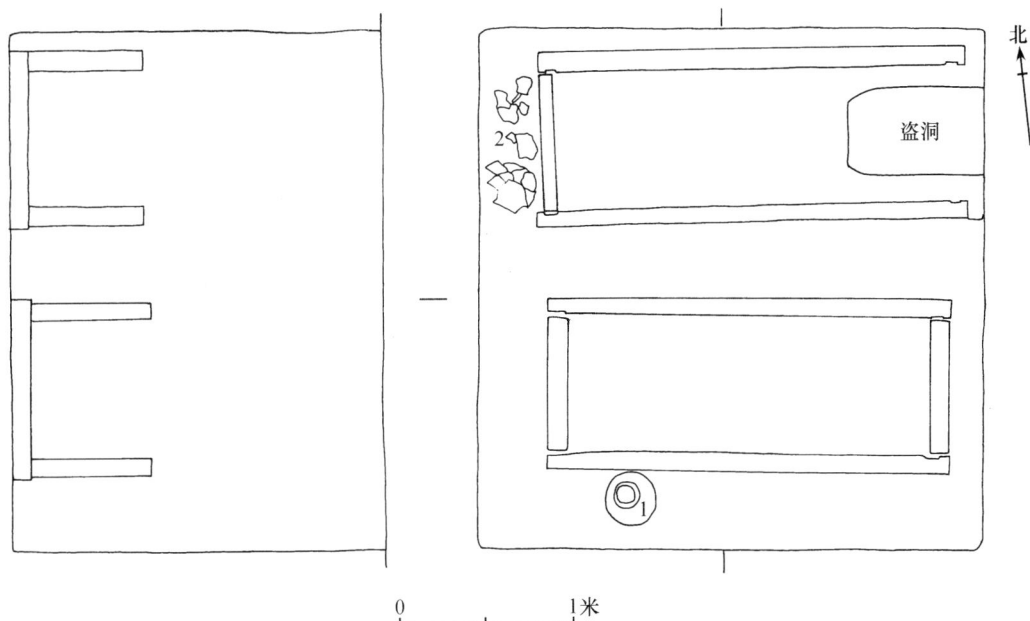

图一五　M7平、剖面图
1. 陶罐　2. 陶鼎

M13　位于墓地中部偏南。方向105°，墓口南长2.94、宽1.26米、底宽0.84米、深3.2米；北长3.22、宽1.84米，底宽0.9米，深3.14米。填红褐色砂土。葬具为石椁，南椁长1.95、宽0.66、高0.55米，石板厚0.08~0.1米，两块石盖板、厚0.22米。由于被破坏，填土内有铜镜和陶罐残片。北椁被破坏，残长2.16、残宽0.39、高0.47米，石板厚0.07~0.1米，盖板3块，厚0.22米。填土内出土陶壶和器盖等陶器残片（图一六）。

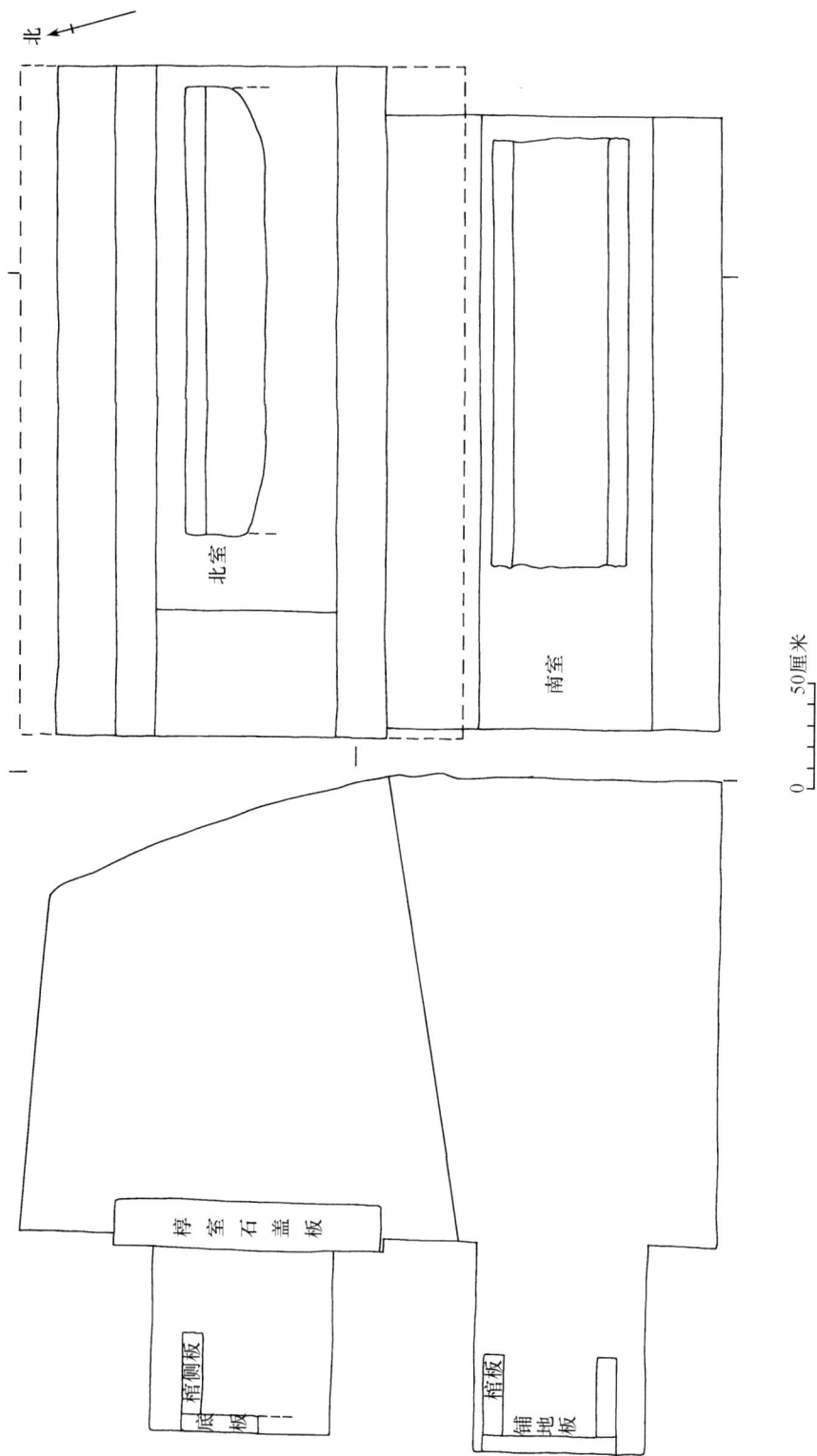

图一六　M13南北室剖面图

三、随 葬 品

此次发掘共出土陶、铜、铁、漆器等随葬品487件。以陶器为主，器类有鼎、盒、壶、钫、匜、盘、勺、杯、罐、瓮、井、仓、灶、猪圈、磨、器盖等，部分鼎、壶、盒上有彩绘；铜器有釜、镜、镦、环、带钩、钱币等；铁器有剑、刀等；漆器有盒等。

1. 陶器

286件。陶质多为泥质，少量夹细砂或夹砂，极少数泥质陶中也夹有细砂；陶色以灰陶为主，少量褐、黑皮、红陶；盒、壶、盘、罐、钵等器类多轮制，然后再进行修整，鼎足、耳等部分则是模制，然后再黏贴在器身上，部分器类如猪圈、匜、勺等则用手制的方法。

鼎　35件。可复原16件，可分型20件，余均残碎。分二型。

A型　11件。敛口，长方形竖耳，圜底，三蹄形足。分二亚型。

Aa型　9件。器形整体较方正。分二式。

Ⅰ式：5件。宽子口内敛，方唇，长方形竖耳微外撇，长方形镂孔未透，深折腹。M1北：9，泥质灰陶。覆碗形盖，盖腹部一周凹槽，顶矮圈足状捉手。腹部一周折棱；器形较规整，足较矮。口径11.9～12.2、通高15.1厘米（图一七，1）。M66西：10，泥质灰陶。覆碗形盖，盖腹部3周凹槽，顶矮圈足状捉手。腹部一周折棱，器形较规整，矮蹄足内收。鼎内有小动物骨骼。口径12～12.1、通高13.5厘米（图一七，3；图版五二，3）。M76东：10，泥质灰陶。覆碗形盖，盖腹部3周凹槽，顶矮圈足状捉手。腹部一周折棱；器形较规整，矮足微外撇。口径13.5～14、通高16厘米（图一七，2）。

Ⅱ式：4件。长方形竖耳外撇，弧腹，足稍高。M68：2，泥质灰陶。覆钵形盖，顶有螺旋形凹弦纹。圆唇，耳残，蹄足微内收，内底有螺旋形凹弦纹。口径14～14.3、通高12.5厘米（图一八，4）。M76西：5，夹砂灰陶。覆钵形盖。方唇，长方形竖耳微外撇，长方形镂孔未穿透，足微外撇。口径12.7～13.3、通高14.1厘米（图一八，3）。M81：3，泥质灰陶。覆钵形盖。方唇，竖耳镂孔穿透，足残，内底中间凸起，外围3周凹槽。口径14.9、残高13.5厘米（图一七，4）。

Ab型　2件。均泥质陶。器形整体较矮扁。M77：7，黑皮陶。覆钵形盖，盖顶有桥形穿孔捉手。圆唇，竖耳镂孔未穿透，弧腹，足内收，内底有螺旋形凹槽。口径20.6～21.3、通高17.6厘米（图一九，1）。M77：8，黑皮陶。覆钵形盖，盖顶有桥形穿孔捉手。尖圆唇，竖耳镂孔未穿透，弧腹，内底中间凸起，外围有螺旋形凹槽。口径20.5～20.8、通高16.1厘米（图一九，3）。

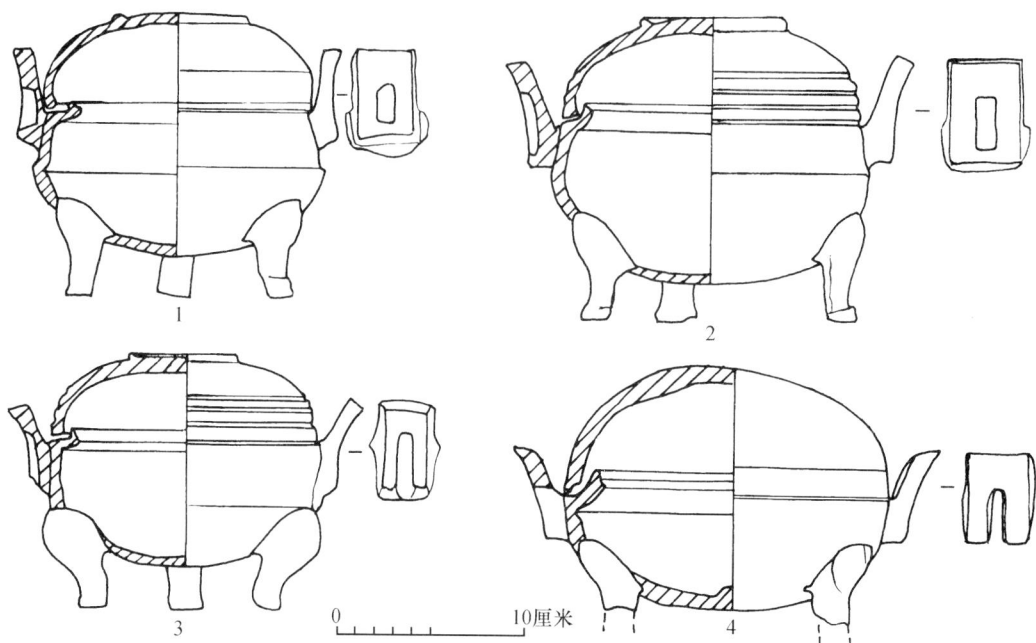

图一七　汉墓出土陶鼎

1～3.Aa型Ⅰ式（M1北：9、M76东：10、M66西：10）　4.Aa型Ⅱ式（M81：3）

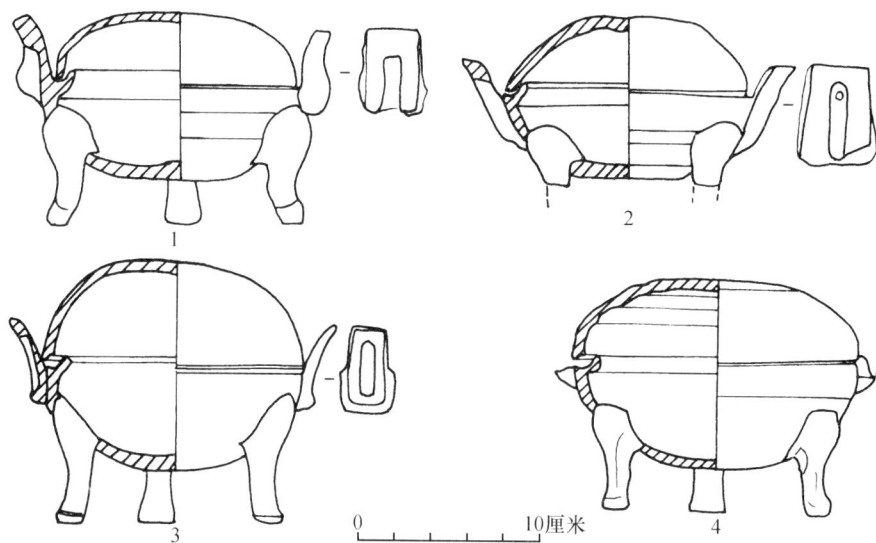

图一八　汉墓出土陶鼎

1.Ba型Ⅰ式（M4：2）　2.Ba型Ⅱ式（M60：3）　3、4.Aa型Ⅱ式（M76西：5、M68：2）

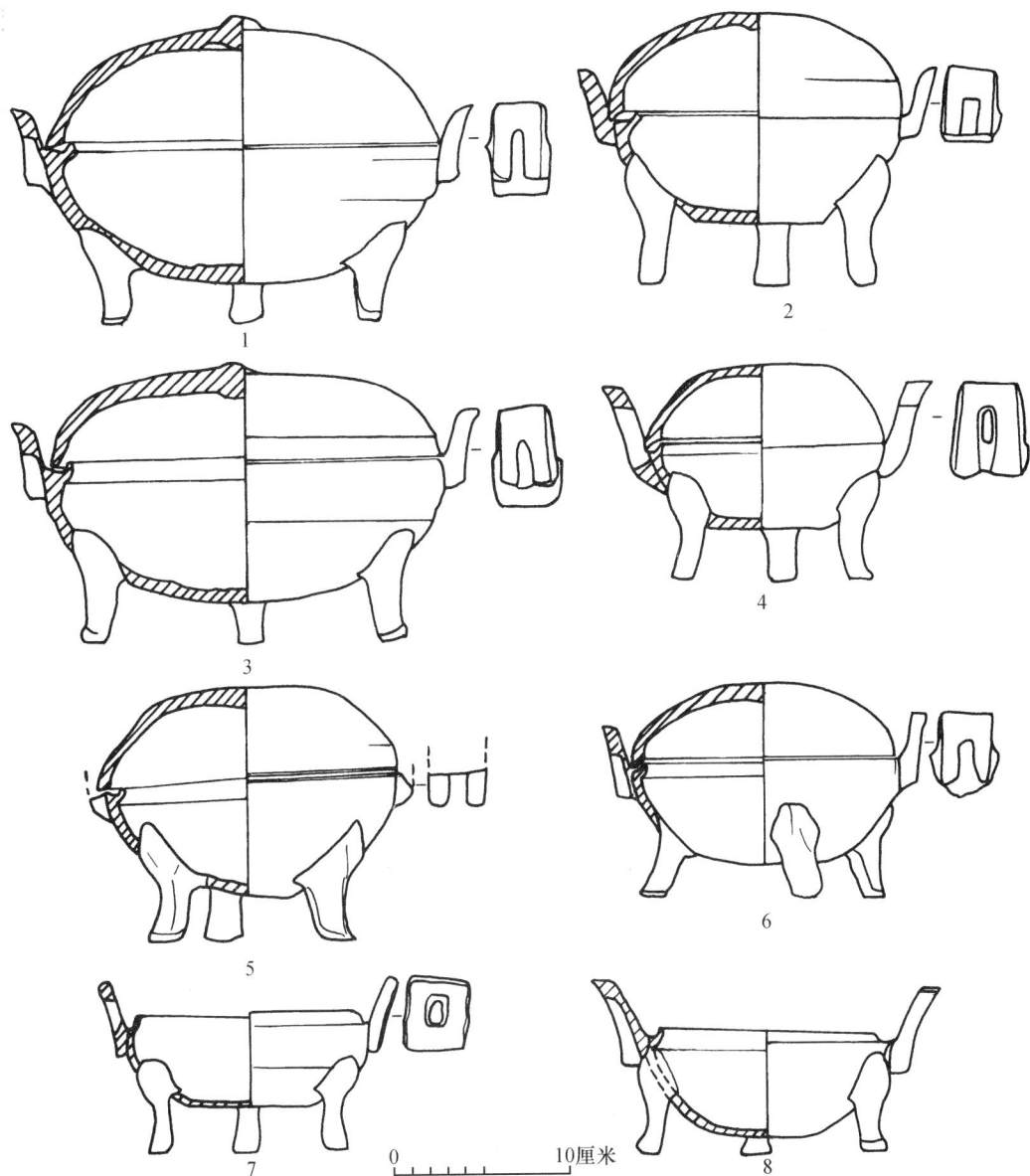

图一九　汉墓出土陶鼎

1、3. Ab型（M77：7、M77：8）　　2、5. Bb型Ⅱ式（M75：4、M78：4）　　4、7. Bb型Ⅲ式（M62：3、M43：2）
6. Bb型Ⅰ式（M28北：6）　　8. Bb型Ⅳ式（M84：4）

B型　9件。平底。按腹部不同，分二亚型。

Ba型　2件。均夹砂陶。折腹。分二式。

Ⅰ式：1件（M4：2）。褐陶。覆钵形盖。圆唇，窄子口内敛，长方形竖耳，镂孔未穿透，平底微凹。三马蹄足。口径12.3、通高11.5厘米（图一八，1）。

Ⅱ式：1件（M60：3）。红褐陶。覆钵形盖。圆唇，窄子口内敛，长方形竖耳外撇，镂孔未穿透，腹部有数周凹槽。三足残。口径11.4~12、残高9厘米（图一八，2）。

Bb型　7件。弧腹。分四式。

Ⅰ式：2件。深腹。M28北：6，泥质红褐陶。覆钵形盖。圆唇，窄子口内敛，长方形竖耳微外撇，镂孔未穿透，小平底。三足外撇。口径14.5、高12.3厘米（图一九，6）。

Ⅱ式：2件。腹较Ⅰ式浅。M75：4，夹砂灰陶。覆钵形盖。方唇，窄子口内敛，长方形竖耳微外撇，镂孔未穿透，大平底。三马蹄足微外撇。口径15.3、通高15.6厘米（图一九，2；图版五二，1）。M78：4，泥质褐陶。覆钵形盖。圆唇，窄子口内敛，耳残，大平底微凹。三足微外撇。口径14.5、通高14.6厘米（图一九，5）。

Ⅲ式：2件。均夹砂陶。扁浅腹。M43：2，褐陶。圆唇，窄子口内敛，长方形竖耳外撇，镂孔穿透，平底。三马蹄足。口径12.8、通高10厘米（图一九，7）。M62：3，灰陶。覆钵形盖。圆唇，窄子口内敛，长方形竖耳外撇，镂孔穿透，平底。三马蹄足外撇。口径12~12.7、通高12.3厘米（图一九，4；图版五二，2）。

Ⅳ式：1件（M84：4）。夹砂褐陶。器形整体矮扁。尖圆唇，窄子口内敛，长方形竖耳外撇，镂孔未穿透，弧腹，平底。三马蹄足外撇。口径13.4、通高10.2厘米（图一九，8）。

盒　39件。可复原18件，分型21件，余均残碎。据腹部的不同，分二型。

A型　12件。弧腹。分四式。

Ⅰ式：2件。均泥质。宽子口内敛，方唇，深腹，平底。器形较规整。M1北：2，褐陶。覆碗形盖，盖腹部两周凹槽，顶矮圈足状捉手。腹上部两周凹槽，下部7周不连续凹弦纹，底有5周不连续凹弦纹。口径12.8、底径5.6、通高13厘米（图二〇，2；图版五三，1）。M1北：6，褐陶。腹上部3周凹槽，下部十余周凹弦纹，底有螺旋形凹弦纹。口径12.1~12.3、底径5.2~5.4、高7.3~7.7厘米（图二〇，4）。

Ⅱ式：6件。微敛口，器形整体较Ⅰ式矮扁。M77：5，泥质灰陶。覆碗形盖，顶矮圈足状捉手，盖腹有3~4周凹槽，内顶有螺旋形凹槽。圆唇，平底微凹。腹有四周凹槽。口径19.8、底径8~8.2、通高16.7~16.9厘米（图二〇，1）。M76东：5，泥质黑皮陶。覆钵形盖。方唇，平底微凹。上腹有两周凹槽，下腹近底处3~4周凹弦纹，底部有螺旋形凹弦纹。器身通体残留有黑白彩绘痕。口径13.2~13.6、底径5.2、通高12.3厘米（图二〇，3）。M76西：6，泥质灰陶。覆碗形盖，顶矮圈足状捉手，顶部有红色彩绘。方唇，平底微凹。上腹有两周红色彩绘。口径14.8~15.2、底径6.2、通高13.5~14厘米（图二〇，6）。M76西：7，夹砂灰陶。覆碗形盖，顶有矮圈足状捉手。内顶有螺旋形凹弦纹。盖腹有红色彩绘，图案不清晰。方唇，平底微凹。腹有5周凹槽，近口沿处有一周红色彩绘，底部有螺旋形凹弦纹。口径15~15.2、底径6.6、通高14.4厘米（图二〇，5）。

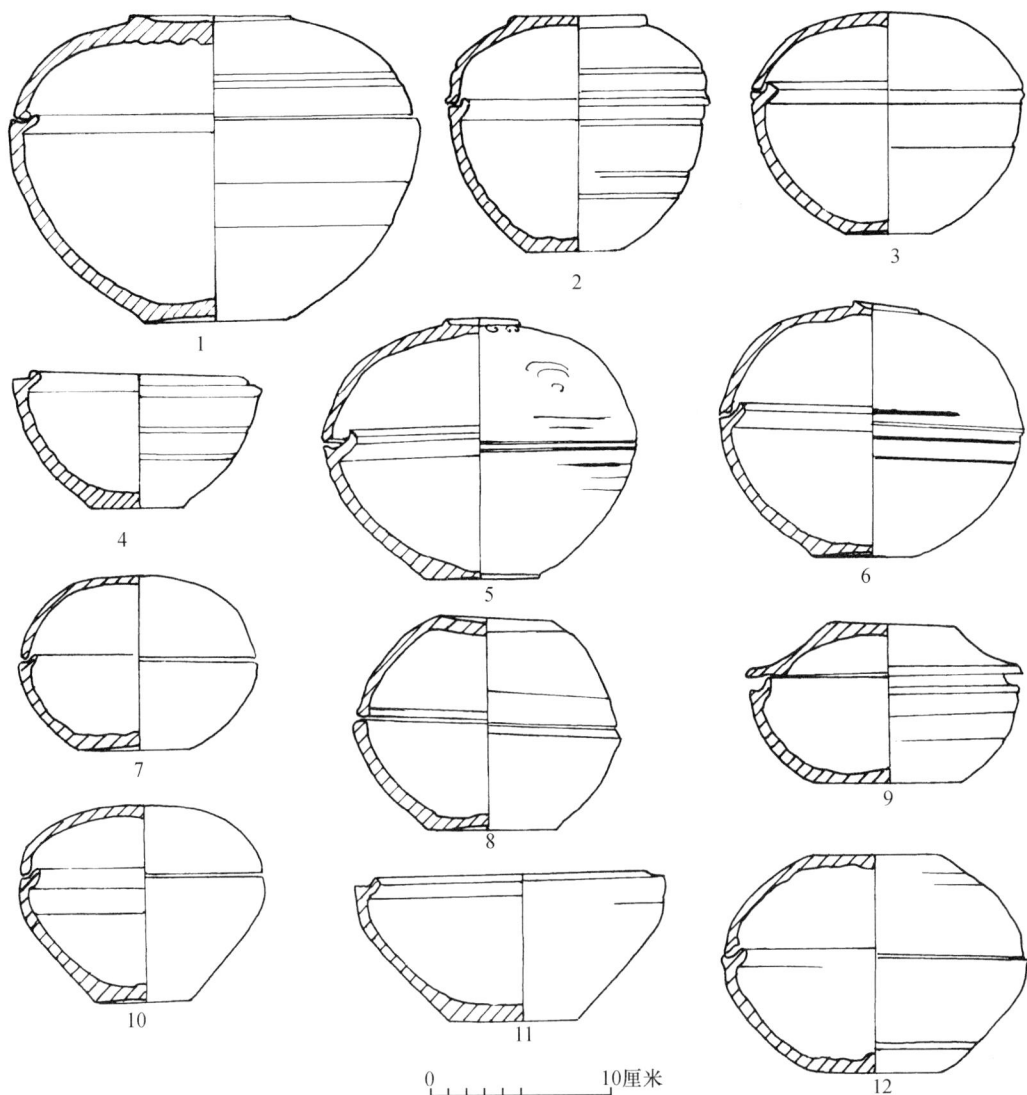

图二〇　汉墓出土陶盒

1、3、5、6. A型Ⅱ式（M77：5、M76东：5、M76西：7、M76西：6）　2、4. A型Ⅰ式（M1北：2、M1北：6）

7、8. A型Ⅲ式（M62：2　M79北：4）　9. A型Ⅳ式（M84：6）　10、11. B型Ⅰ式（M4：3、M51：1）

12. B型Ⅱ式（M75：5）

　　Ⅲ式：3件。微敛口，器形整体较矮扁。M62：2，夹砂褐陶。覆钵形盖。尖圆唇，平底微凹。口径12～12.2、底径6.3～6.5、通高9.4厘米（图二〇，7）。M79北：4，夹砂灰陶。覆钵形盖，平顶微凹，盖腹一周凹弦纹。方唇，平底微凹。口径15～15.2、底径7.4、通高11.7厘米（图二〇，8）。

　　Ⅳ式：1件（M84：6）。夹砂灰陶。覆盘形盖，平顶，内顶有螺旋形凹槽。器形矮扁。圆唇，腹部两周凹槽，平底。口径13.5～13.7、底径8.9～9、通高8.8厘米（图二〇，9；图版五二，4）。

B型　9件。微折腹，下腹因修整刮削，呈斜直状。分五式。

Ⅰ式：2件。子口内敛，深弧腹，平底。M4：3，夹砂黑皮陶。覆钵形盖。圆唇。口径12.5、底径5.5、通高10.9厘米（图二〇，10）。M51：1，泥质灰陶。方唇。口径15.6、底径7.2、通高7.9～8.1厘米（图二〇，11）。

Ⅱ式：2件。均夹砂陶。微敛口，弧腹略深，平底。器形稍矮扁。M75：5，灰陶。覆钵形盖，平顶，内顶有螺旋形凹槽。尖圆唇，下腹两周凹弦纹，内底有螺旋形凹槽。口径15.2～15.5、底径7.2、通高12厘米（图二〇，12）。M81：2，器身灰陶，盖褐陶。覆钵形盖，内顶有螺旋形凹槽。方唇，内底有螺旋形凹槽。口径14.8～15.2、底径5.5、通高11.6厘米（图二一，1）。

Ⅲ式：3件。均夹砂陶。微敛口，浅腹，平底。器形矮扁。M43：5，灰褐陶。覆钵形盖。圆唇，底微凹。口径14.3～14.7、底径7～7.4、通高9.5厘米（图二一，2）。M55：4，灰陶。覆钵形盖，平顶微凹，盖腹有2～3周凹槽，内顶有螺旋形凹弦纹。圆唇，下腹3周凹槽，底微凹。口径13.7～14、底径7.5、通高10.6厘米（图二一，6）。M60：4，褐陶。覆钵形盖，平顶，内顶有螺旋形凹槽。圆唇，底微凹，内底有螺旋形凹槽。口径11.4～12、底径6.6～6.8、通高8.7～9.1厘米（图二一，3）。

Ⅳ式：1件（M73：1）。夹砂黑皮陶。器形矮扁。覆钵形盖，盖腹有5周凹弦纹，内顶有螺旋形凹槽。敛口，圆唇，浅腹，平底微凹，内底有螺旋形凹槽。口径

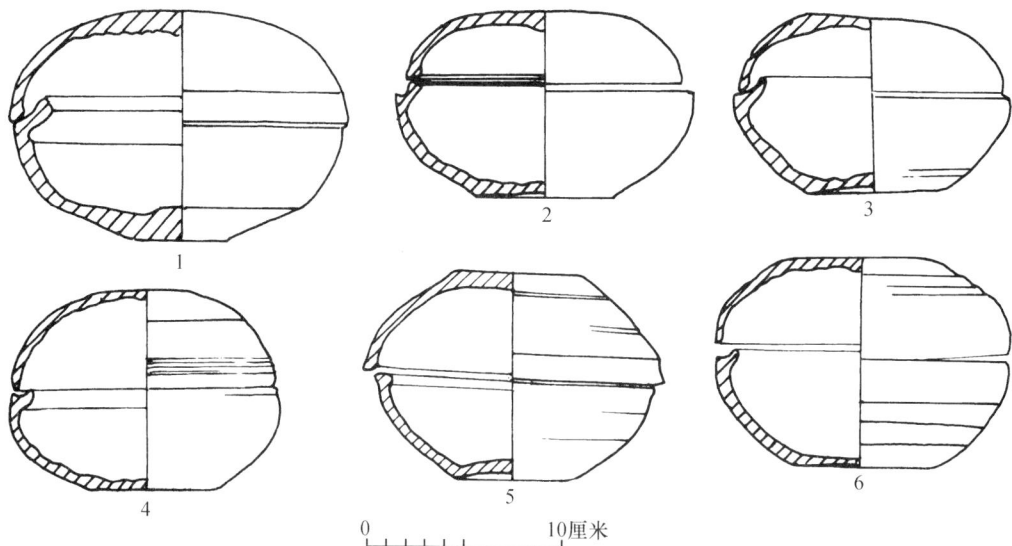

0　　　　　　　　　　　10厘米

图二一　汉墓出土陶盒

1. B型Ⅱ式（M81：2）　　2、3、6. B型Ⅲ式（M43：5、M60：4、M55：4）

4. B型Ⅳ式（M73：1）　　5. B型Ⅴ式（M79南：2）

12.2～12.6、底径6.3～6.8、通高10.2厘米（图二一，4）。

Ⅴ式：1件（M79南：2）。夹砂陶，器身灰陶，盖黑皮陶。器形矮扁。覆钵形盖，平顶微凹，腹饰一周凹弦纹、两周凹槽。微敛口，方唇，浅腹，平底微凹，内底有螺旋形凹槽。口径14.8、底径6.2、通高10.6厘米（图二一，5）。

壶　46件。可分型20件。根据形态分大型壶、小型壶两类。

大型壶　18件。根据底部的不同，分圈足、假圈足、平底三型。

A型　7件。圈足。分二亚型。

Aa型　6件。侈口，束颈，鼓腹，圜底，喇叭状圈足。分二式。

Ⅰ式：5件。圆鼓腹。M1南：1，夹细砂灰陶。弧顶盖。尖圆唇，圈足残。腹两侧各有一铺首。口径11、残高28厘米（图二二，1）。M76东：2，泥质黑皮陶，多脱落。弧顶盖，顶部两周凹槽、口沿处一周凹槽。方唇，圈足斜直。颈部残存黑色彩绘，颈、腹交接处饰一周凹槽、腹部4～5周凹槽，两侧各有一铺首。口径11.7、圈足径15、

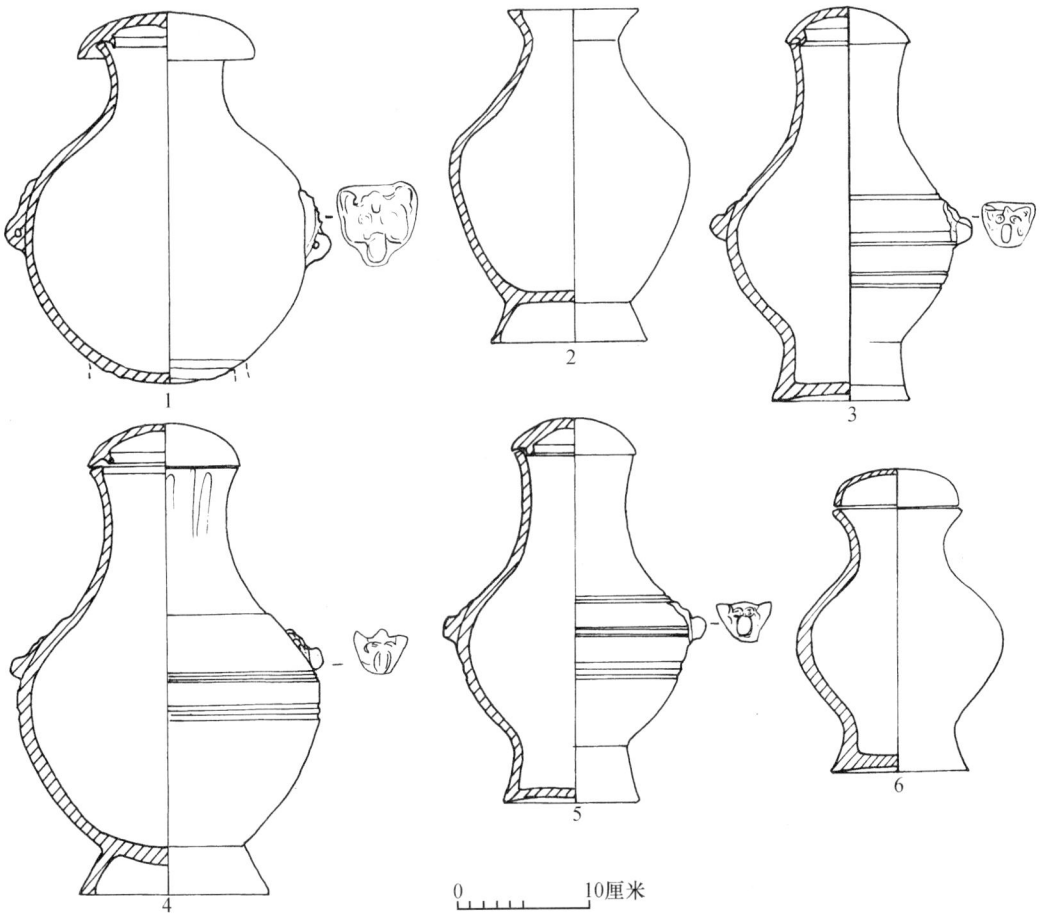

图二二　汉墓出土大型陶壶

1、4. Aa型Ⅰ式（M1南：1、M76东：2）　2. Aa型Ⅱ式（M28北：4）　3、5. B型Ⅰ式（M76东：4、M76东：3）
6. B型Ⅱ式（M4：1）

通高35.7厘米（图二二，4）。

Ⅱ式：1件（M28北：4）。泥质褐陶。尖唇，平沿，扁鼓腹，平底，圈足斜直。口径10.1、圈足径12.6、高25.1厘米（图二二，2）。

Ab型　1件（M77：1）。泥质灰陶。侈口，尖唇，短束颈，球腹，喇叭状圈足微外撇。器身饰黑色彩绘，多已脱落，图案不清晰，仅颈部彩绘呈折线状。腹部有对称的铺首。口径15、圈足径21.2、高40～40.4厘米（图二三，2）。

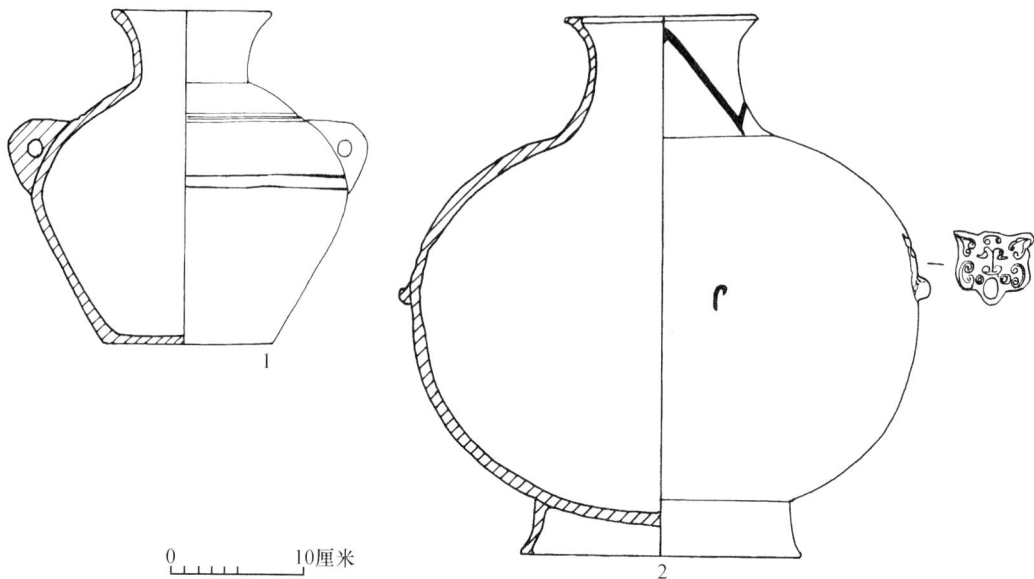

图二三　汉墓出土大型陶壶
1. C型（M89：2）　2. Ab型（M77：1）

B型　10件。假圈足。分五式。

Ⅰ式：2件。均泥质陶。覆碟盖。高束颈，鼓腹，高圈足斜直。M76东：3，盖黑皮陶，器身褐陶。侈口，方唇，平底内凹。腹中部饰6周凹弦纹，两侧各有一铺首。口径9.2、圈足径10.7、通高29.3厘米（图二二，5；图版五三，2）。M76东：4，褐陶。侈口，尖唇，平底内凹。腹中部饰6周凹弦纹，两侧各有一铺首。颈部及盖有黑色彩绘，图案不清晰。口径9～9.2、圈足径11、通高29.9厘米（图二二，3）。

Ⅱ式：2件。覆碟盖。束颈稍矮，扁鼓腹，高圈足斜直。M4：1，夹砂陶，盖青灰陶，器身灰陶。侈口，尖唇，平底内凹。口径10.3～10.8、圈足径11.1、通高23厘米（图二二，6）。M66：3，泥质陶，盖褐陶，器身一半褐陶，一半灰褐陶，颜色斑驳不纯。侈口，尖唇，平沿微内凹，平底内凹。腹中部饰4周凹槽，底有螺旋形凹弦纹。口径9.7～10.2、圈足径10.1、通高25.6厘米（图二四，1）。

Ⅲ式：3件。均夹砂陶。束颈，微鼓腹，矮圈足。M55：2，褐陶。覆碟盖，平顶

图二四　汉墓出土陶壶

1.B型Ⅱ式大型壶（M66：3）　2～4.B型Ⅲ式大型壶（M55：2、M73：4、M60：2）　5、6.B型Ⅳ式大型壶（M18：4、M43：1）　7.B型Ⅴ式大型壶（M84：2）　8.B型小型壶（M66：17）　9.A型小型壶（M1北：17）

内凹，有放射状凹弦纹。侈口，尖唇，平底内凹。器身凹弦纹，底部有制作时形成的放射状凹弦纹。口径10.4～10.8、圈足径10.3～10.8、通高22.3厘米（图二四，2）。M60：2，红褐陶。侈口，尖唇，平沿，平底内凹。腹中部饰数周不连续凹槽。口径9.8～10.2、圈足径10.2、通高21.5～21.7厘米（图二四，4）。M73：4，灰陶。覆碟盖，平顶内凹。侈口，尖圆唇，平沿，平底内凹。腹部饰8周凹槽。口径8.9、圈足径10.4～10.5、通高23.4厘米（图二四，3）。

Ⅳ式：2件。均夹砂陶。短束颈，鼓腹微下垂，矮圈足。M18：4，灰陶。侈口，尖唇，平底。口径9.6、圈足径11.6～11.9、通高22.2厘米（图二四，5）。M43：1，灰褐陶。侈口，尖唇，平沿，平底内凹。腹中部有不明显的凹槽。口径8.4～8.6、圈足径9.7～10、通高20.2厘米（图二四，6）。

Ⅴ式：1件（M84：2）。夹砂灰陶。侈口，尖唇，束颈，鼓腹下垂，平底内凹，矮圈足斜直。口径12.4～12.5、圈足径15.6～16、通高23.3～23.5厘米（图二四，7）。

C型　1件（M89：2）。泥质灰陶。侈口，圆唇，束颈，溜肩，鼓腹，平底。肩部、腹部各有两周凹槽，腹中部饰对称的桥形耳。口径12.5、底径12.8～13.1、通高24.8厘米（图二三，1）。

小型壶　2件。分二型。

A型　1件（M1北：17）。泥质黑皮陶。微侈口，圆唇，微束颈，扁鼓腹，平底内凹，假圈足。口径3.7～3.8、圈足径3.8～3.9、通高6.6厘米（图二四，9）。

B型　1件（M66：17）。泥质黑皮陶。实心。敞口，尖圆唇，束颈，鼓腹，圜底。口径1.5～1.6、通高3.2厘米（图二四，8）。

钫　7件。可分型4件。可分二式。

Ⅰ式：2件。覆斗形盖，器形高大，两侧有铺首。M77：2，盖夹细砂黑皮陶，器身泥质红褐陶。侈口，方唇，平沿，颈内束，鼓腹，方圈足。口边长12.6～12.9、底呈长方形，长14.8、宽13.4、通高46.6厘米（图二五，1）。

Ⅱ式：2件。均泥质陶。盝顶盖，器形稍小。M28北：1，灰褐陶。侈口，方唇，平沿，颈内束，鼓腹，方圈足。口边长10～10.3、底边长10.4～11、通高33.4厘米（图二五，3；图版五三，3）。M78：2，褐陶。侈口，方唇，平沿，颈内束，鼓腹，方圈足。颈部残留有黑色彩绘。口边长10.4～11.3、底边长10.4、通高35厘米（图二五，2）。

匜　5件。平面均呈圆角长方形。M1北：10，夹砂褐陶。敞口，方唇，上腹斜直，下腹微内收，平底微内凹，半圆形短流。内壁有两周凹弦纹。底径4.8～5、高3.6厘米（图二六，2）。M1北：11，泥质褐陶。敞口，方唇，上腹斜直，下腹微内收，平底，半圆形短流。内壁有两周凹槽。底径4.1、高4厘米（图二六，1）。M76东：12，泥质黑皮陶。敞口，方唇，弧腹，小平底，半圆形短流。内壁有两周凹槽。底径3.2、高5.8

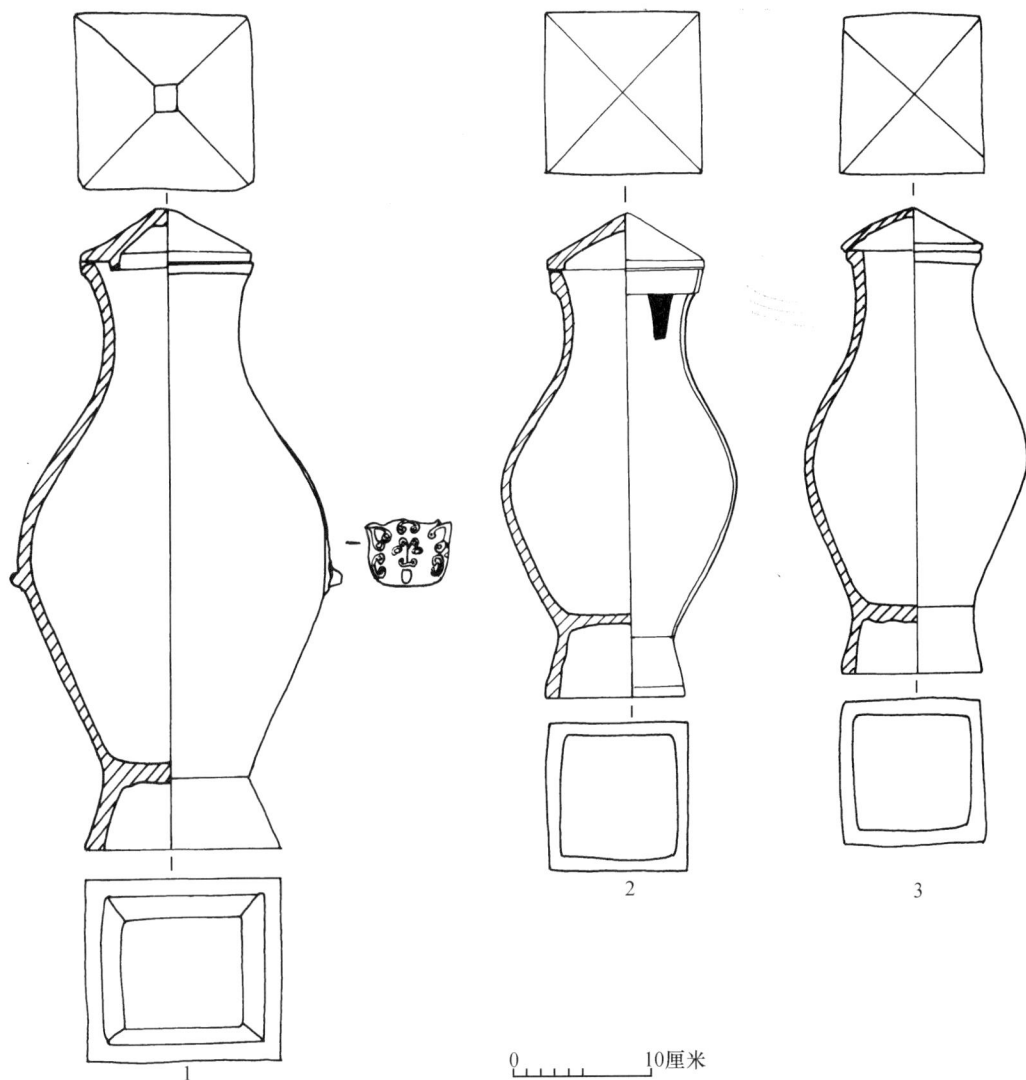

图二五　汉墓出土陶钫

1. Ⅰ式（M77：2）　2、3. Ⅱ式（M78：2、M28北：1）

厘米（图二六，3；图版五三，4）。

盘　13件。可分型的12件。分四式。

Ⅰ式：1件（M1北：25）。泥质褐陶。敞口，圆唇，平沿内凹，斜弧腹，平底微内凹。内底饰以黑彩为底、红彩绘的云气纹。口径11.1、底径4.5、高2～2.7厘米（图二七，1）。

Ⅱ式：5件。微折腹。M4：4，夹砂灰陶。敞口，尖唇，斜平沿，平底。口径12.2、底径5.2、高2.7厘米（图二八，6）。M51：1，泥质黑皮陶。敞口，方唇，

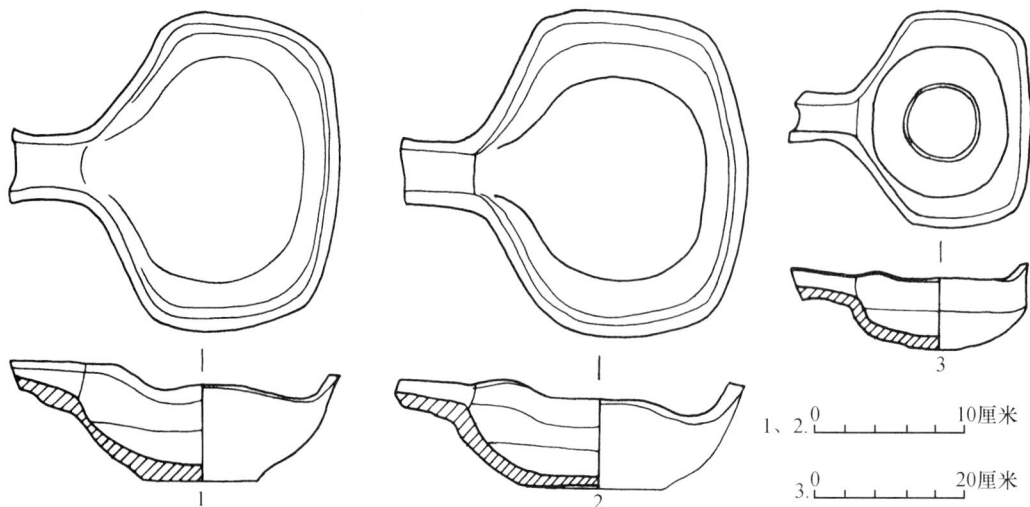

图二六　汉墓出土陶匜
1. M1北：11　2. M1北：10　3. M76东：12

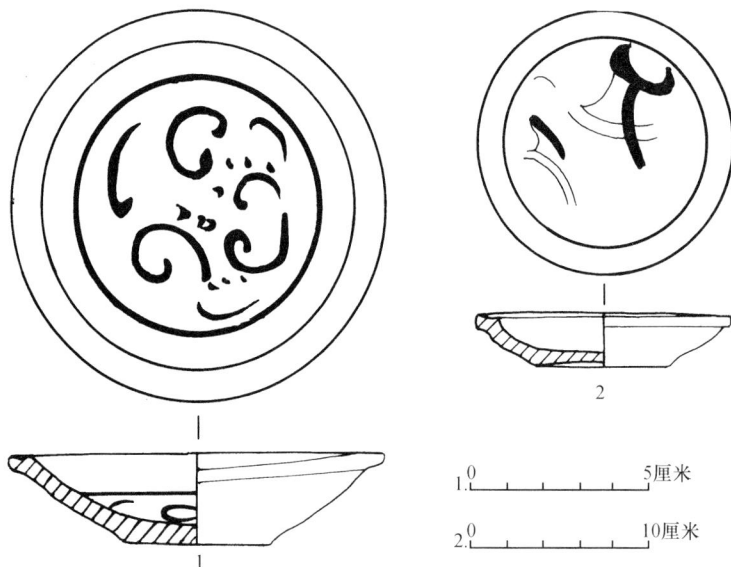

图二七　汉墓出土陶盘
1. Ⅰ式（M1北：25）　2. Ⅲ式（M55：4）

平沿微内凹，平底内凹。口径15.5～15.9、底径6、高3.5～4厘米（图二八，4）。M77：6，泥质灰陶。敞口，圆唇，平沿内凹，平底内凹。沿上有十余道凹弦纹。口径19.8～20.2、底径7、高5.4厘米（图二八，2）。

Ⅲ式：5件。折腹。M55：4，夹砂灰陶。敞口，方唇，斜沿内凹，平底内凹。内底

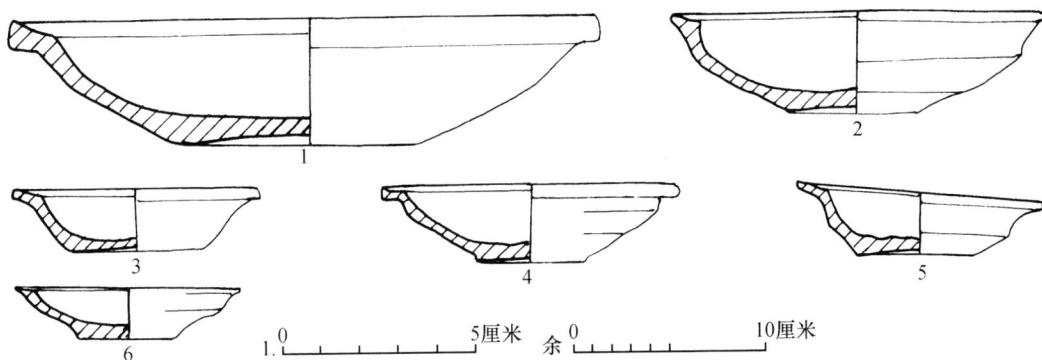

图二八　汉墓出土陶盘

1、5. Ⅲ式（M78：1、M73：2）　2、4、6. Ⅱ式（M77：6、M51：1、M4：4）　3. Ⅳ式（M31：1）

有红、黑色彩绘。口径14.5～14.9、底径7.8、高2.8～3厘米（图二七，2）。M73：2，夹砂黑皮陶。敞口，尖唇，斜沿内凹，平底内凹。口径13.4～13.6、底径6.1～6.5、高2.7～3.8厘米（图二八，5）。M78：1，泥质褐陶。敞口，方唇，斜沿内凹，平底内凹。下腹一周凹槽。口径15.9、底径6.1～6.5、高3.2～3.4厘米（图二八，1）。

Ⅳ式：1件（M31：1）。夹砂灰陶。敞口，方唇，斜沿，斜直腹，平底内凹。口径13.3、底径7.2、高3～3.3厘米（图二八，3）。

勺　3件。均泥质陶。平面呈桃形。M1北：14，褐陶。敞口，尖圆唇，弧腹。平底。圆柱形把，顶端向后勾。底径2.5、高3.6厘米（图二九，2）。M67：1，黑皮陶。直口，圆唇，弧腹，平底。柱形把，顶端向后勾。底径2.8、高6.4厘米（图二九，4；图版五四，1）。

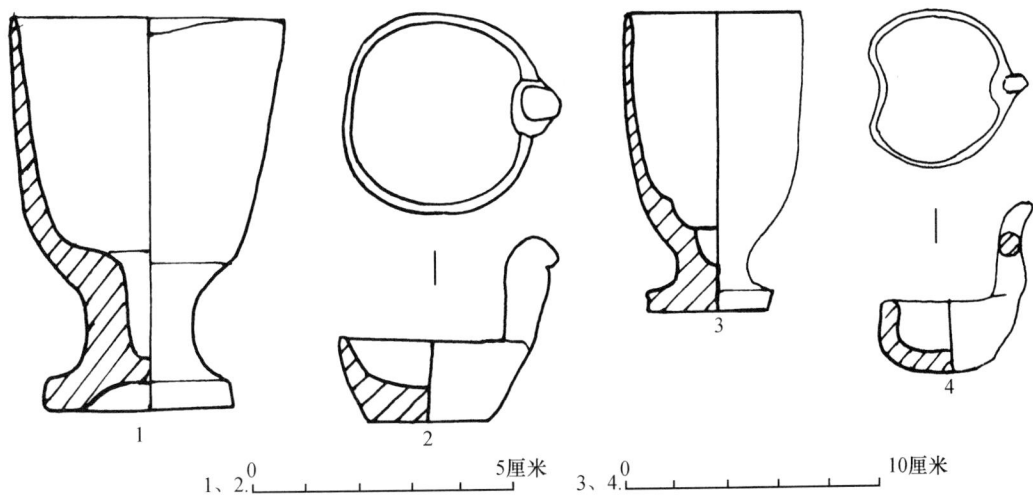

图二九　汉墓出土陶杯、陶勺

1、3. 杯（M1北：12、M76东：11）　2、4. 勺（M1北：14、M67：1）

杯　4件。M1北：12，泥质褐陶。敞口，尖唇，斜直腹，短束柄，平底座内凹。口径5.45～5.6、底径3.9～4、高7.5～7.6厘米（图二九，1）。M76东：11，泥质黑皮陶。微敞口，尖唇，斜腹，平底座。口径7.2、底径4.8～4.9、高11.3厘米（图二九，3；图版五四，2）。

罐　92件。可分型37件。根据器形的大小分大型罐、中型罐、小型罐三类。

大型罐　23件。口径多12～15、高22～30厘米。器身及底饰绳纹。据口部的不同，分二型。

A型　10件。盘口罐。分四式。其中1件口残，式不明。

Ⅰ式：1件（M7南：1）。夹砂灰陶盖。方唇，折腹，平顶微内凹。夹砂灰褐陶罐。侈口，窄方唇，卷沿，沿微凹，束颈，鼓腹，平底微内凹。腹中部饰一周不连续的凹弦纹，下腹及底饰交错粗绳纹。口径12、底径8、高25.6厘米（图三〇，3）。

Ⅱ式：2件。均夹砂陶。方唇稍宽，斜卷沿或微内凹，鼓腹，底内凹。M70：1，褐陶。近直口，束颈。下腹及底饰横、竖交错粗绳纹。口径12.8、底径10.6、高28～28.2厘米（图三〇，2）。M87：3，灰陶。侈口，束颈，鼓腹，底内凹。下腹及底饰横粗绳纹。口径13～13.4、底径8.2、高22.8～23.1厘米（图三〇，4）。

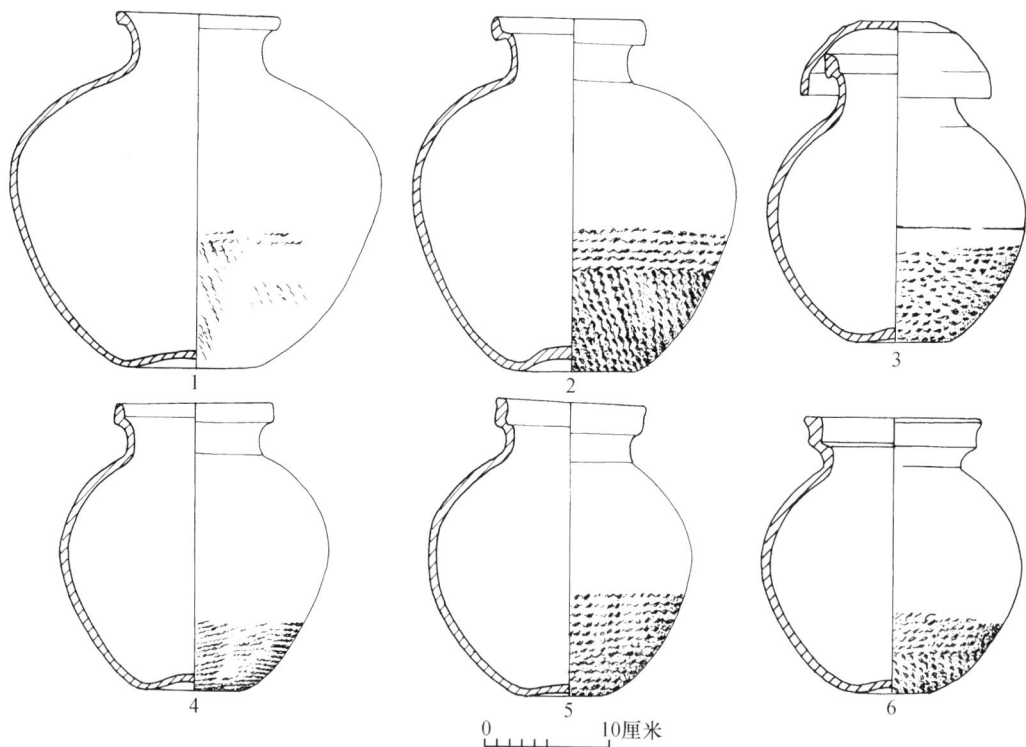

图三〇　汉墓出土大型陶罐
1. Ba型Ⅳ式（M17北：2）　2、4. A型Ⅱ式（M70：1、M87：3）　3. A型Ⅰ式（M7南：1）
5、6. A型Ⅲ式（M56：1、M83北：1）

Ⅲ式：5件。宽方唇，卷沿内凹，鼓腹，平底内凹。M50：3，夹砂灰陶。近直口，束颈。腹部有两周凹槽，下腹及底饰横粗绳纹。口径12.5～12.7、底径6.5～7、通高22.5～23.6厘米（图三一，1）。M56：1，夹砂灰陶。近直口，束颈。下腹及底饰横粗绳纹。口径12.3～12.5、底径6.5、高23.2～23.6厘米（图三〇，5）。M56：3，夹砂灰陶。方唇内凹，束颈。下腹及底饰横粗绳纹。口径12.1～12.5、底径6.4、高22.8厘米（图三一，2）。M83北：1，泥质黑皮陶。侈口，束颈。下腹及底饰横、竖交错绳纹。口径14.6、底径7.6、高22厘米（图三〇，6）。M85：3，夹细砂黑皮陶。方唇，平沿内凹，束颈，鼓腹。腹部有3道凹槽，下腹及底饰横粗绳纹。口径12.6～12.8、底径6.4、高22.8～24厘米（图三一，3）。

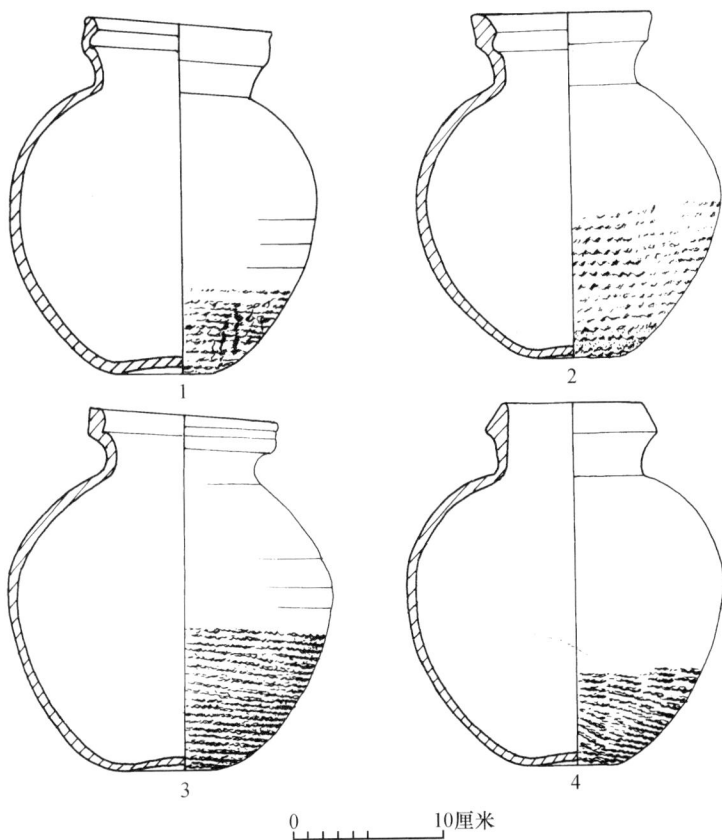

图三一　汉墓出土大型陶罐

1～3.A型Ⅲ式（M50：3、M56：3、M85：3）　4.A型Ⅳ式（M80：1）

Ⅳ式：1件（M80:1）。夹砂灰陶。直口，宽方唇，鼓腹，平底微凹，下腹及底饰横粗绳纹。口径9.8、底径7、高24厘米（图三一，4）。

B型　13件。均夹砂陶。分二亚型。

Ba型　8件。鼓腹，有肩。分四式。

Ⅰ式：1件（M28北：2）。灰陶。侈口，方唇，卷沿，束颈，溜肩，下腹缓收，平底内凹。腹下部两周指甲按压纹，下腹及底横饰拍印粗绳纹。口径12、底径9、高27.3厘米（图三二，1）。

Ⅱ式：1件（M5：2）。灰陶。侈口，方唇，平沿内凹，束颈，鼓肩，下腹缓收，平底内凹。下腹及底横饰拍印粗绳纹。口径13.9～14.1、底径11、高26.5～27.2厘米（图三二，3）。

Ⅲ式：5件。溜肩，下腹缓收。M50：1，灰陶。侈口，方唇，卷沿，束颈，平底内凹。下腹及底横饰拍印粗绳纹。口径14～14.2、底径10、高26.6～28.2厘米（图三三，1）。M50：2，灰陶。侈口，方唇，卷沿，束颈，平底内凹。下腹及底饰交错拍印粗绳纹。口径13.2、底径11、高26.8～27.5厘米（图三三，2）。M56：4，腹部以上为黑皮陶，以下为灰陶。侈口，方唇，卷沿，束颈，溜肩微折，平底内凹。腹中部一周凸棱，下腹及底横饰拍印粗绳纹。口径14、底径8.4、高26.7厘米（图三二，6）。M63北：3，灰陶。侈口，方唇，卷沿，束颈，溜肩微折，平底内凹。下腹及底饰交错拍印粗绳纹。口径14～14.3、底径10、高26～28厘米（图三三，6）。M87：2，灰陶。侈口，方唇，平沿微卷，束颈，溜肩微折，平底内凹。腹中部一周凸棱，下腹及底横饰拍印粗绳纹。口径14.5、底径11、高26.4～27.5厘米（图三二，5）。

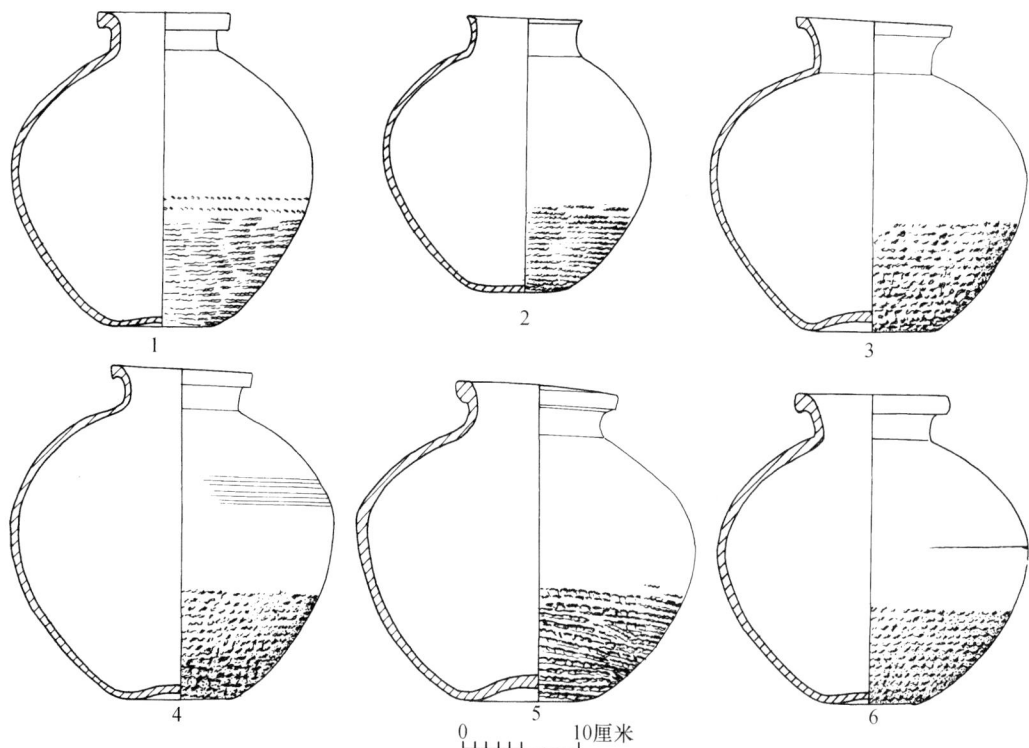

图三二　汉墓出土大型陶罐

1. Ba型Ⅰ式（M28北：2）　2. Bb型Ⅰ式（M60：1）　3. Ba型Ⅱ式（M5：2）　4. Bb型Ⅱ式（M54北：1）

5、6. Ba型Ⅲ式（M87：2、M56：4）

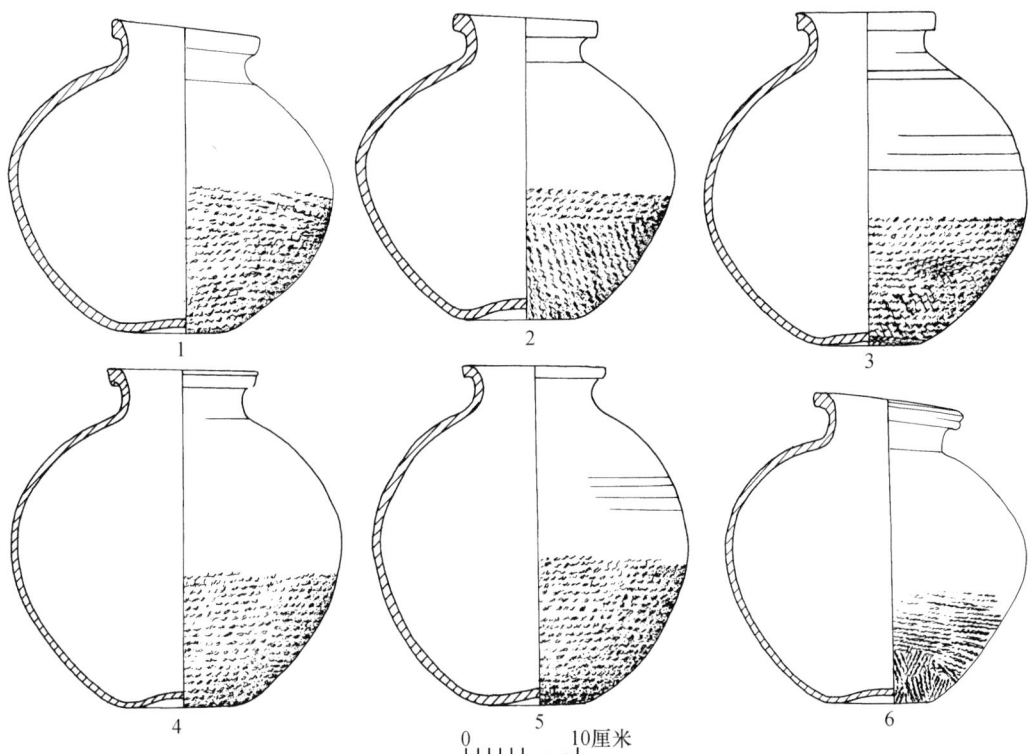

图三三　汉墓出土大型陶罐

1、2、6.Ba型Ⅲ式（M50：1、M50：2、M63北：3）　　3～5.Bb型Ⅲ式（M79北：1、M79南：3、M79南：1）

Ⅳ式：1件（M17北：2）。灰陶。侈口，方唇，卷沿，束颈，广斜肩，下腹内收明显，平底内凹。下腹及底饰不清晰的交错拍印粗绳纹。口径13.9、底径11.5、高28～28.3厘米（图三〇，1）。

Bb型　5件。圆鼓腹。分三式。

Ⅰ式：1件（M60：1）。灰陶。侈口，尖唇，斜平沿微内凹，束颈，最大腹径居上部，平底。下腹及底横饰拍印粗绳纹。口径10.4、底径8、高23.6～23.8厘米（图三二，2）。

Ⅱ式：1件（M54北：1）。灰褐陶。侈口，方唇，卷沿，束颈，最大腹径居中上部，平底内凹。上腹饰4周凹弦纹，下腹及底横饰拍印粗绳纹。口径12.9、底径10、高28.3～28.8厘米（图三二，4）。

Ⅲ式：3件。最大腹径居中部。M79南：1，灰陶。侈口，方唇，卷沿，束颈，平底内凹。上腹饰3周凹槽，下腹及底横饰拍印粗绳纹。口径13.3、底径9.6、高30.2～30.7厘米（图三三，5）。M79南：3，灰陶。侈口，方唇，卷沿，束颈，平底内凹。上腹饰近10道抹光暗纹，下腹及底横饰拍印粗绳纹。口径14.2～14.5、底径11、高30.4～30.7厘米（图三三，4）。M79北：1，灰陶。侈口，方唇，卷沿，束颈，平底内凹。肩部饰多道凸棱，上腹饰两周凹槽，下腹及底横饰拍印粗绳纹。口径13～13.2、底径9、高30厘米（图三三，3）。

中型罐　9件。均夹砂陶。素面。口径10～13、高17～22厘米。分三型。

A型　6件。矮束颈，鼓腹，大平底。分四式。

Ⅰ式：1件（M5：5）。灰陶。侈口，方唇，卷沿，溜肩，腹最大径居中上部。口径11～11.2、底径12、高18.3厘米（图三四，3）。

Ⅱ式：3件。腹最大径居中部。M54南：2，器盖，灰陶。方唇，侈口，弧腹，平顶。罐为灰陶。侈口，方唇内凹，卷沿，束颈，平底内凹。口径10.8、底径14.8、高17.5厘米（图三四，6）。M75：1，灰褐陶。侈口，方唇内凹，卷沿，束颈，平底内凹。口径10.4～10.5、底径5.4～5.5、高16.2厘米（图三四，4）。M87：1，灰陶。侈口，方唇，卷沿，束颈，平底内凹。口径11.9、底径14.8、高16.4厘米（图三五，2）。

Ⅲ式：1件（M47：3）。灰陶。侈口，方唇内凹，卷沿，束颈，鼓腹略垂，腹最大径居中下部，平底内凹。口径13.6～13.8、底径14.8～15、高17.6厘米（图三四，5）。

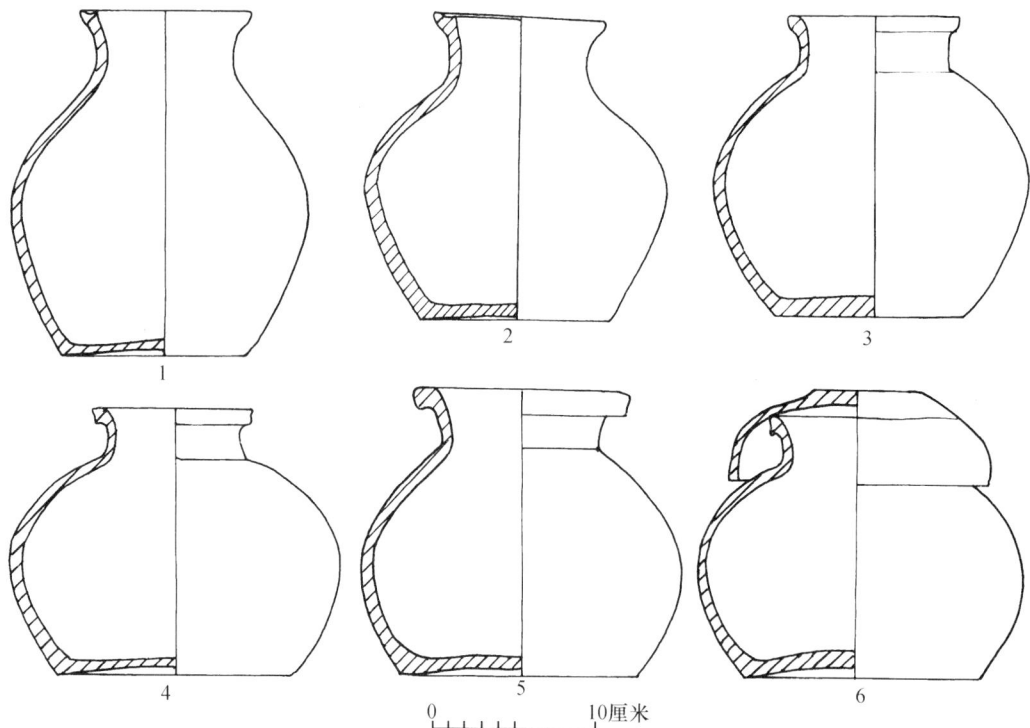

图三四　汉墓出土中型陶罐

1.B型Ⅱ式（M14东：3）　2.B型Ⅰ式（M43：3）　3.A型Ⅰ式（M5：5）　4、6.A型Ⅱ式（M75：1、M54南：2）　5.A型Ⅲ式（M47：3）

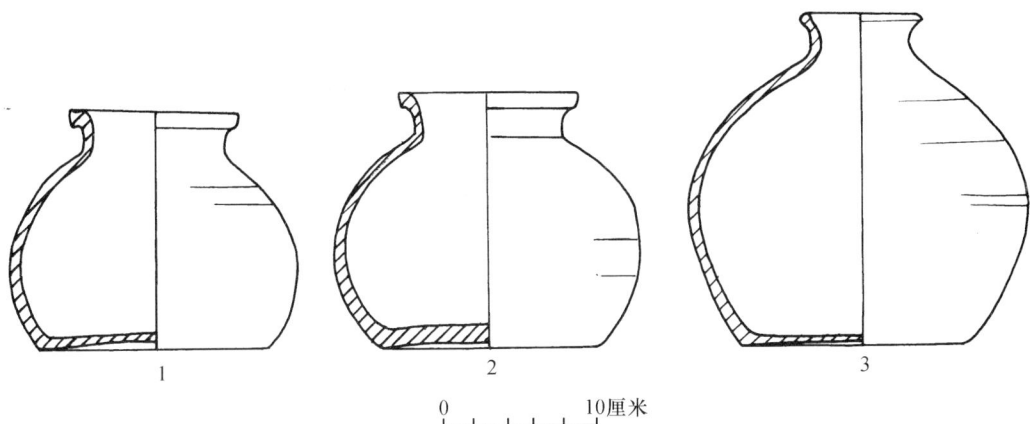

0   10厘米

图三五　汉墓出土中型陶罐

1. A型Ⅳ式（M63北：2）　2. A型Ⅱ式（M87：1）　3. C型（M63南：1）

Ⅳ式：1件（M63北：2）。灰陶。侈口，方唇，平沿微凹，束颈，近扁腹，腹最大径居下部，平底内凹。上腹两周凹槽。口径11.3、底径15.2、高15.2～15.5厘米（图三五，1）。

B型　2件。高束颈，鼓腹，平底。分二式。

Ⅰ式：1件（M43：3）。灰黑陶。侈口，尖唇，平沿微内凹，腹微扁，平底内凹。口径10.7～10.9、底径12.2、高18.3～18.7厘米（图三四，2）。

Ⅱ式：1件（M14东：3）。红陶。侈口，尖唇，平沿内凹，平底内凹。口径11、底径12、高21厘米（图三四，1）。

C型　1件（M63南：1）。灰陶。侈口，卷沿，束颈，溜肩，鼓腹微垂，大平底内凹。口小底大。口径8.3、底径14.6～15.1、高21.2厘米（图三五，3）。

小型罐　5件。均泥质陶。素面。口径2～5、高3～5厘米。M1北：16，褐陶。敛口，圆唇，鼓腹，平底。口径3.9～4.2、底径2.8、高3.4厘米（图三六，4）。M1北：21，褐陶。覆碟盖，平顶。敛口，圆唇，鼓腹，平底微内凹。口径2.4、底径2～2.5、高5厘米（图三六，2）。M66：5，褐陶。敛口，圆唇，鼓腹，平底内凹。口径2.6、底径3.1、高3.4厘米（图三六，1）。M66：15，褐陶。圆唇，直领，鼓腹，平底内凹。口径2.5、底径3.1、高3.4厘米（图三六，3）。M76西：3，黑皮陶。覆碟盖。圆唇，直领，鼓腹，小平底。口径4.2、底径2.5～2.7、高7.6厘米（图三六，5）。

瓮　8件。可分型7件。分三型。

A型　1件（M6：5）。夹砂灰陶。侈口，尖唇，平沿，斜直领，微鼓肩，平底内凹。下腹和底部饰横粗绳纹。口径23.8、底径11、高30.5厘米（图三七，1）。

B型　5件。均夹砂陶。鼓腹。M70：2，褐陶。直口，方唇，直领，平底内凹。下腹和底部饰横粗绳纹。口径15.2～15.5、底径10、高18.7～19.6厘米（图三七，2）。

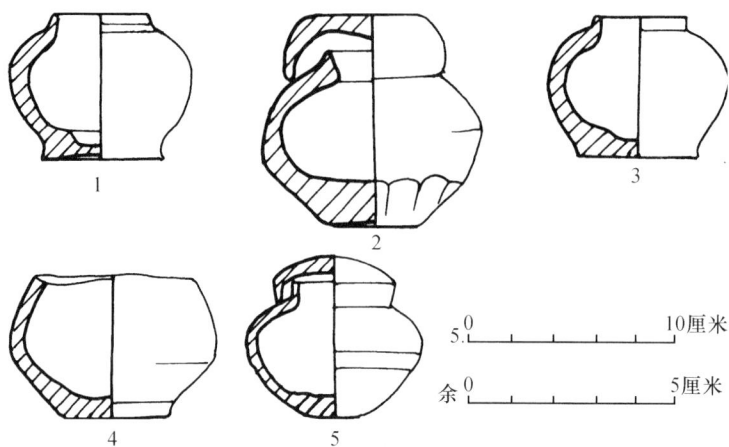

图三六　汉墓出土小型陶罐
1. M66：5　2. M1北：21　3. M66：15　4. M1北：16　5. M76西：3

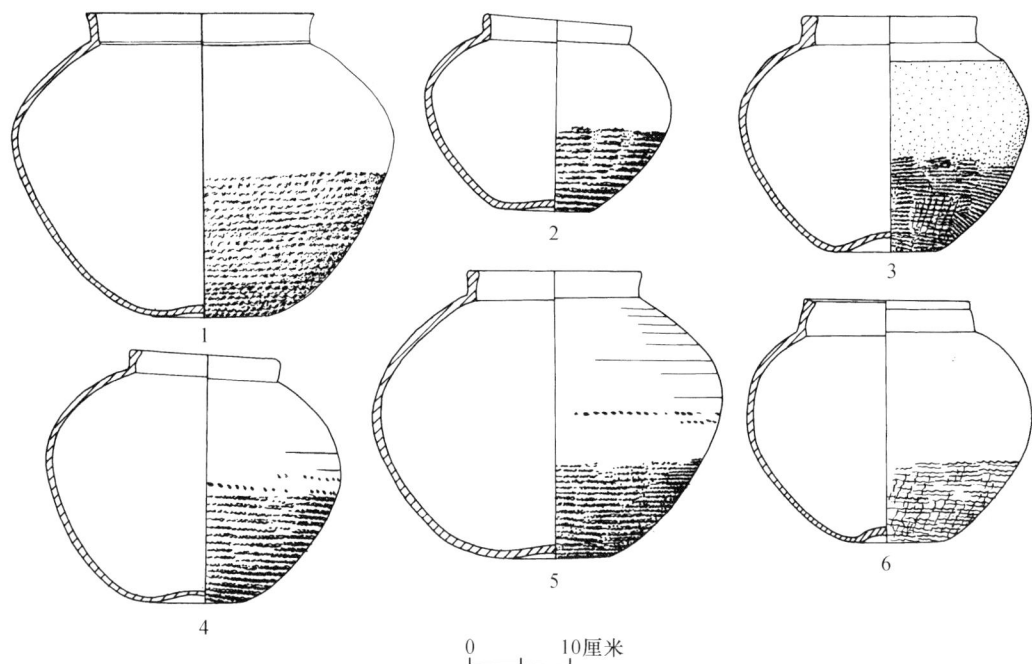

图三七　汉墓出土陶瓮
1. A型（M6：5）　2～5. B型（M70：2、M74：1、M71：2、M79北：2）　6. C型（M19：2）

M71：2，灰陶。微敛口，方唇，平沿内凹，直领，平底内凹。腹部两周指甲按压纹，上腹数周凹槽，下腹和底部饰粗绳纹。口径15.8～16、底径11、高24.2～25.1厘米（图三七，4）。M74：1，红陶。微敛口，方唇，平沿，直领，平底内凹。上腹一周折棱，下腹和底部饰粗绳纹。口径17.8～18、底径11、高27.5厘米（图三七，3）。M79

北：2，灰陶。近直口，方唇，平沿，平底内凹。腹部饰两周指甲按压纹，上腹有数周凹槽，下腹和底部饰粗绳纹。口径17.8、底径12、高28.6厘米（图三七，5）。

C型　1件（M19：2）。夹砂灰陶。敛口，尖唇，平沿内斜，圆鼓腹，平底内凹。下腹和底部饰粗绳纹。口径16.1~17.1、底径10、高24.1~24.3厘米（图三七，6）。

井　2件。M1北：22，泥质褐陶。尖圆唇，斜沿微内凹，斜直腹，平底。腹部有3~4周凹槽。口径9.2、底径5.4~5.6、高7.7厘米（图三八，2）。

仓　4件。分二型。

A型　2件。仓、盖均为圆形。M1北：3，盖为泥质灰陶。略作椭圆形，四面坡顶。直径13.2~13.6厘米。仓为泥质褐陶。尖圆唇，平沿，斜直腹，平底。腹有8周凹槽，底部有制作时形成的螺旋形凹槽。口径11.9、高9.4厘米。仓、盖通高12.5厘米（图三八，4）。M66西：8，泥质褐陶。盖方唇。顶有9周制作时形成的凹槽。直径11.2厘米。仓尖唇，平沿下斜，斜弧腹，平底。腹有5~6周凹槽，底部有制作陶器时形成的螺旋形凹槽。口径10.2~10.9、高6~7.6厘米。仓、盖通高9.6厘米（图三八，3）。

B型　2件。仓、盖均为长方形。M1北：7，盖为泥质灰陶。四面坡顶。长13.2、宽10.8厘米。仓为夹砂褐陶。圆唇，平沿，弧腹，圆平底。腹有6~7周凹槽。口长11.7、宽7.5~8、底径5.8、高8.8厘米。仓、盖通高13.5厘米（图三八，6；图版五四，3）。M66西：7，盖为泥质褐陶。四面坡顶。长16.2、宽13.6厘米。仓为夹砂灰陶。圆唇，平沿，弧腹，平底。腹有凹槽。口长11.3、宽8.8、高7.6厘米。仓、盖通高12.1厘米（图三八，5）。

灶　2件。M1北：20，夹砂灰褐陶。灶体呈长方体，火膛中空，半圆形灶门，方形火墙，圆形火眼，斜弧烟道。灶体长14.5、宽7~7.8、高6厘米，灶门宽2.4、高2.6厘米，火眼直径1.9厘米（图三八，1）。

圈　2件。均夹砂灰陶。M66：22，由厕所、猪舍和围墙组成。猪舍与厕所皆为三面坡瓦顶，猪舍顶部略残。长16、宽13.6、高6.9厘米（图三九，2；图版五四，4）。M1北：1，由厕所、猪舍和围墙组成。猪舍与厕所皆为三面坡瓦顶，猪舍顶部残一角。长19.4、宽16、高7.8厘米（图三九，1）。

磨　2件。M28南：1，夹细砂灰陶。平面呈圆形，一侧有流。中部有3孔。直径8、高2.7厘米（图三九，3）。

器盖　22件。完整器较少。M57：3，夹砂灰陶。近直口，方唇内凹，弧腹，平顶微内凹。口径14.8、顶径6、高4.1~4.3厘米（图三八，7）。

2. 铜器

185件。有釜、镜、镦、环、带钩、钱币等。

釜　4件。均器壁较薄，保存较差。M54南：3，尖唇，侈口，斜折沿，弧腹，平

图三八　汉墓出土陶器

1. 陶灶（M1北：20）　2. 陶井（M1北：22）　3、4. A型陶仓（M66西：8、M1北：3）

5、6. B型陶仓（M66西：7、M1北：7）　7. 陶器盖（M57：3）

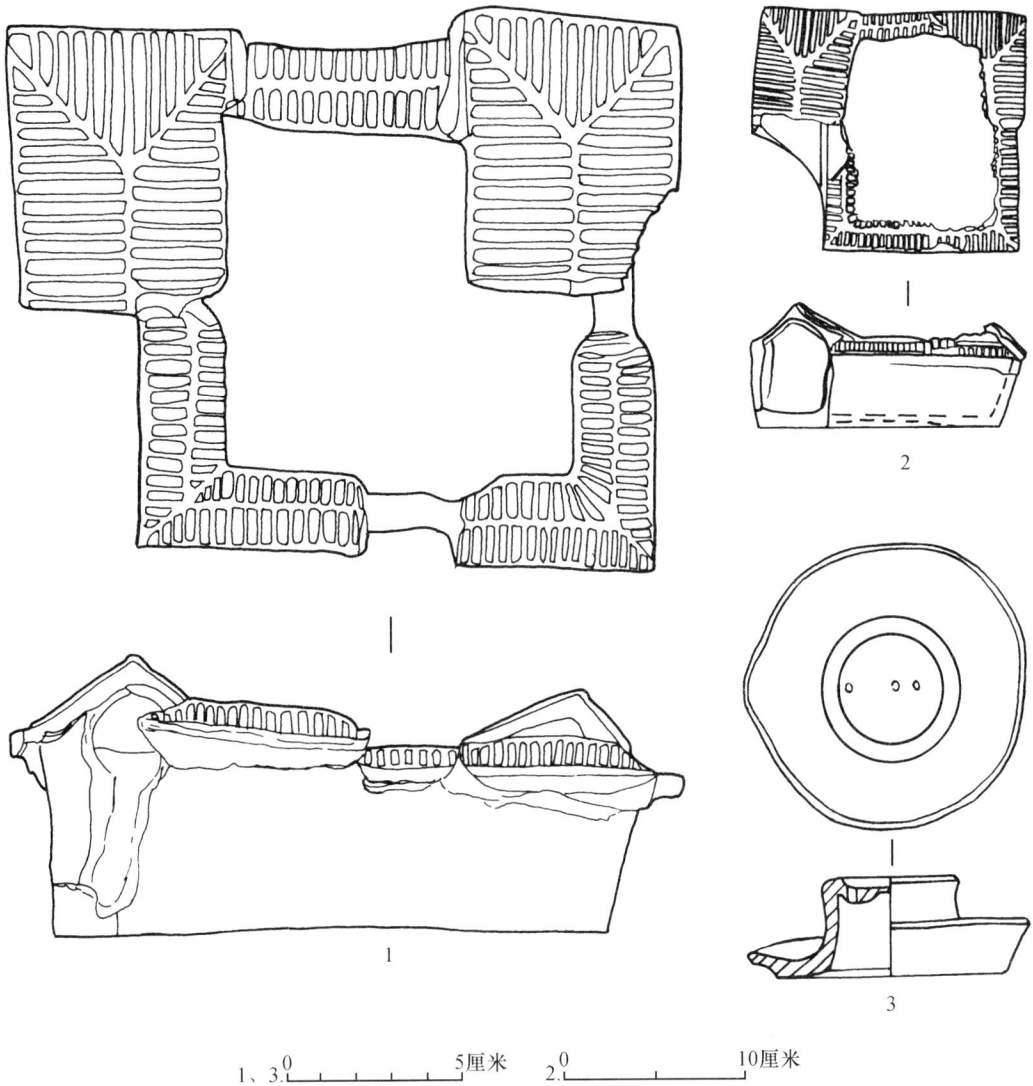

图三九　汉墓出土陶器
1、2.圈（M1北：1、M66：22）　3.磨（M28南：1）

底略圜，素面。口径17、高8厘米（图四○，4）。M82：7，尖唇，侈口，斜折沿，弧
腹，圜底，素面。口径18.8、高9.2厘米（图四○，5）。

　　铜镜　4面。其中1面（M17北：1）完整，保存较好，一面残缺（M13南：2），
余两面均残碎。M13南：2，草叶纹镜。圆纽，四叶纽座，小方格外双弦凹面大方格，
四角对称饰斜线纹，每边二字铭文，铭文为"见日之光，天下大明"；方格外四枚乳
钉两侧饰对称草叶纹，四外角各伸出一花苞二叶花枝纹。内向十六连弧纹缘。镜体轻
薄。直径11.3、边厚0.2厘米（图版五五，2）。M17北：1，四乳四虺镜。弦形纽，外两

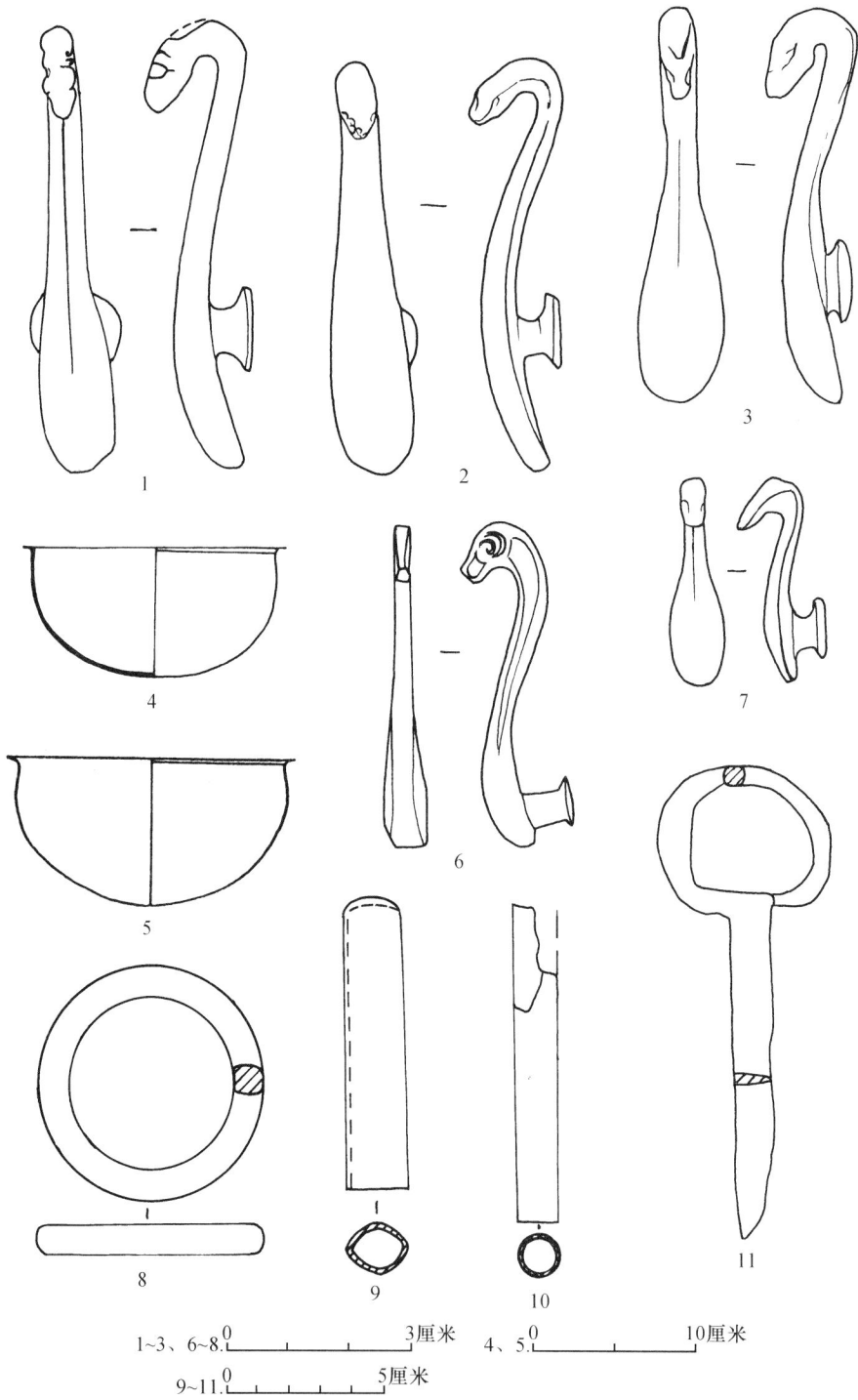

图四〇　汉墓出土铜器、铁器

1～3.A型铜带钩（M65：01、M54北：5、M82：2）　4、5.铜釜（M54南：3、M82：7）　6.B型铜带钩
（M6：2）　7.C型铜带钩（M79南：5）　8.铜环（M83北：4）　9、10.铜镦（M28北：3、M85：5）
11.铁环首刀（M83北：6）

周宽凹面圈带与一周宽凹面圈带之间的纹饰为四乳与四虺纹相间环绕。缘边上卷。直径9.4、边厚0.3厘米（图四一，1；图版五五，1）。M69：1，蟠螭菱纹镜。锈蚀、残碎严重。三弦纽，圆纽座，座外凹弧面圈带一周，主纹为蟠螭和菱形纹。涡状云雷地纹。缘边上卷。边厚0.2厘米。M81：5，蟠虺纹镜。残，锈蚀严重。纽残，圆纽座，座外凹弧面圈带一周，主纹为蟠虺纹，有乳钉，涡状地纹。缘边上卷。直径8.3、边厚0.2厘米。

镦　3件。圆筒形。截面呈圆形或圆菱形。M28北：3，截面略呈圆菱形。长径2、短径1.6、长9厘米（图四〇，9）。M85：5，截面呈圆形。口径1.2~1.3、残长10厘米（图四〇，10）。

环　1件（M83北：4）。断面呈圆形。直径3.7厘米（图四〇，8；图版五六，1）。

带钩　6件。均琴面形，背部一圆纽。分三型。

A型　4件。器身细长，纽居中。M54北：5，兽首。体长6.4、腹宽1.3厘米（图四〇，2）。M65：01，兽首。体长6.9、腹宽1.2厘米（图四〇，1；图版五六，2）。M82：2，兽首。体长6.1、腹宽1.35厘米（图四〇，3）。

B型　1件（M6：2）。器身细长，纽居末端。兽首。体长5、腹宽0.7厘米（图四〇，6）。

C型　1件（M79南：5）。器身较短。体长3.2、腹宽0.9厘米（图四〇，7；图版五六，3）。

钱币　167枚。有半两、五铢、大泉五十等。多数铜钱以麻绳串联，有的以绢布包裹，残留的痕迹清晰可见。

半两　64枚。均无郭。分二型。

A型　1枚。八株半两。M51：3-1，较轻薄。直径2.7、厚0.1、穿边长0.8厘米（图四一，2；图版五六，4）。

B型　63枚。四株半两。M51：3-2，较轻薄。直径2.4、厚0.1、穿边长0.7厘米（图四一，3；图版五六，5）。M51：3-3，较轻薄。直径2.3、厚0.1、穿边长0.8厘米（图四一，4）。

五铢　约100枚。72枚因锈蚀严重，型式不明，余保存完整或基本完整。

Ⅰ式：25枚。"五"字中间相交两笔较直，"铢"字的"金"字头呈镞形或小三角形，"朱"字头方折。部分铜钱有穿上横廓、穿下横廓或穿下半星。M46：1-1，穿上有横廓。直径2.5、厚0.2、穿边长1厘米（图四二，2；图版五六，7）。M46：1-2，穿上有横廓。直径2.5、厚0.17、穿边长0.9厘米（图四二，3；图版五六，9）。M46：1-3，穿下有半星。直径2.5、厚0.7、穿边长0.9厘米（图四二，1；图版五六，10）。

Ⅱ式：3枚，2枚残碎，仅可见"五"字中间相交两笔弯曲。M46：1-4，穿下有半星。直径2.4、厚0.7、穿边长0.9厘米（图四二，4；图版五六，7）。

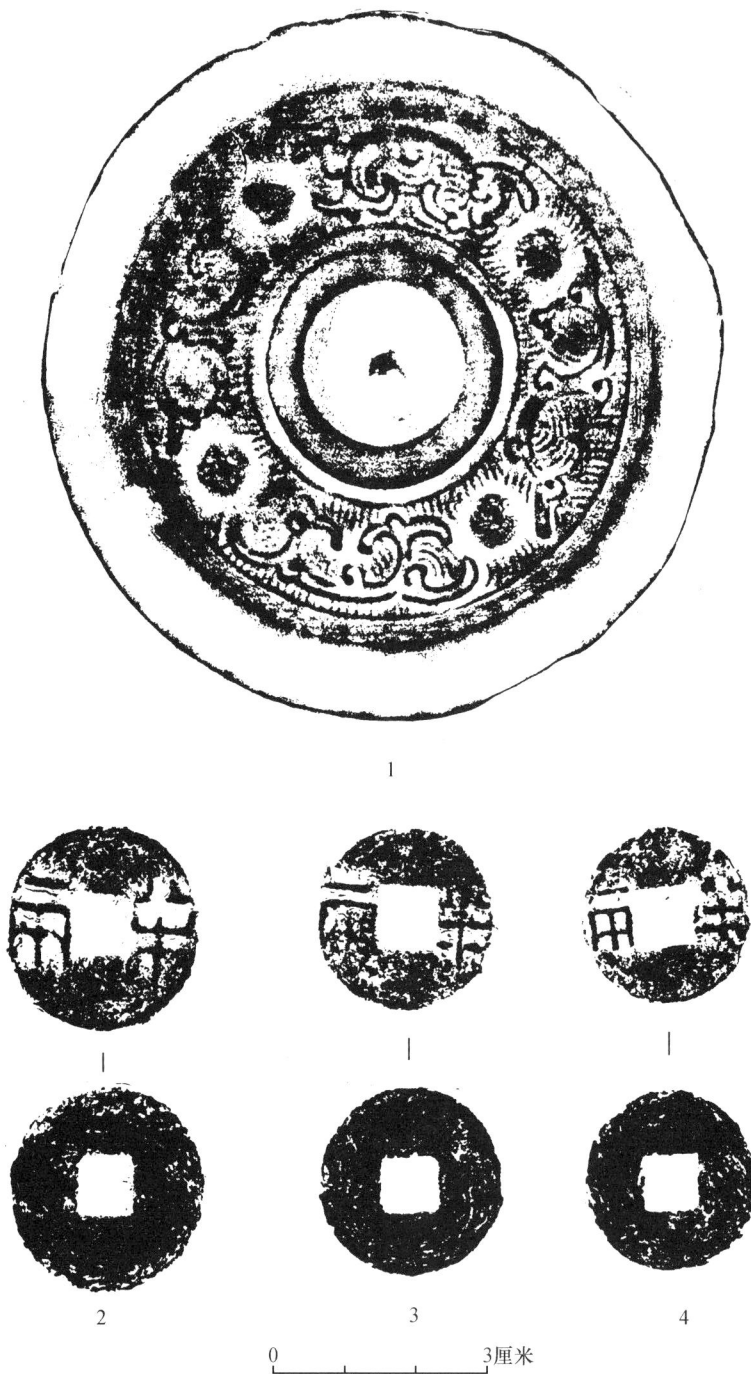

图四一　汉墓出土铜器

1. 铜镜（M17北：1）　2. A型半两（M51：3-1）　3、4. B型半两（M51：3-2、M51：3-3）

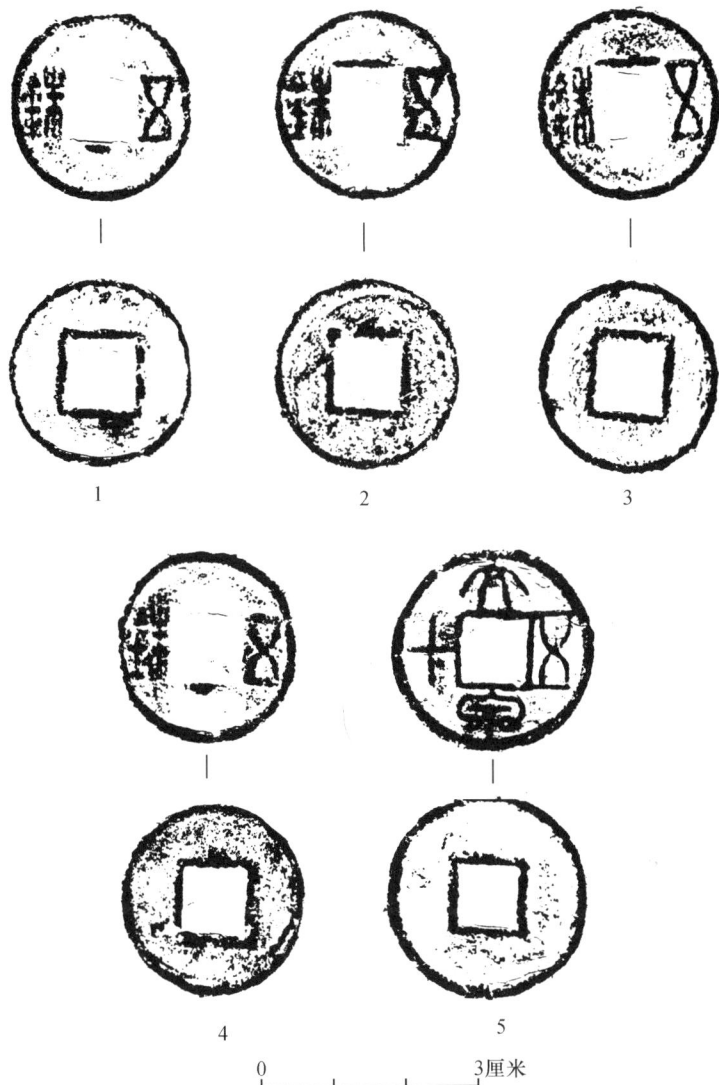

图四二 汉墓出土铜钱

1~3. I式五铢（M46∶1-3、M46∶1-1、M46∶1-2） 4. II式五铢（M46∶1-4） 5. 大泉五十（M80∶3-1）

大泉五十 3枚。M80∶3-1，直径2.7、厚0.3、孔边长0.9厘米（图四二，5；图版五六，6）。

3. 铁器

9件。有剑、环首刀、锸等。多数锈蚀残断。

环首刀 2件。M83北∶6，椭圆形首，直背直刃。残长14.8厘米（图四〇，11）。

4. 漆器

7件。多为漆盒，保存较差，残存碎漆皮。其中M84出土的漆盒内有兽骨。

四、墓葬分期与年代

麦坡墓地发掘的这批汉代墓葬，分岩坑竖穴木棺墓、石椁墓两大类。墓地中墓葬相互之间的打破关系除合葬墓外，仅有M5打破M6，M47打破M48，M89打破M80，M80、M88、M89打破M90，这四组墓葬的形制基本相同，而一般的合葬墓之间都是有意安排的打破关系，表明墓主之间的关系较近，一般为夫妻，其时代也很接近，墓葬形制也相同。由此可见，依据墓葬的形制，很难对这批墓葬进行分期和排序。

因此，对于这批墓葬的发展序列与分期，主要依据随葬器物组合关系的归类和器物型式的排比来进行，在总结时代特征的基础上，再结合具有代表性的墓中出土的铜钱材料进行综合分析，来推测其大致的相对年代。

90座墓葬中，有23座为被盗墓或空墓，没有随葬品，8座随葬品出自填土中，19座因随葬品为碎残片，另有2座墓葬随葬品无法判断其年代，因此，这52座墓葬无法对其进行分期。其余38座墓葬，则可通过对器物组合关系和型式的排比，结合共出的铜钱材料进行大致的分期。

墓葬中的陶器从典型器形看，可以分为两大类：一类为祭祀用的礼器，即鼎、盒、壶、匜、盘、勺、杯等；一类为实用器，即大、中型罐。由于这两类器物有各自的发展变化规律，可以分别进行排比分析。

出土陶礼器的墓葬由于之间没有打破关系，其间更多的是并列关系，故很难利用它们之间的相互关系来进行分期排队，只能用器物的型式排比来进行。

M1、M76有Aa型Ⅰ式鼎、Aa型Ⅰ式大型壶，可以将其列为A组第1组，出同类型器物的M66、M77归入该组，则A型Ⅰ、Ⅱ式盒，B型Ⅰ式大型壶和Ⅰ式盘应属第1组。

M68、M81出有Aa型Ⅱ式鼎，M28有Aa型Ⅱ式大型壶，M4有B型Ⅱ式大型壶与M66同型，可将其列为A组第2组，与M4出有B型Ⅰ式盒、Ⅱ式盘同类型器物的M51可划入该组。则M4、M28出土的Ba型Ⅰ式、Bb型Ⅰ式鼎和B型Ⅱ式大型壶等应属第2组。

M60出有Ba型Ⅱ式鼎、B型Ⅲ式大型壶，M75有Bb型Ⅱ式鼎、B型Ⅱ式盒，M78有Bb型Ⅱ式鼎、Ⅲ式盘，可将其列为A组第3组，出同类型器物的M55、M73、M81可归入该组。

M43出有Bb型Ⅲ式鼎、B型Ⅲ式盒、B型Ⅲ式大型壶，M62有Bb型Ⅲ式鼎、A型Ⅲ式盒，可将其列为A组第4组，M18出有与M43同型的B型Ⅲ式大型壶，也可将其归入此组。

M84出有Bb型Ⅳ式鼎、A型Ⅳ式盒、B型Ⅳ式大型壶，可将其列为A组第5组，M79有B型Ⅴ式盒，也可将其归入此组。

随葬实用陶器的墓葬间打破关系有M5打破M6，M47打破M48，M89打破M80，M80、M88、M89打破M90这四组，但其陶器之间没有可资利用的，故其分期排队只能用器物的型式排比来进行。

M7出A型Ⅰ式大型罐，M28有Ba型Ⅰ式大型罐，可将其列为B组第1组。

M70、M87出A型Ⅱ式大型罐，M5有Ba型Ⅱ式大型罐、A型Ⅰ式中型罐，可将其列为B组第2组。出有Bb型Ⅰ式大型罐的M60可归入此组。

M50、M56出A型Ⅲ式、Ba型Ⅲ式大型罐，M54出Bb型Ⅱ式大型罐、A型Ⅱ式中型罐，可将其列为B组第3组，M83、M85、M87有同型器物，也可划入此组。

M80出A型Ⅳ式大型罐，M17出Ba型Ⅳ式，可将其列为B组第4组。

以上所分A、B两组中，A2组M28出有Ba型Ⅰ式大型罐，与B组第1组对应，因此，可将两组合并为一组；A1组单独为一组；A4组M60有B型Ⅰ式大型罐，与B3组相对应，可将二组合并为一组；A5组M79出盒，与B4组相对应，可将二组合并为一组。由此，将墓地随葬品可以分为五组，每组代表一段，而3、4段可合为一期，故墓地墓葬可分为四个大的发展阶段，即四期（表一）：

表一　主要陶器分期表

期	段	鼎 A a	鼎 A b	鼎 B a	鼎 B b	盒 A	盒 B	壶 A a	壶 A b	壶 B	罐 A	罐 B a	罐 B b	中罐 A	中罐 B	盘
一	1	Ⅰ	√			Ⅰ		Ⅰ	√	Ⅰ						Ⅰ
二	2	Ⅱ		Ⅰ	Ⅰ	Ⅱ	Ⅰ	Ⅱ		Ⅱ	Ⅱ	Ⅰ	Ⅰ			Ⅱ
	3			Ⅱ	Ⅱ		Ⅱ			Ⅲ	Ⅱ	Ⅱ	Ⅰ	Ⅰ		Ⅲ
三	4			Ⅲ	Ⅲ		Ⅲ Ⅳ Ⅴ			Ⅳ	Ⅲ	Ⅲ Ⅳ	Ⅱ Ⅲ	Ⅱ Ⅲ Ⅳ	Ⅰ Ⅱ	Ⅳ
四	5			Ⅳ	Ⅳ					Ⅴ	Ⅳ					

第一期：共4座（M1、M66、M76、M77）。墓葬形制以岩坑竖穴木棺墓为主，随葬品有Aa型Ⅰ式、Ab型鼎，A型Ⅰ式盒，Aa型Ⅰ式、B型Ⅰ式大型壶，Ⅰ式钫，Ⅰ式盘，匜，勺，杯等。伴出的有文帝四铢半两等。Aa型Ⅰ式鼎、A型Ⅰ式盒、杯及Aa型Ⅰ式、B型Ⅰ式大型壶等与滕州东小宫M331同类器相似[1]，钫与洛阳烧沟汉墓西汉早期钫接近，A型Ⅰ式盒与临沂银雀山M3盒相似[2]，唯Aa型Ⅰ式鼎盖无纽，时代较银雀山M3为晚；所出B型Ⅰ式盒与临沂金雀山M31所出盒相似[3]。东小宫M331有学者认为

其年代为西汉早期偏晚阶段[4]，银雀山M3、金雀山M31时代均为西汉早期。据此，该期墓葬时代为西汉早期偏晚阶段，年代约当武帝元狩五年（前118年）以前，即文景时期。

第二期：共6座（M4、M7、M28、M51、M60、M68）。形制依旧以岩坑竖穴木棺墓为主，出现石椁墓，但数量稀少。随葬品有Aa型Ⅱ式、Ba型Ⅰ式、Bb型Ⅰ式鼎，B型Ⅰ式盒，Aa型Ⅱ式、B型Ⅱ式大型壶，Ⅱ式钫，A型Ⅰ式、Ba型Ⅰ式大型罐，Ⅱ式盘等。所出B型Ⅱ式大型壶与枣庄小山M1所出、Ⅱ式钫与M3所出相似[5]，A型Ⅰ式大型罐与济宁潘庙M54所出相似[6]。由此推测，该期墓葬时代为西汉中期，年代约当武帝元狩五年（前118年）到宣帝时期。

第三期：共26座（M5、M6、M14、M18、M19、M31、M43、M47、M50、M54～M56、M62、M63、M70、M71、M73～M75、M78、M79、M81、M83、M85、M87、M89）。形制均为岩坑竖穴木棺墓。随葬品Bb型Ⅱ、Ⅲ式鼎，A型Ⅲ式、B型Ⅲ～Ⅴ式盒，B型Ⅲ、Ⅳ式大型壶，A型Ⅱ～Ⅲ式、Ba型Ⅱ～Ⅳ式、Bb型Ⅰ～Ⅲ式大型罐，A型Ⅰ～Ⅳ式、B型Ⅰ～Ⅱ式中型罐，Ⅲ、Ⅳ式盘等，伴出的有Ⅰ、Ⅱ式五铢等。A型Ⅲ式大型罐与潘庙M6A型罐相似[7]，A型瓮与巨野红土山相似[8]，B型瓮与潘庙M6B型瓮类似[9]，据此判断，此期墓葬时代为西汉晚期，年代约当元、成、哀、平时期。

第四期：共2座（M80、M84）。形制均为岩坑竖穴木棺墓。随葬品有B型Ⅳ式鼎、A型Ⅳ式盒、B型Ⅴ式大型壶、A型Ⅳ式大型罐等，伴出的有大泉五十王莽铜钱，据此分析，本期时代为王莽时期。

五、结　　语

依据以上分析可以看出，麦坡墓地时代从西汉早期直至王莽时期，延续时间较长，出土随葬品丰富，为鲁东南地区汉代墓葬的研究提供了丰富的实物资料。

从墓葬时代及分布情况看，西汉早、中期，数量少，分布零散，到西汉晚期，墓葬数量大增，分布也较密集；墓地大体存在分区埋葬的现象，各区内墓葬形制、方向、随葬品组合、器物特征等方面多有相同或相似之处；部分墓葬之间的打破关系，有打破墓葬一角或一边的现象，也有两墓一边重合的现象，这显然是在下葬时的有意安排，表明墓主之间的特殊关系，这种情况说明，各区代表的是不同姓氏的家族墓地。

从分期情况看，文化特征是发展变化的。从西汉早期到晚期，墓葬均为岩坑竖穴墓，这是由于当地的地理环境所限制的。依据葬具划分，主要以木棺墓为主，但中期出现少量石椁墓。随葬品方面，西汉早期墓葬多鼎、盒、壶等陶礼器和少数实用陶器，铜钱数量很少，陶礼器主要出于稍大型的墓中，器形多较规整，鼎足、耳等为模制；到西汉中期，陶礼器有所减少，实用器即大、中型罐等增多，铜钱数量依然不多；到西汉晚期，陶礼器所占比例很少，绝大多数为实用器，陶礼器制作多不规则，较粗糙，多手制。

墓葬等级和墓主的身份可分两类：一类随葬品较丰富，有铜器、漆器、陶器等，有鼎、盒、壶等仿铜陶礼器，应为富裕的地主或百姓；另一类墓葬形制较小，随葬品少，仅少量铜钱或数量不等的陶罐等实用器，葬具为木棺，墓主应为平民百姓。

　　绘　图：房成来　王站琴（清绘）
　　摄　影：李顺华　党　浩
　　执　笔：党　浩　李　斌　石法德　赵敬民

注　释

［1］ 山东省文物考古研究所、滕州市博物馆：《山东滕州市东小宫周代、两汉墓地》，《考古》2000年10期；山东省文物考古研究所、滕州市博物馆：《滕州东小宫墓地》，《鲁中南汉墓》，文物出版社，2009年。

［2］ 山东省博物馆、临沂文物组：《临沂银雀山四座西汉墓葬》，《考古》1975年6期。

［3］ 临沂市博物馆：《山东临沂金雀山九座汉代墓葬》，《文物》1989年1期。

［4］ 郑同修、杨爱国：《山东汉代墓葬出土陶器的初步研究》，《考古学报》2003年3期。

［5］ 枣庄市文物管理委员会办公室、枣庄市博物馆：《山东枣庄小山西汉画像石墓》，《文物》1997年12期。

［6］ 国家文物局考古领队培训班：《山东济宁郊区潘庙汉代墓地》，《文物》1991年12期。

［7］ 同［6］。

［8］ 山东省菏泽地区汉墓发掘小组：《巨野红土山西汉墓》，《考古学报》1983年4期。

［9］ 同［6］。

附表　墓葬登记表

长度单位：米

墓号（M）	墓型	墓室	期段	墓向	墓坑尺寸（长×宽—深）	椁棺尺寸（长×宽—高）	头向、葬式	岩石二层台（宽×高）	随葬品及位置	备注
1	木棺B	南	一	109°	3.37×1.4—2.1	棺	东	南、北0.2×0.88 内侧有宽0.1，深0.04的槽，石盖板厚0.3	大型壶Aa I，器盖2	被盗
		北		109°	3.12×1.86—1.9	棺	东	南、北（0.47~0.5）×0.92 西0.5×0.01 南北内侧有宽0.18，深0.04的槽	陶鼎Aa I，盒A I 2，大型壶Aa I 2，小型壶A，纺，匜2，盘 I，勺，杯，小型罐2，井，仓，猪圈，器盖7 A、B、灶	被盗
2	木棺B	南	不清	96°（276°）	2.8×1.25—（1.3—1.5）			北0.4×0.7		一次性筑成，壁很规整，未发现埋葬的痕迹
		北		96°（276°）	2.8×1.25—（1.3—1.5）			南0.2×0.7 西0.4×0.4		
3	木棺B	南	不清	96°	3.04×1.95—1.5	棺	东?	西0.38×0.3		被盗。二层台上有放置陶器印痕
		北		96°	3×1.76—1.3	棺	东?			
4	木棺A		二	92°	2.45×1.55—（0.48~0.8）	棺2×0.5—0.2	东，仰身直肢，腐朽	南0.45×0.65 北0.4×0.65	陶鼎Ba I，盒B I，壶，盘 II	
5	木棺A		三	16°	3×1.52—（1.15~1.49）	棺2×0.57—0.05	北，仰身直肢，腐朽	东、西（0.40~0.41）×0.83	陶大型罐Ba I，罐，中型罐A I 10；铜五铢 I，铁锸	铁锸出自填土

续表

墓号（M）	墓型	墓室	期段	墓向	墓坑尺寸（长×宽—深）	椁棺尺寸（长×宽—高）	头向、葬式	岩石二层台（宽×高）	随葬品及位置	备注
6	木棺A		三	15°	2.75×0.9—（0.45~0.5）	棺2.25×（0.55~0.60）—0.12	北，腐朽		陶罐，瓮A；铜五铢I4，不明型式五铢12（布包裹），带钩A，铁剑	红漆棺。被M5打破
7	石椁墓	南	二	98°	3×3—2.2	椁2.4×1—0.8	东？		陶大型罐AI	
		北		98°	3×3—2.2	椁2.54×1—0.8	东？		陶鼎碎片	
8	木棺A		不清	199°	2.35×1.15—0.65	棺1.9×0.45—0.18	南、仰身直肢，左上肢曲放于胸前	东0.3×0.56 西0.25×0.65	陶罐	
9	木棺A		不清	84°	2.6×0.6—0.4		东			被盗
10	木棺A		不清	116°（296°）	2.95×1.5—1				陶罐	被盗
11	木棺A		不清	23°（203°）	2.3×1.5—0.44			东0.31×0.06 西0.26×0.08		被盗
12	木棺A		不清	9°（189°）	2.6×0.8—0.2					被盗
13	石椁墓	南	不清	105°	2.94×1.26—3.2	椁1.95×0.66—0.55 石板厚0.08~0.1 盖板两块，厚0.22	东	南0.34×1 北0.08×1	陶罐残片；铜镜	被盗。被北室打破
		北	不清	105°	3.22×1.84—3.14	椁2.16×0.39—0.47 石板厚0.07~0.1盖板三块，0.22	东	南0.63×0.94，北0.67×0.94，口部有深0.06，北宽0.2，南宽0.25的槽，以放置石盖板	陶壶、器盖等陶器残片	

续表

墓号（M）	墓型	墓室	期段	墓向	墓坑尺寸（长×宽—深）	棺椁尺寸（长×宽—高）	头向、葬式	岩石二层台（宽×高）	随葬品及位置	备注
14	木棺B	东	三	20°（200°）	（2.75～2.9）×0.7～0.85				陶壶、中型罐BⅡ、器盖；残漆器	被盗。被西室打破
		西		20°	2.85×1.1—1.45	棺2.05×0.5—0.5，黑漆	北		铜五铢Ⅰ2，不明型式五铢2	被盗
15	木棺B	南		107°（287°）	2.72×0.7—1					被盗。打破北室
		北	不清	107°（287°）	2.72×1.2—1.5			南0.18×0.75 北0.32×0.75		
16	木棺B	东		11°	2.9×1.27—1.1	棺2.5×0.6—0.3，板厚0.06	北	南0.3×0.2	陶罐2	
		西	不清	11°	2.9×0.93—0.7	棺2.2×0.6—0.1				
17	木棺B	南		102°	2.45×1.1—0.8		东，仰身，右下肢向左弯曲，腐朽	南0.26×0.55 北0.24×0.55	陶罐；残漆盒2	
		北	不清	102°	2.7×1.55—1.55	棺1.9×0.54—0.35，棺盖、底部分末腐朽	东，仰身，上肢交叉置于腹部，左小腿向外弯曲，腐朽	南0.34×0.55 北0.45×0.75 西端0.4×0.2	陶盒、壶、盘、大型罐BaⅣ；铜镜；残漆盒	
18	木棺A		三	110°	2.7×1.5	棺2.05×0.50—0.2	东	南0.45×0.5 北0.45×0.5 东0.1×0.5	残陶鼎BⅣ、盒、壶、盘、大型瓮	被盗

续表

墓号（M）	墓型	墓室	期段	墓向	墓坑尺寸（长×宽—深）	椁棺尺寸（长×宽—高）	头向、葬式	岩石二层台（宽×高）	随葬品及位置	备注
19	木棺A		三	284°	2.94×1.4—1.23	棺0.65—0.05	西，直肢	南0.4×0.63 北0.35×0.63	陶盒、罐2、瓿C	
20	木棺A		不清	15°（195°）	2.85×1.75—2	棺，仅发现少量漆皮		东0.35×1 西0.45×1 有宽0.3，深0.04凹槽、石盖板残，厚0.3	陶罐、器盖残片	
21	木棺A		不清	8°（188°）	2.6×1.8—0.67	棺，有板灰及红漆皮		东、西0.55×0.6 北0.4×0.05		被盗
22	木棺A		不清	96°（276°）	2.8×1.8—3.8	棺，有板灰		南、北0.4×0.9有宽0.15，深0.1凹槽		被盗
23	木棺A		不清	99°（279°）	2.7×0.68—0.6	棺1.88×0.46—0.01，有朱红漆皮			陶罐残片	被盗
24	木棺A		不清	100°（280°）	2.7×0.7—0.48				陶罐残片	被盗
25	木棺A		不清	107°（287°）	2.7×0.58—0.36		东、仰身直肢			被盗
26	木棺A		不清	104°	2.34×0.7—0.22	棺1.95×0.6—0.05			陶罐残片；残漆盒	被盗
27	木棺A		不清	99°（279°）	2.7×0.7—0.7	棺残长0.6×0.62—0.08				被盗

续表

墓号（M）	墓型	墓室	期段	墓向	墓坑尺寸（长×宽—深）	椁棺尺寸（长×宽—高）	头向、葬式	岩石二层台（宽×高）	随葬品及位置	备注
28	木棺B	南	二	98°（278°）	2.96×1.92—2	棺2.12×0.65—0.48，厚0.08		南0.2×0.9 北0.52×0.9 东0.46×0.9 石盖板厚0.2	陶塔	被盗
		北	二	98°（278°）	2.8×1.6—1.81	棺1.4×0.61—0.22，厚0.03		南0.42×0.98 北0.32×0.98 有宽0.16，深0.08 槽，石盖板厚0.22	陶鼎Bb I2、大型壶 AaII，钫II，大型罐 BaI；铜镞	被盗
29	木棺A		不清	187°（7°）	2.56×1.05—74	棺0.92×0.52—0.08		东0.35×0.62	陶罐残片；填土铁锸	被盗
30	木棺A		不清	173°（353°）	2.42×1.4—1.2			南0.42×0.66 北0.38×0.66 西端0.3×0.08	陶鼎、壶、罐残片	被盗
31	木棺A		三	20°（200°）	2.55×1.55—0.9	棺，有板灰	东？	东、西0.35×0.7 南0.4× （0.15~0.2）	陶盘III；铜半两B2	被盗
32	木棺B	南	不清	105°	2.7×1.64—2			南0.34×0.8 北宽0.5×0.8 西端0.44×0.2 三块石盖板，长1.44×0.88—0.26	铜半两B5（填土）	被盗
		北	不清	105°	2.8×1.36—1.2			南0.18×0.6 北0.3×0.6	陶罐	
33	木棺A		不清	20°（200°）	2.90×1.3—1.4	棺			陶器残片（填土中）	被盗、仅余底部

续表

墓号(M)	墓型	墓室	期段	墓向	墓坑尺寸(长×宽—深)	椁棺尺寸(长×宽×高)	头向，葬式	岩石二层台(宽×高)	随葬品及位置	备注
34	木棺A		不清	14°	2.75×1.9—2.85	棺余侧、底板各一块，侧板1.84×0.32—(0.03~0.07)，底板1.83×(0.32~0.43)—(0.06~0.07)	北	东、西0.45×0.95，有宽0.15、深0.05槽，石盖板宽0.7，厚0.3	填土中陶器残片	被盗。北壁有宽0.05工具痕
35	木棺B		不清	104°	2.6×1.65—2	棺，有板灰	东，侧室东端有头骨轮廓	南0.35×0.9 北0.3×0.9 残留石盖板厚0.3	陶器残片	被盗。北侧向外挖长2.1，高0.55~0.6，进深0.8的侧室，北壁有直径0.015、深0.01的凹窝状工具痕
36	木棺A		不清	92°	2.7×1.5—1		东	南(0.3~0.36)×0.7 北(0.3~0.44)×0.7 东0.2×0.7		被盗
37	木棺A		不清	111°	2.7×0.7—0.8	棺，有板灰	东，东端有头骨轮廓			被盗
38	木棺A		不清	98°	2.45×1.75—0.9	棺，有板灰	东	南、北0.35×0.7		被盗
39	木棺A		不清	101°	2.55×0.75—0.5	棺，有板灰	东			被盗
40	木棺A		不清	175°(355°)	2.46×1.5—0.76	棺		东0.6×0.46	填土中陶罐残片	被盗
41	木棺A		不清	95°(275°)	1.3×0.52—0.4	棺			填土中陶罐残片	被盗

续表

墓号（M）	墓型	墓室	期段	墓向	墓坑尺寸（长×宽—深）	椁棺尺寸（长×宽—高）	头向、葬式	岩石二层台（宽×高）	随葬品及位置	备注
42	木棺A		不清	105°（285°）	2.66×0.7—0.6	棺			填土陶器盖2（残片）	被盗
43	木棺A		三	98°（278°）	2.56×1.8—1.24			南、北0.6×0.66	陶鼎BbⅢ，盒BⅢ，大型壶BⅣ，中型罐BⅠ，瓮	
44	木棺A		不清	102°（282°）	2.8×0.7—0.6	棺				被盗
45	木棺A		不清	84°（264°）	2.6×0.66—0.46	棺		西0.46×0.02		被盗
46	木棺A		不清	98°（278°）	3×1.56—0.9	棺		南0.38×0.5 北0.42×0.5 西0.76×0.12	铜枚五铢Ⅰ9，Ⅱ（填土中）	被盗
47	木棺A		三	97°	3.5×1.85—2	棺，有板灰	东？	南0.25×1.1 北0.25×0.9	陶中型罐AⅢ，罐3；残铜器	被盗
48	木棺A		不清	96°	3×1.4—2.05	棺，有板灰	东？	南、北0.35×0.6		北部被M47打破
49	木棺A		不清	109°（289°）	2.9×1.2—0.4					被盗
50	木棺A		三	94°	2.3×1.5—1.65	棺，宽0.5，残高0.25	东	南、北0.25×0.75	陶大型罐AⅢ，BaⅢ2	被盗
51	木棺A		二	178°（358°）	2.7×1.9—1.7			东0.8×0.7 西0.5×0.7 三块石盖板（1.52~1.6）×（0.7~0.94）—0.3	填土陶鼎，盒BⅠ，盘Ⅱ；铜半两A1，B14	被盗
52	木棺A		不清	105°（285°）	2.3×0.9—0.9	棺		西0.3×0.05	陶罐	

续表

墓号（M）	墓型	墓室	期段	墓向	墓坑尺寸（长×宽—深）	梓棺尺寸（长×宽—高）	头向、葬式	岩石二层台（宽×高）	随葬品及位置	备注
53	木棺A		不清	95°	2.7×1.6—2.3	棺2×0.6—0.1	东	南、北0.2×0.7 西0.3×0.7		
54	木棺B	南	三	94°	2.7×1.5—2	棺1.74×0.6	东	南、北、东 0.3×0.5 西0.2×0.5	陶鼎、盒、中型罐AⅡ；铜釜	
	木棺B	北	三	105°	2.7×1.35—1.2	棺2×（0.53~0.65）—0.05	东	北0.2×0.8	陶鼎、盒、壶、大型罐BbⅡ；铜带钩A	
55	木棺A		三	87°	2.8×1.7—1.7	棺1.9×0.6	东、仰身直肢		陶鼎、盒BⅢ；大型壶BⅢ、盘Ⅲ2	
56	木棺A		三	90°	2.5×0.9—0.35	棺，有板灰	东、仰身直肢		陶大型罐AⅢ2、大型罐BaⅢ；铜釜；铁环首刀	
57	木棺A		不清	279°	2.5×1.5—（1.1~1.9）	棺1.8×0.6—0.1	西、仰身直肢、面向下	南0.35×0.8 北0.55×0.8	陶鼎、壶、罐2、器盖2	
58	木棺A		不清	190°	2.4×1.4—（1.3~1.5）	棺1.8×0.6	南、仰身直肢	东0.55×0.3 西（0.26~0.28）×0.3	陶鼎、盒、壶、罐、器盖	
59	木棺A		不清	91°	2.7×1.6—1.6	棺1.7×0.7	东、仰身直肢	南0.38×0.6 北（0.34~0.38）×0.6 三块石盖板1.4×（0.74~0.9）—0.3	陶鼎、盒、壶、钫、罐	
60	木棺A		二	105°	2.5×1.56—2	棺1.8×0.52	东、仰身直肢	南0.54×0.7 北0.48×0.7	陶鼎BaⅡ、盒BⅢ、壶BⅢ、大型罐BbⅠ	

续表

墓号（M）	墓型	墓室	期段	墓向	墓坑尺寸（长×宽—深）	椁棺尺寸（长×宽—高）	头向，葬式	岩石二层台（宽×高）	随葬品及位置	备注
61	木棺A		不清	272°	2.6×（1.5~1.7）—2.3		西	四壁向外斜张，二层台向内倾斜 南（0.34~0.6）×0.8 北宽0.54×0.8	填土中陶器残片	被盗
62	木棺A		三	281°	2.46×1.54—1.8	棺2.04×0.74—0.25	西，仰身直肢		陶鼎BbⅢ，盒AⅢ，壶，器盖	
63	木棺B	南	三	106°（286°）	口2.86×1.30，底2.65×0.65，深0.3			南0.35×0.5	陶中型罐C	
63	木棺B	北	三	111°	口2.65×（1.04~1.23），底2.65×0.72，深0.3	193×39—5	东，仰身直肢	北0.2×0.35	陶大型罐BaⅢ，中型罐，中型罐AⅣ，铜五铢Ⅱ，不明型式五铢9	
64	木棺A		不清	185°	2.7×1.7—2.4	棺2.1×0.6	南，仰身直肢	东（0.34~0.4）×0.7 西0.34×0.7 北底0.3×0.2	陶鼎，盒，壶，罐，器盖	
65	木棺B	南	不清	93°（273°）	2.6×（2.2~2.6）—1.5			南、北0.3×0.5		被盗
65	木棺B	北	不清	93°（273°）	2.6×（2.2~2.6）—1.8			南、北0.22×0.5	铜带钩A	被盗
66	木棺A		一	6°	口东2.66，北1.41，西2.44，南1.48，底东2.97，北2.71，西1.71，南1.8，深2.46	棺2.05×0.4—0.05	北	东0.7×0.7 西0.39×0.7	陶鼎AaⅠ2，盒2，大型壶BⅡ，不明型大型壶2，小型壶B，匜，盘2，小型壶Ⅱ，勺，杯2，罐2，小型罐2，井，灶，仓A、B，猪圈，磨	平面呈梯形，口小底大

续表

墓号(M)	墓型	墓室	期段	墓向	墓坑尺寸（长×宽—深）	椁棺尺寸（长×宽—高）	头向、葬式	岩石二层台（宽×高）	随葬品及位置	备注
67	木椁A		不清	89°	2.9×1.6—2.7	椁1.55×0.4	东	南、北0.2×0.3	陶鼎、盒2、钫、勺、器盖	
68	木椁A		二	10°	2.9×1.7—3.1	椁2.06×0.56	北、仰身直肢	东、西0.4×0.9 南北4块石盖板厚0.27	陶鼎AaⅡ、盒、壶、钫、罐、器盖	
69	木椁A		不清	15°	2.34×1.33—1.9	2.14×0.5—0.05	北	东0.36×0.7 西0.25×0.7	陶鼎、壶、盒；铜镜	口小底大
70	木椁A		三	13°	2.5×1.4—2.1	1.9×0.72	北、仰身直肢	东、西（0.3~0.38）×0.5	陶鼎、盒、壶、罐、大型罐AⅡ、瓮B	
71	木椁A		三	12°	2.6×1.4—2.36	1.92×0.3—0.05	北	东0.35×0.7 西0.3×0.7 南0.75×0.22	陶鼎、盒、罐、瓮B、器盖3	
72	木椁A		不清	104°	1.73×1.22—1.41		东、仰身、右下肢右折	北有上、下两层 上层0.2×0.46 下层0.21×0.25 南0.2×0.25		
73	木椁A		三	105°	2.32×0.64—2.5		东	南0.28×0.8 北0.24×0.8 6块石盖板	陶鼎、盒BⅣ、大型壶BⅢ、盘Ⅲ	
74	木椁A		三	284°	2.6×1.45—1.7	1.7×0.45	西、仰身直肢	南、北（0.38~0.42）×0.5	陶瓮B	
75	木椁A		三	272°	2.5×1.6—2.1	1.7×0.7	西、仰身直肢	南0.36×0.6 北0.46×0.6	陶鼎BbⅡ、盒BⅡ、壶、中型罐AⅡ	

续表

墓号（M）	墓型	墓室	期段	墓向	墓坑尺寸（长×宽—深）	椁棺尺寸（长×宽—高）	头向、葬式	岩石二层台（宽×高）	随葬品及位置	备注
76	木棺B	东	一	352°	2.7×1.6—2.3	1.6×0.48	北	东、西0.4×0.7	陶鼎AaI 2、大型壶AaI 2、盒AII 2、BI 2、匜2、盘II 2、罐、杯	被西室打破
		西	一	352°	2.7×1.7—2.7	1.9×0.7 板厚0.06~0.08	北	东、西0.4×0.7	陶鼎AaII 2、盒AII 2、钫I 2、壶2、小型罐2、铜器；半两钱B42	
77	木棺A		一	88°	3×1.75—3.7	2.08×0.6—0.58 板厚0.11~0.12	东、仰身直肢	南、北、东 0.25×1 4块石盖板厚 0.22~0.26	陶鼎Ab 2、盒AII 2、大型壶Ab、钫I 2、盘II	
78	木棺A		三	92°	2.7×1.7—3.4	2×0.6	东、仰身直肢	南、北、东 0.2×0.7	陶鼎BbII、盒、壶、钫II、盘、罐	
79	木棺B	南	三	104°	2.95×1.36—2.45	2.03×0.49—0.4	东、仰身直肢	南（0.12~0.33）×0.85 北（0.28~0.44）×0.85	陶盒BV、壶、大型罐BbIII 2；铜带钩C	
		北	三	104°	2.95×1.31—2.3	1.95×0.45—0.4	东、仰身直肢	南0.37×0.7 北0.38×0.7	陶盒AIII 2、壶、大型罐BbIII、瓮B；铜釜；不明型式五铢10	
80	木棺A		四	105°	2.6×0.8—2		东、仰身直肢		陶大型罐AIV、壶；大泉五十3	
81	木棺A		三	94°	2.5×1.4—2.7	棺、红漆皮	东	南、北0.4×0.6	陶鼎AaII、盒BII、壶；铜釜、铜镜	壁、底有草绳痕
82	木棺A		不清	102°	2.95×1.5—2.05		东、直肢	南0.5×0.55 北0.35×0.55	陶罐、铜釜、不明型式漆器；五铢10、带钩A	

续表

墓号（M）	墓型	墓室	期段	墓向	墓坑尺寸（长×宽—深）	椁棺尺寸（长×宽—高）	头向，葬式	岩石二层台（宽×高）	随葬品及位置	备注
83	木椁B	北	三	86°	3.02×1.48—2.01	1.95×0.45—0.4	东，仰身直肢	南（0.25~0.3）×0.5 北（0.19~0.24）×0.5	陶大型罐AⅢ、罐2；铜环、不明型式五铢20；铁剑、环首刀	
		南		86°	2.46×1.06—1.35	1.9×（0.5~0.6）—0.12	东，仰身屈肢	南0.43×0.6 北0.42×0.6	陶罐	
84	木椁A		四	109°	2.6×1.5—2.15	1.7×0.55—0.25	东，仰身直肢，面向下	南0.5×0.6 北0.4×0.6	陶鼎BⅣ、盒AⅣ、不明型式盒、大型壶BⅤ、盘、罐、残漆盒（兽骨）	
85	木椁A		三	96°	2.76×1.36—1.34		东，仰身直肢，面向北?	南0.44×0.6 北0.34×0.48	陶大型罐AvⅢ、罐2；铜镞；铁剑	
86	木椁A		不清	95°	2.8×1.74—1.28		东，仰身直肢	四面（0.22~0.74）×0.8	陶罐	
87	木椁A		三	102°	2.7×1.36—1.75	1.89×0.56—0.07	东，仰身直肢，下肢交叉	南0.44×0.48 北0.34×0.48	陶大型罐AⅡ、BaⅢ、中型罐AⅡ	
88	木椁A		不清	107°	2.1×0.7—0.6	1.7×0.4	北，仰身直肢，头向东		铁剑	
89	木椁A		三	104°	2.5×0.9—0.55		东，面向南	南0.38×0.35 北0.36×0.35	陶大型壶C、罐Ⅱ、不明型式五铢9；铁器	打破M80
90	木椁A		不清	273°	2.9×1.5—1.9		西			被M80、M88、M89打破

牛河梁与东山嘴猪头山神祭山遗迹释疑

王树明

（山东省文物考古研究所）

一、引 言

20世纪70年代末80年代初，辽宁省的考古工作者先后在辽西喀左县东山嘴、凌源与建平县交界地带的牛河梁，发现史前红山文化时期宗教性祭祀遗迹：喀左县东山嘴红山文化建筑群址[1]和牛河梁红山文化"女神庙"与积石冢群遗址[2]。这两处遗址都有不同数量的泥质女人塑像出土，有的女人塑像还塑以身怀有孕的形象，因而发掘者认为它们都是史前时期红山文化先民，崇拜"生育神"、祭祀"女神"的物质文化遗存。基于这一判断，遂将牛河梁发现有地面建筑的祭祀遗存，径直以"女神庙"为名。见于报道，喀左县东山嘴建筑群址发现不久，曾邀集有关专家学者对遗址的性质进行过座谈讨论。在与会学者的发言中及后来有关学者的研究文章中，对东山嘴和牛河梁"女神庙"两遗址的性质又提出了一些不同的看法。诸如多神自然崇拜说、地母崇拜祭社说，还有祭山说、祭祀图腾诸说，等等[3]。从已报道的材料看，认为这两处文化遗存的性质，是红山文化先民崇拜祭祀山神的说法，是比较可信的。根据遗址的地理环境、遗迹的布局、出土遗物及所在位置并证以民俗资料、文献传说资料记说，我们认为这两处宗教性祭祀遗迹，原是5000多年以前居住于内蒙古东南、辽宁至河北北部一带红山文化先民在自然崇拜活动中崇拜山神、祭祀猪头山神的一些物质文化遗存。已公布的[14]C测定数据表明，喀左县东山嘴建筑群址的肇始年代树轮较正值距今5485年±110年[4]，凌源与建平县间牛河梁"女神庙"的始建年代树轮校正值距今5580年±110年[5]。牛河梁"女神庙"建筑遗址的始建年代，较东山嘴建筑群址稍或偏早。拙文根据先早后晚的原则，先从牛河梁"女神庙"的考古发现说起。

二、牛河梁"女神庙"猪头山神祭山遗迹

牛河梁位于辽宁西部凌源县与建平县交界地带，因牤牛河发源于山梁的东麓而得名。地势呈半山地、半丘陵状，海拔600～650米。从建平的张福店至凌源县的三官甸子，呈逐渐隆起之势，形成东西宽、南北窄、北高南低走向的主梁顶。牛河梁主梁顶以南8华里处有山，山势突兀险峻，山头的轮廓颇似猪头状。此酷似猪头状大山，正北恰与牛河梁的主梁顶遥遥相对。考古调查发现，牛河梁一带发现红山文化遗迹10余处，有墓葬也有祭祀遗迹，尚无定居遗存发现。已经清理发掘的有第一地点的"女神庙"遗迹和第二地点的积石冢遗址群，其他遗迹遗存，在20世纪80年代初未见清理发掘报道[6]（图一）。

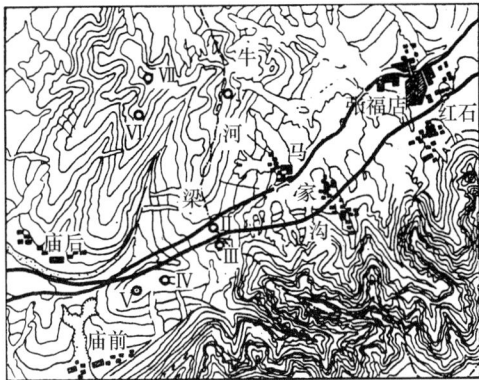

图一　牛河梁红山文化地点分布图

牛河梁"女神庙"第一地点在牛河梁主梁北山丘顶，地势高，处于这一地带红山文化遗迹遗存的中心部位，遗迹由两部分组成。一是"女神庙"北丘顶平台建筑遗迹，遗迹南北长175、东西宽159米，地表可见红烧土块、陶片类遗物。平台边沿有石墙，东侧较直，长85米，南侧只见东西两段，长度不详。平台北外侧，有一东西长13、南北宽5米的红烧土块分布范围，出土遗物为一大型泥塑人耳。二是平台南侧18米平缓的坡地上，原来地面以上有被称之为"女神庙"的建筑遗迹。这是一个由多室和一个单室两组建筑构成的祭祀遗迹。多室在北，是"女神庙"的主体建筑；单室在南，是"女神庙"的附属建筑。两者相距2米许，大致在一条中轴线上，方向为北偏东20°。多室建筑（编号牛 IJ1B）南北总长18.4、东西残存最宽6.9米，结构复杂，包括一个主室和几个相连的侧室、前后室。单室建筑址（编号牛 IJ1A）横长6、最宽2.65米[7]（图二）。

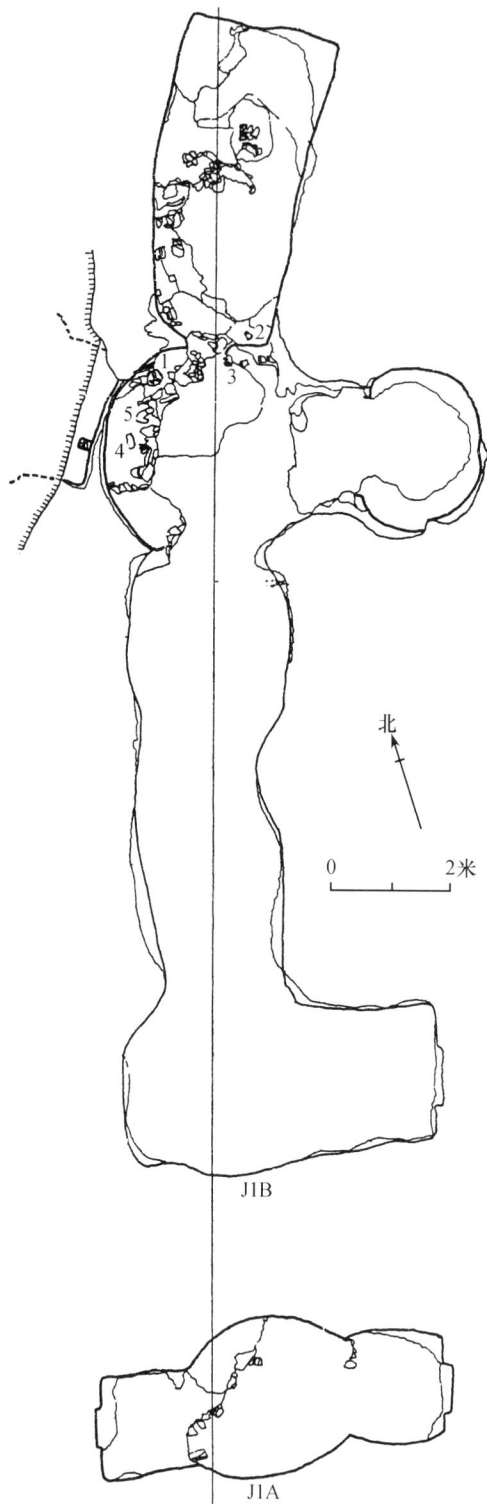

北

0　　　　　　2米

J1B

J1A

图二　牛河梁 IJ1总平面及部分泥塑人像残件分布图
1.头　2.手　3.手　4.肩头　5.肩臂

　　从牛河梁"女神庙"发掘简报[8]和发掘者[9]以及有关学者的一些研究文章可知[10]，牛河梁"女神庙"北侧平台建筑遗迹、"女神庙"主体多室建筑遗迹（IJ1B）及南侧单室建筑遗迹（IJ1A），都有人体、飞禽及动物类各不同部位泥塑部件发现。前已提及，牛河梁丘顶平台建筑遗迹北侧在红烧土分布范围内，发现一特大型泥塑人耳。平台建筑遗迹南侧是"女神庙"主体建筑遗迹的北室或后室，呈长方形，南端与"女神庙"主室相通，是直接凿于基岩风化壳之上的建筑遗迹。就在此后室中部，出土猛禽鹰一类泥塑爪趾残块2件，每趾三节，关节突出，趾尖锐利（图三，2）。猪龙残体发现两件，一件发现于主体建筑主室北侧中间的部位，头向北，仅有头、耳、吻及前后身、下肢部分。猪龙吻作扁圆体，有两个椭圆形鼻孔。蹄爪出土于猪龙前身下部，比较完整（图三，1、3）。另一件发现于"女神庙"南单室，

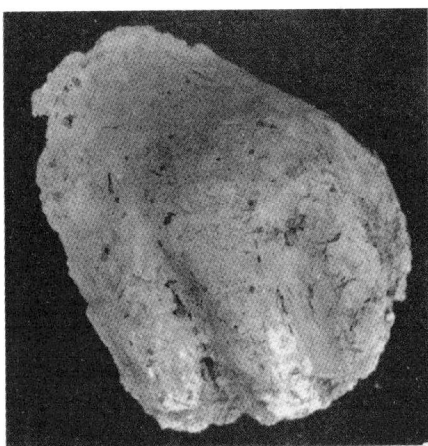

1. 猪龙爪 (J1B：8)(正面)

2. 禽爪 (J1B：9之二)

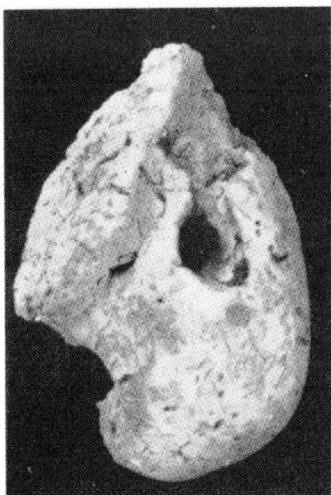

3. 猪龙吻 (J1B：7)

4. 东山嘴遗址出土

图三　辽宁省牛河梁红山文化"女神庙"遗址出土泥塑

只有颌部残块。泥质人物塑像，是"女神庙"内的主要发现，可分为两类。主室中心部位发现一特大型的泥塑人耳和一残鼻，相当于真人大小的3倍，主室西侧室还发现泥塑特大型人的手臂和腿部残件，其形体是真人手臂和腿部的两倍许。另一类泥塑人物是一些女性，其形体与真人大小一致，主要部件多发现在主室北壁附近偏西的一侧，有手、肩部、肩臂、乳房和最大的一个女性头像（图四，1~6；图五）。值得注意的是，出土于主室北侧偏西一侧的泥塑女人像，至少有6个个体，形态互异，体量大小不一。此又反映，这些体量或年龄大小不同的泥质女人塑像，并不是一次而为。还发现有的人体女人塑像的肩臂中空，肩臂内还保留有灰白色骨骼残片的现象（图四，4、6），或又反映，这些泥质女人塑像原来很有可能是以真人为"内模"而为[11]。

　　民俗资料告诉我们，古往今来我国人民在宗祠、寺院、道观类祭祀场所的主体建筑主室北侧居中的位置，从来都是处置主神或放置祭主的地方；主神或祭主的左右两侧，是放置陪祭者的所在；主体建筑祭主之南，约当主室中部的一带，是设置几案、摆放祭品的地方。从猪龙在"女神庙"主体建筑北侧居中的部位看，所谓牛河梁"女神庙"祀祭的主神，殆属猪龙之属，其西一侧发现的女人塑像，原是猪龙的一些陪祭者。牛河梁"女神庙"与南侧8华里诸山中的猪头状山峰相对，"女神庙"主体建筑祭主猪龙，其南单室附属建筑的猪龙残块，此三者几成一线之势，说明这一现象绝不是什么偶然或巧合。根据牛河梁周边的地理环境特点，"女神庙"遗迹的分布，诸物类的处置方位，以及红山文化所处社会发展阶段，有理由推定，20世纪80年代初辽西红山文化发现的所谓"女神庙"遗迹，原属5000多年前居住在这一地带的红山人，在自然崇拜过程中崇拜山神，祭祀南部山区8华里猪头山神的一些物质文化遗存。由上文分析可以推知，牛河梁第一地点发现猪龙颌部残块的南单室，是属红山人建设守护牛河梁所祀猪头山神主体建筑的门围类设施。

　　在牛河梁"女神庙"主室北侧居中的位置，置放猪龙或曰猪头山神为祀主，主室西侧偏北的位置，陪祭6个大小不同泥质女人塑像。个别泥塑肩臂内有白色骨质片沫现象，表明这些泥塑陪祭者很有可能是5000多年前居住在这一地带的红山人，因某种需求，将其选定的女性或致死后，再又泥塑而用作猪头山神祭主的陪祭者。如果是这样，那么辽西一带红山人，用什么名分将这些女性泥塑者陪祭于此，《史记·滑稽列传》有这样一段有趣的记述：

　　　　魏文侯时，西门豹为邺令。豹往到邺，会长老，问之民所疾苦。长老曰："苦为河伯娶妇，以故贫。"豹问其故，对曰："邺三老、廷掾常岁赋敛百姓，收取其钱数百万，用其二三十万为河伯娶妇，与祝巫共分其馀钱持归……"俗语曰，"即不为河伯娶妇，水来漂没，溺其人民云"[12]。

西门豹是战国时期魏国人，魏地邺邑今属河北地。今河北省北部张家口和河北省东北部一带地方，已进入红山文化的分布区域。文献资料与牛河梁主体建筑主室猪头山神

1. 手 (J1B：2)

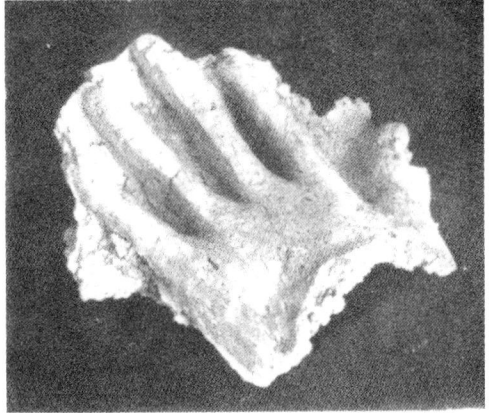

2. 手 (J1B：4)

3. 肩头 (J1B：5)

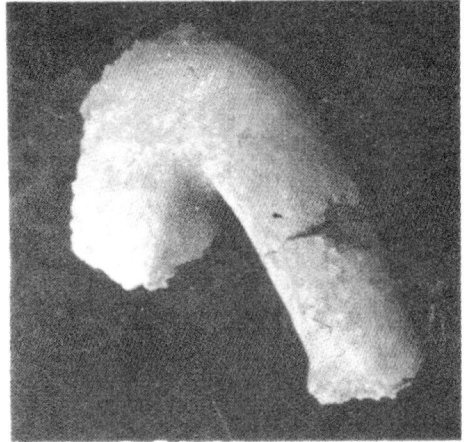

4. 肩臂正面 (J1B：3)

5. 乳房 (J1B：6)

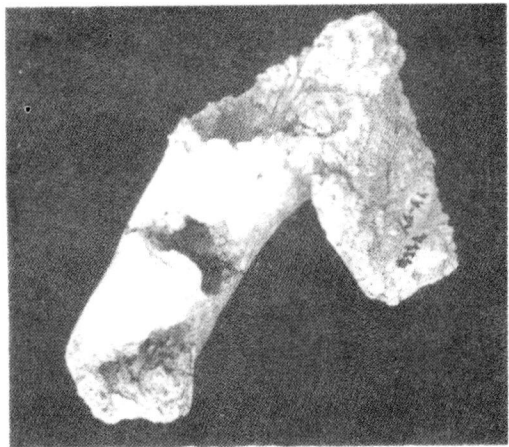

6. 肩臂反面 (J1B：3)

图四　辽宁省牛河梁红山文化"女神庙"遗址出土人头塑像残块

图五　辽宁省牛河梁"女神庙"
遗址出土人头塑像

祭主西侧发现泥塑女性陪祭者的有关情况互证，似可这样认为，过去"女神庙"中被称之为"生育神"或"女神"的一类泥塑者，是古代红山人在"女神庙"使用过程中，在不同时间或因不同需求而讨好山神，为猪头山神娶妇而留下的一些物质文化遗存。如果这一推测不是太谬，所谓牛河梁"女神庙"发现被称为"生育神"或"女神"的数量之所以如此之多，且大小不同又形态互异现象等，也就不难理解了。

在牛河梁第一地点的泥质人体塑像中，特大型人体泥塑是出土地点最多的一类，计有三处之多。耳、鼻两件特大型泥塑，出土于"女神庙"主体建筑主室中部一带，这一地点在庙宇类建筑中，是用以放置祭品的一个地方。特大型泥塑耳、鼻泥塑在这一地点出现，表明它们是红山人用其作为祭祀猪头山神的供品而置放于此的。特大型泥塑人耳，在牛河梁"女神庙"北侧平台建筑遗迹北外侧，红烧土块遗迹范围内也出土一件。此红烧土块遗迹的形成，无疑是人们在这里累次焚烧、举行祭祀活动所遗留。泥塑大型人耳在这里出现再而昭示，牛河梁发现特大型人体泥塑，是红山人作为祭祀用品使用的。考古发现与文献记载都表明，我国古代祭祀用火、燔柴祭天[13]。牛河梁"女神庙"长方形后室鹰类猛禽爪趾泥塑的发现，为研究"女神庙"北侧平台建筑遗迹的北外侧，以泥塑人耳为祭品所祀祭主，给以启迪。牛河梁"女神庙"北室与主体建筑主室相通，位于主体建筑稍北平台建筑遗迹间，鹰类猛禽泥塑爪趾在这里发现，应是思维观念质朴的红山人或认为，在冥冥中所祀猪头山神凭借鹰类飞禽能够上天，所谓平台建筑遗迹乃是红山人们心目中，猪头山神借助鹰类飞禽升降于天地之间的具体所在。倘若这一推演还可以暂备一说，平台建筑遗迹北外侧发现红烧块类祭祀遗迹、遗物，无疑是红山文化先民在这里举行礼送或礼接猪头山神升降于天地之间的节仪所遗留。可见平台建筑遗迹北外侧发现特大型泥塑人耳，也是用以祭祀猪头山神的祭品。至于"女神庙"主体建筑西侧室发现特大型手臂、腿一类泥塑，而无祭祀遗迹和猪头山神类祭主或陪祭者泥塑类物发现，似说明西侧室原是用以储存祭品和祭祀猪头山神相关物类的地方。

牛河梁第一地点祭祀遗迹，是红山人崇拜山神、祭祀猪头山神的地方。红山人祭祀猪头山神，或用"女活人"泥塑后送山神为妇，用特大型人体泥塑为祭品，以供猪头山神享用，反映出在红山文化先民的心目中，牛河梁第一地点所祀猪头山神，并不是造福于人民的族类，而是食人或为患于人民的凶恶之神。在牛河梁第一、二地点间的阳坡松林中，清理了几个被《简报》作者视为一般灰坑的遗迹，多呈椭圆形、圆形状。就其所在地点、出土遗物及其所在坑内摆放的情况看，这些被称之为灰坑的遗迹，原是红山文化先民为祭祀牛河梁第一地点猪头山神所遗留，是属于祭坑的一类。在坑内发现的祭祀用品中，H3出土泥质小型人头塑像，人身塑像各一件（图六）。红山人用"瘞埋"的方法祭祀山神[14]，其所用祭品中，仿制人体泥塑的再发现，又为推证牛河梁第一地点所祭祀猪头山神有食人恶习属凶神的说法再添一佳证[15]。

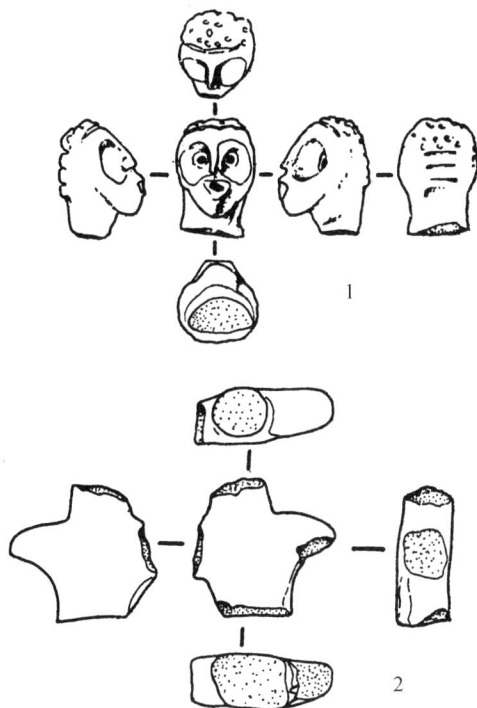

图六　H3出土小型人头、人身像

1. 人头像（H3：7）　2. 人身像（H3：8）（均为1/2）

牛河梁第二点地积石冢群是与第一地点猪头山遗迹密切相关的物质文化遗存。

牛河梁第二地点积石冢位于牛河梁主梁顶南端斜坡上，地势北高南低。冢群北侧是公路，南侧43米是铁路，呈东西向一字排开状，正北与主梁顶"女神庙"相对，总长110米（图一）。已知这一地点共发现的积石冢共有5座之多，《简报》介绍了1983～1985年清理的3座[16]（图七）。

在牛河梁一带已清理过的积石冢上，都覆有堆积土，共分3层：第1层是表土层；第2层是黑土层；第3层是腐殖土层，夹杂一些红色筒形器碎片。第3层以下，为积石冢。冢体的顶部石块，因扰动向外滑落，使冢体外形呈浑圆状。因长期裸露，顶部积石风化较重。积石的共同特点是：以石垒墙、以石筑墙、以石封顶。各自有别的是：

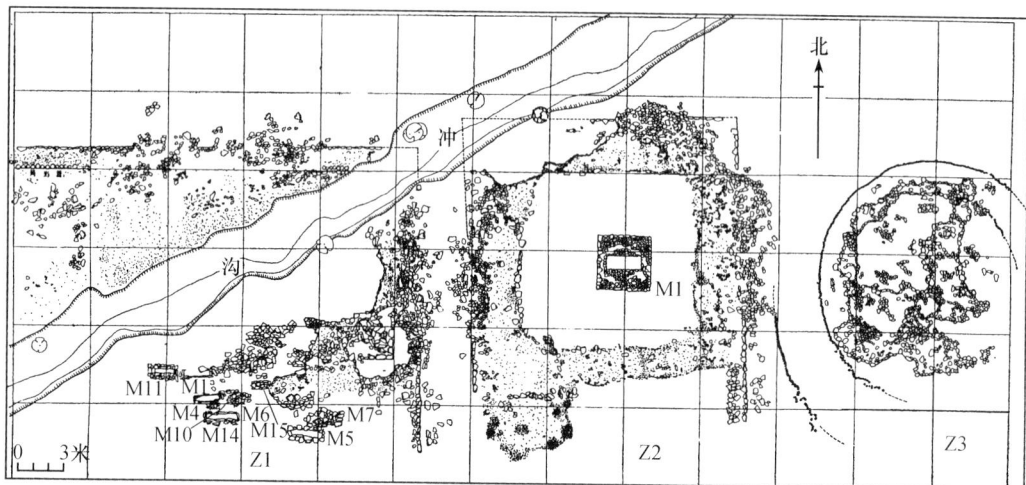

图七　牛河梁Ⅱ地点积石冢总平面图

积石冢的形制、构造、性质，并不完全一致。下文就牛河梁第二地点发现5座积石冢，拟做逐一述说。

二号积石冢（Z2），是牛河梁第二地点中心大墓所在地（图七，M1）。该墓在Z1、Z3之间，西北角已破坏无存，主体建筑略呈方形，东西长17.5、南北宽18.7米，冢中央中心大墓是一座大型正方形石椁墓（Z2M1）。墓平顶，似一石砌方台，每边长3.6米。方台四壁系用较规则石灰岩、花岗岩石块垒砌五六层，向上有收分，成覆斗状，内填不规则石块。方台的中部为长2.21、宽0.85、高0.5米一长方形椁室。室壁用4～6层较规则的石块、石板叠砌，室顶盖以薄石板。此中心大墓早年被盗（图七，Z2），只在扰土中发现一段人骨、红陶片、猪骨、人骨之类，不见其他遗物。这一大墓以南，还有一些规划较小的墓葬[17]。

中心大型石椁墓，东、北、西三面各有一道石墙，石墙之上、石墙之内都填以积石，现存积石最高点，都在各墙的中段，以北墙为最高。大型石椁以南未见石墙，椁南3.3米处，有3米宽碎石分布带，与东西积石相连。西南角有石屑堆积。

牛河梁遗址群已经清理过的积石冢，都设有中心大墓，一般每一地点只设一个。除第二地点外，其他诸地点清理的中心大墓，如牛河梁第三地点的中心大墓，墓主为男性。随葬玉器3件：头下枕一马蹄形玉器，胸部置一玉琮，右腕戴一玉镯。牛河梁第五地点的中心大墓，墓主为一老年男性，随葬玉器7件：有玉龟、玉璧各一对，勾云形玉佩、箍形玉、玉镯各一件（图八，4）。牛河梁第十六地点的中心大墓，墓主是单人仰身直肢葬，性别不详。随葬玉器为6件：头下枕一板状玉凤，右胯下一玉人（图八，1、3），右腕一玉镯，胸部一玉箍、绿松石坠一对。牛河梁第二地点中心大墓因早年被盗，无珍贵玉质物类随葬物件发现，但从其同类遗存出土玉质物类的种类数量中，足以看出，此牛河梁第二地点中心大墓的墓主，无疑是这一地点积石冢群中的显赫者[18]。

一号积石冢（Z1）与二号积石冢平行排列，在最西一侧。因铁路排水沟自冢中穿过而遭到破坏，只余东南、西北两角，面积只有原冢的1/3。

这一积石冢的东南角揭去顶层散乱石块，有内、外两道石墙。东侧外墙南北走向，残长15米左右，南段保存较好，尚存4层单行石块，高约1米。外墙北段为积石叠压，未做清理，其尽头露出一小段单层石块的墙体。东外墙以西1.8米为东侧内墙，与外墙平行，南端西折，呈曲尺状。内外墙之间为黑花土，土表层夹杂大量无底红陶筒形罐类残片和小石块，近底部较纯。随内墙转折的方向由东而南，又一直向西延伸，形成一条黑花土带，内墙以里堆积大型石块，现存高度1米有余（图七，Z1）。

冢西北角积石较东南角为薄，北侧积石叠压一道东西向石墙，为一层石块铺砌而成，石块平直的一面朝外，墙体甚规整。其内侧1.2米处有一排红陶无底筒形器，多亦残碎，遗留的筒形器物仍保持在原位，说明原是并排立置，筒形器彩绘纹饰的一面朝外。

从此冢残存东南、西北两角有关情况可知，此一号积石冢的地上主体建筑结构平面是长方"回"字形。现存东西长26.8、南北宽19.5米。因地势北高南低，北部墙体低、南部墙体高，使总体高度保持接近的水平。冢内墙以里尚未发掘，情况不明。内墙外南侧，清理出成群排列的一些墓葬。较Z2M1中心大墓 $[2.21 \times 0.85 \times 0.5（m^3）]$ 为小，其墓室最长者也未达2米，最宽者也只有0.65米。在牛河梁第二地点，属中等大小的墓葬。在已清理的这批中等大小的墓葬中，也都以石板、石块为葬具，葬式、头向、葬品则互有不同。《简报》介绍的M4、M6、M7、M11、M14、M15六座墓葬中，除二次迁墓葬M6无随葬品外，其他各墓葬都有玉器随葬。已发现的玉器有猪龙、箍形器（图八，2；图九，1~3）、方形玉饰、玉环、棒形玉饰（图一〇，1~3）、玉璧、勾云形玉饰之类（图一一，1~4；图一二，1~3）。比较少见的玉器3件：玉猪龙2件，出土于M4；勾云形玉饰1件，出土于M14。在Z1内墙外发现这批中等大小墓葬的南侧，还有更小型石棺墓葬和一些零散墓葬发现，似有继续向南延伸的趋势[19]。

牛河梁第二地点Z2M1与其他各地点中心大墓的归类研究，及第二地点南侧发现中等类型的石棺墓和再南侧发现小型石棺墓，无论是所在位置还是墓葬型制的大小，随葬玉器的多寡有无或种类的差别，都可以看出，这三者的等级差别，判然有别[20]。还要提及的一点是，此一号积石冢西北角东西走向石墙内侧1.2米处，发现一排红陶筒形器物残片，多放置在原来的位置上。这无疑是一号积石冢在填压积石之前，在此实行祭祀活动所遗留。这一现象反映，牛河梁第二地点发现的积石冢，其形成并不是一次性的，很有可能是人们来此多次举行祭奠活动，逐渐填压积石而形成的。

三号积石冢（Z3）在二号积石冢（Z2）的东侧2米许，适当牛河梁第二地点积石冢

1. 第十六地点中心大墓出土玉凤

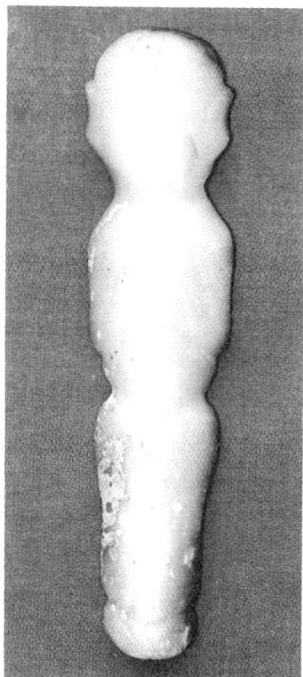

3. 第十六地点中心大墓出土玉人

2. 第二地点M4出土猪龙

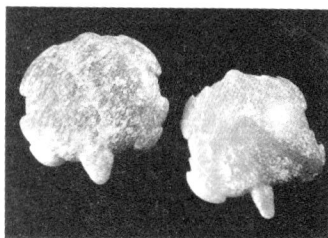

4. 第五地点中心大墓出土的玉龟

图八　牛河梁各地点出土玉器

群的中心部位，其东或又偏北的一侧，还有四号和五号积石冢。

三号积石冢西部外缘，被其顶部坍颓的积石所压。东部和东南部，积石结构已不复存在。西北部顶层石块也有缺失，此冢现存只有原冢的1/2（图七，Z3）。

这一积石冢与左侧过去清理的Z1、Z2的形制、结构完全不同。此冢总体布局呈圆形，冢基底面是构成同心圆式的3个圆圈石桩。桩石是淡红色的花岗岩石块，呈长条形棱柱体状，并排竖插入土中。石桩的规格以外圈最大，一般高35～40厘米；中圈次之，一般高30厘米；内圈最小，一般高约25厘米。三圈石桩以中圈保存为最好，共234根，直径15.6米；外圈石桩仅存西南边缘一段，有63根，距中圈3.15～3.4米，可据以测知此冢外圈直径22米；冢内圈石桩大都叠压在塌落的积石下，只露出北边一小段计17根，距中圈1.8～1.2米，直径约11米。三圈石桩地面水平高度不一，外圈最低、中圈高

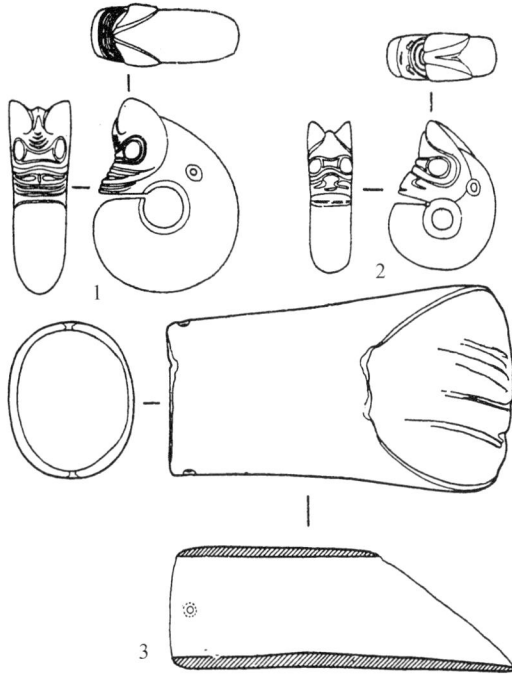

图九　M4出土玉器

1、2.猪龙形玉饰（M4：2、3）　3.箍形器（M4：1）（均为1/4）

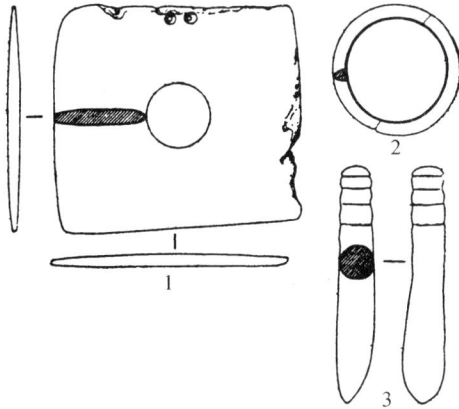

图一〇　M11出土玉器

1.方形饰（M11：2）　2.环（M11：1）　3.棒形器（M11：3）（均为1/4）

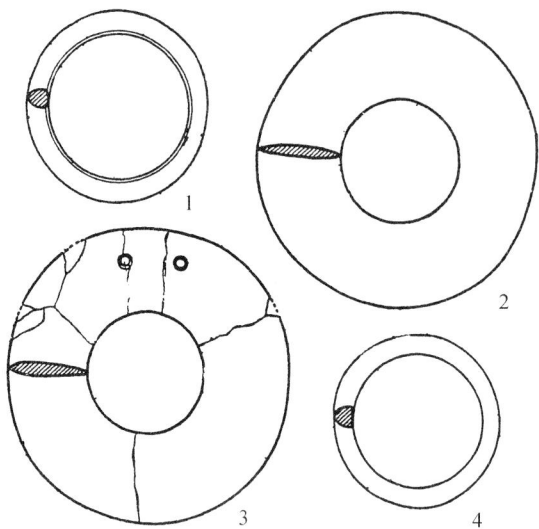

图一一　M7出土玉器

1、4.环（M7：1、M7：4）　2、3.璧（M7：2、M7：3）

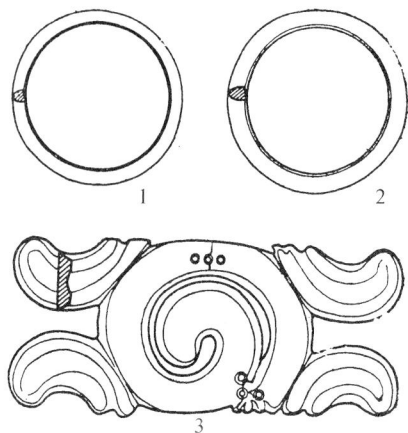

（均为1/3）

图一二　M14出土玉器

1、2.环（M14：2、M14：3）　3.勾云形饰（M14：1）

（均为1/3）

于外圈0.4米，内圈又高于中圈。如此三圈递收，遂形成一个酷似后世祭坛的圆形积石冢（图七，Z3）[21]。

三号积石冢表层积石多已扰乱，未做清理发掘。内圈和中圈散布着积石和大量的红陶筒形器类残片，尤以内圈石桩西侧，中圈石桩北侧的分布最为密集。这表明，三号积石冢的内圈、内圈与二圈以及二圈与最外三圈间，原来都放置红陶筒形无底罐。我国考古学界多所认为，红山文化中的所谓无底筒形器类，原是红山人用为祭祀的一种礼器。我们认为，这一说法是比较可信的。在三号积石冢中，不同各圈各自使用石桩的形制、大小基本一致。但各圈之间相较则差异明显。似或表明，三号积石冢内外三圈的构筑时间有所不同。依上述诸端判断，牛河梁第二地点三号积石冢与一号积石冢一样，似也不是一蹴而就，很有可能也是红山人在此举行祭祀活动过程中逐渐形成的一处遗迹，认为这一遗迹是一次建成的又一次积石成冢，似不妥。在三号冢的清理过程中，发现表层积石中有一特别奇怪的现象：在积石内有三具没有任何随葬遗物的人骨架。因为无任何随葬遗物相伴，发掘者遂认为，这是三具时代不明的人骨遗存。这三具人骨架是发现在三号积石冢顶的积石中，此冢在第二地点积石冢群中居中，属祭坛一类，正北又恰与猪头山神的祭祀遗迹相对，而此猪头山神又被红山人们视为危害人民的凶神恶煞的一类，这就不能不引起我们这样的遐想，牛河梁第二地点中心部位祭坛冢顶积石中的三具人骨架，不能排除它们是5000多年前的红山人，在此对猪头山神祭主实行遥祀仪式时，而用作人牲的可能。

在三号积石冢或牛河梁第二地点中心祭坛东侧的四号、五号积石冢，笔者没有收集到这方面的原始资料，只能就有关学者研究文章的介绍，做一点扼要说明。

四号积石冢，位于三号冢祭坛东侧，平面呈前圆后方两部分，南北长26、东西宽20米，内有多冢，其主体为北半部的两个圆冢，东西排列，且东部一冢的西北部边缘为西部一冢所叠压。大冢的南半部分铺满碎石，其间形成石圈间筒形器圈为界，中央置石棺的若干小冢。五号积石冢，在四号积石冢偏东北的一侧，两者相距只有0.5米。此冢东西宽、南北长，中间砌出一道东西向石墙，也将此冢区分为南北两部分，使该冢整体形象呈"日"字形[22]。可以看出，在牛河梁第二地点除三号祭坛以外，其余四个大型积石冢，其具体构筑形制或各有所异，但将其大致区分为南北两部分使用，则是一致的。在第二地点四号积石冢北部主体建筑内两圆形冢，相互叠压。这从田野考古学的角度来说，说明这两座圆形石冢构筑的相对时间有早晚，不是一时之作。此四号积石冢与祭坛左侧一号积石冢有些一致的地方，也在主室或主体建筑南侧构筑许多石棺小墓。四号冢发现石棺小墓，以石圈和筒形器圈为界，石棺小墓置于中央。这一现象反映，四号积石冢偏南一侧的石棺小墓，是先构筑墓葬再用筒形器类礼具祭奠，继而又积石填压而逐渐形成四号积石冢。从以上对诸积石冢的解说中可以看出，牛河梁第二地点的五座大型积石冢坛，都不是历史上红山文化先民一次性构建的祭祀遗迹，而是使用过程中逐渐形成的一些物质文化遗存。

牛河梁第二地点五座积石冢坛的前（南）面，都有比较开阔的地带，有的冢前有大片红烧土或草拌泥土残块，还有的冢前有圆形石堆遗迹[23]。第二地点冢前发现红烧块遗迹，应与第一地点"女神庙"北侧平台建筑遗迹北外侧发现红烧土遗迹的性质是一致的，也是红山人在冢前举行火祭仪式所遗留。至于第二地点冢前发现的圆形石堆遗迹，很有可能是红山文化先民在一种特殊思想观念的支配下，携带石块来此实行祭祀活动时，堆积于是地而形成。1984年我在参加《泰山志》编写座谈会议期间，参观了岱庙，游览了泰山。在爬山过程中，发现游客中有在树枝间或山坡上压石块的现象，山坡上有不少因游客压石块而形成的小石堆。我们碰到一位60多岁从益都来爬山的老太太，她身背两块石块，一块压在树枝间，另一块又将其压在山坡的小石堆上。我好奇地问这位老人家，为什么要将石块压在树枝和小石堆上。老太太爽块地告诉我："压孙子"，"求泰山老奶奶多叫我们有几个孙子。"我又问她，祈祷多子多孙为什么要到泰山来压石块。她又说："老辈子都这么做，可灵了。"至今流传于民间，希望多子多孙要祈祷泰山神，要到泰山来祈祷压石块的风习，对我们推证牛河梁第二地点冢前发现积石成堆的遗迹，是红山人来此祭祀猪头山神所为这一说法，是一个很好的证明。红山文化先民祭祀猪头山神为什么要压石块，或者积石成堆来镇压它，很可能与他们认为猪头山神属凶神恶煞之类有关。他们为避祸祛灾而祈祷它，继而又威胁它，用压石块的办法来镇压它。用今天的话说，这就是红山人使用软硬兼施的两手吧。红山文化先民对猪头山神一类凶神使用的这两种手法，一直为后世人们所因袭，只是随着时间的推移形式有所变化而已。

一个不容回避的问题是，到目前为止牛河梁遗址群发现唯玉而葬、身份高贵一类的石棺墓，都是在一些大型积石冢的下面发现的。而这些积石冢遗迹的形成，与牛河梁第二地点冢前大型圆形石堆遗迹的形成，又基本一致。这就不能不引起人们的怀疑，难道这些唯玉而葬类石棺墓上积石为冢，对其墓主也寓有威慑、镇压的含义吗？！要回答这一疑诘，还得从这些石棺墓中随葬的一些玉器说起。

《越绝书·越绝外传记宝剑第十三》曰："夫玉，亦神物也。"[24]《说文》"靈"下又谓："巫也，以玉事神。"在牛河梁一带积石冢下石棺墓内发现的一些随葬品，无论是中心大墓还是其稍南一侧一些小一点的中型石棺墓，无一例外，都属玉质器类。就依《越绝书》及《说文》"靈"下对"玉""巫"两者关系有关说法，牛河梁一带积石冢下中型以上石棺墓主，生前只能是巫祝一类神职人物。在牛河梁积石冢中心大墓发现玉质器类，有箍形器或束发器、玉琮、玉璧、板状玉凤、勾云形玉珮、玉环、坠饰一类，还发现一玉人；在牛河梁第二地点一号积石冢下中型石棺墓发现玉质器类，有猪龙、束发器、方形或棒形器、玉环，也有玉璧和勾云形玉佩类物。在大小不同两种类型的墓葬中，玉琮和玉璧是我国最为常见的礼仪用品，并不多见的是板状玉凤、玉龟、猪龙、勾云形玉佩等，还有一些是佩戴在身上的装饰品，等等。与兵事或农事有关的玉礼器，无或少见。这一现象表明，牛河梁一带红山文化时期巫祝一类神职人物中，所司神职与兵事、农事无或相干。在这批新出现的礼具中，玉猪龙的发现为探索牛河梁一带发现巫祝一类所司神职，提供了依据。牛河梁第二地点M4出土2件玉猪龙，皆兽首如猪头状，龙体，背上都有小穿孔（图八，2；图九，1、2），出土时在墓主胸部附近。就玉猪龙的造型、出土位置观察，这一器类无疑是M4号墓主生前履行神职时，佩挂并借以通神的信物。一号冢M4所在第二地点，正北与牛河梁第一地点泥塑猪头山神祭祀遗迹，正好相对。这两者的关系，可谓不言自明。可以认定，到目前为止牛河梁一带积石冢下发现的巫祝一类，殆属专司与猪头山神相关事宜的巫祝之属。可以想到，这类巫祝或巫师的意志就是猪头山神的意志，所谓猪头山神要"娶妇"、要"食人"等，都是这些巫师强加给猪头山神的。凡是读过《史记·滑稽列传》的人们都知道[25]，西门豹治邺邑为惩治邺地一带流行为河伯娶妇的恶俗，第一个扔于河中淹死的，就是为河伯指定新妇可否的女巫。这一记载，充分表达了古代人们对巫祝装神弄鬼是多么的痛恨。由此可推，牛河梁一带以积石冢葬职司沟通、祭祀猪头山神的巫祝，是红山人为防其继续为害多端而积石镇压他们的说法，不能不说是一种合乎情理的猜想。

通过对牛河梁第二地点积石冢坛的研究，易于看出，5000多年以前红山文化先民实行祭祀猪头山神活动，只能在积石冢坛的前（南）面举行祭祀仪式，构筑猪头山神祭祀遗迹的第一地点，那是一般平民不能涉足的地方。由积石冢坛的所在位置分析，能够履迹于这一地点的恐怕只能是职司猪头山神事宜的巫祝之类。还可看出，长期以来困扰我们的在红山文化分布域内发现积石冢类墓葬或近似的文化堆积，可能都是红山文化先民或其遗裔，在不同地区或不同时期实行祭祀山神的活动中，留下的一些物质文化遗存。

三、东山嘴建筑群址并首猪头山神祭山遗迹

东山嘴村位于辽西喀左县驻地，大城子镇东南8华里，在大凌河西岸（图一三）。村东、西、北三面为一长弧形黄土山梁所环抱，遗迹就在山梁正中一平缓的小山丘上。此台地或小山丘向南伸展的前端，全部为东山嘴建筑群址所占有，长约60、宽约40米，高出于丘下河床50余米。东山嘴建筑群址的东南方向，与大凌河对岸喀左县名山马架子山正好相对，周边是一望无际的平川旷野[26]。

东山嘴建筑群址于1979年发现，经过两次发掘，已清理面积2000多平方米，至《简报》发表时，除遗址的北部边缘外，已大部分被揭露。在厚约15厘米的耕土下，即见遗址黄土堆积，再下就是黄土和基岩。建筑群址可大致区分为南北两部分：北部是大型方形基址及其两翼建筑遗迹；南部前端地段，是一些石圈和多圆形石砌基址（图一四）。

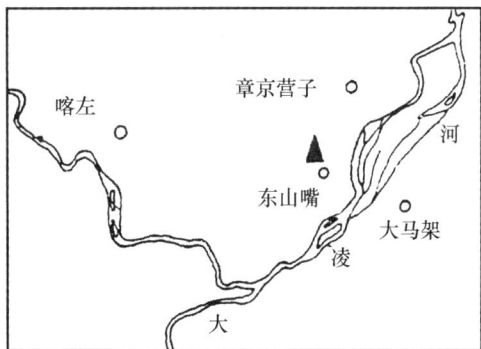

图一三　东山嘴遗址位置示意图

图一四　遗址局部（自南向北摄，近处为多圆形基址，中为石圈形台址，远处为方形基址）

大型方形基址（编号g1），东西长11.8、南北宽9.5米（图一五）。基址内最底层，是建筑基址平整的硬黄土面，间有大片红烧土面，在黄硬土面上有置石堆和零散石块的现象。方形基址四边均有石墙基，石料多经加工，一般除向内的一侧不规整外，上下两面、两端和向外的一面，都较平齐，有的还加工成规整的长方形。东墙基残存的部分在东墙中段，长约3、高约0.46米，为4层石块（图一六）；南墙基残存的部

图一五　东山嘴遗址

1. 方形基址　2. 东翼墙基　3. 西翼墙基　4. 东侧石堆　5. 西侧石堆　6. 东边铺石
7. 西边铺石　8. 石圈形台址　9. 多圆形基址　10. 人骨　11. 房址　12. 未掘部分
13. 方形基址内成组立石

图一六　方形基址东墙壁

分在南墙中段，长3、高0.15～0.4米，保存1～4层不等；西墙基已不复存在，但西南角和西北角处都有墙基发现。西南角残高45厘米，有5层砌石，西北角与北墙相连，北墙基残存长度3.4米，也保存了一二层。

方形基址内有大量石块，可明显分辨出3处石堆。其中，南侧中部的一处最大，由密排直立的长条石组成，略呈椭圆形状，东西直径2.5米。长条石多砂岩，也有灰岩。砂岩的一种多顶端尖、底部平，呈锥状，高约0.85米，一律向西北倾斜。其中有几块立石相聚成组的现象，一般3～4块为一组（图一七；图一五，13）。

方形基址底部的出土遗物有：正当中部的红绕土面上，出土玉璜、石弹丸各一件，西北角和东墙基北端各发现骨料一块。南墙中段内侧紧贴墙壁的地方，发现并首猪头玉璜一件（图一八，1；图一九），《简报》作者称其为双龙首玉璜。在基址内上部的堆积中，有不少粗泥质红陶筒形器类残片。在方形基址的东外侧黑土层中，发现鸮形松绿石饰一件，做展翅飞翔状，有穿孔（图一八，2；图二〇）。

图一七 方形基址内成组立石

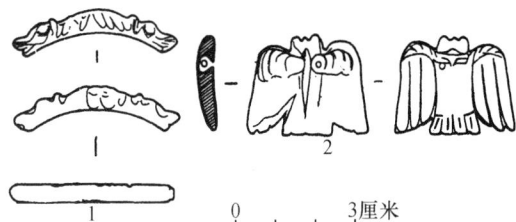

图一八

1. 并首猪头玉璜（TE6②g1∶1）
2. 鸮形松石饰（TC6②∶1）

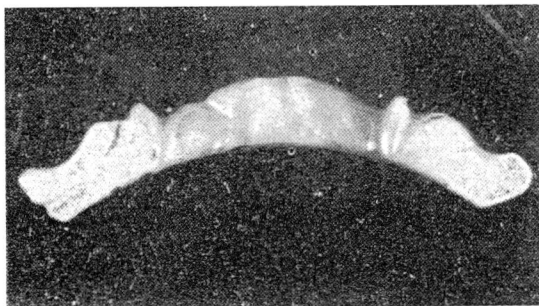

图一九 并首猪头玉璜

图二〇 鸮形松石饰

方形建筑基址东西墙基的外侧，还有建筑遗迹和一些石堆遗存，《简报》称其为方形建筑基址的两翼，将其区分为南北两部分介绍。方形建筑基址北半部分的两翼，是两道南北走向、相互对称的石墙基（图一五，2、3）。东翼石墙基残存部分，在方形基址的东北一侧，西距方形基址的东墙基6米，墙基残存长度8.4米。砌筑的条石近于直线（图二一），有的条石上叠压石灰岩石板。在东翼墙基内侧有大块平卧的石块和红烧土面。西翼墙基建在方形建筑基址的正西一侧，东距方形建筑基址的西墙基6米。保存部分有间断，中部的一段较长，为7.9米，南部的一段残长1.2米。墙基上也压有石灰岩石版（图二二）。与东翼墙基不同的是，西翼墙基之下有一房址（图一五，

图二一　东翼石墙基
（自东南向西北摄）

图二二　西翼石墙基，外侧铺石面，下压
房址F1（自北向南摄）

11；图二二）。

以上方形建筑基址东西两翼墙基的外侧，都堆有大面积的石块，其范围直至东西边缘地带，并沿着边缘的斜坡一直向下伸延。石块都比较小，多是一些石灰岩质，一般在15～20厘米。

东山嘴方形建筑基址南半部分的左右两翼，都有石堆。东侧一翼石堆，以长条石平卧为主，形成长11、宽2米的石条带，这一石条带西距方形建筑基址的东墙0.5米。石堆内多是一些平底、尖顶的锥状石，也有加工平整的砂岩长条石。由是可知，此东翼南部一带，原也有石墙和成组的锥状立石。方形建筑基址西翼南部一带的石堆，比较零散，也是一些锥状石和长条石块。可以分辨出，原来也是锥状立石成组状态。南侧西翼内石堆遗迹，东距方形建筑基址南段西墙只有0.2米。东山嘴方形建筑基址南部东西两翼间发现石堆，使用石料与大型方形建筑基址内偏南部一侧石堆用料相近，所在东西两翼间的地点，互相对称。由是反映，红山文化先民在方形建筑左右两翼间，之所以设置此互相对称的两个石堆遗迹，原寓有特殊的含义。其与大型方形建筑基址内偏南一侧中部发现石堆遗迹用料、形制接近。或又说明，这三处石堆遗迹很有可能是他们在某一观念指导下的一时之作（图一五，4、5、13）。

东山嘴建筑群址北半部建筑基址的分析研究和相关遗迹遗物的出土显示，所谓东山嘴方形建筑基址，乃是喀左县东山嘴发现建筑基址的主体或曰中心建筑遗迹。这一方形主体建筑遗迹的两翼遗存，属于附属建筑物。由主体建筑遗迹中部和此主体建筑基址北部东翼西侧内的大片红烧土面看，辽西喀左县东山嘴发现这一建筑群址与牛河梁第一地点建筑遗迹一样，也是一处宗教性祭祀遗迹。而这处遗迹与牛河梁第一地点发现的猪头山神祭祀遗迹有所不同的是，东山嘴发现的祭祀性建筑遗迹，并无地面建筑，只是一处露天的祭祀性质的物质文化遗存。

东山嘴建筑群址的前端石圈形、多圆形石砌基址中，北距主体建筑方形基址南墙外15米的是石圈形台址（图一四；图一五，8）。台址为正圆形，直径2.5米，距地表20～40厘米，是在黄土堆积的上部铺砌而成，叠压在厚约50厘米的黄土层上。石圈的周边用小石片砌边，石片皆近长方形，向外的一边正齐，整个台址显得十分规整（图一五，8）。石圈内铺一层大小相近的鹅卵石。在此石圈形台址东北一侧，距地表80厘米的黄土层底部一层红烧土面上，有人骨架一具（图一五，10），已经石化，不见墓框，唯头和脚部两侧各置两块不规则形石板，并无其他随葬品。发现陶塑人像20余件，多是一些人体的肢干，不见头部。在石圈形台址东侧、东北一侧黄土层中，各一泥质孕妇塑像残件，皆裸体直立像，头部、右臂均残（图三，4）。东侧黄土层中的一件，涂有红衣。在石圈形台址东南一侧黄土中，发现过去在牛河梁第一地点也曾见到的大型泥质人物塑像，也无头，上、下身各一块，原属同一个体。东山嘴方形建筑基址南墙外圆圈形石砌基址的构筑形制，周边黄土层中的人骨架、泥塑人体残块和红烧土类遗迹发现表明，这一圆圈形石砌基址与稍北主体方形建筑基址一样，也是居住在东山嘴一带的红山文化先民举行祭祀活动的一个地方。

在石圈形台址又南4米，有残缺又不相连接的3个圆形基址，发掘者根据出土资料分析认为，这3个圆形基址的形成和使用时间早于稍北的石圈形台址（图一四；图一五，9）。在方形主体建筑西翼石墙基和铺石下面发现房址（编号F1）（图一五，11），不少现象与祭祀有关。由两翼墙基和铺石下面发现房址的叠压关系看，这一房址无疑也是大型方形建筑基址构筑前使用过的与祭祀活动有关的物质文化遗存。因限于篇幅，这里不拟再做述说。

在东山嘴建筑群址北部大型方形基址及其两翼遗迹的分析推阐中，有一个特殊的现象：无论是方形主体建筑还是两翼内外，都有成堆的积石；至于一些零散的石块，在遗址内外并东山嘴建筑群址两侧坡崖上，可谓俯拾即得。依诸前文，东山嘴北部建筑遗迹一带，共有5个明显的石堆遗迹。最大的一个在中部红烧土面以南逼近南墙的一侧；方形建筑南半部东西两翼与主体建筑基址东西墙址间，也各有一处，共计两个石堆遗迹。这两处石堆遗迹与方形建筑基址内偏南一侧计凡3个石堆遗迹，使用石料的大小、形制基本一致；方形建筑基址北侧东西两翼外侧，也有石块堆积，两石块堆积遗存的范围一直延至遗址的东西边缘一带。就石堆遗迹的所在位置和石料的形制、大小，方形主体建筑基址内偏南一侧及其南部与东西两翼间石堆，与北部方形基址两翼外侧发现石堆遗迹的形成，似乎并不完全一致。前三者似是在很短的时间内形成的，或者说是一时之作。由至今流传于民间到泰山祈福要压石头块的习俗看，后述两者应与北翼东西两侧坡崖上发现零散石块堆积的性质归为一类，或属红山文化先民携石块来此实行祭祀活动时，弃置于此地而逐渐堆积形成的。

　　牛河梁遗址群与东山嘴建筑群址，文化属性相同、时代相近，都是红山文化先民使用过的一些祭祀性质的物质文化遗存。牛河梁第二地点积石冢坛及冢坛前面的石堆遗迹，与东山嘴遗址类似发现的形成过程，也基本上是一致的。这些现象充分说明，东山嘴建筑基址石堆遗迹和到处可见石块的现象，也是5000多年前后居息在这一带的红山文化先民在崇拜山神、祭祀山神过程中，用压石块的方法来镇压山神邪恶行径而留下的一些物质文化遗存。牛河梁"女神庙"祭祀遗迹是一处祭祀猪头山神的文化遗迹，其主体建筑遗迹与正南8华里猪头山正好相对。由地理形势观察，喀左县东山嘴方形主体建筑遗迹所祀山神，也必与遗址东南方向相对的马架子山息息相关。

　　从牛河梁第一、二地点和东山嘴建筑群址遗迹分布与周边地理环境可知，所谓东山嘴建筑群址方形主体建筑基址，就是红山人在此祭祀遗址东南方向马架子山神的一处文化遗存。在这一遗存的中部，有大面积红烧土面祭祀遗迹，在红烧土面祭祀遗迹之上有玉璜、石弹丸一类祭祀用品；在中部红烧土面以南，即方形建筑基址的偏南一侧，是红山文化先民着意用以震慑山神的大型石堆遗迹；在石堆遗迹又南一侧方形建筑基址的南墙中段、紧贴于南墙壁的地方，又置放并首猪头玉璜一件（图一八，1；图一九）。依民俗习惯推度，东山嘴建筑群址方形基址内，放置并首猪头玉璜出土的地方，正是宗教祭祀活动中供奉祀主的地方。并首猪头玉璜在这里发现表明，此璜就是5000多年以前东山嘴人祀祭东南方向马架子山神的一件玉制的祭主之象。

　　东山嘴方形主体建筑基址的玉制马架子山并首猪头山神之象，长约4厘米，淡绿色玉质，体上弧呈璜形；只一侧有雕饰纹，背部对穿一孔；上弧形玉璜两端各雕一猪头形，使玉璜呈并首猪头状。此玉制马架子山神背部有穿孔，仅一侧有装饰纹样，似这一玉雕神像或悬挂于某构架上，是供人们祈祷和拜谐的对象，是而面向祈祷者的一面雕有纹样，相背的一面则无需雕纹装饰。至于此马架子山神之像之所以将并首作成猪头状，很有可能因为在东山嘴人的心目中，牛河梁第一地点早些时候已经祀祭的猪头山神，是红山人崇拜诸山神的宗主或总长，故而在玉制的马架子山神像的两端，也各雕饰一猪头之像。还有一个需做交代的疑诘是，牛河梁第二地点M4发现玉制猪头山神（图八，2），"龙"体呈蜷曲形，而东山嘴发现并首猪头山神之像，"龙"体呈上弧形。由"马架子"山一名的原始寓意、推究，颇疑东山嘴玉制马架子山神躯体之所以呈上弧状，很有可能与马架子山脊的形象有关。到过济南的人都知道，市南郊有座名叫马鞍（子）山的名山。这座山与东山嘴遗址马架子山只有"鞍""架"一字之差。济南南郊马鞍山的山脊呈下弧形"⌣"，以常理推之，东山嘴遗址东南一侧马架子山的山脊之形，应呈上弧形"⌢"状。假设这一猜测不属奇谈怪论，那么东山嘴所祀并首猪头山神躯体呈上弧形，无疑原是模拟马架子山的山脊之象。如果是这样，东山嘴方形主体建筑基址南墙中段的这件并首猪头玉璜，是东山嘴人祭祀东南一侧马架子山神祭主的这一说法，也就无可厚非了。

在东山嘴建筑群址南部前端的石圈形、多圆形石砌建筑基址中，北距方形建筑基址15米石圈形建筑基址与方形主体建筑基址两者间，关系一致。这一石圈建筑基址用料相当考究，构筑形制十分规整。发现时，基址的表面无任何其他遗物。只一大小一致、铺砌整齐的鹅卵石面而已。在这一特别规整的石圈形建筑基址近侧的东北至东南部的黄土地层中，发现泥质人体塑像20余件，有过去在牛河梁第一地点所见的特大型人体泥塑，也有一些小型的孕妇人体泥塑。令人不解的是，无论是哪一类人体泥塑，一律无头部。在东北一侧黄土层底部红烧土面上，还有人骨架一具，已经石化，无任何随葬品。由这一石圈形石砌建筑遗迹及其近侧的一些主要发现看，该遗迹无疑原有特殊的用途。从牛河梁第一地点和东山嘴建筑群址主体建筑遗迹的研究中，可以窥见，这两个主体建筑遗迹的北壁或南壁正中的地方，都是处置或供奉泥塑猪头山神或玉制并首猪头山神的地方。牛河梁第一地点主体建筑基址的背面即其北侧18米的地方，是一平台建筑遗迹。从出土遗物与遗迹现象分析判断，这一平台建筑遗迹原是牛河梁人礼送、礼接冥冥中猪头山神升降于天地之间的地方。东山嘴建筑群址主体方形建筑基址的背面即南面15米的地方，是一石圈形石砌建筑基址，就其所在位置而言，这一基址无疑也是东山嘴人礼送、礼接并首猪头山神升降于天地之间的所在。因为这一原因，这一石圈建筑基址用料如此考究，构筑工艺如此精细，就不难理解了。看来，在此石圈形石砌建筑基址近侧发现人体泥塑之所以一律无头，可能是专门用于祭祀而特制。至于石圈形基址近侧东北部发现人骨架，很有可能也是东山嘴人因为迎送并首猪头山神往返于天地之间的牺牲品。当然也不能排除它是红山人因为构建这一建筑基址时使用的奠基者。东山嘴建筑群址南部前端石圈形石砌建筑基址诸现象的发现，为红山文化先民视猪头山神为凶神恶煞类说法又添新证。

四、民俗资料文献传说与猪头山神祭山遗迹

民俗志资料反映，在世界各民族的原始宗教中，都有崇拜山神、祭祀山神的习惯。至今生活在我国边远地区的人们仍保存了这种风俗。比如居住在我国内蒙古和黑龙江一带的鄂温克人，对山神的崇拜就特别突出[27]。他们认为高山峻岭悬崖绝壁处，都是山神栖居的地方。山上的一切野兽都是山神所饲养，他们在游猎活动中所捕获的一切，都是山神恩赐的结果。又比如，至今生活在我国东北地区大兴安岭一带的鄂伦春人，他们最崇拜的也是山神——白那查，逢年过节实行家宴，长辈必须先用手蘸酒向上三弹，以敬献给山神白那查。与鄂温克人一样，鄂伦春人也认为悬崖峭壁、深洞怪石或者有参天大树的地方，就是山神居息的所在。他们因袭了5000多年以前红山文化先民积石祭山的古老习惯，为求得山神的庇佑，要在山端路旁积石成堆（俗

称敖包）为祭坛，还有的在山间剥去一块树皮的根部，画上一老汉像，以作为敬畏的山神之像[28]。相关民俗资料中，山峰的奇特形状往往成为人们崇拜某山所属某神的一个重要依据。比如某山的形象与虎头的形象有些相像，人们就迷信它与虎的神灵有关[29]；某山峰的形状与狮子头的形状相似，又迷信它与狮子的神灵相关[30]，诸如此类不胜枚举。在我国古代典籍中，山神原以"离"字为名，谓其形如兽类，属于危害人民的猛兽一族。《广雅疏证·释天》曰：

　　山神谓之离[31]。

《说文》曰：

　　离，山神也，兽形……欧阳乔说："离，猛兽也。"

又《春秋经传集解·宣公三年》曰：

　　昔夏之方有德也，远方图物，贡金九牧，铸鼎象物，百物而为之备，使
　　民知神、奸。故民入川泽山林，不逢不若，螭魅罔两，莫能逢之。

杜注曰：

　　螭，山神，兽形；魅，怪物；罔两，水神。

依于杜注，"螭"乃山神本名"离"字的增繁，"螭""离"两字互通。"螭魅罔两"在我国古代人民的心目中，是"凶恶残忍""凶神恶煞"类用语的同意词。在先秦经籍中，人们视"螭"（离）或山神类物为洪水猛兽，将其与魅、罔两一类妖魔鬼怪归为一类。这告诉我们，在我国古代人民的心目中，山神一类神祇，原是为患于人民的穷凶极恶的丑类。民俗资料与文献资料"螭"（离）字寓义等，从侧面证明了牛河梁与东山嘴考古发现原是一些山神类祭祀遗迹的判断。

　　牛河梁与东山嘴祭山遗迹，以泥塑猪龙和玉制并首猪头玉璜为祭主。关于我国古代人民崇拜和祭祀山神的一些古老习惯，在《山海经》一书中有过不少的记述。其中，记说彘、豕即以猪类动物为山神者，计有三处之多。《中山经》《中次七经》《中次十一经》各一见。《中山经》涉及的地域范围属中原地区，有的或外延至河南又南的一些地方。就地望而言，《中山经》记述这一地带崇拜猪头山神的有关记载，与辽西红山文化发现猪头山神类祀祭，应无或相干。以猪类动物为山神，在《山海经·北山经》一文，也有一见。《北次三经》曰：

　　凡《北次三经》之首，自太行之山以至于无逢之山，凡四十六山，
　　万二千三百五十里。其神状皆马身而人面者廿神。其祠之，皆用一藻茝
　　（chai）瘗之。其十四神状皆彘身而载玉。其祠之，皆玉，不瘗。其十神状
　　皆彘身而八足蛇尾。其祠之，皆用一璧瘗之。大凡四十四神，皆用稌糈米祠
　　之，此皆不火食。

《北次三经》所记四十四山神，以猪为山神者有廿四神之多。《山海经·北山经》涉及的地域，当今山西、河北北部又或以远的一些地方。《北次三经》[32]告诉我们，它

的记述路线是，自太行山而东进入河北省后，又折西向北至燕山、碣石、雁门诸山。最后所至三山的具体所在今或无法确指。但依此三山得名声类求之，其大致方位在今山西的东北至河北省的东部、东北方向，当是可信的。若依《北次三经》记述马与彘类山神的先后次第推求，文籍中猪一类山神的崇拜者，大致也或活动在今河北省的北偏东一带。这一地带又适与辽西红山文化分布的地域相接。是而反映，《山海经·北次三经》以猪为山神一族的活动地望，应与今辽西牛河梁东山嘴发现崇拜祭祀猪头山神的历史，密切相关。这又再从侧面证明了，辽西牛河梁与东山嘴考古发现是红山文化先民猪头山神祭山遗迹一说。《山海经·海内北经》曰：

> 袜，其为物人身黑首从目[33]。

晋人郭璞注曰"袜即魅也。"清代学者郝懿行以"魑魅汉碑作禟袜"为依据，也认为是"袜即鬼魅"之"魅"字。他又进而推论此"袜"或"魅"，就是《楚辞·大招》一文中"豕首从目，被发鬤只"的彘、豕之类[34]。"袜"（魅）、"魑"二字在古语"魑魅罔两"一语中为一类物，同为猛兽怪物之属，"魑"又为山神本字"离"字之衍，可证所谓"袜"也者，也是先民对山神的一种别称。这是一个令人振奋的发现。依郝氏所论袜又彘、豕类物一说，我们也可以这样认为，《山海经·北次三经》一文所记彘、豕为山神，就是以袜为山神之谓。此又表明，由考古发现资料推论的在红山先民心目中牛河梁与东山嘴所祀猪头山神属凶神恶煞类说法，在我国古代语言文字资料中也有踪迹可寻。

　　我们在试说牛河梁与东山嘴猪头山神祭山遗迹过程中，引用了不少民俗资料、文献资料以及《山海经》一书中的一些传说资料。众所周知，我国古籍中收集神话传说资料为多者，莫过于古代流传下来、之后又经秦汉人增补过的《山海经》一书。其中，最为大家所乐道又常被引为故实者，是书中关于西王母与昆仑山的一些记叙[35]。关于西王母的故事，多见于《西山经》《海内北经》《大荒西经》。《西山经·西次三经》曰：

> 玉山，是西王母所居也。西王母其状如人，豹尾虎齿而善啸，蓬发戴
> 胜，是司天之厉及五残。

郭璞注曰："蓬头乱发；胜，玉胜也。"又注曰："主知灾厉五刑残杀之气也。"[36]
　　《海内北经》曰：

> 西王母梯几而戴胜杖，其南有三青鸟，为西王母取食，在昆仑虚北。

郭璞注曰："梯谓凭（ping）也。"郝懿行认为："胜"后"无杖字。"袁珂认为："无杖字是也。"他依《大荒西经》中关于"三青鸟，赤首黑目，一名大鵹，一名曰少鵹，一名曰青鸟"[37]又认为，此"为西王母取食"的"三青鸟者，非宛转依人之小鸟，乃多力善飞之猛禽也"。

　　《大荒西经》曰：

> 西海之南，流沙之滨，赤水之后，黑水之前，有大山，名曰昆仑之丘。
> 有神——人面虎身，有文有尾，皆白——处之。其下有弱水之渊环之，其外
> 有炎火之山，投物辄然。有人，戴胜，虎齿，有豹尾，穴处，名曰西王母。
> 此山万物尽有[38]。

《山海经·大荒西经》还有一处提到"有西王母之山"的文字[39]，但文中并无与西王母状貌类有关的记说。前所揭引三段文字中，可以清楚地看出，我国神话传说中的西王母原是人面、体若虎类猛兽状，她居息于大山或昆仑丘类岩穴之中，有猛禽三青鸟为伴。民族志材料告诉人们，迄今为止还有崇拜山神习俗的一些后进民族，仍然认为山神栖居的地方，就在大山的悬崖峭壁或崖穴之中；文献资料告诉人们，我国古代人们崇拜山神，形貌类兽，族属猛兽类。依是可知，自古流传下来有关西王母的一些神话传说，殆属先民崇拜山神风习的演变和升华。山神西王母有猛禽相伴，这一传说的由来无疑与牛河梁人认为猪头山神凭借鹰类猛禽能往返于天地之间的原始思维相关联。依这一传说又可进而推知，在牛河梁第十六地点以及东山嘴方形建筑基址东外侧发现的所谓板状玉凤（图八，1）、鸮形绿松石饰（图一八，2；图二〇）类物绝不是一般的随葬物品，而是朴拙的红山文化先民在祭祀山神过程中，礼送或礼接猪头山神往返于天地之间而使用的一些不可或缺的礼具。至于我国古代人民崇拜的山神为什么是一个女性，这应与我国古代山神崇拜习俗产生（与世界其他兄弟民族一样），于发展的母权制度之下的原因有关[40]。

在《山海经》一书中，关于昆仑山或昆仑丘的记载，以《西山经》和《海内西经》两文最具代表性。《山海经·西次三经》曰：

> 西南四百里，曰昆仑之丘，是实惟帝之下都，神陆吾司之。其神状虎身
> 而九尾，人面而虎爪；是神也，司天之九部及帝之囿时……有鸟焉，其名曰
> 鹑鸟，是司帝之百服……河水出焉，而南流东注于无达。赤水出焉，而东南
> 流注于氾天之水。洋水出焉，而西南流注于丑涂之水。黑水出焉，而西流于
> 大杅。

关于经文中的"昆仑之丘"，《说文》"昆"下段注曰，"昆者，众也"。由此可知，所谓"昆仑之丘"的原始含义，就是众多的山丘的意思。经文"帝之下都"，郭璞注曰："天帝都邑之在下者。"袁珂认为："郭注天帝，即黄帝。"经文"神陆吾"者，郭璞注曰："即肩吾也。庄周曰，'肩吾得之，以处大山'也。"郝懿行曰："郭说见《庄子·大宗师篇》，《释文》引司马彪云，'山神不死，至孔子时'。"是所谓神陆吾者，就是我们现在所说的山神之谓。经文"司天之九部及帝之囿时"，郭璞又注曰："主九域之部界，天帝苑囿之时节也。"经文"鹑鸟"，郝懿行认为就是凤凰鸟。经文"司帝之百服"，郭璞认为："服，器服也；一曰，

服，事也。或作藏。"郝懿行曰："或作藏者，百藏，言百物之所聚。"这段经文最后告诉我们，《西次三经》所记这一昆仑之丘，为河水、赤水、洋水、黑水所自出[41]。

《海内西经》曰：

> 海内昆仑之虚，在西北，帝之下都。昆仑之虚，方八百里，高万仞。上有木禾，长五寻，大五围。面有九井，以玉为槛。面有九门，门有开明兽守之，百神之所在。在八隅之岩，赤水之际，非仁羿莫能上冈之岩。

这段经文中的"海内昆仑之虚"，《说文》"丘"下曰："丘，土之高也，非人所为也。"《说文》"虚"下又曰："虚，大丘也。"是证，"昆仑之虚"就是"昆仑之丘"。郭璞注云："言海内者，明海外复有昆仑山。"郝懿行云："海内昆仑即《西次三经》昆仑之丘也。《禹贡》昆仑亦当指此。《海内东经》云，'昆仑山在西湖西'。盖别一昆仑也……又荒外之山，以昆仑名者盖多焉……郭云海外复有昆仑，岂不信哉。"关于"木禾"，郭璞云："木禾，谷类也，生黑水之阿，可食，见《穆天子传》。"余案"寻"者，乃长度单位，古代以八尺为寻。"槛"，郭璞注谓，"槛，栏"也，即今所谓栅栏也。经文最后一句，"非仁羿莫能上冈之岩"。郭璞认为："言非仁人及有才艺如羿者，不能得登此山之冈岭巉岩也。羿尝请药西王母，亦言其得道也。羿一或作圣。"[42]郭氏的这一解读实属迂腐之甚，但其所言羿与山神西王母有直接交往一端，亦足可证明，这里所说的仁羿，原是一个能沟通人神关系的巫祝一类人物。从以上所引经文对天帝下都的一些描述中可以得知，所谓"帝之下都"即山神主管和栖居的地方，就在以"昆仑之丘"（虚）为名的一些山丘上。在山神息居的山丘上或"都邑"里，有帮他管理事物名曰鹑鸟的神鸟，有为其守门的开明神兽，有非常高大的名叫木禾的谷物，有九门、九井，还围以用玉石做成的栅栏。此山神主管和息居的地方，也是百神所聚居的地方，一般人是不能涉足的，只有那些能够沟通人神关系像仁羿那样的巫祝一类人物，才有资格"上冈之岩"或者靠近他的边缘地带。

牛河梁与东山嘴发现猪头山神祭山遗迹，都发现在一些山丘上，所祀山神属猪类野兽，这和古代传说山神"兽形"属"猛兽"类，其司理和栖居的地方，在以"昆仑丘（虚）"为名的山丘上的说法一致；牛河梁第一地点主体建筑北室，发现泥塑鹰一类爪趾，十六地点中心大墓发现板状玉凤及东山嘴遗址发现展翅飞翔状鸮形石饰，无疑与传说古代山神司理和居息的地方有神鸟相伴类说法相关；牛河梁第一地点红山人为猪头山神主体建筑构建南单室门围设施及猪龙残块的发现，又与古代传说山神司理和居息的地方有开明神兽为其守门的说法近似；牛河梁第一地点丘顶最北则石砌平台遗迹、东山嘴大形方形建筑遗迹、两翼及其南部前端圆圈和一些圆形石砌建筑基址，实属古代山神所居"昆仑之丘（虚）"，有"以玉为槛"类说法的历史真相。牛河梁第二地点五座积石冢墓中，除三号冢属圆形祭坛类遗迹外，所余四冢内都有中心大墓和一些中等类型的墓葬。从第二地点M4猪龙类随葬遗物的推说中，已知牛河梁第二地点积石冢中等以上墓主的身份，乃是一些巫祝类人物。牛河梁第二地点在北距第一地点110余米的南侧斜坡上，这些巫祝类人物的冢墓在第一地点南坡边缘地带发现，又恰如我国古代传说中山神居息的地方只有仁羿一类巫祝者才能"上冈之岩"类说法。可见，牛河梁与东山嘴的考古发现，是红山文化先民崇拜山神、祭祀猪头山神遗迹的说法，确有真实的历史背景为根据。发掘者在有关文章中曾经提及，牛河梁与东山嘴祭祀遗址群，在50多万平方公里范围内有十数余处之多，但未曾一见聚落类遗迹，是而认为，辽宁省红山文化中心区域内发现的这类祭祀遗存，原是远离人们居住地点而独立存在的一些祭祀场所[43]。我们同意发掘者的这一看法。关于这一独立祭祀场所，《庄子集释·大宗师》曰：

> 堪坏得之，以袭昆仑。

疏云：

> 昆仑，山名也，在北海之北。堪坏，昆仑山神名也。袭，入也。堪坏，
> 人面兽身，得道入昆仑山为神也。

释文云：

> "堪坏"，徐扶眉反，郭孚杯反，崔作邳。司马云：堪坏，神名，人面
> 兽形。《淮南》作钦负。

又《山海经·海内北经》曰：

> 昆仑虚南所，有氾林方三百里[44]。

牛河梁"女神庙"、东山嘴考古资料与文献资料和传说资料互证，我们认为发掘者所说的这一远离居住地点而独立存在的祭祀场所或曰牛河梁与东山嘴发现的祭祀群址，很有可能就是《庄子·大宗师》一文所说"北海之北"的昆仑山或者《山海经·海内北经》所谓"昆仑虚"的具体所在。

综以前文所论，牛河梁"女神庙"与东山嘴建筑群址所祀猪头山神，并首猪头山神类神祇，在历史演进的长河中，或因时间不同也或因出发角度有别，在载籍或传说资料中，又有诸多不同的称谓：在《山海经·北次三经》一文中，猪头山神以"彘"字为名；在《山海经·海内北经》一文中，又以"袜"即以"魑魅罔两"一语中的"魅"字为名；在《庄子集释·大宗师》一文中，猪头山神又有"人面兽身"的"堪坏（pei）"一名，等等。上述诸名称谓不同，但在诸载籍中的地望所指则无一例外，都指向了山东以北、河北北部偏东。这说明，文献资料与传说资料中山神彘、袜（魅）或堪坏诸名，是红山文化中心区域牛河梁与东山嘴猪头山神类神祇别名这一说法，与历史真相相符。

五、余　论

前所述及，牛河梁"女神庙"积石冢内墓葬，是一些唯玉而葬的墓葬。在这些墓葬出土玉制器类中，第五地点中心大墓的玉龟最为引人所注目。考古资料、文献资料、传说资料多方面证明，这些冢内的唯玉而葬者，原是一些职司祭祀猪头山神的巫祝者的墓葬。可见，牛河梁第五地点中心大墓发现的玉龟是墓主在祭祀猪头山神活动中使用礼具的说法，是没有问题的。与牛河梁其他各地点发现玉猪龙、板状玉凤、玉（石）鸮鸟类礼仪用品不同的是，在牛河梁与东山嘴考古材料和红山文化的一些考古发现中，尚难找到红山人在祭山活动中使用玉龟一类礼仪用品产生的历史渊源。熟习新石器时代考古材料的学者都知道，河南舞阳贾湖裴李岗文化和泰沂山系迄南至江苏北部一带的大汶口文化先民，都有崇拜龟鸟的习俗，在5000多年前大汶口人有在腰间佩挂乌龟壳借以辟邪厌胜的习惯[45]。古文字资料中，商奄的"奄"字原是龟形的原始摹写[46]。这一殷商旧国的故址，就在鲁中南蒙山以西不远的曲阜境内。说明在大汶口文化以后，藩息在泰沂山系迄南至江苏北部一带的先民，有以乌龟为图腾的风习。文献资料与考古资料疏证，周代以前所谓的泰山，并不是现在泰安境内的泰山，而是位居平邑、费县、蒙阴三县交界地带的蒙山[47]。蒙山主峰高约1156米，名曰龟蒙顶。查以载籍，蒙山极顶之所以由"龟蒙"二字为名，原因其山巅有形似乌龟的巨石[48]。史前渔猎经济时代鲁中南蒙山周边的人们有崇拜山神、祭祀龟蒙顶形似乌龟巨石的古老习惯。20世纪80年代末至2000年间，安徽省发掘的凌家滩遗址是一处祭山遗址[49]。在87M4号特大型墓葬中，有玉制的龟背腹甲发现。其所祀太湖山主峰东北的乌龟山上也有一形似乌龟的巨大石块[50]。我们非常怀疑，红山文化先民崇拜山神、祭祀猪头山神使用玉龟为礼器，很有可能与古代中原山东地区先民崇拜乌龟和安徽、山东一带先民崇拜山神、祭祀山神的一些古老风习有关。

这篇文字在形成过程中，引用了许多文献资料与传说资料。对史前时期的一些考古材料，使用这类资料进行研究，就目前而言，虽然不能说是一个禁区，但还是比较容易引起非议的。从对牛河梁"女神庙"与东山嘴猪头山神祭山遗迹的研讨中，不难看出，文献资料与古代流传下来的一些常被视为神话的传说资料，的确不能将其完全据为信史，但这些资料有的确实暗示抑或歪曲地反映了一些，在中国历史上确乎存在的事实。对其完全排斥抑或将其一律视为悠谬，我们认为是不够妥当的。

2012年4月26日于济南

注　释

［1］　郭大顺、张克举：《辽宁省喀左县东山嘴红山文化建筑群址发掘简报》，《文物》
　　　　1984年11期。

［2］　辽宁省文物考古研究所：《辽宁牛河梁红山文化"女神庙"与积石冢群发掘简报》，《文
　　　　物》1986年8期。

［3］　俞伟超、严文明等：《座谈东山嘴遗址》，《文物》1984年11期。

［4］　同［1］。

［5］　孙守道、郭大顺：《牛河梁红山文化女神头像的发现与研究》，《文物》1986年8期。

［6］　同［2］。

［7］　同［2］。

［8］　同［2］。

［9］　郭大顺：《红山文化坛庙冢与中国礼制溯源》，《走近牛河梁》，世界知识出版社，
　　　　2007年。

［10］　孟昭凯：《中华文明的曙光——红山文化概览》，《走近牛河梁》，世界知识出版社，
　　　　2007年。

［11］　同［5］。

［12］　《史记·滑稽列传》。

［13］　《周礼·春官·宗伯》。

［14］　《尔雅·释天》。

［15］　同［2］。

［16］　同［2］。

［17］　同［10］。

［18］　同［10］。

［19］　同［10］。

［20］　同［9］。

［21］　同［2］。

［22］　同［10］。

［23］　同［9］。

［24］　（东汉）袁康、吴平辑录：《越绝书》，上海古籍出版社，1985年，81页。

［25］　同［12］。

［26］　同［1］。

［27］　秋浦等：《鄂温克人的原始社会形态》，中华书局，1962年，90~91页。

［28］　孟志东、瓦伦台布、尼伦勒克：《鄂伦春族宗教信仰简介》，《萨满教文化研究》第一辑，
　　　　吉林人民出版社，1988年，247~254页。

［29］　朱天顺：《中国古代宗教初探》，上海人民出版社，1982年，71~74页。

［30］　詹承绪等：《永宁纳西族的阿注婚姻和母系家庭》，上海人民出版社，1980年，256页。

［31］ （清）王念孙：《广雅疏证》，中华书局，1983年，284页。

［32］ 袁珂：《山海经校注》，上海古籍出版社，1980年，85~99页。

［33］ 同［32］，314页。

［34］ 同［32］，314页。

［35］ 鲁迅：《中国小说史略》，《鲁迅全集》（九），人民文学出版社，1981年，18~19页。

［36］ 同［32］，50~51页。

［37］ 同［32］，306页。

［38］ 同［32］，407页。

［39］ 同［32］，397页。

［40］ 柯斯文著、张锡彤译，张广达校：《原始文化》，生活·读书·新知·三联书店，1962年，181页。

［41］ 同［32］，47~49页。

［42］ 同［32］，294~297页。

［43］ 同［9］。

［44］ 同［32］，316页。

［45］ 王树明：《大汶口文化墓葬中龟甲用途的推测》，《中原文物》1991年2期。

［46］ 闻一多：《释鲎》，《闻一多全集》，开明书店，1948年，507页。

［47］ 王树明：《东岳泰山新注》，《故宫学术季刊》（台湾）1998年15卷3期。

［48］ 《诗经·鲁颂·閟宫》并注疏。

［49］ 安徽省文物考古研究所：《凌家滩》，文物出版社，2006年。

［50］ 王树明：《安徽含山凌家滩修蛇山神祭山遗迹寻绎》，待刊稿。

古史传说与文明起源研究之一

文明起源与古史研究的若干问题

王永波

（山东省文物考古研究所）

　　研究上古文明或文明起源离不开文献资料，更企寄于考古资料的支持，这也是有关部门将"文明探源工程"交由中国权威考古机构组织实施的主要原因。习惯上，人们常用"华夏文明"或"中华文明"来指代中国的上古文明；而"华夏""中华"又是"中国"的代称。但是，从历史和社会发展的角度说，"中国""中华"与"华夏"的语源虽然相同，其基本涵义却有细微的区别。

　　"中国"一词出现最早，见于周初青铜器《何尊》周成王在洛阳，"宅兹中或（国）"，也就是修筑"成周"。在这里"中国"仅仅是一种地域方位的指代，并无"国家"的涵义；"华夏"一词始见于《尚书·武成》[1]，本意是指"远古中国"疆域内，即《禹贡》"九州"范围内的相关古族；"中华"一词的出现较为晚近，始见于南朝裴松之《三国志·诸葛亮传》注[2]，应是"中国"与"华夏"组成的复合词，与我们今天所用"中华"的涵义十分接近。

　　从这个意义上说，"中华文明"与"华夏文明"是两个内涵相近又有明显区别的不同概念。就当今中国而言，"中华文明"就是中华民族的文明，是包括台湾、香港在内的全国各民族精神物质文化的总和。"华夏文明"则应是先秦"远古中国"域内各部族先民所创造的文明，也就是中华文明发端时期的文明，具体地说，应指虞夏古国所界定的地理区划之内的文明。

一、华夏文明的自然地理因素

　　彼邃古之初，几块石头敲击，乃告人猿相揖别。然万类杂处，不可方物。故有大巢氏导为穴居，以避风寒雨雪；燧人氏作燧用火，以去污秽腥臊，人兽乃得分际。更有伏羲，作结绳而为罔罟，以佃以渔；神农氏作，为耒耜而始耕耨，以农以谷，天道人文始化神州。然洪荒乍起，江河横溢，水漫平畴；低地陆灵，或为鱼鳖。赖有女

娲，炼彩石以补苍天，断鼋足以立四极。青兖岱岗，两鄡以为芦舟，雍冀土原，天
鼋得为诺亚，是有炎昌黄盛。邹鲁华族，厚积徐发，西土是渐；雍岐黄熊[3]，师兵为
营，沿河东下；鹿逢中原，双英奋争；姬嫘携手，大正顺天，五帝轮值，万邦和合，
中华文明乃得以华夏为兴（图一）。

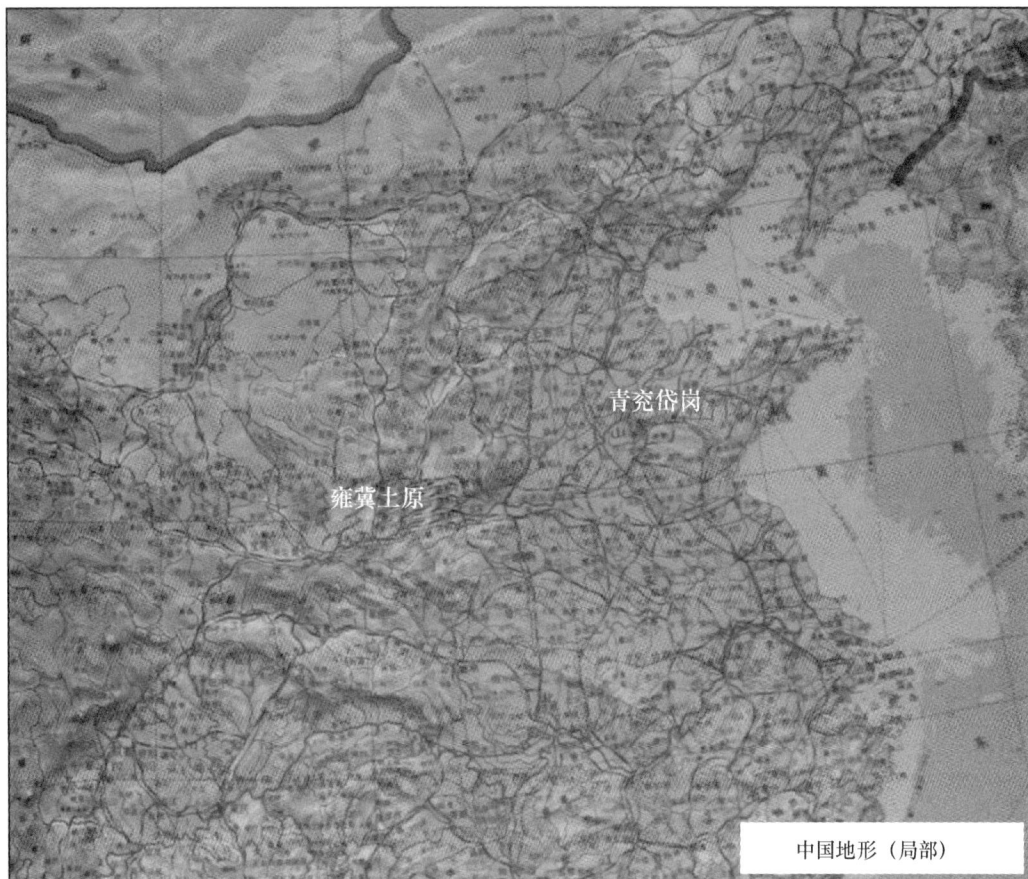

图一　中国地形（局部）

　　这是笔者对华夏文明形成过程的一种宏观概括。众所周知，洪水传说是世界性的
话题。全球的文明古国在其文明发轫之初，都曾有过"洪水"之劫。也就是说，在人
类社会发展史上的某一时期，曾发生过全球性的洪水灾害，其中尤以东方的大禹治水
和西方的诺亚方舟最为突出。洪水涉及的范围之广，影响之深远，绝非其他重大历史
事件堪能相比，使人们无法，也不可能仅仅将其视为一种传说。究其原因，乃是有史
以来，地球物理乃至于天体物理，对人类社会施加的最为深刻之影响。

　　在距今7万年前后，第四纪冰川迎来了末次冰期，经历了3万～5万年的微幅波动，
于距今2.5万年前后开始加剧，并在1.8万年前后达到峰值。冰期最盛时，海平面达

到–150～–100米的低位；全球低海面导致陆地外围的大陆架广泛出露，包括黄渤海在内的沿海大陆架因海平面下降而成为陆地，日本刘岛、中国台湾和南海诸岛因此而直接与东亚大陆连成一片。北半球中高纬度陆地平均气温比现在低10～15℃，最多可低20℃；气候干冷，降水量显著减少，仅有现代的30%左右。此后，末次冰期开始缓慢消退，在距今1.3万年前后温度骤然升高4℃，接着是持续2000年左右的冷暖交替期，在1.1万年（或11500年）前后温度又在数百年内突然下降6℃，史称"新仙女木事件"。此后温度迅速回升，于距今1万年左右达到现代水平，形成了距今9000～5000年期间（或以东亚为距今8500～3000年，或止于距今4000年）的大暖期。在此期间，除距今8500、5000年前后有两次短期的气温下降之外，全球总体上处于暖湿气候的控制之中。距今7200～6000年期间，是全新世大暖期最盛的时期，中高纬度的平均气温比现代高2～3℃以上。距今6500～5000年期间，出现了高于现代1～3米的高海平面，导致滨海约7万平方公里的低地平原被淹没。此后全球气温开始出现下降的趋势，于距今4000年（一说3000年）前后下降到与现代相当的水平，期间也有数次冷暖交替的现象。

　　冰川的消退，气温和海平面的回升意味着雨量的增加，地球在经历了长时期的干冷气候之后开始向温湿气候转变。自然证据和"大气环流模式"的模拟结果显示[4]，全新世[5]前半期呈现出季风加强和陆地降水增多的特点。大量的降水和冰川的消融，使得全球各地的低地平原，特别是中国华北和欧洲的低地平原，都面临着洪水的威胁。大禹治水和诺亚方舟的传说，就是这种地球物理大背景的一种人文折射。

　　距今1.2万～1万年前后，中华先民开始走出山林，步入了定居、农耕、制陶的历史新纪元——新石器时代。此时，正是中国古史"洪水"传说的起始阶段。《尚书·舜典》大舜"肇有十二州"和《禹贡》"禹别九州"，给出了"远古中国"疆域大致的地理范围。东亚地区的地理态势显示，"远古中国"域内是一种"天倾西北，地陷东南"的地貌形态，今黄河、长江冲积平原当时还是河流、池沼密布的水网地带，并不适宜人类居住。山东沂源北桃花坪扁扁洞[6]，北京西郊东胡林、怀柔转年[7]，河北徐水南庄头[8]，河南密县李家沟[9]等万年左右的早期新石器时代遗址，均分布在低山丘陵和山前岗地，即反映了先民规避洪水的心理取向和现实需要。

　　距今9000～7000年期间，随着气温的进一步回升和盛水期的到来，今华北平原水网地带的水患逐步加重，以至于成为"水浩洋而不息"，满目洪荒的泽国。"远古中国"域内，唯有东方青兖岱岗的低山丘陵、西北地区雍冀土原的岗地以及平原地区的低山丘岗才是早期先民赖以躲避洪水、繁衍生息的家园（见图一）。

　　旧石器末期至新石器时代早期，低地平原没有发现人类活动的踪迹就是铁证。新石器时代早期后段，海岱地区的后李文化沿鲁中南山地北侧呈弧线扇形分布；河原地区的老关台文化、李家村文化则分布在河谷土原的阶地上。其他如洛颍地区的贾湖—裴李岗文化，桑卫地区的磁山文化等也都分布在山前冲积扇的低岗台地之上。江淮地区南部的跨湖桥文化则发现于浙江萧山低山丘陵地带，低地平原很少发现7000年以前的考古学文化等，都是这种地理气候态势的综合体现。这些现象充分说明"洪水"对早期人类活动的深刻影响。幸赖中华两大母亲河：黄河、长江宛如两条巨龙，以雷霆万钧之势，挟带着宝贵的"天帝息壤"，在茫茫水网中翻滚腾挪，历年数万，才造就了广袤的两河平原和不计其数的台地丘岗，为华夏子孙开辟出空前广阔的生存空间。距今7000年前后，先民逐步摆脱了山前扇形高地的束缚，开始向低地平原扩散，河滨台地、平原低岗逐步成为先民竞相开发的新家园。

如前所述，距今7200～6000年期间是全新世大暖期最盛的时期，并于距今6500～5000年期间出现了高于现代1～3米的高海平面。此后，大暖期开始消退，并于4000年左右下降到正常水平。中国古史中的洪水传说与全球气候物理揭示的情况基本吻合：当中华先民随着人口的增殖开始经营平原生活之时，大暖期的高海平面和降水的增加，使得芸芸众生饱受水灾之苦。于是，"口口相传"的历史中就有了帝尧时期的洪水泛滥，尧舜先后使共工、鲧、禹治水的传说。正如《孟子·滕文公下》所谓：

> 当尧之时，水逆行泛滥于中国，蛇龙居之，民无所定，下者为巢，上者为营窟。《书》曰：洚水警余。洚水者，洪水也。使禹治之。禹掘地而注之海，驱蛇龙而放之菹，水由地中行，江淮河汉是也。险阻既远，鸟兽之害人者消，然后人得平土而居之。

在前述距今8000年左右的各类新石器时代文化遗存中，洛颍地区的贾湖—裴李岗文化、桑卫地区的磁山文化，经过短期的繁荣之后都处于一种衰退式微的状态中，以至于很难明确其后续的直系亲缘文化。究其原因，或与其岗地狭窄难敌水患有关。东方海岱地区的后李—大汶口文化系统、西方河原地区的老官台—庙底沟文化（也称西阴文化）系统，则凭借着得天独厚的地理条件和相对广阔的活动区域，得以子孙繁盛，传承有序，逐步发展成为"远古中国"域内社会发展水平最高，实力最为强盛的两大部族集团。正是这种特定的地理态势和自然条件，奠定了中华远古文化发展的基本格局。

迄今的考古发现和研究已经证明，黄河下游的海岱民族和黄河中上游的河原民族，是远古中国域内发展程度最高、交争最激烈、融合程度最深的族群，炎黄二帝分别为东西两大部族集团当之无愧的代表人物。地处中原的桑卫、洛颍文化区在东西两大文化集团激烈交争中首当其冲，以至于被迫随着双方的势力消长而改变其物质文化的发展方向。经过长达数百年的"中原逐鹿"，形成了"五帝共和轮值"的政治格局。促使"远古中国"域内各大原初民族在族缘关系、宗教信仰、风俗习俗、物质文化面貌诸方面，达成了前所未有的深度融合，由此导引出华夏万邦皆系于炎黄的传统史学架构。海岱大汶口文化以袋足三足器为代表的特征性器物在中原地区的广泛传播，就是这一历史进程的考古学显像。

著名国学学者王国维在《殷周制度论》中曾概括说：

> （上古）帝王之都皆在东方。太皞之虚在陈，大庭氏之库在鲁，黄帝邑
> 于涿鹿之阿，少皞与颛顼之虚皆在鲁、卫，帝喾居亳。惟史言尧都平阳，舜都
> 蒲坂，禹都安邑，俱僻在西北，与古帝宅京之处不同。然尧号陶唐氏而冢在定
> 陶之成阳，舜号有虞氏而子孙封于梁国之虞县。孟子称舜生卒之地皆在东夷。
> 盖洪水之灾，兖州在其下游，一时或有迁都之事，非定居于西土也。禹时都邑
> 虽无可考，然夏自太康以后，以迄后桀，其都邑及他地名见于经典者，率在东
> 土，与商人错处河济间盖数百岁。商有天下，不常厥邑，而前后五迁，不出邦
> 畿千里之内。故自五帝以来，政治文物所自出之都邑皆在东方。

王氏此论发表之时，现代考古学在中国尚不够发达，据史而议即有如此见解实属
难能可贵。尽管某些问题还有待于深入的讨论，其基本构架却是大致不错的。

史谓：太皞以龙纪，黄帝出自天鼋，幻化为龙，于是，中华儿女众口一词地宣
称："我们都是龙的传人"；炎帝世衰，黄帝取而代之，于是，中华儿女又异口同声
地宣称："我们都是炎黄子孙。"作为中华文化的精神凝聚和民族和谐团结的"文化
符号"，笔者对此是十分尊崇和深信不疑的。但是，随着研修的逐步深入，耳边的另
一种声音越来越强烈：太皞出东方，像日月之明，很难说就是龙的化身！炎黄"共出
于少典"，为何不直接说"我们都是少典子孙"？按照传统史观的架构，在中华上万
年的历史进程中，自少皞以降，迄止宋明，几乎无不出自黄帝；反观炎帝族系，自神
农"德衰"之后，似乎再也没有大的作为，见于记录的似乎也只有几个诸侯、方伯，
很早就被归入"旁系另册"，更不用说执中华之权柄了。从这个角度说，今天的中华
儿女又只能是"黄帝子孙"，与炎帝他老人家似乎没有多少关系！先秦儒墨诸子以尧
舜为古帝之先，位列帝尧、帝舜以前的远古诸帝又当如何解释？

带着这些疑惑，古往今来，无数贤达，孜孜以求，穷其皓首，以期能把问题整理
得更清楚一些。19世纪末20世纪初，随着西方资本主义思潮、科学史观和现代考古学
的传入，中国古史研究在左冲右突仍不得其解的迷惘中，迎来了疑古、非古的时代。
诸如"三皇五帝"和虞、夏、商王朝是否存在？中华文明究竟起源于何时？外来说和
本土说、一元论与多元论，大都因缺乏明确的文献记录而成为久讼难决的悬案，曾经
盛极一时的疑古思潮就是这种现象的集中反映。

1923年，古史辨学派代表人物顾颉刚以其犀利的笔锋指出：中国古史是"层累地
造成的"[10]。顾氏之论，在很大程度上代表了20世纪前半叶中国史学界对早期古史的
基本看法，可谓一语中的，击中了传统古史体系的痼疾死穴，引起了一场翻天覆地的
"古史研究革命"，颠覆了"厚古薄今""祖宗家法不可违"的传统思维模式，使人
们可以不再抱残守缺，转而用全新的角度审视古史传说，厥功甚伟。

然而，矫枉过正，随着疑古、非古风气的不断发酵，夏商及其以前的古史，都变

成了可望而不可即的海市蜃楼，夏代始祖大禹变成了蜥蜴之类的爬虫，甚至西周初年也在被否定之列[11]。一时间"伪托"和"托古改制"之说甚嚣尘上，把老祖宗千百年来苦心构建的古史体系批得体无完肤。最终发展到只要文献记载互有抵触或稍有疑问，便予以否定。有关孙武、孙膑及其兵法的争论就是一个典型的实例。《史记·孙武吴起列传》：

> 孙武者，齐人也，以兵法见于吴王阖闾。……孙武既死，后百余岁有孙膑……世传其兵法。

《汉书·艺文志》也记有吴孙子和齐孙子；《隋书·经籍志》则未见著录。有人因此而提出怀疑，认为《孙子兵法》是后人伪托，甚至对是否确有孙武其人也持否定态度。直到1972年在临沂银雀山汉墓同时出土了孙子、孙膑两种兵法竹简，才结束了这段公案。所以，当时就有一部分学者认为"他们走得太远，又复失真，所以颇不以他们的结论为是"[12]。

近数十年来，随着现代考古学的快速发展，不少学者对一个世纪以来的古史研究进行了不同程度的反思，过度的疑古、非古已是风光不再。经过几代考古人近百年来执著探索，已建立起比较完善的考古学文化谱系和方法论基础，使我们可以比较清楚地了解远古中国域内原初民族的聚集、碰撞交流和发展衍化的基本格局。很多古史研究者也把搜寻的目光投向了高深莫测的苍茫大地。中国古史研究经历了"凤凰涅槃"式的重生，终于从信古和疑古、非古的彷徨徘徊中，步入了一个崭新的"考古、释古时代"。

但是，传统的"厚古薄今"倾向和近百年来形成的疑古学风，仍在不同程度地影响着人们的价值取向；加之各地方政府对"发掘传统文化""振兴旅游经济"的强劲需求，新一轮"古史研究"的热潮方兴未艾。以至于人文始祖满天飞，文明中心东西南北无所不在，令人眼花缭乱，目不暇接。

这些问题的出现，除当前社会环境因素外，主要是因为传统的思维模式被否定之后，对新"方法论"的理解和运用等问题尚未得到很好的解决；忽视了中华文明多源一体的基本格局，未能有效地兼顾"远古中国"整体人文历史背景和时空结构关系，从而在课题目标、材料取舍、逻辑辩证等方面出现了某种偏差。因此我们必须大力提倡唯物主义史观，坚持用科学分析的方法，而不是怀疑的眼光，用辩证逻辑思维的方法，而不是用某种形式的思维定势，以考古研究揭示的史前社会和远古部族为基础，仔细地甄别、但不轻易地否定或舍弃每一条史料，将传说时代及其相关史迹置于"远古中国"的总体时空环境中，从宏观和微观两个方面做出更为合理的阐释，为弘扬传统优秀文化，重建中国上古史做出新的贡献。

笔者不敏，拟在以往研究的基础上，结合考古学文化谱系研究成果，从"远古中国"和"古史传说体系"的视角出发，对华夏文明的历史进程做一次新的审视。

二、古史传说的不同架构

我们今天看到的古史传说，是在史前时期某些时空节点上，通过口耳相传而保留下来的一些零星碎片，由于年代久远和传说的增饰效应而显得杂乱无章，空间模糊，时序颠倒，相互抵牾。有如一堆版本、时代混杂的残旧"拼图"，很难拼接出一幅完整的画面；而早期的"正统典史"却又孜孜以求，"层累地"进行着一次又一次的"裁剪拼接"。《国语·晋语四》：

> 黄帝之子二十五人，其同姓者二人而已。……其同生而异姓者，四母之子别为十二姓。凡黄帝之子，二十五宗，得姓者十四人，为十二姓。姬、酉、祁、己、滕、箴（zhen）、任、苟、僖、姞、儇（xuan）、依是也。唯青阳与苍林氏同于黄帝，故皆为姬姓。同德之难也如是。昔少典氏娶于有蟜氏，生黄帝、炎帝。黄帝以姬水成，炎帝以姜水成，成而异德，故黄帝为姬，炎帝为姜。

晋大夫司空季子的这番议论，就是"裁剪拼接"的典型实例，把一部中国上古史变成了黄帝的"家族史"；把早于黄帝数百年的炎帝变成了黄帝的亲兄弟。使本来就残缺不全的"拼图"因此而变得更加破碎、更加凌乱。因此，只有摒弃"裁剪式"拼接的方法，转而采用类似考古学修复出土陶器，将发掘得到的大量陶器残片按出土单位、层位关系、陶质陶色和器形等技术指标进行"分类"拼对，以获得复原数据的操作模式，将历史传说的"拼图残片"，按文化传承、部族特征和时空逻辑关系进行分类比对，才有可能得到近似史实的"拼接"结果。

依据孔夫子和司马迁的记述，中国的古代文明，也就是华夏文明肇始于虞舜时期。作为"五帝时代"最后一位古帝，虞舜在古史分期中，也可以说在中华文明起源的研究中，具有举足轻重、与众不同的地位。在先秦学者，特别是崇尚历史的儒墨诸子心目中，虞舜时代是中国"国家"历史的开创期，其代表人物大舜则是中华传统文明道德、礼仪典章制度的创始人，是中国历史上的第一位先圣。孔子"祖述尧舜"而不及以远；《尚书》以《虞书》作为其历史记录的开篇；《孟子》言必称尧舜，通篇用很大的篇幅来阐发尧舜之道；在《论语》《左传》《墨子》《国语》《周礼》《礼记》等先秦文献中，则用"虞夏商周"四代连称来指代中国的古史时代；司马迁《五帝本纪》虽然罗列了"五帝"事迹，却仍以"天下明德皆自虞帝始"。但是，在现实社会中，人们对于有虞一代的认识却是千差万别，或承认，或否定，或大而化之，或具体而细末，莫衷一是。

"自从盘古开天地，三皇五帝到如今。"这是新中国的缔造者毛泽东在总结红军长征伟大意义时说过的一句话。太史公司马迁不采信三皇之说，而以《五帝本纪》为《史记》的开篇，说明在司马迁的眼中"三皇"是很难考究的。即便是"五帝"，太史公也秉持谨慎的态度，所谓：

> 百家言黄帝，其文不雅训，缙绅先生难言之……择其言尤雅者，故著为《本纪》书首[13]。

"三皇五帝"大抵是春秋至汉代期间形成的一种古史体系，版本既多且又相互抵牾，让后世的研究者无所适从，难以把握。因此，学界通常将夏王朝之前的时代，亦即"三皇五帝"所处的时代称之为"传说时代"。从时间顺序山上说，在先秦典籍中出现时间最早，并有具体事迹的先圣，见于《逸周书·尝麦》所称赤帝、黄帝、蚩尤、少皞。除此之外，只有尧、舜、禹，且多见于以传习历史见长的儒墨两家的著述中[14]。"三皇五帝"的称谓，则是阴阳五行概念出现以后才逐步形成的，见于《周礼·春官》，即所谓"外史掌书外令，掌四方之志，掌三皇五帝之书"和《天官冢宰》的"祀五帝"等，《吕氏春秋》也较多地使用了这一提法[15]。

关于三皇，大致有以下几种组合：

（1）燧人、伏羲、神农。见于《尚书大传》《礼含文嘉》，但后者颠倒了燧人氏和伏羲氏的次序，而以伏羲氏居首；应劭《风俗通义》支持此说。《孝经援神契》《白虎通义》的次序则为伏羲、神农、燧人。

（2）燧人、伏羲、女娲。见于《春秋命历序》。

（3）伏羲、女娲、神农。见于《春秋运斗枢》《春秋元命苞》；郑玄《尚书》注、班固《文选》注、司马贞《三皇本纪》均同此。

（4）伏羲、祝融、神农。见于《礼号谥记》《白虎通义》，唯后者以祝融居末。

（5）伏羲（太皞）、神农、黄帝。见于《帝王世纪》《金楼子·兴王》《礼稽命征》；孔安国《尚书序》、孙氏注《世本》亦采此说。

此外，还有完全神化的三皇，如天皇、地皇、泰皇[16]，或天皇、地皇、人皇等。道教经典将三皇分为前后三组："初三皇"还有人的模样(或说其分别有十二头、十一头、九头)；"中三皇"为人面蛇身或龙体，分别有十三头、十一头、九头；"后三皇"中的天皇为伏羲氏，地皇为女娲氏，均为人首蛇身之体，后人皇为牛首人身的神农氏。汉代画像石和帛画中常见的伏羲、女娲即为尾部缠绕在一起的人首蛇身形象。

关于五帝，大致有以下几种组合：

（1）太皞、炎帝、黄帝、少皞、颛顼。见于《礼记·月令》和《吕氏春秋》十二月纪；《淮南子·天文训》《潜夫论·五德志》《汉书·魏相传》《孔子家语·五帝》《白虎通义·五行》等同之。

（2）黄帝、颛顼、帝喾、尧、舜。见于《鹖冠子·贵道》《世本》《大戴礼·五帝德》；《史记·五帝本纪》《白虎通义·号》《风俗通义》《刘子·辩乐》《春秋元命苞》等同之，谯周亦采此说。

（3）伏羲、神农、黄帝、尧、舜。见于《战国策·赵策》，《三统历》亦承此说。《通鉴外纪》虽未点明"三皇五帝"，但其开篇所列五个人文始祖就是按这个次序排列的，接下来就是夏代的世系，用意很是明白。

（4）少皞、颛顼、高辛（帝喾）、尧、舜。见于《尚书序》《金楼子·兴王》《帝王世纪》，孙氏注《世本》采此说。

（5）黄帝、少皞、颛顼、帝喾、尧。见于《道藏·洞神部·昆元圣记》。据说是依梁武帝萧衍"画像碑述"而确定的。但萧衍似乎没有这样一部著作，陈立《白虎通疏证》认为"画像碑述"可能是《武梁祠堂画像碑述》之讹。也有可能是因郑玄注《尚书中侯敕省图》，以轩辕、少皞、高阳、高辛、陶唐、有虞为"六代五帝"，谓其俱合"五帝星座"。《道藏》为满足"五行"的需要，而截止于陶唐。

同"三皇说"一样，"五帝说"也存在神化的系统，如《礼记》《吕氏春秋》《淮南子》以五帝为主管四方、四时和五行之神。以黄帝土德，居中；太皞木德，居东方，主春，亦称青帝；炎帝火德，居南方，主夏，亦称赤帝；少皞金德，居西方，主秋，亦称白帝；颛顼水德，居北方，主冬，亦称黑帝。将五帝与五方天神合而为一。《春秋纬·文耀钩》还有"苍帝曰灵威仰，亦帝曰赤熛怒，黄帝曰含枢纽，白帝曰白招拒，黑帝曰汁光纪"，等等。

通常认为，"五帝"说最早形成于战国时期，战国末期出现了年代更古的"三皇"，汉代正式将"三皇"组合加在"五帝"之前。以现存文献而论，有关"五帝"组合，可追溯到《周书》《周易》《左传》和《国语》成书以前的时代。

> 昔天之初，□作二后；乃设建典，命赤帝分正二卿，命蚩尤于宇少皞，以临四方；司□□上天末成之庆。蚩尤乃逐帝，争于涿鹿之河（或作阿），九隅无遗。赤帝大慑，乃说于黄帝，执蚩尤，杀之于中冀。（《逸周书·尝麦解》）

> 古者庖牺氏之王天下也，仰则观象于天，俯则观法于地……庖牺氏没，神农氏作，斫木为耜，揉木为耒……神农氏没，黄帝、尧、舜氏作。（《易·系辞下》）

《尝麦解》记述了炎、黄、少皞、蚩尤四位古帝，《易·系辞》有庖牺、神农、黄帝、尧、舜五位先圣，《左传》昭公十七年则为黄帝、炎帝、共工、大（太）皞、少皞五人[17]；《国语·鲁语上》鲁大夫展禽在议论时政时，依次列举了烈山氏、共工氏、黄帝、颛顼、帝喾、尧、舜等古代圣王的主要功绩。尽管上述文献都没有使用"五帝"的称谓，但其所列人物都属于"五帝"的组成人选。《孙子兵法·行军篇》有"此黄帝之所以胜四帝也"之语。

> 昔者五帝之治天下也，其道昭昭，若日月之明然。若以昼代夜然。故其

道若首，然万世为福，万世为教，唯从黄帝以下，舜禹以上而已。首者始
也，言五帝之道，常为万代之始，后之不能加也。（《鹖冠子·贵道五帝三王
周政》）

这应是目前所见较早以黄帝、颛顼、高辛、帝尧、帝舜为五帝的先秦史籍。虽然
学界对《鹖冠子》的成书年代尚有不同看法，但其为先秦文献当无问题。而前引《周
礼》关于"掌三皇五帝之书"的记载，则是见之于经书的唯一例证。

《荀子·非相》有"五帝"的提法[18]，却没有列举具体人物；其《议兵篇》则有
"尧伐驩兜，舜伐有苗，禹伐共工，汤伐有夏，文王伐崇，武王伐纣，此四帝二王皆
以仁义之兵行于天下也"，以尧舜禹汤为四帝。《庄子·天运》："故夫三皇五帝之
礼仪法度，不矜于同，而矜于治。"在其《缮性》篇中依次列举的有遂人、伏羲、神
农、黄帝和唐、虞等六位圣贤；《管子》和《吕氏春秋》也有类似的情形。出土战国
竹简《郭店楚墓竹简·唐虞之道》简8则有"六帝兴于古"[19]的说法。

　　凡养老，五帝宪（法），三王有乞言。（《礼记·内则》）

　　五帝先道而后德；三王先教而后杀；五伯先事而后兵；当今之世巧谋并

　　行。（《鹖冠子·贵道五帝三王周政》）

　　诰誓不及五帝，盟诅不及三王，交质子不及五伯。（《荀子·大略》）

说明在战国学者眼中，五帝、三王、五霸为不同的历史单元；其划分历史阶段的
依据是执政风格和道德标准，与当今以社会发展水平和社会属性的判别标准有着很大
的区别。

从起源和系统分类的角度说，上述不同种类的五帝组合大致源自两个系统：

一是黄帝族裔的"正统体系"，出自"有史"以来即占据统治地位的姬姓周
人及其追随者。根据上面的列举可知，《五帝德》所列黄帝、颛顼、帝喾、尧、
舜"五帝"应源自于《国语》《鹖冠子》等早期文献；而《帝系》所列以黄帝为始
祖的 "五帝血统"，也应与《国语》有关虞、夏、商、周"四代"祀典所禘、
祖、郊、宗、报的人物关系[20]密切相关。《五帝本纪》几乎完全照搬了《五帝
德》和《帝系》的说法。太史公所谓"予观《春秋》《国语》，其发明《五帝
德》《帝系姓》章矣"[21]，清楚地说明了其文献依据。

二是皞帝族裔的"另册体系"，初见于已经失传的秦人"史记"——《秦纪》，起
初只有白（少皞）、青（太暤）、赤（炎帝）、黄（帝）四位，为秦人所祀之帝[22]。
《吕氏春秋》十二月纪和《礼记·月令》将颛顼列入，名之为四方五行之神。其
记录分散在四季之中。《淮南子·天文训》的记述大致相同，唯其径直以"何谓
五星"启首：

　　东方木也，其帝太暤，其佐句芒，执规而治春，其神为岁星，其兽苍

龙，其音角，其日甲乙；南方火也，其帝炎帝，其佐朱明，执衡而治夏，其
神为荧惑，其兽朱鸟，其音徵，其日丙丁；中央土地，其帝黄帝，其佐后
土，执绳而治四方，其神为镇星，其兽黄龙，其音商，其日戊己；西方金
也，其帝少皞，其佐蓐收，执矩而治秋，其神为太白，其兽白虎，其音商，
其日庚辛；北方水也，其帝颛顼，其佐玄冥，执权而治冬，其神为辰星，其
兽玄武，其音羽，其日壬癸。

　　不难看出，上引各种不同的五帝组合，基本上都是由这两种系统派生出来的。其
主要区别在于，正统史家，如周室典史和儒墨诸子，更注重"历史性"和所述人物的
"人格"。但其建立的体系掺杂了过多的情感因素，如"炎黄同源"，"五帝均为黄
帝血统"，等等；秦人为新兴国族，发迹较晚，尚军功而不太注重"君君臣臣"等血
统概念，又恰逢"五行"盛行之时，所述五帝各主一方，没有人为的血统关系，但其
"神格"色彩过于浓厚。

　　三皇五帝系统之外，还有众多的远古帝王，如《庄子·胠箧》列举的古帝有十二
人，其中十人名列伏羲神农之前；《六韬》列举了十五名；《逸周书》所列古帝多达
二十六名。《史记·封禅书》管仲曰："古者封泰山、禅梁父者七十二家……，皆受
命然后得封禅。"在这些古帝中较为显赫和常见的还有盘古氏、混沌氏、有巢氏、
华胥氏、无怀氏、大庭氏、赫胥氏、柏皇氏、中央氏、栗陆氏、骊连氏、尊卢氏、
皞英氏、葛天氏，等等。

　　盘古氏是开天辟地、创世纪式的天神[23]。死后身体化为日月雷电，山川万物[24]。
这一神话是三国时期吴国的太常卿徐整结合南方苗民"盘瓠（hu）"传说整理而成的。
出现时间虽然较晚，但其雏形在春秋战国时期已现端倪。

　　　南海之帝为倏（shu），北海之帝为忽，中央之帝为浑沌。（《庄子·应
　帝王》）

　　　遂古之初，谁传道之？上下未形，何由考之？冥昭瞢闇，谁能极
　之？……圜则九重，孰营度之？惟兹何功，孰初作之？（《楚辞·天问》）

　　　古未有天地之时，惟像无形，窈窈冥冥，……有二神混生，经天营地，
　于是乃别为阴阳，离为八极。（《淮南子·精神训》）

　　《庄子》所称浑沌，乃是没有七窍的天地未开之形。《天问》所提的问题正是对
盘古开天地的"设问"，可与《淮南子·精神训》相对应。有巢氏，则是开天辟地之
后的第一位古圣，也称"大巢氏"。

　　　古者禽兽多而人民少，于是民皆巢居以避之。昼拾橡栗、暮栖木上，故
　命之曰有巢氏之民。（《庄子·盗跖》）

　　　上古之世，人民少而禽兽众，人民不胜禽兽虫蛇，有圣人作，构木为巢
　以避群害，而民悦之，使王天下，号曰有巢氏。（《韩非子·五蠹》）

上古皆穴处，有圣人出，教之巢居，号大巢氏。（《太平御览》卷七八引《始学篇》）

由于文献记载失于过简，或有其名而无其事，或有其事而无其序，加上疑古学风的影响，包括三皇五帝在内的传说人物，在很长的一段时间内都被认为是"荒诞无稽"，应予彻底摈弃的"谎言"。

毋庸置疑，"三皇五帝"诸说形成的时间次序和千古系于黄帝的"帝王血统"，确有明显"层累叠加"的痕迹。但时至今日，曾经饱受古史辨学派非议的殷商王朝世系，通过殷墟甲骨文的发现与研究已得到了确切的实证；"虚无缥缈"的夏后氏王朝，经过考古学界数十年的努力，其都城、物质文化和社会发展状况得到了基本确认；即便是古史辨学派学者也承认《逸周书·尝麦解》是甲骨、金文之外最可信据的西周"成王亲政后的记录文献"[25]。在这种的情况下，难道还可以仅仅因为古史系统的某些伪误和自相矛盾，而理直气壮地予以全盘否定？出土的战国竹简文书《楚竹书·容成氏》关于"卢是（氏）、赫定是（胥氏）、乔结是（氏）、仓颉是（氏）、轩缓是（辕氏）、神戎是（氏）、樟□是（氏）、垆踔是（氏）之有天下也，皆不授其子而授贤"[26]的记述，与传世文献大致相同，说明中国古史时期的有关历史、神话传说在战国以前已广为流传，而非"后儒凭空编造"。

疑古学派在甲骨文研究已取得重大成果之后，虽然不再否认夏商两代的历史存在，却仍然坚持认为夏商以前的历史是春秋战国学者"伪托"或"伪传、假造"的结果。童书业在《古史辨》第七册自序中对"古史辨"学派的研究成果做了阶段性总结，其谓：

《古史辨》的相对的结论大致是这样："三皇""五帝"的名称和史迹大部分是后人有意或无意假造或伪传的。"皇""帝"的名号本属天神，"三""五"的数字乃是一种幼稚的数学的范畴，"三皇""五帝"和古代哲学神话是有密切的联系的，大约盘古、天皇、地皇、泰皇（或人皇）决无其人；遂人、有巢、伏羲、神农至多也是些社会进化的符号。至于黄帝、颛顼、帝喾、尧、舜、禹等确实有无其人虽不可知，但他们的身上附有很多的神话确是事实，把这些神话传说剥去，他们的真相也就所剩无几了。至"启"以下的夏史，神话传说的成分也很重，但比较接近于历史了。到商以后才有真正的历史可考[27]。

试想，如果没有历代口碑的"史传"，上古先哲又何以得知"社会进化符号"？事实上，"古史传说"与"古代神话"是既有区别又有联系的对立统一体。王国维将"传说"与"神话"视为等同的概念，认为：

上古之事，传说与史实混而不分。史实之中固不免有所缘饰，与传说无异，而传说之中亦往往有史实为之素地，二者不易区别[28]。

应该说，"古史传说"是远古各部族在没有文字记录的情况下，通过世代"口碑相传"方式保留下来的"历史"；"古代神话"则是"古史传说"在流传过程中的异化和衍变。在远古先民的心目中，人神原无严格的区分。在祖先崇拜的氛围中，先祖、人王与上帝、天神本来就是互为一体的两个方面，历史人物以"神话"的面目出现在传说当中，本来就是再自然不过的事情。《左传》昭公二十九年所述殷人的先公先王先妣，如"社神五祀"的句芒重、蓐收该、玄冥修和熙、帝喾、常羲、羲和、阏伯等，就属于这种的情形，二者并没有严格的界限。而虞舜事迹也有一个神化的版本。

> 朝阳之谷，神曰天吴，是为水伯。（《山海经·海外东经》）

> 有人反臂，名曰天虞。有女子方浴月，帝俊妻常羲，生月十有而，此始浴之。（《大荒西经》）

古时，虞、吴通用，水伯"天吴"，就是反臂的"天虞"。出土战国文献《楚竹书·子羔》简1将有虞氏写作"又吴是"[29]就是确证。《山海经》所谓"朝阳之谷"，就是少皞在黄帝族系入侵海岱地区之后于"东海之外大壑"的新建之国，为帝喾、帝舜（即帝俊）的早期居地[30]。以此证之，知水神"天吴"和反臂的"天虞"均当与虞舜传说的神化有关。

> 驺虞，鹊巢之应也。鹊巢之化行，人伦既正，朝廷既治，天下纯被文王之化，则庶类蕃殖。搜田以时，仁如驺虞，则王道成也。彼茁者葭，一发五豝，于嗟乎驺虞。彼茁者蓬，壹发五豵，于嗟乎驺虞！[31]孔颖达疏："驺虞义兽，不食生物，有仁心。"（《毛诗·召南·驺虞》）

> 林氏国有珍兽，大若虎，五彩毕具，尾长于身，名曰驺吾（虞），乘之日行千里。（《山海经·海内北经》）

> 散宜生乃以千金求天下之珍怪，得驺虞。（《淮南子·道应训》）

郭璞《海内北经》注："吾，宜作虞也"；"《六韬》云：纣囚文王，闳夭之徒诣林氏国求得此兽献之，纣大悦，乃释之"；袁珂引《尚书大传》谓："散宜生之於陵氏取怪兽，大不辟虎狼閒，尾倍其身，名曰虞"，是此驺虞也。

在这里，反臂的天虞和水伯天吴，又经历了由人、由神到"珍怪、仁义"之兽"驺虞"的衍化过程，神化程度进一步加深。事实上，所谓"驺虞"，即为邹屠，是帝喾之妃、帝挚之母"娵訾氏"古族称谓的讹变。帝喾、帝挚则与帝舜同为一族[32]。《召南·驺虞》关于"人伦既正"，"搜田以时，仁如驺虞"的描述，明白无误地告诉我们，此仁兽"驺虞"即为虞舜传说深度神化后的"神话"形态。

在文字还没有出现的远古时期，各个氏族、部落或国族，对于自己和相关部族不同历史时期的代表人物和重要事件，只能通过世代口碑相传的方式进行传承。随着时间的推移，"口碑相传"的"历史"自然而然地变成了"历史传说"。即使在图画文字，如大汶口文化和良渚文化的图像文字出现以后，由于"文字"个体数量的限制，其功能远没有达到可以记录语言的程度，因而只能记录经过浓缩的掌故，也就是"纪事"。在此阶段，"口碑相传"的"历史"进一步向着"传说"的方向演化。另一方面，由夏商时期盛行的"祖先崇拜"和各地发现的少量史前高规格大墓可以证明，中华先民不同的族群都存在着不同程度、不同形式的"祖先崇拜"和"自然崇拜"等原始宗教。在两种原始宗教的综合作用下，传说人物被赋予不同程度的"神格"也就成为历史的必然。对此，李学勤在《女娲传说与其在文化史上的意义》中对此曾有过精辟的论述，他认为：

> 任何一个民族古史的开端必然是和神话结合在一起的，而神话里也必然包含着真实的历史内容。从晚清到民国出现了疑古思想，从信古、疑古到释古、考古是个过程。古史里有神话，神话里有史实的因素[33]。

在距今7000～4000年的新石器时代中晚期和金石并用时期，是原始文化高速发展的时期，黄河、长江两大流域中下游地区的不同族群展开了大规模、持续不断的"中原逐鹿"，族群之间的融合交流达到了前所未有的广度和深度。随着族群的融合、社会的发展和文字记录手段的进一步丰富，社会对于历史认知的需求更为强烈，"历史传说"得以在更为广阔的空间和更为庞杂的人群中传播，从而被"记述者们"记录下来。由于"记述者们"各自所处的地域、族别、立场、视角、情感和学识水平不同，也因为不同部族的方言、文字和自称与他称的种种差别，这些"历史传说"便因着"记述者们"各自的理解和情感的亲疏向背，而朝着不同的方向发展：有的演变成离奇动人的传说，有的衍化为荒诞不经的神话；有的被奉为中华共祖，有的被视为天下公敌；有的被誉为力挽狂澜、救民于倒悬的英雄，有的则被斥为十恶不赦、人皆得而诛之的顽凶。即使同一人物故事，也会因为同样的缘由而出现多种版本和完全不同的称谓。

三、古史研究的若干问题

据目前所知，中国古代的官修编年体王朝史和诸侯国史，始于公元前841年的西周后期，表明当时社会对历史的认知需求达到了一个全新的高度。需要是创造的原动力，古史资料的收集整理同样适用这个道理。到春秋战国之时，诸子百家出于争鸣的需要，不遗余力地收集整理各种历史资料，并根据自己的观念，使用自己的方法加以诠释、阐发。因而成书越晚，其传述的历史反而越久。一部千古系于黄帝的"帝王世纪"就在这种历史大背景的映衬之下被"层累地"创造出来了。先秦典籍和神话文献有关记载的自相矛盾乃至于相互抵牾，也是出于同样的原因。此外，还有一些不同的声音，如王符《潜夫论》的"五代"系统，在传统"正统"史观的作用下，往往得不到应有的重视。

或认为"儒家之流"所做的工作是把神话转化成了历史。"他们为了要适应他们主张的学说，很费了一点苦心把神话来加以人化，把神话传说来加以理性的诠释。这样神话就变成了历史。"[34]基于同样的认识，古史辨学派在其发轫之初，就开始了所谓的"逆向考证"，把庖牺、神农、黄帝、尧、舜、禹，乃至于商汤、后稷和西周早期的相关人物统统送上了"封神榜"，"还原"为神话故事，完全颠倒了历史→传说→神话的衍化规律。

这种认识涉及儒家所传尧舜古史的可信度问题。先秦诸子多以学说创新为要务，儒家则偏重于以文献求征的方式传述古史，借以寄寓自己的理想情感。被历代学者奉为史学泰斗的太史公，尤信儒家、特别是孔子所传。《史记·伯夷列传》即谓"夫学者载籍极博，犹考信于六艺，诗书虽缺，然虞夏之文可知也"。《太史公自序》则云："自周公卒五百岁而有孔子。孔子卒后至于今五百岁，有能绍明世，正《易传》，继《春秋》，本'诗书礼乐'之际？意在斯乎！意在斯乎！"赞誉周公和孔夫子以自比。

夏礼吾能言之，杞不足征也；殷礼吾能言之，宋不足征也；文献不足故也，足则吾能征之矣。（《论语·八佾》）

子曰：我欲观夏道，是故之杞而不足征也，吾得夏时焉。（《礼记·礼运》）

这些记述反映了夫子"知之为知之，不知为不知，是知也"[35]和重视文献证据的大家风范。后儒所传《大戴礼记·五帝德》记述宰予曾以"黄帝三百年"请教于夫子，孔子回答说："黄帝尚矣，女何以为？先生难言之。宰我（予）曰：上世之传，隐微之说，卒业之辩，闇昏忽之，意非君子之道也。"儒家重证求是的严谨学风由此可见一斑。

"托古改制"是古史辨学者用以否定古史，屡试不爽的另一"法宝"，认为中国传统古史体系，是包括儒家在内的先秦诸子出于"托古改制"的需要而编造的。这种说法极不严谨，也很难成立，属于典型的"无中生有"，也是对先秦学者的整体否定。在没有文字或文字尚不足以记录语言的时代，因为记录手段和载体的极度匮乏，不能记远，更无法记详，人们只是对本部族先贤和密切相关的历史重大事件予以重点传承。西周至汉代，是中国古代文明最辉煌的时期，政治、经济、文化、军事乃至于哲学等各个门类的学说都得到了快速发展。出于理论创新和阐释的需要，促使学者们注意收集散落于民间的"口碑传说"，并按照自己的理解进行整理、诠释。虽然不排除有流传过程中存在某种程度的"虚构"，也不能妄加揣测，无端地怀疑先秦学者的治学态度。更不能因噎废食，对古史传说采取虚无主义的态度。

历史古籍浩如烟海，因其时代不一，观点左右，同一人物事件往往有多种不同的版本，学者的种种非议，包括古史辨学派的非议也自有其相当的根据，但是历代所传古帝却并不是"史官们"的向壁虚造。太史公在《五帝本纪》卷末曾说：

> 学者多称五帝，尚矣。然《尚书》独载尧以来……至，长老皆各往往称黄帝、尧、舜之处，风教固殊焉，总之不离古文者近是。予观《春秋》《国语》，其发明《五帝德》《帝系姓》章矣，顾弟弗深考，其所表见皆不虚。《书》缺有间矣，其轶乃时时见于他说。

表明司马迁在《史记》的编撰过程中，不仅参考了包括《尚书》《左传》和《国语》等在内的大量古文献；还在"西至空桐，北过涿鹿，东渐于海，南浮江淮"的地区内进行了广泛细致的走访调查。同时也说明，即使在文字已相当发达、记录手段相对完备的大汉盛世，"口碑相传"的"历史"和"传说"仍然有着广阔的社会空间和更为强劲的社会需求。在《三代世表》中，司马迁对其所见"咸不同乖异""黄帝以来皆有年数"的各种《谍记》持严厉的批判态度。王国维赞扬说："太史公作《五帝本纪》，取孔子所传《五帝德》和《帝系姓》而斥不雅训之百家言；于《三代世表》取《世本》而斥黄帝以来皆有年数之《谍记》，其术至为谨慎。"[36]徐中舒也认为："司马迁整理的系统是有相当根据的。他所据的'古文'是战国时代六国流传下来的资料，是保存了古代人民对于过去的酋长各据一方及其互相次第代立的史传。"[37]出土战国竹简，如《郭店楚墓竹简·唐虞之道》《楚竹书·容成氏》记述尧舜禅让，就是"总之不离古文者近是"的最好证明。

古史辨学派对"伪古史"体系的清算固然功不可没，但其固有缺陷和负面影响亦不可小觑。比如，古史辨学派将夏商以前的历史全部归结神话传说，谓其为战国秦汉时期的好事之徒"改造为历史"等观点，影响了包括某些史学大家在内的整整一代人。如郭沫若在《金文所无考》一文中曾说："殷周以前之帝王，至古者极于禹，唐尧虞舜所未见，更古者可无论矣"；"以轩辕为黄帝，视为汉民族之祖者，乃后人之所傅会。"[38]著名美籍华人学者张光直到20世纪60年代还认为："所谓黄帝、颛顼、唐尧、虞舜、夏禹都是'神话'中的人物，在东周及东周以后转化为历史上的人物。'古史是神话'这一命题在今天已经是不成其为问题了。"[39]也把尧舜，甚至是夏禹视为神话人物。依此，远古中国便成为无史可叙的一片空白，众多的同期考古学文化也失去了证史、补史和"构建中国上古史"的效能。

现代考古学和文化人类学的快速发展，为研究、认识"传说时代"提供了新的方法论基础和考古学实证。众多的考古新发现和研究成果，不仅改变了人们对夏代历史和殷商王系的认识，也证明了传统史学关于"大道之行，天下为公"的"大同"社会，到"大道既隐，天下为家"的"小康"社会[40]，以及"五帝官天下，三王家天下。家以传子，官以传贤"[41]等记述符合人类社会由原始公社向阶级社会发展的一般规律。证明了传统古史体系有关有巢氏、燧人氏、庖牺氏、神农氏、陶唐氏等记载，符合早期人类由穴居树栖到用火、游牧、定居、农耕、制陶的演进轨迹。按照文化人类学和考古学的划分，有巢氏大约处于人猿相揖别的亘古时期；燧人氏所代表的社会发展阶段大约相当于蒙昧时代的低级阶段，亦即旧石器时代早中期，原始人类刚刚学会用火和保存火种，开始熟食；庖牺氏所处的时代约当蒙昧时代的中高级阶段，相当于旧石器时代晚期，渔猎、游牧逐步成为主要的经济模式；神农氏、陶唐氏名号所表达的历史信息，则是定居、农耕和制陶，此三点正是新、旧石器时代分野的重要标志。由此推知，神农氏所代表的时代应属于新石器时代早期阶段，约当野蛮时代的低级阶段。华胥氏履大人迹而生伏羲、女登感龙首而生炎帝，正是母系社会只知其母，不知其父情形的生动写照。

> 轩辕、神农、赫胥之时，以石为兵，断树木为宫室，死而龙臧，夫神圣主使然。至黄帝之时，以玉为兵，以伐树木为宫室，凿地。夫玉亦神物也，又遇圣主使然，死而龙臧。禹穴之时，以铜为兵，以凿伊阙，通龙门，决江导河，东注于东海，天下通平，治为宫室，岂非圣主之力哉。当此之时，作铁兵威服三军，天下闻之莫敢不服。此亦铁兵之神，大王有圣德。（《越绝书·外传记宝剑》）

这是风胡子吹捧楚昭王的一段话，《春秋战国异辞》《百越先贤志》的转录大致相同。玉文化是中国史前文化的一大特色。玉制品在新石器时代早期还比较罕见，新石器时代中晚期，特别距今5000年前后，史前玉器得到了飞速的发展，如红山文化、大汶口文化，江淮地区的薛家岗、凌家滩、北阴阳营和良渚文化的相关遗址都发现了大量的玉器。到龙山时代晚期，青铜制品开始出现，恰恰与大禹所处的时代相当。风胡子所谓"凿地"为居与新石器时代地穴和半地穴居住遗址，以及不同时期分别以石、玉、铜、铁"为兵"的表述，与考古学发现揭示的史前社会发展情况、时代顺序基本相符。如果当时人们对远古社会没有基本的了解，仅靠"凭空猜想"不可能达成这种恰如其分的契合。

特别值得一提的是，2002年春天，北京保利艺术博物馆专家在海外文物市场上购得一件带铭的"遂公盨"。器高11.8厘米，口径24.8厘米，重2.5千克，椭方形，直口，圈足，腹微鼓，兽首双耳。器口沿饰分尾鸟纹，器腹饰瓦沟纹，圈足正中有尖扩弧形缺。盨盖缺失。器内底有铭文10行98字（图二）：

> 天命禹尃（敷）土，随山浚川，迺（乃）拂方执征，降民监德，迺自乍（作）配乡民，成父母生。我王乍臣，厥🔲唯德，民好明德，顾（寡）才（在）天下。用厥邵好，益妍懿德，康亡不懋。孝友🔲明，㢝齐好祀无凶，心好德闻，遘亦唯协，天厘用考，申复用福禄，永御于宁。鹵（遂）公曰：

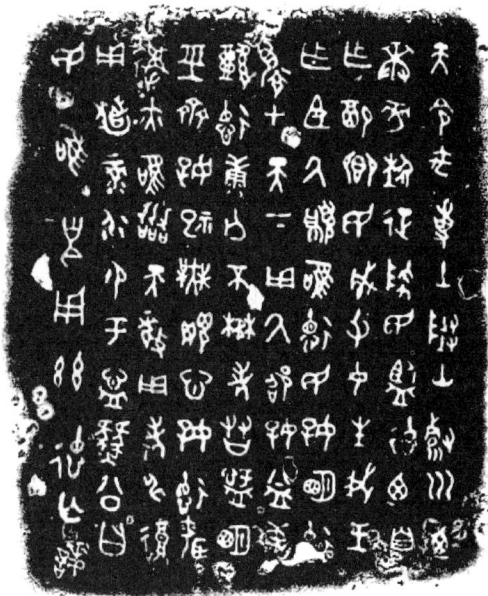

图二　遂公盨铭文拓片

民唯克用，兹德亡悔[42]。

　　"遂公"的"豳"字也作"燹"，故而又名豳公盨或燹公盨。吴大澂认为"燹"是"遂"的异文，读为遂国之"遂"，学界多从其说，而将此盨称为遂公盨。遂国在今山东宁阳肥城一带[43]，传为虞舜之后，鲁庄公十三年（前681年）被齐所灭。李学勤在相关新闻发布会上提出，该器属于西周中期后段，即周孝王、夷王前后的珍品。认为遂公盨的发现，将大禹治水的文献记录提早了六七百年，是目前所知年代最早也最为翔实的可靠记录，表明早在2900年前人们就广泛传颂大禹的功绩[44]。

　　"遂公盨"的作者是西周时期的遂国之君。盨铭"天命禹敷土，随山浚川，迺（乃）拂方执征"，可与《尚书·禹贡》"禹敷土，随山刊木，奠高山大川"；《尚书·益稷》"洪水滔天，浩浩怀山襄陵，下民昏垫。予乘四载，随山刊木，暨益奏庶鲜食"；《诗·长发》"洪水芒芒，禹敷下土方"等文献相对照。近世学者多以《尚书》特别是《禹贡》成书较晚，以至于备受争议。"遂公盨"如果确为正品，则可为大禹及其治水事迹的争论画上一个无可争辩的句号。

　　以往著录的古文字资料，只有秦公簋提到"禹迹"，叔夷镈、钟述及成汤伐夏，"咸有九州，处禹之堵（都）"。有关大禹治水的事迹则是第一次发现。秦公簋等属春秋遗物，遂公盨则早到西周中期，成为大禹治水传说最早的文物例证，这对于中国古史研究和先秦古迹的重新认识都具有极为重要的意义。

"齐侯因资敦"也是一个有力的佐证。其铭有曰：

　　唯正六月癸未，陈侯因资曰：……其惟因次扬皇考，邵練（昭缠）高祖黄啻（帝）……[45]

学界多以铭文中的"因资"就是《史记·六国年表》中的"因齐"，亦即陈侯午之子，齐威王称王以前所作之器。《战国策·赵策三》作"田婴齐"。丁山据此推断："古帝王世系，必渊源自有，绝非晚周诸子所得凭空虚构。"[46]徐中舒认为"其铭文称黄帝为高祖，此即黄帝传说已流传于当时之确证"，丁山之谓"则实为不可摇撼之说。商周以前的古史，大都可认为传说，传说中固然有许多错误、重复、分化、演变种种，但传说总有若干史实为素地，绝不能凭空虚构"[47]。童书业则认为："邹衍五运说起，即以最上天帝之黄帝为人王，而置其时代与夏商周之前"；"黄帝之人王化盖始自战国中叶。"[48]

如前所述，《逸周书·尝麦解》据信是西周早期文献，所记炎、黄、蚩尤和少皞四帝都是有血有肉的凡间古圣；到了《礼记》和《吕氏春秋》那里，便同颛顼一道，成为主管东西南北中的"天神大帝"，可证童氏关于黄帝为"上天之帝"经"邹衍五运说"而转化为人王之说的说法缺乏历史根据。亦可为远古的天帝、天神即为不同部族的先祖、先王沿历史→传说→神话的轨迹，衍化为"神话"传说的又一佐证。

疑古学风的负面影响只是问题的一个方面。在古史研究逐步走出所谓"疑古、非古时代"，大批见解独到的优秀作品相继问世的同时，传统的"信古"和不加甄别、就事论事、"滥用文献证据和考古资料"的研究文章，也打着"释古、考古"的名义，堂而皇之地出现在各种学术刊物上，并呈现出某种"泛滥"的态势。

中华民族是一个多民族的国家，经过近万年的文化交流、通婚、迁徙和种族分衍，现有56个民族中的绝大部分都存在着不同某种程度的文化和血缘交集。这种"你中有我，我中有你"民族关系，加上传统的尊圣攀附心理和历代统治者的推崇提倡，几乎所有中华古族都尊奉炎黄为本族的人文始祖；"层累地造成的"血统关系归一的传统古史体系，又使得大部分传说古帝都可以"无障碍地"串联到一起。如果不加甄别地根据各地的"民俗文化传说"，套用考古资料证据，各大传统文化区几乎都可以建立起一套"独立的古史体系"。不幸的是，当前的古史研究现状正好印证了这种"不幸"。

诸如中原文明中心论、渭河流域仰韶文化起源说、西辽河流域红山文化起源说、天水马家窑文化起源说、巴蜀文化起源说、江汉、江淮文化起源说等，彼起此伏，层出不穷。伏羲的地望和族属，则有西部仰韶文化说、甘青地区马家窑文化说；东部大汶口文化说；中原裴李岗文化说和南方湖北、湖南、江西、四川、云南和长江下游诸说；炎帝的活动地域有西部渭水流域仰韶文化说，河南说、东方大汶口文化说，长江中游湖南、湖北说；长城以北红山文化说，等等。其他古史人物，如黄帝、帝尧、帝舜都有类似的情况。比如，有学者认为：

> "黄帝是北方古戎狄的宗神"[49]，以西辽河流域的"红山文化就是黄帝族大本营文化"[50]。华山脚下的庙底沟文化沿"S"通道北上，"实现了花与龙的结合，又同（内蒙古）河曲文化结合产生袋足器，这一系列新文化因素在距今5千至4千年间又沿汾河南下，在晋西南同来自四方（主要是东方、东南方）的其他文化再次结合，这就是陶寺。或者说，华山一个根，泰山一个根，北方一个根，三个根在晋西南结合"；"五帝时代以五千年为界，可以分为前后两大阶段。以黄帝为代表的前半段主要活动中心在燕山南北，红山文化的时空框架，可以与之对应"[51]。

就其实际情况而言，红山文化是当地土生土长的原始文化，谱系关系清楚，发展水平较高，与中原文化和东方大汶口文化也存在某种程度的交流，主要表现为后者对前者的影响。所谓"花与龙的结合"就是这种交流的体现。显然，红山文化的玉雕"龙"是这一观点提出的初始动因。然而，黄帝乃是以"天鼋"为图腾的姬姓族系，发迹于西北地区，青铜铸铭和古文献都有确切的证据。"龙"在远古中国各地又是一个较为宽泛的概念，与黄帝族并不存在必然的关联。而早期的袋足三足器则是大汶口文化的独有特征。

又如，有的学者依据徐旭生"三集团说"和相关的文献资料、辅以考古学文化演变关系推定：半坡类型为炎帝文化、庙底沟类型为黄帝文化、后冈类型为蚩尤文化，北辛文化、大汶口文化为少皞族系文化。认为公元前4800年左右，半坡类型开始向北向东拓展，与向西发展的后冈类型相遇，"二者在内蒙古中南部、晋中乃至于冀西北一带碰撞并融合，形成仰韶文化鲁家坡类型"；"这大概就是炎帝和蚩尤冲突并以蚩尤略占上风的真实反映"。到公元前4200年左右，晋西南土著文化受到半坡类型影响形成庙底沟类型的前身东庄类型，东庄类型向西在关中使原半坡类型的发展方向发生变化，这便是炎黄之间的关系，表现得较为平和。东庄类型"向东北使原属后冈类型的冀西北和晋北区文化演变为地方特征浓厚的马家小村类型，表明黄帝族系的触角虽已伸至涿鹿一带，向东影响最小，显然与后冈类型的顽强抵制有关"。到公元前4000年左右，庙底沟类型正式形成，黄帝的势力已扩展到太行山东麓；河北平原的文化发展受到严重破坏，一派萧条景象，应当是涿鹿之战后的具体表现。后冈类型所代表的黎苗集团被迫大部南迁，抵达江汉东部地区者终于留下了边畈早期一类遗存，这类遗存即屈家岭、石家河三苗之前身[52]；楚人的祖先祝融族可追溯至新石器时代南下的秦王寨类型（大河村类型晚期），而该文化又主要由西进的大汶口文化形成[53]。

这种观点存在以下几个问题：其一，炎黄分属两个不同的部族集团，不可能具有类似于半坡、庙底沟文化之间的那种亲源关系；其二，蚩尤为炎帝族裔，后冈类型与半坡文化则是距今7000年以晚，东西两大部族集团的代表性文化，没有共同的族缘关系；其三，炎帝地处东方，不可能是半坡文化的创造者；其四，后冈类型与大河村晚期之间存在着上千年的间隔，不可能同时成为江汉屈家岭、石家河文化的前导文化，而有苗和荆蛮在新石器时代并非同一部族。

再如，谢端琚、叶万松认为"伏羲的时代相当于马家窑文化时期。天水地区是马家窑文化的主要分布区。相传伏羲的故里在成纪，即今甘肃天水"[54]；徐旭生和李西兴则认为，伏羲是中国传说时代南方苗蛮集团的始祖[55]。然而，两地相去甚远，其考古学文化也毫无关联，显然不可能都属于伏羲之族的物质文化。

无论如何，上举各例都属于严肃认真的学术讨论，尽管存在这样那样的问题，对推动古史研究的深入还是大有裨益的，其观点也属于"见仁见智"的范畴。但是，有些研究者似乎走得更远；甚至每当一项史前时期的重大考古新发现问世，便会出现一批与某位远古人王、古圣相关联的研究文章。

诸如：重庆江津县王爷庙遗址为伏羲文化；小朱山下层与新乐下层文化是伏羲（太暤）女娲文化与华胥文化的融合；红山文化的女神庙是"女娲庙"；牛河梁遗址"是黄帝朝创建之前黄帝为诸侯时的国都及称帝后的副都"，"金字塔巨型建筑之下埋葬的当是一人独尊的黄帝，其周围石冢葬的是死殉臣僚"；女娲母系部族最早可能活动于中原北部太行山地区，后来在中原与东方族团伏羲部族发生了融合；伏羲、女娲神话起源于长江下游；河姆渡遗址为舜之生地姚墟；渭水流域半坡类型华县元君庙、华阴横陈多人二次葬为炎黄联合杀蚩尤所致，略晚的渭南史家、姜寨二期多人二次葬为炎黄之战所致；"西水坡45号墓为蚩尤墓"；零口文化为少典娶有蟜氏合婚生炎黄的遗存；有蟜氏应来自白家村文化等，不一而足。

众所周知，杀殉幕僚的习俗出现很晚，说群僚为"黄帝死殉"与当时的社会背景完全不合；"多人二次葬"则是史前时期一种比较普遍的埋葬方式，山东部半岛地区也不乏同期同类墓群，难不成那里也是炎黄大战的战场？

还有学者认为：齐侯因资敦"绍緟高祖黄帝"，是黄帝确为有虞氏后之陈氏之远祖，此黄帝本为虞帝之确证[56]。黄帝和伏羲实际上是同一个人；黄帝作为历史上实有的人物就是起于东夷的舜；神农炎帝就是《尚书》中所记中国最早的君主帝尧[57]。似乎这些古史人物都有分身术和穿越时空的特殊能力：虞舜与伏羲、黄帝同时被帝尧征庸，一块在河姆渡遗址谋划八卦和中原之战；中原逐鹿，帝尧（所谓炎帝）尚未问世就被伏羲和虞舜战败，而伏羲、蚩尤和虞舜则上演了一场现代版的"关公战秦琼"。使传说时代本来就不易理清的人物关系、时代、地望等因此而更加扑朔迷离。

还有一种观点认为：《山海经》是巴蜀地区的神话总集；远古的黄河并未东下而是注入四川内海的。华胥氏在四川盆地北缘建立华人部落，其后裔的一支带着"花"图腾沿河东迁，分别演变为东夷的少暤、帝舜；大部分则演变为华夏民族的主体炎黄族系。"华夏民族、华夏文明都是由西向东渐进的一个形成过程，华夏文明肇自蜀山（昆仑），而绝不可能起源于后世黄河下游的泰山"；华胥生下伏羲之后迁徙到陇西天水成纪定居下来，建立了新的部落。帝颛顼、帝喾来自于岷山的蜀水；大禹出生在今四川省北川县，后稷亦出生于蜀地[58]云云。这种说法完全忽视了考古学文化揭示的部族谱系传承关系，将一部华夏古史全部浓缩于巴蜀地区。

这些文章的作者，既有著名专家和普通学者，也有不见名传的古史爱好者。文中也不乏文献、考古资料，更多的则是以民俗风情、民间传说和文化人类学证据作为主线。如果以单篇文章的论述情况来说，似乎都有一定的道理。然而，如果把与这些古史研究结论综列成一张简明统计表，不论你是专家还是普通读者，肯定都会满头雾水、不知所以！

笔者提出这样的问题，绝非自以为是，更无肆意否定以往的研究成果的意思！只是想提出一个严肃、不容回避的现实问题，以与有志于治古史的同仁们共勉：如同每个经过释读的甲骨文、金文，都必须通过不同语句环境的验证一样，古史传说的所有研究结论和观点，最终都必须纳入文献所传整个古史体系框架中进行检验。换言之，对任何一个上古人物或历史事件的研究和诠释，都必须将其置于"远古中国"的地理、人文历史大背景和整个古史框架体系之下，将文献资料与考古学、古文字学、社会人类学研究成果有机地结合在一起，审慎地使用考古资料和民俗文化证据；研究某一古史人物或历史事件，必须对与该研究"对象"有关的所有事项、部族人物关系有比较深入的了解；使用某一考古学文化资料，也必须对"远古中国"域内的全部考古学文化及其谱系关系有整体的把握，对相关考古学文化则应有相当深入的了解。否则，其结论极可能重蹈"盲人摸象""张冠李戴"的覆辙。

考古发现和研究显示，在整个新石器时代，长城以北的北方地区没有任何一种文化曾直接抵达渭水流域、长江流域或海岱地区，更没有产生过明显的影响；海岱大汶口文化与江淮地区的相关文化有着密切的渊源关系；最盛时曾深入中原，直抵河南中、西部和山西南部地区，改变了中原原始文化（大河村文化）的发展方向；与长江流域的屈家岭、石家河文化也有较充分的交流，对红山文化也有一定的影响。河原地区的半坡—庙底沟文化也是一支强势文化，对中原大河村文化、桑卫后冈类型产生过强烈的影响，对江汉平原的大溪—屈家岭文化，海岱地区的北辛—大汶口早期文化也产生过较为明显的影响，对北方的红山文化也有或多或少的影响。

这些现象表明，在距今9000～4500年期间，河源地区以陕晋豫结合部为中心的老官台—半坡—庙底沟文化（可称典型仰韶文化）和海岱地区以泰沂山系为中心的后李—北辛—大汶口文化，是古史传说时代的两支强势考古学文化。先秦文献的各类记录显示，海岱、桑卫、洛颍三个考古学文化区，特别是海岱地区是古史传说出现最多最早的地域，然后才是东拓过程中的河原黄帝族系。江汉平原和江淮地区的考古学文化分别在屈家岭文化和良渚文化时期，才逐步加入"中原逐鹿"的战团，也就是说，江汉、江淮地区的古族与此时才正式进入古史传说体系。西辽河流域在红山文化之前与"远古中国"几乎没有关系。不容置疑，巴蜀文化也是中华文明的重要组成部分，但由于"蜀道难于上青天"，与外界的交流严重受阻。甘青地区亦不在远古中国的区划之内。换言之，甘青、巴蜀先民与近邻的河原文化或有某种程度的交流，但其在新石器时代晚期之前，也没有进入古史传说体系，更不可能成为华夏文明缔造者的摇篮。

四、远古中国疆域与部族分野

现在我们可以回过头来，审视考古学物质文化所揭示的远古中国。自20世纪初叶至今，中国的考古学已经走过了90多个春秋，几代考古人付出了艰辛不懈的努力，取得了丰富的成果，积累起相当系统丰富的基础资料，建立起较完整的人类起源点状序列体系和较为完善的考古学文化谱系体系。

东亚大陆作为人类起源重要地区之一[59]，超人科、人科的化石分布广泛。考古资料显示，旧石器时代晚期，远古人类已开始了从山地、林区，向山前平原、河谷盆地的积聚。早期智人及相应的旧石器中期文化分布范围明显扩大，晚期智人的足迹几乎遍及整个东亚大陆。与其相对应的旧石器时代文化遗址和地点在全国各省区均有分布，而以黄土高原较为密集[60]。至迟到旧石器时代晚期，这些文化遗存已表现出向不同的区域类型发展的倾向。

公元前万年前后，最后一次冰期结束，人类社会步入了一个历史新纪元，迎来了以定居和农耕经济为特征的新石器时代。20世纪80年代以来，各地陆续发现了多处距今万年左右的新石器时代早期考古学文化遗存，如山东沂源扁扁洞、河北徐水南庄头、北京怀柔转年、华南地区的玉蟾岩、三角岩[61]、仙人洞、吊桶环[62]、湖南彭头山[63]等。在沂源扁扁洞发现了陶片和石磨盘，徐水南庄头还发现了植物的种子；湖南彭头山则有陶片和水稻，标志着农耕时代的到来。到新石器时代早期偏晚阶段，各地区发现的考古学文化，内涵丰富，面貌清楚，已呈现出较为清晰的谱系传统。不同文化之间相互关系也因此而易于把握。有意义的是，这些不同的考古学文化，主要是初民积聚规模较大、与"远古中国""部族集团"和"早期文明"关系密切的远古部族，大都分布在上古"九州"的范围之内，为我们探讨远古民族的分布、族源构成以及与有虞氏相关的部族关系提供了可能。

1927年蒙文通依据对中国古族的分布区域、部落、姓氏、经济、文化特征的研究梳理，认为中华"古民族显有三系之分"，将中国上古民族划分为江汉民族、河洛民族、海岱民族[64]。其描绘的情景，大致与考古学上的仰韶时代近似。20世纪40年代初，徐旭生根据历史传说将中国上古民族概括为华夏、东夷和苗蛮三大部族集团[65]。其勾画的古族格局，大约相当于虞舜之后，夏商之际的情况。傅斯年在1935年还提出了"夷夏东西"说，认为中华早期文明发展史就是华夏、东夷两大族团交互斗争、融合、发展的历史[66]。其着眼点是中华文明发端时期古族交争、融合的主体格局。这些真知灼见，极大地丰富了人们对中华上古民族的了解，对远古历史和考古学研究也起到了很好的促进作用。

但是，当时中国的现代考古学刚刚起步，学界对中华远古文化，特别是对物质文化、文化人类学的了解基本处于空白状态。上述见解所依据的材料，除了为数极少、了解甚微的考古发现之外，主要是古史传说中的一些零星资料，因而不可能对中华古族做出更细致、更准确的划分。

田野考古资料的大量积累和考古学文化谱系研究的深入，为探讨中华古族的起源与形成提供了新的资料基础，上述研究成果的时代局限性也因此而日益显露。故而有必要在现有考古学资料的基础上，对上古部族集团的形成过程、族源成分、相互关系及其在中华文明起源进程中所发挥的作用给出更为恰当的阐释。

从考古学文化谱系的角度说，新石器时代中晚期，在远古中国的"九州"，亦即"虞夏古国"的范围内，形成了数个自成体系的考古学文化区，亦即文化传承关系比较清楚，发展相对连贯的考古学文化共同体。

为便于叙述，首先对"远古中国"和《禹贡》"九州"的疆域做大致的界定。

中国，最初是远古居民对河洛地区地理位置的一种指代称谓。《尚书·禹贡》有"四海会同""中邦锡土"之说，表明大约在虞夏时期，人们对"远古中国"的地理态势已有了比较清楚的了解，所谓"中邦"，就是"中国"的原初概念。最早使用"中国"一词的是西周早期青铜器《何尊》铭的"宅兹中国"，记述周成王在洛阳修筑东都成周。其他如：

> 惠此中国，以绥四方。 　　　　　　　　　　　　（《诗·大雅·民劳》）
>
> 咨女殷商，女炰烋（xiao）于中国，敛怨以为德。（《诗·大雅·荡》）
>
> 皇天既付中国民，越阙疆土，于先王肆。 　　　　（《尚书·梓材》）
>
> 夫胡说中国之君子为而不已，操而不择哉。 　　　（《墨子·节葬》）
>
> 计中国之在海内，不似稊米之在大仓乎。 　　　　（《庄子·秋水》）
>
> 夫然后之中国，践天子位焉。 　　　　　　　　　（《孟子·万章上》）

很明显当时人们心目中的"中邦""中国"只是一种比较纯粹的地理概念，有"中土""天下之中"和"居于中央之地"等含义。随着时间的推移，这一概念经历了一个从小到大、从地域到民族，从民族到国家的历史演变过程，并被赋予以浓郁的政治含义。概而言之，大致有以下五层意思：

（1）夏族聚居之地。夏代以降，居住在黄淮流域的先民自称为华夏，而称邻近四境的民族为蛮夷戎狄。

（2）华夏族或汉族建立的国家。

（3）泛指在中原地区建立的政权，并由此引申出"正统"的政治含义。

（4）内地、京畿之地或朝廷直接统治的地区。

（5）正式的国家名称。作为主权国家的称谓，"中国"一词首次出现在外交文书中的时间是1842年签订的《中英南京条约》。从此"中国"一词频繁出现在清政府的外交文书中。作为正式国名，则始于1912年元旦"中华民国"的成立。

《何尊铭》的"中国"仅指仅洛阳地区，《诗经》和《尚书》则将"中国"的含义扩展之三代帝王"京畿"之域。东周时期"中国"的含义扩展到包括各大小诸侯国在内的黄河中下游地区。秦汉统一以后，则成为包括黄河流域以外的、朝廷统辖地区的代称。这个意义上的"中国"仍然是一种具有政治含义的地域概念，三代以降到"中华民国"成立以前，历代王朝的国名，或以族属为号，如夏、商、周；或以封爵为号，如汉、隋、唐，而无一自称"中国"者。在1842年以前，清政府与外国签订各种条约时所署国号都是"大清"。

西周以前的"虞夏古国"又是怎样的一种情形？帝舜"肇有十二州"，首次给出了"远古中国"的地理区划，惜乎《尚书》对十二州的地望没有做进一步的描述。作为补充，对"禹别九州"则有较为详细的记录。所谓"禹别九州"是指禹受命治水乃将"十二州"别为"九州"。其时帝舜即位不久，大禹尚未"居摄"，所以"禹别九州"只能是对帝舜摄政时区划的十二州进行适当调整。这就为我们探索"虞夏古国"疆域提供了一个难得的视窗。

《禹贡》之外，其他古籍，如《尔雅·释地》《周礼·职方》《吕氏春秋·有始》中也有类似的记载[67]，为准确计，现一并分列如下：

《尚　书·禹　贡》：	冀、			兖、青、扬、荆、豫、雍、徐、梁
《尔　雅·释　地》：	冀、幽、		兖、营、扬、荆、豫、雍、徐
《周　礼·职　方》：	冀、幽、并、兖、青、扬、荆、豫、雍
《吕氏春秋·有始》：	冀、幽、		兖、青、扬、荆、豫、雍、徐

战国中晚期，齐国邹衍在此基础上又提出了大九州的假说，认为《禹贡》的九州合起来只能算一州，叫"赤县神州"，是稗海环绕的小九州。九个小九州组成了大九州，四周为大瀛海环绕。因此"九州""神州"，就成了中国的代称。

传统看法以为《禹贡》是夏制，《尔雅》是商制，《周礼》是周制。姑且不论这些见解是否成立，从上列各书的记载可知，除梁、幽、营、徐、并五个州略有出入外，其余七州基本相同。从冀州分离出来幽、并二州，或者就是"帝舜十二州"的原有格局。这实际上是春秋战国时期对"远古中国"地理范围的诠释，为我们探讨"虞夏古国"和"远古中国"的地理范围，以及初民的积聚、民族的形成和相关部族关系提供了比较清晰的地理概念。

但是，自汉代以来，学界多把"肇有十二州"解释为"禹别九州"的"改造版"，完全颠倒了十二州与九州形成的时间顺序。此说的始作俑者是东汉的马融和郑玄。

> 《五帝本纪》"肇有十二州"集解引马融："禹平水土，置九州岛。舜以冀州之北广大，分置并州；燕、齐辽远，分燕置幽州，分齐为营州，于是为十二州也。"

> 《尔雅·释地》陆德明音义引郑玄："舜以青州越海而分齐为营州，冀州南北太远分卫为并州，燕以北为幽州。新置三州，并旧为十二州也。"

> 陆德明《尔雅》音义："禹平水土，画为九州岛，《禹贡》所言是也。其后舜分置十二州。"

汉唐诸儒均以帝舜在《禹贡》九州之外，增加了幽、并、营三州。清末学者皮锡瑞《大传疏证》根据马融、郑玄的诠释说："十二州本非当时创置，故《大传》作'兆'不作'肇'。《史记》作'肇'是通假字，其义亦当为兆。《诗·后稷》'肇祀'《礼记》引作'兆祀'。'肇域彼四海'笺云'肇当作兆'。是'肇''兆'古通之证。郑注《大传》不误。"以为改'肇'为'兆，'就可以不承认帝舜的"肇有十二州"。

疑古思潮兴起后，这种说法又得到了进一步的响应。顾颉刚在《尚书研究讲义》中主张："自来言分州者惟以九数，无以十二数者。"举凡金文《齐侯镈》（《叔夷镈》）及《左传》襄公四年、宣公三年之禹迹九州、九薮，《禹贡》的九牧、九山、九川、九泽，《周语》的九山、九川、九原、九隩，《吕氏春秋·有始览》九野、九塞等为证，辨之曰：

> 此可知春秋战国之时确信地制当以九数，举凡州、牧、山、川、泽、薮、原、隩以及道路莫不受范焉。……（天地均以九分）在当时却有强烈之信仰在。……直至汉武帝穷兵黩武，开拓三边，境域过广，当其分州之际，《禹贡》之州不足，则以《职方》之州补之；又不足，则更立朔方、交趾两部；而后向之九州观念因事实上之需要而被打破，《尧典》[68]中遂亦应时而有"肇十有二州""咨十有二牧"之言，许九数扩张为十二矣。

并据此论定：《尧典》"觐四岳群牧"原文当为"觐四岳九牧"，"肇十有二州、封十有二山"原文当为"肇九州、封九山"，"咨十有二牧"原文当为"咨九牧"，以今所见《尧典》之"十有二州"皆受汉武时影响所改写[69]。刘起釪引征《左传》哀公七年"制礼，上物不过十二，以为天之大数也"。补充说，其实《尧典》中但泛言十二州，并无具体州名。认为：

> 当时十二名数者多，天之大数为十二，有十二宫，地亦有十二支，年有十二月、日有十二时、十二辰，乐有十二律等等。这些都是春秋战国之世所习知的事，人们对十二有特异的信念。《尧典》作者援以入《尧典》，泛指十二州、十二山来表示舜抚有天下之广，礼祀全境名山之勤。按，言州名数目者，以《禹贡》篇最早，它是春秋战国之世日益流传的九州之说成熟后的产物。但对九州之名，战国以来还不尽一致。这是战国纷争之世对事物每有分歧说法的常例。……《周礼·职方》同于《禹贡》者七，无徐州、梁州而有幽、并二州。《尔雅·释地》同者亦七，无青州、梁州而有营、幽二州。于是较《禹贡》九州之名多出幽、并、营三州。汉代经师要为《尧典》指实州名，就正好把九州加此三州，遂有马融、郑玄之注，牵强附会地说成这三州是舜从禹九州中的冀、兖两州分出来，而后就成为十二州了[70]。

劳榦在《与顾颉刚讨论〈尧典〉著作时代书》根据"秦以水德王，数以六为纪，分部则如创三十六，终则四十八，铸金人则十二"等现象判定："从十二数字观之，当为秦人所作可知。"陈梦家也认为"《尧典》为秦官本"。在其《尚书通论》中论及"十二州"时，又从顾颉刚"九州、九山、九牧"之论。坚持说：秦以六为纪，各种器物皆六或六之倍数。《尧典》非先秦之旧，其改九为十二，当在秦并天下以后[71]。郭沫若《金文所无考·九州》则说："诸书所错见之州名恰为十二，故又以为乃《虞书》'十有二州'之旧，按此皆莫须有之说也。"[72]

上引诸家之论，言之凿凿，似乎很有道理。但是，只要稍加分析便可发现，这些论述似乎比"层累地造成"古史的先秦学者走得更远：马融、郑玄牵强附会，颠倒时序，仅仅是因为解的经需要而给"《尧典》指实州名"，完全没有改动原文的想法。顾氏诸人却不遗余力地要将所有的"十二"都改成"九"！

试想，《虞书》和《夏书》屡屡见于诸如《国语》《左传》《墨子》等早期文献的引证，在古史辨学者的心目中却突然变成了"受汉武时影响所改写"！难道这些春秋文献也是汉人的作品？既然是按西汉规制改写的，为什么不是"十一州"或"十三州"[73]？如果是根据《左传》"天之大数为十二"或秦制"以六为纪的倍数"所改，"九州、九山、九川"等众多的"九"何以仍然为"九"？难道这些项目不需要以"天之大数"或秦制"六的倍数"为验？可见上引诸论，于情于理（逻辑）都很难讲得通。而《左传》之谓"天之大数"，也绝不是放之四海而皆准的金科玉律。现将原文抄录如下。《左传》哀公七年：

> 吴来征百牢，子服景伯对曰：先王未之有也。吴人曰：宋百牢我，鲁不可以后宋。且鲁牢晋大夫过十，吴王百牢，不亦可乎？景伯曰：晋范鞅贪而弃礼，以大国惧敝邑，故敝邑十一牢之。君若以礼命于诸侯，则有数矣。若

亦弃礼，则有淫者矣。周之王也，制礼上物，不过十二，以为天之大数也。

今弃周礼……

这里讲的是天子之礼"不过十二"牢，与"人们对十二有特异的信念"毫无干系。实际上，中国古代以"九"为"极数""祥数"，其影响和使用率远高于"十二"。按顾氏等人的推论，"当时人们"似乎更应该将他们崇敬有加的帝舜"十二州"也改为"九州"才合乎逻辑。由此反证，可知古人"治史"的态度，远比疑古学者想象的更为严谨。诚如清代学者崔述《唐虞考信绿》所云：

> 十二州之名，经、传皆无之。幽、并、营之为州虽见于《周官》《尔雅》，然彼自记九州之名，与舜之十二州初无涉也。……古书既缺，十二州名无可考证，适见《周官》《尔雅》有幽、并、营三州名为《禹贡》所无，遂附会之以补舜十二州之数……而不知其误且诬也。

以上征引充分说明，帝舜"肇有十二州"，既非是对禹贡九州的拆分，更不是按所谓"秦制"或"汉制"编造的"谎言"。大禹根据帝舜旨意，在治水过程中一并"别九州"，恰恰是对虞舜"十二州"的重新规划。所以"九州"应是"十二州"的"精简版"，其地理区划正是虞夏古国的早期疆域。尤其值得注意的是，虞夏古国早期疆域与史前考古学文化六大区系的分布范围又堪堪吻合，进一步证明了古代典籍具有的较高可信度（图三）。

冀州，位于华北平原的北部。《禹贡》："冀州，既载壶口，治梁及岐。既修太原，至于岳阳，覃怀厎绩，至于衡漳"；"恒、卫既从，……夹右碣石入于河。"包括今山西、河北、京津等地。西部、南部以黄河为界，分别与雍州、豫州、兖州为邻。其余三籍所载的幽、并二州则是从《禹贡》冀州分化出来的。

幽州，位于华北平原北部。《释地》："两河间曰冀州"，"燕曰幽州"，将《禹贡》冀州一分为二。

并州，位于华北平原西北部和晋中盆地。《职方》："河内曰冀州"，"正北曰并州，其山镇曰恒山，其泽薮曰昭馀祁（山西平遥）"，"东北曰幽州"。将《禹贡》冀州一分为三。

兖州，位于华北平原中东部。《禹贡》："济、河惟兖州"；《释地》："济、河间曰兖州"；《职方》："河东曰兖州"，指古黄河与古济水之间的地带，包括今山东西部、河南东北部及河北东南部的部分地区。

青州，位于华北平原的东部。《禹贡》："海、岱惟青州"；《职方》："正东曰青州"，大致包括今鲁北地区和胶东半岛。

营州，《释地》："齐曰营州"，大致可与《禹贡》的青州相对应。

徐州，位于华北平原南部。《禹贡》"海、岱及淮惟徐州"；《释地》"济东曰徐州"，包括今鲁南、苏北、皖北及豫东南部地区。

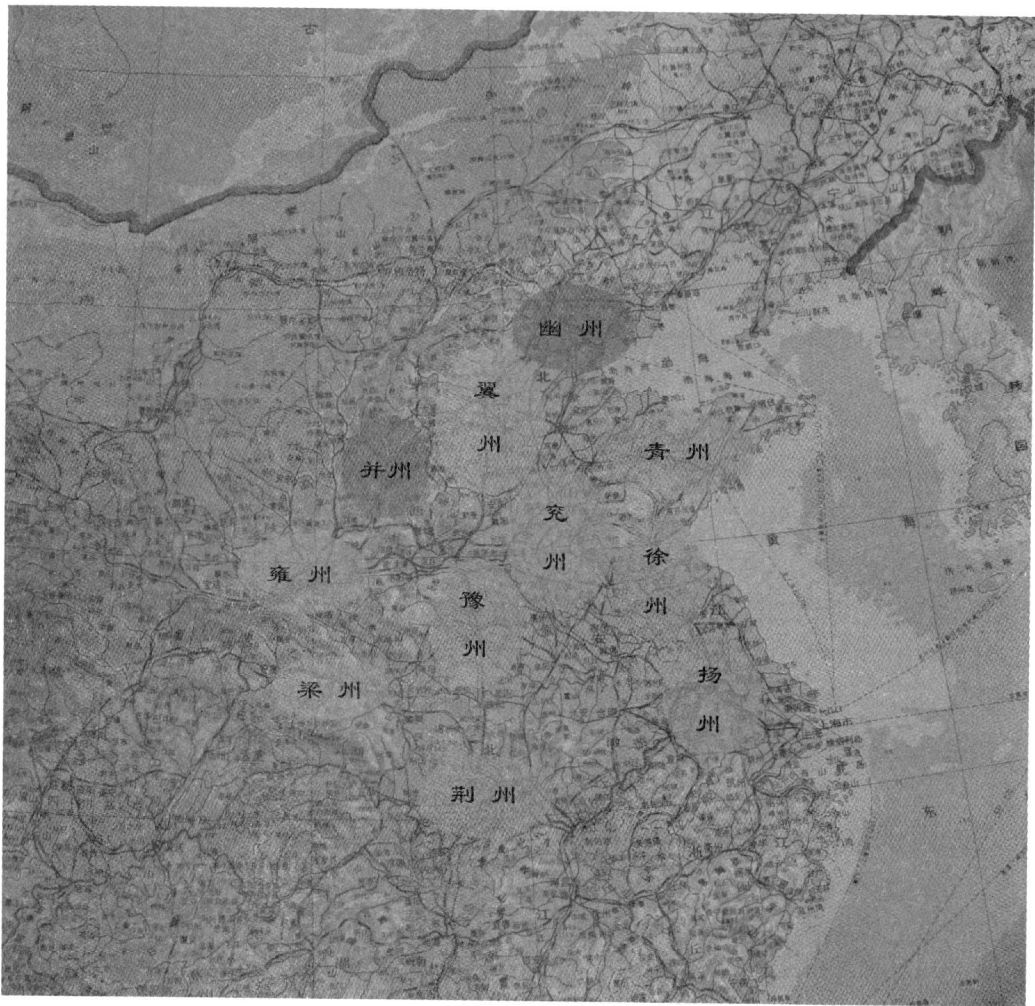

图三　禹贡九州分布图

豫州，位于华北平原西南部。《禹贡》"荆（湖北荆山）、河惟豫州"；《释地》《职方》"河南曰豫州"，包括今河南大部和湖北南部部分地区。

扬州，位于江淮平原中南部。《禹贡》"淮、海惟扬州"；《释地》"江南曰扬州"；《职方》"东南曰扬州"，包括今苏南、皖南和沪杭地区。

荆州，位于江汉平原。《禹贡》"荆（山）及衡（山）阳惟荆州"；《释地》"汉（水）南曰荆州"；《职方》"正南曰荆州"包括湖北大部和湘南部分地区。

雍州，位于关中平原。《禹贡》"黑水、西河惟雍州"；《释地》"河西曰雍州"；《职方》"正西曰雍州"，包括陇东、陕西大部和豫西部分地区。

梁州，位于汉中盆地。《禹贡》"华（山）阳、黑水惟梁州"；约当陕西秦岭以南的汉水河谷地带。

很清楚，"九州"，亦即"虞夏古国"和"远古中国"的范围，恰好与黄河、长江中下游冲积平原及周边的河谷盆地相重叠；坐落在山东半岛西缘的巍巍泰山，则是这片绿色大地最为引人注目的中心制高点。考古学文化谱系研究则表明，与远古中国和华夏文明起源关系密切的原初民族，即自成体系，谱系关系清楚的考古学文化区，全部根植于这片绿色的大地之上（图四）：

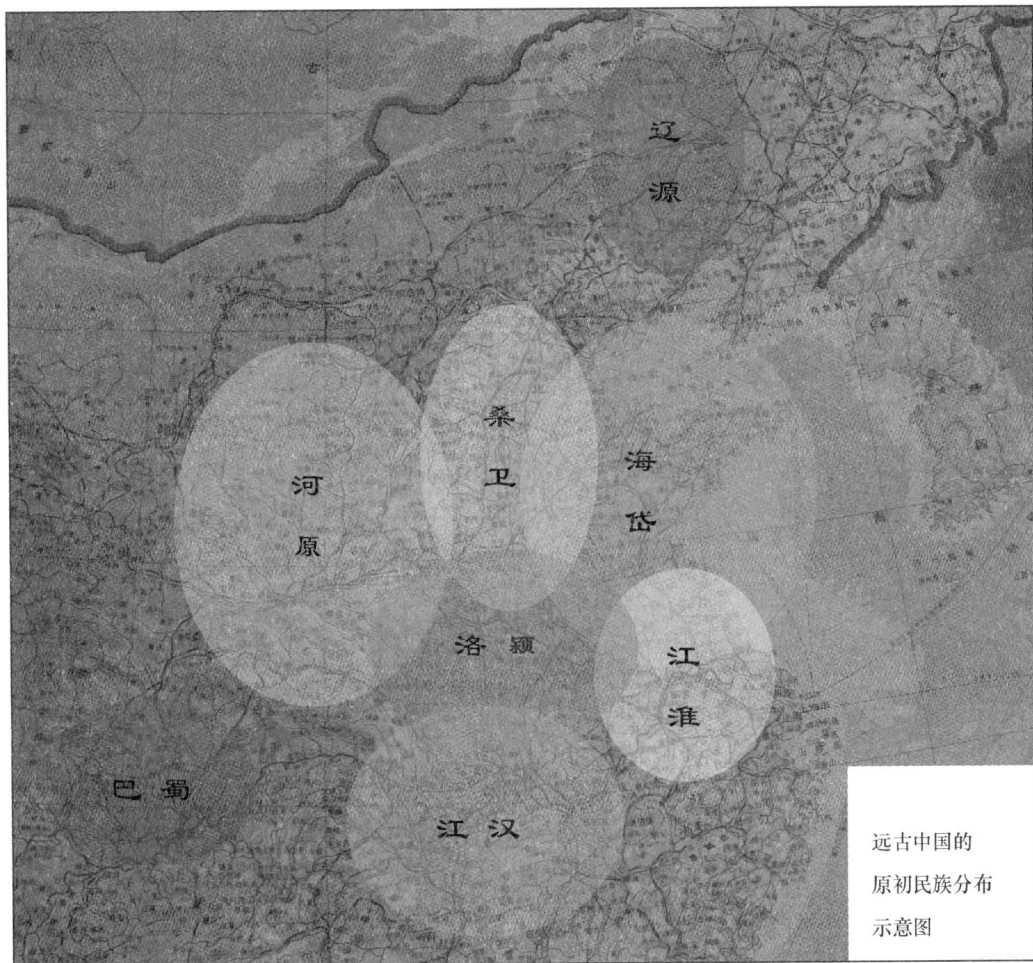

图四　远古中国的原初民族分布示意图

（1）河原民族（文化区），位于黄河中上游，主要分布在渭河盆地、陕晋豫黄土原地区的渭河盆地和黄河河谷地带。以老关台文化、仰韶文化、客省庄二期文化、三里桥文化、陶寺文化等，分别为不同时期、不同小区的代表性文化。大致相当于《禹贡》"雍州""梁州"和冀州西部（并州），相吻合。

（2）洛颍民族（文化区），位于黄河下中游、淮河上游，以河南中南部的洛河、颍河流域为中心分布区。以裴李岗文化、大河村文化（晚期也称秦王寨文化）、王湾三期文化为主要代表。大致与《禹贡》"豫州"相重叠。

（3）桑卫民族（文化区），位于海河上游，以豫北冀南的卫河、漳河流域为中心分布区，向北可到洋河、桑干河流域，向西最远可达汾河河谷乃至河套地区。以磁山文化、石北口（镇江营一期）文化、后冈一期文化、大司空文化、后冈二期文化为不同时期代表性文化，大致与《禹贡》"冀州"东部相吻合。

（4）海岱民族（文化区），位于黄河下游，纵跨上古"兖、青、徐"三州之地，包括今山东全境、豫东、皖北、苏北和辽东半岛南部地区。以后李、北辛、大汶口、龙山文化为代表。

（5）江淮民族（文化区），位于长江、淮河下游，包括《禹贡》"扬州"和"徐州"的部分地区。在新石器时代中期偏早阶段可分为若干小区，包括江淮东部地区、江淮中部地区、巢湖—宁镇地区；皖西南安庆地区、太湖周边平原和浙江宁绍地区等。分别为龙虬庄（青莲岗）文化、侯家寨文化、北阴阳营文化、凌家滩文化、薛家岗文化、马家浜和河姆渡、崧泽文化的分布区。新时期时代中晚期大部被良渚文化所统一。此后，则成为海岱龙山文化、岳石文化的势力范围。

（6）江汉民族（文化区），位于长江中游，大致相当于《禹贡》"荆州"之地。为城背溪文化、大溪文化、屈家岭文化和石家河文化的分布区。

其中，河原、洛颍、桑卫等三个文化区，此前一直被笼统地称之为"仰韶文化"。这是因为现代考古学引入中国初期，在河南黾池仰韶发现了以红陶彩陶为特征的"仰韶文化"（实际包含多种文化类型），在山东章丘城子崖发现了以磨光黑陶为特征的"龙山文化"（包括后来分离出来的岳石文化）。因此，在很长一段时期内，考古学界把有彩陶的、以红陶为主的各类考古学文化都称之为"仰韶文化"；把以黑陶、灰陶为特征的各类考古学文化统统称为"龙山文化"。20世纪中后期，人们发现，红陶、彩陶与黑陶、灰陶的区别在很大程度上是一种时代特征，并根据其具体特征将龙山时代的各类文化遗存分别命名，而将这一时期统称之为"龙山时代"。

"仰韶文化"也经历了从大致类似的过程，如大汶口文化、马家窑文化、崧泽文化、屈家岭文化等都从仰韶文化中分离出来，而以河原半坡、庙底沟（也称西阴）文化替代"仰韶文化"的概念，用"仰韶时代"指代距今7000～5000年之间考古学文化。具体地说是从半坡早期至庙底沟二期文化之前的时期，大致相当于海岱北辛文化后期到大汶口文化中期的发展阶段[74]。但是，由于洛颍、桑卫地区的"仰韶时代"文化受半坡、庙底沟文化的影响较大，至今还有不少学者仍使用仰韶文化的泛称。对此，笔者曾有专文予以探讨[75]，不再赘述。

此外，还有四川盆地的巴蜀民族文化区和关外的辽源民族文化区，后者位于"冀州""幽州"以北的西辽河流域，是兴隆洼文化、红山文化、富河文化的分布区。虽然不在《禹贡》九州之内，但其在新石器时代晚期也在某种程度上参与了华夏文明的历史进程，故而备列于此。

根据考古学文化的微观和宏观两方面的特征观察，除江淮民族、桑卫民族文化区外，其余四个文化区都经过了大约五六千年（距今10000～4000年）的连续发展，其物质文化面貌、风俗习惯、价值观念都是一脉相承的，具备了作为一个独立民族的全部要件，是上古部族集团和中华民族当之无愧的基始民族单位。

以泰沂山系为中心分布区的海岱史前文化，是"远古中国"各大文化区中，文化谱系最清晰、社会发展水平处于领先地位、且最先步入文明社会的历史文化区；传说时代的中华始祖和首领人物，如太皞、炎帝、黄帝、蚩尤、少皞、颛顼、帝喾、帝舜、夏禹、伯益、后羿等大多源出于海岱民族，或与海岱民族有着很深的渊源关系；夏、商、周三代所崇尚的礼仪传统，特别是玉礼器和青铜礼器大部分也源自海岱大汶口、龙山文化。因此，可以毫不夸张地说：以泰沂山系为中心的东亚两河平原，乃是"远古中国"民族赖以形成、中华远古文化、早期文明赖以发展、演进的中心舞台。"登封泰山"作为亘古以来中华民族独有的精神文化现象[76]，就是这种地理、文化、政治背景的集中反映。开"天下明德"之先河，创"百世道统"之典章，立"中华文明"之基石的"帝舜"及其部族有虞氏，则是海岱部族在"中原逐鹿"之后入主中原的杰出代表。

注　释

［1］　《尚书·武成》："华夏蛮貊，罔不率俾。"

［2］　陈寿：《三国志·蜀志·诸葛亮传》裴松之注："若使游步中华，骋其龙光，岂夫多士所能沈翳哉！"

［3］　束皙《发蒙纪》"鳖三足曰熊"；黄帝号称轩辕氏、有熊氏，"轩辕"即为"天鼋"，"有熊"为"有能"之误，"能"下三点，是为三足大龟，亦即"天鼋"，与陆生哺乳动物之"熊"无关。参见王晖：《出土文字资料与五帝新证》，《考古学报》2007年1期。

［4］　有关冰期气候，参见张兰生等：《全球变化》，高等教育出版社，2000年，第六章、第七章；施雅风等：《中国全新世大暖期气候与环境》，《中国全新世大暖期气候与环境的基本特征》，海洋出版社，1992年。

［5］　全新世是最近的一个地质时期，通常以最后一次冰期（新仙女木期，距今11500或11000年）结束为全新世年代上限。考古学则从新石器时代开端，即距今12000年算起。

［6］　孙波：《扁扁洞初识》，《文物研究》（十六），黄山书社，2010年。

［7］　郁金成：《北京市新石器时代考古发现与研究》，《跋涉集》，北京图书馆出版社，1986年；北京大学考古系碳十四实验室：《碳十四年代测定报告》，《文物》1996年6期。

［8］　保定地区文管所等：《河北徐水县南庄头遗址试掘简报》，《考古》1992年11期。

［9］　北京大学考古文博学院等：《河南新密市李家沟遗址发掘简报》，《考古》2011年4期。

［10］ 顾颉刚：《古史论文集》第一册，《与钱玄同先生论古史书》，中华书局，1988年，101页。

［11］ 顾颉刚根据《说文》对"禹"字的诠释，认为"（禹）以虫而有足蹂地，大约是蜥蜴之类"；"或是九鼎上铸的一种动物。当时铸鼎象物，奇怪的形状一定很多，禹是鼎上运动的最有力者；或者有敷土的样子"。顾颉刚后来放弃了这一主张。见《与钱玄同先生论古史书》，《古史辨》第一册，上海古籍出版社，1982年。

［12］ 徐旭生：《中国古史的传说时代》文物出版社，1985年，1页。

［13］ 《史记·五帝本纪》。

［14］ 《礼记·中庸》："仲尼祖述尧舜，宪章文武"；《孟子·滕文公上》："孟子道性善，言必称尧舜"；《墨子·尚贤中》："若昔者，三代圣王尧舜禹汤文武是也。"

［15］ 《吕氏春秋·禁塞》："上称三皇五帝之业，以愉其意。"类似的提法并见于《贵公》《用众》《孝行》等篇。

［16］ 《史记·秦始皇本纪》。

［17］ 《春秋左传》：昭公十七年："郯子曰：吾祖也，我知之。昔者黄帝氏以云纪，故为云师而云名；炎帝氏以火纪，故为火师而火名；共工氏以水纪，故为水师而水名；大皞氏以龙纪，故为龙师而龙名。我高祖少皞挚之立也，凤鸟适至，故纪于鸟。"

［18］ 《荀子·非相》："五帝之外无传人"；"五帝之外无传政。"

［19］ 荆门市博物馆：《郭店楚墓竹简·唐虞之道》，简14、15，文物出版社，1998年。

［20］ 《国语·鲁语上》。

［21］ 《史记·五帝本纪》。

［22］ 《史记·六国年表序》，太史公自称《秦本纪》和《封禅书》是根据秦人史官所作《秦纪》而写成的。

［23］ 徐整《三五历记》，《太平御览》卷二引："天地浑沌如鸡子，盘古生其中。万八千岁，天地开辟，阳清为天，阴浊为地。盘古在其中，一日九变，神于天，圣于地。天日高一丈，地日厚一丈，盘古日长一丈，如此万八千岁。天数极高，地数极深，盘古极长。故天去地九万里。"

［24］ 《绎史》卷一引《五运历年纪》："首生盘古，垂死化身，气成风云，声为雷霆，左眼为日，右眼为月，四肢五体为四极五岳，血液为江河，筋脉为地里，肌肉为田土，发髭为星辰，皮毛为草木，齿骨为金石，精髓为珠玉，汗流为雨泽，身之诸虫，因风所感，化为黎氓。"

［25］ 刘起釪：《古史续辨》，中国社会科学出版社，1991年，675页；李学勤也认为"可信为西周的作品"，《逸周书汇校集注·序言》，上海古籍出版社，1995年。

［26］ 马承源主编：《上海博物馆藏战国楚竹书（二）》，上海古籍出版社，2002年。

［27］ 童书业：《古史辨》第七册《自序》，上海古籍出版社，1982年。

［28］ 王国维：《古史新证——王国维最后的讲义》，清华大学出版社，1996年。

［29］ 同［26］。

［30］ 此问题笔者另有专论，待刊。

［31］ 《毛诗》卷一《驺虞》。

［32］ 此问题笔者另有专论，待刊。

［33］ 李学勤：《文物中的古文明》，商务印书馆，2008年。

［34］ 袁珂：《中国古代神话·序》，中华书局，1960年，17页。

［35］ 《论语·为政》。

［36］ 同［28］。

［37］ 徐中舒：《先秦史论稿》，巴蜀书社，1992年。

［38］ 郭沫若：《郭沫若全集·考古编》第五卷，科学出版社，2002年。

［39］ 张光直：《商周神话之分类》，《中国青铜器时代》，生活·读书·新知三联书店，1999年。

［40］ 《汉书·盖宽饶传》引《韩氏易传》。

［41］ 《礼记·礼运》。

［42］ 李凯、周晓陆："顾（寡）"句改释为"夏在天下"，《再读遂公盨》，《中国文物报》2005年12月30日第七版。

［43］ 《山东通志·肥城古迹》："遂国古城在县南四十里，古遂国。春秋时齐人灭遂即此。宋为安宁镇，今为清泉驿。"

［44］ 2011年5月12日《国宝档案》；参见张中一：《重读豳公盨铭文》，《中国文物报》2012年6月20日第七版。

［45］ 郭沫若：《两周金文辞大系图录考释》，上海书店出版社，1999年。

［46］ 丁山：《由陈侯因齐敦铭黄帝论五帝》，《历史语言研究所集刊》第三本第四分，1933年。

［47］ 徐中舒：《徐中舒历史论文选辑》上册，中华书局，1998年。

［48］ 童书业：《春秋左传研究》，上海人民出版社，1980年。

［49］ 田昌五：《华夏文明的起源》，新华出版社，1993年，47页。

［50］ 王大有：《上古中华文明》，中国社会出版社，2000年，38页。

［51］ 苏秉琦：《中国文明起源新探》，生活·读书·新知三联书店，1999年，161、162页。

［52］ 韩建业：《涿鹿之战探索》，《中原文物》2002年4期。

［53］ 王震中：《大河村类型文化与祝融部落》，《中原文物》1986年2期；韩建业、杨新改：《苗蛮集团来源与形成的探索》，《中原文物》1996年4期。

［54］ 谢端琚、叶万松：《简论我国中西部地区彩陶》，《考古与文物》1998年1期。

［55］ 同［12］；李西兴：《淳化县出土西周陶罐上易卦数符管见》，《文博》1990年6期。

［56］ 同［48］。

［57］ 何新：《诸神的起源》，时事出版社，2002年，62、69、213、338页。

［58］ 唐世贵等：《〈山海经〉与华夏文明》，《攀枝花学院学报》2009年26卷1期。

［59］ 贾兰坡院士根据河北发现世界之最早细石器，认为人类起源在亚洲。《光明日报》1994年4月7日第二版。

［60］ 贾兰坡：《中国大陆上的远古居民》，天津人民出版社，1978年。

［61］ 袁家荣：《道县蛤蟆洞、三角岩洞穴遗址》，《中国考古学年鉴·1995》，文物出版社，

1997年；《道县玉蟾岩新石器时代遗址》，《中国考古学年鉴·1996》，文物出版社，1998年。

[62] 刘诗中：《江西仙人洞和吊桶环发掘获重要进展》，《中国文物报》1996年1月28日；参见原思训：《华南早期新石器C-14年代数据引起的困惑与真实年代》，《考古》1993年4期。

[63] 陈铁梅等：《彭头山等遗址陶片和我国最早水稻遗存的加速器质谱^{14}C测年》，《文物》1994年3期。

[64] 蒙文通：《古史甄微》，商务印书馆，1933年。

[65] 同［12］。

[66] 傅斯年：《夷夏东西说》，《庆祝蔡元培先生六十五岁论文集》，中央研究院，1935年。

[67] 《淮南子·地形训》《纬书·河图括地象》等还有另外一种与此完全不同"九州"系统，不赘。

[68] 即今通行之《舜典》。顾颉刚以《舜典》为后人从《尧典》分出，而将其所载内容仍归入《尧典》。下同。

[69] 顾颉刚：《尚书研究讲义》第一册，开明书店，1937年。

[70] 顾颉刚、刘起釪：《尚书校释译论·尧典》，中华书局，2005年，155页注21。

[71] 参同［70］。

[72] 郭沫若：《郭沫若全集·考古编》第五卷，《金文丛考》，科学出版社，2002年。

[73] 谭其骧曾致函顾颉刚，指出西汉只有十一州，合朔方、交趾为十三部。见顾颉刚：《尚书研究讲义》第三册，开明书店，1937年。

[74] 张忠培：《仰韶时代——史前社会的繁荣与向文明时代的转变》，《文物季刊》1997年1期。

[75] 王永波：《中原"泛仰韶文化"解析》，《庆祝张忠培先生七十岁论文集》，科学出版社，2004年。

[76] 《史记·封禅书》管仲曰："古者封泰山、禅梁父者七十二家，而夷吾所记者十有二焉"。包括无怀氏、伏羲氏、神农氏、炎帝、黄帝、颛顼、帝喾、帝尧、帝舜、夏禹、商汤、周成王等，"皆受命然后得封禅"。

海岱与中原地区史前文化的交流

何德亮

（山东省文物考古研究所）

海岱是古代山东的统称，源于《尚书·禹贡》："海、岱惟青州。""海、岱及淮惟徐州。"所谓青、徐二州主要指地处中国东部沿海、黄河下游的山东地区。河南位居"天下之中"，历来称为中原。早在《诗经》中就有"瞻彼中原"的叙述。古代中原主要包括现在河南省全部、山东西部小部分、河北中南部、山西南部和陕西东部。这一广袤区域内，古代人类繁衍生息，创造出大量丰富多彩的物质文化遗存，一度成为我国东部沿海与西部腹地古代文化相互交流、互为影响和碰撞的重要地区。同时，也是我国文明起源的重要发祥地区之一。有鉴于此，本文利用所发表的有关考古资料，就上述两个地区史前文化的交流进行初步探讨。

一、海岱与中原地区史前文化概述

（一）海岱地区史前文化序列

在海岱地区，已经建立起后李文化—北辛文化—大汶口文化—山东龙山文化四个大的发展阶段。

1. 后李文化

后李文化年代距今8500～7500年。主要遗迹有房址、壕沟、灰坑和墓葬等。房址均为半地穴式，平面多圆角方形或长方形，面积一般30～50平方米，大者50余平方米。居住面有的经过烧烤，室内多发现灶址和陶器、石器等。墓葬流行长方形土坑竖穴，排列比较整齐，个别挖墓室，均未见葬具。死者头朝东，有的向北。葬式均单人仰身直肢，多无随葬品，少数置蚌壳，个别见陶支脚。墓室一般长2米左右，宽0.6～0.8米。陶器以红褐陶为主，红、灰褐、黑褐、青灰褐陶次之。制作工艺为泥条盘筑，器表多素面，器形以圜底器为主，平底器和圈足器较少。主要器类有釜、罐、壶、盂、盆、钵、碗、匜形器、杯、盘、器盖和支脚等[1]。

2. 北辛文化

北辛文化年代距今7500～6300年。主要遗迹有房址、灰坑、墓葬、窑址、水井、壕沟等。房址平面多为椭圆形和圆形。以半地穴和浅穴式为主，地面建筑少见，面积多在5～10平方米。门向以东和东偏南为主，个别北向，门道分为台阶式和斜坡式，多有柱洞。灰坑为圆形和椭圆形两种。墓葬以长方形土坑竖穴占多数。大部分无葬具。墓向以东居多，个别朝北。葬式以单人仰身直肢为主，少量侧身屈肢葬。另见合葬、二次葬和迁出葬等。墓主头向多朝东。大部分墓葬无随葬品，有者一般1～3件。陶器以泥质和夹砂陶为主，手制，器表多素面。器形有釜形鼎、红顶钵、三足钵、小口双耳罐、三足罐、碗、器盖、支座等。石器分打制和磨制两种。打制者有砍砸器、刮削器、盘状器、斧、锛、刀等，磨制为斧、铲、刀、镰、磨盘、磨棒等[2]。

3. 大汶口文化

大汶口文化的年代距今6300～4600年。主要遗迹有房址、灰坑、水井、城址、陶窑、夯土台基和墓葬等。房址为圆形、圆角方形、长方形及不规则形，面积一般10余平方米，小者3～4平方米，大者近30平方米。分半地穴式和地面式两种，多单间，个别双间。门向不一，以东、东南、西南向居多，也有朝北、西北者。墓葬多长方形土坑竖穴，少量椭圆形、方形及不规则形。墓圹一般长2～2.8米，宽0.8～1.2米；大墓长3米左右，宽1.5米以上，大墓使用"井"字或长方形木质葬具。以单人仰身直肢一次葬为主，另有两人或多人合葬、成年男女合葬、成年与儿童合葬、二次葬、侧身葬、屈肢葬和俯身葬等。多人合葬一般3～5人，多者20余人，死者手握獐牙，存在拔牙和头骨枕部人工变形习俗，部分死者口含陶球，常见齿弓人工变形，流行随葬猪头或猪下颌骨现象。大部分墓葬有数量不等的随葬品。遗物分陶、石（玉）、骨、牙角、蚌器等。陶器为夹砂和泥质两类。陶色有红、红褐、灰褐、灰、黑、青灰及白陶等。主要器形有鼎、罐、鬶、豆、盂、背壶、钵、壶、碗、盆、瓮、鼓、瓶、缸、觚形杯、筒形杯、高柄杯、甗、匜、甑、算、器盖等[3]。

4. 山东龙山文化

山东龙山文化年代距今4600～4000年。主要遗迹有房址、城址、灰坑、水井、墓葬等。房址分为半地穴式、地面式和台基式，形状有圆形、方形和长方形，多数单间，用白灰面涂抹墙壁。半地穴式有台阶或斜坡式门道。地面建筑多在平地上挖基槽，槽内挖柱洞，结构有木骨墙、夯土墙和土坯墙。城址面积小的不足10万平方米，大者超过40万平方米，一般在10万～30万平方米。墓葬为土坑竖穴，以单人仰身直肢葬为主，屈肢葬、俯身葬次之，发现少数二次葬。随葬品有陶、玉、石、骨、蚌器等。大墓为重椁并带边箱，用蛋壳陶和玉器随葬。陶器以黑、灰陶为主，少量、褐、白、红陶。制法一般使用快轮拉坯成型技术。器形有鼎、鬶、豆、罐、甗、壶、盆、盒、鬲、匜、杯和器盖等[4]。

（二）中原地区史前文化序列

在中原地区，已经建立起了裴李岗文化—仰韶文化—河南龙山文化的发展序列。

1. 裴李岗文化

裴李岗文化[5]年代距今9000～8000年。分布范围主要在河南省中部地区，以嵩山为中心，北到太行山东麓，南到大别山北麓，西到豫西山地东部。房屋建筑有单间、双间、三间或四间式，形状分为圆形、方形、半地穴式等。舞阳贾湖遗址还发现半地穴式建筑为主的环壕聚落。经济生活以种植水稻和从事渔猎为生，主要以原始旱地农业为主，种植粟、黍和水稻，并饲养家畜，兼有渔猎和采集。从生产工具和生活用具看，当时居民已经过着以原始农业为主的定居生活，耕作方式基本告别刀耕火种，进入锄耕农业时代。农业生产工具主要有石质的铲、镰、斧以及粮食加工工具的磨盘和磨棒；陶质生活用具有三足钵、圜底钵、小口双耳壶、鼎、三足罐、三足罐、圈足碗等。贾湖的龟甲刻符、骨笛以及巫师墓等都是时代最早的新发现。墓葬均为长方形竖穴土坑，以单人仰身直肢葬为主，也有少数多人合葬墓。女性多随葬石磨盘，男性多随葬石斧、石镰、石铲等[6]。

2. 仰韶文化

仰韶文化距今7000～5000年。主要分布在河南、山西和河北南部广大地区。其中以渭、汾、洛等黄河支流汇集的中原地区为中心。农业经济较裴李岗文化更趋稳定，聚落规模进一步扩大。人们过着定居生活，房屋有圆形、方形地面或半地穴式建筑，而始终以半地穴式房屋最为流行。房基凹入地下数十厘米，坑壁即是墙壁，设台阶或斜坡门道以通往室外。室内中心设火塘，有的灶坑内发现保存火种的陶罐。人们主要从事农业生产，同时饲养家畜，兼营采集、狩猎、捕鱼，还要进行多种手工业生产。农业生产可能还采用刀耕火种，实行土地轮休的耕作方式。生产工具主要是石质的斧、锛、锄、铲等。早期还使用尖木棒类工具。农作物有粟、稻、黍和高粱以及白菜和芥菜等蔬菜。制陶工艺处于手制阶段，一般用泥条盘筑法。后来普遍采用慢轮修整技术，彩陶是最有成就的一项原始艺术。墓葬以单人葬为主，葬式除仰身直肢葬外，还有二次葬、俯身葬、屈肢葬，个别为实行同性合葬，死者头向西，部分墓葬有随葬品[7]。

3. 河南龙山文化

河南龙山文化年代距今5000~4000年，大致相当于父系氏族社会解体阶段，也是私有制、阶级和国家即将产生或刚刚产生的大变革时期。主要分布在豫西、豫北和豫东一带。农业、畜牧业和各种手工业均有了很大发展。房址既有半地穴式单间方形、长方形或圆形建筑，又有地面起建的长方形连间建筑，有的用草拌泥在地面叠筑土墙，居住面还用白灰面涂抹，在许多遗址都发现用土坯砌筑的墙壁。农业生产工具种类增加，除石斧、石铲外，新发现了双齿叉形木耒。特别是石刀、石镰、蚌刀、蚌镰等收割工具的大量发现，说明农作物收获量有了提高。水井的出现，为先民的定居和农业生产的发展提供了非常便利的条件。制陶业有明显进步，普遍使用轮制。陶器种类增多，品种齐全，其中罐、甑、鼎、鬲、斝、甗、盉等炊器尤为丰富。墓葬均为土坑，绝大多数为仰身直肢葬，一般无随葬品。在废弃的窖穴中经常发现埋葬人骨架，其散乱不堪，与正常埋葬明显不同[8]。

二、 海岱与中原地区文化因素对比分析

关于海岱与中原地区史前文化的交流，早在后李文化时期就已经开始，虽然后李文化与舞阳贾湖遗址相距遥远，但存在着一些共同的文化因素。如二者都发现浅地穴或半地穴式房子，椭圆形和圆形筒状窖穴。墓葬都以单人仰身直肢一次葬为主，均为土坑竖穴。排列整齐有序。陶器均以夹砂陶为主，器表均有涂陶衣现象，陶色以不纯正红陶和红褐陶为主，并见夹云母和蚌片现象。器形方面，二者都有敞口钵、假圈足碗、敞口盆、牛角形陶支脚等。石器均见斧、铲、砺石、磨盘、磨棒、锤、研磨器等。骨、角器都有锥、镖、镞、凿等。这些共同文化因素，说明二者处于同一历史发展阶段[9]。

北辛文化时期两地的文化交流得到了进一步加强。例如，滕县北辛遗址的小孩瓮棺葬（M702、M703）[10]，显然是受到来自中原地区仰韶文化的影响，小口壶属于仰韶文化的典型器物，但北辛遗址的小口壶（H506：1）与石固：20、下王岗（M698：1）的同类器物基本一致，亦应是从中原地区仰韶文化传播而来的产物，北辛遗址中发现的一些彩陶纹饰，同样是受中原地区仰韶文化影响的结果。在仰韶文化早期阶段，海岱地区的北辛文化和中原地区和早期仰韶文化之间，明确存在着文化上的往来与交流。双方之间的交流以互相影响为主，其趋向似以中原地

区对东方的影响稍占上风[11]。

到大汶口文化早期阶段，受到来自中原地区仰韶文化的影响更为明显，同时，也吸收了仰韶文化的某些因素，并得到进一步充实与发展。例如，在兖州王因、泰安大汶口、邹县野店以及江苏邳县刘林、大墩子等遗址的陶器中曾发现许多仰韶文化的因素，如白衣花瓣纹、弧线勾连纹的彩陶钵、彩陶盆和绘八角形图案的彩陶盆等。这些彩陶器皿，从器形、质地、色彩以及纹饰等方面，均与当地大汶口文化出土的器物迥然不同，而和中原地区仰韶文化庙底沟类型的一些彩陶图案以及技法颇为相似。由此可见，在海岱地区大汶口文化的早期阶段，受到来自西方仰韶文化影响因素多些，同时又吸收来中原地区仰韶文化的某些文化因素。反过来又影响了仰韶文化，某些器形特征被仰韶文化所吸收。

大汶口文化中、晚期亦即仰韶文化晚期到龙山文化早期阶段，海岱地区大汶口文化开始向西发展，许多大汶口文化遗址，已经遍及河南省商丘、周口、平顶山、许昌、郑州、洛阳、南阳、信阳等地，其中一支势力向西发展，到达了河南中部地区，其发展趋势是由东往西、往南，最后一直到达洛阳和信阳地区。然后与当地的仰韶文化晚期相接触，两者相互交流，逐渐融合，形成了河南境内的大汶口文化[12]。

从调查和发掘的资料看，许多仰韶文化晚期遗址中出土较多大汶口文化因素的遗物，有的遗址仰韶文化与大汶口文化并存。有的是大汶口文化叠压在龙山文化层之下，或包含在龙山文化早期遗存中，还有的叠压在仰韶文化之上，也有的是大汶口文化遗址或墓葬单独存在。河南仰韶文化庙底沟类型中的鼎、圈足器和镂孔器，多是大汶口文化的典型器物，为当地仰韶文化所吸收。郑州大河村、禹县谷水河、鄢陵故城等仰韶文化晚期遗址中，在偃师古滑城、孟津寺河南、偃师二里头、上蔡十里铺，段寨、钓鱼台、蟾虎寺、晒书台等龙山文化遗址以及平顶山寺岗、商水章华台、郸城段寨等地的墓葬内，均发现有大汶口文化的遗物，其中陶器有鼎、罐、鬶、豆、盉、背壶、筒形杯、高柄杯和器盖等，有的器形近似甚至相同。

经过对比发现，中原地区平顶山遗址的豆、圈足尊、筒形杯，淮阳平粮台遗址的折沿罐等与山东大汶口文化有许多相似之处[13]。告成北沟遗址的镂孔高柄豆（H1∶9）、郑州西山遗址的圈足尊（H14522∶31）、偃师二里头遗址的平底尊（H1∶3）等都与大汶口文化晚期同类器形相同或相近。周口烟草公司仓库清理的5座大汶口文化墓葬，有的死者拔除切齿，有的枕骨人工变形，均与山东大汶口文化葬俗及随葬品相同或相似。背壶（M1∶3）与滕县岗上的背壶（M1∶1）近似，Ⅱ式壶与大汶口遗址Ⅲ式无鼻陶壶近似。石铲与大汶口遗址的Ⅱ式石铲近似[14]。郸城段寨遗址的背水壶（M2∶4）、长颈壶（H8∶3）、宽肩壶（H8∶2）、盘形豆（D32、D48）分别与岗上村的背壶（M5∶4）、大汶口的宽肩壶（M64∶1）、蒙城尉迟寺遗址的短颈壶（T110H02∶29）、大汶口的盘形豆（M47∶45、M117∶45）

相近似。墓2女性拔掉外侧门齿以及随葬猪牙等，均系海岱地区大汶口文化晚期的典型器物和葬俗。另外，出土的彩陶花纹如网纹、平行线纹亦均为海岱地区大汶口文化的典型花纹图案[15]。郑州大河村遗址F20的盘形豆，H66的陶盉与大汶口墓葬中的同类器物相似。禹县谷水河遗址的宽肩壶（Y1：73、Y1：35）、袋足鬶（Y1：35）、镂孔豆、罐形豆、盆形豆、长颈小壶、高柄杯、瓠形杯等分别与大汶口文化的同类器物相同或相似。背壶（M9：1、M9：2）与西公桥遗址的背壶（M13：8）、大汶口的背壶（M13：13）相似。圈足尊（T6、T7④：26）、平底尊（H66：2）分别与大汶口的圈足尊（M54：28）、平底尊（M63：1）相似。偃师滑城的背壶（M1：1）、高柄豆（M1：2）分别与大汶口的背壶（M117：60）、高柄豆（M47：21）相似[16]。

除正式发掘的遗址外，在众多调查的遗址中，也发现有大量大汶口文化遗物。如在潢川霸王台遗址下层采集到带十字镂孔的豆柄，临汝北刘庄遗址二期的背壶，唐河湖阳的红陶鬶等都与大汶口文化同类器物相近。而太康方城的陶盉则与大汶口遗址Ⅰ式盉相似。禹县瓦店一期的宽肩壶、长颈壶则分别与大汶口的宽肩壶、背壶形似。瓶形制同大汶口遗址的敛口杯。淮滨沙冢遗址墓1随葬猪下颌骨和猪牙，死者颈有玉饰，陶器中的杯类多高足、饰圆形或三角形镂孔等都与大汶口文化的习俗和器物风格相同。信阳阳山出土的壶状高柄杯的镂孔等也具有大汶口文化的风格。固始县刘楼遗址的钻孔石铲、鼎足也富有大汶口文化的特征[17]。这些富有大汶口文化特征的陶器，反映出河南中部地区仰韶文化晚期和龙山文化早期阶段，曾受到来自海岱地区大汶口文化的影响。

资料显示，河南境内大汶口文化与海岱地区大汶口文化联系非常紧密，它们之间存在许多共同点。其墓葬习俗以及出土陶器、石器等出现许多相同或相似之处。

墓葬均有长方形土坑和圆形土坑两种，葬式为仰身直肢或二次葬，死者头向以朝东、北者为主，墓主人拔除切齿或门齿、枕骨人工变形，随葬猪牙及猪下颌骨，随葬石铲于死者腰间等习俗等，均与海岱地区大汶口文化墓葬中习俗相同。

遗物方面，陶器种类形制也多与海岱地区大汶口文化陶器相同或接近。如河南大汶口文化陶器中棕红陶的大量存在，经常出现的背壶、鸭嘴形足的鼎，豆、杯类的高柄镂孔等都是海岱大汶口文化的典型特征。表明二者之间有非常密切的亲缘关系。同时，二者之间也存在着一定的差异，如大汶口文化墓葬中随葬猪头、龟甲、象牙或骨雕饰品。死者手握獐牙或獐牙勾形器等习俗，陶器中的钵形鼎、双腹鼎、双腹豆、圈足盉、双耳瓶等在河南大汶口文化中至今尚未发现或很少发现。而郸城段寨墓葬中的盂形豆、盏形豆、釜形鼎，灰坑中的高领罐，周口烟草公司仓库的折腹杯、钵，商水章华台的实足鬶，瓦店的圈足罐、折腹簋等均不见于海岱地区大汶口文化中。两者文化内涵主体十分接近，决定了河南境内的这类文化遗存实属大汶口文化范畴，表现出的一些不尽相同之处，应是地域关系的差异[18]。

这种差异，是由于海岱地区大汶口文化在进入颍水流域后，与向北挺进的属于江汉民族的屈家岭文化产生了接触，并相互产生影响，在南阳、信阳、驻马店等地及禹县谷水河、郑州大河村等遗址中，两种文化共存的现象时有发生。如在谷水河遗址中，不但有大汶口文化的镂孔高柄豆、宽肩壶、袋足鬶等，也有屈家岭文化的圈足杯、宽扁瓦状鼎足等。淮滨沙冢龙山早期墓葬中随葬的钵形豆、高柄壶形罐、圈足壶形罐等均为屈家岭文化常见器物，同时也有些器物反映出大汶口文化的因素，如高柄镂孔豆，随葬猪下颌骨的习俗等。河南大汶口文化中的折腹簋、壶形圈足杯等显然是受到了屈家岭文化的影响。屈家岭文化的钵形盂、高柄豆与大汶口文化同类器物比较接近。在两种文化的接触过程中，随着地域的变化，而出现强弱变化的趋势。如在颍河流域，以大汶口文化为主体，含有屈家岭文化的因素；而豫南的南阳、信阳地区，屈家岭文化的因素则明显比大汶口文化强得多。这些考古发现，不但为仰韶文化、大汶口文化和龙山文化三者之间相对年代发展序列找到了证据，也为研究黄河中、下游地区，新石器时代文化之间的相互融合和影响提供了重要实物资料。

综上所述，发现于中原地区颍水中、上游和伊、洛下游的大汶口文化遗存，其文化内涵之主体，与海岱地区汶、泗流域的大汶口文化大汶口类型十分接近，从而决定了该类遗存实属大汶口文化范畴。而同时，它又表现出一些与大汶口类型不尽相同之处，且其分布地域与大汶口类型区域之间相距数百华里，故而不宜将其归入大汶口类型之中。有学者提出了"大汶口文化颍水类型"的命名。该类型来源于大汶口类型，是大汶口类型的一个分支在河南境内的一个地方变体。其归宿，可能是早期河南龙山文化[19]。

三、海岱与中原地区文化交流及其影响

河南境内早期大汶口文化遗存的年代，相当于海岱地区大汶口文化的中期，晚期则同于河南龙山文化早期阶段。其兴衰过程，实则反映出东夷集团的海岱民族与属华夏集团的中原民族交往、融合的历史。在大汶口文化中期阶段，中原地区则相当于仰韶文化晚期时代，东部海岱民族的势力逐渐强大，向东、南扩展，其势力范围已达颍河流域，并融合了当地的土著文化，形成了河南境内的大汶口文化。

到河南龙山文化早期阶段，这种文化进一步向西、向南发展。但到河南龙山文化晚期，随着中原民族的崛起，海岱民族势力的衰落，中原文化向东向南发展，形成了今天所称的"王油坊类型"。由此说明，河南境内的大汶口文化，其主体应由大汶口文化早期发展而来，但在其产生的过程中，受到仰韶文化，屈家岭文化等的影响，融合当地的土著文化，形成一个新的地方类型，在长期的交流和发展过程中互相融合，最终融入龙山文化之中[20]。正如有学者指出的，"中原地区也曾接受过来自黄淮地区原始文化的因素，尤其是大汶口文化晚期对中原文化仰韶文化和早期龙山文化的影响较为突出"，"说明当时大汶口文化的先民至少有一部分定居中原，并成为文化交流的使者"[21]。

在仰韶文化庙底沟类型时期，由于文化发展的不平衡，中原实力强大而周边相对落后，文化传播以中原对周边影响为主，到仰韶文化晚期，周边诸原始文化发展起来，其实力又超过中原地区，此时，文化传播便表现为周边对中原的传播为主。大汶口文化的传播给中原地区带来了先进的生产技术，为中原原始文化的发展注入了新的活力，大大促进了史前民族大融合，为中国古代文明最终在中原地区的形成准备了条件，奠定了基础[22]。这些自东方迁徙而来的大汶口人，对当地社会经济和文化的发展，做出了卓越的贡献。他们将自身的传统文化逐渐与当地文化融于一体，极大地丰富了中原地区龙山时代早期文化的内涵。其中许多成分又被当地先后继起的王湾类型龙山文化和二里头文化所继承，成为夏文化的渊源之一[23]。

尤其是大汶口文化中、晚期阶段，大汶口文化向西发展确实给予中原地区原始文化一定影响，同时吸收、凝聚融合了诸多地区文明的精华，并加以发展，对周围地区原始文化发挥了辐射和影响作用，形成了多元一体到以中原为核心的多元一体，再发展到多元一统的道路。一个大体上平等的多元一体格局正向以中原为核心的多元一体格局发展，这是中国早期文明形成的一个重要标志[24]。正如张光直先生指出的，中原文化中的东方因素绝大部分是与统治阶级的宗教、仪式、生活和艺术有关的。是的，只有四方的文明精华才会辐辏于中原。这种辐辏并非是简单的混合，而是经王朝官工的提炼、加工，赋予王朝礼制的内涵，以更高的文明成果，再辐射于四夷。进贡与赏赐、辐辏与辐射这种双向交流，是多元一统的中国古代文明团聚、融合的主要途径。这也是中国古代文明重大特质之一[25]。

由于中原地区不断吸收了周围诸文化的因素，同时，又给周围文化以不同程度的影响，共同为中华民族文化的形成与发展奠定了基础。所以，中原地区一度成为中国古代文明的中心，同时又是中国最早进入文明时代的地区。中国文明时代的第一个王朝——夏王朝就产生在中原地区。鉴于中原地区地理位置居中的特点，古代文化可以向四面八方发展的特点，同时又便于吸收周围文化的先进因素，所以，在河南中部的仰韶文化中，既包含有屈家岭文化因素，又有大汶口文化因素的存在；河南南部的屈家岭文化中同样也有大汶口文化的因素。这种文化间的相互融合，所带来的必定是中原文化的提高与发展，从而也较早地将中原文化与长江文化、海岱文化连接到了一起[26]。

到龙山文化和二里头文化时期，这种对周边先进文化的吸收仍然继续着，并且保持着强劲的势头。可以看出中原龙山文化和二里头文化与南方的石家河、东方的龙山文化、岳石文化，甚至与东南的良渚文化产生碰撞和交流，为中原文化吸收周边地区文化中的先进因素提供了条件和可能[27]。"在历史上，黄河流域确曾起到重要的作用，特别是在文明时期，它常常居于主导地位。但是，在同一时期内，其他地区的古代文化也以各自的特点和途径在发展着。各地发现的考古资料越来越多地证明了这一点。同时，影响总是相互的，中原给各地以影响，各地也给中原以影响。在经历了几千年的发展之后，目前全国还有五十六个民族，在史前时期，部落和部落的数目一定更多。他们在各自活动的地域内，在同大自然的斗争中创造出丰富多彩的物质文化是可以理解的。"[28]

四、海岱与中原地区在古代文明中的地位

大量考古资料显示，海岱与中原地区史前文化的发展水平是很高的，在农业、家畜饲养业、手工业高度发展的基础上，铜器、文字和城市的出现，则一度成为中国古代文明起源的重要标志。

（一）铜器

在山东龙山文化时期，已发现多处含有铜器或铜炼渣的遗址，主要是胶县三里河、诸城呈子、日照尧王城、栖霞杨家圈、长岛北长山岛店子以及临沂大范庄遗址[29]。三里河遗址[30]发现的两段铜锥，其中一段较粗，如果对接，则接头的面积形状相差不多，可能是同一件标本残断所致。杨家圈遗址[31]发现一段铜条，长18毫米，两端均残，原先可能是铜锥。同时，在许多探方的龙山层中还发现有碎铜末，均不能成形，最大的直径仅5~6毫米，也应是小件铜器锈坏的残渣。另外，在店子遗址一个灰坑中也发现过残铜片。岳石文化是继山东龙山文化而兴起的一种考古学文化，铜制品无论数量还是种类都较山东龙山文化时期增多，证明这一时期人们掌握了青铜冶炼技术，社会形态已经进入早期青铜时代。

中原地区龙山文化中发现多处含铜器的遗址。早在20世纪50年代前期，郑州牛砦遗址中发现的铜炉壁残片，中间还包含有一块铜[32]。王城岗遗址一个窖穴出土过青铜鬶腹底残片，表面平整，残留一小段合范缝[33]。南临汝煤山遗址发现的炼铜坩埚残片，其内壁保留有一层层铜液[34]，周边翘起，中部内凹，坩埚壁厚约1.4厘米，上面保存附有六层冶铜液。H40的冶铜坩埚残片上的铜液，含铜量95%，属于红铜。平粮台遗址的铜渣，呈绿色，断面近方形，四边均为0.8厘米[35]。陶寺遗址的铜铃[36]，器表素面，器体横断面近似菱形，口部较大，顶部中间有圆形小孔。孔系整器铸成后再

加工钻成。器胎不均称，顶部较薄。顶部和器壁各有一处不规则形的残痕和透孔，系浇铸中出现的缺陷，其含铜量为97.86%、铅1.54%、锌0.16%，系纯度较高的红铜。河北唐山大城山遗址发现2件铜牌，很像小型穿孔石斧，成分都以铜为主，并含少量银、铅、美和微量铁、砷等杂质[37]。

可见在中原地区龙山文化遗址中出土铜器是非常普遍的，看来该地区龙山文化时期已进入了青铜时代。

（二）文字

山东地区最早的文字是刻划在北辛文化陶器上的，在器底和器腹上各发现一个刻划符号，符号是在烧制陶器以前就刻上去的。其中，一个刻在泥质灰陶器底部，另一个是刻在泥质红陶腹片上面[38]。大汶口文化已经发明了图像文字，莒县陵阳河、大朱家村、杭头、诸城前寨等遗址陶尊上面，共20余枚，有8、9种个体，其笔画工整、规则，具有写实、图形化的特点，有的像自然物体，有的似工具和兵器，如斤、斧、锛、戾、戌、旦、封、皇、凡、南、享等，曾被誉为"远古文明的火花"。唐兰先生认为，这些象形文字跟商周青铜文字、商代甲骨文字以及陶器文字，都是一脉相成的[39]。李学勤先生认为大汶口文化陶器上的刻划符号，"同后世的甲骨文、金文形状结构接近，一看就产生很像文字的感受"[40]。裘锡圭先生认为大汶口文化的陶器文字是原始文字，"跟古汉字相似的程度是非常高的，它们之间似乎存在着一脉相承的关系"[41]。

龙山文化新出现了多字成行或成段的文字，邹平丁公遗址[42]一件刻在泥质磨光灰陶大平底盆底部残片的5行11个字。刻文笔画流畅，独立成字，刻写有一定章法，排列也很规则，已经脱离了符号和图画的阶段。全文很可能是一个短句或辞章。文字中除部分为象形字外，有的可能是会意字，表现了一定的进步性，为研究中国文明起源等提供了珍贵的实物资料。

中原地区的文字，是在八九千年前的贾湖裴李岗文化遗址中发现的。这些文字是刻划在龟甲、骨器、石器和陶器上，构形与商周甲骨文、金文相似的原始文字[43]。21个刻划符号中，已认识的11个字，分别属于反映《离》《坤》两卦之象的卦象文字，也是一种特殊的纪事文字[44]，说明中国使用至今的汉字，早在8000多年前就已产生。因此，贾湖裴李岗文化遗址发现的卦象文字，对研究中国文字乃至中华文明和人类文明的起源，都具有划时代的意义，堪称中华文明乃至人类文明的绚丽曙光[45]。

古城寨遗址出土有一定数量的龙山文化时期，陶文符号，如"×、人、人、一二二二二二二二"等，书写方法前3个文字符号是用刀刻在陶器表面上；后边一排数码是用硬质物在器表捺印。符号技法娴熟，捺印文字数码整齐规整，推测当时人们已有熟练书写文字的能力，看来文字已经产生。特别是捺印文字符号的出现，将给我国印章文字的起源与形成，提供了原始的资料依据[46]。王城岗城址发现一件刻有"共"字的陶片。山西陶寺遗址一个扁壶上面，有用朱砂写的"文"字。与甲骨文同字的形体、结构非常相像，因而引起学术界的广泛关注。这件朱书"文"字偏于扁壶鼓凸面一侧，有笔锋，似为毛笔类工具所书[47]。"这个字同大汶口陶文、殷墟甲骨文和现在通行的汉字属同一个系统。"用极简练的一句话概括了距今5000年以来的一部中国文字发展史，以及陶寺朱书文字在其承前启后的历史地位[48]。

（三）城址

海岱地区的城址主要有五莲丹土、阳谷景阳冈、章丘城子崖、寿光边线王、邹平丁公、临淄桐林、荏平教场铺及江苏藤花落等。

丹土城址有大汶口文化和龙山文化时期两个城圈。大汶口文化城址呈椭圆形，东西长400余米，南北宽近300米，面积9.5万平方米；城壕宽约10米，深约2.5米；墙基残宽约10米，残高约1米，墙为分层堆筑，夯层较平整，每层厚0.1~0.2米。壕沟均敞口、平底、沟壁下部斜直、上部缓坡；沟内侧多有护坡[49]。城子崖城址近方形，东南西三面城垣规整，北面城垣弯曲外凸，拐角呈弧形。城内东西宽约430米，南北最长530米，残存城墙深埋地下2.5~5米，残宽8~13米，城墙多挖基槽，经多次修补，有的沟壕淤土上起墙。夯土用石块和单棍夯筑[50]。丁公城址面积16万平方米，近圆角方形，面积10.8万平方米。城墙宽约20米，现存高度1.5~2米，墙体外陡直，内侧较平缓。夯层厚5厘米左右，城墙为五花土，夯土坚硬。城墙外壕沟宽20余米，深3米。墙基有涵洞式排水设施[51]。边线王城址为挖槽建筑，深2~3米。有大、小城两座城址，大城圆角方形，边长约240米，城内面积近5.7万平方米，四边中部各开一个门，小城在大城东南部，平面同大城近似，亦圆角方形，城墙边长约100米，城内面积1万平方米左右，东、北城墙各开一个门。小城基槽宽4~6米，斜坡平底状。夯层5~15厘米，夯层明显，夯窝清晰，有椭圆形和长条形两种，大者10厘米，小的5~6厘米。多采用河卵石或木棍制作[52]。景阳冈城址呈圆角长方形，长约1150米，宽300米，面积38万平方米。城内大、小台基2座。前者位于南部，方向与城墙一致，面积9万余平方米。小台基位于大台基北面，略呈方形，面积约1万平方米。所见夯层分明，夯土坚实，厚5~10厘米。夯窝圆形圜底，直径3~7厘米，深1厘米以上，以单棍夯为主。有的似用鹅卵石夯筑，直径约10厘米[53]。教场铺城址呈椭圆形，东西长230米，南北宽约180米，城内面积近5万平方米。城外壕沟，上口宽13.35米，清理深度1.7米。城墙系分层夯筑，局部夯层清楚，每层厚5~8厘米，夯窝不明显[54]。

中原地区仰韶文化的城址是郑州西山，平面略近圆形，西墙垣残长约70米，西北和北城垣长约180米，东城垣残长50米，东、西城垣相距约200米，城内面积3.4万平方米左右。城垣建筑采用小板块夯筑法，厚4～8米，其外还有宽5～7.5米、深4米左右围绕城垣的城壕[55]。

龙山文化城址主要有安阳后冈、登封王城岗、新密古城寨、淮阳平粮台、郾城郝家台、辉县孟庄以及山西襄汾陶寺等。孟庄城址呈方形，城垣边长400米，面积20余万平方米，发现有夯土城墙、城壕、城门、房基、窖穴等[56]。平粮台城址面积仅3.5万平方米。城垣形状十分规整，平面略呈正方形，每边长约185米，墙残高3.5米，下部宽约13米，顶部宽8～10米。墙外侧有较宽的护城河。南墙正中有城门，城门两边设有门房，门道正中有陶质地下排水管等配套设施[57]。古城寨城址呈长方形，面积17.6万平方米。不仅城墙、城门和护城河保存相当好，而且城内东北部还清理出大面积夯土高台建筑遗迹。主要是大型宫殿基址和大型廊庑式建筑[58]。郝家台城址系长方形，面积3.3万平方米，城外有壕沟。城内发现数座长条形排房，长者10间左右相连，有的房基地坪还铺木地板，构筑十分讲究[59]。王城岗城址为东西两座城堡，东城仅存西南角，西城略呈方形，整长92米，面积8500平方米[60]。遗址中还发现一座大城，面积在30万平方米左右[61]。陶寺城址其长、宽皆在700米以上。墙垣宽8～14米，残高1.8米。墙体由夯土筑成，十分坚硬，面积大约50万平方米以上，这是中原地区所发现的最大城址[62]。

城的出现，具有划时代的意义。它是人类社会发展到一定历史阶段的产物，属于一定地域内政治、经济、文化的中心。同时，也是中国古代社会进入文明时代的一个重要标志。

五、结　　语

总括全文看出，海岱与中原地区史前文化的交流非常早，两者关系是十分密切的。文明化程度与周围其他地区诸文化进行比较，其发展水平也是很高的。它们在长期发展过程中，互为渗透，相互作用，彼此影响，从而促进了不同文化之间的融合，逐渐从多元一体走向以中原为核心、以黄河流域和长江流域为主体的多元一统格局。正如严文明先生所说：“中国文明的起源不是在一个狭小的地方，也不是在边远地区，而是首先发生在地理位置适中、环境条件也最优越的黄河流域和长江中下游的广大地区。”[63]随着农业的发展，手工业生产的进步，社会财富不断增多，加速了私有制产生、贫富分化的出现和阶级对立的形成。特别是两地铜器、文字、城址等文明要素的普遍出现，可以认为，在海岱和中原地区，龙山文化时期或许已经进入文明社会，开始了迈向国家形成的征程。

注　释

［1］ 王永波等：《海岱地区史前考古的新课题——试论后李文化》，《考古》1994年3期。

［2］ 中国社会科学院考古研究所山东队等：《山东滕县北辛遗址发掘报告》，《考古学报》1984年2期。

［3］ 山东省文物管理处等：《大汶口——新石器时代墓葬发掘报告》，文物出版社，1974年。

［4］ 中央研究院历史语言研究所：《城子崖》，1934年。

［5］ 开封地区文管会等：《河南新郑裴李岗新石器时代遗址》，《考古》1978年2期。

［6］ 河南省文物考古研究所：《舞阳贾湖》，科学出版社，1999年。

［7］ 安特生：《中华远古文化》，《地质汇报》1923年5号；河南省文物考古研究所：《渑池仰韶遗址1980～1981年发掘报告》，《史前研究》1985年3期。

［8］ 河南省文物研究所：《河南考古四十年（1952～1992）》，河南人民出版社，1994年。

［9］ 同［6］。

［10］ 同［2］。

［11］ 栾丰实：《试论仰韶时代东方与中原的关系》，《考古》1996年4期。

［12］ 武津彦：《略论河南境内发现的大汶口文化》，《考古》1981年3期。

［13］ 杨育彬：《关于河南地区仰韶文化的两个问题》，《论仰韶文化》，《中原文物》1986年特刊。

［14］ 周口地区文化局文物科：《周口市大汶口文化墓葬清理简报》，《中原文物》1986年1期。

［15］ 曹桂岑：《郸城段寨遗址试掘》，《中原文物》1981年3期；《河南郸城段寨遗址出土一批大汶口文化遗物》，《考古》1981年2期。

［16］ 中国科学院考古研究所洛阳发掘队：《河南偃师"滑城"考古调查简报》，《考古》1964年1期。

［17］ 注［8］，94页。

［18］ 注［8］，96页。

［19］ 杜金鹏：《试论大汶口文化颍水类型》，《考古》1992年2期。

［20］ 注［8］，97页。

［21］ 赵芝荃、吴加安：《中原地区原始文化中的几个问题》，《中国原始文化论集》，文物出版社，1989年。

［22］ 张翔宇：《中原地区大汶口文化因素浅析》，《华夏考古》2003年4期。

［23］ 栾丰实：《试论仰韶时代东方与中原的关系》，《考古》1996年4期。

［24］ 严文明：《东方文明的摇篮》，《文化的馈赠》，北京大学出版社，2000年。

［25］ 邵望平：《中原文化中的东方因素》，《中原文物》2002年2期。

［26］　何德亮：《海岱地区与中原文明起源新探》，《中原文物》2007年6期。

［27］　张得水：《中原文明形成过程中的几个特点》，《华夏考古》2002年4期。

［28］　苏秉琦：《关于考古学文化的区系类型问题》，《苏秉琦考古学论文选集》，文物出版社，
　　　　1984年，226页。

［29］　严文明：《论中国的铜石并用时代》，《史前研究》1984年1期。

［30］　中国社会科学院考古研究所：《胶县三里河》，文物出版社，1988年。

［31］　山东省文物考古研究所等：《山东栖霞杨家圈遗址发掘简报》，《史前研究》1984年3期；
　　　　北京大学考古系等：《胶东考古》，文物出版社，2000年。

［32］　安金槐：《试论河南地区龙山文化的社会性质》，《中原文物》1989年1期；河南省文化局
　　　　文物工作队：《郑州牛砦龙山文化遗址发掘报告》，《考古学报》1958年4期。

［33］　李先登：《王城岗遗址出土的铜器残片及其它》，《文物》1984年11期；河南省文物研究
　　　　所：《登封王城岗与阳城》，文物出版社，1992年。

［34］　中国社会科学院考古研究所河南二队：《河南临汝煤山遗址发掘报告》，《考古学报》1982
　　　　年4期。

［35］　河南省文物研究所等：《河南淮阳平粮台龙山文化城址试掘简报》，《文物》1983年3期。

［36］　中国社会科学院考古研究所等：《山西襄汾陶寺遗址首次发现铜器》，《考古》1984年
　　　　12期。

［37］　河北省文物管理委员会：《河北唐山市大城山遗址发掘报告》，《考古学报》1995年3期；
　　　　安志敏：《中国早期铜器的几个问题》，《考古学报》1981年3期；北京钢铁学院冶金史
　　　　组：《中国早期铁器的初步研究》，《考古学报》1983年3期。

［38］　同［2］。

［39］　唐兰：《从大汶口文化的陶器文字看我国最早文化的年代》，《大汶口文化讨论文集》，齐
　　　　鲁书社，1981年。

［40］　李学勤：《论新出大汶口文化陶器符号》，《文物》1987年12期。

［41］　裘锡圭：《汉字形成问题的初步探索》，《中国语文》1978年3期。

［42］　山东大学考古实习队：《邹平丁公发现龙山文化文字》，《中国文物报》1993年1月3日。

［43］　同［6］。

［44］　蔡运章：《中国古代卦象文字》，中国文字起源学术研讨会论文，2000年。

［45］　蔡运章、张居中：《中华文明的绚丽曙光——论舞阳贾湖发现的卦象文字》，《中原文物》
　　　　2003年3期。

［46］　蔡全法：《古城寨龙山城址与中原文明的形成》，《中原文物》2002年6期。

［47］　李键民：《陶寺遗址出土的朱书"文"字扁壶》，《中国社会科学院古代文明研究中心通
　　　　讯》第1期，2001年1月。

［48］　高纬：《陶寺出土文字二三事》，《中国社会科学院古代文明研究中心通讯》第3期，2002
　　　　年1月。

［49］　山东省文物考古研究所：《五莲丹土发现大汶口文化城址》，《中国文物报》2000年1月

17日。

［50］ 《城子崖遗址又有重大发现》，《中国文物报》1990年7月26日。

［51］ 山东大学历史系考古教研室：《山东邹平丁公发现龙山文化城址》，《中国文物报》1992年1月12日。

［52］ 杜在忠：《边线王龙山文化城堡的发现及其意义》，《中国文物报》1988年7月15日；《边线王龙山文化城堡试析》，《中原文物》1995年2期。

［53］ 山东省文物考古研究所等：《山东阳谷县景阳岗龙山文化城址调查与试掘》，《考古》1997年5期。

［54］ 贾笑冰：《山东茌平教场铺龙山文化城址第四次发掘获重要成果》，《中国文物报》2004年12月22日。

［55］ 张玉石等：《新石器时代考古获重大发现——郑州西山仰韶晚期遗址面世》，《中国文物报》1995年9月10日。

［56］ 袁广阔：《辉县孟庄发现龙山文化城址》，《中国文物报》1992年12月6日。

［57］ 河南省文物考古研究所等：《河南淮阳平粮台龙山文化城址试掘简报》，《文物》1983年3期。

［58］ 蔡全法：《河南新密市发现龙山文化重要城址》，《中原文物》2000年5期。

［59］ 河南省文物研究所等：《郾城郝家台遗址的发掘》，《华夏考古》1992年3期。

［60］ 河南省文物考古研究所等：《登封王城岗与阳城》，文物出版社，1992年。

［61］ 方燕明：《登封王城岗遗址考古新发现以其意义》，《中国社会科学院古代文明研究中心通讯》第9期，2005年1月。

［62］ 中国社会科学院考古研究所山西工作队：《山西襄汾陶寺遗址发掘简报》，《考古》1980年1期；《1978～1980年山西襄汾陶寺墓地发掘简报》，《考古》1983年1期。

［63］ 严文明：《文明起源研究的回顾与思考》，《文物》1999年10期。

试论齐长城源头及相关问题

张克思

（山东省文物考古研究所）

齐长城是东周时期齐国修筑的军事防御体系，西起济南市长清区孝里镇广里村北约400米处，沿泰沂山脉及其余脉蜿蜒东行，至青岛市黄岛区于家河村北入海，全长620余公里[1]。

文献中关于齐长城的记载较多，如《史记·楚世家》《正义》引《齐记》："齐宣王乘山岭之上筑长城，东至海，西至济州，千余里，以备楚。"《史记·苏秦列传》《正义》引《竹书纪年》："梁惠王二十年，齐闵王筑防以为长城。"《战国策·秦策一》张仪说秦王："昔者齐南破荆，中破宋，西服秦，北破燕，中使韩、魏之君，地广而兵强，战胜攻取，诏令天下，济清、河浊，足以为限，长城、钜坊，足以为塞。"另外《水经注》《括地志》《后汉书·郡国志》等均有记载。清代所修县志，对齐长城记载更为明确，并就其保存现状、地理位置等情况进行了较为详细的描述。

齐长城研究是东周历史、考古的重要课题。它与齐国的兴衰治乱，与当时和各诸侯国的政治、经济、军事、外交关系等息息相关。一直以来，齐长城都以其独特的历史文化魅力吸引着学者的关注，尤其是齐鲁学人，他们对齐长城进行了大量的专题研究和实地考察，在齐长城的建置年代、修筑原因、经行道里、地望走势、建筑特点等方面取得了相当成果。不过，仍有许多问题诸家观点颇为不同。本文以考古材料和历史文献为基础，结合前人研究成果，考证齐长城源头处的地理形势和齐长城的建置年代。

一、齐长城源头的位置

齐长城大体呈东西走向横亘于山东中部。目前我们所能见到的齐长城最西端位于济南市长清区孝里镇广里村北约400米处。该地地处泰沂山脉余脉最西端，北距长清约25公里，离孝堂山和孝里镇约5公里。其西北为齐河县，西为东阿县，西南为平阴县，南为肥城县，正处五县（区）交界之处。黄河在其西北约5公里处呈西南—东北向穿过，越过黄河即为鲁西北平原，东南为泰山余脉，多海拔200米左右的山峦。220国道穿越此处，路旁有齐长城源头保护碑。由此保护碑处可见一条宽20余米的土隆延伸向西。土隆被平整为耕地，两侧仍有约1米高的落差。往西200余米，可见一石砌废井，土隆在此被截断，再往西地势渐低就全无痕迹了。

这一段残存的土隆即长城的墙体，被认为是齐长城的最西端，即齐长城的源头。地理坐标东经116°34′29.63″，北纬36°21′32.81″，海拔37米[2]。据当地人介绍，20世纪70年代时长城墙体还有2米多高，后被取土整平。西端点处的古井也是20世纪修建，井中曾经出土过铜剑和人骨。

齐长城源头西距黄河5公里，其间为一片低洼地，地势比周围要低3～5米。最大的洼地为孝里洼，它西起黄河东岸大堤，东至广里村西北。这些洼地和南面的山地使此处形成一个交通瓶颈，地势险要。广里附近在古代为海岱沟通中原的交通要道，今则有220国道、济菏高速通过。

220国道东侧约200米处还有一段保存较好的城墙，最高的地方有3米多，宽30米左右。土墙为夯筑，夯层清晰，城墙往东延伸600余米至珠珠山下[3]。珠珠山上也有明显的长城遗迹，不过此处长城改为石砌。齐长城沿山脊往东南行约1公里后下山，往东过岚峪，此处有齐长城沿线唯一一处壕沟遗址。壕沟的北侧原有墙体，现在已经不见痕迹。过了岚峪，再向东，长城顺山势折向北行。

关于齐长城源头，历代文献所述，亦无大的不同。郦道元《水经注》引京相璠语云："平阴城南有长城，东至海，西至济。河道所由名防门，去平阴三里。"李泰《括地志》记齐长城起于济州平阴县，《太山记》谓起自泰山西北，所记亦概同地。张守节《正义》："长城西头在济州平阴县界。"裴骃《集解》引徐广语："济北卢县有防门，又有长城，东至海。"由文献可知，古平阴不在现在的位置。嘉庆《平阴县志》卷二《疆域志》记载："孝里铺南有村曰东长，其西南三里有村曰广里，曰防头，今皆隶肥城。古平阴城，故老相传，谓今东长村即其地，遗迹犹存，或不诬也。"现在齐长城源头位于广里村北，长城北有村名为东障，大概就是《平阴县志》中所记载的东长。齐长城源头正位于东障村与广里村之间，与今天我们实地所见是相符的。

文献中也有不一样的记载。《元和郡县图志·郓州平阴县》："故长城，首起县北二十九里。"杜佑《通典·平阴县》："故长城首起县北。"两书均认为齐长城首起平阴县北，与前文所述正好相反。《元和郡县志》为唐代地理总志，其文所述长城是以当时的县置而言。隋代之时，平阴城已南迁至今天的位置，是以两书均言位于平阴东北。唐代以"步"为标准，三百步为一里，五尺为一步。一尺相当于现在0.303

米，一里合454.2米。齐长城西端距今平阴直线距离约12公里，正与《元和郡县志》所记二十九里相符合。杨伯峻《春秋左传注》："防门在旧平阴南，亦在今平阴县东北约三十二里。"可见文献记载并无抵牾，与今天的地理形势极为相符，各家注解也非常一致。

二、齐长城源头处的地理形势

《左传》襄公十八年记载有晋伐齐的一件战事，与齐长城源头息息相关。后人对齐长城源头的位置、建置年代、平阴一带地理形势的了解，多从此文或此文的注解而来，但是理解多有出入。现将此文摘录如下：

> 秋，齐侯伐我北鄙。……晋侯伐齐，将济河，献子以朱丝系玉二瑴，而祷曰："齐环怙恃其险，负其众庶，弃好背盟，陵虐神主。曾臣彪将率诸侯以讨焉，其官臣偃实先后之。苟捷有功，无作神羞，官臣偃无敢复济。唯尔有神裁之。"沈玉而济。

> 冬十月，会于鲁济，寻溴梁之言，同伐齐。齐侯御诸平阴，堑防门而守之广里。夙沙卫曰："不能战，莫如守险。"弗听。诸侯之士门焉，齐人多死。范宣子告析文子曰："吾知子，敢匿情乎？鲁人、莒人皆请以车千乘，自其乡入，既许之矣。若入，君必失国。子盍图之？"子家以告公，公恐。晏婴闻之曰："君固无勇，而又闻是，弗能久矣。"齐侯登巫山以望晋师。晋人使司马斥山泽之险，虽所不至，必旆而疏陈之。使乘车者左实右伪，以旆先，舆曳柴而从之。齐侯见之，畏其众也，乃脱归。丙寅晦，齐师夜遁。师旷告晋侯曰："鸟乌之声乐，齐师其遁。"邢伯告中行伯曰："有班马之声，齐师其遁。"叔向告晋侯曰："城上有乌，齐师其遁。"

> 十一月丁卯朔，入平阴，遂从齐师。夙沙卫连大车以塞隧而殿。殖绰、郭最曰："子殿国师，齐之辱也。子姑先乎！"乃代之殿。卫杀马于隘以塞道。晋州绰及之，射殖绰，中肩，两矢夹脰，曰："止，将为三军获；不止，将取其衷。"顾曰："为私誓。"州绰曰："有如日。"乃弛弓而自后缚之。其右具丙，亦舍兵而缚郭最，皆衿甲面缚，坐于中军之鼓下。

> 晋人欲逐归者，鲁、卫请攻险。己卯，荀偃、士匄以中军克京兹。乙酉，魏绛、栾盈以下军克邿，赵武、韩起以上军围卢，弗克。……

此文记载了襄公十八年晋伐齐的原因和整个过程，提及了齐长城源头处的济、防、平阴、卢、邿、京兹等地名，为我们研究此处的地理形势提供了重要的资料。

另外《水经注·济水》为平阴一带的地理形势又增加了更为详细的信息，诸如与济水相关的中川水、宾溪水，与晋伐齐之战有关的石门道、南隔马山等，两者可相印证。下面对所涉及的诸地名略做分析。

襄公十八年为公元前555年，晋国霸主，齐也与之盟，但自恃其强，逐渐背盟，伐鲁北鄙。霸主晋联合鲁、宋、卫、郑、曹、莒、邾、滕、薛、杞、小邾共十二国伐齐，规模浩大。当时中原进入齐国，平阴地区是必经的交通要道。我们知道山东地形特殊，泰沂山脉横亘中部，是齐国天险。《战国策》苏秦说齐宣王曰："齐南有太山，东有琅邪，西有清河，北有渤海，此所谓四塞之国也。"齐国西北为河、济，北和东面海，南境有泰沂山脉。齐国的交通主要依靠山地之间的河谷和东海滨海走廊[4]，其中与中原的交通主要就是沿着济河而行的。是以晋伐齐行经路线正是顺着济水的河道。

1. 防与防门

济水有防，防上有门。齐灵公"御诸平阴，堑防门而守之广里。"杜预注曰："平阴城，在济北卢县东北。其城南有防，防有门。"京相璠曰："平阴，齐地也，在济北卢县故城西南十里。平阴城南，有长城，东至海，西至济，河道所由名防门，去平阴三里，齐侯堑防门，即此也。其水引济，故渎尚存。"按照杜预的意思，"防门"是"防"上的门。京相璠说河道经过的地方叫做防门，也不冲突。

当今学者多认为防即长城，长城即防，为一物之异名。这大概是由文献推演得出。《史记·苏秦列传》张守节《正义》引《竹书纪年》："梁惠王二十年，齐闵王筑防以为长城。"《战国策·秦策一》张仪说秦王："昔者齐南破荆，中破宋，西服秦，北破燕，中使韩、魏之君，地广而兵强，战胜攻取，诏令天下，济清河浊，足以为限，长城钜坊，足以为塞。"《史记·苏秦列传》苏代说燕王，"燕王曰：'吾闻齐有清济、浊河，可以为固；有长城、钜防，足以为塞。诚之有乎？'对曰：'天时不与，虽有清济、浊河，何足以为险？民力穷弊，虽有长城、钜防，何足以为塞？'"此处"长城钜防"，有人认为是指代同一事物，但"长城、钜防"与前面的"清济、浊河"相对，应该是两物对两物。《史记·苏秦列传》裴骃《集解》引徐广语："济北卢县有防门，又有长城东至海。"徐氏也认为防与长城不同。

齐长城起源于防，从文献中可以推理得出，张维华等先生论之甚明[5]，但又为何均认为"长城就是防，防就是长城"？大概认为，长城起源于防，是以防即长城。这牵扯到长城的起源及防的功能转变问题。但是在长城之前有防，两者不同，却是应该明确的概念。

《说文解字》："防，堤也。"防通堤，是以有堤防之称。防是春秋战国时期许多国家都修筑过的水利设施，起源较早，春秋时黄河沿岸的人们就修筑堤防以障水。战国时代所建筑的堤防，规模也较前为大，在许多大河流上都已建筑有比较长的堤防。齐和赵、魏是以黄河为界，赵魏两国的地势较高，齐国的地势低下，黄河泛滥时齐国所遭受的灾害就较严重，因而齐国首先沿着黄河建筑了一条离河二十五里地的长堤，以防止黄河的泛滥。自从齐国沿黄河筑了长堤，"河水东抵齐堤，则西迄赵、魏"[6]，使得黄河泛滥的水流冲向赵魏两国去。于是赵魏两国也沿着黄河建筑了一条离河二十五里地的长堤防。从此，在黄河两岸，堤防间五十里宽阔地带，河水也就时来时去，"时至而去，则填淤肥美，民耕田之。或久无害，稍筑室宅，遂成聚落。大水时至，漂没，则更起堤防以自救，稍去其城郭，排水泽而居之"[7]。

山东西北地区聚落遗址上多留有黄河为患时留下的淤土。战国时代各国大规模的建筑堤防，虽然"各以自利"，不免产生"以邻国为壑"的弊害，但是对于本国人民生命财产的保障，对于农业生产的发展，是起了一定的作用的。因为堤防可以防止水灾，保护农业生产，还可以与水争地，开辟耕地[8]。

齐国西部地区，带济负河，地势低洼，水患频仍。《管子·度地篇》："五害之首，水为最大。"《管子·轻重篇》："齐西水潦而民饥。"为了治水患，齐国设置"水官""水工"[9]，在黄河边修堤，济水边筑防。襄公十八年，晋伐齐，齐灵公"堑防门而守之广里"即指济水的防。此防后来成为长城的起源，这也是学者们的共识。另外，齐国在淄河岸边也修筑过防。《晏子春秋》："景公登东门防，民单服然后上，公曰：'此大伤牛马蹄矣，夫何不下六尺哉？'晏子对曰：'昔者吾先君桓公明君也，而管仲贤相也，夫以贤相佐明君，而东门防全也，古者不为，殆有为也。蚤岁溜水，至入广门，即下六尺耳。乡者防下六尺，则无齐矣。夫古之重变古常，此之谓也。'"可见齐都东门外有防，并且齐国已经有一套长期遵循的筑防方法。

齐国在修筑堤防方面有着丰富的经验。《管子·度地篇》载有筑堤方法：

> 管子曰："春三月，天地干燥，水纠列之时也。山川涸落，天气下，地气上，万物交通。故事已，新事未起，草木萌生可食。寒暑调，日夜分，分之后，夜日益短，昼日益长。利以作土功之事，土乃益刚。令甲士作堤大水之旁，大其下，小其上，随水而行。地有不生草者，必为之囊。大者为之堤，小者为之防，夹水四道，禾稼不伤。岁埤增之，树以荆棘，以固其地，杂之以柏杨，以备决水。民得其饶，是谓流膏，令下贫守之，往往而为界，可以毋败。……"

文中说要选好筑堤的时间，要在"春三月"农闲时进行，这时不但天地干燥，气候渐暖，宜于工程的进行，而且这时修筑堤土会日渐着实和坚固。堤要下大上小，顺应水势。河流夹带泥沙，河底不断积泥而升高，因而堤防要逐年增高，"岁埤增之"。堤上还要种植荆棘，夹种柏杨，使堤防牢固而不被冲决。《度地篇》还讲到了常年保养堤防的方法，设"水官""水工"定期巡视，春天待农暇加以修补；遇大雨要设法防护，水冲击之处要加固。春冬两季河水旱浅，可以从河中取土筑堤，使河底加深，堤防加高；等到秋夏河水上涨，浊水流入就不致造成祸害。这可以说是齐国长期治理黄河的主要经验[10]。从文中我们可以看出，堤与防不同，"大者为之堤，小者为之防"，是以文献中多言"河堤""济防"，说明黄河的堤规模较大，而济水的防规模较小。因此防为障水的设施，是水利工程。然而防可以用来障水，也可以用来防外患。试想黄河沿岸的堤，使黄河之险更为险要，足以阻挡车阵渡河，再加上济水的防，使齐国西北部形成两道堤防，应该是具有御敌性质的，这两道防线使齐国少受燕、赵的侵扰。

济水有防，那么防门的作用是什么？

防能障水，但是防又有阻隔作用。此时济水西北至黄河仍然是齐国的疆域。筑防带来一个弊端就是阻断了济水两岸的交通，留有防门，以方便济河两岸的人交通。防门还有一个功能是取水。防虽然有利于障水，但是也不方便周围人民取水灌溉，所以防上有门。春秋战国时期的水利工程，多留有水门。如《华阳国志》载李冰所建都江堰，"旱则引水浸润，雨则杜塞水门"。当地所开凿的运河和湖泊的连接处，都设有水门"安水藏，以通决塞"，随季节和旱涝调节水量。济水防上的门，应该也有水门的作用，可以引水灌溉。

2. 广里与防头

"广里"有两种理解。杜预注曰："平阴城，在济北卢县东北。其城南有防，防有门。于门外作堑，横行广一里。"此处有文献在广里之前句读，是因为杜预认为广里是"横行广一里"的意思。广里是地名，郦道元、京相璠辩之甚明，这也与我们考察相吻合，所以应作："堑防门而守之广里。"防门不仅是防上之门，又作地名为防头。嘉庆十三年《平阴县志》卷二《疆域志》："孝里铺南有村曰东长，其西南三里有村曰广里，曰防头，今皆隶肥城。"清光绪十七年《肥城县志》卷二《古迹志》："防门即今之防头，广里即今之广里。《后汉书·郡国志》一作光里。"齐国筑防，在此处正到了边境，已经完全没有再往南修的必要，再往南已经是鲁国的地盘，所以防到此截止，有地名防头。防门应该不止一处，而此处的防门应该是齐国最南端的一处。

防头和广里是两个地名，今多混淆为一。《平阴县志》："孝里铺南有村曰东长，其西南三里有村曰广里，曰防头，今皆隶肥城。"意指东障西南三里有两个村，一个是广里，一个是防头，两村相距较近，广里在东，防头在西。《肥城县志》说得更清楚，"防门即今之防头，广里即今之广里"，可知防门、广里确实是两个地名。现在齐长城源头附近有广里村又有房头村，仍是两个村庄。并且房头村已东迁至岚峪南。防头、广里位于齐国封疆的最南境，《国语·齐语》："正其封建，南至于陶阴，西至于济，北至于河，东至于鄘。"陶山位于肥城市湖屯镇驻地北8公里处，其北即长清，此山正是齐、鲁的界山。清光绪十七年《肥城县志》载："陶山在城西南三十里，旧说范蠡三徙而隐于此山，故名陶山，又名鸥夷山。"现今岚峪南的房头村正位于陶山之北。

3. 平阴

平阴位于长城北，离广里三里，即今之东障。东障即《平阴县志·疆域志》中的东长。现在地图上已经不见东障之名，此村已经一分为六：大街、三义、张营、金村、四街、后楚。此六村连为一体，没有明确的界线。当地人仍自称东障人，而不具体到某一村。大街处有手工业作坊遗址，曾经出土过十余座陶窑，遗物有生活器皿、建筑材料、制陶工具和少量石范等。陶器时代特征以战国为主，兼有西汉和春秋晚期[11]。此遗址正是平阴城的手工业作坊区。后人言平阴地处东障或大街，实指一处。

4. 论"险"

前引文中夙沙卫曰："不能战，莫如守险。"弗听。关于"险"字，各家理解不同。杨伯峻在《春秋左传注》中说："管子轻重丁篇云：'长城之阳，鲁也，长城之阴，齐也。'沈钦韩谓管子所指长城，即以泰山为界。夙沙卫之意似宜固守泰山之险，而不当堑防门为据点。"罗勋章先生认为："这'险'除了泰山之险外，也当包括长城及凿渎引济的濠堑。"[12]

泰山天险不可逾越，不需守之，认为夙沙卫意指泰山显然错误。另外，春秋会战，没有游击战之说，如果齐灵公守泰山天险，晋师直取临淄，城破则国亡。此处也不指守泰山险要处或关隘处，地处泰山余脉之西，由此北上可及历下，进而东进到达临淄，沿途并无山险可守。齐灵公固执己见，要在防门处御敌，大概有些自大，夙沙卫认为不能在此会战。杜预注曰："谓防门不足为险。"那么"险"指何物？其实下文言之甚明："晋人欲逐归者，鲁、卫请攻险。荀偃、士匄以中军克京兹。"注曰："京兹在今平阴县东南。京兹、邿、卢皆在泰山山脉，此攻险也。"[13]注虽错误，但是却使我们清楚"险"指"邑"[14]。

夏、商、周三代是以"邑"为基础建立起来的。春秋之时以车战为主，在车阵作战时期，交战双方往往避开运动困难的地形。越是平原地区，越是好的会战场所。战争往往发生于两国"封疆"间的平原地区。晋师伐齐，顺济河道而上，正是选择了最平坦的路径。齐国以一挡十二国之师，所以夙沙卫认为不能在防门处迎敌，而应该据"邑"守险，也就是守城。城有城墙，可以为"险"。也正由此可知，齐灵公选择迎敌的位置，不足以为险。并且此时有防有门，齐灵公又作堑以阻晋师，但还没有修筑长城。下文范宣子言鲁、莒绕道攻齐都，也说明无长城可守。

下文中"诸侯之士门焉，齐人多死"。齐灵公在防门外挖濠沟以阻塞晋师，是以诸侯无法顺平坦地带前进，只好攻防门。很显然，齐灵公不听夙沙卫的意见是错误的。防门不同于城门，防也没有城墙之"险"，以至"齐人多死"。范宣子、司马再用疑兵战术，齐灵公惧晋师之众，仓皇逃回临淄，齐师也于夜里遁走。

5. 巫山与湄湖

《水经注》济水条下："巫山在平阴东北，昔齐侯登望晋军，畏众而归。师旷、邢伯闻乌鸟之声，知齐师潜遁。……今巫山之上有石室，耆老言，郭巨葬母处，世谓之孝子堂。济水右迤，遏为湄湖，方四十余里。"郦道元称巫山即孝堂山，这是没有异议的。《太平御览》四十二引《齐地记》："巫山一名孝堂山。今孝堂山有郭巨石室画像。"《齐乘》："（济水）又北径巫山，齐侯登以望晋师者，俗讹作无儿山，山上有石室，《水经》谓之孝子堂，今曰郭巨庙。"巫山因为有孝子郭巨的墓葬而改名孝堂山。

《水经注》中提到了湄湖之名："济水右移，遏为湄湖。"王献唐调查齐长城至源头处，西望孝里洼："我认为这个湖沼就是《水经注》'济水右迤，遏为湄湖'的'湄湖'。毫无疑义，现在黄河早已经过修堤。把它隔离起来了。当时，'湄湖'一带，地势洼下，齐侯利用这一形势，从而堑濠，从而引济，积年累岁，扩大成为湖沼。"[15]后人都认为齐长城源头处的孝里洼是湄湖，均被其误导。郦氏说巫山，接着说济水右迤，遏为湄湖，其意指济水在巫山处右移。《齐乘》中说得清楚，"清水过此（巫山），古为湄湖"。郦氏《水经注》下文也说："（济水）又东北过卢县北。济水东北，与湄沟合，水上承湄湖，北流注济。……《尔雅》曰：'水草交曰湄'。《释名》曰：'湄，眉也，临水如眉临目也。'"所以，湄湖并不在齐长城源头孝里洼处，而是地处孝堂山附近。清代杨守敬《水经注疏》："《魏书·显祖纪》《慕容白曜传》，并作麋沟。《地形志》太原县下，作靡沟。《通鉴》宋泰始三年作糜沟。糜与湄通，靡、糜与麋，形声并近。水当在今长清县西。"又："《元和志》，湄湖泊《寰宇记》误作湄沟泊。在长清县西南五里，东西三十里，南北二十五里，水族生焉，数州取给。会贞按：在今县西南，已湮。《左传·定九年》，齐侯致禚、媚、杏于卫。杜《注》，三邑皆齐西界。余疑此湄湖即《左传》媚邑地。"所以湄湖的位置不在孝里洼，而是在巫山东北，长清西南。齐西境有禚、媚、杏三邑，湄湖应属媚邑。

6. 卢、郱与京兹

卢为春秋古城，《新唐书·宰相世系表》记载："卢氏出自姜姓。齐文公子高，高孙傒为齐正卿，谥曰敬仲，食采于卢，济北卢县是也，其后因以为氏。田和篡齐，卢氏散居燕、秦之间。"高傒因拥立齐桓公而功赏封食于卢。《左传》中也有记载，隐公三年"齐、郑盟于石门，寻卢之盟也"。《汉书·地理志》泰山郡条下："卢，都尉治，济北王都也。"据《史记·汉兴以来诸侯王表》《汉书·诸侯王表》载，汉文帝前元二年初置济北国，次年国除为县。武帝时又置济北国，东汉和帝时分泰山郡置济北国。可见卢城建置较早，并曾作为济西重邑，济北国的王都。卢县故城位于济南市长清区归德镇国庄以西的卢城洼一带。现仍保存有一座边长2000米的古城，曾经出土过汉代砖瓦等建筑材料。城南约5公里有双乳山济北王汉墓群。北城墙外侧褚集村的西南有大型窑址群。城东不远处有封土墓，后被填平，今有村名为坟台。

郱为春秋小国，文献中记载有三处。《左传·襄公十三年》："夏，郱乱，分为三，师救郱。"杜《注》："平阴西有郱山。"即今平阴西南的亭山。根据长清仙人台墓地发现的郱国贵族墓地，郱位于五峰山镇仙人台一带，此为鲁取之郱[16]。平阴西南的郱应该是第二处。地近平阴，故晋克之[17]。

京兹的具体位置不详，杨柏峻《春秋左传注》："京兹在今平阴县东南。"从晋师进攻路线来看，应该同郱和卢一样都在长城北，相离不远，或许位于两者之间的马山北、南沙河沿岸。

7. 石门

齐长城源头附近还有一地名为"石门"。嘉庆十三年《平阴县志》卷二《疆域志》："周鲁襄公十八年，晋侯伐齐，齐侯御诸平阴，堑防门而守之广里，登巫山以望晋师，遂由石门道夜遁。按：巫山即今孝里铺之孝堂山，尚有碑记可考。其东山内有赴济南古路，两山对峙曰石门。"考察孝堂山东边，确有一条山间谷地，此即石门道。《春秋左传注》："今山东长清县东南为卫塞隘处，名隔马山。"郦氏《水经注》："（半水，即北汶水）西北，与宾溪谷水合。水出南格马山宾溪谷，北径卢县故城北、陈敦戌南，西北流与中川水合，谓之格马口。其水又北径卢县故城东，而北流入济，俗谓之为沙沟水。"《水经注疏》："会贞按：《地形志》，山茌县有格马山。《元和志》，隔马山在长清县东南三十五里。《左传》，夙沙卫杀马于隘以塞道，后因名。《方舆纪要》，隔马山在长清县东南六十里。南沙河在县南二十里，源出隔马山。"《元和志》和《方舆纪要》所记载的隔马山位置大体一致，均位于长清的东南。根据《元和志》，隔马山就是指现在的马山，正位于巫山的东面。《方舆纪要》说南沙河在县南二十里，即指今归德北的南沙河，又称南大沙河，隔马山位于长清东南六十里，也是指马山镇东南。马山呈东北——西南走向，绵延二十余里，其东南处正是南沙河的源头。所以，《元和志》与《方舆纪要》所说的隔马山为同一处，就是马山山系，马山南又叫南隔马山[18]。

综上所述，齐国西南境主要由卢、京兹、郱、平阴四邑组成，平阴位置最南。长清地区有三条交通线：济水、南沙河、北沙河。济水路线是齐国通中原的交通要道，通过此处往南可以到达鲁、魏及中原地区，往北可达历下、东平陵、临淄。济水岸边有防，防上有门。防门位于防头，也就是广里村的西边，平阴城的西南。巫山即孝堂山，东有石门道，位于马山谷地，马山又名隔马山，是南沙河的源头，南沙河西北流入济，过卢城。

襄公十八年晋侯伐齐，齐灵公于平阴迎战，并不是在此处守险，而且当时还没有修筑长城。孝里洼，也即齐长城源头西边这片洼地，并不是湄湖。那么当时的地理形势如何？《孙子兵法·行军篇》："欲战者，无附于水而迎客。"从齐灵公于此迎战推断此处较为平坦，并不像是芦苇丛生的洼地，否则，齐师不会在此迎战。

济水为四渎之一，后被黄河所夺，故现在的黄河下游即济水河道。但是黄河肆虐，摆动频繁，古有九河之称。济南西北这段黄河虽然占了济水，却并不是完全按照原济水路线。京相璠说："平阴城南，有长城，东至海，西至济，河道所由名防门，去平阴三里。"防门位于平阴西南三里，防当在济水边不远，是以平阴离济水也很近，而现在距离黄河有十里，显然黄河有所偏移，原济水故道应该离平阴较近。《水经注》："《地理志》曰：'县有济水祠，王莽之谷城亭也。水有石门，以石为之，故济水之门也。《春秋·隐公三年》，齐、郑会于石门，郑车偾济，即于此也。'京相璠曰：'石门，齐地。今济北卢县故城西南六十里，有故石门，去水三百步，盖水渎流移，故侧岸也。'"《水经注疏》熊会贞注曰："下引京说卢县故城西南有石门。""在今平阴县北，长清县西南，圮于河。《左传》杜《注》，或曰济北卢县故城西南，济水之门。《释例》齐地内作卢县故城西南，济水以石为门。""谓石门本在水中，今去水远，因水道迁徙也。"原先石门位于济水，但石门处的河道迁移了"三百步"，已经不在旧河道上了。

2005年6～8月，山东省文物考古研究所为配合南水北调济平干渠工程，曾经在大街村南墓地进行过发掘。大街南墓地位于村西北约100米处，南距齐长城源头约1公里。墓地东部为低山丘陵，西部即为孝里洼。清理东汉时期的大型墓葬2座，出土一批画像石和随葬品。其中M1有两条墓道，墓穴略呈方形，东西10.12、南北10.68、深3.2米。墓室南北向，平面略呈"凸"字形，东西9.4、南北10.3米，由双墓门、双前室、四中室和三后室组成。由于墓葬被破坏，随葬器物散乱地分布于西部两个中室和两个后室，有陶、铜、铁器等器物，共约57件。M1有画像石15块，画像30余幅。均刻于墓门门楣和前、中墓室横梁上。画像内容较丰富，主要有胡汉战争、车骑出行、历史人物及历史故事，如孔子见老子、狩猎图、庖厨、收租图、四神和几何形装饰图案等，并有"左青龙、右白虎"的题刻。M2虽然被破坏严重，但从墓葬结构和采集到的遗物来看，应该是和M1形制相似的一座墓葬[19]。如此规模的墓葬，在当地是较为少见的。我们知道，汉代墓葬一般葬在山岭之上或地势较高的地带，很少有近低洼地的，何况是如此高规格的墓葬。两座墓葬所处水位都较高，发掘者称："应该与黄河水道的变迁有关"[20]。这说明汉代之时，大街墓地一带并不是低洼之地，而是比较平坦，甚至是地势较高的地方。

同年，山东省文物考古研究所对大街遗址进行过勘探、发掘。经过勘探可知，整个遗址呈条带状南北延伸，长约2100、宽约300米，面积约54万平方米。由南向北文化遗存分布有渐晚的趋势，其中大街村西南部以商周时期的堆积为主，大街村西北部主要是东周时期的遗存，还有较多的宋元及隋唐时期的遗迹，而最北部，即四街村西北，主要为战国、汉及唐宋时期的墓地。大街遗址的文化层分布，正与其西部孝里洼的地理变迁有关。也就是说，东周至汉的文化堆积由西北方向北和东迁移，与此相适应的是此处交通线的由西至东的转移。对于平阴故城来说，这条交通线由位于其西侧转移到了平阴城的东侧——现在的220国道的位置。

大街遗址和墓地的发掘，证明了我们上面的推断。孝里洼一带在东周时期，并不是像现在这样杂草和芦苇丛生的湖泊，当时地势虽低，但有齐国济防的保护，还是较为平坦的地带，济水西侧是一条平坦的通道。另外，卢城洼一带的卢县故城现在也已经湮没在厚厚一层淤土之下，证明当时卢城、平阴一带，地势虽低，但是，并不是无法生存或通行的洼地。黄河夺济之后，浊水肆虐，这片地区屡遭水害，长清西南东周遗址多覆盖着一层厚厚的淤土。广里西边的防头村不得不东南内迁至岚峪南边——今房头的位置。所以不能过于强调平阴一带的险要，因古今地理形势不同，正如杜预所说此处不足为险。

齐长城虽起源于防，但是其功能却不同。防初始只是障水，虽然在后来有了防御功能，但是障水的作用仍居主要。因为防是沿河修筑，由东北往西南，而长城由西往东，起阻塞作用。长城脱离济水往东行，功能就不再是障水，而成为防御工事。《史记·赵世家》《正义》引《太山记》云："太山西北有长城，缘河经太山千余里，琅邪入海。"《括地志》卷三《济州平阴县条》："长城西北起济州平阴县，缘河历太山北岗上，经济州、淄州，即西南兖州博城县北，东至密州琅邪台[21]入海。"康熙十年《泰安府志》卷一《舆地志·遗迹》："长城、钜防，在泰山西，缘河千里，至琅琊台入海。"正因防与长城联为一体，才有缘河之说。但防与长城的区别是主要的，一为障水，一为防御。齐国在防门处往东修筑，阻塞了平阴西的交通要道，其功能也即发生了变化，而成了齐长城的滥觞。

三、齐长城修筑年代

关于齐长城的修筑年代，历来有齐桓公时、齐灵公时、齐威王时、齐宣王时、齐湣王时，等等。文献中的说法众多，极不统一。

齐桓公说来源于《管子》。《管子·轻重篇》云："长城之阳，鲁也；长城之阴，齐也。"又："阴雍长城之地。"此说支持者较少。张维华先生认为："《管子》一书，驳杂不纯，其中所论，或为异时所追述，或为后人所假托，非尽属管子之言。至于《轻重篇》之为伪说，尤为后人所常称说，未可取以代表春秋时之史实甚明。"[22]张先生的观点得到大多数学者的赞同。齐桓公为春秋霸主，诸侯"就其利而信其仁，畏其武"，"莫之敢背"。以尊王尊周为口号会诸侯于葵丘，立五命之盟，诸侯尊服。此时正是齐国霸业的顶峰，齐桓公不会筑长城以自封。当时齐鲁也不以长城为界，齐地在长城之南者甚众，即便当时修筑长城也不会走我们今天所见到的路线。是以后世鲜有持齐桓公说者。

认为齐长城建于齐灵公时的观点由《左传》中所记公元前555年晋伐齐之战而来。另外，1928年洛阳金村墓地发现的䲧羌编钟，其铭文如下：

　　佳（唯）廿又再祀，羌乍（作）（介），毕（厥）辟韩宗（献－虔）率（帅），征秦迮齐，入（长）城，先会于平（阴），武侄寺（恃）力，（袭）敚（夺）楚京，赏于韩宗，令于晋公，（昭）于天子，用明则之于铭，武文咸剌（烈），永葉（世）母（毋）忘。

此器铭有"迮齐，入长城。先会于平阴，武侄寺力"等句，与襄公十八年晋伐齐路线是一样的。此段铭文曾一度被认为指代襄公十八年晋伐齐战事。即便是唐兰先生考证所记事是周威烈王二十二年、晋烈公十二年晋伐齐之后[23]，仍有学者将其与襄公十八年相对照，认为齐灵公时已经有长城。持这一观点者正是源于认为长城与防为同一物，才产生了这样的误解。通过上面的分析，我们已经清楚，襄公十八年平阴一带没有长城，而只有一条障水的防。对于这一认识，郦道元、杜预、京相璠，包括《水经注疏》《元和志》《方舆纪要》虽未明言，但却是一致的。

齐威王时之说是由《竹书纪年》而来："显王十八年，齐筑防以为长城。"周显王十八年即公元前351年，齐威王六年。另外，《史记·苏秦列传》张守节《正义》引《竹书纪年》："梁惠王二十年（前351年），齐闵王筑防以为长城。"梁惠王二十年，应该是齐威王时。

除此之外还有建于齐宣王、齐愍王时的说法。《史记·楚世家》《正义》引《齐记》："齐宣王乘山岭之上筑长城，东至海，西至济洲，千有余里，以备楚。"《史记》载苏代说燕王："齐有长城、钜防，足以为塞。"苏代事齐愍王，所以齐愍王时已有长城。

从考古材料并结合历史文献分析，齐长城的始建年代不会进入春秋纪年。

齐长城源头处的夯土结构，任相宏先生曾经做过详细的比对研究。墙体所用夯具为木棍，夯层厚约12厘米，夯窝分布密集，圜底，直径5厘米，深1.1厘米。与鲁故城城墙的夯筑相比较，应该位于第三至第四阶段之间，实际上应该更接近于第四段；与平阴西山墓地M58和长清岗辛墓比较，介于两墓之间，即战国早中期；与齐故城5号墓相比较，其当晚于齐景公卒年，即公元前490年[24]。可见齐长城源头处的墙体，当建于战国初年。

齐长城东段的墙体虽然没有做过详细发掘或解剖，但在齐长城调查中我们发现其夯层与源头处的大体相当[25]。另外山东省文物考古研究所在配合工程中有过对齐长城东段的勘探，得到的夯层厚度为15厘米，与源头处的厚度相当[26]。可见东西两段土筑长城的修筑时代大体相当的。后人多少均受到了襄公十八年晋伐齐战役的影响，认为东段早于西段。

齐国边境地形复杂，其南境泰沂山脉山峦起伏，齐长城是统一的建筑工程，如此规模宏大的工程，其修筑必经过详细规划与科学的设计。《国语·齐语》中记齐国的疆域："南至于陶阴，西至于济，北至于河，东至于纪、鄣。"又《管子·小匡篇》："正其封疆，地南至于岱阴，西至于济，北至于海，东至于纪、随，地方三百六十里。"纪位于寿光县南纪台村，其邑鄣在今青州市西北，随离纪也不会太远，是以齐境东不过弥河。春秋时齐国的疆域还没有到达东海，长城只有构成封闭的防御工事才有意义，齐不会在西境修筑如此巨大的工程而任东境门户大开，此时没有修筑齐长城的必要，齐长城的修筑应该在把疆域开拓到东海之后。《史记·田齐世家》："田常专齐国之政，割齐自安平以东至琅琊，自为封邑。"琅琊地处齐国东南沿海，黄池之会后，齐趁机南下侵至琅琊一带。所以齐修长城应该在公元前482年之后。

从文献中可知，《战国策》《国语》多处提及长城钜防，而在《左传》中却没有见到一处，而只提到济防。这不是作者的疏漏，而是当时确实没有长城。《左传》记述隐公元年（前722年）至哀公十四年事，是以齐长城应该不早于公元前481年，无论如何也进入不了春秋纪年。

由𪩘羌钟铭可知，周威烈王二十二年（前404年）已有齐长城，是以齐国始筑长城当在战国初年。

2008年"清华简"的发现，为齐长城建置年代的研究增添了新的史料。《清华大学藏战国竹简》第一辑和第二辑已分别于2010、2011年出版，整理者在《系年》的说明部分指出："原无篇题，因篇中多有纪年，文字体例与若干内容又近似西晋汲冢出土的《竹书纪年》，故拟题为《系年》。"[27]《系年》共有简138支，简长44.6～45厘米，简背有排序编号，但有一处重号，以致只有137号。全篇分为23章，记录了周初至战国诸多史事，其中与齐长城有关的是第二十章和二十二章。

　　第二十章：晋景公立十又五年，申公屈巫自晋适吴，焉始通吴晋之路，
　二邦为好，以至晋悼公，悼公立十又一年，公会诸侯，以与吴王寿梦相见于
　虢。晋简公立五年，与吴王阖闾伐楚。阖闾即世，夫差王即位。晋简公会诸

侯，以与夫差王相见于黄池。越公句践克吴，越人因袭吴之与晋为好。晋敬
公立十又一年，赵桓子会［诸］侯之大夫，以与越令尹宋盟于郢，遂以伐齐，
齐人焉始为长城于济，自南山属之北海。晋幽公立四年，赵狗率师与越公朱
句伐齐，晋师阔长城句俞之门。越公、宋公败齐师于襄平。至今晋、越以为
好。（简108～113）

第二十二章：楚声桓王即位，元年，晋公止会诸侯于任，宋悼公将会晋
公，卒于燮。韩虔、赵籍、魏击率师与越公翳伐齐，齐与越成，以建阳、邱陵
之田，且男女服。越公与齐侯贷、鲁侯衍盟于鲁稷门之外。越公入飨于鲁，
鲁侯御，齐侯参乘以入。晋魏文侯斯从晋师，晋师大败齐师，齐师北，晋师
逐之，入至汧水，齐人且有陈雚子牛之祸，齐与晋成，齐侯盟于晋军。晋三子
之大夫入齐，盟陈和与陈淏于溋门之外，曰："毋修长城，毋伐廪丘。"晋
公献齐俘馘于周王，遂以齐侯贷、鲁侯显、宋公田、卫侯虔、郑伯骀朝周王
于周。（简119～125）

第二十章记载了两次晋伐齐的战役，均由三晋与越、宋组成。当时的形势是晋与
吴因有共同的敌人齐与楚而联合。晋敬公十一年为公元前441年。鲁哀公二十二年，即
公元前473年，越王勾践灭吴[28]。其后勾践迁都琅琊与齐争地，越国北上直接威胁到
齐国东南。"越人因袭吴之与晋为好"，三晋与宋、越于齐宣公十五年联兵伐齐。这
一事件直接导致了齐国修筑长城。所以齐长城的始建年代是晋敬公十一年，公元前441
年，即齐宣公十五年。晋幽公四年是公元前430年，齐宣公二十六年，赵狗与越王朱句
联兵伐齐，三晋之师攻破了齐长城的句俞之门，越师与宋军则在襄平大败齐军。在这
两次战役中，晋与宋、越联合，由东西两路夹击齐国。西路是晋，东路是宋、越，因
此齐长城的修筑，东西两段应该同时代修筑的，均为齐宣公之时。

第二十二章提到的三晋伐齐正与骉羌编钟为同一事件。楚声桓王元年，即公元前
407年，齐宣公四十九年。三晋伐齐是公元前404年。《水经注・汶水》下引《竹书纪
年》："晋烈公十二年，王命韩景子、赵烈侯及我师伐齐，入长城。"骉羌钟铭中只
提到晋伐齐，未提及与越联合，《系年》记载更为详细。晋烈公会盟诸侯于任，再
会师伐齐。宋悼公在前往任地参与会盟的路上逝世。三晋方面由韩虔、赵籍、魏击统
帅，通过《竹书纪年》等文献可知，韩虔后为景侯，赵籍为烈侯，魏击为武侯。此时
越国国君为越王翳，三晋势力强大，与同样强盛的越国联合，齐国请诚，越、齐、鲁
三国会盟。但在西线齐国却又被三晋之师打败，齐又向晋投诚。晋入齐，与陈和、陈
淏于溋门外签订城下之盟，曰："毋修长城，毋伐廪丘。"姜齐康公为越王驾，受尽
屈辱。此次伐齐之役，同前两次一样由东西两路进攻，并攻入长城，大败齐军。

从《系年》记载的三次晋越伐齐来看，齐长城始建于公元前441年，至公元前430

年时齐国东西均建起相当规模的防御工事，此时修建的主要是平原或浅山丘陵地带的土筑长城。

齐长城的土筑长城位于平原地带或浅山丘陵地带，关口处一般也用夯土建筑。最重要的土筑长城有两处，一处位于平阴齐长城源头处；另一处位于东段主要在临朐、诸城、胶南、黄岛境内。正是东段与西段，与当时齐国受晋与越威胁相符。从修筑的规模上来看，源头处的墙体宽度是最宽的，达30米以上，而东段的土筑墙体均在20米以内。源头处的这种规模与形制可能是因袭了防的原因，另外此处正是齐国通往中原最重要的交通线，所以齐国在此处修筑了齐长城上最宏大的一段。是以推断钜防之名，当专指规模特别宏大的源头处——防及与防相连的这一段土筑长城。正因为此处土筑长城修筑较早，所以齐长城才走岚峪与"陡岭子东山"与此处相接。如果两者同时修建，长城应该走陶山一线。

三次晋越伐齐，晋的进攻路线均是走济水路线——齐长城源头平阴处，笔者认为《系年》二十章中三晋攻破的句俞之门应该是平阴城西南广里附近、长城源头处的关门——这也是齐长城最西端的关口。

齐长城千里钜工，并不是一时所建。战国初由齐宣公始筑土筑长城，泰沂山脉一线，齐国防守山间谷地的关隘处即可达到防御的目的，车阵没有翻山越岭的能力，所以没有在高山险峻之处修筑长城的必要。

齐国另一次大模修筑长城是在齐威王、齐宣王之时。齐宣公之后，齐国内乱，没有修筑齐长城的政治环境。直到公元前379年田氏代齐之后，陈氏逐渐稳定政局，国力渐强。尤其是齐威王即位后任用邹忌为相，厉行改革。邹忌以法家思想"治国家而弭人民"，"谨修法律而督奸吏"，齐国大治，"地方二千余里，带甲数十万，粟如丘山"[29]。齐国有足够强的经济实力修筑长城，此时东段和最西段土筑长城已经修筑，需要修筑的是齐南境山岭之上的石砌长城。

修筑石砌长城比土筑长城有更高的技术条件要求。因为于山岭之上开山取石，离不开铁质工具的应用。春秋晚期和战国初期，铁器虽然已经开始应用，但是还在大量使用青铜器和木石工具。早期的铁器主要是白口铁，此类工具容易折断，不耐用，是以没有得到大范围的推广。至战国中期，冶铁技术得到较大的发展，尤其是铸铁柔化技术和渗碳制钢技术的发展和进步，使铁器变得坚固耐用。由于冶铁手工业的发展，至战国中期以后各种农业和手工业的工具已普遍用麻口生铁铸造。齐国国都临淄是一个重要的冶铁手工业地点，淄河两岸有许多"朱崖式"的铁矿，临淄故城发现冶铁作坊六处，其中最大的一处面积约四十万平方米[30]。齐国冶铁手工业的发展，铁器的广泛应用，使大规模开山取石垒砌修筑齐长城有了技术上的保证。

由于铁器的使用，农业生产得到发展，自晋国始，"废井田，开阡陌"，土地私有得到法律的保障。各国均采用郡县征兵制，广泛征发农民参加到军队中去，兵源大增。士兵的主要成分也由贵族及其"私属"和"国人"改变为农民，从而使军队的编制扩大。齐桓公时，有八百乘兵力，共三万人。至战国中期，齐国"带甲数十万"。春秋战国间，用兵数量多在十万左右。《孙子兵法·作战篇》："驰车千驷，革车千乘，带甲十万。"《吕氏春秋·用民篇》："吴起之用兵也，不过五万。"战国中期之后，作战规模急剧扩大。公元前293年秦将白起大破韩魏联军于伊阙，斩首二十四万；公元前260年长平之战，秦俘赵军四十万。公元前251年燕攻赵，起兵多至六十万之众，"令栗腹以四十万攻鄗，使庆秦以二十万攻代"[31]。

春秋战国时期，武器也发生了变化。铜制兵器的制作工艺提高，以铸造精良的铜剑为代表得以大量装备，杀伤力大的长柄武器广泛应用。同时，为配合步兵作战，骑兵作为单独的部队逐渐兴起。骑兵即可乘虚直入，出其不意，攻其不备，又可迂回包抄，攻敌后方。尤其是弩的发明，能"射六百步之外"，使得密集的车阵无法抵御，遭受惨重的损失。进攻方式的运动性变得越来越重要，如楚国军队"轻利僄遫，卒如飘风"。齐国军队"疾如锥矢，战如雷电，解如风雨"。这时车阵的冲击战也逐渐让位于大规模的步骑兵的野战和包围战[32]。

春秋之时以整齐的车阵，对攻交战。战败方车阵一乱，很难整顿队伍、重新排列车阵继续作战，是以战争往往很快结束。如城濮之战、邲之战、鞌之战胜负都在一天内就见分晓。吴国从柏举长驱直入楚都郢，前后不过十天。襄公十八年晋伐齐，晋师由西至东连克数城，焚临淄四郭，"东侵及潍，南至沂"用时也不过两个多月。战国时，情况发生了很大的变化，一场战争往往"能具数十万之兵，旷日持久数岁"。魏惠王"围邯郸三年而弗能取"；赵武灵王"以二十万之众攻中山，五年乃归"；齐相孟尝君联合韩、魏"以二十万之众攻荆（楚），五年乃罢"，继而攻秦函谷关，结果是"西困秦三年，民憔悴"。战争的旷日持久主要是由于战争方式、战争规模的巨大变化。

战争的变化带来防御工事的变化，战国初年那些平原地带的土筑长城可以抵挡车阵，至战国中期已经不能完成防御的任务。是以国富民强的齐国开始修筑石砌长城，以形成线形防御系统，集中兵力重点戍守。此时三晋和越对齐的威胁已经被楚所取代。顾亭林《山东考古录》："《史记·楚世家》惠王四十四年灭杞，杞国在淳于，然则今之安丘属楚矣。简王元年，北伐灭莒，然则今之莒州属楚矣。威王伐越，杀王无疆，取其地，而越之国都别在琅琊，然则今之诸城属楚矣。惠王时，越灭吴，楚东侵，广地泗上。顷襄王十五年，取齐淮北，而故宋之地尽入于楚，然则今之滕属楚矣。考烈王八年，取鲁，鲁君封于莒；十四年，灭鲁，顷公迁下邑为家人；然则今之曲阜泗水属楚矣。"楚国逐步北上，侵齐南境，是以《史记·楚世家》《正义》引《齐记》中言："齐宣王乘山岭之上筑长城，东至海，西至济州，千有余里，以备楚。"

四、结　　语

我国历史上长期以中原为中心，东周时更是如此。对于齐国来说，通往中原的济水路线一直都是最重要的一条交通要道。春秋时齐国地理范围还比较狭小，西至河，东至纪，河、济两流域占据齐国大半疆土，至春秋末年才得以完成了对疆域的开拓。齐国修筑河堤、济防是为了开发鲁西北这片土地。所以卢、平阴、京兹等邑最初也许并不仅仅是为了防御。为了开拓疆土，春秋时各国已经积累了非常丰富的筑防经验，济防已经是相当先进的水利设施。齐国修筑济防、河堤以防水患。济防上有门，方便岸边取水灌溉，又便于交通。正由于河堤、济防的作用，鲁西北地区才得到开发和利用。

齐国长城由堤防接连扩建而成。《左传》中对公元前555年晋伐齐记载非常详细，使我们对春秋时此处的地理形势有了较清楚的认识。通过分析，齐长城源头处的地理形势与今不同，今人多言其险，其时应该是比较平坦的地带。湄湖不在此处，当时地势虽低但并不是水草相间不便往来的洼地。此处虽为咽喉之地，但是在当时的形势下还是以交通为主，而不是为了防御的目的。

春秋战国时，齐处东方一隅，虽一时列国称霸，但又不得已在强国并起的环境下修筑长城以自保。关于齐长城的修筑年代，由于文献记载不统一，历来有多种说法。至今较为公认的是张维华的三段分期说[33]，但是齐长城如此宏大的规模必有科学的计算，千里钜工是一项统一规划的工程。三段分期说基本是以齐所受威胁论，即按修筑长城的必要性立论。这一观点存在较多问题。如齐只修西段，那么东境门户大开，其修筑的意义何在？齐国修筑长城，应当统一建置。何况车战时代，并没有在山岭上修筑长城的必要。通过对齐长城相关文献的分析，齐长城的建置已经进入战国纪年。近年来发现的"清华简"为长城的研究提供了更详细的资料。这使我们对齐长城的修筑年代已经有了比较明确清楚的认识。

齐国防御列国进攻，首先是防守关隘。春秋会战，以车战为主，列国不守关隘，交战方直接在平原地带列阵对冲。清代顾栋高提出了《春秋列国不守关塞论》："春秋时，列国用兵相斗争，天下骚然。然其时禁防疏阔，凡一切关隘扼塞之处，多不遣兵设守，敌国之兵平行往来，如入空虚之境，其见于《左传》者，班班可考也。"[34]桑弘羊将战国时期视为关塞建设真正的发轫阶段，他在《盐铁论》中提出："诸侯之有关梁，庶人之有爵禄，非升平之兴，盖自战国始也。"[35]战国时，斗争激烈，随着铁器的广泛应用，土地私有制得到发展，自耕农数量增多，各国采用郡县征兵制，广泛征招农民入伍，战争形势发生了极大的变化，车阵废，步兵、骑兵兴起，战争规模扩大。战场也不再局限于平原地带，山林险阻之地皆可一战，围城、守城战旷日持久。在攻与守的过程中，各国守诸关隘，并修筑长城以使防御更加严密。战国初年，在越、晋包括宋的威胁之下，齐宣公于公元前441年始筑东西两处长城，这时主要是修筑平原或关隘处的土筑长城。田氏代齐之后，齐威王开始修筑石砌长城，可能更大规模的修筑是齐宣王时，终于筑成了千里防线——步兵、骑步均难以逾越的齐长城[36]。所以齐长城的建置年代可分为这两期。

附记：本文得到山东省文物考古研究所孙波、北京大学考古文博学院韦正、山东大学考古系郎剑锋三位先生的指点与帮助，特此致谢。

注　释

[1] 关于齐长城的长度，主要有以泰安路宗远为首的五位老人的测量和2008～2009年山东省齐长城资源调查测量所得的两个数据。前者见路宗远主编的《齐长城》一书，（山东友谊出版社，1999年），后者见山东省齐长城资源调查资料及所公布的数据。

[2] 现多以长城源头水井处作为起点，坐标处即此。

[3] 珠珠山又名陡岭子东山。

[4] 郝导华：《试论齐国的交通》，《东方考古》第9集，2012年。

[5] 张维华：《中国长城建置考》（上卷），中华书局，1979年；罗勋章：《齐长城考略》，《海岱考古》第四辑，2011年。

[6] 《汉书·沟洫志》。

[7] 同［ 6 ］。

[8] 杨宽：《战国史》，上海人民出版社，2003年。

[9] 《管子·度地篇》。

[10] 同［ 8 ］。

[11] 任相宏：《齐长城源头建置考》，《东方考古》第1集，科学出版社，2004年。

[12] 罗勋章：《齐长城考略》，《海岱考古》第四辑，2011年。

[13] 杨伯峻：《春秋左传注》，中华书局，1990年。

[14] 前文还有一处提到"险"："齐环怙恃其险"，其意当同。

[15] 王献唐：《山东周代的齐国长城》，《社会科学战线》1979年4期。

[16] 同［ 8 ］。

[17] 另一处应该是在济宁。《水经注疏》："县有诗亭，《春秋》之诗国也。按：《左氏经·襄十三年》取邿。《谷梁》同。《说文》亦云，邿，附庸国。《公羊》作诗，《汉志》从之，云，亢父有诗亭，故诗国。在今济宁州东南。"

[18] 另外还有一处"石门"，不同于马山处的"石门"。《水经注》："《地理志》东郡临邑下曰：'县有济水祠，王莽之谷城亭也。水有石门，以石为之，故济水之门也。《春秋·隐公三年》，齐、郑会于石门，郑车偾济，即于此也。'京相璠曰：'石门，齐地。今济北卢县故城西南六十里，有故石门，去水三百步，盖水渎流移，故侧岸也。'"《水经注疏》熊会贞曰："下引京说卢县故城西南有石门。""在今平阴县北，长清县西南，圮于河。《左

传》杜《注》，或曰济北卢县故城西南，济水之门。《释例》齐地内作卢县故城西南，济水以石为门。""谓石门本在水中，今去水远，因水道迁徙也。"杜预、京相璠、熊会贞的观点都比较一致，石门的位置在平阴县北，卢县故城和长清的西南。其位置与齐长城源头相距较远。

［19］ 见2005年，山东省文物考古研究所大街南墓地发掘资料，发掘工作由崔圣宽完成。

［20］ 见2005年冬，山东省文物考古研究所田野考古汇报会资料。

［21］ 琅邪指琅邪郡，此处讹作琅邪台入海。

［22］ 张维华：《中国长城建置考》（上卷），中华书局，1979年。

［23］ 唐兰：《洛阳金村古墓为东周墓非韩君墓考》，《大公报》1946年10月23日。

［24］ 同［11］。

［25］ 见2008年冬至2009年夏山东省齐长城资源调查资料。

［26］ 见2011年山东省文物考古研究所《山东管网日照联络线勘探报告》，勘探工作由王泽冰完成。

［27］ 李学勤、清华大学出土文献研究与保护中心编：《清华大学藏战国竹简》（1），中西书局，2010年；李学勤：《清华大学藏战国竹简》（2），百家出版社，2011年。

［28］ 《左传·哀公二十二年》。

［29］ 《史记·列传·苏秦列传》。

［30］ 同［8］。

［31］ 《战国策·燕策三》。

［32］ 同［8］。

［33］ 同［22］。

［34］ 顾栋高：《春秋大事表》卷九《春秋列国不守关塞论》，中华书局，1993年。

［35］ 桓宽：《盐铁论》。

［36］ 从实地踏察可知，齐长城墙体并不是连贯的，山势险峻的地方不修长城，另外泰安、沂源北部出现大面积长城墙体空白地段，是因为此处原先也没有修筑，群山就可以阻隔军队。一方面是没有必要，另一方面正如司马迁评价蒙恬所筑长城一样，"固轻百姓力矣"。

浅谈昌邑辛置墓地出土汉代铜镜的保护与修复

蔡友振　李胜利　王子孟　王　凯　刘　胜　吴双成

（山东省文物考古研究所）

一、引　言

出土青铜器由于受埋藏环境中水、二氧化碳、硫化物、酸碱盐及微生物的长期作用，会发生一系列的化学反应，其表面大多堆满了各种类型的腐蚀产物。这些腐蚀产物大致可以分为两类：一类是无害锈，主要是指器物表面的古斑、皮壳等，其特点是锈层坚硬，结构致密；另一类是有害锈，这种锈蚀结构疏松，形同粉末状，也就是我们通常所称"粉状锈"[1]。

"粉状锈"极具传染性，会使青铜器的基体锈蚀风化。青铜器一旦沾染了"粉状锈"，加之比较潮湿、温度适宜的外界环境，铜器表面的粉状锈蚀就会快速侵蚀铜器基体，日积月累本来完整的铜器就会锈迹斑斑，直至器物化为一堆粉末。

2010～2011年，山东省文物考古研究所在昌邑市都昌街道办事处辛置村西，对辛置墓地进行了发掘。墓地面积约6万平方米，现已清理墓葬500多座，时代为两周、汉代和清代。该墓地出土汉代铜镜107面。这批汉代铜镜因埋藏于地下时间久远，地下环境多变，地壳运动及地下压力长期挤压以及酸碱盐腐蚀，铜镜不同程度地出现锈蚀、残破等情况，部分铜镜出现疑似"粉状锈"的锈蚀状况，急需保护修复处理。

二、保 存 状 况

本次考古发掘出土铜镜数量较多、镜体大小不一、纹饰多样，锈蚀及残破状况也不尽相同。根据初步观察，铜镜表面不同程度的有土锈或硬质杂物附着，部分铜镜变形、开裂、残断甚至残为碎块，少数铜镜表面出现疑似"粉状锈"侵蚀，锈蚀产物较厚且疏松，触之即掉粉末。

根据铜镜的完残情况及病害特征，初步将该批铜镜分为三类：第一类铜镜器形保存基本完整，部分表面有土锈或杂物附着，局部有疑似"粉状锈"；第二类铜镜断裂或残缺，破损严重，有大面积锈蚀，疑似"粉状锈"；第三类铜镜断裂，破损严重，无明显"粉状锈"，土锈较多。根据这批铜镜的保存状况，选取三面具有代表性的铜镜为例，简要介绍其保护与修复过程及结果。三面铜镜的保存状况见表一。

表一　三面铜镜保存状况信息表

内容 编号 ＼ 类别	直径（厘米）	缘厚（厘米）	完残情况及纹饰	病害特征描述
M142：1	10.4	0.5	镜缘有一长约2厘米的裂隙，器形基本完整，纹饰难以辨认	正背面均有大面积浅绿色锈蚀，质地疏松，手触之即掉粉末，疑似"粉状锈"
M40：71	9.0（拼对）	0.4	镜体残为4块，纹饰为锈蚀覆盖难辨	锈层较厚呈浅绿色，质地疏松，疑似"粉状锈"，局部有少量土锈附着，镜纽锈蚀矿化
M393：03	11.9（拼对）	0.6	镜体残为5块，纹饰为土锈覆盖难辨	通体附着硬质土锈，背面可见绿色锈蚀，锈蚀层较厚

三、取 样 分 析

选用硝酸银滴定法来定性检测三面铜镜上疑似"粉状锈"锈蚀物中是否含有Cl^-。由于铜镜表面的锈蚀产物，成分一般比较复杂，采用化学滴定方法检测氯离子是否存在，必须排除锈蚀样品中SO_4^{2-}及CO_3^{2-}的影响。采取过量稀HNO_3将溶液酸化，既能除去溶液中可能存在的CO_3^{2-}，又可排除SO_4^{2-}的干扰。在酸化后的溶液中滴加$AgNO_3$溶液，以此来检验剩余溶液中是否存在Cl^-。

1. 取样

用手术刀在锈蚀部位分别取样并放入采样袋，并按照三面铜镜编号顺序M142：1、M40：71、M393：03分别给锈蚀产物编号为1~3号。

2. 滴定分析

用药匙分别取少量锈蚀样品放入3支洁净的试管中并编号，加入少量稀HNO_3振荡，发现3支试管中均有微小气泡出现。将溶液静置后过滤取清液，加入过量稀HNO_3将溶液酸化，静置后分别对3个试管中溶液滴加$AgNO_3$，进行观察，结果见表二。

表二　硝酸银滴定法检测结果

编号	铜镜编号	样品描述	检测目的	检测方法	检测结果
1	M142：1	质地疏松，呈粉末状，浅绿色略显白色	是否含有氯离子	硝酸银定性分析	白色浑浊，含有氯离子
2	M40：71	质地疏松，呈粉末状，浅绿色略显白色	是否含有氯离子	硝酸银定性分析	白色浑浊，含有氯离子
3	M393：03	质地较硬，呈小碎块状，草绿色或深绿色	是否含有氯离子	硝酸银定性分析	未出现浑浊，无氯离子

四、预案制定

1. 保护

目前青铜器文物保护一般遵循：拍照、原始档案记录、取样检测、清洗（必要时用超声波）、"粉状锈"去除或转化，缓蚀、封护等步骤来进行。针对这批铜镜，拟采取如下步骤：建档、分析测试、清洗除锈、转化氯离子，缓蚀、封护。

青铜器保护的关键在于"粉状锈"中Cl的去除或者转化。目前针对治疗青铜病害"粉状锈"的保护已有学者提出多种不同的方法，但每种方法均有其优缺点，随着科学技术的进步，保护铜器的方法会更加科学和先进。针对本批铜镜的保存现状，笔者拟采用传统青铜器保护方法倍半碳酸钠浸泡法，将产生青铜病害根源——青铜器上存在的氯化亚铜完全转化为不含氯离子的稳定产物，如Cu_2O或$Cu CO_3·Cu（OH）_2$。虽然这种方法用时较长，但已多次经过实践证明效果理想且方法简单可行，尤其适合器物表面有铭文、花纹或古斑的铜器除氯保护。

对于转化后的铜镜还应采取苯骈三氮唑（BTA）缓蚀处理。近年来随着科学技术的进步，大量文物保护新材料不断出现，如ParaliodB72是丙烯酸树脂，属可溶性胶，是文物保护常用且效果理想的加固、封护剂。针对这批铜镜的封护保护，笔者拟采用B72加固、封护剂进行有效封护。

2. 修复

古代青铜器的修复，我们既要遵循文物保护的"不改变文物原状""可辨识性""最小干预"等基本原则，又要根据每件器物的不同情况在具体的实际中采取同步的方法加以灵活运用，这也是不断探索研究修复技术的需要。本次拟采用的修复步骤是：拼对、黏结（焊接）、做旧。

由三面铜镜的破损状况可知，器物焊接或黏接是该修复工作的重点。如编号为

M393：03铜镜，镜体残为5块，只采用黏接很难将其复原且强度低，而焊接就必须锉焊口，这在一定程度上也是带有破坏性的修复，它是以最小的损害换来最大的健康，与骨科医生给骨折病人在骨头上打入钢钉是同样的道理。因此任何一种修复相对来说都会不同程度地对铜器造成一些"损伤"，是无法避免的。这种情况在考古发掘、古建修复、遗址勘探等工作中也会存在，如同"发掘总是意味着需要失去其他资料甚至可能会以毁坏整个遗址为代价来选择将要记录和保存的证据"一样[2]。

五、保护与修复过程

铜镜保护与修复方案确定后，按预定方案逐步对器物进行拍照、病害图绘制、保存现状描述、各部位锈蚀状况观察研究等原始档案的记录，然后对器物清洗、倍半碳酸钠溶液浸泡、缓蚀、封护、修复等。

1. 档案记录及病害图绘制

严格按照国家文物局颁布的《馆藏金属文物保护修复档案记录规范》编写铜镜保护修复档案、绘制病害图（图一）。铜镜保护修复档案包括文物基本信息、保存状况、分析检测、保护修复记录及验收情况。其中病害图应标示出铜镜表面的病害种类和分布，铜镜照片应突出文物病害部位。

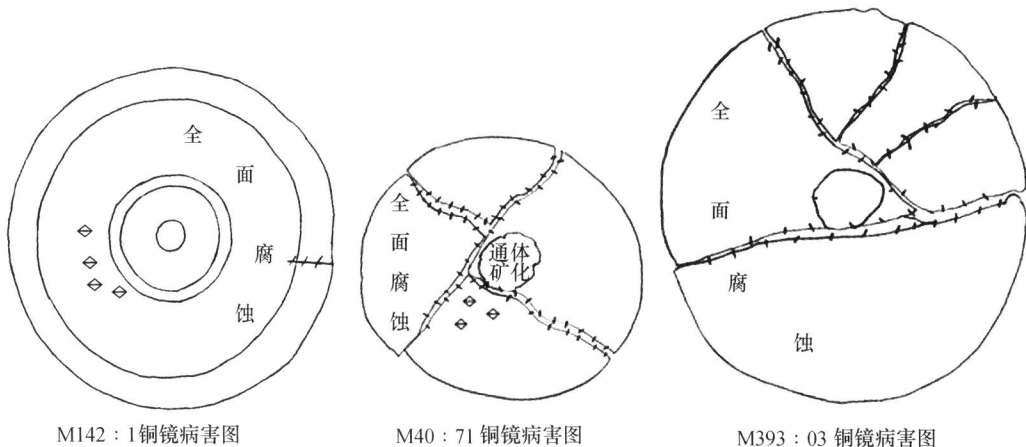

M142：1铜镜病害图　　　　M40：71铜镜病害图　　　　M393：03铜镜病害图

图例：　裂隙　表面硬结物　全面腐蚀　通体矿化

比例尺：0　　　　　　6厘米

项目名称	昌邑辛置铜镜保护修复		
调查	王凯	校核	蔡友振
绘图	刘胜	审定	吴双成
日期	2012.6	比例	1:2

图一　铜镜病害图

2. 清洗及除锈

根据滴定结果可知，M142：1和M40：71两面铜镜浅绿色锈蚀产物中，均有Cl⁻存在，而Cl⁻正是"粉状锈"（碱式氯化铜）的主要成分之一，其表面浅绿色锈蚀产物属于"有害锈"，因此去除或者转化该铜镜表面锈蚀产物中的Cl⁻是保护该铜镜的关键。M393：03铜镜绿色锈蚀产物中无Cl⁻存在，其表面草绿色锈蚀产物属于"无害锈"，是铜镜时代久远的象征无需转化去除，保留其稳定的绿色锈蚀覆盖层，也符合文物保护最少干预原则。

铜镜出土后没有在考古现场经过清洗处理，表面附着有较多土锈及其他杂物。首先采用去离子水对器物清洗处理，清洗过程中用软毛刷轻轻擦洗，防止用力过度或者工具不当对器物造成二次伤害。由于编号为M393：03的铜镜，锈蚀产物中无Cl⁻存在，清洗时与其他两枚铜镜分开，以免被二次感染。对于局部硬质附着物较难去除，可以采取机械法去除和超声波清洗相结合的方法，清洗时控制好时间，避免过度清洗，最后用去离子水清洗一次，放入烘箱低温烘干。

3. 倍半碳酸钠浸泡

采用倍半碳酸钠溶液浸泡铜镜，以溶液中的CO_3^{2-}来取代铜镜锈蚀产物中的Cl⁻，形成稳定的铜的碳酸盐[3]。此种浸泡处理方法手段温和，对于所浸泡文物基本无破坏性，保留在文物表面的转化后产物对文物无害，且色泽适中，符合文物保护外观要求。倍半碳酸钠溶液浸泡转化铜器表面锈蚀产物有害成分是一个缓慢的过程，浸泡时间较长。为了提高反应速度，缩短溶液浸泡时间，可将溶液交替加热，使液温白天保持40℃左右，晚上自行冷却。研究证明，对倍半碳酸钠浸泡溶液加热处理，可以提高反应速率以缩短浸泡时间。

由于三面铜镜的锈蚀产物成分不同，编号为M393：03铜镜，其锈蚀产物中未发现有Cl⁻存在，因此在保护处理过程中省略倍半碳酸钠溶液浸泡。配制5%倍半碳酸钠溶液，加热后将清洗好的编号为M142：1、M40：71的两面铜镜放入溶液中浸泡，开始时每周更换一次溶液，几周后可半个月或更长一点时间更换，浸泡时间一般至少3个月。值得注意的是，倍半碳酸钠溶液浸泡铜镜除氯，容易在铜镜表面形成孔雀石腐蚀层，色彩比较鲜艳，因此在浸泡过程中应定期取出铜镜清洗观察，防止器物外观因过度浸泡而出现颜色改变现象。待铜镜浸泡完毕后，采用去离子水充分清洗，然后烘干。

倍半碳酸钠溶液浸泡青铜器，适于器物表层大面积粉状锈，对于点蚀锈，因其锈蚀较深，有时甚至锈蚀成为孔洞且较深，这种大面积浸泡法存在深层次部位浸泡不彻底的现象，从而导致在存放过程中局部点蚀"粉状锈"部位再次暴发新的锈蚀。因此在浸泡处理后，还要对局部可能再次产生"粉状锈"的部位，采用机械方法对局部剔除处理。

4. 缓蚀

苯骈三氮唑（BTA）是一种有效的铜器防腐缓蚀剂，对腐蚀青铜器有良好的保护作用。研究表明，苯骈三氮唑缓蚀剂缓蚀机理在于它可以和铜交替结合，形成类似于金属配价络合物，在铜器表面形成一层牢固、稳定的保护膜，能有效隔断金属与各种腐蚀介质的接触，起到抗锈蚀的作用。

在一般腐蚀条件下，采用3% BTA乙醇溶液浸渗处理，让BTA与铜盐表面和空隙充分接触反应，形成完整的保护膜。将三面铜镜放入密闭的盛有3% BTA乙醇溶液容器中自然渗透，待浸渗处理后将铜镜取出，用乙醇清洗表面残留的BTA结晶。实验证明，经过BTA处理的腐蚀青铜器表面颜色略有变深，因此铜镜在浸渗过程中，应定期取出观察，注意铜镜整体颜色及局部锈蚀处颜色变化。

5. 封护

在一般库房存放条件下，为了尽量避免文物遭受外界环境的侵蚀，需要采取一定措施对器物表面封护处理，隔断文物表面与外界介质的交换。封护处理是为了使铜镜表面形成一层保护膜，隔绝空气和有害物质，防止铜镜进一步遭受侵蚀，以达到最大限度延长和保护铜镜寿命的目的。

配制1%的B72丙酮溶液，用毛刷蘸取该溶液对样品涂刷处理，涂刷过程尽量做到溶液连续、厚度均匀。每面铜镜整体刷涂一次后，待B72固化后都要在显微镜下观察是否成膜。一般涂刷2～3遍即可成膜，并且要防止肉眼观察出现炫光现象。

6. 修复

文物修复是一种高度专业性的工作，其目的旨在保存和展示古代遗存或遗迹的美学与历史价值，并以尊重历史材料和确凿文献为依据[4]。本文所述三面铜镜保存状况不同，在修复过程中应采取不同的修复方法，使文物恢复原貌。当然我们这里所说的文物原貌，不可简单机械地理解为铜镜刚铸造出来的样子。古代青铜器历经千百年的风雨，受各种自然力的影响，早已经发生了不同情况的变化，任何一件青铜器摆放在哪里，它的形制、花纹、锈色、铭文等都具有重要的研究价值，而作为重要价值之一的锈层就包含了文化的区域性、生坑或熟坑、化学成分以及锈蚀结构等历史信息。

编号为M142∶1的铜镜，镜体边缘有一长约2厘米的裂隙，注入少量环氧树脂，凝固后手术刀剔去多余的环氧树脂，后在裂隙处作色处理。编号为M40∶71铜镜，镜体断裂为四块且纽锈蚀矿化严重，铜质较差，采取环氧树脂黏接，凝固后将环氧树脂剔平整且略低于断口平面，后在环氧树脂上面作色处理。编号为M393∶03的铜镜残为五块，其中从镜体中间横穿的断裂，断茬处铜质较差，矿化严重，采取环氧树脂黏接。为保证修复后镜体的强度，其他断裂处采取焊接处理，为增大焊接面积提高焊接强度须在断茬处搓焊口。在铜镜断口内外方向上偏重内侧搓成一定的坡度，使茬口截面形成一定的倾角，对接起来即可形成焊口，搓焊口时要避免伤及镜体表面纹饰。铜镜表面的无害锈，具有审美价值及历史沧桑感，这种古斑锈色的浮层应该予以保留，为了突出镜面纹饰的美观性以及后续科学研究，对于关键纹饰遮盖处的锈蚀采取局部剔除。

7. 完善保护修复档案

前期资料准备工作是保护修复的基础，它为制定和实施保护修复方案提供原始资料和科学依据。后期文物保护修复档案的编写，既是对保护修复成果的总结和记录，也是对文物档案的完善。保护修复工作完成后，将前期拍摄的照片、文字记录、分析研究结果以及器物名称、来源、编号、保存状况、保护修复方案及使用方法步骤等资料数据整理后入档，建立资料档案，使之成为永久性资料，为后续保护修复与科学研究提供实物性资料和依据。

六、结果与讨论

文物的保护与修复不仅仅是进行简单的清洗、校形、焊接和补配等，而且要在延长文物寿命的前提下，尽可能地体现其历史、科学和艺术价值。此次保护修复的三面铜镜，本着文物最少干预原则，铜镜基本恢复了原貌。编号为M142∶1铜镜，浅绿色粉状锈已转化去除，镜体表面保留部分草绿色无害锈，增加了铜镜古色古香的韵味，纹饰基本可辨，边缘裂隙已修复，恢复了镜体的完整性（图二、图三）。编号为M40∶71的铜镜，表面原有浅绿色较厚锈蚀被转化去除，镜体边缘无锈蚀遮盖处呈"黑漆古"质地，乳钉清晰可辨，原四块铜镜残片已修复完整（图四、图五）。编号为M393∶03铜镜，无"粉状锈"侵蚀，主要在于镜体黏接修复。镜体表面硬质较厚土锈已清除，原五块铜镜残片已修复完整（图六、图七）。该铜镜纹饰精细，且部分纹饰锈蚀钙化，纹饰表面部分锈蚀予以保留，未过分强调整体纹饰的清晰性，基本不影响对局部纹饰辨认，这也是文物原真性的最好体现。

通过传统保护、修复技术对这三面铜镜进行"粉状锈"转化去除、焊接或黏接及做旧处理，使得原来开裂、残破甚至呈碎片状的铜镜恢复了原貌，器物外观颜色基本无改变，符合文物保护的基本原则，处理效果较理想。该批铜镜经过处理后，在库房存在期间没有出现再次生长"粉状锈"的现象。

图二　M142：1 保护修复前

图三　M142：1 保护修复后

图四　M40：71 保护修复前

图五　M40：71 保护修复后

图六　M393：03 保护修复前

图七　M393：03 保护修复后

　　"预防为主，抢救第一"是文物保护的一项基本原则，文物的存放环境至关重要。这批珍贵的铜镜在保护修复之后，如何在文物库房中放置、保存是一个非常重要的问题，做好这个工作可以起到事半功倍的作用。针对这批铜镜的保存现状，我们认为铜镜的保存环境必须是低温、干燥的密闭空间，针对单体铜镜来言，最好存放于密封性能好、含有干燥剂、微碱性缓冲剂、除氯的文物装具之中。

　　致谢：本文在写作过程中，得到山东省文物考古研究所何德亮研究员悉心指导和帮助，在此表示衷心感谢。

<h1 style="text-align:center">注　释</h1>

［1］　周浩、祝鸿范、蔡兰坤：《青铜器锈蚀结构组成及形态的比较研究》，《文物保护与考古科学》2005年3期。

［2］　陈仲陶：《对青铜器保护修复理念、原则的探讨》，《文物保护与考古科学》2010年3期。

［3］　陆寿麟、李化元：《腐蚀青铜器的保护》，《文物保护技术（1981～1991）》，科学出版社，2010年。

［4］　贾文熙、贾汀：《文物修复学基础》，中国社会科学出版社，2004年。

中国古代漆器材质与技法的显微镜观察[*]

冈田文男[1] 著　王元林[2] 译　吴双成[3] 校

（ 1. 日本京都造型艺术大学艺术学部； 2. 中国文化遗产研究院；

3. 山东省文物考古研究所 ）

在日本和德国收藏有许多中国出土的古代漆器，为中国古代漆器制作方法和漆膜材质研究提供了非常好的机会。A·Brumester曾通过显微镜对上起战国下至清代的中国古代漆器横断面构造研究，通过XRF和XRD分析漆膜、颜料、漆灰的化学构成（1987）。

笔者通过显微镜观察了中国出土古代漆器切片、漆灰结构及无机填充物种类。在通常认为没有添加骨粉的漆灰样品中发现了骨粉，这与中国古代文献中所记载一致。现报告如下。

一、样　　品

分析样品全为出土漆器，其中战国时期5件，秦代3件，秦汉之际5件，汉代8件，宋代1件（附表）。

二、观察结果

（一）战国时代漆器

1. 样品101　虎座

器物为木胎虎座。器表涂饰黑漆，其上描绘有红色纹样。在湖北战国时期墓葬中

---

* 题目由译者添加，本文译自冈田文男著《出土古代漆器研究——通过显微镜观察材质与技法》第3章第1节，株式会社见闻社，1995年；国家文物局保护科学和技术研究重点课题（20120210）资助。

出土有同类遗物（湖北省荆州地区博物馆，1984、1985；湖北省荆沙铁路考古队，1991、胜壬生，1992）。断面由漆灰（b1）和漆膜（c1、c2）构成（图一）。

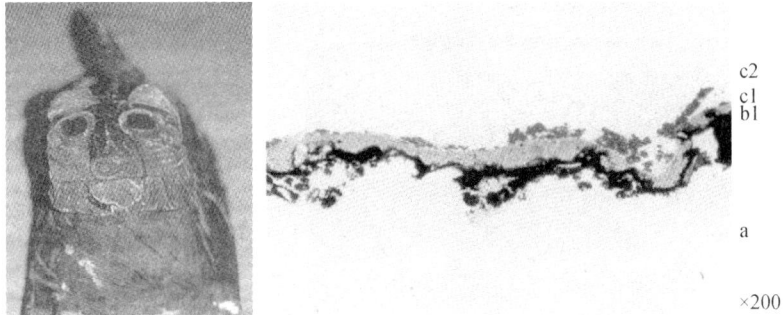

图一　虎座及其漆皮断面
（传湖北省出土，战国时期）

b1：透过光线呈黑色层，厚约10微米以下。b1的厚度不均匀，表面有起伏。

c1：呈黄褐色透明漆膜，厚约30微米。厚度不均匀。

c2：有红色纹样，局部分布有辰砂，使涂膜变得不明亮。辰砂颗粒直径在3微米以下。

2. 样品102　方耳杯

器物为木胎带纹饰方耳杯。杯内面涂红漆，器表涂黑漆。器耳表面施黑衣红彩菱形纹，侧面描绘旋涡纹。两耳上凸，高出口缘。在湖北省出土的战国时期遗物中，有同类纹样的漆器。断面由木胎（a）、漆灰（b1、b2）、漆膜（c1~c4）构成（图二）。

a：漆灰下附着的木材组织。

b1：微小的无色矿物（石英？）零星分布层，矿物粒子大小在20微米以下。

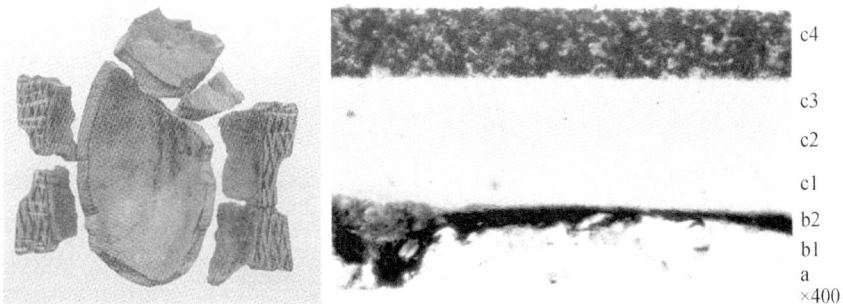

图二　方耳杯及其漆皮断面
（传湖北省出土，战国时期）

b2：透过光下呈黑色层，厚7微米以下。厚度不均匀。上面比较平滑。

c1 ~ c3：各层同呈黄褐色透明漆膜，三层合计厚度约50微米。

c4：漆与辰砂混合的红色漆膜，厚约25微米。辰砂密度高，粒径5微米以下。

3. 样品103　方耳杯

器物为木胎带纹饰方耳杯。杯内面涂红漆，器表涂黑漆。器耳表面施黑衣红色"鸟头纹"，其间绘卷云纹。口缘内侧描绘"斜三角变形凤凰纹"。长18.6、宽15.2、腹深4.8、高5.8厘米。器耳表面较宽，高出口缘。深腹。器底中心有椭圆形的小洼。在湖北省出土的战国时期遗物中，有同类纹样的漆器。断面由木胎（a）、漆灰（b1、b2）、漆膜（c1 ~ c3）构成。

a：漆灰下附着的木材组织。

b1：漆与土混和构成的漆灰层，厚50微米以下。厚度不均匀。

b2：呈黑色层，厚约15微米。厚度比较均匀，上面有细小的凹凸刻划。b1与b2的境界面上约略能够看到无色矿物。

c1、c2：同呈黄褐色透明漆膜，c1厚度20微米，c2厚度12微米。c1包含有少许不纯物，c2透明度较高。

c3：漆与辰砂混合的红色漆膜，厚20 ~ 30微米。辰砂粒径10微米以下。

4. 样品104　新月形耳杯

器物为带新月形耳的木胎耳杯。耳杯椭圆形，器耳上翘，呈新月形。杯内面涂红漆，器表涂黑漆。浅腹，腹内面施有纹样。推测为战国时期遗物。断面由木胎（a）、漆灰（b1）、漆膜（c1、c2）构成。

a：漆灰下附着的木材组织，漆有浸透。

b1：漆与土混合构成的漆灰层，厚60微米。混合有长径25微米以下的无色矿物。

c1：混合有悬浊状微粒子的透明漆膜，厚度15微米以下。覆盖着b1，往往有间断。

c2：漆与辰砂混合的红色漆膜，厚约60微米。上面非常平滑。辰砂粒径10微米以下。

5. 样品105　盒子

器物为厚木胎盒子。器表施黑衣红色纹样。断面由漆灰（b1）、漆膜（c1、c2）构成。

b1：透过光下呈黑色层，厚10微米以下。厚度不均匀。

c1：黄褐色透明漆膜，厚17 ~ 25微米。

c2：漆与辰砂混合的红色漆膜，厚25微米。

（二）汉代漆器

1. 样品106 涂漆瓦胎壶

据传出土于洛阳金村，秦代。高27.5、最大腹径17.5、口径11.6、底径11.2厘米。样品106~113各器物均为洛阳金村出土。金村位于洛阳东北约20公里，为成周故地的中心。器物现由位于兵库县的白鹤美术馆收藏，梅原先生已发表有报告（1937）。器物为陶胎，器表全体涂饰黑漆，上施红色漆绘纹样。断面由漆灰（b1）、漆膜（c1）构成，陶胎素地无附着物（图三）。

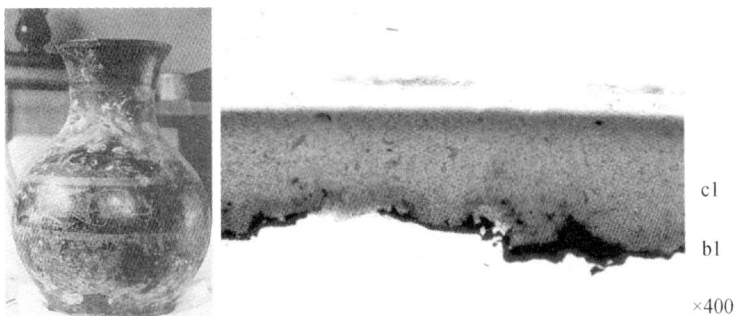

图三 漆绘陶壶及其漆皮断面
（传洛阳金村出土，秦代）

b1：漆膜下稍微附着有深黑色层，不甚明了。

c1：呈黄褐色透明漆膜，厚30~45微米。包含有悬浊状微粒子。这种微粒虽然与黑色颜料容易混淆，但在入射光下c1呈乳黄色，与黑色颜料有区别。

2. 样品107 带盖壶

据传出土于洛阳金村，秦代。高27.5、最大腹径17.5、口径11.6、底径11.2厘米。器物为木胎涂黑漆壶，黑地红彩，附着有泥斑，纹样不明了。断面由木胎、漆膜（c1、c2）构成，无附着漆灰。

c1：呈黄褐色透明漆膜，漆膜下部有间断，原本厚度不明。

c2：漆与辰砂混合红色漆膜，厚约75微米。辰砂粒径5微米以下。c2的表面有轻微剥离的厚重绿色层，这是器盖铜锈黏合物，与涂膜无直接关系。

3. 样品108 带盖壶

据传出土于洛阳金村，秦代。通高30、壶身高28、最大腹径19、口径11.9、底径13.2厘米，底部铜环脱落。器物与样品107同为木胎涂黑漆壶。口缘以下至腹部，施黑地红彩，绘带纹间以横格菱形涡纹。涂膜下部为金属形成的黄褐色、茶褐色锈斑，上部呈绿色层。这些都是青铜锈所形成的物质，并非漆涂膜。漆涂膜只存在照片所示最上层（c1），厚约80微米。混合有少许不纯物质（图四）。

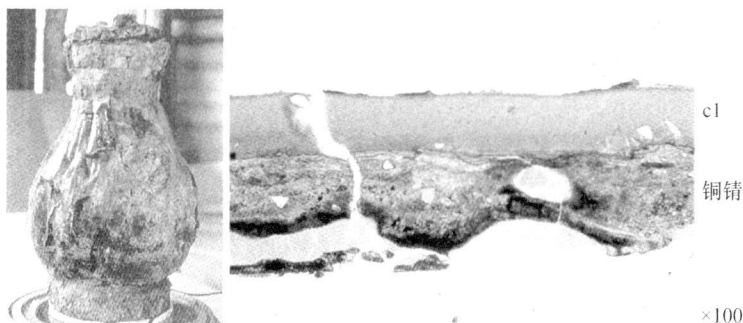

图四　带盖壶及其漆皮断面
（传洛阳金村出土，秦代）

4. 样品109　筒形奁

据传出土于洛阳金村，秦—汉（？）。通高17.8、最大腹径14.5、最小腹径13.7厘米。器盖长口径16.2、短径14.7、高5.2、耳环口径3.4厘米。器身筒形微深，器盖外扣。器身上部两侧有两个兽面座环，器盖铆钉有两个金具与耳环相扣。器表涂黑漆，有光泽。器盖内面剥落的黑漆残片作为样品。断面由木胎（a）、漆灰（b1）、漆膜（c1、c2）构成（图五）。

图五　筒形奁及其漆皮断面
（传洛阳金村出土，秦—汉）

a：涂膜下部附着有阔叶树木材年轮断面。黄褐色漆浸透木材组织厚80～90微米。

b1：直贴木胎表面是包含无色矿物层。

c1：呈黄褐色透明漆膜，厚50～80微米。层中混合有不纯物。层上面有细小刻划凹凸现象。

c2：包含有致密悬浊状微粒子漆膜。这种微粒子虽然与黑色颜料容易混淆，但在入射光下c2呈乳黄褐色，不属黑色颜料。

5. 样品110　金铜扣四叶座饰漆奁（大形奁）

据传出土于洛阳金村，秦—汉（？）。通高17.8、最大腹径17.4、最小腹径13.6、径23.5、耳环口径2厘米，铜扣宽1.8厘米。器物为大型木胎涂漆奁，侧面与盖的表面施金铜扣，盖中央嵌四叶形金具。器表涂漆覆盖有泥垢，纹样不明。断面由木胎（a）、漆灰（b1）、漆膜（c1~c4）构成（图六）。

图六　金铜釦四叶座饰漆奁及其漆皮断面
（传洛阳金村出土，秦—汉）

a：涂膜下部附着有木材组织，漆浸透木材组织约两细胞分（约60微米）。

b1：漆、无色矿物与大小木炭粉混合漆灰层，厚约110微米。木炭粉及矿物粒子的最大长度约60微米。

c1~c4：c1为呈黄褐色透明漆膜，厚约30微米。层中稍微混合有不纯物，与上层有较大剥离。c2~c4各层有部分剥离，各厚约20微米。

6. 样品111　金铜扣四叶座饰漆奁（圆形奁）

据传出土于洛阳金村，秦~汉（？）。径8、通高5.3、盖高4.3厘米。器物为圆形小型奁，盛于样品110大型奁中。盖中央嵌有金制四叶座金具，周围缠绕有三段铜覆轮，都有不同程度折损。取附着有红色颜料的剥落残片（四叶金具周边）为样品。断面由木胎（a）、漆灰（b1）、漆膜（c1）构成。

a：涂膜下部稍微附着有木材组织。

b1：漆、骨粉与矿物混合漆灰层，厚约400微米。骨粉最大长度约200微米。骨粉均有棱角，呈浅黄色到黑褐色，断面有骨组织小孔。

c1：漆与辰砂混合红色漆膜，厚约30微米。辰砂粒5微米以下，密度高，从表面到层内有多数垂直龟裂。

7. 样品112　　金铜扣四叶座饰漆奁（椭圆形）

据传出土于洛阳金村，秦—汉（？）。长径10.8、短径5.6、高5.9、肩高4.3厘米。器物为椭圆形小型奁，盛于样品110大型奁中。盖中央嵌有金铜制四叶座金具。断面由木胎（a）、布（b1）、地仗（b 2 ～b3）、漆膜（c1）构成（图七）。

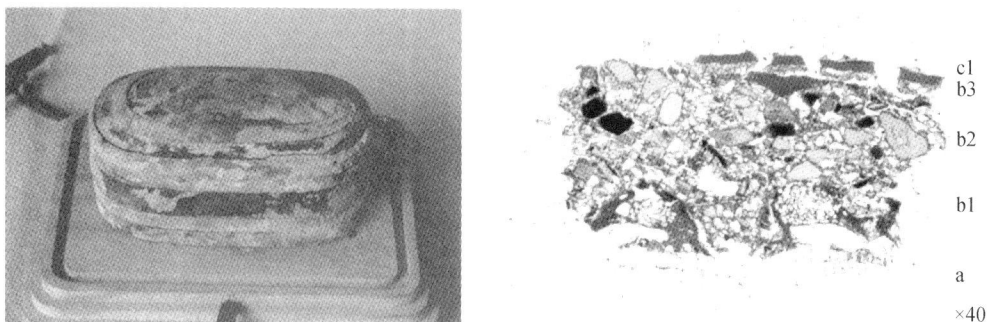

c1
b3

b2

b1

a

×40

图七　金铜釦四叶座饰漆奁及其漆皮断面
［秦—汉（？）］

a：涂膜下部稍微附着有木材组织，能够看到针叶树木材木口面。

b1：布丝断面，厚约240微米。丝纤维断面为稍稍有棱角的植物纤维。

b2：漆、骨粉与无色矿物混合漆灰层，厚约300微米。浅黄褐色且有棱角的大小混合物均为骨粉。骨粉最大长度约170微米。

b3：漆与粒状物质混合层，厚约40微米。粒状物质的大小均一，径约5微米。这种粒状物质与试验过的茭白粉的大小、形状类似。

c1：呈茶褐色透明漆膜，涂膜厚约25微米。涂膜上有多数垂直龟裂。c1表面能观察到的均为泥质。

8. 样品113　　虎爪子

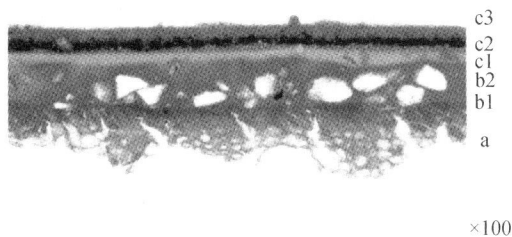

c3
c2
c1
b2
b1
a

×100

图八　虎爪子漆皮断面
［传洛阳金村出土，秦—汉（？）］

据传出土于洛阳金村，秦—汉（？）。器物为涂黑漆木制虎足。断面由木胎（a）、漆灰（b1、b2）、漆膜（c1～c3）构成（图八）。

a：涂膜下部附着有木材组织，黄褐色漆浸透木材组织。

b1：木胎表面混合有少量褐色粒子层。

b2：无色矿物混合层，上部有起伏凹

凸。矿物粒子有棱角，最大长约30微米。

　　c1：呈浅黄色透明漆膜，厚30～80微米。

　　c2：漆与辰砂的混合红色漆膜，厚约40微米。辰砂粒径10微米以下，密度高。

　　c3：呈黄褐色透明漆膜，厚约20微米。完全覆盖辰砂层。

9. 样品114　案

　　器物为河北省怀安出土的汉代漆案，现藏东京大学文学部，水野先生做过报告（1946）。器物表面红漆，绘有黑、黄、青色神兽、人物像等，内面涂有红色漆。这次调查发现内面红漆有修补涂布现象。断面由漆灰（b1）、漆膜（c1～c4）构成（图九）。

图九　案及其漆皮断面
（河北省怀安出土，汉代）

　　c1：为最初涂漆膜。漆与辰砂混合的红色漆膜，厚55微米。辰砂粒径10微米以下。

　　c2：为修补涂布层。c1红色漆膜上直接涂布的呈黄褐色透明漆膜，厚10微米以下。层中可见悬浊状微粒子。

　　b1：漆、骨粉与无色矿物混合漆灰层，厚320微米。层中骨粉有棱角，呈茶褐色至黑褐色。骨粉最大长约0.1mm。上面比较平滑。

　　c3：黑色颜料混合漆膜，厚35微米。黑色颜料密度高。厚度均一，上面平滑。

　　c4：漆与辰砂混合红色漆膜，厚70微米。辰砂最大径约25微米。

10. 样品115　干漆耳杯

　　器物为汉代干漆耳杯，内外表面涂黑漆，无纹饰。涂膜磨损消减，多处暴露有白色物质的漆灰，但保存状态良好。断面由漆灰（b1、b2）、漆膜（c1、c2）构成（图一〇）。

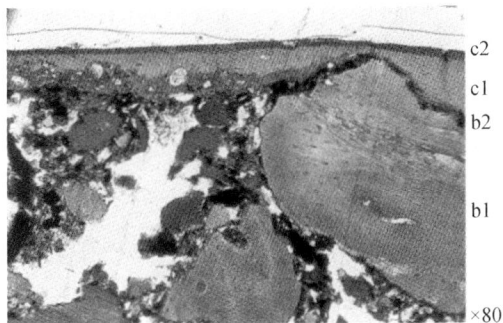

图一〇　干漆耳杯漆皮断面
（出土地不明，汉代）

　　b1：漆、骨粉与土混合漆灰层，从照片中央向右观察，可见骨粉断面。最大长约650微米。骨粉中，能够判明表现骨组织特征的哈氏管与围绕的细胞孔。层中骨粉呈浅黄褐色到黑褐色。上面有较大凹凸起伏，都未磨出。另外，涂膜断面中有空隙。

　　b2：照片左半部能够看出b1的漆与土混合层，右半部基本不能确认。

　　c1、c2：呈黄褐色透明漆膜。c1与c2加起来厚50～100微米。

11. 样品116　干漆奁

　　器物为在容器周围缠绕有三段银覆轮的汉代干漆奁。器表描绘有流畅华丽的纹样，残留有漆质光泽。断面由布胎（a）、漆灰（b1、b2）构成（图一一）。

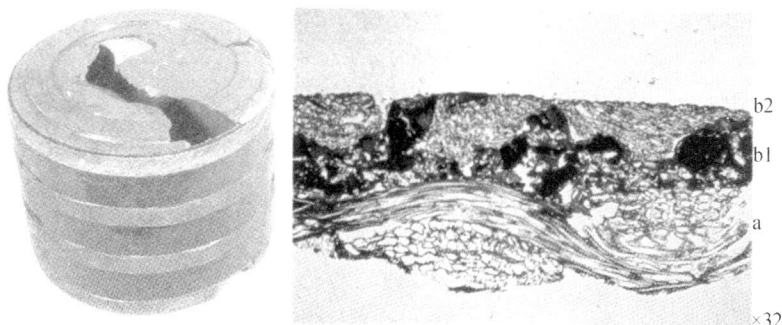

图一一　干漆奁及其漆皮断面
（出土地不明，汉代）

　　a：素地布断面，布厚约500微米。纤维断面是有棱角的植物纤维。

　　b1：骨粉混合漆灰层，层上面有密集凹凸起伏，都未磨出。骨粉呈黑褐色，有棱角，最大长约200微米。

　　b2：覆盖b1，稍细长带棱角的无色矿物混合漆灰层，矿物最大长30微米以下，接近黏土矿物的大小。上面平滑，再上面的漆涂膜剥离无存。

12. 样品117　马蹄形干漆奁

　　器物为小型的马蹄形干漆奁。从形状看，似栉箱。盖上面有银制四叶纹，周缘缠绕银制覆轮，银色发黑。漆器的涂膜表面为微带红色的黑色，描绘有云纹。断面由布胎、漆灰（b1）、漆膜（c1～c3）构成（图一二）。

　　b1：漆、骨粉与无色矿物混合漆灰层。骨粉呈黑褐色，有棱角，最大长100微米以下。

　　c1：漆与辰砂混合漆膜，可确认部分。下部呈红色，上部呈黑色。黑色粒子与辰砂同形、同大，为黑辰砂。辰砂粒形为5微米以下。

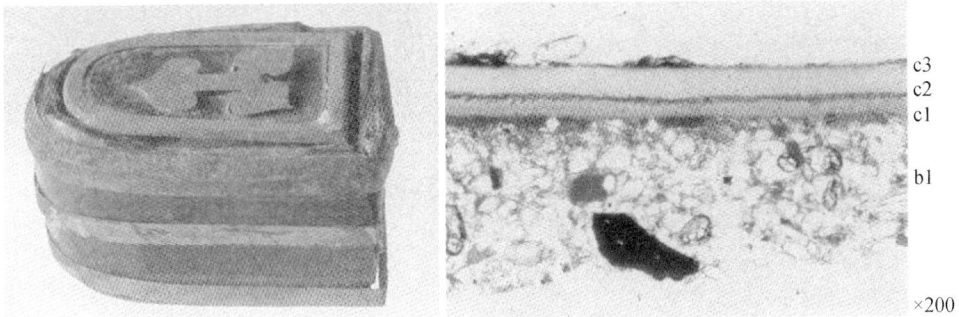

图一二　马蹄形干漆奁及其漆皮断面
（出土地不明，汉代）

c2、c3：呈黄褐色透明漆膜，厚各40微米。c2与c3接触界面附近有5微米厚的变色。

本漆器从表面看呈黑色，但具有下涂部分辰砂混合层的特征，因此不为纯黑色，而判明略显红色调。

13. 样品118　盒子

器物据传为湖南省出土的汉代圆形盒子。收藏于德国斯图加特的林顿民族博物馆。表面呈红褐色，红色漆绘有细线云纹（A. Brumester，1987）。断面由木胎（a）、漆灰（b1）、漆膜（c1、c2）构成，漆膜剥离（图一三）。

a：涂膜下部附着木材组织，可见单列放射组织。

b1：呈细粒无色矿物混合的黄褐色漆灰层，厚约10微米。

c1：漆与黑色微粒子混合漆膜，厚约25微米。上面平滑。黑色颜料分布均一。

c2：漆与辰砂混合红色漆膜，厚约50微米。辰砂粒径5微米以下。

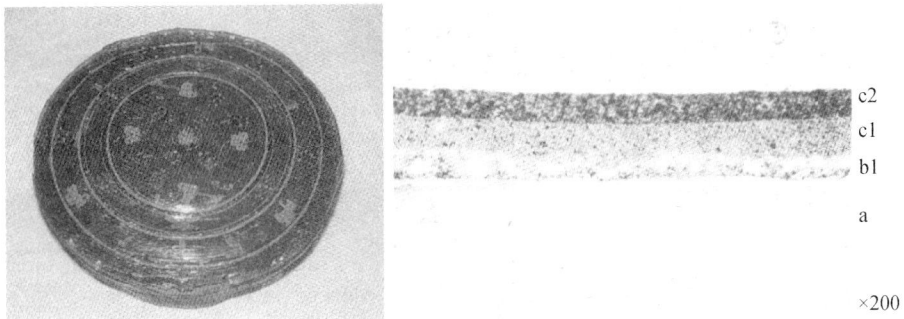

图一三　盒子及其漆皮断面
（传湖北省出土，汉代）

14. 样品119　耳杯

　　器物为汉代木胎耳杯，器表涂黑漆，内面涂红色漆，无纹饰。器壁厚约0.2厘米。因属自然干漆物，收缩变形较大。断面由木胎（a）、漆膜（c1～c4）构成，漆膜有剥离现象（图一四）。

图一四　耳杯漆皮断面及其漆皮断面
（出土地不明，汉代）

　　a：涂膜下部附着有木材组织。

　　c1：黑色微粒子混合层，厚30～75微米。上面有轻微凹凸起伏。

　　c2、c3：呈黄色透明漆膜，c2厚50～60微米，c3厚30微米。c2与c3境界面有部分变色的磨痕。

　　c4：漆与辰砂混合红色漆膜，厚约20微米。辰砂粒径5微米以下。

15. 样品120　耳杯

　　器物为据传出土于浙江省的木胎耳杯（白鹤美术馆藏）。杯内面涂红色漆，外面涂黑色漆。新月形耳施云气纹，外侧施圆点纹。从剥落残片观察的结果。涂膜的木胎和漆灰无存，漆与辰砂混合红色漆膜厚30～40微米。涂膜下部有凹凸起伏。辰砂最大径12微米。

16. 样品121　耳杯

　　器物与样品122同样，据传为浙江省出土的木胎耳杯。杯内面涂红色漆，外面涂黑色漆。长径14.5、短径11.1、高3.3厘米。断面构造与样品120完全相同。

（三）唐代漆器

样品122　银平脱盒子

　　属唐代盒子。该盒子的木胎是用削成的平纽状薄长木片卷制的，即卷胎技法制作而成。表面银平脱并施有纹样，内面涂红漆。北村昭斋对该器物进行过修复（Kitamural，1987）。断面由木胎（a）、布（b1）、漆灰（b2）和漆膜（c1～c3）构成，漆膜剥离（图一五）。

　　a：稍许附着有木材组织。

　　b1：布的断面。

图一五　银平脱盒子及其漆皮断面
（出土地不明，唐代）

b2：漆、骨粉与无色矿物混合漆灰层，厚约510微米。骨粉呈黄褐色至黑褐色，最大径110微米。漆灰上面的骨粉中，骨粉上面呈不自然的平滑状态，属研磨所为。骨粉的混合量与汉代的漆灰相比较少。

c1：呈茶褐色涂膜层，厚约14微米。涂膜有与层向垂直的多数龟裂，呈眼球晶状体的间隙。这种涂膜的色调、龟裂的态样与用显微镜观察到的日本中世纪漆器的柿漆极为酷似。

c2、c3：呈黄褐色透明漆膜，c2厚15微米，c3厚11微米。

（四）宋代漆器

样品123 轮花盆

器物为中国宋代轮花盆。木胎与样品122相同，为卷胎技法制作而成。断面由布（b1）、漆灰（b2、b3）、漆膜（c1～c4）构成，漆膜剥离（图一六）。

b1：布断面，由两层布合成，两层厚约620微米。丝纤维间有较致密的漆浸透，布的下部有空隙。

b2：漆与土混合漆灰层，厚120微米以下。无色矿物的最大长100微米。该混合漆灰层填充布纹间隙。

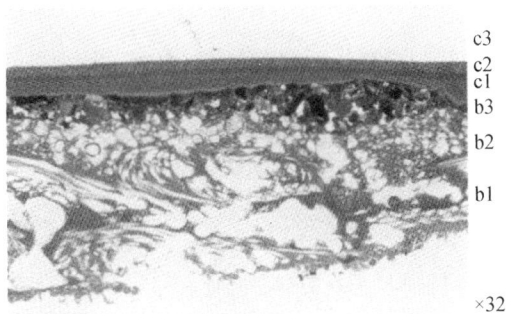

图一六　轮花盆及其漆皮断面
（出土地不明，宋代）

b3：漆与骨粉混合漆灰层，厚约120微米。骨粉有棱角，呈黄褐色或黑褐色，粒径100微米以下。骨粉密度高。

c_1：呈黄褐色透明漆膜，厚15微米以下。b_3的上面往往有间断。

$c_2 \sim c_4$：c_2为漆与辰砂混合的红色漆膜，密度高，1微米以下的粒子中混合有数微米的粒子。c_3的粒子比c_2的粒子粗，密度高。c_4的粒子是3层中最粗的，粒径数微米，密度比c_2、c_3低。

三、讨　论

附表一为中国出土的战国至宋代漆器的调查结果。根据对中国比较广泛地域出土漆器分析，中国古代漆工技术对东亚地区影响有以下几点认识。

（一）关于漆灰技法

1. 简略的黑色漆灰技法

据传湖北省出土的漆器中，在木胎之上散见零星的石英类无色矿物粒子，在透过光下其上可见覆盖有黑色物质，然后涂有透明漆膜的例子（样品101、102、103、105）。

这种涂膜构造的漆器为战国时期的木胎漆器，本章第2节中描述过的后汉时期乐浪王盱墓出土漆器被认为也是这样，原田先生认为这种漆灰属于泥地（黑色漆灰）（1930）。对这种黑色物质虽然没有调查，但是从涂膜非常薄、层中屡屡有无色矿物、上面几乎不平滑等现象推断，应属黑土类物质（桑原、安藤，1953），原田先生的见解应当是妥当的。据此，简略的泥地漆灰制作技法可以上溯到战国时期。附带说一下，同样技法的漆器，在日本北部九州地区出土的弥生时代漆器中也有发现。

2. 漆、骨粉与土混合的骨粉漆灰技法

汉代至宋代的漆器中，能够确认使用漆、骨粉与无色矿物混合的漆灰技法者有8件（样品111、112、114、115、116、117、122、123）。各器物中的混合骨粉都呈黄褐色至黑褐色，这是为了容易粉碎而把带有黏性的骨头烘烧结果。关于漆器漆灰中混合使用骨粉的技法，早在《说文解字》中就有记载。

顺便提一下，在韩国庆州雁鸭池遗址出土的统一新罗时期（7～8世纪）漆器中，最近发现有使用骨粉混合漆灰的器物（李容喜，1994；李容喜等，1994）。另外，日本滋贺县松原内湖出土的奈良时期卷胎漆器的漆灰技法也是如此（冈田，1993）。从上看来，漆器骨粉混合漆灰技法（暂称骨粉漆灰）从2000年以前的中国开始使用，大概在7～8世纪这种技法的漆器或是技术应当已传到朝鲜半岛及日本列岛。

3. 关于漆灰制作技法的地域差别

在河北省、河南省出土漆器中，已经确认有使用漆、骨粉与土混合漆灰的制作技法。另一方面，乐浪王盱墓出土漆器的漆灰不能确认使用骨粉，而是采用了别的技法。乐浪漆器中，显示有包括蜀郡（今四川省）工官制作漆器的事宜。这种结果表明，在地域广大的中国，存在着伴随地域和生产组织的不同，漆器漆灰的材料选择、制作技法也随之不尽一样的可能性，也反映出中国古代漆器生产的多样性。

（二）关于黑漆与红漆

1. 黑漆中对黑色颜料（油烟类）的利用

河北省怀安出土的漆案（样品114）、据传湖南省出土的盒子（样品118）、出土地不明的耳杯（样品119），能够确认使用了漆与1微米以下的黑色粒子混合涂布漆底子的技法。作为黑色颜料，从古代以来能够确知的有油烟类，前述器物中的黑色物质推测应为油烟类。相同的例证，可以确认的有乐浪王盱墓出土的履，在中国，使用黑色颜料混合物涂布漆底子的技法，推测在汉代就已经确立。

2. 黑色系漆中对作为涂漆底子的辰砂的利用

涂膜断面表层涂布辰砂混合的红色漆，下层底子为黑漆，表面涂透明漆的例证也存在（样品113、117）。这种现象，在分析之前没有预测到有红色颜料的存在，详细观察表面分析后发现，为略带红色调的黑色。这种漆器，与上述的黑漆和色调相比，可以确认为属于不同的黑漆。顺便提及一下，中国漆工艺书籍《髹漆录》中有"紫漆"的记载，上面提到漆器的色调应当类似于这种物质（王世襄，1983）。另外，同样涂膜构造的漆器，在日本九州弥生时代后期遗迹（比惠33次·样品035）中也有出土。

3. 红色漆中辰砂的利用

红色漆中使用的红色颜料均为辰砂。汉代漆器中，辰砂中经常能够确认有辰砂与同形同大的黑色粒子，这种物质推测应属黑辰砂。中国漆器中这样的例证，A·Brumester曾有报告（1987）。从分析例证来看，黑辰砂粒子多分布在漆膜上部，黑辰砂是否为混合物还不能确认，从分析结果中黑辰砂含量来看，与红色的发色明暗有着微妙的变化。关于黑辰砂的制法、使用法等有必要深入研究。

四、结　　论

通过对中国漆器断面构造的调查，得出如下几点看法。

战国时期漆器中使用简略的黑色漆灰（泥地）技法。

在汉代以来至宋代的漆器中，发现使用混合骨粉的漆灰（暂称）技法。

在汉代漆器中，发现使用混合黑色颜料作为打底用漆的技法。

在汉代漆器中，使用辰砂混合漆打底子，其上涂施非透明黑漆，表面再涂黑漆的技法。

附记：中国文化遗产研究院研究员马清林先生百忙中校阅全文，并作修改，提出很多宝贵建议，在此致以谢忱！

参 考 文 献

岡田文男. 1993.中国古代漆器の下地に混和された骨粉について//日本文化財科学会第10回大会要旨集.日本文化財科学会.

岡田文男、成瀬正和、中川正人.1992.松原内湖遺跡出土漆製品の材質と技法,松原内湖遺跡発掘調査報告書Ⅱ.滋賀県教育委員会.

高橋隆博.1988.漆器の巻胎構造について//網干善教先生華甲考古学記念論集.網干善教先生華甲記念会.

湖北省荆州地区博物馆.1984.江陵雨台山楚墓.北京：文物出版社.

湖北省荆沙铁路考古队.1991.包山楚墓.北京：文物出版社.

李容喜、安秉燦、岡田文男.1994.韓国古代漆器の下地中に混和された骨粉について//日韓における考古遺物の材質、技法に関する分析の比較研究,平成4、5年度科学研究費補助金研究成果報告書。

李容喜.1994.統一新羅時代漆器の材質と技法//日韓における考古遺物の材質、技法に関する分析の比較研究,平成4、5年度科学研究費補助金研究成果報告書.

林巳奈夫.1985.戦国時代出土文物の研究.京都：京都大学人文科学研究所.

梅原末治編. 1937.洛阳金村古墓聚英.东京堂，样品106~113.

胜壬生編著.1992.楚漆器研究.香港：两木出版社.

水野清漪一.1946.万安北沙城, 东方考古学丛刊乙种第五册.样品114.

王世襄.1983.髹饰录解说.北京：文物出版社.

中川正人.1988.松原内湖遺跡出土巻胎漆器断片の技法について//滋賀考古学論叢4.滋賀考古学論叢刊行会.

佐藤武敏.1958.中国古代の漆工業//中国古代工業史の研究.东京：吉川弘文館.

A Burmester. 1987.Technical Studies of Chinese Lacquer (《URUSHI》)Proceedings of the 1985 UrushiStudy Group The Getty Conservation Institute USA.

Kenichi Kitamura. 1987.Some Thoughts about conserving Urushi Art objects in Japan and an Exammple of Conservation Work (《URUSHI》) Proceedings of the 1985 Urushi Study Group The Getty Conservation Institute USA.

附表　中国出土古代漆器断面结构及组成观察结果

编号	器物名称	胎体类别	有无布	漆灰中填充物	漆膜厚度（微米）		时代	出土地点	收藏单位	图（原著中编号）
					透明	红色				
101	虎座	木	—	黑色土?	30	○	战国	传湖北省	个人收藏	图一（84，图4）
102	方耳杯	木	—	黑色土?	50	25	战国	传湖北省	个人收藏	图二（85，图2、4）
103	方耳杯	木	—	黑色土?	20、12	20～30	战国	传湖北省	个人收藏	（图2）
104	新月形耳杯	木	—	土	15	60	战国	传湖北省	个人收藏	
105	合子	木	—	黑色土?	17～25	25	战国	传湖北省	个人收藏	
106	涂漆瓦胎壶	陶	—	?	30～45	—	秦	传洛阳金金村	白鹤美术馆	图三（86，图3、4）
107	有盖壶	木	—	?	○	75	秦	传洛阳金金村	白鹤美术馆	（图3、4）
108	有盖壶	木	—	?	80	—	秦	传洛阳金金村	白鹤美术馆	图四（87，图3、4）
109	筒形奁	?	—	?	50～80	—	秦～汉?	传洛阳金金村	白鹤美术馆	图五（88，图3、4）
110	金铜扣四叶座饰漆奁	木	—	木炭粉+矿物	90	—	秦～汉?	传洛阳金金村	白鹤美术馆	图六（89，图3、5）
111	金铜扣四叶座饰漆奁	木	?	骨粉+矿物	25	30	秦～汉?	传洛阳金金村	白鹤美术馆	（图3、5）
112	金铜扣四叶座饰漆奁	木	○	骨粉+矿物	—	—	秦～汉?	传洛阳金金村	白鹤美术馆	图七（90，图3、5）
113	虎爪子	木	—	透明矿物	30～80、20	40	秦～汉?	传洛阳金金村	白鹤美术馆	图八（91）
114	案	木	—	骨粉+矿物	10、35	55～70	汉	河北省	个人收藏	图九（92，图5）
115	耳杯	夹纻	○	骨粉+矿物	50～100	—	汉	不明	个人收藏	图一〇（93）
116	奁	夹纻	○	骨粉+矿物	○	—	汉	不明	个人收藏	图一一（94，图5）
117	马蹄形奁	夹纻	○	骨粉+矿物	40、40	○	汉	不明	东京大学文学部	图一二（95，图5）
118	合子	木	—	无色矿物	25	50	汉	传湖南省	个人收藏	图一三（96，图5）
119	耳杯	木	—	?	—	20	汉	传湖南省	德国斯图加特林顿民族博物馆	图一四（97）
120	耳杯	木	—	—	—	30～40	汉	传浙江省	白鹤美术馆	
121	耳杯	木	—	—	—	30～40	唐	传浙江省	白鹤美术馆	
122	银平脱盒子	卷胎	○	骨粉+矿物	14、15、11	—	宋	不明	德国斯图加特林顿民族博物馆	图一五（98，图5）
123	轮花盆	卷胎	○	骨粉+矿物	15	—	宋	不明	个人收藏	图一六（99）

说明：①"○"表示存在，但不确定；②彩图84～99原著中21～22页，图2-5分别在原书119～122页

1. 粟

2. 黍

3. 稻

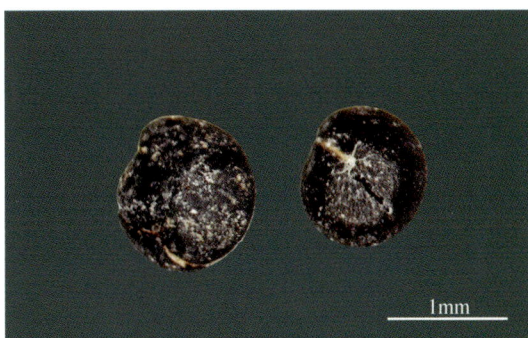

4. 藜属

5. 黍亚科

6. 紫苏属

7. 野大豆

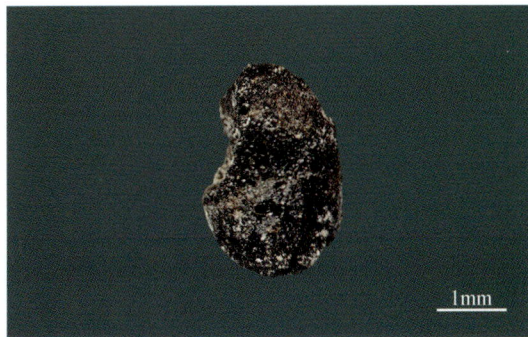

8. 豇豆属

苍山后杨官庄遗址植物遗存

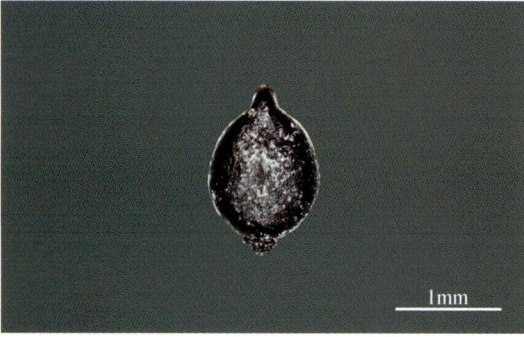

1. 蓼属

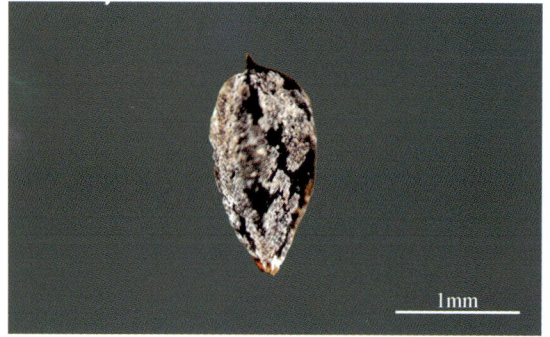

2. 莎草属

3. 葡萄属

4. 蔷薇科果核1

5. 蔷薇科果核1种子

6. 蔷薇科果核2

7. 块茎类?

苍山后杨官庄遗址植物遗存

1. 玉人（M1：162）

2. 琮（M1：158）

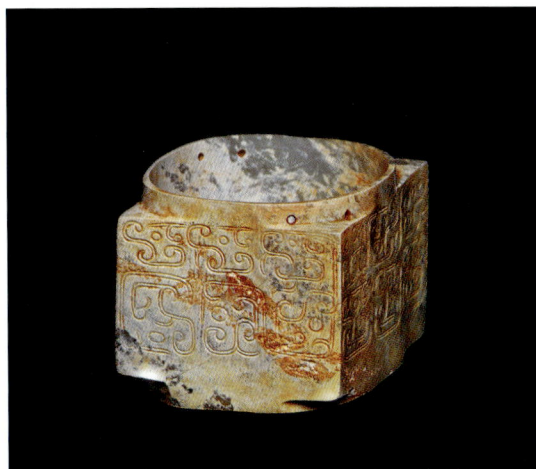

3. 琮（M1：190）

4. 戈（M1：163）

5. 戈（M1：164）

6. 戈（M1：54）

沂水县纪王崮一号春秋墓玉器

1. 虎形佩（M1：193）

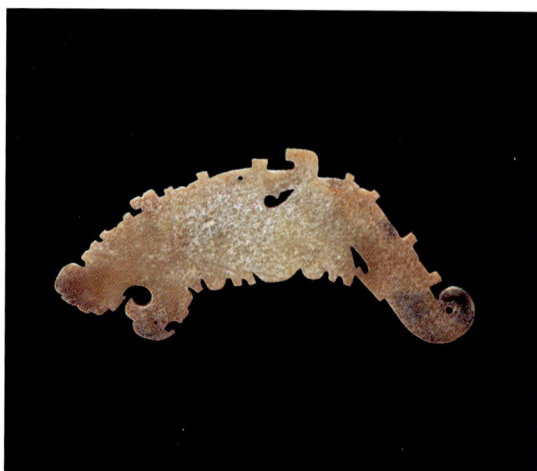

2. 虎形佩（M1：513）

3. 玦（M1：168）

4. 玦（M1：181）

5. 玦（M1：182）

6. 玉料（M1：315）

沂水县纪王崮一号春秋墓玉器

1. 錞于（M1：1）

2. 錞于（M1：2）

3. 瓠壶（M1：50）

4. 甬钟（M1：4）

沂水县纪王崮一号春秋墓铜器

1. M1：21

2. M1：22

3. M1：23

4. M1：24

沂水县纪王崮一号春秋墓铜纽钟

1. 纽钟（M1：20）

2. 镈钟（M1：17）

3. 镈钟（M1：18）

4. 镈钟（M1：19）

沂水县纪王崮一号春秋墓铜器

1. 鼎（M1：102）

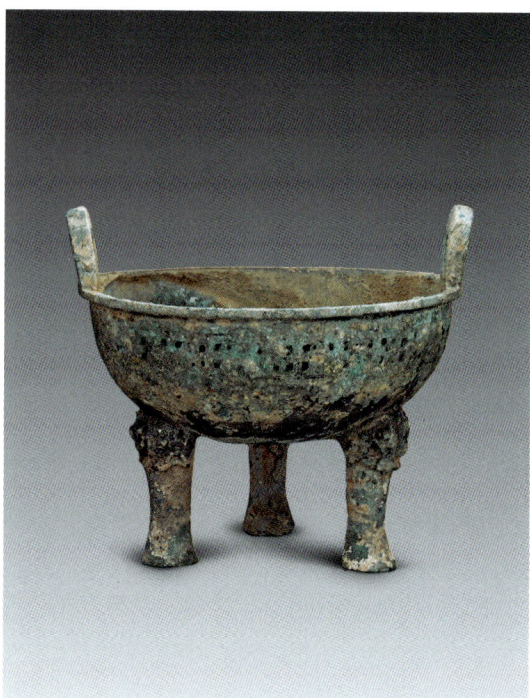

2. 鼎（K1：3）

3. 鬲（K1：1）

4. 敦（K1：2）

沂水县纪王崮一号春秋墓及车马坑铜器

1. 遗址全景（西南—东北）

2. 遗址核心区域（西南—东北）

烟台牟平蛤堆顶遗址全景和核心区域

1. A型（采：9）

2. A型（采：13）

3. A型（采：16）

4. A型（采：19）

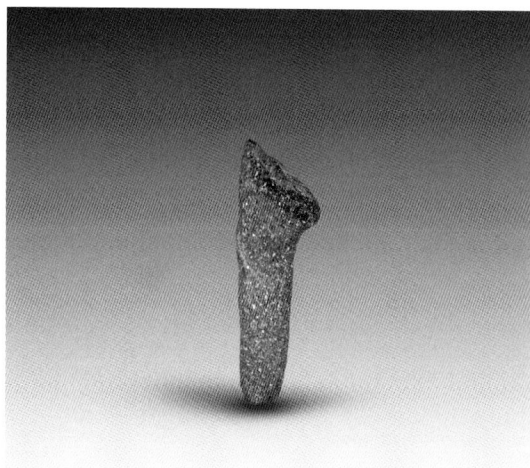

5. A型（采：20）

6. B型（采：12）

烟台牟平蛤堆顶遗址陶鼎足

1. 钉头状（采：15）

2. 柱状（采：18）

3. 鸟首形（采：22）

4. 纽扣形（采：26）

5. 钉头状（采：30）

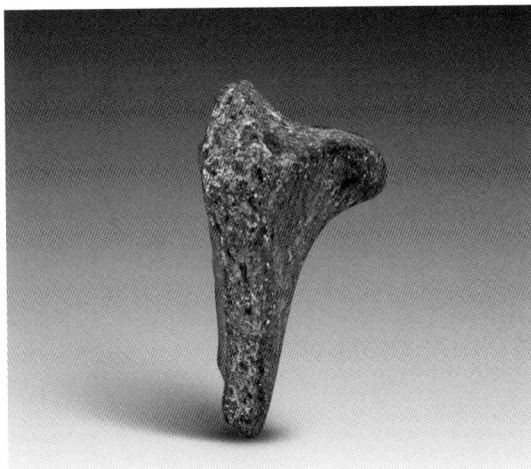

6. 半月环形（采：31）

烟台牟平蛤堆顶遗址陶把手

1. 器底（采：11）

2. 器底（采：28）

3. 纺轮（采：7）

4. 纺轮（采：14）

烟台牟平蛤堆顶遗址陶器

1. A型磨棒（采：1）

2. A型研磨器（采：2）

3. B型研磨器（采：3）

4. B型磨棒（采：5）

5. 铲（采：8）

6. A型斧（采：23）

7. B型斧（采：24）

8. 球残片（采：25）

9. 锛（采：33）

烟台牟平蛤堆顶遗址石器

1. 遗址远景（南—北）

2. 发掘现场（西南—东北）

苍山后杨官庄遗址远景和发掘现场

1. H2

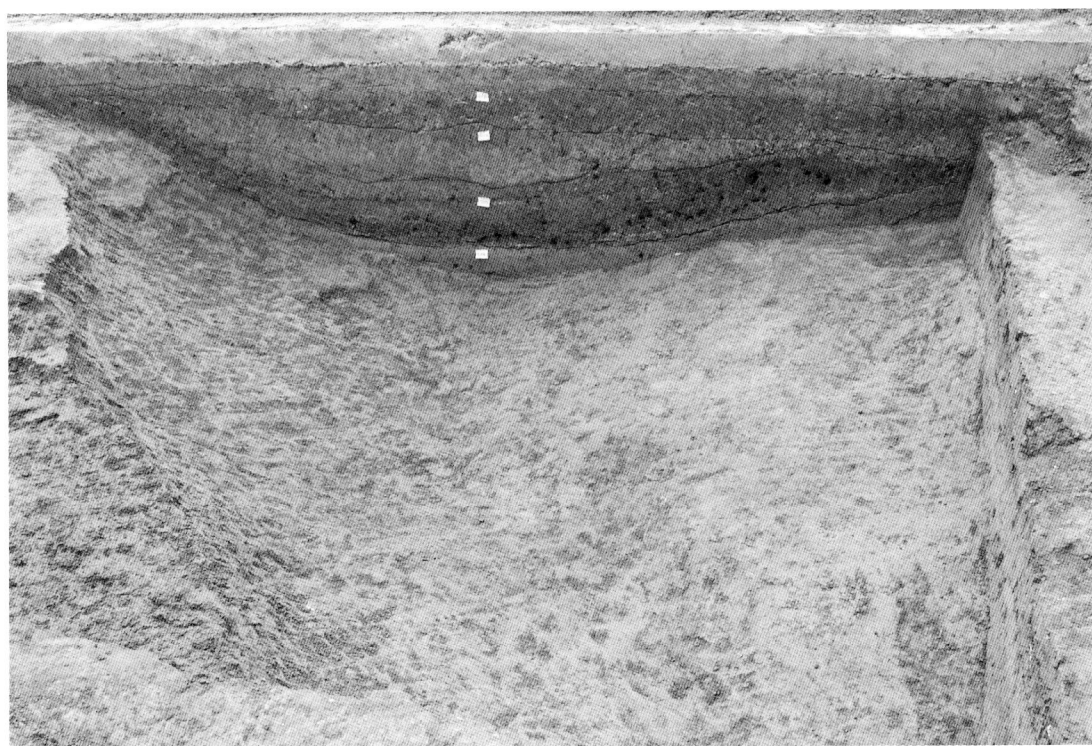

2. H18

苍山后杨官庄遗址灰坑

1. H8

2. A型陶鼎（H18③：110）

3. B型陶鼎（H2②：137）

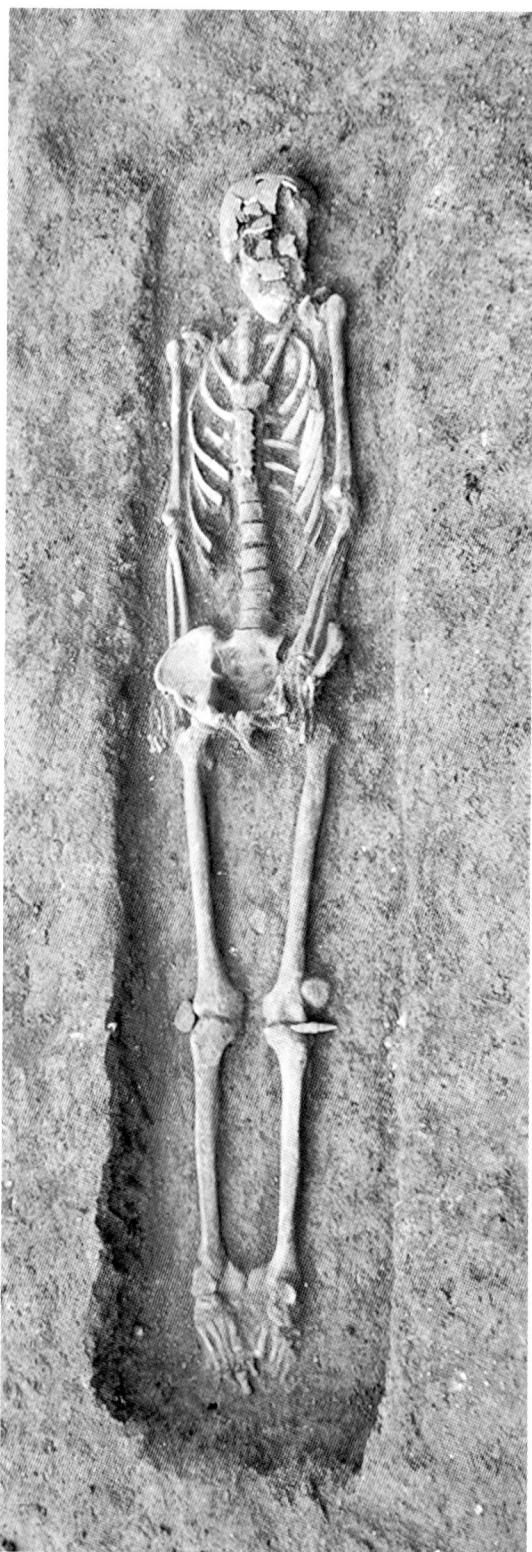
4. M3

苍山后杨官庄遗址灰坑、墓葬和陶鼎

1. A型Ⅰ式（H2③：97）

2. A型Ⅱ式（H2③：100）

3. A型Ⅲ式（H10：9）

4. B型（H2③：106）

苍山后杨官庄遗址陶罐

1. C型罐（H2③：96）

2. A型壶（H18②：74）

3. B型壶（M4：1）

4. 觯形杯（H18②：33）

苍山后杨官庄遗址陶器

1. A型碗（H2③：95）

2. Aa型Ⅱ式器盖（H18③：122）

3. Ab型器盖（H18④：118）

4. Ab型器盖（H2①：9）

5. B型Ⅱ式器盖（H18①：4）

6. C型器盖（M4：2）

苍山后杨官庄遗址陶器

1. A型筒形杯（H18③：78）

2. B型筒形杯（H18②：41）

3. 球（H7：2）

4. D型纺轮正、背面（H12：14）

5. A型纺轮（H10：2）

6. C型纺轮（H18②：42）

7　　　　　　　8
7、8. D型纺轮（H2③：69、H18③：93）

苍山后杨官庄遗址陶器

1. 斧（H2③：40）

2. 斧（H2③：16）

3. 斧（H2③：31）

4. 斧（H2②：14）

5. A型铲（H12：9）

6. B型铲（H18②：72）

苍山后杨官庄遗址石器

1. A型锛（H18④：98）

2. B型锛（H10：11）

3. C型锛（H18①：36）

4. C型锛（H2③：55）

5. C型锛（H2①：1）

6. C型锛（H2③：79）

苍山后杨官庄遗址石器

1. 铲（H7：1）

2. 凿（H7：4）

3. D型锛（H18③：157）

4. 钻帽（H2①：33）

5. 打磨器（H2②：58）

6. 凿（H2③：89）

7. 刀（H19：1）

苍山后杨官庄遗址石器

1. 磨盘（H2①：82）

2. 磨盘（H2③：44）

3. 砺石（H2③：65）

4. 砺石（H2④：39）

5. 砺石（H2①：43）

6. 砺石（H2④：38）

苍山后杨官庄遗址石磨盘和砺石

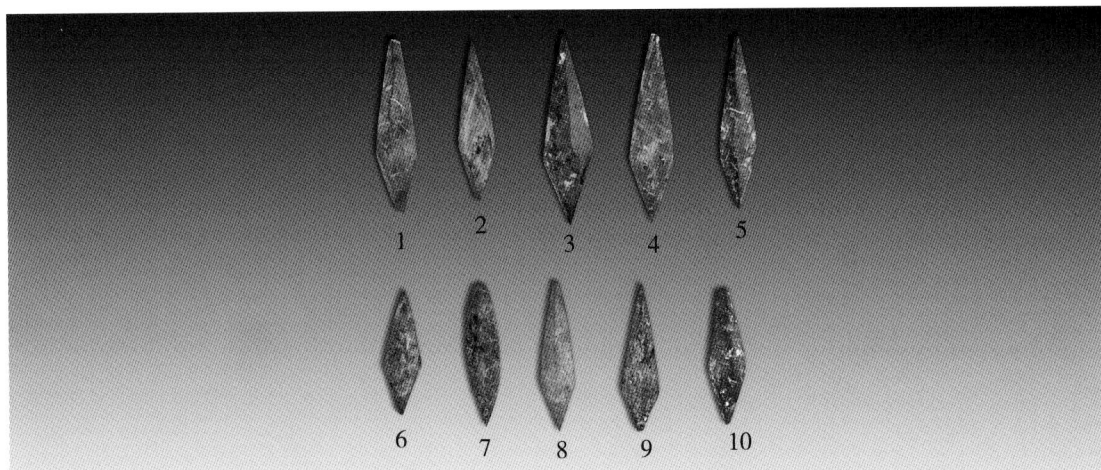

1~10. A型（H18③：103、H2③：62、H18①：101、H18④：99、H18②：40、H2③：72、
H18③：113、H18②：45、H18①：12、H18②：46）

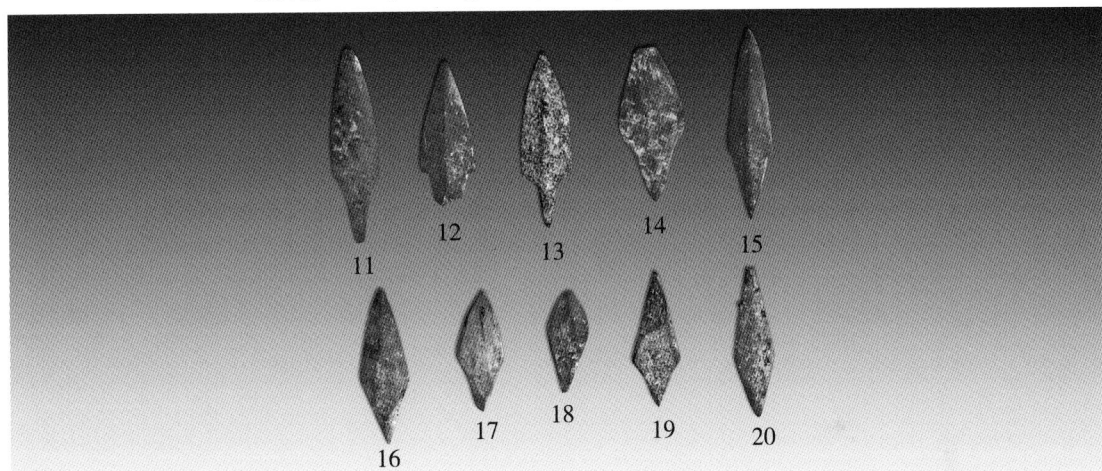

11~15. Bb型（H18②：50、H2：2、H18②：27、H18④：100、H2：25） 16~20. Ba型
（H2③：74、H18③：55、H18③：84、H18③：58、H18③：57）

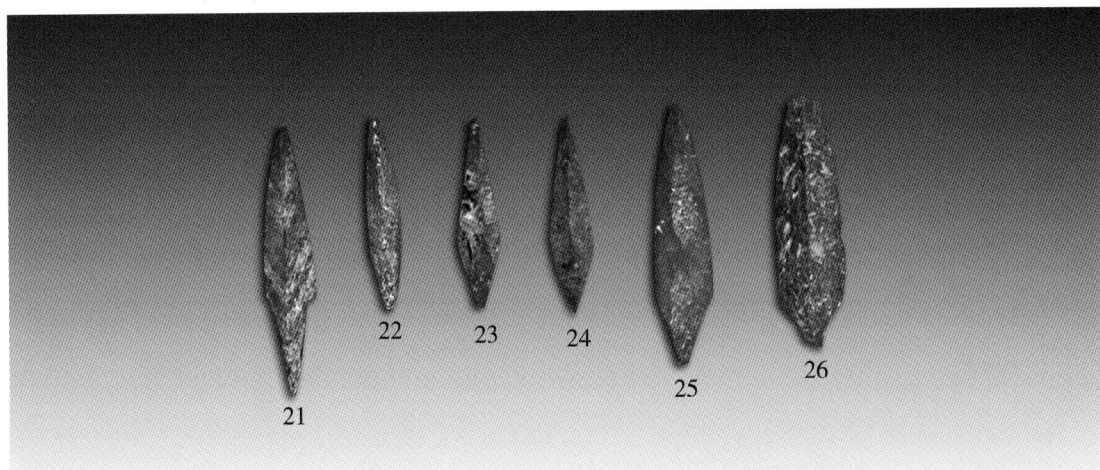

21、22. Bb型（H18②：20、H10：10） 23、24、26. D型（H2②：11、H18②：30、H2②：10）
25. C型（H12：4）

苍山后杨官庄遗址石镞

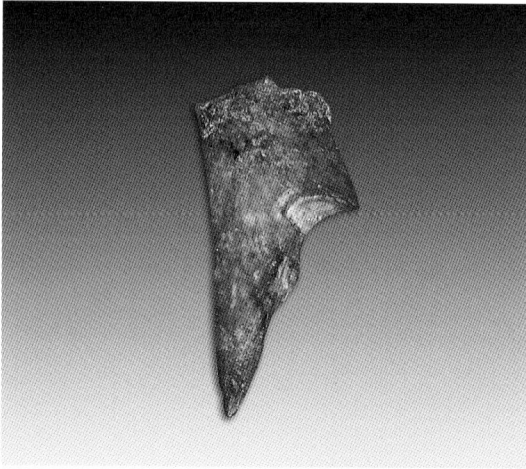

1. Aa型（H18③：67）

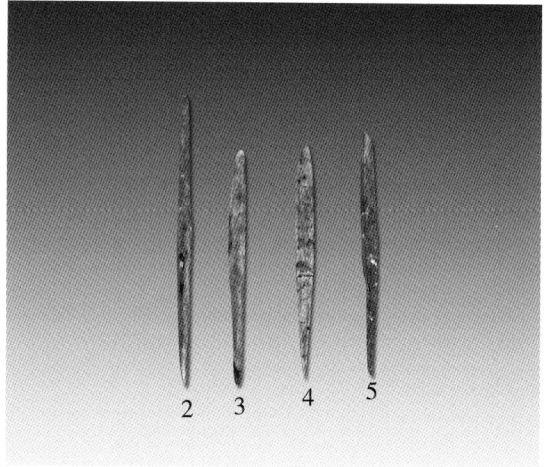

2~5. Ba型（H18③：63、H18③：111、
H18③：105、H18③：66）

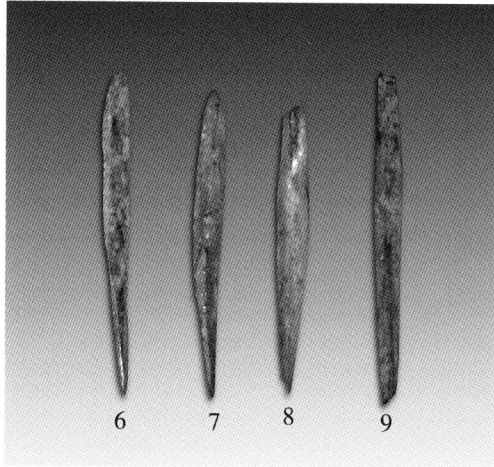

6~8. Ba型（H18③：77、H18②：24、
H18③：96） 9. Bb型（H18③：124）

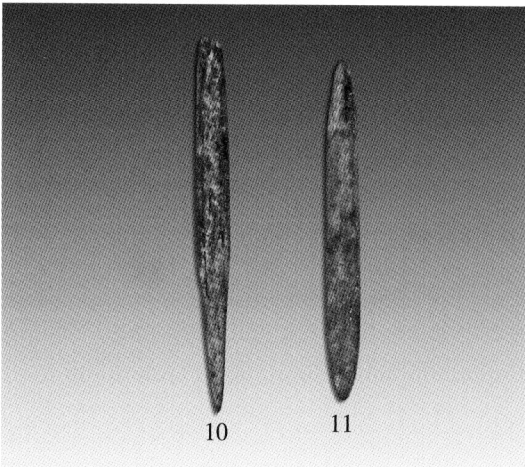

10、11. C型（H18③：117、H18③：64）

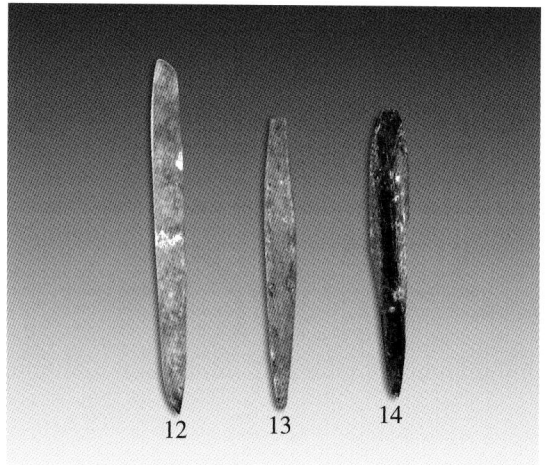

12~14. C型（H10：1、H18③：65、
H18③：104）

苍山后杨官庄遗址骨锥

1、2. A型镞（H2③：88、H18③：95）

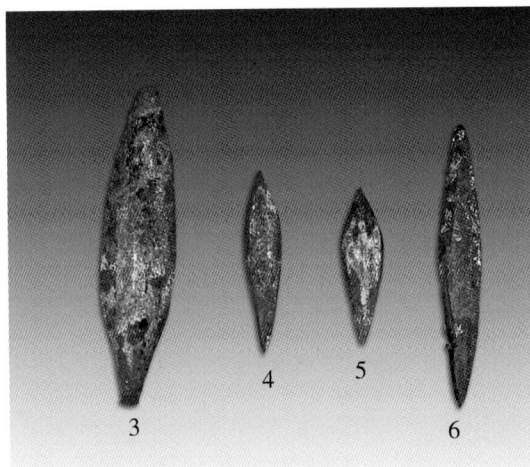

3~6. B型镞（H2③：75、H2②：15、H2③：34、H18②：47）

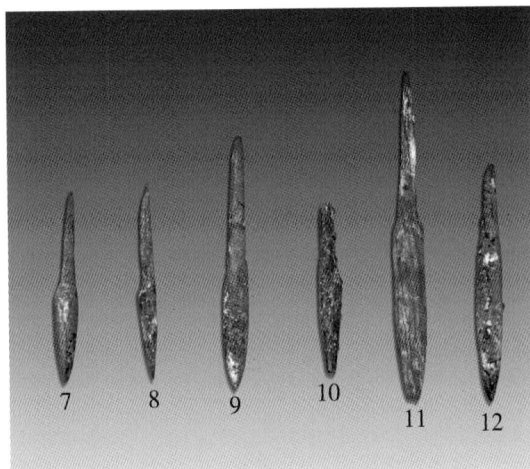

7. Ca型镞（H18③：102）　8. Cb型镞（H18：1）
9~12. Cc型镞（H18②：28、H2：26、H18③：106、H18②：37）

13. 鱼钩（H2③：76）

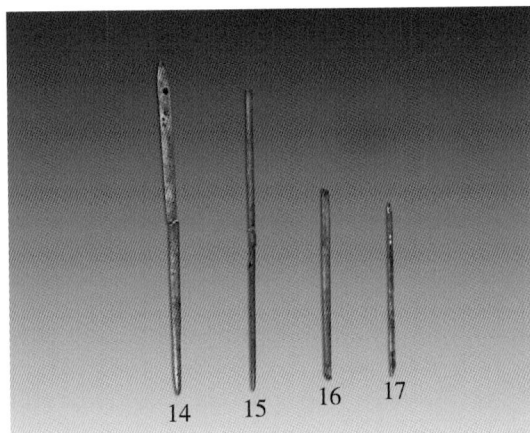

14~17. 针（H18③：92、H18③：89、H18③：88、H9：2）

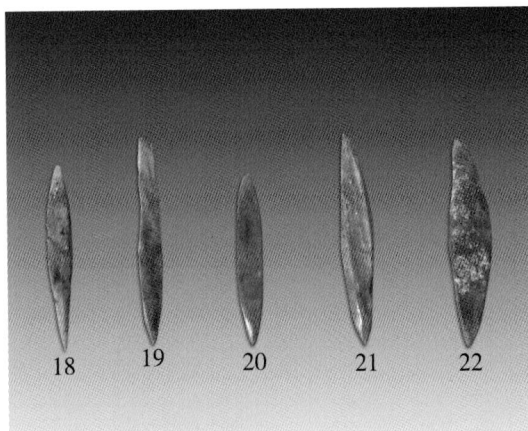

18~22. A型镞形器（H18③：62、H18③：119、H10：13、H10：7、H18③：56）

苍山后杨官庄遗址骨器

1. 骨镖（H10：6）

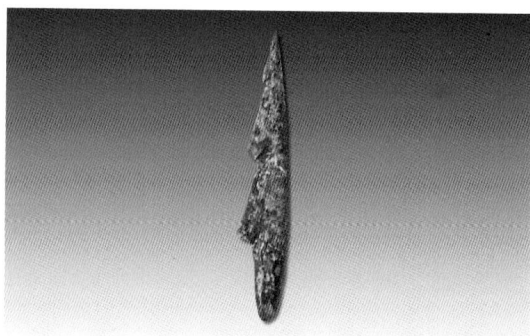

2. 骨镖（H12：11）

3. 角拍（H18③：121）

4. 角矛（H18③：107）

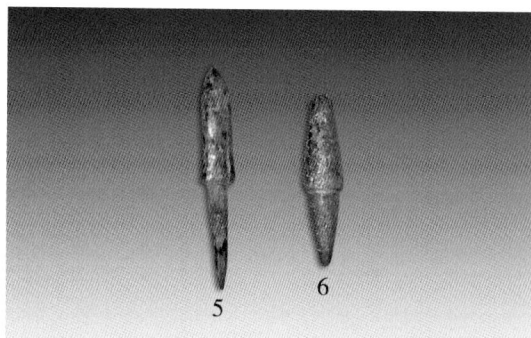

5、6. 角镞（H18②：31、M3：1）

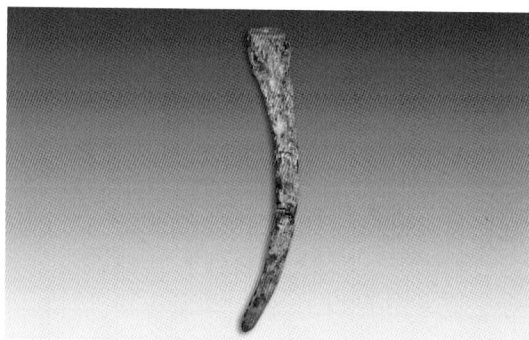

7. 角锥（H18②：54）

8. 角坠饰（H2③：113）

苍山后杨官庄遗址骨、角器

1. C型蚌镰（H2②：23）

2. A型蚌刀（H12：15）

3、4. 蚌镞（H10：8、H18②：39）

5. 猪下颌骨正面（H18④）

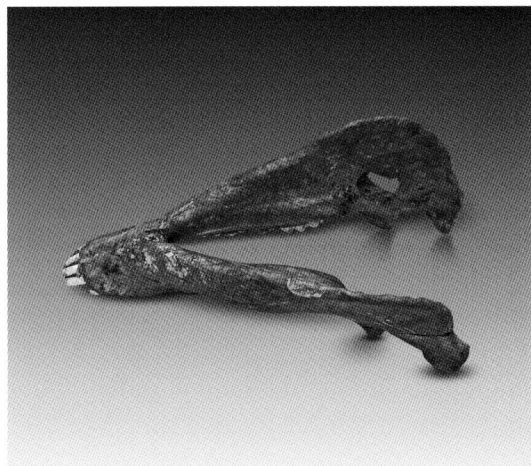

6. 猪下颌骨反面（H18④）

苍山后杨官庄遗址蚌器、猪下颌骨

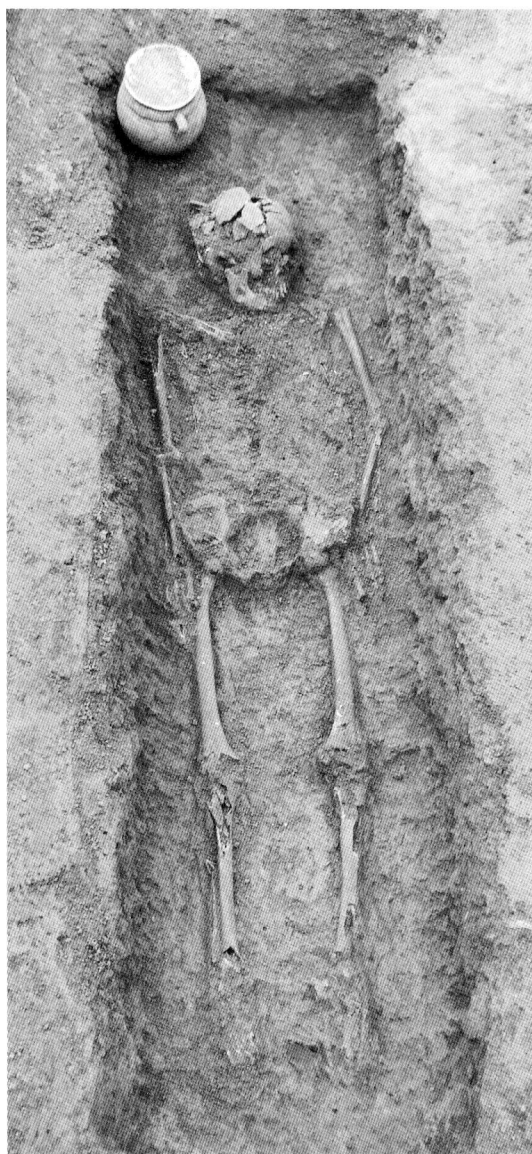

1. 宋墓M1

2. 宋代瓷罐（M1：2）

3. 宋代瓷碗（M1：1）

4. 周代陶拍（采集：01）

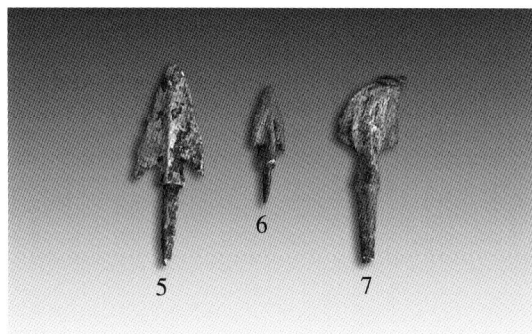

5~7. 周代铜镞（H4：1、H17：1、G2①：3）

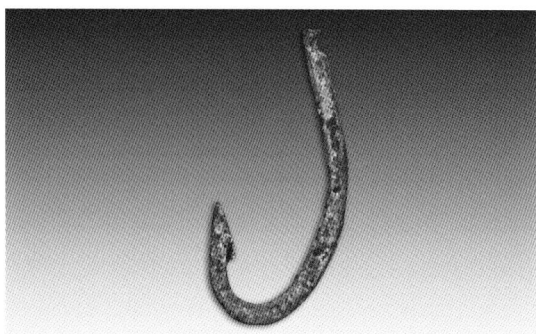

8. 周代铜鱼钩（G2①：4）

苍山后杨官庄遗址周、宋遗迹和遗物

1. 遗址远景（南—北）

2. 横七路区域一角（东—西）

济南唐冶遗址远景和局部

1. H34（北—南）

2. H175（南—北）

济南唐冶遗址灰坑

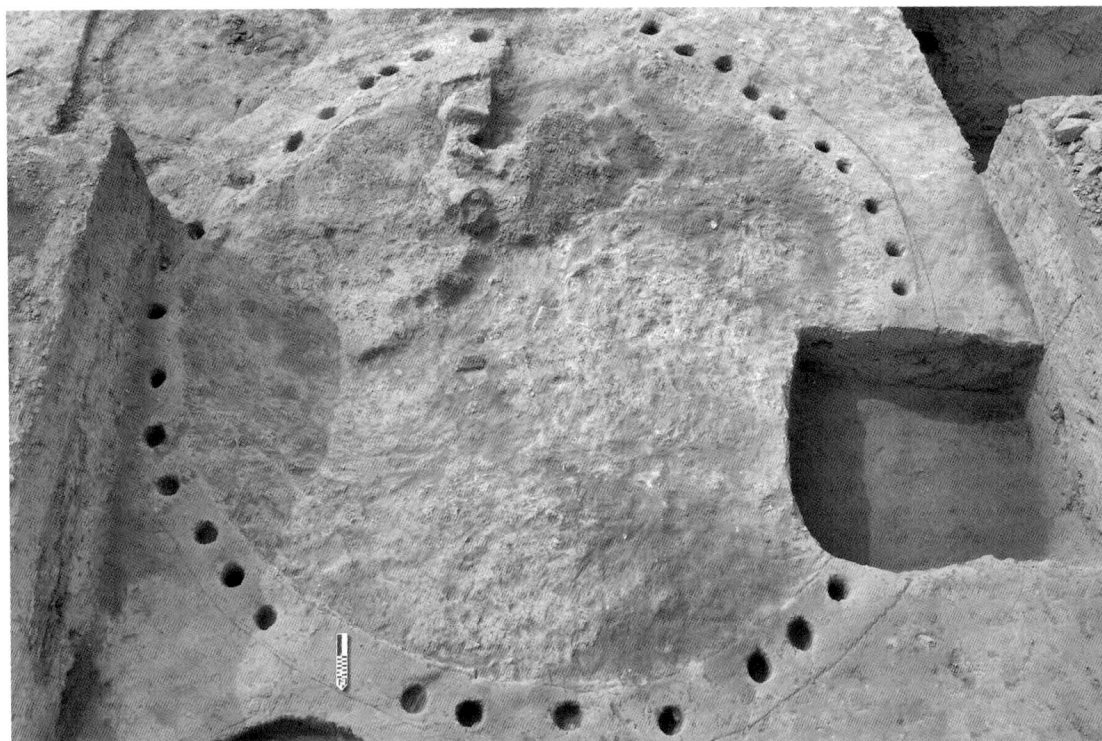

1. F2（北—南）

2. F5（西—东）

济南唐冶遗址房址

2. M5（西—东）

1. M7（北—南）

济南唐冶遗址墓葬

1. Y3（东—西）

2. H169（南—北）

济南唐冶遗址窑址和灰坑

1. 瓮（T1708②：1）

2. B型Ⅱ式鬲（H138：1）

3. A型鬲（H195：1）

4. 盔形器（H189：1）

5. 汉代A型Ⅰ式壶（M10：1）

6. A型簋（H138：2）

济南唐冶遗址陶器

1. 豆（H15：1）

2. A型 I 式盂（F8：1）

3. A型 II 式盂（T0507：1）

4. 甗（H48：1）

5. 瓮（H107：1）

6. 东周A型豆(H72：1)

济南唐冶遗址陶器

1. Ⅰ式鼎（M102：0073）

2. Ⅱ式鼎（M103：0017）

3. Ⅰ式簋（M102：0074）

4. Ⅱ式簋（M101：0081）

5. 鬲（M102：0077）

6. 鬲（M102：0078）

河崖头村西周墓出土铜器

1. 簋（M102：0079）

2. A型罍（M102：XM01）

3. B型Ⅰ式罍（M102：0055）

4. B型Ⅰ式罍（M102：0080）

5. B型Ⅱ式罍（M103：0072）

6. B型Ⅱ式罍（M103：0062）

河崖头村西周墓出土陶器

1. A型陶罐（M102：0070）

2. A型陶罐（M102：0111）

3. A型Ⅰ式陶鬲（M102：0067）

4. A型Ⅱ式陶鬲（M101：XM02）

5. 青釉原始瓷豆（M102：0075）

河崖头村西周墓出土陶器、原始瓷器

1. 纪王崮外景（东—西）

2. 南器物箱（西—东）

沂水县纪王崮外景和一号春秋墓南器物箱

2. 棺内玉器局部之一

1. 棺室（北一南）

4. 殉狗

3. 棺内玉器局部之二

沂水县纪王崮一号春秋墓棺室、棺内玉器局部及殉狗

1. 北器物箱（西—东）

2. 北器物箱局部（西—东）

沂水县纪王崮一号春秋墓北器物箱

1. 车马坑东侧二层台柱坑（南—北）

2. 车马坑（南—北）

沂水县纪王崮一号车马坑

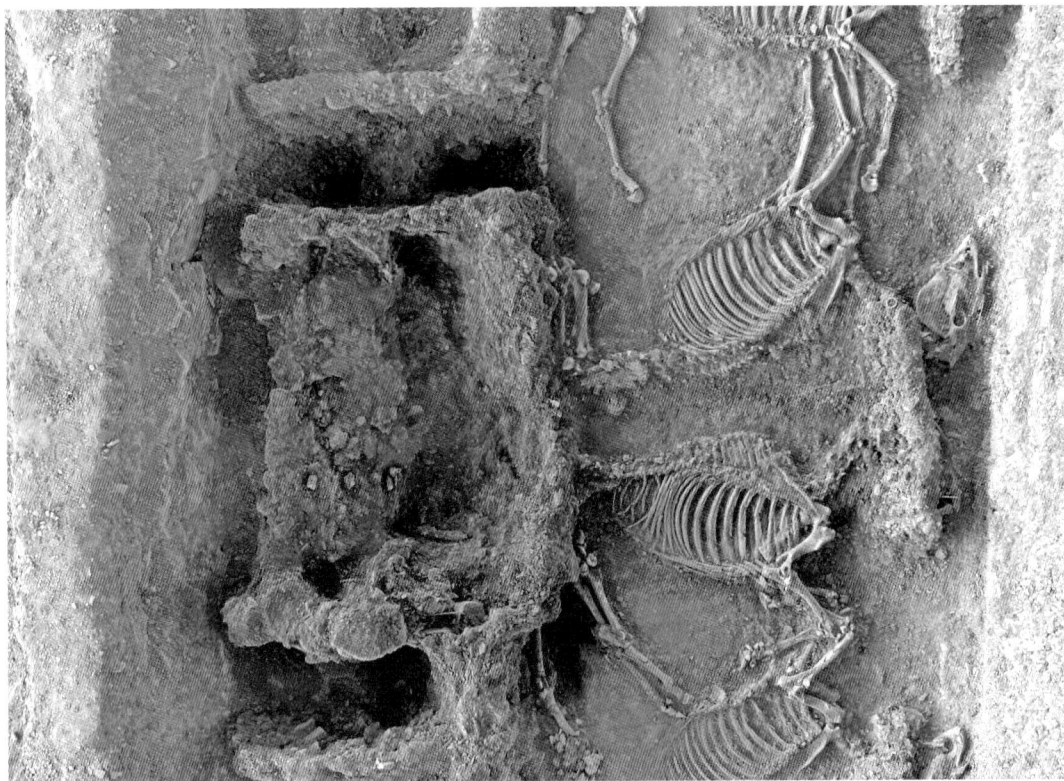

2. 3号车

1. 2号车

沂水县纪王崮一号车马坑局部

1. 铜盂铭文

2. 铜鼎铭文

沂水县纪王崮一号春秋墓铜器铭文

1. 玦（M1：184）

2. 玦（M1：339）

3. 玦（M1：494）

4. 玦（M1：325）

5. 管（M1：157）

6. 管（M1：156）

沂水县纪王崮一号春秋墓玉器

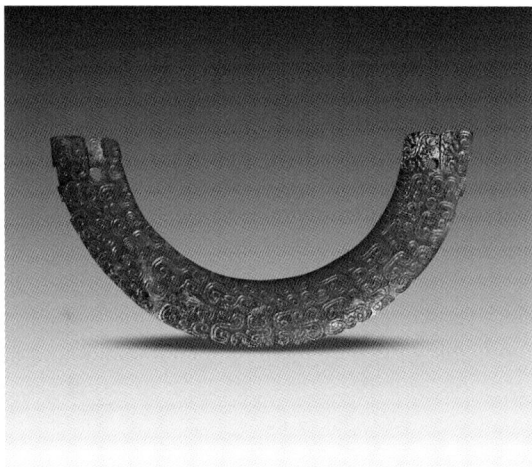

1. 璜（M1：187）

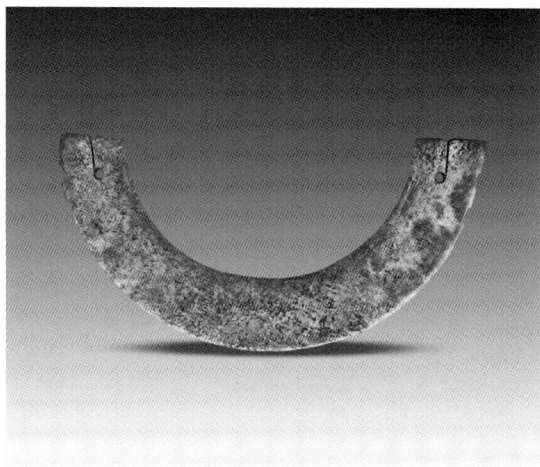

2. 璜（M1：511）

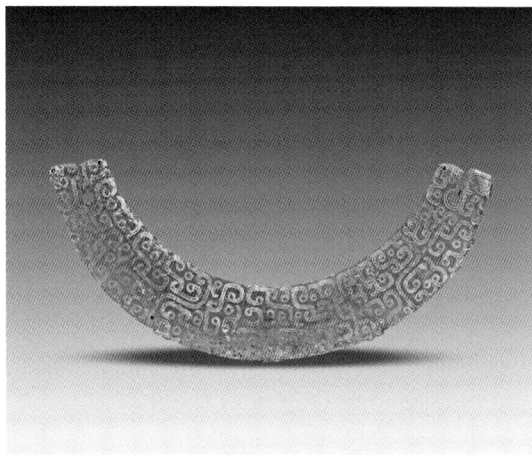

3. 璜（M1：481）

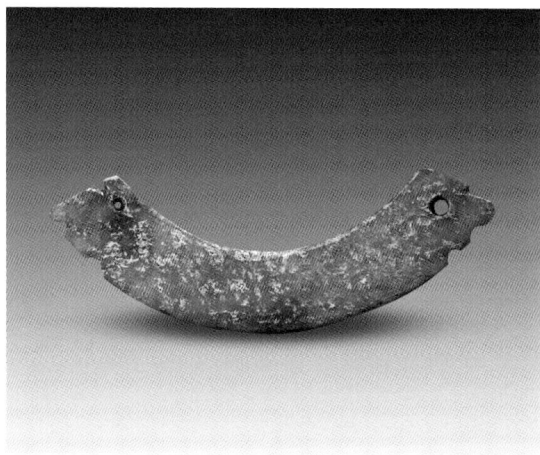

4. 璜（M1：592）

5. 璜（M1：512）

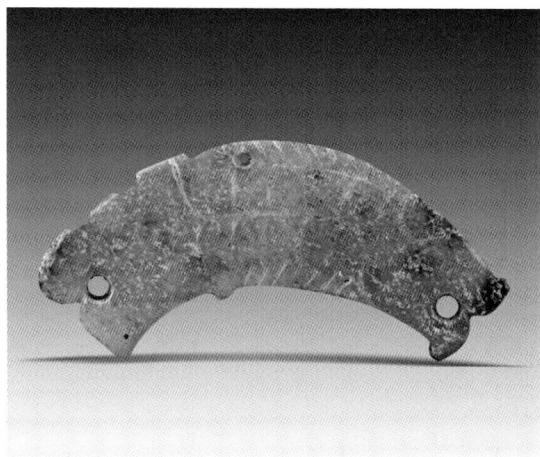

6. 珩（M1：506）

沂水县纪王崮一号春秋墓玉器

1. 牌饰（M1：155）

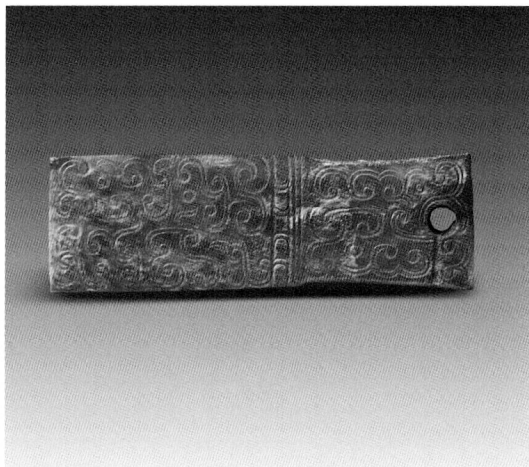

2. 牌饰（M1：152）

3. 牌饰（M1：191）

4. 牌饰（M1：178）

5. 牌饰（M1：167）

6. 鸟形饰（M1：172）

沂水县纪王崮一号春秋墓玉器

1. 虎形饰（M1：169）

2. 虎形饰（M1：170）

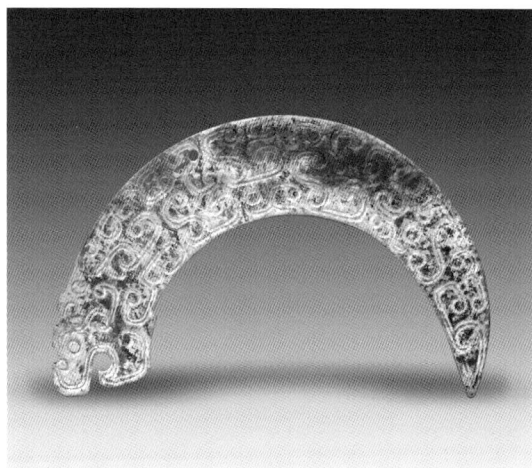

3. 觿（M1：183）

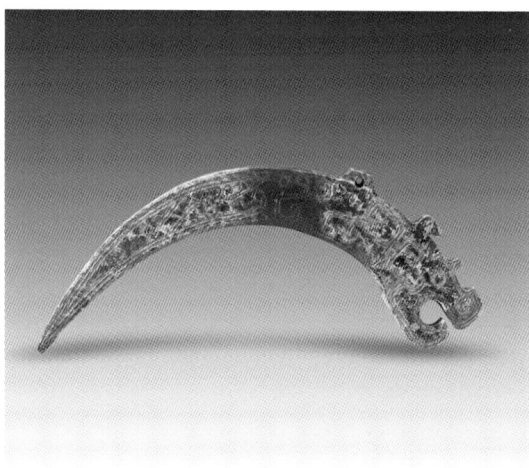

4. 觿（M1：180）

5. 柱形饰（M1：165）

6. 牛首形饰（M1：514）

沂水县纪王崮一号春秋墓玉器

1. 玉牌饰（M1：49）

2. 玉兽（M1：63）

3. 石编磬（M1：40）

4. 石编磬（M1：39）

5. 石编磬（M1：35）

6. 石编磬（M1：36）

沂水县纪王崮一号春秋墓玉、石器

1. M1：38

2. M1：34

3. M1：33

4. M1：37

5. M1：31

6. M1：32

沂水县纪王崮一号春秋墓石编磬

1. M1：144

2. M1：147

3. M1：148

4. M1：149

5. M1：150

沂水县纪王崮一号春秋墓陶罐

1. M1 : 5

2. M1 : 13

3. M1 : 15

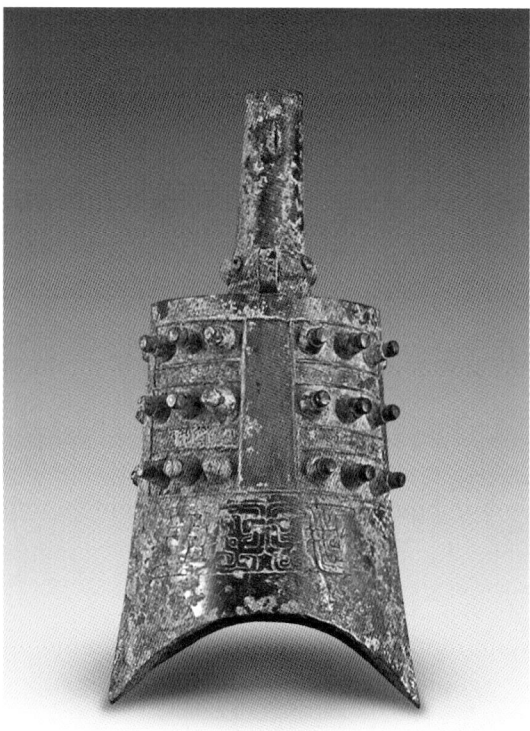

4. M1 : 14

沂水县纪王崮一号春秋墓铜甬钟

1. M1：25

2. M1：26

3. M1：27

4. M1：28

沂水县纪王崮一号春秋墓铜纽钟

1. 舟（M1：45）

2. 盘（M1：51）

3. 车軎（K1：4）

4. 车軎（K1：6）

5. 车軎（K1：10）

6. 车軎（K1：35）

沂水县纪王崮一号春秋墓及车马坑铜器

1. 环（K1：53）

2. 带扣（K1：61）

3. 衡饰（K1：62）

4. 合页（K1：12）

5. 马衔（K1：38）

6. 軷（K1：33）

沂水县纪王崮一号车马坑铜器

1. A型节约（K1：74）

2. B型节约（K1：86）

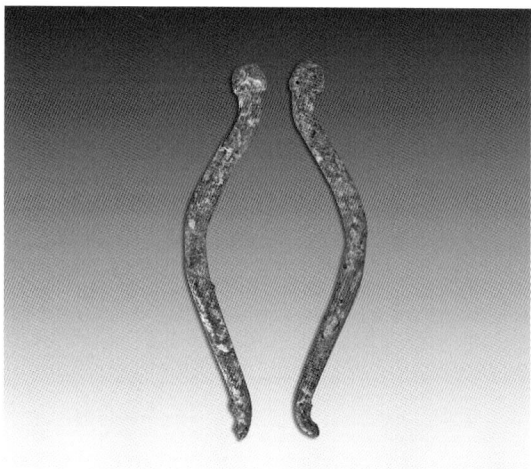

3. 马镳（K1：39）

4. 铜泡（K1：15）

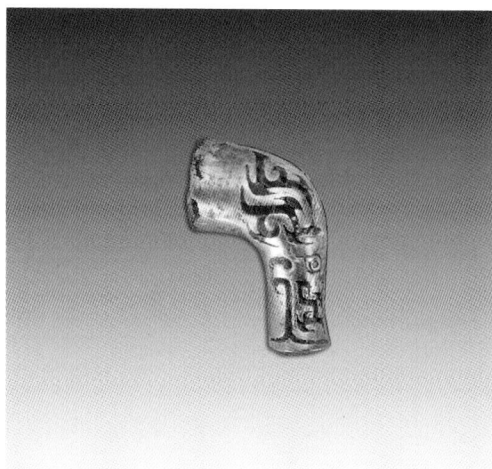

5. 铜饰（M1：64）

沂水县纪王崮一号春秋墓及车马坑铜器

1. 郯城麦坡墓地远景（西—东）

2. M77石盖板（西—东）

3. M77

郯城麦坡墓地远景及墓葬

1. Bb型Ⅱ式鼎（M75：4）

2. Bb型Ⅲ式鼎（M62：3）

3. Aa型Ⅰ式鼎（M66西：10）

4. A型Ⅳ式盒（M84：6）

郯城麦坡墓地出土陶器

1. A型Ⅰ式盒（M1北：2）

2. B型Ⅰ式大型壶（M76东：3）

3. Ⅱ式钫（M28北：1）

4. 匜（M76东：12）

郯城麦坡墓地出土陶器

1. 勺（M67：1）

2. 杯（M76东：11）

3. B型仓（M1北：7）

4. 猪圈（M66：22）

郯城麦坡墓地出土陶器

1. M17北：1

2. M13南：2

郯城麦坡墓地出土铜镜

1. 环（M83北：4）

2. A型带钩（M65：01）

3. C型带钩（M79南：5）

4. A型半两（M51：3-1）

5. B型半两（M53：3-2）

6. 大泉五十（M80：3-1）

7、9、10. I式五铢（M46：1-1、M46：1-2、
M46：1-3） 8. II式五铢（M46：1-4）

郯城麦坡墓地出土铜器和铜钱